आर. गुप्ता® कृत

पॉपुलर मास्टर गाइड

आँगनवाड़ी

भर्ती परीक्षा

सुपरवाइजर • वर्कर • हैल्पर

- विशेषज्ञों द्वारा रचित उत्कृष्ट अध्ययन-सामग्री
- पूर्व परीक्षा प्रश्न-पत्र (हल सहित)
- बहुसंख्य वस्तुनिष्ठ प्रश्नोत्तर सहित

RPH संपादक मंडल

द्वारा संपादित

2027
EDITION

रमेश पब्लिशिंग हाउस, नई दिल्ली

प्रकाशक
ओ॰पी॰ गुप्ता, **रमेश पब्लिशिंग हाउस**

प्रशासनिक कार्यालय
12-H, न्यू दरियागंज रोड, ऑफिसर्स मेस के सामने,
नई दिल्ली-110002 ✆ 23275224, 23245124

E-mail: info@rameshpublishinghouse.com
For Online Shopping: www.rameshpublishinghouse.com

विक्रय केन्द्र
• बालाजी मार्किट, नई सड़क, दिल्ली-110006 ✆ 23282525 📱 9354373464
• 4457, नई सड़क, दिल्ली-110006

Book Code: R-1955

ISBN: 978-93-87604-13-1

मूल्य: ₹ 430

मुद्रक: दीपक ऑफसैट, दिल्ली

अनुक्रमणिका

पिछले प्रश्न-पत्र

आँगनवाड़ी/सुपरवाइजर भर्ती परीक्षा, 2025

(Exam Conducted by Kerala PSC, on 13-02-2025)

महिला एवं बाल विकास विभाग से संबंधित योजनाएँ एवं कार्यक्रम

1. एक परिवार जहां दो पहले से तलाकशुदा या विधवा और बच्चों वाले व्यक्ति शादी करते हैं या साथ रहते हैं, उसे .... कहा जाता है।

A. एकल परिवार
B. विस्तारित परिवार
C. मिश्रित परिवार
D. एकल अभिभावक परिवार

2. वह प्रक्रिया जिसके द्वारा कोई व्यक्ति किसी संस्कृति के मूल्यों, विश्वासों और मानदंडों को सीखता है और आत्मसात करता है, ... कहलाती है।

A. संस्कृतिग्रहण
B. उत्संस्करण
C. आत्मसातीकरण
D. प्रसार

3. निम्नलिखित में से कौन द्वितीयक समाजीकरण का उदाहरण है?

A. एक बच्चा जो परिवार की धार्मिक प्रथाओं को सीख रहा है
B. एक बच्चा जो परिवार के सदस्यों के साथ बातचीत के माध्यम से बोलना सीख रहा है
C. एक बच्चा जो मीडिया और सहकर्मी समूहों के माध्यम से सामाजिक लिंग मानदंडों को सीख रहा है
D. एक बच्चा जो खेल के माध्यम से बुनियादी मोटर कौशल सीख रहा है

4. निम्नलिखित में से कौन एक बहुपत्नी परिवार को सबसे अच्छी तरह परिभाषित करता है?

A. दो अविवाहित व्यक्ति एक प्रतिबद्ध रोमांटिक रिश्ते में एक साथ रह रहे हैं
B. एक परिवार जिसमें विस्तारित सदस्य एक ही घर में रहते हैं
C. एक परिवार इकाई जिसमें केवल एक माता–पिता और उनके बच्चे होते हैं
D. ऐसा परिवार जहां एक या दोनों साझेदार कई लोगों के साथ सहमति से संबंध रखते हैं

5. **कथन (A):** घरेलू हिंसा कानूनों का उद्देश्य अक्सर लिंग की परवाह किए बिना पीड़ितों की रक्षा करना होता है
कारण (R): घरेलू हिंसा में पितृसत्तात्मक संरचनाएं ही एकमात्र योगदानकर्ता हैं।

A. (A) और (R) दोनों सत्य हैं, और (R), (A) का सही स्पष्टीकरण है
B. (A) और (R) दोनों सत्य हैं, लेकिन (R), (A) का सही स्पष्टीकरण नहीं है
C. (A) सत्य है, लेकिन (R) गलत है
D. (A) गलत है, लेकिन (R) सच है

6. निम्नलिखित में से कौन-सा शराब की लत का प्रत्यक्ष सामाजिक परिणाम नहीं है?

A. परिवार का टूटना
B. सामुदायिक एकजुटता में वृद्धि
C. घरेलू हिंसा
D. कार्यस्थल से अनुपस्थिति

7. भारतीय कानून का कौन सा प्रावधान न्यायालय को दहेज उत्पीड़न के मामलों में आत्महत्या के दुष्प्रेरण की उपधारणा का अधिकार देता है?

A. भारतीय साक्ष्य अधिनियम की धारा 113A
B. भारतीय साक्ष्य अधिनियम की धारा 113B
C. IPC की धारा 498A
D. IPC की धारा 304B

8. 2022 में, भारत ने विशेष रूप से ट्रांसजेंडर व्यक्तियों के रोजगार के उद्देश्य से अपनी तरह की पहली योजना शुरू की। यह पहल किस राज्य ने शुरू की?

A. तमिलनाडु
B. केरल
C. महाराष्ट्र
D. गुजरात

1. C	2. A	3. C	4. D	5. C	6. B	7. A	8. B

9. किस वैश्विक पहल ने विकासशील देशों में बुजुर्ग देखभाल नीतियों के विकास को सबसे अधिक प्रभावित किया है?

A. उम्र बढ़ने पर संयुक्त राष्ट्र की मैड्रिड अंतर्राष्ट्रीय कार्य योजना (2002)

B. उम्र बढ़ने और स्वास्थ्य पर विश्व स्वास्थ्य संगठन की वैश्विक रणनीति और कार्य योजना (2016)

C. वृद्ध श्रमिकों के अधिकारों पर अंतर्राष्ट्रीय श्रम संगठन का सम्मेलन (2001)

D. विश्व बैंक की ग्लोबल एजिंग और पेंशन सुधार पहल (2012)

10. **कथन (A):** वैश्वीकरण के कारण विकासशील देशों में कुछ उद्योगों में बाल श्रम में वृद्धि हुई है।

कारण (R): वैश्वीकरण के कारण अक्सर सस्ते श्रम की मांग बढ़ जाती है, जो कम वेतन वाले क्षेत्रों में कमजोर बच्चों का शोषण करता है।

A. (A) और (R) दोनों सत्य हैं, और (R), (A) का सही स्पष्टीकरण है

B. (A) और (R) दोनों सत्य हैं, लेकिन (R), (A) का सही स्पष्टीकरण नहीं है

C. (A) सत्य है, लेकिन (R) गलत है

D. (A) गलत है, लेकिन (R) सत्य है

11. ग्रीनहाउस गैसों के बारे में निम्नलिखित में से कौन सा/से कथन सही है/हैं?

(*i*) ग्रीनहाउस गैस शब्द उन वायुमंडलीय गैसों को संदर्भित करता है जो स्पेक्ट्रम को अवशोषित करती हैं और उन्हें अवरक्त विकिरण की तापीय सीमा के भीतर वापस उत्सर्जित करती हैं।

(*ii*) ये गैसें वैश्विक तापमान को महत्वपूर्ण रूप से प्रभावित कर सकती हैं

(*iii*) इन गैसों की उपस्थिति में पृथ्वी की सतह का तापमान वर्तमान तापमान से लगभग 59° फारेनहाइट अधिक ठंडा होता।

A. केवल (*i*) सही है

B. केवल (*ii*) सही है

C. दोनों (*i*) और (*ii*) सही हैं

D. सभी सही हैं

12. कुशल उपभोक्तावाद निम्नलिखित द्वारा प्राप्त किया जा सकता है :

(*i*) बाजार से खरीदने से पहले उत्पाद मानकों का सत्यापन किया जा सकता है

(*ii*) अपशिष्ट न्यूनीकरण तकनीकों को अपनाया जा सकता है

(*iii*) अपशिष्ट पदार्थों का पुनर्चक्रण एवं उचित निपटान किया जा सकता है

(*iv*) सख्त कानून बनाना और लागू करना

A. केवल (*i*) सही है

B. केवल (*ii*) सही है

C. दोनों (*i*) और (*ii*) सही हैं

D. सभी सही हैं

13. भारतीय श्रम कानून और सामाजिक सुरक्षा उपाय कौन सा है जिसका उद्देश्य काम के अधिकार की गारंटी देना है?

A. मनरेगा 2005

B. असंगठित श्रमिक सामाजिक सुरक्षा अधिनियम, 2008

C. रोजगार विनिमय अधिनियम, 1959

D. औद्योगिक विवाद अधिनियम, 1947

14. विस्थापित व्यक्तियों और परियोजना प्रभावित व्यक्तियों के संदर्भ में पुनर्वास और पुनरुद्धार के बीच मुख्य अंतर क्या है?

A. पुनर्वास में मनोवैज्ञानिक सहायता शामिल है, जबकि पुनरुद्धार आर्थिक मुआवजे तक सीमित है

B. पुनर्वास एक बार के स्थानांतरण पर केंद्रित है, जबकि पुनरुद्धार आजीविका के पुनर्निर्माण और सामाजिक-सांस्कृतिक पहलुओं को संबोधित करने पर केंद्रित है

C. पुनर्वास एक बार की प्रक्रिया है, जबकि पुनरुद्धार निरंतर है

D. पुनर्वास केवल सामान्य संपत्ति संसाधनों पर केंद्रित है जबकि पुनरुद्धार में आर्थिक कारक शामिल नहीं हैं

15. स्वयं सहायता समूह (SHG) कार्यक्रम के संबंध में निम्नलिखित में से कौन सा/से कथन सत्य है/हैं?

(*i*) स्वयं सहायता समूह (SHG) कार्यक्रम मूल रूप से भारतीय स्टेट बैंक द्वारा आर्थिक रूप से वंचित लोगों को माइक्रोक्रेडिट प्रदान करके शुरू किया गया था।

(*ii*) एसएचजी में, समूह के सभी सदस्य एक व्यक्तिगत सदस्य द्वारा लिए गए ऋण की जिम्मेदारी लेते हैं।

A. केवल (*i*) और (*ii*) B. केवल (*i*)

C. केवल (*ii*) D. कोई नहीं

9. B	**10.** A	**11.** C	**12.** D	**13.** A	**14.** B	**15.** C

16. सूची-I को सूची-II से सुमेलित करें और नीचे दिए गए कोड का उपयोग करके सही उत्तर चुनें :

सूची-I	सूची-II
1. बी.आर. मेहता समिति	(*a*) 73वाँ संशोधन अधिनियम
2. अशोक मेहता समिति	(*b*) दो स्तरीय प्रणाली
3. पंचायत राज संस्था	(*c*) केंद्रीय वित्त आयोग
4. अनुच्छेद 243(1)	(*d*) त्रिस्तरीय व्यवस्था

A. 1-(*d*), 2-(*b*), 3-(*a*), 4-(*c*)
B. 1-(*d*), 2-(*a*), 3-(*c*), 4-(*b*)
C. 1-(*a*), 2-(*b*), 3-(*d*), 4-(*c*)
D. 1-(*b*), 2-(*c*), 3-(*a*), 4-(*d*)

17. कथन (A): समाज में लैंगिक भेदभाव को कम करने के लिए शिक्षा सबसे प्रभावी उपकरण है।

कारण (R): महिलाओं को शिक्षित करने से उनकी रोजगार क्षमता में सुधार होता है, निर्णय लेने की शक्ति बढ़ती है और निर्भरता कम होती है।

A. (A) और (R) दोनों सत्य हैं, और (R), (A) का सही स्पष्टीकरण है
B. (A) और (R) दोनों सत्य हैं, लेकिन (R), (A) का सही स्पष्टीकरण नहीं है
C. (A) सत्य है, लेकिन (R) गलत है
D. (A) गलत है, लेकिन (R) सत्य है

18. राजनीतिक प्रक्रियाओं में महिलाओं की भागीदारी में महत्वपूर्ण बाधा क्या है?

A. नेतृत्व पदों पर समान प्रतिनिधित्व
B. लैंगिक समानता को बढ़ावा देने वाले सांस्कृतिक और सामाजिक मानदंड
C. वित्तीय निर्भरता और संसाधनों तक असमान पहुंच
D. शासन में महिला–केंद्रित मुद्दों का अभाव

19. शासन में महिलाओं से संबंधित उनके फोकस क्षेत्रों के साथ अंतर्राष्ट्रीय सम्मेलनों का मिलान करें

सूची-I (सम्मेलन/संधि)	सूची-II (फोकस क्षेत्र)
1. CEDAW	(*a*) 1993
2. बीजिंग घोषणा	(*b*) अंतर्राष्ट्रीय मानव अधिकार संधि
3. UNSCR 1325	(*c*) महिला, शांति और सुरक्षा एजेंडा
4. वियना घोषणापत्र	(*d*) लैंगिक समानता हेतु वैश्विक एजेंडा

A. 1-(*b*), 2-(*d*), 3-(*c*), 4-(*a*)
B. 1-(*d*), 2-(*a*), 3-(*c*), 4-(*b*)
C. 1-(*a*), 2-(*b*), 3-(*d*), 4-(*c*)
D. 1-(*b*), 2-(*c*), 3-(*a*), 4-(*d*)

20. पंचायती राज के संबंध में 73वें संवैधानिक संशोधन अधिनियम द्वारा निम्नलिखित में से किसकी अनुशंसा नहीं की गई थी?

(*i*) सभी निर्वाचित ग्रामीण निकायों में सभी स्तरों पर महिला उम्मीदवारों के लिए 33% सीटें आरक्षित की जाएंगी।
(*ii*) राज्य पंचायती राज संस्थाओं को संसाधन आवंटित करने के लिए अपने वित्त आयोग का गठन करेंगे।
(*iii*) अधिनियम पंचायतों के लिए दो स्तरीय संरचना स्थापित करता है।

A. केवल (*i*)
B. (*ii*) और (*iii*)
C. केवल (*ii*)
D. केवल (*iii*)

21. संरचित साक्षात्कार के बारे में निम्नलिखित में से कौन सा सत्य है?

(*i*) सभी साक्षात्कारकर्ताओं को प्रश्न पूछने का एक ही संदर्भ प्राप्त होता है।
(*ii*) साक्षात्कारकर्ता प्रश्नों के क्रम और कार्यप्रणाली का सख्ती से पालन करते हैं।
(*iii*) प्रश्न आमतौर पर खुले अंत वाले होते हैं और लचीले उत्तरों की अनुमति देते हैं।
(*iv*) संरचित साक्षात्कार आमतौर पर सर्वेक्षण अनुसंधान में उपयोग किए जाते हैं।

A. केवल (*i*) और (*ii*)
B. केवल (*i*), (*ii*) और (*iii*)
C. केवल (*i*) और (*iii*)
D. केवल (*i*), (*ii*) और (*iv*)

22. संरचित साक्षात्कारों की तुलना में स्व–पूर्ण प्रश्नावली का एक लाभ यह है कि :

A. इन्हें प्रशासित करना तेज और सस्ता है
B. वे साक्षात्कारकर्ता प्रभाव पैदा करते हैं
C. उनकी माप वैधता अधिक होती है
D. उनमें अंतर–कोडर भिन्नता की संभावना कम होती है

16. A **17.** A **18.** C **19.** A **20.** D **21.** D **22.** A

23. **कथन (A):** साक्षात्कारकर्ताओं और उत्तरदाताओं के लिए बंद प्रश्नों को पूरा करना आसान और तेज होता है।

कारण (R): बंद प्रश्नों में, उत्तरदाताओं को बड़े पैमाने पर लिखने की आवश्यकता नहीं होती है, बल्कि पूर्वनिर्धारित उत्तरों का चयन या गोला बनाना होता है।

A. कथन (A) और कारण (R) दोनों सत्य हैं, और (R), (A) का सही स्पष्टीकरण है
B. कथन (A) और कारण (R) दोनों सत्य हैं, लेकिन (R), (A) का सही स्पष्टीकरण नहीं है
C. कथन (A) सत्य है, लेकिन कारण (R) गलत है
D. कथन (A) गलत है, लेकिन कारण (R) सत्य है

24. निम्नलिखित विधियों को उनकी विशिष्ट विशेषताओं के साथ सुमेलित करें :

कॉलम-I (विधियाँ)	**कॉलम-II (विशिष्ट विशेषताएँ)**
1. केस स्टडी	(*a*) प्रतिभागियों के प्राकृतिक वातावरण में सीधे संपर्क की आवश्यकता है
2. फोकस ग्रुप डिस्कशन	(*b*) व्यक्तियों या समूहों से सीधे एकत्र किए गए प्रत्यक्ष डेटा पर निर्भर करता है
3. प्रतिभागी अवलोकन	(*c*) किसी एक मामले या घटना की एक निश्चित अवधि में विस्तृत रूप से जांच करता है
4. प्राथमिक डेटा	(*d*) धारणाओं और राय को इकट्ठा करने के लिए निर्देशित समूह बातचीत का उपयोग करता है

A. 1-(*c*), 2-(*d*), 3-(*a*), 4-(*b*)
B. 1-(*d*), 2-(*a*), 3-(*b*), 4-(*c*)
C. 1-(*a*), 2-(*b*), 3-(*d*), 4-(*c*)
D. 1-(*b*), 2-(*c*), 3-(*a*), 4-(*d*)

25. निम्नलिखित में से कौन सा शब्द रुचि के क्षेत्र में प्रमुख सूचनाओं के साथ व्यवस्थित भ्रमण, भूमि और पानी के उपयोग का निरीक्षण करने और समस्याओं और समाधानों की तलाश का सबसे अच्छा वर्णन करता है?

A. सिस्टमिक वॉक
B. फील्ड सर्वेक्षण
C. सामुदायिक मूल्यांकन वॉक
D. ट्रांसेक्ट वॉक (Transect walk)

26. निम्नलिखित में से किसे सबसे पहला संगठित सामाजिक कल्याण प्रयास माना जाता है?

A. चैरिटी संगठन सोसायटी
B. एलिजाबेथन गरीब कानून
C. सेटलमेंट हाउस आंदोलन
D. बेवरिज रिपोर्ट

27. सामाजिक कार्य और समाज सेवा में अंतर है :

A. हस्तक्षेप का पैमाना
B. पेशेवर प्रशिक्षण की आवश्यकता
C. उनके अंतिम उद्देश्य
D. सरकारी कल्याण से उनका जुड़ाव

28. जब कोई सामाजिक कार्यकर्ता बाल शोषण के मामले में हस्तक्षेप करता है तो कौन-सा मूल्य सबसे महत्वपूर्ण होता है?

A. ग्राहक की गोपनीयता का सम्मान
B. सामाजिक न्याय
C. सांस्कृतिक क्षमता
D. गैर–दुर्भावना

29. IFSW और IASSW के बीच संबंध के बारे में कौन-सा कथन सत्य है?

(*i*) दोनों संगठन विशेष रूप से व्यवसायी विकास पर ध्यान केंद्रित करते हैं

(*ii*) IFSW व्यवसायियों का प्रतिनिधित्व करता है, जबकि IASSW शिक्षकों और शोधकर्ताओं पर ध्यान केंद्रित करता है

(*iii*) IASSW, IFSW का एक उपसमूह है।

(*iv*) दोनों संगठन विश्व स्तर पर सामाजिक कार्य की गिरावट को मान्यता देने के लिए जिम्मेदार हैं

A. केवल (*i*) और (*ii*)
B. केवल (*ii*)
C. केवल (*i*), (*iii*) और (*iv*)
D. केवल (*iv*)

30. निम्नलिखित में से कौन-सा 'अभ्यास–सूचित अनुसंधान में संलग्न' का एक उदाहरण है?

A. एक नए हस्तक्षेप पर यादृच्छिक नियंत्रण परीक्षण आयोजित करना
B. एक सामुदायिक परियोजना के लिए जनगणना डेटा का विश्लेषण
C. आकलन के लिए एक नया निदान उपकरण विकसित करना
D. सेवा वितरण विधियों में सुधार के लिए ग्राहक प्रतिक्रिया का उपयोग करना

23. A	**24.** A	**25.** D	**26.** B	**27.** B	**28.** D	**29.** B	**30.** D

31. सामाजिक वैयक्तिक कार्य के अन्वेषण चरण के दौरान, एक आम चुनौती है :

A. गोपनीयता के साथ ग्राहक के आत्मनिर्णय को संतुलित करना

B. यह सुनिश्चित करना कि ग्राहक सभी प्रासंगिक जानकारी का पूरी तरह से खुलासा करता है

C. तत्काल हस्तक्षेप रणनीतियों का विकास करना

D. एक पेशेवर लेकिन सहानुभूतिपूर्ण ग्राहक–कार्यकर्ता संबंध स्थापित करना

32. सामाजिक वैयक्तिक कार्य में, आत्मनिर्णय निम्नलिखित में से किस सिद्धांत से टकरा सकता है?

A. ग्राहक प्रकटीकरण के मामलों में गोपनीयता

B. लाभ जब ग्राहक के निर्णय से स्वयं को नुकसान हो सकता है

C. व्यक्तिगत स्वायत्तता पर सामुदायिक कल्याण को प्राथमिकता देते समय न्याय

D. पर्यवेक्षकों को ग्राहक प्रगति की रिपोर्ट करने में जवाबदेही

33. सामाजिक वैयक्तिक कार्य में सहानुभूति को परिवर्तनकारी कौशल क्यों माना जाता है?

A. यह कार्यकर्ता को सत्यापन के लिए ग्राहक की भावनात्मक स्थिति को प्रतिबिंबित करने की अनुमति देता है

B. यह आपसी समझ को बढ़ावा देकर कार्यकर्ता और ग्राहक के बीच शक्ति असंतुलन को पाटता है

C. यह भावनात्मक संबंध को बढ़ावा देकर समाधान–केंद्रित तकनीकों की आवश्यकता को प्रतिस्थापित करता है

D. यह सुनिश्चित करता है कि ग्राहक बिना किसी प्रतिरोध के सामाजिक कार्यकर्ता के हस्तक्षेप को स्वीकार करता है

34. समूह निर्माण के प्रारंभिक चरण के दौरान कौन-सा सिद्धांत महत्वपूर्ण है?

A. व्यक्तित्व के प्रति सम्मान

B. समूह लक्ष्यों का मूल्यांकन

C. अव्यक्त नेतृत्व की पहचान

D. समूह एकजुटता को बढ़ावा देना

35. कौन-सा कारक चिकित्सीय समूह में सक्रिय भागीदारी को सबसे अच्छा दर्शाता है?

A. उच्च उपस्थिति दर

B. अनुभवों का स्वैच्छिक आदान–प्रदान

C. समूह नेता के विचारों से सहमति

D. चर्चाओं में लंबा योगदान

36. समूह सेटिंग में व्यवहार परिवर्तन को प्रोत्साहित करने में कौन-सा फीडबैक प्रकार सबसे प्रभावी है?

A. सामान्य सकारात्मक प्रतिक्रिया

B. विशिष्ट उदाहरणों के साथ रचनात्मक प्रतिक्रिया

C. दोषों को संबोधित करने वाली नकारात्मक प्रतिक्रिया

D. समूह सर्वसम्मति–आधारित प्रतिक्रिया

37. सामुदायिक संगठन की प्रक्रिया में, समुदाय को प्रभावी ढंग से सशक्त बनाने को सुनिश्चित करने के लिए सामुदायिक आयोजक द्वारा निभाई जाने वाली भूमिकाओं का निम्नलिखित में से कौन-सा सही अनुक्रमिक प्रवाह है?

A. तालमेल बनाना → समुदाय की जरूरतों का आकलन करना → रणनीति विकसित करना → सामुदायिक भागीदारी जुटाना → प्रगति का मूल्यांकन करना

B. समुदाय की जरूरतों का आकलन करना → तालमेल बनाना → रणनीति विकसित करना → सामुदायिक भागीदारी जुटाना → प्रगति का मूल्यांकन करना

C. तालमेल बनाना → सामुदायिक भागीदारी जुटाना → समुदाय की जरूरतों का आकलन करना → रणनीति विकसित करना → प्रगति का मूल्यांकन करना

D. सामुदायिक भागीदारी जुटाना → तालमेल बनाना → समुदाय की जरूरतों का आकलन करना → रणनीति विकसित करना → प्रगति का मूल्यांकन करना

38. सामुदायिक विकास रणनीति का उस सिद्धांतकार से मिलान करें जिसने इसकी वकालत की थी।

सूची-I (रणनीतियाँ)	**सूची-II (सिद्धांतकार)**
1. शिक्षा के माध्यम से सशक्तिकरण	(*a*) पॉल फ्रेयर
2. बदलाव के लिए संसाधन जुटाना	(*b*) शाऊलअलिन्स्की
3. न्याय के लिए सीधी कार्रवाई	(*c*) मैरी पार्कर फोलेट
4. सहभागी नेतृत्व	(*d*) जिम इफे
5. संघर्ष और सहयोग संतुलन	(*e*) जैक रोथमैन

A. 1-(*b*), 2-(*a*), 3-(*c*), 4-(*d*), 5-(*e*)

B. 1-(*a*), 2-(*d*), 3-(*b*), 4-(*c*), 5-(*e*)

C. 1-(*a*), 2-(*b*), 3-(*c*), 4-(*e*), 5-(*d*)

D. 1-(*c*), 2-(*b*), 3-(*e*), 4-(*d*), 5-(*a*)

31. D **32.** B **33.** B **34.** A **35.** B **36.** B **37.** A **38.** B

39. निम्नलिखित में से कौन-सा सामाजिक कल्याण का सबसे अच्छा वर्णन करता है?

A. एक ऐसी प्रणाली जो केवल बेरोजगार व्यक्तियों का समर्थन करती है

B. व्यक्तियों और समुदायों की सामूहिक भलाई और जरूरतों पर केंद्रित एक प्रणाली

C. एक प्रणाली जो कानूनी सहायता प्रदान करती है

D. आय सृजन की एक विधि

40. समाज कल्याण प्रशासन की प्रक्रिया में पहला कदम है :

A. कार्यक्रम कार्यान्वयन

B. नीति मूल्यांकन

C. सामुदायिक आवश्यकताओं का आकलन करना

D. वित्तीय प्रबंधन

41. सामाजिक कल्याण कार्यक्रमों को डिजाइन किया जाना चाहिए :

A. केवल व्यक्तियों की तात्कालिक जरूरतों को पूरा करने के लिए

B. सामाजिक मुद्दों का दीर्घकालिक समाधान प्रदान करने के लिए

C. केवल आर्थिक पहलुओं पर ध्यान देने के लिए

D. सीमित संख्या में व्यक्तियों की सेवा करने के लिए

42. निम्नलिखित में से कौन-सी सामाजिक क्रिया समूह की भूमिका है?

A. सामाजिक परिवर्तन की वकालत करना और यथास्थिति को चुनौती देना

B. केवल निर्वाचित प्रतिनिधियों के साथ काम करना

C. मौजूदा सामाजिक संरचनाओं को सुरक्षित रखना

D. बिना किसी सवाल के सरकारी नीतियों का समर्थन करना

43. कौन-सा सिद्धांत इस विचार पर केंद्रित है कि सामाजिक क्रिया उन अर्थों से उत्पन्न होती है जो व्यक्ति अपने कार्यों और सामाजिक अंतःक्रियाओं से जोड़ते हैं?

A. संरचनात्मक कार्यात्मकता

B. प्रतीकात्मक अंतःक्रियावाद

C. नारीवादी सिद्धांत

D. संघर्ष सिद्धांत

44. किस प्रकार के नमूने में जनसंख्या को अलग–अलग उपसमूहों में विभाजित करना और प्रत्येक उपसमूह से एक यादृच्छिक नमूना चुनना शामिल है?

A. सरल यादृच्छिक नमूनाकरण

B. स्तरीकृत नमूनाकरण

C. क्लस्टर नमूनाकरण

D. सुविधा नमूनाकरण

45. डेटासेट में डेटा के प्रसार या फैलाव को मापने के लिए निम्नलिखित में से किसका उपयोग किया जाता है?

A. माध्य

B. मानक विचलन

C. माध्यिका

D. मोड

46. एनोवा परीक्षण करने का प्राथमिक उद्देश्य निम्नलिखित में से कौन सा है?

A. दो या दो से अधिक समूहों के साधनों की तुलना करना

B. दो चरों के बीच सहसंबंध निर्धारित करना

C. किसी नमूने के मानक विचलन की गणना करना

D. दो श्रेणीगत चरों के बीच स्वतंत्रता की परिकल्पना का परीक्षण करना

47. किशोर न्याय बोर्ड (JJB) का प्राथमिक कार्य क्या है?

A. कानून का उल्लंघन करने वाले बच्चों के लिए न्यायिक कार्यवाही संचालित करना

B. बाल कल्याण कार्यक्रमों का प्रबंधन करना

C. किशोरों के लिए शैक्षिक कार्यक्रम चलाना

D. बच्चे को गोद लेने के मामलों का पर्यवेक्षण करना

48. निम्नलिखित में से कौन जिला बाल संरक्षण इकाई (DCPU) की जिम्मेदारी नहीं है?

A. बाल संरक्षण समितियों का गठन करना

B. बाल श्रम कानूनों को लागू करना

C. किशोर न्याय सुनवाई का संचालन करना

D. बाल संरक्षण नीतियों का कार्यान्वयन सुनिश्चित करना

49. कवल प्लस (KAVAL PLUS) योजना का फोकस क्या है?

A. वंचित बच्चों को वित्तीय सहायता प्रदान करना

B. बच्चों के बीच स्कूल छोड़ने की दर को कम करना

C. जोखिम वाले बच्चों को सुरक्षात्मक सेवाएँ प्रदान करना

D. बच्चों के शैक्षिक परिणामों में सुधार करना

39. B **40.** C **41.** B **42.** A **43.** B **44.** B **45.** B **46.** A **47.** A **48.** C **49.** C

50. भारत में पोषण अभियान के कार्यान्वयन के लिए कौन-सा मंत्रालय जिम्मेदार है?

A. महिला एवं बाल विकास मंत्रालय

B. स्वास्थ्य और परिवार कल्याण मंत्रालय

C. शिक्षा मंत्रालय

D. सामाजिक न्याय और अधिकारिता मंत्रालय

51. चयनात्मक ध्यान को इस रूप में भी जाना जाता है :

(*i*) अंतर्जात ध्यान

(*ii*) लक्ष्य–संचालित ध्यान

(*iii*) स्वैच्छिक ध्यान

(*iv*) कार्यकारी ध्यान

A. उपरोक्त सभी B. (*iii*) को छोड़कर सभी

C. केवल (*ii*) और (*iv*) D. केवल (*ii*)

52. कार चलाना और एक ही समय में किसी यात्री से बात करना इसका उदाहरण है :

A. केंद्रित ध्यान B. कार्यकारी ध्यान

C. वैकल्पिक ध्यान D. विभाजित ध्यान

53. निम्नलिखित में से कौन-सा कथन सही है?

A. संवेदना ऊपर से नीचे का दृष्टिकोण है जबकि धारणा नीचे से ऊपर का दृष्टिकोण है

B. संवेदना नीचे से ऊपर का दृष्टिकोण है जबकि धारणा ऊपर से नीचे का दृष्टिकोण है

C. संवेदना और धारणा दोनों ऊपर से नीचे की ओर दृष्टिकोण हैं

D. संवेदना और धारणा दोनों नीचे से ऊपर का दृष्टिकोण हैं

54. जब हम ओलंपिक लोगो को देखते हैं, तो हमें घुमावदार, जुड़ी हुई रेखाओं के वर्गीकरण के बजाय अतिव्यापी वृत्त दिखाई देते हैं। अंतर्निहित नियम है :

A. समानता का नियम

B. प्राग्नान्ज का नियम

C. पूर्णता / संवृत्ति का नियम

D. सामान्य क्षेत्र का नियम

55. एटकिंसन और शिफरीन के अनुसार मस्तिष्क में विशिष्ट स्मृति भंडार हैं :

A. द्रव स्मृति और क्रिस्टलीकृत स्मृति

B. कार्यशील स्मृति, अल्पकालिक स्मृति और दीर्घकालिक स्मृति

C. द्रव स्मृति और अल्पकालिक स्मृति और दीर्घकालिक स्मृति

D. संवेदी स्मृति, अल्पकालिक स्मृति और दीर्घकालिक स्मृति

56. WMS के बारे में निम्नलिखित में से कौन-सा सही है?

(*i*) 16 से 90 वर्ष की आयु का कोई भी व्यक्ति यह परीक्षा देने के लिए पात्र है।

(*ii*) चौथा संस्करण (WMS-IV) 2019 में प्रकाशित हुआ है।

(*iii*) WMS पहली बार 1945 में प्रकाशित हुआ था।

A. उपरोक्त सभी सही हैं B. (*i*) और (*ii*) सही हैं

C. (*i*) और (*iii*) सही हैं D. (*ii*) और (*iii*) सही हैं

57. ग्राहम वालेस द्वारा बताई गई रचनात्मक प्रक्रिया के दौरान लोग जिन पांच चरणों का पालन करते हैं वे हैं :

A. (*i*) ऊष्मायन (*ii*) प्रदीपन (*iii*) सत्यापन और (*iv*) तैयारी

B. (*i*) प्रदीपन (*ii*) सत्यापन (*iii*) ऊष्मायन और (*iv*) उत्पादन

C. (*i*) तैयारी, (*ii*) प्रदीपन (*iii*) ऊष्मायन और (*iv*) सत्यापन

D. (*i*) तैयारी (*ii*) ऊष्मायन (*iii*) प्रदीपन और (*iv*) सत्यापन

58. SOI मॉडल के अनुसार पाँच प्रकार की सामग्री हैं :

A. अनुभूति, स्मृति, उत्पादन, मूल्यांकन और अर्थ

B. दृश्य, श्रवण, सिस्टम, अर्थ और व्यवहार

C. व्यवहारिक, दृश्य, प्रतीकात्मक, अर्थ और श्रवण

D. दृश्य, श्रवण, प्रतीकात्मक, अर्थ और संबंध

59. समस्या समाधान में पहला कदम है :

A. मूल कारण / कारणों का निदान करना

B. समस्या को परिभाषित करना

C. उपलब्ध विकल्पों की पहचान करना

D. समस्या का विश्लेषण

60. **कथन :**

(*i*) सभी बाघ स्तनधारी हैं।

(*ii*) कुछ स्तनधारी मांसाहारी होते हैं।

निष्कर्ष :

I. कुछ बाघ मांसाहारी होते हैं।

II. सभी मांसाहारी बाघ हैं।

A. केवल निष्कर्ष I सही है

B. केवल निष्कर्ष II सही है

C. निष्कर्ष I और II दोनों सही हैं

D. न तो निष्कर्ष I और न ही II सही है

50. A **51.** A **52.** D **53.** B **54.** B **55.** D **56.** C **57.** D **58.** C **59.** B **60.** D

61. निम्नलिखित में से कौन सा/से आंतरिक प्रेरणा है/हैं?
(*i*) स्वयं की पहल से खेल प्रतियोगिता में भाग लेना
(*ii*) स्वास्थ्य लाभ के लिए नृत्य करता व्यक्ति
(*iii*) एक बच्चा साइकिल चला रहा है
(*iv*) परीक्षा के लिए स्व–अध्ययन
(*v*) सामान्य ज्ञान के लिए पढ़ना
A. दी गई सभी गतिविधियाँ
B. (*ii*), (*iii*), (*iv*) और (*v*)
C. (*ii*) और (*iii*)
D. केवल (*iii*)

62. जेम्स–लैंग के भावना सिद्धांत के अनुसार निम्नलिखित में से कौन सा सत्य है?
A. शारीरिक प्रतिक्रियाएं पहले होती हैं और वे भावनाओं के अनुभव में प्रमुख भूमिका निभाती हैं
B. भावनाएँ पहले होती हैं और फिर शारीरिक प्रतिक्रियाएँ होती हैं
C. भावना और शारीरिक अनुभव एक साथ होते हैं
D. विचार भावनाओं के लिए जिम्मेदार हैं

63. शास्त्रीय कंडीशनिंग में, अनुकूलित प्रतिक्रिया (CR) क्या संदर्भित करती है?
A. प्रतिबंध रहित उत्तेजना के प्रति प्राकृतिक प्रतिक्रिया
B. अनुकूलित उत्तेजना के प्रति सीखी गई प्रतिक्रिया
C. प्रतिबंध रहित उत्तेजना की प्रतिक्रिया
D. किसी उत्तेजना के प्रति तटस्थ प्रतिक्रिया

64. उच्च–क्रम कंडीशनिंग तब होती है जब :
A. एक तटस्थ उत्तेजना मौजूदा अनुकूलित उत्तेजना के साथ जुड़कर एक अनुकूलित उत्तेजना बन जाती है
B. एक अनुकूलित उत्तेजना अब प्रतिक्रिया नहीं देती है
C. एक तटस्थ उत्तेजना एक तटस्थ उत्तेजना बन जाती है
D. एक अनुकूलित प्रतिक्रिया समाप्त हो जाती है

65. निम्नलिखित में से कौन ऑपरेटेंट कंडीशनिंग में व्यवहारिक विरोधाभास के सिद्धांत को सबसे अच्छा दर्शाता है?
A. एक छात्र को प्रत्येक सही उत्तर के लिए पुरस्कार मिलता है, और समय के साथ उनके प्रदर्शन में सुधार होता है
B. एक बच्चे को अपना होमवर्क जल्दी खत्म करने के लिए एक कुकी दी जाती है, लेकिन इनाम बंद होने पर उनका होमवर्क प्रदर्शन कम हो जाता है
C. एक जुआरी जुआ खेलना जारी रखता है क्योंकि उसने कई बार जीत हासिल की है, भले ही वह ज्यादातर हार गया हो
D. एक छात्र घर पर अच्छा व्यवहार करता है क्योंकि वह जानता है कि उसके माता–पिता सप्ताह के अंत में उसे इनाम देंगे

66. सकारात्मक सुदृढीकरण का उपयोग करते समय, सुदृढीकरण प्रभावी है यह सुनिश्चित करने के लिए निम्नलिखित में से कौन सा सबसे महत्वपूर्ण है?
A. व्यक्ति को अपने व्यवहार पर विचार करने के लिए समय देने के लिए सुदृढीकरण में देरी की जानी चाहिए
B. रुचि बनाए रखने के लिए सुदृढीकरण को यादृच्छिक रूप से भिन्न किया जाना चाहिए
C. सुदृढीकरण को तुरंत वांछित व्यवहार का पालन करना चाहिए
D. व्यवहार को कई बार दोहराए जाने के बाद ही सुदृढीकरण दिया जाना चाहिए

67. ऑलपोर्ट के अनुसार, निम्नलिखित में से कौन उद्देश्यों की कार्यात्मक स्वायत्तता का सबसे अच्छा वर्णन करता है?
A. उद्देश्य जो स्थिर रहते हैं और जीवन भर विकसित नहीं होते हैं
B. उद्देश्य जो हमेशा अवलोकन और समाजीकरण के माध्यम से सीखे जाते हैं
C. उद्देश्य जो विशेष रूप से बचपन के अनुभवों से जुड़े हैं
D. उद्देश्य, जो एक बार स्थापित हो गए, अब उनके मूल कारणों से प्रभावित नहीं होते हैं

68. कार्ल रोजर्स ने सुझाव दिया कि चिकित्सा का प्राथमिक कार्य है :
A. ग्राहक को उनके अचेतन संघर्षों के मूल कारणों को खोजने में मदद करना
B. अनुरूपता को बढ़ावा देकर ग्राहक को स्वयं के बारे में अधिक यथार्थवादी समझ विकसित करने में मदद करना
C. सामाजिक कामकाज में सुधार के लिए ग्राहक को सामाजिक मानदंडों और व्यवहारों को अपनाने के लिए प्रोत्साहित करना
D. तर्कहीन मान्यताओं का सामना करने के लिए ग्राहक की आत्म–अवधारणा को चुनौती देना

61. A **62.** A **63.** B **64.** A **65.** B **66.** C **67.** D **68.** B

69. एरिक्सन ट्रस्ट बनाम अविश्वास चरण में, निम्नलिखित में से किसे विश्वास के विकास के लिए महत्वपूर्ण माना जाता है?

A. सफलता के लिए सामाजिक अपेक्षाओं को सफलतापूर्वक पूरा करने की क्षमता

B. एक बच्चे की स्वतंत्रता का दावा करने और अपने पर्यावरण को नियंत्रित करने की क्षमता

C. सहकर्मी संबंधों के माध्यम से पहचान की मजबूत भावना का विकास

D. देखभाल करने वालों द्वारा प्रदान की जाने वाली सुसंगत और विश्वसनीय देखभाल

70. बंडुरा की स्व–प्रणाली में, संज्ञानात्मक प्रक्रियाएं महत्वपूर्ण हैं क्योंकि वे :

A. किसी व्यक्ति की अपने आवेगों को नियंत्रित करने और संतुष्टि में देरी करने की क्षमता निर्धारित करते हैं

B. प्राथमिक तंत्र के रूप में कार्य करते हैं जिसके माध्यम से लोग सामाजिक वातावरण के अनुकूल होते हैं और उनके कार्यों को प्रभावित करते हैं

C. पर्यावरण के किसी भी प्रभाव के बिना व्यवहार के परिणाम को पूरी तरह से निधारित करते हैं

D. अप्रासंगिक हैं, क्योंकि बंडुरा का सिद्धांत अनुभूति पर व्यवहारिक सुदृढीकरण पर जोर देता है

71. कार्यस्थल पर, सोनिया ने देखा कि उसका सहकर्मी, हरि अक्सर मीटिंग में देर से आता है। सोनिया हरि की देरी का कारण उसके व्यक्तिगत आलस्य और प्रतिबद्धता की कमी को बताती है। हालाँकि, सोनिया को बाद में पता चला कि हरि स्वास्थ्य समस्याओं से जूझ रहे थे, जिसके कारण उन्हें देर हो गई। एट्रिब्यूशन थ्योरी के अनुसार, हरि के व्यवहार के लिए सोनिया का प्रारंभिक श्रेय संभवतः इसका एक उदाहरण है :

A. मौलिक आरोपण त्रुटि

B. स्व–सेवा पूर्वाग्रह

C. अभिनेता–पर्यवेक्षक पूर्वाग्रह

D. सर्वसम्मति प्रभाव

72. जस्टिन ने हमेशा खुद को पर्यावरण के प्रति जागरूक व्यक्ति माना है, वह अक्सर रीसाइक्लिंग करते हैं और अपने कार्बन फुटप्रिंट को कम करते हैं। हालाँकि, जब उन्होंने एक नई कार खरीदी, तो उन्होंने एक ऐसा मॉडल चुना जो उच्च ईंधन खपत और कम पर्यावरणीय दक्षता के लिए जाना जाता है। जस्टिन को अपनी पसंद के बारे में असुविधा का अनुभव होता है क्योंकि यह एक पर्यावरण–अनुकूल व्यक्ति के रूप में उनकी पूर्व छवि के साथ टकराव करता है। संज्ञानात्मक असंगति सिद्धांत के अनुसार, जस्टिन जिस असंगति को महसूस कर रहा है उसे कम करने की संभावना कैसे है?

A. वह अपने पर्यावरणीय प्रभाव की भरपाई के लिए कम गाड़ी चलाना शुरू कर देगा

B. वह असंगति को नजरअंदाज करेगा और इसके बारे में सोचने से बचेगा

C. वह दूसरी कार खरीदेगा जो अधिक पर्यावरण अनुकूल हो

D. वह खुद से यह कहकर अपने फैसले को सही ठहराएगा कि नई कार उसकी नौकरी के लिए जरूरी है

73. एक शोधकर्ता ऑटिज्म स्पेक्ट्रम डिसऑर्डर (ASD) से पीड़ित बच्चों में संचार कौशल में सुधार के लिए डिजाइन किए गए एक नए हस्तक्षेप की प्रभावशीलता का अध्ययन कर रहा है। यह हस्तक्षेप बच्चों को उनकी जरूरतों को व्यक्त करने में मदद करने के लिए दृश्य सहायता, जैसे चित्र कार्ड, का उपयोग करने पर केंद्रित है। कुछ माता–पिता अपने बच्चों के संचार में सुधार की रिपोर्ट करते हैं, जबकि अन्य को कोई बदलाव नहीं दिखता। इन भिन्न परिणामों के लिए सबसे संभावित स्पष्टीकरण क्या है?

A. ASD से पीड़ित सभी बच्चे दृश्य सहायता पर एक ही तरह से प्रतिक्रिया करते हैं, इसलिए कुछ बच्चों के लिए हस्तक्षेप अप्रभावी होता है

B. हस्तक्षेप उन बच्चों के लिए अधिक प्रभावी हो सकता है जिनमें भाषा विकास का स्तर कम है या जो अधिक दृष्टि उन्मुख हैं

C. जो माता–पिता कोई बदलाव नहीं होने की रिपोर्ट करते हैं, हो सकता है कि वे चित्र कार्ड का लगातार उपयोग नहीं कर रहे हों, जिसके परिणामस्वरूप असंगत परिणाम हो रहे हों

D. ASD वाले सभी बच्चों के लिए हस्तक्षेप संभवतः अप्रभावी है क्योंकि यह दृश्य सहायता के रूप में एक ही रणनीति पर आधारित है

69. D	**70.** B	**71.** A	**72.** D	**73.** B

74. सिजोफ्रेनिया से पीड़ित रोगी में प्रेरणा की पूर्ण कमी, भावनात्मक अभिव्यक्ति में कमी और दैनिक कार्यों को पूरा करने में असमर्थता प्रदर्शित होती है। कौन-सा लक्षण डोमेन यहां मुख्य रूप से शामिल है?

A. सकारात्मक लक्षण B. संज्ञानात्मक लक्षण
C. नकारात्मक लक्षण D. प्रभावशाली लक्षण

75. निम्नलिखित में से कौन सा सामान्यीकृत चिंता विकार (GAD) और आतंक विकार के बीच एक विशिष्ट विशेषता है?

A. पैनिक डिसऑर्डर की विशेषता भविष्य की घटनाओं के बारे में लगातार चिंता करना है, जबकि GAD में अप्रत्याशित और अचानक चिंता के दौरे शामिल हैं
B. GAD का प्राथमिक लक्षण भयभीत स्थितियों से बचना है, जबकि पैनिक डिसऑर्डर में दखल देने वाले विचार शामिल होते हैं
C. पैनिक डिसऑर्डर सामाजिक स्थितियों के डर से जुड़ा है, जबकि GAD में प्रियजनों से अलगाव से संबंधित डर शामिल है
D. GAD में विभिन्न विषयों के बारे में लगातार, अत्यधिक चिंता शामिल है, जबकि पैनिक डिसऑर्डर में तीव्र भय या परेशानी के अचानक, आवर्ती एपिसोड होते हैं।

76. बाल विकास के किस चरण की विशेषता तीव्र शारीरिक विकास और मोटर कौशल विकास है?

A. शैशवावस्था B. किशोरावस्था
C. प्रारंभिक बचपन D. मध्य बचपन

77. निम्नलिखित में से कौन-सा बाल विकास को प्रभावित करने वाला कारक नहीं है?

A. आनुवंशिकी
B. पालन–पोषण शैलियाँ
C. सहकर्मी संबंध
D. मौसमी मौसम पैटर्न

78. जीन पियाजे के सिद्धांत के अनुसार, वस्तु स्थायित्व का विकास किस चरण में होता है?

A. प्री ऑपरेशनल स्टेज
B. ठोस परिचालन चरण
C. सेंसोरिमोटर चरण
D. औपचारिक परिचालन चरण

79. एरिक एरिकसन के मनोसामाजिक विकास सिद्धांत का एक प्रमुख सिद्धांत क्या है?

A. विकास सतत एवं एक समान होता है
B. प्रत्येक चरण में एक संघर्ष शामिल होता है जिसे हल किया जाना चाहिए
C. विकास पूर्णतः जैविक कारकों पर आधारित है
D. सांस्कृतिक मतभेद विकास को प्रभावित नहीं करते हैं

80. खेल बच्चे के संज्ञानात्मक विकास में कैसे योगदान देता है?

A. यह शारीरिक शक्ति को बढ़ाता है
B. यह समस्या–समाधान और आलोचनात्मक सोच कौशल बनाने में मदद करता है
C. यह भावनात्मक विस्फोट को रोकता है
D. यह पूरी तरह से सामाजिक अंतःक्रियाओं पर केंद्रित है

81. प्रारंभिक बचपन की शिक्षा का निम्नलिखित में से कौन-सा लाभ है?

A. भावनात्मक परिपक्वता को तेज करता है
B. आजीवन सीखने की आदतों को बढ़ावा देता है
C. सभी बच्चों के लिए शैक्षणिक सफलता सुनिश्चित करता है
D. प्राथमिक शिक्षा की आवश्यकता को समाप्त करता है

82. किस प्रकार के खेल में बच्चे काल्पनिक भूमिकाओं या परिदृश्यों में संलग्न होते हैं?

A. एकान्त नाटक B. समानांतर खेल
C. दिखावटी नाटक D. सहकारी नाटक

83. किस सिद्धांतकार ने समीपस्थ विकास क्षेत्र (ZPD) को सीखने में एक प्रमुख तत्व के रूप में प्रस्तावित किया?

A. सिगमंड फ्रायड B. लेव वायगोत्स्की
C. जीन पियाजे D. बी.एफ. स्किनर

84. बाल विकास में महत्वपूर्ण अवधि क्या है?

A. शैक्षणिक सफलता का एक चरण
B. एक समय सीमा जब कुछ कौशल सबसे आसानी से सीखे जाते हैं
C. बार–बार मूड में बदलाव से चिह्नित एक चरण
D. विकास में प्रतिगमन की अवधि

74. C **75.** D **76.** A **77.** D **78.** C **79.** B **80.** B **81.** B **82.** C **83.** B **84.** B

85. किस पर्यावरणीय कारक का बाल विकास पर सबसे महत्वपूर्ण प्रभाव पड़ता है?

A. प्रौद्योगिकी तक पहुंच
B. खिलौनों की उपलब्धता
C. माता–पिता की बातचीत की गुणवत्ता
D. पड़ोस का बुनियादी ढांचा

86. बच्चों के विकास में आउटडोर खेल की क्या भूमिका है?

A. यह मुख्य रूप से मनोरंजन के लिए है
B. यह सकल मोटर कौशल विकसित करने में मदद करता है और तनाव कम करता है
C. यह संरचित सीखने की आवश्यकता को कम करता है
D. यह समूह अंतःक्रिया को हतोत्साहित करता है

87. विकासात्मक देरी वाले बच्चों के लिए शीघ्र हस्तक्षेप क्यों महत्वपूर्ण है?

A. यह आजीवन सहायता सेवाओं की आवश्यकता को कम करता है
B. यह उच्च IQ स्कोर सुनिश्चित करता है
C. यह पारंपरिक शिक्षण विधियों का स्थान लेता है
D. यह आनुवंशिकी के प्रभाव को खत्म करता है

88. भारतीय गर्भवती महिलाओं के लिए अनाज और बाजरा की अनुशंसित मात्रा क्या है?

A. 220 ग्राम B. 200 ग्राम
C. 280 ग्राम D. 300 ग्राम

89. स्तनपान कराने वाली महिलाओं के लिए फोलेट की अतिरिक्त आवश्यकता कितनी है?

A. 50 mic g B. 80 mic g
C. 100 mic g D. 120 mic g

90. स्वास्थ्य हस्तक्षेप में जीवन के 1000 दिन को प्राथमिकता दी जाती है :

A. 2 वर्ष तक B. 1-3 वर्ष
C. 2-4 वर्ष D. 1.5-3.5 वर्ष

91. .... अनुपूरक, दस्त के लिए एक नया उपचार है जो हमेशा ORS के अतिरिक्त दिया जाता है?

A. कैल्शियम B. फॉस्फोरस
C. लिथियम D. जिंक

92. .... की कमी वाली माताओं से पैदा हुए शिशुओं में क्रेटिनिज्म और अवरुद्ध विकास विकसित होगा।

A. जिंक B. प्रोटीन
C. कैल्शियम D. आयोडीन

93. एक अविकसित बच्चे की लंबाई उम्र के हिसाब से Z स्कोर होती है जो WHO ग्रोथ चार्ट में औसत से कम से कम .... SD नीचे होती है।

A. 2 B. 5
C. 3 D. 1

94. सुमन (SUMAN) हस्तक्षेप के लाभार्थी हैं :

A. कोविड मरीज B. माताएँ
C. किशोर D. बुजुर्ग

95. 'लक्ष्य' पहल का उद्देश्य सुधार करना है :

A. किशोर स्वास्थ्य B. बुजुर्गों का स्वास्थ्य
C. गैर संचारी रोग D. लेबर रूम

96. प्रारंभिक बचपन की देखभाल और शिक्षा के संबंध में, निम्नलिखित में से कौन-सा राष्ट्रीय शिक्षा नीति 2020 का प्रमुख सिद्धांत नहीं है?

A. कठोर पाठ्यक्रम
B. समग्र विकास
C. खेल–आधारित शिक्षा
D. मूलभूत साक्षरता और संख्यात्मकता पर ध्यान देना

97. कौन सा सिद्धांतकार 'मचान' (scaffolding) की अवधारणा से सबसे अधिक निकटता से जुड़ा हुआ है?

A. मारिया मोंटेसरी B. जीन पियाजे
C. लेव वायगोत्स्की D. जॉन डेवी

98. उच्च गुणवत्ता वाले प्रारंभिक बचपन शिक्षा कार्यक्रम बनाने में निम्नलिखित में से कौन-सा महत्वपूर्ण कारक नहीं है?

A. योग्य और अच्छी तरह से प्रशिक्षित प्रारंभिक बचपन के शिक्षक
B. छोटी कक्षा का आकार और प्रत्येक बच्चे के लिए व्यक्तिगत ध्यान
C. एक विकासात्मक रूप से उपयुक्त पाठ्यक्रम जो खेल–आधारित शिक्षा और अन्वेषण पर केंद्रित हो
D. एक कठोर और संरचित वातावरण जो बहुत कम उम्र से शैक्षणिक उपलब्धि पर जोर देता हो

85. C	**86.** B	**87.** A	**88.** D	**89.** C	**90.** A	**91.** D
92. D	**93.** A	**94.** B	**95.** D	**96.** A	**97.** C	**98.** D

99. भारत में प्रीस्कूल किस प्रकार समावेशी शिक्षा को सर्वोत्तम ढंग से बढ़ावा दे सकते हैं?

A. विशेष आवश्यकता वाले बच्चों के लिए अलग कक्षाएं बनाना

B. सभी बच्चों के लिए व्यक्तिगत शिक्षा योजनाएँ प्रदान करना

C. विशेषाधिकार प्राप्त पृष्ठभूमि के बच्चों की जरूरतों को प्राथमिकता देना

D. केवल शैक्षणिक उपलब्धि पर ध्यान केंद्रित करना

100. निम्नलिखित में से कौन केरल में प्रीस्कूल पर्यवेक्षक की मुख्य जिम्मेदारी नहीं है?

A. राज्य के ECCE पाठ्यक्रम का कार्यान्वयन सुनिश्चित करना

B. कक्षा में बच्चों को सीधे निर्देश प्रदान करना

C. शिक्षण और सीखने की गुणवत्ता की निगरानी करना

D. शिक्षक के व्यावसायिक विकास में सहायता करना

व्याख्यात्मक उत्तर

1. एक मिश्रित परिवार तब बनता है जब दो पहले से तलाकशुदा या बच्चों वाले विधवा व्यक्ति विवाह या सहवास के माध्यम से एक साथ आते हैं। पहले के रिश्तों के बच्चे एक संयुक्त परिवार इकाई का हिस्सा बन जाते हैं। यह संरचना दो अलग–अलग परिवारों को एक में मिलाती है। यह एकल या विस्तारित परिवारों से भिन्न है।

2. संस्कृतिकरण एक आजीवन प्रक्रिया है जिसके माध्यम से व्यक्ति अपने समाज के सांस्कृतिक मूल्यों, विश्वासों, मानदंडों और अपेक्षित व्यवहारों को सीखते हैं और उन्हें आत्मसात करते हैं। यह बचपन में परिवार के माध्यम से शुरू होता है और स्कूलों, साथियों और समुदाय के माध्यम से जारी रहता है। यह प्रक्रिया पहचान और विश्वदृष्टिकोण को आकार देती है। यह परसंस्कृतिकरण से भिन्न है, जिसमें एक नई संस्कृति को अपनाना शामिल होता है।

3. माध्यमिक समाजीकरण से तात्पर्य उस चीजों को सीखने से है जो प्राथमिक पारिवारिक वातावरण के बाहर होता है। इसमें स्कूल, सहकर्मी समूह, मीडिया और बड़े पैमाने पर समाज जैसे संस्थान शामिल हैं। मीडिया और साथियों के माध्यम से लिंग मानदंडों को सीखना इस चरण का एक उत्कृष्ट उदाहरण है। यह बच्चे को घर से परे व्यापक सामाजिक अपेक्षाओं के अनुकूल ढलने में मदद करता है।

4. एक बहुपत्नी (पॉलीएमोरस) परिवार में ऐसे साझेदार शामिल होते हैं जो कई व्यक्तियों के साथ सहमति से रोमांटिक संबंध बनाए रखते हैं। सभी रिश्ते खुलेपन, सहमति और पारदर्शिता पर आधारित हैं। यह पारिवारिक संरचना एकपत्नीक और एकल–अभिभावक परिवारों से भिन्न है। यह पारिवारिक मॉडल के रूप में नैतिक गैर–एकविवाह पर केंद्रित है।

5. कथन (A) सत्य है क्योंकि आधुनिक घरेलू हिंसा कानून लिंग पहचान की परवाह किए बिना सभी पीड़ितों की रक्षा के लिए बनाए गए हैं। हालाँकि, कारण (R) गलत है क्योंकि घरेलू हिंसा कई कारणों से उत्पन्न होती है, जिसमें मनोवैज्ञानिक मुद्दे, आर्थिक तनाव और व्यक्तिगत संघर्ष शामिल हैं–न कि केवल पितृसत्तात्मक संरचनाएँ। इसलिए, कारण कथन को सही ढंग से प्रमाणित नहीं करता है।

6. शराब की लत के कई नकारात्मक सामाजिक परिणाम होते हैं, जिनमें पारिवारिक संघर्ष, घरेलू हिंसा और उत्पादकता में कमी शामिल है। ये मुद्दे घर और कार्यस्थल में अस्थिरता में योगदान करते हैं। हालाँकि, शराबबंदी मजबूत सामुदायिक बंधन नहीं बनाती है। इसके बजाय, यह अक्सर सामाजिक रिश्तों को कमजोर करता है।

7. भारतीय साक्ष्य अधिनियम की धारा 113A अदालतों को आत्महत्या के लिए उकसाने का अनुमान लगाने की अनुमति देती है जब एक विवाहित महिला क्रूरता का सामना करने के बाद आत्महत्या कर लेती है। यह प्रावधान विशेष रूप से दहेज संबंधी उत्पीड़न से जुड़े मामलों में लागू होता है। यह साक्ष्य का बोझ हटाकर दुर्व्यवहार करने वालों के खिलाफ कानूनी कार्रवाई को मजबूत करता है। यह 498A जैसे आईपीसी प्रावधानों का अनुपालन करता है।

8. 2022 में, केरल ट्रांसजेंडर व्यक्तियों के लिए एक समर्पित रोजगार योजना शुरू करने वाला पहला भारतीय राज्य बन गया। इस पहल का उद्देश्य भेदभाव को कम करना और आजीविका के अवसरों में सुधार करना है। इस योजना ने नौकरी प्लेसमेंट और व्यावसायिक प्रशिक्षण का समर्थन किया। केरल प्रगतिशील ट्रांसजेंडर कल्याण नीतियों में अग्रणी रहा है।

9. मैड्रिड इंटरनेशनल प्लान ऑफ एक्शन ऑन एजिंग (2002) विकासशील देशों में बुजुर्ग देखभाल नीतियों को प्रभावित करने वाला एक प्रमुख वैश्विक ढांचा है। यह वृद्ध व्यक्तियों के अधिकारों, स्वास्थ्य और सामाजिक सुरक्षा पर जोर देता है।

99. B **100.** B

कई देशों ने अपनी राष्ट्रीय उम्र बढ़ने की नीतियों को इसके दिशानिर्देशों के साथ जोड़ दिया है। यह सबसे व्यापक वैश्विक वृद्धावस्था पहल बनी हुई है।

10. दोनों कथन वैश्वीकरण और बाल श्रम के बीच संबंध पर प्रकाश डालते हैं। वैश्वीकरण से कपड़ा, खनन और कृषि जैसे उद्योगों में सस्ते श्रम की मांग बढ़ सकती है। यह मांग कमजोर बच्चों को शोषण का आसान लक्ष्य बनाती है। इसलिए, कारण कथन की सही व्याख्या करता है।

11. ग्रीनहाउस गैसें वायुमंडलीय गैसें हैं जो अवरक्त विकिरण को अवशोषित करती हैं और इसे फिर से उत्सर्जित करती हैं, जिससे पृथ्वी के तापमान को नियंत्रित करने में मदद मिलती है, जिससे कथन (*i*) सही हो जाता है। ये गैसें वैश्विक तापमान स्तर को भी महत्वपूर्ण रूप से प्रभावित करती हैं, इसलिए कथन (*ii*) भी सही है। हालाँकि, कथन (*iii*) गलत है क्योंकि ग्रीनहाउस गैसों के बिना, पृथ्वी 59°F अधिक ठंडी होगी, गर्म नहीं–इस प्रकार कथन प्रभाव को उलट देता है। इसलिए, केवल पहले दो कथन सही हैं।

12. कुशल उपभोक्तावाद का तात्पर्य जिम्मेदार विकल्प चुनने से है जो पर्यावरणीय नुकसान को कम करता है और स्थिरता को बढ़ावा देता है। खरीदने से पहले उत्पाद मानकों का सत्यापन यह सुनिश्चित करता है कि उपभोक्ता सुरक्षित और विश्वसनीय सामान चुनें, जिससे कथन (*i*) सही हो जाता है। अपशिष्ट न्यूनतमकरण तकनीक, पुनर्चक्रण और सामग्रियों के उचित निपटान के साथ, संसाधनों के संरक्षण का समर्थन करती है, जिससे (*ii*) और (*iii*) सही हो जाते हैं। मजबूत कानून बनाने और लागू करने से उपभोक्ता संरक्षण और जिम्मेदार उपभोग को और मजबूती मिलती है, जिससे कथन (*iv*) भी सही हो जाता है।

13. मनरेगा 2005 भारतीय श्रम कानून है जो ग्रामीण परिवारों को कम से कम 100 दिनों का वेतन रोजगार प्रदान करके सीधे काम के अधिकार की गारंटी देता है। इसका उद्देश्य आजीविका सुरक्षा बढ़ाना और टिकाऊ संपत्तियां बनाना है। यह दुनिया के सबसे बड़े सामाजिक सुरक्षा और रोजगार कार्यक्रमों में से एक है। अन्य विकल्प काम करने के अधिकार की गारंटी नहीं देते।

14. पुनर्वास का तात्पर्य मुख्य रूप से विस्थापित व्यक्तियों को एक नए स्थान पर शारीरिक रूप से स्थानांतरित करना है, आमतौर पर यह एक बार की प्रक्रिया है। आजीविका, आय को बहाल करने पर ध्यान केंद्रित करते हुए पुनर्वास आगे बढ़ता है

14. पुनर्वास का तात्पर्य मुख्य रूप से विस्थापित व्यक्तियों को एक नए स्थान पर शारीरिक रूप से स्थानांतरित करना है, आमतौर पर यह एक बार की प्रक्रिया है। आजीविका, आय, सांस्कृतिक स्थिरता और सामाजिक भलाई को बहाल करने पर ध्यान केंद्रित करते हुए पुनर्वास आगे बढ़ता है। यह विस्थापन के बाद दीर्घकालिक पुनर्प्राप्ति और अनुकूलन सुनिश्चित करता है। इस प्रकार, दोनों प्रक्रियाएँ गहराई और दायरे दोनों में भिन्न हैं।

15. SHG कार्यक्रम मूल रूप से भारतीय स्टेट बैंक द्वारा शुरू नहीं किया गया था; बल्कि, इसकी शुरुआत नाबार्ड द्वारा 1990 के दशक की शुरुआत में एक माइक्रोफाइनेंस मॉडल के रूप में की गई थी। इसलिए, कथन (*i*) गलत है। कथन (*ii*) सही है क्योंकि SHG संयुक्त दायित्व के सिद्धांत का पालन करते हैं, जहां पूरा समूह किसी भी व्यक्तिगत सदस्य द्वारा लिए गए ऋण के पुनर्भुगतान के लिए जिम्मेदार होता है। यह सामूहिक जिम्मेदारी पुनर्भुगतान अनुशासन को मजबूत करती है।

16.
1. बी.आर. मेहता समिति → त्रिस्तरीय प्रणाली (*d*)
   बी.आर. मेहता समिति ने त्रिस्तरीय पंचायती राज संरचना स्थापित करने की सिफारिश की।
2. अशोक मेहता समिति → द्विस्तरीय व्यवस्था (*b*)
   अशोक मेहता समिति ने दो स्तरीय पंचायती राज मॉडल का प्रस्ताव रखा।
3. पंचायती राज संस्थाएँ → 73वाँ संशोधन अधिनियम (*a*)
   73वें संविधान संशोधन अधिनियम के माध्यम से पंचायती राज संस्थाओं को संवैधानिक मान्यता मिली।
4. अनुच्छेद 243(1) → केंद्रीय वित्त आयोग (*d*)
   अनुच्छेद 243(1) वित्त आयोग से जुड़े प्रावधानों से संबंधित है।

17. शिक्षा को व्यापक रूप से लैंगिक भेदभाव को कम करने के एक शक्तिशाली साधन के रूप में मान्यता प्राप्त है क्योंकि यह जागरूकता बढ़ाती है, समानता को बढ़ावा देती है और व्यक्तियों को सशक्त बनाती है – जो कथन (A) को सत्य बनाती है। कारण (R) भी सत्य है क्योंकि महिलाओं को शिक्षित करने से उनकी रोजगार क्षमता बढ़ती है, उनकी निर्णय लेने की क्षमता मजबूत होती है और आर्थिक निर्भरता कम होती है। ये परिणाम सीधे तौर पर इस बात का समर्थन करते हैं कि शिक्षा लिंग–आधारित असमानताओं का मुकाबला कैसे करती है। इसलिए, कारण कथन की सही व्याख्या करता है।

18. महिलाओं की राजनीतिक भागीदारी में एक बड़ी बाधा वित्तीय निर्भरता और आर्थिक संसाधनों तक पहुंच की कमी है, जो अभियान चलाने, निर्णयों को प्रभावित करने या नेतृत्व स्थानों में प्रवेश करने की उनकी क्षमता को सीमित करती है। सामाजिक मानदंड और लैंगिक पूर्वाग्रह इस असमानता को और भी खराब करते हैं। इस प्रकार, असमान वित्तीय शक्ति महिलाओं को राजनीतिक प्रक्रियाओं में सक्रिय भागीदारी से रोकने में एक संरचनात्मक बाधा के रूप में कार्य करती है।

19. 1. CEDAW → अंतर्राष्ट्रीय मानवाधिकार संधि (*b*)
CEDAW महिलाओं के खिलाफ भेदभाव को खत्म करने पर केंद्रित है और इसे विश्व स्तर पर एक प्रमुख अंतरराष्ट्रीय मानवाधिकार संधि के रूप में मान्यता प्राप्त है।

2. बीजिंग घोषणा → लैंगिक समानता के लिए वैश्विक एजेंडा (*d*)
बीजिंग घोषणापत्र लैंगिक समानता के लिए एक व्यापक वैश्विक एजेंडे की रूपरेखा तैयार करता है

3. यूएनएससीआर 1325 → महिला, शांति और सुरक्षा एजेंडा (*c*)
यूएनएससीआर 1325 महिला, शांति और सुरक्षा ढांचे पर केंद्रित है।

4. वियना घोषणा → 1993 (*a*)
वियना घोषणापत्र को 1993 में अपनाया गया था।

20. 73वां संवैधानिक संशोधन महिलाओं के लिए 33% आरक्षण अनिवार्य करता है और राज्यों को वित्त आयोग स्थापित करने की आवश्यकता है, इसलिए कथन (*i*) और (*ii*) सही हैं। हालाँकि, यह पंचायती राज के लिए त्रि–स्तरीय संरचना की सिफारिश करता है, न कि दो–स्तरीय प्रणाली की – यह कथन (*iii*) गलत है। इसलिए, अधिनियम द्वारा अनुशंसित नहीं किया गया कथन केवल (*iii*) है।

21. संरचित साक्षात्कार में सभी उत्तरदाताओं को एक ही क्रम में दिए गए प्रश्नों का एक निश्चित सेट शामिल होता है, जो कथन (*i*) और (*ii*) को सही बनाता है। वे साक्षात्कारकर्ताओं के बीच एकरूपता और तुलनीयता बनाए रखने के लिए डिजाइन किए गए हैं। चूँकि संरचित साक्षात्कार में अधिकतर बंद प्रश्नों का उपयोग होता है, न कि खुले सिरे वाले, इसलिए कथन (*iii*) गलत है। इन्हें आमतौर पर सर्वेक्षण अनुसंधान में भी उपयोग किया जाता है, जिससे (*iv*) सही हो जाता है।

22. स्व–पूर्ण प्रश्नावली के लिए किसी साक्षात्कारकर्ता की आवश्यकता नहीं होती है, जिससे उन्हें संरचित साक्षात्कार की तुलना में वितरित करना और एकत्र करना तेज और सस्ता हो जाता है। वे प्रशासनिक लागत को कम करते हैं और बड़े नमूनों तक कुशलतापूर्वक पहुंच सकते हैं। संरचित साक्षात्कार की तुलना में विकल्प (B), (C), और (D) लाभ नहीं हैं।

23. कथन (A) सत्य है क्योंकि बंद प्रश्न सीधे होते हैं, न्यूनतम समय की आवश्यकता होती है, और प्रतिक्रिया प्रक्रिया को आसान बनाते हैं। कारण (R) भी सत्य है, क्योंकि उत्तरदाता लंबे उत्तर लिखने के बजाय केवल पूर्वनिर्धारित विकल्पों में से चुनते हैं। चूँकि यह सीधे तौर पर बताता है कि बंद प्रश्न तेज और आसान क्यों होते हैं, अतः (R) सही ढंग से (A) का समर्थन करता है।

24. 1. केस स्टडी → समय के साथ किसी एक मामले या घटना की विस्तार से जांच करता है (*c*)
एक केस स्टडी में एक व्यक्ति, समूह या स्थिति की गहन, दीर्घकालिक परीक्षा शामिल होती है।

2. फोकस समूह चर्चा → धारणाओं और राय को इकट्ठा करने के लिए निर्देशित समूह बातचीत का उपयोग करता है (*d*)
फोकस समूह साझा दृष्टिकोण और दृष्टिकोण एकत्र करने के लिए नियंत्रित समूह चर्चाओं पर भरोसा करते हैं।

3. प्रतिभागी अवलोकन → प्रतिभागियों के प्राकृतिक वातावरण में सीधे संपर्क की आवश्यकता है (*a*)
प्रतिभागी अवलोकन में शोधकर्ता को प्रतिभागियों के साथ उनके वास्तविक जीवन के संदर्भ में सीधे जुड़ना शामिल होता है।

4. प्राथमिक डेटा → व्यक्तियों या समूहों से सीधे एकत्र किए गए प्रत्यक्ष डेटा पर निर्भर करता है (*b*)
प्राथमिक डेटा सर्वेक्षण, इंटे जैसे उपकरणों के माध्यम से पहली बार सीधे एकत्र की गई जानकारी है।

25. ट्रांसेक्ट वॉक सहभागी ग्रामीण मूल्यांकन में उपयोग की जाने वाली एक व्यवस्थित विधि है जहां शोधकर्ता और प्रमुख मुखबिर भूमि उपयोग, जल संसाधनों, पर्यावरणीय स्थितियों और स्थानीय समस्याओं का निरीक्षण करने के लिए एक क्षेत्र से गुजरते हैं। यह प्रत्यक्ष क्षेत्र अवलोकन के माध्यम से मुद्दों और संभावित समाधानों की पहचान करने में मदद करता है। यह विधि सामुदायिक संसाधनों और चुनौतियों की व्यापक समझ प्रदान करती है।

26. एलिजाबेथ गरीब कानून (1601) को सबसे पहला संगठित सामाजिक कल्याण प्रयास माना जाता है, जो गरीबों की सहायता के लिए राज्य की कानूनी जिम्मेदारी स्थापित करता है। इन कानूनों ने जरूरतमंदों को वर्गीकृत किया और बाद की कल्याण प्रणालियों की नींव रखी। उन्होंने दान–आधारित समर्थन से संरचित सार्वजनिक कल्याण की ओर बदलाव को चिह्नित किया।

27. सामाजिक कार्य मुख्य रूप से व्यावसायिक प्रशिक्षण की आवश्यकता में समाज सेवा से भिन्न है। सामाजिक कार्य एक औपचारिक, व्यावसायिक अनुशासन है जिसके लिए विशेष शिक्षा, कौशल और नैतिक मानकों की आवश्यकता होती है। हालाँकि, समाज सेवा औपचारिक प्रशिक्षण के बिना स्वयंसेवकों या समुदाय के सदस्यों द्वारा प्रदान की जा सकती है। इस प्रकार, मुख्य अंतर पेशेवर तैयारी में है।

28. बाल दुर्व्यवहार के मामलों में, गैर–दुर्भावना का मूल्य – नुकसान को रोकने का दायित्व – सबसे महत्वपूर्ण है। हालाँकि गोपनीयता और सांस्कृतिक क्षमता मायने रखती है, लेकिन बच्चे की सुरक्षा को पूर्ण प्राथमिकता दी जाती है। बच्चे को और अधिक नुकसान से बचाना नैतिक सामाजिक कार्य अभ्यास का केंद्र है। इसलिए, गैर–दुर्भावनापूर्णता हस्तक्षेप का मार्गदर्शन करती है।

29. IFSW (इंटरनेशनल फेडरेशन ऑफ सोशल वर्कर्स) दुनिया भर में चिकित्सकों का प्रतिनिधित्व करता है, जबकि IASSW (इंटरनेशनल एसोसिएशन ऑफ स्कूल्स ऑफ सोशल वर्क) शिक्षकों और शोधकर्ताओं पर ध्यान केंद्रित करता है, जो कथन (*ii*) को सत्य बनाता है। अन्य कथन असत्य हैं; वे विशेष रूप से व्यवसायी विकास पर ध्यान केंद्रित नहीं करते हैं, IASW, IFSW का उपसमूह नहीं है, और न ही वैश्विक स्तर पर डिग्री को मान्यता देता है।

30. अभ्यास–सूचित अनुसंधान का अर्थ है अनुसंधान दृष्टिकोण को आकार देने, परिष्कृत करने या सुधारने के लिए वास्तविक दुनिया के अभ्यास अनुभवों–विशेष रूप से ग्राहक इंटरैक्शन का उपयोग करना। यह फीडबैक, अवलोकन और अंतर्दृष्टि पर आधारित है जो सीधे सेवा वितरण से उभरती है। सेवा विधियों को संशोधित करने या बढ़ाने के लिए क्लाइंट फीडबैक का उपयोग करना अनुसंधान को सूचित करने वाले अभ्यास का सबसे स्पष्ट उदाहरण है। इस प्रकार, यह वास्तविक ग्राहकों से एकत्र किए गए साक्ष्य के माध्यम से अभ्यास में सुधार के मूल विचार को दर्शाता है।

31. अन्वेषण चरण के दौरान, सामाजिक कार्यकर्ता का लक्ष्य ग्राहक की स्थिति, भावनाओं और जरूरतों को समझना होता है। एक बड़ी चुनौती ऐसा रिश्ता स्थापित करना है जो पेशेवर और सहानुभूतिपूर्ण दोनों हो, क्योंकि यह आधार निर्धारित करता है कि ग्राहक कितना साझा करता है। विश्वास बनाने में समय और संवेदनशीलता लगती है। इस प्रकार, इस संतुलित रिश्ते को बनाना मुख्य कठिनाई है।

32. आत्मनिर्णय ग्राहक को अपनी पसंद चुनने के अधिकार का समर्थन करता है। हालाँकि, यह उपकार के साथ टकराव हो सकता है जब ग्राहक की पसंद स्वयं या दूसरों को नुकसान पहुंचा सकती है। तब सामाजिक कार्यकर्ता को ग्राहक के सर्वोत्तम हित में कार्य करने के साथ स्वायत्तता का सम्मान करते हुए संतुलन बनाना चाहिए। यह तनाव उपकार को परस्पर विरोधी सिद्धांत बना देता है।

33. सहानुभूति वास्तविक समझ और विश्वास को बढ़ावा देकर ग्राहक और कार्यकर्ता के बीच शक्ति अंतर को पाटने में मदद करती है। यह कार्यकर्ता को ग्राहक के अनुभवों को बिना निर्णय के समझने की अनुमति देता है और ग्राहकों को सुना और सम्मानित महसूस कराता है। यह जुड़ाव को मजबूत करता है और बदलाव को प्रेरित करता है। इसलिए, सहानुभूति परिवर्तनकारी है।

34. समूह गठन के प्रारंभिक चरण के दौरान व्यक्तित्व का सम्मान आवश्यक है क्योंकि सदस्य अनिश्चितता, विविध पृष्ठभूमि और अद्वितीय आवश्यकताओं के साथ समूह में प्रवेश करते हैं। प्रत्येक व्यक्ति की गरिमा को पहचानने से एक सुरक्षित और भरोसेमंद वातावरण बनाने में मदद मिलती है जहां व्यक्ति मूल्यवान महसूस करते हैं। यह सम्मान चिंता को कम करता है, भागीदारी को प्रोत्साहित करता है, और स्वस्थ समूह गतिशीलता की नींव रखता है क्योंकि सदस्य बातचीत करना शुरू करते हैं। इसलिए, गठन के चरण में यह सबसे महत्वपूर्ण सिद्धांत है।

35. चिकित्सीय समूहों में सक्रिय भागीदारी सबसे अच्छी तब प्रदर्शित होती है जब सदस्य स्वेच्छा से अपने विचार, अनुभव और भावनाएं साझा करते हैं। यह विश्वास, जुड़ाव और बदलाव के लिए तत्परता को इंगित करता है। अकेले उपस्थिति भागीदारी नहीं दर्शाती है, और लंबी या सहमत प्रतिक्रियाएँ सार्थक भागीदारी को प्रतिबिंबित नहीं कर सकती हैं। स्वैच्छिक साझेदारी सबसे मजबूत संकेतक है।

36. समूह सेटिंग में व्यवहार परिवर्तन को प्रोत्साहित करने के लिए विशिष्ट उदाहरणों के साथ रचनात्मक प्रतिक्रिया सबसे प्रभावी है। यह सदस्यों को यह समझने में मदद करता है कि किस व्यवहार में सुधार की आवश्यकता है और इसे कैसे संशोधित किया जाए। विशिष्ट फीडबैक कार्रवाई योग्य है और व्यक्ति को हतोत्साहित किए बिना विकास को बढ़ावा देता है। यह इसे सामान्य प्रशंसा या नकारात्मक आलोचना से अधिक प्रभावी बनाता है।

37. प्रभावी सामुदायिक संगठन एक तार्किक अनुक्रम का पालन करता है। आयोजक समुदाय से विश्वास और स्वीकृति प्राप्त करने के लिए सबसे पहले संबंध बनाता है। फिर, वे समुदाय की जरूरतों का आकलन करते हैं, उसके बाद उन जरूरतों के आधार पर उचित रणनीतियाँ विकसित करते हैं। योजना बनाने के बाद, भागीदारी जुटाना यह सुनिश्चित करता है कि समुदाय सक्रिय रूप से शामिल है। अंत में, प्रगति का मूल्यांकन किया जाता है। यह विकल्प (A) को सही अनुक्रमिक प्रवाह बनाता है।

38.
1. शिक्षा के माध्यम से सशक्तिकरण → पॉल फ्रेयर (*a*)
   पॉल फ्रेयर ने शिक्षा को आलोचनात्मक चेतना और सशक्तिकरण के साधन के रूप में महत्व दिया।
2. परिवर्तन के लिए संसाधन जुटाना → जिम इफे (*d*)
   सामुदायिक विकास में जिम इफे का काम स्थायी परिवर्तन के लिए स्थानीय संसाधनों और क्षमताओं के उपयोग और जुटाव पर जोर देता है।
3. न्याय के लिए सीधी कार्रवाई → शाऊल अलिन्स्की (*b*)
   शाऊल अलिन्स्की को सामाजिक अन्याय को संबोधित करने के लिए सीधी, टकरावपूर्ण कार्रवाई की वकालत करने के लिए जाना जाता है।
4. सहभागी नेतृत्व → मैरी पार्कर फोलेट (*c*)
   मैरी पार्कर फोलेट ने सहभागी और सहयोगात्मक नेतृत्व मॉडल को बढ़ावा दिया।
5. संघर्ष और सहयोग संतुलन → जैक रोथमैन (*e*)
   जैक रोथमैन के सामुदायिक संगठन के मॉडल संघर्ष और सहयोग को संतुलित करने पर जोर देते हैं।

39. सामाजिक कल्याण से तात्पर्य व्यक्तियों, परिवारों और समुदायों की भलाई को बढ़ाने के लिए बनाई गई प्रणाली से है। यह संगठित प्रयासों के माध्यम से सामाजिक, आर्थिक, स्वास्थ्य और शैक्षिक आवश्यकताओं को संबोधित करता है। इसका ध्यान बेरोजगारी या कानूनी सहायता तक सीमित नहीं है, बल्कि समग्र कल्याण और जीवन की गुणवत्ता तक सीमित है। इस प्रकार, यह एक व्यापक, समावेशी अवधारणा है।

40. समाज कल्याण प्रशासन में पहला कदम सामुदायिक आवश्यकताओं का आकलन करना है। यह किसी भी कार्यक्रम की योजना बनाने या लागू करने से पहले अंतराल, चुनौतियों और प्राथमिकता वाले क्षेत्रों की पहचान करने में मदद करता है। समुदाय की वास्तविक स्थिति को समझे बिना प्रभावी नीतियां तैयार नहीं की जा सकतीं। इस प्रकार, आवश्यकताओं का आकलन सभी आगामी चरणों का आधार बनता है।

41. सामाजिक कल्याण कार्यक्रमों को अल्पकालिक राहत से परे देखना चाहिए और उनका लक्ष्य सामाजिक समस्याओं का दीर्घकालिक, स्थायी समाधान प्रदान करना होना चाहिए। इन कार्यक्रमों को सशक्तिकरण, सामाजिक न्याय और जीवन की गुणवत्ता में स्थायी सुधार को बढ़ावा देना चाहिए। उन्हें वित्तीय सहायता या तात्कालिक जरूरतों तक सीमित रखने से उनकी प्रभावशीलता कम हो जाएगी।

42. एक सामाजिक कार्रवाई समूह अन्यायपूर्ण प्रणालियों, संरचनाओं या नीतियों को चुनौती देकर सामाजिक परिवर्तन की वकालत करने के लिए काम करता है। इसका उद्देश्य जागरूकता बढ़ाना, लोगों को संगठित करना और सामाजिक स्थितियों में सुधार लाने वाले सुधारों पर जोर देना है। समानता और न्याय को बढ़ावा देने के लिए सामाजिक कार्रवाई समूह अक्सर मौजूदा शक्ति गतिशीलता पर सवाल उठाते हैं।

43. प्रतीकात्मक अंतःक्रियावाद व्यक्तियों द्वारा अपनी अंतःक्रियाओं, प्रतीकों और व्यवहारों को दिए गए अर्थों के आधार पर सामाजिक क्रिया की व्याख्या करता है। इसका तर्क है कि लोग अपने आस--पास की सामाजिक दुनिया की व्याख्या करने के तरीके के अनुसार कार्य करते हैं। अर्थ अंतःक्रिया के माध्यम से निर्मित होता है और लगातार बदलता रहता है। इस प्रकार, यह प्रश्न के विवरण में सबसे उपयुक्त बैठता है।

44. स्तरीकृत नमूनाकरण किसी जनसंख्या को उम्र, लिंग या आय जैसी विशेषताओं के आधार पर स्पष्ट रूप से परिभाषित उपसमूहों (स्तर) में विभाजित करता है। फिर, प्रतिनिधित्व सुनिश्चित करने के लिए प्रत्येक उपसमूह से एक यादृच्छिक नमूना लिया जाता है। यह विधि सटीकता में सुधार करती है और नमूनाकरण पूर्वाग्रह को कम करती है। इसलिए, यह विवरण से मेल खाता है.

45. मानक विचलन किसी डेटासेट में भिन्नता या फैलाव की डिग्री को मापता है। यह दर्शाता है कि व्यक्तिगत मूल्य माध्य से कितनी दूर तक भटकते हैं, जिससे स्थिरता या परिवर्तनशीलता का मूल्यांकन करने में मदद मिलती है। माध्य, मध्यिका और बहुलक केंद्रीय प्रवृत्ति को मापते हैं, प्रसार को नहीं। इस प्रकार, मानक विचलन फैलाव का सही माप है।

46. एनोवा (वैरिएंस का विश्लेषण) का उपयोग दो या दो से अधिक समूहों के साधनों की तुलना करने के लिए किया जाता है ताकि यह निर्धारित किया जा सके कि उनके बीच सांख्यिकीय रूप से महत्वपूर्ण अंतर है या नहीं। यह परीक्षण करता है कि क्या देखी गई भिन्नताएं वास्तविक अंतर या यादृच्छिक अवसर के कारण हैं। अन्य विकल्प विभिन्न सांख्यिकीय परीक्षणों का वर्णन करते हैं।

47. किशोर न्याय बोर्ड (JJB) कानून का उल्लंघन करने वाले बच्चों के लिए कार्यवाही संचालित करने के लिए स्थापित एक वैधानिक निकाय है। इसकी भूमिका में जांच, पुनर्वास–उन्मुख निर्णय और किशोर न्याय अधिनियम द्वारा अनिवार्य बच्चों के अनुकूल न्याय प्रक्रिया सुनिश्चित करना शामिल है। यह कल्याण कार्यक्रमों या गोद लेने के मामलों का प्रबंधन नहीं करता है।

48. जिला बाल संरक्षण इकाई (DCPU) बाल संरक्षण नीतियों को लागू करने, सेवाओं के समन्वय और बाल संरक्षण समितियों की स्थापना के लिए जिम्मेदार है। यह बाल कल्याण और सुरक्षा से संबंधित कार्यक्रमों की निगरानी भी करता है। हालाँकि, किशोर न्याय की सुनवाई करना किशोर न्याय बोर्ड की जिम्मेदारी है, DCPU की नहीं।

49. कवल प्लस (KAVAL PLUS) जोखिम वाले बच्चों को सुरक्षात्मक और पुनर्वास सेवाएं प्रदान करने पर केंद्रित एक योजना है। यह सुरक्षा और सहायता सुनिश्चित करते हुए, दुर्व्यवहार, उपेक्षा या कठिन परिस्थितियों के संपर्क में आने वाले कमजोर बच्चों को लक्षित करता है। यह योजना वित्तीय सहायता या शैक्षणिक सुधार के बजाय हस्तक्षेप और रोकथाम पर जोर देती है।

50. पोषण अभियान (राष्ट्रीय पोषण मिशन) महिला एवं बाल विकास मंत्रालय द्वारा कार्यान्वित किया जाता है। मिशन का उद्देश्य समन्वित प्रयासों के माध्यम से बच्चों, गर्भवती महिलाओं और स्तनपान कराने वाली माताओं के बीच कुपोषण को दूर करना है। यह आंगनवाड़ी सेवाओं और प्रौद्योगिकी–संचालित निगरानी के माध्यम से संचालित होता है।

51. चयनात्मक ध्यान को कई संबंधित शब्दों से जाना जाता है :

(i) **अंतर्जात ध्यान :** क्योंकि यह व्यक्ति के ध्यान द्वारा आंतरिक रूप से निर्देशित होता है।

(ii) **लक्ष्य-संचालित ध्यान :** चूंकि यह एक विशिष्ट लक्ष्य प्राप्त करने की ओर निर्देशित है।

(iii) **स्वैच्छिक ध्यान :** क्योंकि इसमें सचेत विकल्प और जानबूझकर ध्यान केंद्रित करना शामिल है।

(iv) **कार्यकारी ध्यान :** क्योंकि यह फोकस बनाए रखने और विकर्षणों को नजरअंदाज करने के लिए उच्च–क्रम के संज्ञानात्मक नियंत्रण पर निर्भर करता है।

चूँकि ये चारों चयनात्मक ध्यान का सही वर्णन करते हैं, इसलिए उचित उत्तर है : A. उपरोक्त सभी।

52. किसी यात्री से बात करते समय कार चलाने के लिए एक साथ दो कार्यों का प्रबंधन करना पड़ता है। एक ही समय में कई स्रोतों से जानकारी संसाधित करने की यह क्षमता विभाजित ध्यान की पहचान है। यह विभिन्न गतिविधियों में मल्टीटास्किंग और संज्ञानात्मक संसाधन साझाकरण को प्रदर्शित करता है।

53. संवेदना संवेदी अंगों के माध्यम से प्राप्त कच्चे डेटा को संदर्भित करती है, जिसे पर्यावरण से अंदर की ओर संसाधित किया जाता है – यह इसे नीचे से ऊपर की प्रक्रिया बनाता है। हालाँकि, धारणा में पूर्व ज्ञान, अपेक्षाओं और अनुभवों का उपयोग करके इस संवेदी जानकारी की व्याख्या करना शामिल है, जिससे यह ऊपर से नीचे का दृष्टिकोण बन जाता है। इस प्रकार, सही संबंध संवेदना के लिए नीचे से ऊपर और धारणा के लिए ऊपर से नीचे है।

54. ओलंपिक लोगो की अनियमित घुमावदार रेखाओं के संग्रह के बजाय पांच सरल, अतिव्यापी वृत्तों के रूप में धारणा प्राग्नान्ज के नियम को दर्शाती है। यह गेस्टाल्ट सिद्धांत बताता है कि हमारा दिमाग दृश्य तत्वों को सबसे सरल, सबसे स्थिर और सबसे सार्थक रूप में व्यवस्थित करता है। लोगो की व्याख्या एक जटिल पैटर्न के रूप में करने के बजाय, हम इसे स्वच्छ, व्यवस्थित वृत्त के रूप में देखते हैं क्योंकि मस्तिष्क सरलता और व्यवस्था को पसंद करता है।

55. एटकिंसन और शिफरीन के मल्टी–स्टोर मॉडल ने तीन अलग–अलग मेमोरी सिस्टम प्रस्तावित किए। संवेदी स्मृति संक्षेप में आने वाली जानकारी को संग्रहीत करती है, अल्पकालिक स्मृति इसे सीमित अवधि के लिए संग्रहीत करती है, और दीर्घकालिक स्मृति इसे विस्तारित अवधि के लिए बनाए रखती है। ये तीन चरण मेमोरी सिस्टम के माध्यम से सूचना के प्रवाह का वर्णन करते हैं।

56. वेक्सलर मेमोरी स्केल (WMS) को 16 से 90 वर्ष की आयु के व्यक्तियों को प्रशासित किया जा सकता है, जिससे कथन *(i)* सही हो जाता है। WMS-IV वास्तव में 2019 में नहीं बल्कि 2009 में प्रकाशित हुआ था, इसलिए कथन *(ii)* गलत है। WMS का पहला संस्करण वास्तव में 1945 में प्रकाशित हुआ था, इसलिए कथन *(iii)* सही है। इसलिए, केवल *(i)* और *(iii)* सही हैं।

57. ग्राहम वालेस ने रचनात्मकता के चार प्रमुख चरण प्रस्तावित किए : तैयारी, जहां आधार तैयार किया जाता है; इन्क्यूबेशन, जहां विचार अनजाने में उबलने लगते हैं; प्रदीपन, जहां अंतर्दृष्टि अचानक प्रकट होती है; और सत्यापन, जहां विचार का मूल्यांकन और परिष्कृत किया जाता है। रचनात्मकता अनुसंधान में इस क्रम को व्यापक रूप से स्वीकार किया जाता है।

58. गिलफोर्ड के स्ट्रक्चर ऑफ इंटेलेक्ट (SOI) मॉडल में, 'सामग्री' व्यक्तिगत प्रक्रिया की सूचना के प्रकारों को संदर्भित करती है। पांच सामग्री श्रेणियां दृश्य, श्रवण, प्रतीकात्मक, अर्थपूर्ण और व्यवहारिक हैं। ये इनपुट के विभिन्न रूपों का प्रतिनिधित्व करते हैं जिनकी मन व्याख्या करता है। इस प्रकार, सही संयोजन में सभी पाँच प्रकार शामिल हैं।

59. समस्या समाधान में पहला कदम समस्या को स्पष्ट रूप से परिभाषित करना है। समस्या क्या है इसकी सटीक समझ के बिना, कारणों का निदान करना या समाधान की पहचान करना अप्रभावी हो जाता है। एक अच्छी तरह से परिभाषित समस्या सभी आगामी चरणों के लिए दिशा निर्धारित करती है। इसलिए, समस्या को परिभाषित करना तार्किक प्रारंभिक बिंदु है।

60. कथनों से : सभी बाघ स्तनधारी हैं, और कुछ स्तनधारी मांसाहारी हैं। हम यह निष्कर्ष नहीं निकाल सकते कि कुछ बाघ मांसाहारी हैं, क्योंकि मांसाहारी स्तनधारियों में बाघ शामिल नहीं हो सकते हैं। इसी तरह, हम यह निष्कर्ष नहीं निकाल सकते कि सभी मांसाहारी बाघ हैं, क्योंकि कथन का यह अर्थ नहीं है। इसलिए, कोई भी निष्कर्ष तार्किक रूप से अनुसरण नहीं करता है।

61. आंतरिक प्रेरणा का तात्पर्य बाहरी पुरस्कारों के बजाय आंतरिक संतुष्टि, आनंद या व्यक्तिगत पूर्ति के लिए गतिविधियों में संलग्न होना है। सूचीबद्ध गतिविधियों में से प्रत्येक इस आंतरिक ड्राइव को दर्शाती है। स्वयं की पहल से खेलों में भाग लेना व्यक्तिगत रुचि दर्शाता है; स्वास्थ्य लाभ के लिए नृत्य करना प्रेरणा के रूप में आंतरिक कल्याण को दर्शाता है; एक बच्चा आनंद के लिए साइकिल चलाता है; स्व–अध्ययन सीखने की इच्छा से प्रेरित होता है; और सामान्य ज्ञान के लिए पढ़ना जिज्ञासा और आत्म–विकास से आता है। ये सभी क्रियाएं आंतरिक प्रेरणा से उत्पन्न होती हैं।

62. जेम्स–लैंग सिद्धांत का प्रस्ताव है कि शारीरिक परिवर्तन पहले होते हैं, और इन परिवर्तनों के बारे में हमारी धारणा भावनाओं के अनुभव की ओर ले जाती है। उदाहरण के लिए, हमें डर लगता है क्योंकि हम कांपते हैं; हमें दुःख होता है क्योंकि हम रोते हैं। यह दृष्टिकोण भावनाओं के आधार के रूप में शारीरिक प्रतिक्रियाओं पर जोर देता है।

63. शास्त्रीय कंडीशनिंग में, अनुकूलित प्रतिक्रिया (CR) सीखी गई प्रतिक्रिया है जो पहले से तटस्थ उत्तेजना के प्रतिबंध रहित उत्तेजना के साथ जुड़ने के बाद होती है। उदाहरण के लिए, यदि एक घंटी (तटस्थ उत्तेजना) को बार–बार भोजन (प्रतिबंध

रहित उत्तेजना) के साथ जोड़ा जाता है, तो एक कुत्ता अकेले घंटी की आवाज सुनकर लार निकालना सीखता है – यहां लार निकलना CR है।

64. उच्च–क्रम कंडीशनिंग तब होती है जब पहले से तटस्थ उत्तेजना पहले से स्थापित अनुकूलित उत्तेजना के साथ जुड़कर एक अनुकूलित उत्तेजना बन जाती है। इससे पता चलता है कि सीखना पहले के जुड़ावों पर कैसे निर्माण कर सकता है। यह कंडीशनिंग को मूल प्रतिबंध रहित उत्तेजना से आगे बढ़ने की अनुमति देता है। इस प्रकार, सीखना अधिक जटिल और स्तरित हो जाता है।

65. व्यवहारिक विरोधाभास तब होता है जब व्यवहार बदलता है क्योंकि सुदृढीकरण की स्थितियाँ अन्य स्थितियों के सापेक्ष बदलती हैं। एक बच्चा जो पुरस्कृत होने पर अच्छा प्रदर्शन करता है लेकिन पुरस्कार बंद होने पर उसके प्रदर्शन में गिरावट आती है, यह इस बदलाव को दर्शाता है। प्रबलित और गैर–प्रबलित स्थितियों के बीच व्यवहार में तीव्र अंतर होता है, जो प्रभाव को स्पष्ट रूप से दिखाता है।

66. सुदृढीकरण के प्रभावी होने के लिए, यह वांछित व्यवहार के तुरंत बाद घटित होना चाहिए। इससे जुड़ाव मजबूत होता है और व्यक्ति को यह समझने में मदद मिलती है कि वास्तव में किस कार्य को पुरस्कृत किया जा रहा है। विलंबित या असंगत सुदृढीकरण सीखने को कमजोर करता है और व्यवहार परिवर्तन को कम करता है।

67. ऑलपोर्ट की कार्यात्मक स्वायत्तता की अवधारणा बताती है कि उद्देश्य उन मूल कारणों से स्वतंत्र हो सकते हैं जिन्होंने उन्हें बनाया है। एक व्यवहार जो एक उद्देश्य के लिए शुरू हुआ वह जारी रह सकता है क्योंकि उसने अपना आंतरिक मूल्य या प्रेरणा विकसित कर ली है। इस प्रकार, उद्देश्य समय के साथ विकसित होते हैं और बचपन की उत्पत्ति से स्थायी रूप से बंधे नहीं होते हैं। वे आत्मनिर्भर और स्वायत्त हो जाते हैं।

68. कार्ल रोजर्स ने ग्राहकों को उनके वास्तविक स्व और आदर्श स्व के बीच अधिक अनुरूपता–संरेखण की ओर बढ़ने में मदद करने पर जोर दिया। थेरेपी एक सुरक्षित, स्वीकार्य वातावरण बनाने पर केंद्रित है जो ग्राहकों को ईमानदारी से खुद को तलाशने की अनुमति देता है। इससे उन्हें बढ़ने, आत्म–समझ हासिल करने और आंतरिक संघर्ष को कम करने में मदद मिलती है। इस प्रकार, सर्वांगसमता को बढ़ावा देना रोजेरियन थेरेपी का केंद्र है।

69. एरिकसन का पहला चरण, ट्रस्ट बनाम अविश्वास, इस बात पर केंद्रित है कि क्या शिशुओं को देखभाल करने वालों से लगातार, गर्म और विश्वसनीय देखभाल मिलती है। जब देखभाल करने वाले बच्चे की जरूरतों पर पूर्वानुमानित प्रतिक्रिया देते हैं, तो विश्वास विकसित होता है; जब देखभाल असंगत या उपेक्षापूर्ण होती है, तो अविश्वास बनता है। सुरक्षा की यह प्रारंभिक भावना यह निर्धारित करती है कि बच्चा दुनिया को कैसे देखता है। इस प्रकार, देखभालकर्ता की विश्वसनीयता महत्वपूर्ण है।

70. बंडुरा की स्व–प्रणाली व्यवहार को आकार देने में संज्ञानात्मक प्रक्रियाओं–जैसे विश्वास, विचार और आत्म–प्रभावकारिता–की भूमिका पर प्रकाश डालती है। ये संज्ञान व्यक्तियों को स्थितियों की व्याख्या करने, कार्यों को विनियमित करने और सामाजिक वातावरण में समायोजित करने में मदद करते हैं। व्यवहार केवल अनुभूति से नहीं, बल्कि अनुभूति, पर्यावरण और व्यक्तिगत कारकों के बीच गतिशील अंतःक्रिया से उत्पन्न होता है। इसलिए, अनुभूति एक प्रमुख अनुकूली तंत्र है।

71. स्थितिजन्य कारकों पर विचार किए बिना, सोनिया तुरंत हरि की देरी का कारण आलस्य जैसे व्यक्तिगत गुणों को बताती हैं। बाद में उसे पता चला कि उसका व्यवहार स्वास्थ्य समस्याओं के कारण था। बाहरी परिस्थितियों को नजरअंदाज करते हुए आंतरिक कारणों पर अधिक जोर देने की प्रवृत्ति को मौलिक एट्रिब्यूशन त्रुटि के रूप में जाना जाता है, जो सामाजिक निर्णयों में एक सामान्य संज्ञानात्मक पूर्वाग्रह है।

72. जस्टिन को संज्ञानात्मक असंगति का अनुभव होता है क्योंकि पर्यावरण के लिए हानिकारक कार का चुनाव उनकी आत्म–छवि के विपरीत है। असंगति को कम करने का एक सामान्य तरीका किसी की मान्यताओं को बदलकर व्यवहार को उचित ठहराना है। अपने आप को यह बताकर कि कार उसकी नौकरी के लिए आवश्यक है, जस्टिन अपने व्यवहार को बदले बिना आंतरिक मनोवैज्ञानिक परेशानी को कम कर सकता है।

73. ऑटिज्म स्पेक्ट्रम विकार अत्यधिक विविध है, और बच्चों की ताकत और संचार शैली में व्यापक रूप से भिन्नता होती है। दृश्य–सहायता हस्तक्षेप उन बच्चों के लिए विशेष रूप से प्रभावी होते हैं जो अधिक दृष्टि उन्मुख होते हैं या जिनमें मौखिक कौशल कम होते हैं। इसलिए, संचार प्रोफाइल में अंतर संभवतः विभिन्न प्रतिक्रियाओं की व्याख्या करता है, न कि अकेले हस्तक्षेप या माता–पिता की असंगति की।

74. प्रेरणा की कमी, भावनात्मक अभिव्यक्ति में कमी और दैनिक गतिविधियों को करने में कठिनाई जैसे लक्षण सिजोफ्रेनिया के क्लासिक नकारात्मक लक्षण हैं। ये लक्षण सकारात्मक लक्षणों के विपरीत, सामान्य कार्यों की हानि या कमी को दर्शाते हैं, जिनमें मतिभ्रम या भ्रम जैसी ज्यादतियां शामिल होती हैं। नकारात्मक लक्षण कामकाज और जीवन की गुणवत्ता को बहुत खराब कर देते हैं।

75. सामान्यीकृत चिंता विकार (GAD) में जीवन के कई पहलुओं के बारे में लगातार, अत्यधिक और अनियंत्रित चिंता शामिल है। इसके विपरीत, पैनिक डिसऑर्डर को डर के अचानक, तीव्र

एपिसोड (पैनिक अटैक) से पहचाना जाता है जो अप्रत्याशित रूप से प्रकट होते हैं। चिंता के पैटर्न और प्रकृति में यह अंतर दोनों विकारों को स्पष्ट रूप से अलग करता है।

76. शैशवावस्था, जो जन्म से लेकर लगभग दो वर्ष की आयु तक होती है, वह अवस्था है जहां पूरे जीवनकाल में शारीरिक विकास सबसे तेज दर से होता है। इस अवधि के दौरान, शिशुओं की ऊंचाई, वजन और मस्तिष्क के विकास में तेजी से वृद्धि होती है। यह वह चरण भी है जहां बुनियादी मोटर कौशल–जैसे कि घूमना, रेंगना, खड़े होना और चलना–तेजी से विकसित होते हैं। इसलिए, शैशवावस्था तीव्र विकास और मोटर कौशल विकास की सबसे अधिक विशेषता वाली अवस्था है।

77. बाल विकास आनुवांशिकी, पालन–पोषण शैली और सहकर्मी संबंधों जैसे कारकों से आकार लेता है, जो सभी शारीरिक, भावनात्मक, संज्ञानात्मक और सामाजिक विकास को प्रभावित करते हैं। हालाँकि, मौसमी मौसम का पैटर्न मुख्य विकास प्रक्रियाओं पर महत्वपूर्ण प्रभाव नहीं डालता है। हालाँकि पर्यावरण मायने रखता है, केवल मौसम परिवर्तन ही विकासात्मक परिणामों को आकार नहीं देता है।

78. पियाजे के अनुसार, सेंसरिमोटर चरण (जन्म से लगभग 2 वर्ष तक) वह होता है जब शिशु संवेदी अनुभवों और मोटर क्रियाओं के माध्यम से सीखते हैं। इस चरण का एक प्रमुख मील का पत्थर वस्तु स्थायित्व है, यह समझ कि वस्तुएं दिखाई न देने पर भी अस्तित्व में रहती हैं। यह प्रारंभिक विकास में एक प्रमुख संज्ञानात्मक प्रगति का प्रतीक है।

79. एरिकसन का मनोसामाजिक सिद्धांत इस बात पर जोर देता है कि प्रत्येक विकासात्मक चरण में एक विशिष्ट मनोसामाजिक संघर्ष शामिल होता है जिसे स्वस्थ मनोवैज्ञानिक विकास के लिए हल किया जाना चाहिए। सफल समाधान से ताकत बढ़ती है, जबकि अनसुलझे संघर्ष भविष्य की चुनौतियां पैदा कर सकते हैं। यह चरणबद्ध, संकट–आधारित मॉडल सामाजिक, भावनात्मक और सांस्कृतिक प्रभावों की परस्पर क्रिया पर प्रकाश डालता है।

80. खेल संज्ञानात्मक विकास में महत्वपूर्ण योगदान देता है क्योंकि यह बच्चों को रचनात्मक रूप से अन्वेषण, प्रयोग और सोचने के लिए प्रोत्साहित करता है। खेल के माध्यम से, बच्चे समस्याओं को हल करना, निर्णय लेना और कारण–प्रभाव संबंधों को समझना सीखते हैं। यह प्रारंभिक तर्क और सोच कौशल का भी निर्माण करता है जो अकादमिक सीखने में सहायता करता है। इस प्रकार, खेल गतिविधियों को शामिल करने से संज्ञानात्मक विकास को दृढ़ता से समर्थन मिलता है।

81. प्रारंभिक बचपन की शिक्षा जिज्ञासा, स्वतंत्रता, भाषा कौशल और भावनात्मक विनियमन का पोषण करके सीखने के लिए एक मजबूत आधार बनाती है। यह सीखने में रुचि, दृढ़ता और अन्वेषण जैसी आदतें पैदा करता है–ऐसे गुण जो बच्चों को जीवन भर लाभान्वित करते हैं। हालाँकि यह सभी के लिए शैक्षणिक सफलता की गारंटी नहीं देता है, लेकिन यह सकारात्मक दीर्घकालिक सीखने के दृष्टिकोण को दृढ़ता से बढ़ावा देता है।

82. दिखावटी खेल (जिसे कल्पनाशील या प्रतीकात्मक खेल भी कहा जाता है) में बच्चे भूमिकाएँ निभाते हैं, परिदृश्य बनाते हैं और कहानियों पर अभिनय करते हैं। इस प्रकार का खेल रचनात्मकता, भाषा विकास, भावनात्मक समझ और सामाजिक कौशल को मजबूत करता है। यह बच्चों को विचारों के साथ प्रयोग करने और अपने आस–पास की दुनिया को समझने की अनुमति देता है।

83. समीपस्थ विकास क्षेत्र (ZPD) लेव वायगोत्स्की द्वारा प्रस्तावित किया गया था। इसका तात्पर्य एक बच्चा स्वतंत्र रूप से क्या कर सकता है और मार्गदर्शन से क्या हासिल कर सकता है, के बीच के अंतर को दर्शाता है। वायगोत्स्की ने इस क्षेत्र के भीतर सीखने के लिए सामाजिक संपर्क और मचान को आवश्यक बताया। इस प्रकार, ZPD सामाजिक–सांस्कृतिक सिद्धांत में एक केंद्रीय अवधारणा है।

84. एक महत्वपूर्ण अवधि एक विशिष्ट विकासात्मक खिड़की है जब मस्तिष्क विशेष रूप से भाषा या संवेदी क्षमताओं जैसे कुछ कौशल सीखने के लिए ग्रहणशील होता है। इस दौरान अर्जित कौशल अधिक स्वाभाविक और कुशलता से विकसित होते हैं। इस विंडो के गुम होने से बाद में सीखना और अधिक कठिन हो सकता है। इसलिए, प्रारंभिक विकास में महत्वपूर्ण अवधियाँ आवश्यक हैं।

85. माता–पिता की बातचीत की गुणवत्ता महत्वपूर्ण रूप से संज्ञानात्मक, भावनात्मक और सामाजिक विकास को आकार देती है। गर्म, संवेदनशील और उत्तेजक बातचीत सुरक्षित लगाव, भाषा विकास और भावनात्मक विनियमन को बढ़ावा देती है। जबकि अन्य पर्यावरणीय कारक मायने रखते हैं, अनुसंधान लगातार दिखाता है कि माता–पिता की बातचीत का सबसे मजबूत प्रभाव होता है।

86. आउटडोर खेल दौड़ने, चढ़ने और समन्वय जैसे सकल मोटर कौशल का निर्माण करके शारीरिक विकास का समर्थन करता है। यह तनाव को कम करता है, मूड को बेहतर बनाता है और भावनात्मक भलाई को बढ़ाता है। इसके अतिरिक्त, आउटडोर खेल अन्वेषण और सामाजिक संपर्क को प्रोत्साहित करता है। इसलिए, यह मनोरंजन से परे एक महत्वपूर्ण विकासात्मक भूमिका निभाता है।

87. प्रारंभिक हस्तक्षेप महत्वपूर्ण है क्योंकि यह मस्तिष्क के विकास के सबसे संवेदनशील समय के दौरान बच्चे का समर्थन करता है, जिससे कौशल अधिक प्रभावी ढंग से बनने में मदद मिलती है।

समय पर समर्थन से संचार, सामाजिक, संज्ञानात्मक और मोटर क्षमताओं में उल्लेखनीय सुधार हो सकता है। परिणामस्वरूप, बच्चों को जीवन में बाद में अक्सर कम गहन सेवाओं की आवश्यकता होती है। यह उच्च IQ की गारंटी नहीं देता है या आनुवांशिक कारकों को खत्म नहीं करता है बल्कि विकासात्मक परिणामों को अधिकतम करने में मदद करता है।

88. भारतीय आहार संबंधी अनुशंसाओं (गर्भवती महिलाओं के लिए मानक आहार चार्ट में उपयोग किए जाने वाले ICMR/NIN खाद्य समूह दिशानिर्देश) के अनुसार, अनाज और बाजरा का अनुशंसित सेवन लगभग 300 ग्राम प्रति दिन है। यह मात्रा गर्भावस्था के दौरान बढ़ती ऊर्जा जरूरतों को पूरा करने में मदद करती है।

89. ICMR/NIN द्वारा अनुशंसित आहार भत्ते (RDA) के अनुसार, स्तनपान कराने वाली महिलाओं को दूध उत्पादन और मातृ स्वास्थ्य का समर्थन करने के लिए अतिरिक्त फोलेट की आवश्यकता होती है। अतिरिक्त आवश्यकता 100 माइक्रोग्राम है, जो सामान्य वयस्क आवश्यकता से अधिक है।

90. 'पहले 1000 दिन' का तात्पर्य गर्भधारण से लेकर बच्चे के दूसरे जन्मदिन तक की अवधि से है। यह विंडो पोषण, मस्तिष्क विकास और दीर्घकालिक स्वास्थ्य परिणामों के लिए महत्वपूर्ण है। पोषण अभियान और वैश्विक पोषण पहल जैसे स्वास्थ्य कार्यक्रम इस अवधि को प्राथमिकता देते हैं।

91. दस्त प्रबंधन के लिए, WHO और राष्ट्रीय दिशानिर्देश ORS के साथ जिंक की खुराक देने की सलाह देते हैं। जिंक दस्त की अवधि और गंभीरता को कम करता है और भविष्य में होने वाली घटनाओं को रोकने में मदद करता है। यह बच्चों में दस्त के इलाज का एक मानक हिस्सा है।

92. आयोडीन की कमी वाली माताओं से जन्म लेने वाले शिशुओं में क्रेटिनिज्म, अवरुद्ध विकास और बौद्धिक विकलांगता विकसित होने का खतरा अधिक होता है। आयोडीन थायराइड हार्मोन उत्पादन के लिए आवश्यक है, जो गर्भावस्था के दौरान मस्तिष्क और शारीरिक विकास के लिए महत्वपूर्ण है।

93. एक बच्चे को बौनेपन की श्रेणी में रखा जाता है जब उसकी उम्र के हिसाब से ऊंचाई Z स्कोर (HAZ) WHO के औसत से –2 SD या अधिक कम हो। यह दीर्घकालीन विकास को प्रभावित करने वाले दीर्घकालिक अल्पपोषण का संकेत देता है।

94. सुमन (सुरक्षित मातृत्व आश्वासन) एक सरकारी पहल है जो गुणवत्तापूर्ण मातृ एवं नवजात देखभाल सुनिश्चित करती है। इसका लक्ष्य सुनिश्चित सेवाओं के माध्यम से शून्य रोकथाम योग्य मातृ एवं नवजात मृत्यु की गारंटी देना है। इसलिए, प्राथमिक लाभार्थी गर्भवती महिलाएं, माताएं और नवजात शिशु हैं।

95. लक्ष्य कार्यक्रम (प्रसव कक्ष गुणवत्ता सुधार पहल) प्रसूति कक्ष और प्रसूति ऑपरेशन थिएटरों में देखभाल की गुणवत्ता में सुधार पर केंद्रित है। इसका लक्ष्य बेहतर बुनियादी ढांचे, प्रशिक्षण और सेवा मानकों के माध्यम से मातृ और नवजात मृत्यु दर और रुग्णता को कम करना है।

96. राष्ट्रीय शिक्षा नीति (NEP) 2020 प्रारंभिक वर्षों के दौरान लचीली, बाल–केंद्रित, खेल–आधारित और अनुभवात्मक शिक्षा पर जोर देती है। यह समग्र विकास और साक्षरता और संख्यात्मकता में मजबूत नींव बनाने का समर्थन करता है। एक कठोर पाठ्यक्रम एनईपी के सिद्धांतों के खिलाफ जाता है, जिससे यह गलत विकल्प बन जाता है।

97. मचान (scaffolding) की अवधारणा उस सहायता को संदर्भित करती है जो एक अधिक जानकार व्यक्ति एक बच्चे को उन कार्यों को करने में मदद करने के लिए प्रदान करता है जो वे अभी तक स्वतंत्र रूप से नहीं कर सकते हैं। यह विचार लेव वायगोत्स्की के साथ सबसे अधिक निकटता से जुड़ा हुआ है, जिन्होंने मचान को समीपस्थ विकास क्षेत्र (ZPD) के अपने सिद्धांत से जोड़ा था। यह सामाजिक–सांस्कृतिक शिक्षा का एक प्रमुख पहलू है।

98. एक उच्च गुणवत्ता वाले प्रारंभिक बचपन कार्यक्रम के लिए प्रशिक्षित शिक्षकों, छोटी कक्षा के आकार और एक पाठ्यक्रम की आवश्यकता होती है जो अन्वेषण और खेल–आधारित शिक्षा पर जोर देता है। एक कठोर, उच्च संरचित शैक्षणिक वातावरण विकासात्मक रूप से उपयुक्त अभ्यास के सिद्धांतों का खंडन करता है और स्वस्थ विकास में बाधा बन सकता है। इस प्रकार, यह कोई महत्वपूर्ण कारक नहीं है।

99. समावेशी शिक्षा का लक्ष्य यह सुनिश्चित करना है कि सभी बच्चे–क्षमता, पृष्ठभूमि या आवश्यकता की परवाह किए बिना–एक ही वातावरण में एक साथ सीखें। प्रीस्कूल व्यक्तिगत सहायता प्रदान करके, शिक्षण विधियों को अपनाकर और प्रत्येक बच्चे के लिए भागीदारी सुनिश्चित करके समावेशन को बढ़ावा दे सकते हैं। व्यक्तिगत शिक्षा योजनाएँ प्रदान करने से अलगाव के बिना विविध आवश्यकताओं को पूरा करने में मदद मिलती है।

100. केरल में एक प्रीस्कूल पर्यवेक्षक ईसीसीई पाठ्यक्रम को लागू करना सुनिश्चित करने, शिक्षण गुणवत्ता की निगरानी करने और शिक्षक विकास का समर्थन करने के लिए जिम्मेदार है। हालाँकि, प्रत्यक्ष कक्षा निर्देश शिक्षकों की भूमिका है, पर्यवेक्षकों की नहीं। पर्यवेक्षक दैनिक सत्र पढ़ाने के बजाय मार्गदर्शन, प्रशिक्षण और देखरेख करते हैं।

पिछले प्रश्न-पत्र

आँगनवाड़ी/सुपरवाइजर भर्ती परीक्षा, 2024

(Exam held on 13-07-2024)

महिला एवं बाल विकास विभाग से संबंधित योजनाएँ एवं कार्यक्रम

1. निम्नलिखित में से कौन-से वाक्य कर्तृवाच्य के उदाहरण हैं?

(*a*) राम पत्र लिखता है।

(*b*) रोहन से खाया नहीं जाता।

(*c*) गीत गाया जाता है।

(*d*) वसुधा ढोलक बजाती है।

(*e*) स्मिता पुस्तक पढ़ती है।

नीचे दिए गए विकल्पों में से सर्वाधिक उपयुक्त उत्तर का चयन कीजिए :

A. (*b*), (*c*), (*d*) B. (*a*), (*b*), (*d*)

C. (*a*), (*d*), (*e*) D. (*c*), (*d*), (*e*)

E. अनुत्तरित प्रश्न

2. निम्नलिखित में से कौन-सा खसरा का एक लक्षण नहीं है? (निम्न में से सबसे उपयुक्त विकल्प चुनें)

A. त्वचा पर लाल चकत्ते

B. खुजली

C. जीभ का सूखना

D. जलन संवेदना

E. अनुत्तरित प्रश्न

3. 'पढ़े भारत बढ़े भारत' योजना सरकार द्वारा किस वर्ष में लागू की गई थी?

A. 2013 B. 2014

C. 2015 D. 2016

E. अनुत्तरित प्रश्न

4. एक व्यक्ति ने साधारण ब्याज पर 4 साल के लिए दो अलग-अलग बैंकों में ₹ 8000 जमा किए। यदि दो बैंकों से प्राप्त ब्याज के बीच का अंतर ₹ 1600 है, तब उनकी ब्याज दर के बीच का अंतर है :

A. 4% प्रति वर्ष

B. 5% प्रति वर्ष

C. 6% प्रति वर्ष

D. 8% प्रति वर्ष

E. अनुत्तरित प्रश्न

5. निम्नलिखित में से कौन-सा वाक्य कर्मवाच्य का सर्वाधिक उपयुक्त उदाहरण है?

A. सुबोध फल खाता है।

B. पाठशाला में यह खेल खेला जाता है।

C. जया से बैठा नहीं जाता।

D. सुलभा ने वह पुस्तक पढ़ी।

E. अनुत्तरित प्रश्न

6. दिए गए कथनों के आधार पर कौन-से निष्कर्ष का पालन किया जाएगा?

कथन : (*i*) कुछ खिलौने बकरियाँ हैं।

(*ii*) सभी खिलौने जानवर हैं।

निष्कर्ष : I. कुछ खिलौने जानवर हैं।

II. कुछ जानवर खिलौने हैं।

उपरोक्त कथनों के आलोक में निम्नलिखित विकल्पों में से सर्वाधिक उपयुक्त उत्तर चुनें :

A. केवल निष्कर्ष I का पालन होता है।

B. केवल निष्कर्ष II का पालन होता है।

C. न तो निष्कर्ष I और न ही निष्कर्ष II का पालन होता है।

D. निष्कर्ष I और निष्कर्ष II दोनों का पालन होता है।

E. अनुत्तरित प्रश्न

1. C **2.** C **3.** B **4.** B **5.** B **6.** D

7. सीकर जिले का कौन-सा क्षेत्र गोटा उद्योग के लिए प्रसिद्ध है?
A. खूड़
B. खण्डेला
C. पिपराली
D. नेछवा
E. अनुत्तरित प्रश्न

8. Choose the most appropriate Prefix to complete the underlined word in the sentence given:
Condemning people in public is productive because it makes them hostile.
A. mis
B. counter
C. over
D. under
E. Question not attempted

9. संविधान के 86वें संशोधन के माध्यम से किस अनुच्छेद के तहत 6-14 वर्ष की आयु के बच्चों के लिए मुफ्त और अनिवार्य शिक्षा एक मौलिक अधिकार बन गया है?
A. अनुच्छेद 26 A
B. अनुच्छेद 21 A
C. अनुच्छेद 30
D. अनुच्छेद 35
E. अनुत्तरित प्रश्न

10. Replace the underlined words with a single most appropriate word from the options given below:
Passengers should not get-off from a moving train.
A. walk
B. climb
C. crowd
D. alight
E. Question not attempted

11. कौन-सी योजना ICDS (समन्वित बाल विकास योजना) से संबंधित नहीं है? (निम्न में से सबसे उपयुक्त विकल्प चुनें)
A. आँगनवाड़ी सेवा योजना
B. ग्रामीणों के लिए आवास योजना
C. पोषण अभियान
D. प्रधानमंत्री मातृ वंदना योजना
E. अनुत्तरित प्रश्न

12. टीकाकरण से जुड़े गलत कथन की पहचान करें।
A. यह लोगों में बीमारियों को फैलने से रोकने में मदद करता है।
B. बच्चों को एक समय में कई टीके लगाना सुरक्षित है जिससे सुई लगाने की संख्या की आवश्यकता में कमी हो जाती है।
C. इससे मिश्रित दुष्प्रभाव होते हैं जो कि लंबे समय तक नहीं रहते हैं।
D. यदि बड़ी संख्या में लोगों में टीकाकरण किया जाए तो कुछ बीमारियों में कमी आ सकती है या उनसे छुटकारा पाया जा सकता है।
E. अनुत्तरित प्रश्न

13. वंदे मातरम् गीत की संस्कृत में रचना किसके द्वारा की गई?
A. रवीन्द्र नाथ टैगोर
B. बंकिम चन्द्र चटर्जी
C. प्रेम चन्द
D. वीरेन्द्र नाथ तिवारी
E. अनुत्तरित प्रश्न

14. 'किंचित्' का सर्वाधिक उपयुक्त संधि विच्छेद है :
A. किम् + चित्
B. किन् + चित्
C. किं + चित्
D. कि + न्चित्
E. अनुत्तरित प्रश्न

15. गलत कथन का चयन करें :
आँगनवाड़ी एक ऐसी जगह या केंद्र है जहाँ .... मिलती / मिलता है।
A. औपचारिक स्कूली शिक्षा
B. रोग–प्रतिरक्षण
C. पूरक पोषाहार
D. स्वास्थ्य जांच
E. अनुत्तरित प्रश्न

16. नीचे दो कथन दिए गए हैं :
कथन I: फल और सब्जियाँ आहारीय रेशे के अच्छे स्रोत हैं।
कथन II: रेशा हमारे शरीर को कई पोषक तत्व प्रदान करता है।
उपर्युक्त कथनों के आलोक में निम्नलिखित विकल्पों में से सर्वाधिक उपयुक्त उत्तर चुनें :
A. कथन I और कथन II दोनों ही सही हैं।
B. कथन I और II दोनों गलत हैं।
C. कथन I सही है, किन्तु कथन II गलत है।
D. कथन I गलत है, किन्तु कथन II सही है।
E. अनुत्तरित प्रश्न

7. B **8.** B **9.** B **10.** D **11.** B **12.** * **13.** B **14.** A **15.** A **16.** C

17. निम्नलिखित में से किस साम्राज्य का शासक यशोवर्मन था?

A. मेवाड़ B. कलिंग

C. कन्नौज D. मारवाड़

E. अनुत्तरित प्रश्न

18. अमित और संजय की वर्तमान आयु का अनुपात क्रमशः 5 : 4 है। तीन वर्ष पश्चात् उनकी आयु का अनुपात क्रमशः 11 : 9 हो जाएगा। अमित की वर्तमान आयु (वर्षों में) कितनी है?

A. 24 वर्ष B. 40 वर्ष

C. 30 वर्ष D. 18 वर्ष

E. अनुत्तरित प्रश्न

19. 'मावठ' वर्षा है :

A. ग्रीष्मकालीन वर्षा B. शरद् ऋतु वर्षा

C. शीतकालीन वर्षा D. मानसून पूर्व वर्षा

E. अनुत्तरित प्रश्न

20. एक गर्भवती महिला को जिसके लिए नियमित स्वास्थ्य देखभाल परियुक्तियाँ निर्धारित करनी चाहिए, वे हैं :

(*a*) अरक्तता की नियमित जाँच तथा प्रबंधन

(*b*) शिशु के रक्तचाप पर निगरानी

(*c*) HIV परीक्षण

(*d*) रुधिर जांच

नीचे दिए गए विकल्पों में से सर्वाधिक उपयुक्त उत्तर का चयन कीजिए :

A. केवल (*a*) और (*b*)

B. केवल (*b*) और (*c*)

C. केवल (*b*), (*c*) और (*d*)

D. केवल (*a*), (*c*) और (*d*)

E. अनुत्तरित प्रश्न

21. नीचे दो कथन दिए गए हैं :

कथन I: एक स्वस्थ व्यक्ति को प्रतिदिन पर्याप्त पानी पीना चाहिए।

कथन II: पानी शरीर से मूत्र और पसीने के रूप में अपशिष्ट (बेकार पदार्थों) को बाहर निकालने में सहायता करता है।

उपर्युक्त कथनों के आलोक में निम्नलिखित विकल्पों में से सर्वाधिक उपयुक्त उत्तर चुनें :

A. कथन I और कथन II दोनों ही सही हैं।

B. कथन I और II दोनों गलत हैं।

C. कथन I सही है, किन्तु कथन II गलत है।

D. कथन I गलत है, किन्तु कथन II सही है।

E. अनुत्तरित प्रश्न

22. सूची-I को सूची-II से सुमेलित कीजिए :

सूची-I	सूची-II
(*a*) बिल गेट्स	I. इन्फोसिस
(*b*) नारायण मूर्ति	II. विप्रो
(*c*) अजीम प्रेमजी	III. रिलायन्स
(*d*) अम्बानी	IV. माइक्रोसॉफ्ट

नीचे दिए गए विकल्पों में से सर्वाधिक उपयुक्त उत्तर का चयन कीजिए :

A. (*a*)-IV, (*b*)-I, (*c*)-II, (*d*)-III

B. (*a*)-I, (*b*)-II, (*c*)-III, (*d*)-IV

C. (*a*)-IV, (*b*)-III, (*c*)-II, (*d*)-I

D. (*a*)-I, (*b*)-IV, (*c*)-III, (*d*)-II

E. अनुत्तरित प्रश्न

23. आगामी और भावी शब्द-युग्म का संगत/सर्वाधिक उपयुक्त अर्थ है :

(*a*) आने वाला (*b*) अतीत

(*c*) निश्चित (*d*) अनिवार्य

(*e*) होने वाला

नीचे दिए गए विकल्पों में से सर्वाधिक उपयुक्त उत्तर का चयन कीजिए :

A. (*b*) और (*c*) B. (*a*) और (*e*)

C. (*c*) और (*d*) D. (*b*) और (*d*)

E. अनुत्तरित प्रश्न

24. नीति आयोग के पदेन अध्यक्ष कौन होते हैं?

A. राष्ट्रपति B. उप-राष्ट्रपति

C. प्रधानमंत्री D. गृहमंत्री

E. अनुत्तरित प्रश्न

25. Identify the most appropriate English equivalent of the technical word — शपथ पत्र

A. Ledger B. Affidavit

C. Advisory D. Addendum

E. Question not attempted

17. C **18.** C **19.** C **20.** D **21.** A **22.** A **23.** B **24.** C **25.** B

26. Choose the most appropriate option to fill in the blank with the degree of adjective.

Silver isn't ………… as Gold.

A. more expensive
B. as expensive
C. expensive
D. the most expensive
E. Question not attempted

27. किसी सामान का मूल्य पहले 25% घटता है और बाद में 20% बढ़ता है। यदि अंत में बढ़ा हुआ मूल्य ₹ 1800 है, तो इसका वास्तविक मूल्य रुपये में था :

A. 1710　　B. 2000
C. 1680　　D. 2400
E. अनुत्तरित प्रश्न

28. नीचे दो कथन दिए गए हैं :

कथन I: गर्भावस्था के दौरान गर्भवती को दिन में एक अतिरिक्त भोजन खाने की जरूरत होती है।

कथन II: हरी पत्तेदार सब्जियाँ विटामिन D का एक अच्छा स्रोत है।

उपर्युक्त कथनों के आलोक में निम्नलिखित विकल्पों में से सर्वाधिक उपयुक्त उत्तर चुनें :

A. कथन I और कथन II दोनों सही हैं।
B. कथन I और II दोनों गलत हैं।
C. कथन I सही है, किन्तु कथन II गलत है।
D. कथन I गलत है, किन्तु कथन II सही है।
E. अनुत्तरित प्रश्न

29. "प्रेरणा का अर्थ, वांछित लक्ष्यों की प्राप्ति के लिए लोगों को कार्यवाही के लिए प्रेरित करने वाली प्रक्रिया है।" यह कथन किसका है?

A. विलियम जी. स्काउट
B. मैक फारलैंड
C. डबिन
D. फ्रेड लुथौर
E. अनुत्तरित प्रश्न

30. राष्ट्रीय शहरी स्वास्थ्य मिशन किस वर्ष में लागू होने के लिए स्वीकृत हुआ था?

A. 2010　　B. 2012
C. 2013　　D. 2015
E. अनुत्तरित प्रश्न

31. निम्नलिखित में से कौन-सा निर्देशन का तत्व/अवयव नहीं है?

A. पर्यवेक्षण　　B. गैर-संचार
C. प्रेरणा　　D. नेतृत्व
E. अनुत्तरित प्रश्न

32. सूची-I को सूची-II से सुमेलित कीजिए :

सूची-I (गर्भावस्था की प्रावस्था)	**सूची-II (भ्रूण विकास)**
(a) प्रथम तिमाही	I. पादों व अंगुलियों का विकास
(b) 24वें सप्ताह के अंत तक	II. हृदय का बनना
(c) एक माह पश्चात	III. अंग निर्माण
(d) दूसरे माह के अंत तक	IV. पलकों का बनना

नीचे दिए गए विकल्पों में से सर्वाधिक उपयुक्त उत्तर का चयन कीजिए :

A. *(a)*-I, *(b)*-II, *(c)*-III, *(d)*-IV
B. *(a)*-III, *(b)*-IV, *(c)*-II, *(d)*-I
C. *(a)*-IV, *(b)*-III, *(c)*-I, *(d)*-II
D. *(a)*-II, *(b)*-I, *(c)*-IV, *(d)*-III
E. अनुत्तरित प्रश्न

33. पोषण संबंधी रोग के कारण हो सकते हैं :

(a) पोषण में कमी वाला आहार
(b) शारीरिक विसंगतियाँ
(c) पोषक तत्वों को अवशोषित करने में असमर्थता
(d) असंतुलित आहार

नीचे दिए गए विकल्पों में से सर्वाधिक उपयुक्त उत्तर चुनें :

A. *(b)*, *(c)* और *(d)*
B. *(a)* और *(b)*
C. *(c)* और *(d)*
D. *(b)* और *(d)*
E. अनुत्तरित प्रश्न

34. विश्व टीकाकरण सप्ताह 2024 मनाया गया :

A. अप्रैल 24-30
B. जनवरी 14-20
C. मार्च 24-30
D. फरवरी 5-11
E. अनुत्तरित प्रश्न

26. B　**27.** B　**28.** C　**29.** A　**30.** C　**31.** B　**32.** B　**33.** A　**34.** A

35. नीचे दो कथन दिए गए हैं :

कथन I: प्रसवपूर्व देखभाल से गर्भावस्था के दौरान जोखिम कम करने में सहायता मिलती है और इससे सुरक्षित व स्वस्थ प्रसव की संभावनाओं में वृद्धि हो जाती है।

कथन II: भारत में गर्भावस्था के दौरान माता-पिता चिकित्सक से अपने अजन्मे बच्चे के लिंग के बारे में जान सकते हैं।

उपर्युक्त कथनों के आलोक में निम्नलिखित विकल्पों में से सर्वाधिक उपयुक्त उत्तर चुनें :

A. कथन I और कथन II दोनों सही हैं।
B. कथन I और II दोनों गलत हैं।
C. कथन I सही है, किन्तु कथन II गलत है।
D. कथन I गलत है, किन्तु कथन II सही है।
E. अनुत्तरित प्रश्न

36. नीचे दो कथन दिए गए हैं :

कथन I: टेटनस प्रोटोजोआ के कारण होता है।

कथन II: पर्टूसिस से पीड़ित व्यक्ति हूप ध्वनि उत्पन्न करता है।

उपर्युक्त कथनों के आलोक में निम्नलिखित विकल्पों में से सर्वाधिक उपयुक्त उत्तर चुनें :

A. कथन I और कथन II दोनों सही हैं।
B. कथन I और कथन II दोनों ही गलत हैं।
C. कथन I सही है, किन्तु कथन II गलत है।
D. कथन I गलत है, किन्तु कथन II सही है।
E. अनुत्तरित प्रश्न

37. निम्नलिखित में से सकर्मक क्रिया से युक्त सबसे सही वाक्य का चयन कीजिए :

A. उसका सिर खुजलाता है।
B. तुम्हारा जी ललचाता है।
C. वह अपना सिर खुजलाता है।
D. वह लजा रही है।
E. अनुत्तरित प्रश्न

38. नीचे दो कथन दिए गए हैं :

कथन I: नेतृत्व किसी व्यक्ति की दूसरों को प्रभावित करने की क्षमता/योग्यता को दर्शाता है।

कथन II: नेतृत्व दूसरों के व्यवहार में परिवर्तन लाने का प्रयास करता है।

उपर्युक्त कथनों के आलोक में निम्नलिखित विकल्पों में से सर्वाधिक उपयुक्त उत्तर चुनें :

A. कथन I और कथन II दोनों सही हैं।
B. कथन I और II दोनों गलत हैं।
C. कथन I सही है, किन्तु कथन II गलत है।
D. कथन I गलत है, किन्तु कथन II सही है।
E. अनुत्तरित प्रश्न

39. Fill in the blank in the sentence given below choosing the most appropriate word from the options provided.

How ………… sugar would you like in your coffee, one or two tea spoons?

A. more   B. many
C. a litte   D. much
E. Question not attempted

40. Fill in the blank with the most appropriate form of the verbs from the options given below:

We arrived at work in the morning and found that somebody ………. into the office during the night.

A. had broken   B. has broken
C. had brake   D. has brake
E. Question not attempted

41. स्वतंत्र भारत के प्रथम मुख्य चुनाव आयुक्त कौन थे?

A. टी.एन. शेषन   B. सुकुमार सेन
C. के.वी.के. सुन्दरम   D. एस.पी. सेन
E. अनुत्तरित प्रश्न

42. किसी भी अंतः क्षेप कार्यक्रम की सफलता के लिए सामुदायिक गतिशीलता बहुत महत्वपूर्ण है क्योंकि यह सहायक है .... ।

(*a*) सामुदायिक स्वामित्व और स्थिरता बढ़ाने में।
(*b*) अंतः क्षेत्रों की प्रभावशीलता और दक्षता में कमी लाने में।
(*c*) सबसे कमजोर सेक्शन तक पहुँचाने में।
(*d*) प्रतिक्रिया के लिए अतिरिक्त संसाधनों का योगदान करने में।

नीचे दिए गए विकल्पों में से सर्वाधिक उपयुक्त उत्तर का चयन कीजिए :

A. केवल (*a*), (*b*), (*c*) और (*d*)
B. केवल (*a*), (*b*) और (*d*)
C. केवल (*a*), (*c*) और (*d*)
D. केवल (*a*), (*b*) और (*c*)
E. अनुत्तरित प्रश्न

35. C **36.** D **37.** C **38.** A **39.** D **40.** A **41.** B **42.** C

43. निम्नलिखित में से कौन-सा उपागम सामुदायिक संगठन, जो मर्रे जी. रॉस द्वारा दिया गया था, से संबंधित नहीं है?

A. विशिष्ट धारणा का उपागम
B. सामान्य धारणा का उपागम
C. प्रक्रिया उपागम
D. उन्मूलन प्रक्रिया का उपागम
E. अनुत्तरित प्रश्न

44. मनीष 80 वर्ष का है। राजू, मनीष से 10 वर्ष छोटा है और राकेश से 6 वर्ष बड़ा है। राकेश का सबसे छोटा भाई ब्रिजेश है और वह उससे 8 वर्ष छोटा है। मनीष और ब्रिजेश की आयु के बीच कितना अन्तर है?

A. 30 वर्ष
B. 24 वर्ष
C. 20 वर्ष
D. 26 वर्ष
E. अनुत्तरित प्रश्न

45. निम्नलिखित में से कौन-सा पश्चिमी तटीय मैदान का भाग नहीं हैं? निम्न में से सबसे उपयुक्त उत्तर चुनें :

A. मालाबार तट
B. कोंकण
C. कोरोमंडल
D. कन्नड़ तट
E. अनुत्तरित प्रश्न

46. ननकाना साहिब किस संत का जन्म स्थान है?

A. दादू दयाल
B. रामानंद
C. नानक
D. कबीर
E. अनुत्तरित प्रश्न

47. 'Quantitative' शब्द के लिए सर्वाधिक उपयुक्त हिंदी पारिभाषिक शब्द है :

A. गुणात्मक
B. प्रमात्रा
C. मात्रात्मक
D. गण-पूर्ति
E. अनुत्तरित प्रश्न

48. ICDS योजना के उद्देश्य हैं :

(*a*) स्तनपान कराने वाली माँ को उच्च शिक्षा हेतु प्रोत्साहित करना।
(*b*) 6 वर्ष तक की आयु के बच्चों के पोषण एवं उनके स्वास्थ्य की स्थिति में सुधार।
(*c*) बच्चे के सामाजिक, शारीरिक और मानसिक विकास की नींव रखना।
(*d*) बच्चों की मृत्यु दर, कुपोषणता और विद्यालय छोड़ने की घटनाओं में कमी लाना।

नीचे दिए गए विकल्पों में से सर्वाधिक उपयुक्त उत्तर चुनें :

A. (*a*) और (*b*)
B. (*a*) और (*c*)
C. (*b*), (*c*) और (*d*)
D. (*c*) और (*d*)
E. अनुत्तरित प्रश्न

49. प्रसव के बाद प्रसव केन्द्र में कम-से-कम कितने घंटे तक रहने की सलाह दी जाती है? (निम्न में से सबसे उपयुक्त विकल्प चुनें)

A. 12 घंटे
B. 24 घंटे
C. 36 घंटे
D. 48 घंटे
E. अनुत्तरित प्रश्न

50. दी गई आकृति में प्रश्नचिह्न (?) के स्थान पर रखे जाने वाले सर्वाधिक उपयुक्त अक्षर की पहचान कीजिए :

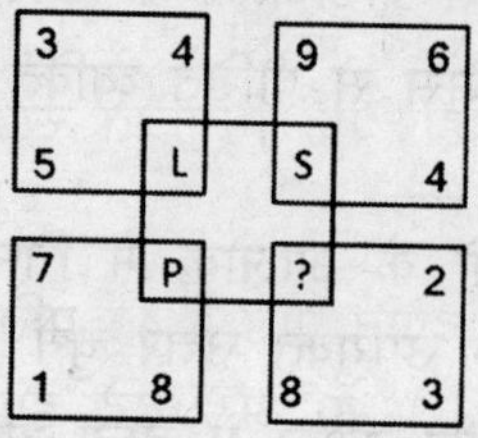

A. M
B. N
C. Q
D. R
E. अनुत्तरित प्रश्न

51. निम्नलिखित में से 'कामदेव' का पर्यायवाची नहीं है :

A. कंदर्प
B. मयूख
C. मनोज
D. कुसुमेषु
E. अनुत्तरित प्रश्न

52. प्रारम्भिक बाल्यावस्था और शिक्षा (ECE) में 'केयर' नाम का एक घटक जोड़ा गया है, जो अब प्रारंभिक बाल्यावस्था देखभाल और शिक्षा (ECCE) हो गया है। यहाँ 'केयर' में कौन-सा तत्व अंतर्निहित है?

A. विकास हेतु खेल-कूद (प्लेवे) और उन्मुख गतिविधि
B. बच्चे की शब्दावली
C. बच्चे का ज्ञान
D. स्वास्थ्य और पोषण
E. अनुत्तरित प्रश्न

43. D **44.** B **45.** C **46.** C **47.** C **48.** C **49.** D **50.** A **51.** B **52.** D

53. एन.आर.एच.एम. (NRHM) का पूर्ण रूप है :
A. राष्ट्रीय प्रादेशिक स्वास्थ्य प्रबंधन
B. राष्ट्रीय ग्रामीण स्वास्थ्य मिशन
C. राष्ट्रीय सापेक्षिक मानविकी मिशन
D. राष्ट्रीय ग्रामीण मानविकी प्रबंधन
E. अनुत्तरित प्रश्न

54. संख्याओं के दिए गए क्रम में गलत संख्या का पता लगाएँ :
9, 12, 17, 20, 25, 28, 34, 36, 41
A. 34 B. 25
C. 41 D. 17
E. अनुत्तरित प्रश्न

55. सकारात्मक सोच .... से संबंधित एक पारिभाषिक पद है। (निम्न में से सबसे उपयुक्त उत्तर चुनें)
A. निश्चितता की अभिव्यक्ति
B. स्वयं को स्पष्ट (साफ) रखना
C. कार्य को स्वयं करना
D. अपने व्यवहार को नियंत्रित रखने की योग्यता
E. अनुत्तरित प्रश्न

56. विजय ने 50 दर्जन अंडे ₹ 40 प्रति दर्जन के भाव से खरीदे। इनमें से 40 अंडे टूटे हुए निकले। बचे हुए अंडों को वह किस भाव (प्रति दर्जन) से बेचे कि उसे 5% लाभ हो?
A. ₹ 45 B. ₹ 42.50
C. ₹ 48.50 D. ₹ 50
E. अनुत्तरित प्रश्न

57. कुदुम्बश्री कार्यक्रम .... से संबंधित था। (निम्न में से सबसे उपयुक्त विकल्प चुनें)
A. शहरी रोजगार कार्यक्रम
B. ग्रामीण रोजगार कार्यक्रम
C. गरीबी उन्मूलन (निवारण) कार्यक्रम
D. जनजातीय विकास कार्यक्रम
E. अनुत्तरित प्रश्न

58. समुद्री भोजन घेंघा रोग की रोकथाम के लिए प्रस्तावित भोजन है क्योंकि इसमें मुख्यतः उपस्थित है :
A. आयोडीन B. क्लोरीन
C. कैल्सियम D. फॉस्फोरस
E. अनुत्तरित प्रश्न

59. 'उल्टी गंगा बहाना' मुहावरे का सर्वाधिक उपयुक्त अर्थ है :
A. बाधा दूर होना B. प्रतिकूल कार्य
C. अनुकूल कार्य D. विचलित होना
E. अनुत्तरित प्रश्न

60. स्वर्ण जयन्ती शहरी रोजगार योजना (SJSRY) किस वर्ष में शुरू की गई थी?
A. 1992 B. 1997
C. 2000 D. 2004
E. अनुत्तरित प्रश्न

61. एक लड़का 'A' बिन्दु से सफर प्रारंभ करता है और पूर्व की ओर बिन्दु 'B' तक 3 किमी. यात्रा करता है और इसके बाद वह बाएं मुड़कर बिंदु C तक पहुंचने में 3 गुना सफर तय करता है। वह फिर से बाएं मुड़ता है और A से B के बीच की दूरी का पाँच गुना सफर तय करके अपने गंतव्य बिंदु D तक पहुँचता है। उसके प्रारंभिक बिन्दु से गंतव्य बिन्दु के बीच की न्यूनतम दूरी ज्ञात कीजिए।
A. 12 किमी. B. 18 किमी.
C. 25 किमी. D. 15 किमी.
E. अनुत्तरित प्रश्न

62. निम्नलिखित में से कौन-सा 'लिखित संचार' का एक उदाहरण है?
A. सार्वजनिक भाषण B. ई-मेल
C. समूह-संवाद D. आमने–सामने वार्तालाप
E. अनुत्तरित प्रश्न

63. भारत का 53वाँ अंतर्राष्ट्रीय फिल्म महोत्सव (IFFI) .... में हुआ था।
A. गोवा B. जयपुर
C. दिल्ली D. मुम्बई
E. अनुत्तरित प्रश्न

64. एक धनराशि को 6% वार्षिक साधारण ब्याज की दर पर निवेशित किया गया है। इसका मान 60% अधिक होने में इसे कितना समय लगेगा?
A. 12 वर्ष B. 8 वर्ष
C. 6 वर्ष D. 10 वर्ष
E. अनुत्तरित प्रश्न

53. B **54.** A **55.** A **56.** A **57.** C **58.** A **59.** B **60.** B **61.** D **62.** B **63.** A **64.** D

65. भारत में किस आयु वर्ग के बच्चों को शाला पूर्व शिक्षा दी जाती है? (निम्न में से सबसे उपयुक्त विकल्प चुनें)

A. 1-2 वर्ष B. 2-3 वर्ष
C. 3-6 वर्ष D. 4-8 वर्ष
E. अनुत्तरित प्रश्न

66. रसीले फलों के जंगल (जूसी फ्रूट्स फॉरेस्ट) पाए जाते हैं :

A. शीत क्षेत्र वन (कोल्ड जोन फॉरेस्ट) में
B. सदाबहार वन में
C. शंकुधारी वन में
D. भू-मध्यसागरीय वन (मेडिटेरेनियन फॉरेस्ट) में
E. अनुत्तरित प्रश्न

67. निम्नलिखित में से कौन-सी संसाधनों की विशेषता नहीं है? (निम्न में से सबसे उपयुक्त उत्तर चुनें)

A. उपयोगिता B. प्रबंधनीयता
C. पहुँच/अभिगम्यता D. अविनिमेय योग्य
E. अनुत्तरित प्रश्न

68. नीचे दो कथन दिए गए हैं :

कथन I: नवजात शिशु को पहली पोलियो खुराक (OPV-1) तीसरे महीने के पूरे होने पर दी जाती है।

कथन II: नवजात शिशु को जन्म के तुरन्त बाद गीले कपड़े में लपेटकर रखना चाहिए।

उपर्युक्त कथनों के आलोक में निम्नलिखित विकल्पों में से सर्वाधिक उपयुक्त उत्तर चुनें :

A. कथन I और कथन II दोनों सही हैं।
B. कथन I और II दोनों गलत हैं।
C. कथन I सही है, किन्तु कथन II गलत है।
D. कथन I गलत है, किन्तु कथन II सही है।
E. अनुत्तरित प्रश्न

69. For the sentence given below, choose the most appropriate transformation into the passive voice from the options provided.

The mechanic repaired the car.

A. The car will be repaired by the mechanic.
B. The mechanic can repair the car.
C. The mechanic had repaired the car.
D. The car was repaired by the mechanic.
E. Question not attempted

70. निम्नलिखित में से 'अनुमतिबोधक क्रिया' किस क्रिया का भेद है?

A. सकर्मक क्रिया B. अकर्मक क्रिया
C. संयुक्त क्रिया D. द्विकर्मक क्रिया
E. अनुत्तरित प्रश्न

71. निम्नलिखित में से कौन प्राकृतिक स्थलाकृति नहीं है?

A. पर्वत B. पठार
C. मैदान D. नहरें
E. अनुत्तरित प्रश्न

72. सूची-I को सूची-II से सुमेलित कीजिए :

सूची-I (शब्द)	**सूची-II** (विलोम शब्द)
(*a*) ग्राह्य	I. तम
(*b*) ज्योति	II. मिथ्या
(*c*) सत्य	III. त्याज्य
(*d*) आर्द्र	IV. शुष्क

नीचे दिए गए विकल्पों में से सर्वाधिक उपयुक्त उत्तर का चयन कीजिए :

A. (*a*)-III, (*b*)-I, (*c*)-II, (*d*)-IV
B. (*a*)-III, (*b*)-II, (*c*)-IV, (*d*)-I
C. (*a*)-IV, (*b*)-II, (*c*)-III, (*d*)-I
D. (*a*)-I, (*b*)-IV, (*c*)-II, (*d*)-III
E. अनुत्तरित प्रश्न

73. नीचे दो कथन दिए गए हैं :

कथन I: बच्चे जिज्ञासु होते हैं और उनमें सीखने की जन्मजात (अंतरनिहित) इच्छा होती है।

कथन II: शिक्षकों को बच्चों की सीखने की विभिन्न आवश्यकताओं की पूर्ति के लिए एकल रणनीति का उपयोग करना चाहिए।

उपर्युक्त कथनों के आलोक में निम्नलिखित विकल्पों में से सर्वाधिक उपयुक्त उत्तर चुनें :

A. कथन I और कथन II दोनों ही सही हैं।
B. कथन I और कथन II दोनों ही गलत हैं।
C. कथन I सही है, किन्तु कथन II गलत है।
D. कथन I गलत है, किन्तु कथन II सही है।
E. अनुत्तरित प्रश्न

65. C **66.** D **67.** D **68.** B **69.** D **70.** C **71.** D **72.** A **73.** C

74. नीचे दो कथन दिए गए हैं :

कथन I: ICDS कार्यक्रम में पूरक पोषण हेतु लक्ष्य समूह 6 वर्ष से कम आयु के बच्चे हैं।

कथन II: इस कार्यक्रम में गर्भवती और स्तनपान कराने वाली माताओं को भी टीकाकरण प्रदान किया जाता है।

उपर्युक्त कथनों के आलोक में निम्नलिखित विकल्पों में से सर्वाधिक उपयुक्त उत्तर चुनें :

A. कथन I और कथन II दोनों सही हैं।
B. कथन I और II दोनों गलत हैं।
C. कथन I सही है, किन्तु कथन II गलत है।
D. कथन I गलत है, किन्तु कथन II सही है।
E. अनुत्तरित प्रश्न

75. सूक्ष्म पोषक तत्वों में सम्मिलित हैं :

(*a*) प्रोटीन (*b*) वसा
(*c*) कार्बोहाइड्रेट (*d*) खनिज
(*e*) विटामिन

नीचे दिए गए विकल्पों में से सर्वाधिक उपयुक्त उत्तर चुनें :

A. केवल (*a*) और (*c*) B. केवल (*b*) और (*d*)
C. केवल (*d*) और (*e*) D. केवल (*a*) और (*d*)
E. अनुत्तरित प्रश्न

76. सिन्धु सरस्वती सभ्यता का कौन-सा पुरातात्विक स्थल पाकिस्तान में है? (निम्न में से सबसे उपयुक्त उत्तर चुनें)

A. कालीबंगा B. रायपुर
C. धोलावीरा D. हड़प्पा
E. अनुत्तरित प्रश्न

77. निम्नलिखित में से सही कथनों का चुनाव कीजिए :

(*a*) आहारीय रेशे रूक्षांश भी कहलाते हैं।
(*b*) चावल और बाजरा प्रोटीन के सर्वोत्तम स्रोत हैं।
(*c*) दूध, गाजर और आम विटामिन A के समृद्ध स्रोत हैं।
(*d*) वसायुक्त भोजन से मोटापा हो सकता है।

नीचे दिए गए विकल्पों में से सर्वाधिक उपयुक्त उत्तर चुनें :

A. केवल (*a*) और (*b*)
B. केवल (*b*) और (*c*)
C. केवल (*a*), (*c*) और (*d*)
D. केवल (*a*) और (*d*)
E. अनुत्तरित प्रश्न

78. WHO ने निम्नलिखित में से किन बीमारियों को बच्चे के स्वास्थ्य के लिए खतरनाक माना है?

(*a*) काली खाँसी, डिप्थीरिया
(*b*) डायरिया, इन्फ्लुएंजा
(*c*) टिटनेस, खसरा
(*d*) तपेदिक और पोलियोमाइलिट्स

नीचे दिए गए विकल्पों में से सर्वाधिक उपयुक्त उत्तर चुनें :

A. (*a*) और (*c*) B. (*c*) और (*d*)
C. (*a*), (*c*) और (*d*) D. (*b*) और (*c*)
E. अनुत्तरित प्रश्न

79. 13 अप्रैल, 1919 को जलियाँवाला बाग में .... के विरोधस्वरूप एक सभा का आयोजन किया गया था।

A. भारत सरकार अधिनियम (गवर्नमेंट इंडिया एक्ट)
B. रॉलेट एक्ट
C. ऑफिशियल सीक्रेट एक्ट
D. इंडियन प्रेस एक्ट
E. अनुत्तरित प्रश्न

80. अनुज और दीपक की वर्तमान आयु का अनुपात क्रमशः 7 : 4 है। 10 वर्ष पश्चात् उनकी आयु का अनुपात 4 : 3 हो जाएगा। दीपक की वर्तमान आयु क्या है?

A. 6 वर्ष B. 8 वर्ष
C. 12 वर्ष D. 14 वर्ष
E. अनुत्तरित प्रश्न

81. मिशन इंद्रधनुष का उद्देश्य है :
(निम्न में से सबसे उपयुक्त उत्तर चुनें)

A. पहचान करना, सूचीबद्ध करना, टीकाकरण करना और बच्चों के लिए टीकाकरण के लक्ष्य को ट्रैक करना
B. खसरा उन्मूलन
C. खसरे के कारण होने वाली मृत्यु दर और रुग्णता में कमी करना
D. पोलियो उन्मूलन
E. अनुत्तरित प्रश्न

74. C **75.** C **76.** D **77.** C **78.** C **79.** B **80.** B **81.** A

82. नीचे दो कथन दिए गए हैं :

कथन I: भारत में कुपोषण का मुख्य कारण गरीबी है।

कथन II: बड़ा परिवार और बार-बार गर्भधारण करना, माता की पोषण अवस्था पर प्रतिकूल प्रभाव डालता है।

उपर्युक्त कथनों के आलोक में निम्नलिखित विकल्पों में से सर्वाधिक उपयुक्त उत्तर चुनें :

A. कथन I और कथन II दोनों ही सही हैं।
B. कथन I और II दोनों गलत हैं।
C. कथन I सही है, किन्तु कथन II गलत है।
D. कथन I गलत है, किन्तु कथन II सही है।
E. अनुत्तरित प्रश्न

83. सदाबहार जंगल (वन) .... में नहीं पाए जाते। (निम्न में से सबसे उपयुक्त उत्तर चुनें)

A. पश्चिमी घाट के पश्चिमी ढलानों
B. दक्षिण पश्चिम पंजाब, पश्चिमी राजस्थान
C. अंडमान और निकोबार द्वीप समूह
D. असम और उत्तर–पूर्वी क्षेत्र
E. अनुत्तरित प्रश्न

84. स्वतंत्रता के समय राजस्थान में कितनी रियासतें थी? (निम्न में से सबसे उपयुक्त विकल्प चुनें)

A. 11 B. 15
C. 19 D. 29
E. अनुत्तरित प्रश्न

85. भारत में समेकित बाल विकास सेवाएं (ICDS) योजना किस वर्ष में प्रारम्भ हुई?

A. 2005 B. 1998
C. 1975 D. 2010
E. अनुत्तरित प्रश्न

86. मद्रास की संधि .... से संबंधित है।

A. प्रथम आंग्ल-मैसूर युद्ध
B. द्वितीय आंग्ल-मैसूर युद्ध
C. तृतीय आंग्ल-मैसूर युद्ध
D. चतुर्थ आंग्ल-मैसूर युद्ध
E. अनुत्तरित प्रश्न

87. Choose the most appropriate suffix to complete the underlined word in the sentence given:

There was no claim for the lost watch at the Lost and Found counter.

A. ible B. able
C. ant D. mant
E. Question not attempted

88. निम्नलिखित में से 'कोष–कोश' शब्द-युग्म का सर्वाधिक उपयुक्त अर्थ है :

A. खजाना - शब्द-संग्रह B. विपुल - राशि
C. संचय - वित्त D. शब्द - धन
E. अनुत्तरित प्रश्न

89. नीचे दो कथन दिए गए हैं :

कथन I: शाला पूर्व शिक्षा मुख्यतः बच्चे के संपर्क में रहने वाले व्यक्तियों के व्यवहार और चरित्र पर निर्भर करती है।

कथन II: शाला पूर्व शिक्षा के लिए उच्च स्तर के शिक्षकों और महंगे उपकरणों की आवश्यकता होती है।

उपर्युक्त कथनों के आलोक में निम्नलिखित विकल्पों में से सर्वाधिक उपयुक्त उत्तर चुनें :

A. कथन I और कथन II दोनों सही हैं।
B. कथन I और II दोनों गलत हैं।
C. कथन I सही है, किन्तु कथन II गलत है।
D. कथन I गलत है, किन्तु कथन II सही है।
E. अनुत्तरित प्रश्न

90. निम्नलिखित में से कौन-सा स्व-प्रबंधन कौशल नहीं है?

A. स्वयं को समझना B. सौदेबाजी
C. समस्या को सुलझाना D. आत्मविश्वास निर्माण
E. अनुत्तरित प्रश्न

91. नीचे दो कथन दिए गए हैं :

कथन I: पोषण अभियान ने एक सार्वभौमिक सुनिश्चित पोषण ट्रेकर बनाया है, जिसमें लाभार्थी के रूप में गर्भवती महिलाएं, स्तनपान कराने वाली माताएं, 6 वर्ष तक की आयु के बच्चे और किशोर बालिकाएं शामिल हैं।

कथन II: इस सार्वभौमिकता के केंद्र में आंगनवाड़ी कार्यकर्ता, जिनकी सहायता कर रही आंगनवाड़ी सहायिकाएं हैं जो कि भारत को कुपोषण मुक्त बनाने में मदद कर रही हैं।

उपर्युक्त कथनों के आलोक में निम्नलिखित विकल्पों में से सर्वाधिक उपयुक्त उत्तर चुनें :

A. कथन I और कथन II दोनों सही हैं।
B. कथन I और II दोनों गलत हैं।
C. कथन I सही है, किन्तु कथन II गलत है।
D. कथन I गलत है, किन्तु कथन II सही है।
E. अनुत्तरित प्रश्न

82. A **83.** B **84.** C **85.** C **86.** A **87.** C **88.** A **89.** C **90.** B **91.** A

92. प्रारंभिक बाल्यावस्था देखभाल और शिक्षा (ECCE) में क्या शामिल है?

(*a*) स्वास्थ्य

(*b*) पोषण

(*c*) प्रारंभिक शिक्षा

(*d*) खेल

नीचे दिए गए विकल्पों में से सर्वाधिक उपयुक्त उत्तर चुनें :

A. केवल (*a*), (*b*) और (*c*)

B. केवल (*b*), (*c*) और (*d*)

C. (*a*), (*b*), (*c*) और (*d*)

D. केवल (*a*), (*c*) और (*d*)

E. अनुत्तरित प्रश्न

93. भारतीयों के लिए खाद्य गाइड पिरामिड के अनुसार विभिन्न प्रकार के भोजन के सेवन की मात्रा को क्रम में व्यवस्थित करें। (सबसे महत्वपूर्ण पहले, उससे कम अगला)

(*a*) बॉडी बिल्डिंग फूड (प्रोटीन)

(*b*) ऊर्जा प्रदान करने वाला भोजन (कार्बोहाइड्रेट)

(*c*) सुरक्षात्मक भोजन (सब्जियां, फल)

(*d*) वसा और तेल

नीचे दिए गए विकल्पों में से सर्वाधिक उपयुक्त उत्तर का चयन कीजिए :

A. (*b*), (*c*), (*a*), (*d*) B. (*a*), (*b*), (*c*), (*d*)

C. (*c*), (*a*), (*b*), (*d*) D. (*c*), (*b*), (*a*), (*d*)

E. अनुत्तरित प्रश्न

94. सूची-I के साथ सूची-II का मिलान कीजिए :

सूची-I	**सूची-II**
(*a*) प्रोटीन कुपोषण	I. रिकेट्स (सूखा रोग)
(*b*) थियामिन की कमी	II. मैरास्मस
(*c*) विटामिन D की कमी	III. अरक्तता / रक्त अल्पता
(*d*) लौह कमी	IV. बेरी-बेरी

नीचे दिए गए विकल्पों में से सर्वाधिक उपयुक्त उत्तर चुनें :

A. (*a*)-II, (*b*)-IV, (*c*)-III, (*d*)-I

B. (*a*)-II, (*b*)-IV, (*c*)-I, (*d*)-III

C. (*a*)-I, (*b*)-III, (*c*)-II, (*d*)-IV

D. (*a*)-IV, (*b*)-II, (*c*)-I, (*d*)-III

E. अनुत्तरित प्रश्न

95. निम्नलिखित में से कौन-सा एक असंक्रामक रोग है?

A. जुकाम B. एड्स (AIDS)

C. कैंसर D. दाद (रिंगवर्म)

E. अनुत्तरित प्रश्न

96. आयोडीन की कमी से मुख्यतः कौन-सी बीमारी होती है?

A. रतौंधी B. सूखा रोग

C. घेंघा रोग D. बाँझपन

E. अनुत्तरित प्रश्न

97. मुख्यतः विटामिन A की कमी से होने वाला रोग :

A. रिकेट्स B. एनीमिया

C. कैंसर D. रतौंधी

E. अनुत्तरित प्रश्न

98. नीचे दो कथन दिए गए हैं :

कथन I: ईसीई (ECE) बच्चों में सुरक्षा और आत्मसम्मान की भावना को मजबूत करने में मदद करता है।

कथन II: ईसीई (ECE) जीवन पर्यंत सीखने के लिए सर्वोत्तम आधार प्रदान करता है।

उपर्युक्त कथनों के आलोक में निम्नलिखित विकल्पों में से सर्वाधिक उपयुक्त उत्तर चुनें :

A. कथन I और कथन II दोनों सही हैं।

B. कथन I और II दोनों गलत हैं।

C. कथन I सही है, किन्तु कथन II गलत है।

D. कथन I गलत है, किन्तु कथन II सही है।

E. अनुत्तरित प्रश्न

99. पूर्व स्कूली आयु के दौरान बच्चे का विकास होता है :

(*a*) भाषा

(*b*) सामाजिक मूल्य

(*c*) मोटर गतिविधि

(*d*) माता–पिता के साथ प्यार

नीचे दिए गए विकल्पों में से सर्वाधिक उपयुक्त उत्तर का चयन कीजिए :

A. (*c*) और (*d*)

B. (*a*) और (*c*)

C. (*a*), (*b*), (*c*) और (*d*)

D. (*b*) और (*c*)

E. अनुत्तरित प्रश्न

92. C **93.** A **94.** B **95.** C **96.** C **97.** D **98.** A **99.** C

100. काली खाँसी को रोकने के लिए दिया जाने वाला वैक्सीन है :

A. डी.पी.टी. B. ओ.पी.वी.
C. बी.सी.जी. D. एम.एम.आर.
E. अनुत्तरित प्रश्न

101. निम्नलिखित में से कौन-सा कार्यक्रम 'लास्ट चाइल्ड फर्स्ट' तक पहुँचने और सेवा करने पर केंद्रित है?

A. नेशनल प्लान ऑफ एक्शन फॉर चिल्ड्रन (NPAC 2016)
B. नेशनल हेल्थ पॉलिसी (NHP 2017)
C. नेशनल न्यूट्रिशन मिशन (NNM 2018)
D. नेशनल हेल्थ मिशन (NHM 2013)
E. अनुत्तरित प्रश्न

102. सामान्य बच्चे के स्वास्थ्य एवं समुचित विकास को बनाए रखने के लिए :

(*a*) 4 माह से पूर्व पूरक आहार की आवश्यकता होती है।
(*b*) स्तनपान को प्रोत्साहित किया जाता है।
(*c*) माता-पिता को स्थानीय रूप पर उपलब्ध खाद्य पदार्थों का चयन करना सिखाया जाता है, जो कि संतुलित आहार सुनिश्चित करता है।
(*d*) बच्चे को समय पर टीका (वेक्सीनेशन) लगवाना चाहिए।

नीचे दिए गए विकल्पों में से सर्वाधिक उपयुक्त उत्तर चुनें :

A. (*a*) और (*b*)
B. (*b*), (*c*) और (*d*)
C. (*b*) और (*c*)
D. (*a*), (*b*) और (*c*)
E. अनुत्तरित प्रश्न

103. स्तनपान कराने वाली माताओं को क्या नहीं खाना चाहिए?

A. दही तथा दूध
B. डिब्बाबंद जूस और संरक्षित भोजन
C. दालें
D. फल और हरी सब्जियाँ
E. अनुत्तरित प्रश्न

104. नीचे दो कथन दिए गए हैं :

कथन I: विटामिन A की कमी से जेरोफ्थैल्मिया (शुष्काक्षिपाक) होता है।

कथन II: विश्व भर में, 'प्रोटीन और ऊर्जा कुपोषण', कुपोषण का सबसे सामान्य रूप है।

उपर्युक्त कथनों के आलोक में निम्नलिखित विकल्पों में से सर्वाधिक उपयुक्त उत्तर चुनें :

A. कथन I और कथन II दोनों ही सही हैं।
B. कथन I और II दोनों गलत हैं।
C. कथन I सही है, किन्तु कथन II गलत है।
D. कथन I गलत है, किन्तु कथन II सही है।
E. अनुत्तरित प्रश्न

105. For the sentence given below, choose the most appropriate answer in the negative.
Only the brave deserves rewards.

A. Everyone does not receive rewards.
B. None but the brave deserves rewards.
C. Rewards are for the brave only.
D. Nobody deserves rewards.
E. Question not attempted

106. किस शासक की मृत्यु पर विलाप के लिए 'राणे जगपत रा मरसिया' लिखा गया था?

A. महाराणा जगत सिंह B. महाराजा जय सिंह
C. महाराणा राज सिंह D. महाराणा राजवीर सिंह
E. अनुत्तरित प्रश्न

107. निम्नलिखित में से अशुद्ध वाक्य का चयन कीजिए :

A. तब यह काम जरूर हो जाएगा।
B. पशुओं का झुण्ड चारों ओर पानी की खोज में घूम रहा था।
C. शेर को देखकर उसका प्राण सूख गया।
D. कल रेलवे के कई कर्मचारियों की पदोन्नति हुई।
E. अनुत्तरित प्रश्न

108. निमोनिया किसके कारण होता है? (निम्न में से सबसे उपयुक्त विकल्प चुनें)

A. हीमोफिलस इन्फ्लुएंजा
B. प्लाज्मोडियम फेल्सीपेरम
C. साल्मोनेला टाइफी
D. वुचीरिरिया बैन्क्रोफटाई
E. अनुत्तरित प्रश्न

100. A **101.** A **102.** B **103.** B **104.** A **105.** B **106.** A **107.** C **108.** A

109. निम्नलिखित में से कौन-से मानव रोग का पूर्णतया उन्मूलन हुआ है?

A. क्षय रोग
B. कोविड–19
C. छोटी चेचक
D. खसरा
E. अनुत्तरित प्रश्न

110. सूची-I को सूची-II से सुमेलित कीजिए :

सूची-I (हिस्सा)	सूची-II (कार्य)
(*a*) ग्रास नली (ईसोफेगस)	I. बाइल का संग्रह और सांद्रण करता है
(*b*) आमाशय	II. भोजन का परिवहन (संचरण)
(*c*) अग्न्याशय (पेंक्रियाज)	III. भोजन का संग्रह और मंथन करता है
(*d*) पित्ताशय (गॉल ब्लेडर)	IV. हॉर्मोन और एन्जाइम स्रावण

नीचे दिए गए विकल्पों में से सर्वाधिक उपयुक्त उत्तर का चयन कीजिए :

A. (*a*)-II, (*b*)-IV, (*c*)-I, (*d*)-III
B. (*a*)-II, (*b*)-III, (*c*)-IV, (*d*)-I
C. (*a*)-I, (*b*)-II, (*c*)-III, (*d*)-IV
D. (*a*)-IV, (*b*)-III, (*c*)-II, (*d*)-I
E. अनुत्तरित प्रश्न

111. हमारे आहार में .... की कमी के कारण अरक्तता (रक्ताल्पता) हो जाती है।

A. वसा
B. लौह
C. कैल्सियम
D. फॉस्फोरस
E. अनुत्तरित प्रश्न

112. राष्ट्रीय कोविड-19 टीकाकरण कार्यक्रम किस वर्ष में प्रारंभ हुआ था?

A. 2019
B. 2020
C. 2021
D. 2022
E. अनुत्तरित प्रश्न

113. नीचे दो कथन दिए गए हैं :

कथन : क्या भारत को अपनी ऊर्जा आवश्यकताओं की पूर्ति के लिए सौर ऊर्जा का उपयोग करने का प्रयास करना चाहिए?

तर्क :

I. हाँ, वर्तमान में प्रयोग किए जाने वाले ऊर्जा के सभी संसाधन क्षयशील (समाप्य) हैं।

II. नहीं, सौर ऊर्जा के उपयोग के लिए काफी अधिक पूँजी की आवश्यकता होगी, जिसकी भारत के पास कमी है।

उपर्युक्त कथनों के आलोक में निम्नलिखित विकल्पों में से सर्वाधिक उपयुक्त उत्तर चुनें :

A. यदि केवल तर्क I मजबूत है।
B. यदि केवल तर्क II मजबूत है।
C. यदि तर्क I और II दोनों मजबूत हैं।
D. यदि न तो तर्क I और न ही II मजबूत है।
E. अनुत्तरित प्रश्न

114. राष्ट्रीय एकल खिड़की प्रणाली (सिंगल विंडो सिस्टम) (NSWS) पोर्टल को .... में लांच किया गया था।

A. 2019
B. 2020
C. 2021
D. 2022
E. अनुत्तरित प्रश्न

115. निम्न में से सबसे उपयुक्त उत्तर चुनें।

आयोडीन और एल्कोहल के एक विलयन, जिसे 'आयोडीन का टिंचर' भी कहते हैं, में :

A. आयोडीन एक विलायक है और एल्कोहल एक विलेय है।
B. द्रव में गैस का विलयन है।
C. आयोडीन एक विलेय है और एल्कोहल एक विलायक है।
D. गैस में द्रव का विलयन है।
E. अनुत्तरित प्रश्न

116. सूची-I को सूची-II से सुमेलित कीजिए :

सूची-I (तत्व)	सूची-II (परमाणुता (एटोमिसिटी))
(*a*) हीलियम	I. द्विपरमाणुक
(*b*) नाइट्रोजन	II. बहुपरमाणुक
(*c*) फॉस्फोरस	III. चतुष्परमाणुक
(*d*) गंधक (सल्फर)	IV. एकपरमाणुक

नीचे दिए गए विकल्पों में से सर्वाधिक उपयुक्त उत्तर का चयन कीजिए :

A. (*a*)-II, (*b*)-III, (*c*)-IV, (*d*)-I
B. (*a*)-III, (*b*)-I, (*c*)-II, (*d*)-IV
C. (*a*)-IV, (*b*)-III, (*c*)-I, (*d*)-II
D. (*a*)-IV, (*b*)-I, (*c*)-III, (*d*)-II
E. अनुत्तरित प्रश्न

109. C **110.** B **111.** B **112.** C **113.** A **114.** C **115.** C **116.** D

117. नीचे दो कथन दिए गए हैं :

कथन I: किसी बच्चे का वजन उसके स्वास्थ्य और पोषण का बहुत संवेदनशील सूचक होता है।

कथन II: वजन वक्र से अन्य नैदानिक लक्षणों के प्रकट होने से पूर्व कुपोषण की स्थिति का पता लगा सकते हैं।

उपर्युक्त कथनों के आलोक में निम्नलिखित विकल्पों में से सर्वाधिक उपयुक्त उत्तर चुनें :

A. कथन I और कथन II दोनों सत्य हैं।
B. कथन I और II दोनों असत्य हैं।
C. कथन I सत्य है, किन्तु कथन II असत्य है।
D. कथन I असत्य है, किन्तु कथन II सत्य है।
E. अनुत्तरित प्रश्न

118. ₹ 2300 की एक राशि को P, Q और R में इस प्रकार बाँटा जाता है कि P का हिस्सा Q के हिस्से का 1/2 है और Q का हिस्सा R के हिस्से का 1(1/4) गुणा है, तो R का हिस्सा रुपयों में होगा :

A. 800 B. 600
C. 400 D. 1000
E. अनुत्तरित प्रश्न

119. चीनी का मूल्य 10% कम होने पर दुकानदार ₹ 3600 में 10 किलो अधिक चीनी खरीद सकता है। 25 किलो चीनी का घटा हुआ मूल्य है :

A. ₹ 800 B. ₹ 820
C. ₹ 900 D. ₹ 860
E. अनुत्तरित प्रश्न

120. Match List-I with List-II.

List-I (Word)	List-II (Antonyms)
(*a*) peevish	I. humility
(*b*) generous	II. genial
(*c*) latent	III. stingy
(*d*) vanity	IV. apparent

Choose the most appropriate answer from the options given below:

A. (*a*)-II, (*b*)-III, (*c*)-IV, (*d*)-I
B. (*a*)-IV, (*b*)-I, (*c*)-II, (*d*)-III
C. (*a*)-III, (*b*)-IV, (*c*)-I, (*d*)-II
D. (*a*)-I, (*b*)-II, (*c*)-III, (*d*)-IV
E. अनुत्तरित प्रश्न

121. सूची-I को सूची-II से सुमेलित कीजिए :

सूची-I (संधि विच्छेद)	सूची-II (संधि)
(*a*) अन्नाभाव = अन्न + अभाव	I. गुण संधि
(*b*) चन्द्रोदय = चंद्र + उदय	II. यण् संधि
(*c*) अत्यावश्यक = अति + आवश्यक	III. दीर्घ संधि
(*d*) महैश्वर्य = महा + ऐश्वर्य	IV. वृद्धि संधि

नीचे दिए गए विकल्पों में से सर्वाधिक उपयुक्त उत्तर का चयन कीजिए :

A. (*a*)-I, (*b*)-III, (*c*)-II, (*d*)-IV
B. (*a*)-III, (*b*)-IV, (*c*)-I, (*d*)-II
C. (*a*)-III, (*b*)-I, (*c*)-II, (*d*)-IV
D. (*a*)-II, (*b*)-I, (*c*)-IV, (*d*)-III
E. अनुत्तरित प्रश्न

122. Replace the underlined word with another most appropriate word that has a similar meaning from the options given below:

I prefer that you give me a <u>summary</u> of the novel before I actually go on to read it.

A. Portrayal B. Depiction
C. Synopsis D. Narration
E. Question not attempted

123. निम्नलिखित में से कौन-सा आई.सी.डी.एस. (ICDS) योजना का उद्देश्य **नहीं** है?

A. 6-12 वर्ष के आयु वर्ग में बच्चों के स्वास्थ्य स्तर को बेहतर करना।
B. मृत्यु दर और विद्यालय छोड़ने वाली दर (घटनाओं) में कमी करना।
C. बालक की आवश्यकताओं की देखभाल करने में माता की क्षमता का विकास करना।
D. बालक के मनोविज्ञान, शारीरिक और सामाजिक विकास की नींव रखना।
E. अनुत्तरित प्रश्न

124. प्रसवोत्तर देखभाल हेतु गलत कथन का चयन करें :

A. शिशु जन्म के तुरन्त बाद प्रसवोत्तर अवधि आरंभ हो जाती है।
B. प्रसवोत्तर अवधि गर्भावस्था के 9वें माह में होती है।
C. प्रसवोत्तर अवधि के दौरान माता कई हार्मोनल और भावनात्मक परिवर्तनों से गुजरती है।
D. प्रसवोत्तर देखभाल में योनि की देखभाल और नवजात की देखभाल शामिल हैं।
E. अनुत्तरित प्रश्न

117. A	**118.** A	**119.** C	**120.** A	**121.** C	**122.** C	**123.** A	**124.** B

125. निम्न में से कौन-सा रोग आई.सी.डी.एस. (ICDS) योजना के प्रतिरक्षाकरण कार्यक्रम के अंतर्गत नहीं आता है?

A. डिप्थीरिया
B. तपेदिक
C. श्लीपाद (एलीफेंटियासिस)
D. पोलियो
E. अनुत्तरित प्रश्न

126. न्यूरो-साइंस (तंत्रिका-विज्ञान) में शोध इस बात की पुष्टि करता है कि छह वर्ष की आयु तक बच्चे के मस्तिष्क का विकास हो चुका होता है :
(निम्न में से सबसे उपयुक्त विकल्प चुनें)

A. 70%
B. 50% से 60%
C. 75% से 80%
D. 90% से 95%
E. अनुत्तरित प्रश्न

127. निम्नलिखित में से कौन-सा संचार में परिप्रेक्ष्य को प्रभावित करने वाला कारक **नहीं** है?

A. भाषा / शैली
B. पूर्वधारणा
C. संस्कृति
D. धन
E. अनुत्तरित प्रश्न

128. नीचे दो कथन दिए गए हैं :

कथन I: भारत के माननीय प्रधानमंत्री द्वारा 29 मई, 2021 को बच्चों के लिए पी.एम. केयर फॉर चिल्ड्रेन योजना प्रारम्भ की गई थी।

कथन II: पीएम केयर योजना का लक्ष्य उन बच्चों की सहायता करना है, जिन्होंने 11 मार्च, 2020 से प्रारम्भ होने वाली अवधि के दौरान कोविड-19 महामारी के कारण अपने माता-पिता या कानूनी अभिभावक या दत्तक माता-पिता दोनों को खो दिया है।

उपर्युक्त कथनों के आलोक में निम्नलिखित विकल्पों में से सर्वाधिक उपयुक्त उत्तर चुनें :

A. कथन I और कथन II दोनों सही हैं।
B. कथन I और II दोनों गलत हैं।
C. कथन I सही है, किन्तु कथन II गलत है।
D. कथन I गलत है, किन्तु कथन II सही है।
E. अनुत्तरित प्रश्न

129. 'उन्नति' शब्द में कौन-सा सर्वाधिक उपयुक्त उपसर्ग है?

A. उ
B. उत्
C. उत
D. उद
E. अनुत्तरित प्रश्न

130. निम्नलिखित में से कौन-सा वाक्य भाववाच्य का सर्वाधिक उपयुक्त उदाहरण है?

A. मैं सवेरे पानी पीता हूँ।
B. अवधेश ने कहानी सुनाई।
C. किताब पढ़ी जाती है।
D. ठंड में मुझसे बाहर बैठा नहीं जाता।
E. अनुत्तरित प्रश्न

131. 'स्वतंत्र' शब्द का सर्वाधिक उपयुक्त विलोम है :

A. स्वच्छन्द
B. परतंत्र
C. पराधीन
D. स्वाधीन
E. अनुत्तरित प्रश्न

132. निम्नलिखित में से कौन-सी गतिविधि, घर पर बच्चे को प्रेरित नहीं करती?

A. बच्चे को बोलने के अधिक से अधिक अवसर प्रदान करना
B. सदैव आलोचना करना
C. एक सहचर के रूप में बच्चे के साथ खेलना
D. धैर्यपूर्वक बच्चे को सुनना
E. अनुत्तरित प्रश्न

133. निम्नलिखित में से 'मान' शब्द के सर्वाधिक उपयुक्त अनेकार्थक शब्द समूह का चयन कीजिए।

A. ठीक, जिसमें मिलावट न हो
B. इज्जत, अभिमान, नाप-तौल
C. जल, इज्जत, चमक
D. जल, प्राण, जीवित
E. अनुत्तरित प्रश्न

134. निम्नलिखित में से सर्वाधिक शुद्ध शब्द है :

A. प्राज्वलित
B. प्रज्ज्वलित
C. प्रज्वलित
D. प्राजवलित
E. अनुत्तरित प्रश्न

125. C **126.** D **127.** D **128.** A **129.** B **130.** D **131.** B **132.** B **133.** B **134.** C

135. .... विश्व का सबसे प्रमुख संक्रामक बीमारी है। (निम्न में से सबसे उपयुक्त विकल्प चुनें)

A. तपेदिक रोग
B. एड्स
C. मलेरिया
D. डेंगू
E. अनुत्तरित प्रश्न

136. एक विशेष कूट (कोड) में "HARYANA" को 8197151 लिखा जाता है। इस कोड में "DELHI" को किस प्रकार लिखा जाएगा?

A. 54839
B. 54389
C. 45389
D. 45398
E. अनुत्तरित प्रश्न

137. निम्नलिखित में से कौन बौद्धिक पूंजी का एक उदाहरण है? (निम्न में से सबसे उपयुक्त उत्तर चुनें)

A. सामाजिकता
B. जोखिम लेने (खतरा उठाने) की योग्यता
C. संज्ञानात्मक जटिलता
D. संबंधों का तंत्र (जाल)
E. अनुत्तरित प्रश्न

138. यदि एक व्यक्ति दस्त से पीड़ित है, तो क्या कदम उठाने चाहिए?

A. कोई तरल पदार्थ नहीं देना चाहिए।
B. पर्याप्त मात्रा में ओ.आर.एस. देना चाहिए।
C. स्व-चिकित्सा
D. कोई विशेष ध्यान देने की आवश्यकता नहीं है।
E. अनुत्तरित प्रश्न

139. निम्नलिखित में से एक गर्भावस्था के दौरान गर्भवती के लिए खतरे का संकेत नहीं है। (निम्न में से सबसे उपयुक्त विकल्प चुनें)

A. कमजोरी महसूस होना
B. पैरों में अत्यधिक सूजन होना
C. पेट में तेज दर्द होना
D. पर्याप्त भूख लगना
E. अनुत्तरित प्रश्न

140. सूची-I को सूची-II से सुमेलित कीजिए :

सूची-I (शब्द)	**सूची-II (शब्द संबंध)**
(*a*) अकथनीय	I. बिना देख–रेख का जानवर
(*b*) अनेर	II. सुस्त जो बढ़ चढ़ कर ना बोले
(*c*) अकथित	III. जो कहा न जा सके
(*d*) अप्रगल्भ	IV. जो कहा न गया हो

नीचे दिए गए विकल्पों में से सर्वाधिक उपयुक्त उत्तर का चयन कीजिए :

A. (*a*)-I, (*b*)-II, (*c*)-IV, (*d*)-III
B. (*a*)-III, (*b*)-I, (*c*)-IV, (*d*)-II
C. (*a*)-III, (*b*)-I, (*c*)-II, (*d*)-IV
D. (*a*)-I, (*b*)-III, (*c*)-II, (*d*)-IV
E. अनुत्तरित प्रश्न

141. **कथन :** कर्मचारी संघ ने 'A' कंपनी के प्रबंधक से अयोग्य व्यक्तियों के चयन को रोकने के लिए लिपिक संवर्ग की भर्ती के लिए लिखित परीक्षा आरम्भ करने की अपील की है।

अवधारणाएँ :

I. कंपनी 'A' उम्मीदवारों का चयन बिना लिखित परीक्षा कराए करती थी।
II. लिखित परीक्षा योग्य व्यक्तियों की पहचान करने में सहायता कर सकती है।
III. उच्च स्तर पर लिखित परीक्षा, शायद ज्यादा कारगर न हो।

उपर्युक्त के आलोक में निम्नलिखित विकल्पों में से सर्वाधिक उपयुक्त उत्तर चुनें :

A. I और II निर्विवाद हैं।
B. केवल I और II निर्विवाद हैं।
C. केवल II निर्विवाद है।
D. सभी निर्विवाद हैं।
E. अनुत्तरित प्रश्न

142. 16 प्रतिशत की छूट देने के बाद भी 5 प्रतिशत का लाभ हुआ। लागत मूल्य पर चिह्नित मूल्य का प्रतिशत है :

A. 15% B. 18%
C. 21% D. 25%
E. अनुत्तरित प्रश्न

135. A **136.** C **137.** D **138.** B **139.** D **140.** B **141.** A **142.** D

143. उस तत्व/अवयव की पहचान कीजिए जो गैर-मौखिक संचार से संबंधित नहीं हैं :

A. मुद्रा B. स्पर्श
C. नेत्र संपर्क D. भाषा
E. अनुत्तरित प्रश्न

144. दालें मुख्यतः एक अच्छा स्रोत हैं ....

A. कार्बोहाइड्रेट का B. वसा का
C. प्रोटीन का D. कैल्शियम का
E. अनुत्तरित प्रश्न

145. कितने प्रतिशत साधारण ब्याज की दर पर कोई धन अपना आठ गुना हो जाता है, यदि यह धन उसी अवधि में 6% वार्षिक साधारण ब्याज की दर से स्वयं का चार गुना हो जाता है?

A. 10% B. 12%
C. 14% D. 16%
E. अनुत्तरित प्रश्न

146. निम्नलिखित में से कौन-सा एक कार्बोहाइड्रेट का मुख्य स्रोत नहीं है?

A. सफेद ब्रेड B. चावल
C. मक्खन D. आलू
E. अनुत्तरित प्रश्न

147. खसरा किसके द्वारा जनित होता है?

A. कवक (फंगाई) B. प्रोटोजोआ
C. जीवाणु (बैक्टीरिया) D. विषाणु (वायरस)
E. अनुत्तरित प्रश्न

148. यदि 'BLUE' को 26 कूटित किया जाता है और 'BLACK' को 22 कूटित किया जाता है, तो 'GREEN' को किस प्रकार कूटित किया जाएगा?

A. 75 B. 80
C. 81 D. 62
E. अनुत्तरित प्रश्न

149. निम्नलिखित में से कौन राष्ट्रीय किशोर स्वास्थ्य कार्यक्रम (RKSK) के अंतर्गत सम्मिलित हैं?

(*a*) साप्ताहिक आयरन फोलिक एसिड अनुपूरक कार्यक्रम
(*b*) स्तनपान प्रबंधन केंद्र
(*c*) किशोरियों में मासिक धर्म स्वच्छता को प्रोत्साहित करने के लिए योजना
(*d*) गहन दस्त नियंत्रण पखवाड़ा
(*e*) किशोर मित्रवत स्वास्थ्य क्लीनिक

नीचे दिए गए विकल्पों में से सर्वाधिक उपयुक्त उत्तर का चयन कीजिए :

A. केवल (*a*), (*b*) और (*d*)
B. केवल (*b*), (*c*) और (*d*)
C. केवल (*a*), (*c*) और (*e*)
D. केवल (*a*) और (*e*)
E. अनुत्तरित प्रश्न

150. नीचे दो कथन दिए गए हैं :

कथन I: टीकाकरण के सामान्य दुष्प्रभावों में हल्का बुखार, सिरदर्द या फ्लू जैसे लक्षण महसूस होना शामिल है।

कथन II: टीकाकरण से गंभीर एलर्जिक प्रतिक्रिया होना बहुत ही सामान्य बात है।

उपर्युक्त कथनों के आलोक में निम्नलिखित विकल्पों में से सर्वाधिक उपयुक्त उत्तर चुनें :

A. कथन I और कथन II दोनों ही सही हैं।
B. कथन I और II दोनों गलत हैं।
C. कथन I सही है, किन्तु कथन II गलत है।
D. कथन I गलत है, किन्तु कथन II सही है।
E. अनुत्तरित प्रश्न

व्याख्यात्मक उत्तर

1. (C): कर्तृवाच्य वाक्य वे होते हैं जिनमें कर्ता स्वयं कार्य करता है और वाक्य में प्रमुखता कर्ता को दी जाती है।

(*a*) ''राम पत्र लिखता है।''—राम कर्ता है और क्रिया 'लिखता है' को स्वयं करता है।

(*d*) ''वसुधा ढोलक बजाती है।''—वसुधा स्वयं क्रिया कर रही है।

(*e*) ''स्मिता पुस्तक पढ़ती है।''—कर्ता स्मिता है और वही पढ़ रही है।

इन सभी में कर्ता प्रधानता में है, अतः ये कर्तृवाच्य वाक्य हैं।

143. D	144. C	145. C	146. C	147. D	148. D	149. C	150. C

2. (C): खसरा (Measles) के प्रमुख लक्षणों में बुखार, खांसी, नाक बहना, आंखों से पानी आना और त्वचा पर लाल चकत्ते शामिल हैं।

- खुजली व जलन भी हो सकती है, लेकिन
- 'जीभ का सूखना' खसरे का विशिष्ट लक्षण नहीं है।

3. (B): 'पढ़े भारत बढ़े भारत' (Padhe Bharat Badhe Bharat) योजना 2014 में भारत सरकार द्वारा शुरू की गई थी। यह मानव संसाधन विकास मंत्रालय की एक पहल है, जिसका उद्देश्य प्रारंभिक कक्षाओं (कक्षा I और II) में बच्चों के पठन और लेखन कौशल को मजबूत करना था।

इस योजना का मुख्य फोकस है :

- बच्चों में पठन–संप्रेषण (reading comprehension) की क्षमता को विकसित करना
- लेखन कौशल (writing skills) में सुधार करना
- शिक्षकों को प्रशिक्षित करना और कक्षा में अनुकूल पठन माहौल बनाना

इस योजना को 'सर्व शिक्षा अभियान' के अंतर्गत एक उप–घटक के रूप में लागू किया गया था। इसे 2014-15 के शिक्षा सत्र से लागू किया गया था, इसलिए सही उत्तर है : 2014.

4. (B): माना कि दोनों बैंकों की ब्याज दरों में अंतर

$$= r_1 - r_2$$

दिया गया :

ब्याज का अंतर = ₹ 1600,

अवधि = 4 वर्ष, राशि = ₹ 8000

$$\text{ब्याज का अंतर} = ₹\ 8000 \times \frac{r_1 - r_2}{100 \times 4} = ₹\ 1600$$

$$\Rightarrow \quad 320(r_1 - r_2) = 1600$$

$$\Rightarrow \quad r_1 - r_2 = \frac{1600}{320} = 5\% \text{ प्रति वर्ष}$$

5. (B): कर्मवाच्य वाक्य वे होते हैं जिनमें क्रिया पर बल होता है और कर्म को प्रधानता दी जाती है।

- 'पाठशाला में यह खेल खेला जाता है।'–यहाँ 'खेल' प्रमुख है और किसके द्वारा खेला जा रहा है, यह स्पष्ट नहीं है। यह कर्मवाच्य है।

अन्य वाक्य कर्तृवाच्य या भाववाच्य हैं।

6. (D): कथन :

(*i*) कुछ खिलौने बकरियाँ हैं।

(*ii*) सभी खिलौने जानवर हैं।

निष्कर्ष I: कुछ खिलौने जानवर हैं–यह सही है क्योंकि सभी खिलौने जानवर हैं।

निष्कर्ष II: कुछ जानवर खिलौने हैं–यह भी सही है क्योंकि यदि सभी खिलौने जानवर हैं, तो कुछ जानवरों का समूह खिलौनों में भी आता है।

दोनों निष्कर्ष तार्किक रूप से कथनों का अनुसरण करते हैं।

7. (B): राजस्थान के सीकर जिले में खण्डेला क्षेत्र गोटा (Zari embroidery) उद्योग के लिए प्रसिद्ध है। यहाँ पारंपरिक कढ़ाई और गोटा पट्टी के वस्त्रों का निर्माण होता है जो खासकर विवाह व त्योहारी परिधानों में उपयोग होते हैं।

8. (B): वाक्य : **Condemning people in public is (productive) because it makes them hostile.**

यहाँ ''productive'' के पहले ऐसा उपसर्ग चाहिए जो अर्थ को उलटा कर दे।

''Counterproductive'' का अर्थ होता है–ऐसा कार्य जिसका परिणाम विपरीत या नकारात्मक हो।

इसलिए, सही उत्तर है : counter.

9. (B): संविधान के 86वें संशोधन, 2002 के तहत अनुच्छेद 21A जोड़ा गया, जिसमें 6 से 14 वर्ष के बच्चों के लिए मुफ्त और अनिवार्य शिक्षा को मौलिक अधिकार घोषित किया गया। इसे 2009 में लागू किया गया था।

10. (D): वाक्य : **Passengers should not (get-off) from a moving train.**

यहाँ 'get off' को एक औपचारिक शब्द से बदलना है। 'Alight' का अर्थ है किसी वाहन से उतरना, विशेषतः ट्रेन या बस से।

इसलिए सही शब्द होगा : alight.

11. (B): ICDS (Integrated Child Development Services) का मुख्य उद्देश्य बच्चों के पोषण, स्वास्थ्य और प्रारंभिक शिक्षा को सुनिश्चित करना है।

- आँगनवाड़ी सेवाएँ, पोषण अभियान, और प्रधानमंत्री मातृ वंदना योजना–सभी ICDS से जुड़ी हैं।

- जबकि ग्रामीणों के लिए आवास योजना (जैसे प्रधानमंत्री आवास योजना–ग्रामीण) आवास से जुड़ी है, ना कि बाल विकास या पोषण से।

12. (*): प्रश्न में टीकाकरण से जुड़े गलत कथन की पहचान करने को कहा गया है। नीचे सभी विकल्पों की समीक्षा करने पर :

A. ''यह लोगों में बीमारियों को फैलने से रोकने में मदद करता है।''–यह सही है। टीकाकरण से संक्रामक रोगों की रोकथाम होती है।

B. ''बच्चों को एक समय में कई टीके लगाना सुरक्षित है जिससे सुई लगाने की संख्या की आवश्यकता में कमी हो जाती है।''–यह भी सही है। WHO और स्वास्थ्य विशेषज्ञों के अनुसार एक ही समय पर कई टीके देना सुरक्षित है।

C. ''इससे मिश्रित दुष्प्रभाव होते हैं जो कि लंबे समय तक नहीं रहते हैं।''–यह भी वैज्ञानिक रूप से सही है। टीकों के हल्के दुष्प्रभाव सामान्य हैं, और वे अस्थायी होते हैं।

D. ''यदि बड़ी संख्या में लोगों में टीकाकरण किया जाए तो कुछ बीमारियों में कमी आ सकती है या उनसे छुटकारा पाया जा सकता है।''–यह भी एक सही कथन है और हर्ड इम्युनिटी की अवधारणा पर आधारित है।

इस प्रकार, दिए गए सभी कथन सही हैं। कोई भी कथन गलत नहीं है। इसलिए सही उत्तर है : NONE.

13. (B): 'वंदे मातरम्' गीत की रचना बंकिम चन्द्र चट्टोपाध्याय ने संस्कृत और बांग्ला मिश्रित भाषा में अपने उपन्यास आनंदमठ (1882) में की थी।

14. (A): 'किंचित्' का संधि विच्छेद है–किम् + चित्। यह संधि वेदिक संधि के अनुसार है, जहाँ 'म्' और 'च' मिलने पर 'ञ्च' में नहीं बदलते।

15. (A): आँगनवाड़ी केंद्रों का उद्देश्य पूर्व–प्राथमिक शिक्षा, स्वास्थ्य सेवाएँ, पोषण, और टीकाकरण प्रदान करना है। लेकिन वहाँ औपचारिक स्कूली शिक्षा नहीं दी जाती। यह काम प्राथमिक विद्यालयों का होता है।

इसलिए, यह कथन गलत है।

16. (C): कथन I: फल और सब्जियाँ आहारीय रेशे के अच्छे स्रोत हैं–यह सही है। फलों और सब्जियों में प्रचुर मात्रा में डाइटरी फाइबर (आहारीय रेशा) पाया जाता है जो पाचन क्रिया में सहायक होता है।

कथन II: रेशा हमारे शरीर को कई पोषक तत्व प्रदान करता है–यह गलत है। आहारीय रेशा पाचन तंत्र को साफ रखने में सहायक होता है, लेकिन यह पोषक तत्व (nutrients) प्रदान नहीं करता। यह अवशोषित नहीं होता, सिर्फ आँतों की कार्यक्षमता में सुधार करता है।

इसलिए, कथन I सही है और कथन II गलत है।

17. (C): यशोवर्मन 7वीं शताब्दी में कन्नौज साम्राज्य का एक शक्तिशाली शासक था। उसने हर्षवर्धन की मृत्यु के पश्चात कन्नौज में शासन स्थापित किया और पुष्यभूति वंश के पतन के बाद वहां सत्ता में आया।

18. (C): माना जाए कि वर्तमान में अमित और संजय की आयु क्रमशः $5x$ और $4x$ है।

तीन वर्ष बाद,

अमित की आयु $= 5x + 3$

संजय की आयु $= 4x + 3$

अनुपात दिया है :

$$\frac{5x+3}{4x+3} = \frac{11}{9}$$

क्रॉस मल्टीप्लाई करें :

$$9(5x + 3) = 11(4x + 3)$$
$$45x + 27 = 44x + 33$$
$$45x - 44x = 33 - 27$$
$$x = 6$$

अब, अमित की वर्तमान आयु $= 5x$

$= 5 \times 6 = 30$ वर्ष।

19. (C): 'मावठ' राजस्थान और उत्तर भारत के कुछ भागों में होने वाली शीतकालीन वर्षा होती है। यह पश्चिमी विक्षोभों के कारण होती है और मुख्यतः रबी फसलों जैसे गेहूँ के लिए लाभकारी होती है।

20. (D): गर्भवती महिला की नियमित स्वास्थ्य जांच में शामिल होते हैं :

(*a*) अरक्तता (Anemia) की जांच और उपचार

(*c*) HIV (Blood Pressure Test) परीक्षण

(*d*) रुधिर जांच (Blood tests for various infections, Hb level etc.)

जबकि (*b*) शिशु का रक्तचाप जांचना गर्भावस्था में संभव नहीं होता, क्योंकि गर्भ में शिशु का रक्तचाप इस रूप में नहीं मापा जाता।

इसलिए, सही उत्तर है : (*a*), (*c*), (*d*).

21. (A): कथन I: ''एक स्वस्थ व्यक्ति को प्रतिदिन पर्याप्त पानी पीना चाहिए।''–यह सही है क्योंकि शरीर के अंगों की सुचारु क्रिया और पाचन, तापमान नियंत्रण आदि के लिए पानी आवश्यक है।

कथन II: ''पानी शरीर से मूत्र और पसीने के रूप में अपशिष्ट बाहर निकालने में सहायता करता है।''–यह भी सही है क्योंकि पानी शरीर से टॉक्सिन्स को बाहर निकालने के लिए मूत्र व पसीने के रूप में कार्य करता है।

दोनों कथन वैज्ञानिक दृष्टि से सही हैं।

22. (A):

(*a*) बिल गेट्स → IV. Microsoft

(*b*) नारायण मूर्ति → I. Infosys

(*c*) अजीम प्रेमजी → II. Wipro

(*d*) अंबानी → III. Reliance

यह सभी संस्थापक व कंपनियाँ सही रूप में सुमेलित हैं।

23. (B): ''आगामी'' और ''भावी'' दोनों शब्दों का अर्थ है–जो आने वाला है, जो भविष्य में घटित होगा।

(*a*) आने वाला

(*e*) होने वाला

दोनों समानार्थक और उपयुक्त हैं।

24. (C): नीति आयोग (NITI Aayog) भारत सरकार का थिंक टैंक है जिसकी स्थापना 2015 में हुई थी। इसके पदेन अध्यक्ष भारत के प्रधानमंत्री होते हैं।

25. (B): ''शपथ पत्र'' का अंग्रेजी तकनीकी शब्द है : Affidavit–यह एक कानूनी दस्तावेज होता है जिसे शपथपूर्वक किसी अधिकारी के समक्ष सत्यापित किया जाता है।

26. (B): वाक्य : "Silver isn't ………… as Gold."

यहाँ वाक्य में तुलना की जा रही है और ''isn't … as'' का प्रयोग हुआ है। इस संरचना में adjective को उसके सामान्य रूप (positive degree) में प्रयोग किया जाता है।

सही वाक्य होगा : "Silver isn't as expensive as Gold."

यह तुलना करता है कि चाँदी सोने जितनी महंगी नहीं है।

27. (B): मूल्य पहले 25% घटाया गया, फिर 20% बढ़ाया गया।

माना मूल मूल्य = ₹ x

पहले 25% घटाने पर मूल्य

$$= x \times \frac{75}{100} = 0.75x$$

फिर 20% बढ़ाने पर मूल्य

$$= 0.75x \times \frac{120}{100}$$

$$= 0.75x \times 1.2 = 0.9x$$

दिया गया अंतिम मूल्य = ₹ 1800

$$\Rightarrow \quad 0.9x = 1800$$

$$\Rightarrow \quad x = 1800 \div 0.9 = ₹\,2000.$$

28. (C): कथन I: गर्भावस्था में एक अतिरिक्त भोजन की आवश्यकता होती है–यह सही है, क्योंकि गर्भवती महिला को अतिरिक्त पोषण की आवश्यकता होती है।

कथन II: हरी पत्तेदार सब्जियाँ विटामिन K का अच्छा स्रोत हैं–यह गलत है, क्योंकि वे विटामिन A, C, आयरन और फोलिक एसिड का स्रोत होती हैं, लेकिन विटामिन K का प्रमुख स्रोत नहीं होतीं।

इसलिए, कथन I सही है और II गलत है।

29. (A): प्रेरणा (Motivation) की परिभाषा–''प्रेरणा का अर्थ, वांछित लक्ष्यों की प्राप्ति के लिए लोगों को कार्यवाही के लिए प्रेरित करने वाली प्रक्रिया है''–यह विलियम जी. स्काउट द्वारा दी गई है।

30. (C): राष्ट्रीय शहरी स्वास्थ्य मिशन (NUHM) को भारत सरकार ने 2013 में शुरू किया था। यह मिशन शहरी गरीबों को सस्ती और सुलभ प्राथमिक स्वास्थ्य सेवाएँ प्रदान करने के लिए राष्ट्रीय स्वास्थ्य मिशन (NHM) का एक उप–अभियान है।

31. (B): निर्देशन (Directing) के मुख्य तत्व होते हैं–

- पर्यवेक्षण (Supervision)
- प्रेरणा (Motivation)
- नेतृत्व (Leadership)
- संचार (Communication)

गैर–संचार (Non-communication) कोई निर्देशन का तत्व नहीं है, बल्कि यह संचार के विपरीत है।

इसलिए, सही उत्तर है : गैर-संचार।

32. (B): गर्भावस्था की अवस्थाओं के अनुसार भ्रूण विकास का सुमेल :

(*a*) प्रथम तिमाही → III. अंग निर्माण (Organ formation शुरू होता है)

(*b*) 24वें सप्ताह के अंत तक → IV. पलकों का बनना

(*c*) एक माह पश्चात → II. हृदय का बनना

(*d*) दूसरे माह के अंत तक → I. पादों व अंगुलियों का विकास

इसलिए सटीक मिलान है :

(*a*)-III, (*b*)-IV, (*c*)-II, (*d*)-I.

33. (A): पोषण संबंधी रोगों के कारण :

(*b*) शारीरिक विसंगतियाँ (जैसे पाचन तंत्र की समस्या)

(*c*) अवशोषण की असमर्थता (जैसे सेलीएक रोग आदि)

(*d*) असंतुलित आहार (जहाँ कुछ पोषक तत्वों की अधिकता और कुछ की कमी हो)

दिए गए विकल्पों में से सबसे उपयुक्त तीन कारणों वाला विकल्प A है।

34. (A): विश्व टीकाकरण सप्ताह (World Immunization Week) 2024 हर वर्ष अप्रैल के अंतिम सप्ताह में मनाया जाता है–विशेषकर 24 से 30 अप्रैल के बीच। इसका उद्देश्य टीकाकरण के महत्त्व के प्रति जागरूकता फैलाना है।

35. (C): कथन I: सही है–प्रसवपूर्व देखभाल गर्भावस्था की जटिलताओं को कम करती है और सुरक्षित प्रसव को सुनिश्चित करती है।

कथन II: गलत है–भारत में PCPNDT Act, 1994 के अंतर्गत गर्भ में लिंग की जानकारी प्राप्त करना कानूनी रूप से प्रतिबंधित है।

इसलिए, सही उत्तर है : केवल कथन I सही है।

36. (D): कथन I: ''टेटनस प्रोटोजोआ के कारण होता है''–यह गलत है। टेटनस एक बैक्टीरियल संक्रमण है, जो Clostridium tetani नामक जीवाणु के कारण होता है, न कि प्रोटोजोआ के कारण।

कथन II: ''पर्टूसिस से पीड़ित व्यक्ति हूप ध्वनि उत्पन्न करता है''–यह सही है। पर्टूसिस, जिसे काली खांसी भी कहा जाता है, Bordetella pertussis बैक्टीरिया से होता है, और इसकी खांसी में तीव्र गति की सांस खींचने पर 'हूप' जैसी ध्वनि उत्पन्न होती है।

37. (C): सकर्मक क्रिया वह होती है जिसमें क्रिया का प्रभाव किसी कर्म (object) पर पड़ता है।

- वाक्य "वह अपना सिर खुजलाता है" में 'सिर' कर्म है और 'खुजलाता है' क्रिया, जो उस पर क्रियान्वित हो रही है।

अन्य वाक्य जैसे "उसका सिर खुजलाता है" में कर्ता नहीं है और क्रिया अपने आप हो रही है, यह अकर्मक है।

38. (A): कथन I: नेतृत्व किसी व्यक्ति की दूसरों को प्रभावित करने की क्षमता को दर्शाता है–यह सही है। नेतृत्व का मूल तत्व दूसरों को दिशा देने की योग्यता है।

कथन II: यह भी सही है क्योंकि एक प्रभावी नेता लोगों के व्यवहार, दृष्टिकोण और कार्यशैली में सकारात्मक परिवर्तन लाने का प्रयास करता है।

दोनों कथन नेतृत्व की परिभाषा और उद्देश्यों से मेल खाते हैं।

39. (D): वाक्य : "How …….. sugar would you like in your coffee".

'Sugar' अगणनीय संज्ञा है, इसलिए 'how much' का प्रयोग किया जाता है।

'How many' गिनती योग्य वस्तुओं (countable nouns) के लिए होता है, जबकि 'how much' अगणनीय (uncountable) वस्तुओं के लिए।

इसलिए सही वाक्य : "How much sugar would you like in your coffee".

40. (A): वाक्य : "We arrived at work in the morning and found that somebody …….. into the office during the night".

वाक्य की क्रिया 'arrived' और 'found' past tense में है, और उससे पहले की क्रिया को दर्शाने के लिए past perfect tense का प्रयोग होना चाहिए।

इसलिए 'had broken' (past perfect of break) सही विकल्प है : "had broken into the office".

41. (B): स्वतंत्र भारत के प्रथम मुख्य चुनाव आयुक्त (Chief Election Commissioner) सुकुमार सेन थे। उन्होंने 1950 से 1958 तक कार्यभार संभाला और भारत के प्रथम आम चुनाव 1951-52 को सफलतापूर्वक आयोजित किया।

42. (C): सामुदायिक गतिशीलता (Community Mobilization) की सफलता के लिए यह जरूरी है कि :

(*a*) समुदाय में स्वामित्व व स्थायित्व की भावना उत्पन्न हो,

(*c*) समाज के सबसे कमजोर वर्गों तक सेवाएँ पहुँचें,

(*d*) अतिरिक्त संसाधनों का योगदान संभव हो सके।

जबकि (*b*) में कहा गया है कि यह प्रभावशीलता व दक्षता में कमी लाता है, जो गलत है। सामुदायिक गतिशीलता इन गुणों को बढ़ाती है, घटाती नहीं।

इसलिए, सही विकल्प है : (*a*), (*c*), (*d*).

43. (D): मर्रे जी. रॉस ने सामुदायिक संगठन से संबंधित तीन प्रमुख उपागम बताए :

- विशिष्ट धारणा का उपागम (Specific Content Approach)
- सामान्य धारणा का उपागम (General Content Approach)
- प्रक्रिया उपागम (Process Approach)

"उन्मूलन प्रक्रिया का उपागम" (Elimination Process Approach) इस सूची का हिस्सा नहीं है, अतः यह सही उत्तर है।

44. (B): मनीष की आयु = 80 वर्ष

राजू = मनीष से 10 वर्ष छोटा
= 80 - 10 = 70 वर्ष

राकेश = राजू से 6 वर्ष छोटा
= 70 - 6 = 64 वर्ष

ब्रिजेश = राकेश से 8 वर्ष छोटा
= 64 - 8 = 56 वर्ष

अब मनीष और ब्रिजेश के बीच का अंतर
= 80 - 56 = 24 वर्ष।

45. (C): पश्चिमी तटीय मैदान तीन प्रमुख भागों में विभाजित हैं :

- कोंकण तट (महाराष्ट्र–गोवा)
- कन्नड़ तट (कर्नाटक)
- मालाबार तट (केरल)

कोरोमंडल तट पूर्वी तट का भाग है, जो आंध्र प्रदेश और तमिलनाडु के किनारे फैला है। इसलिए यह पश्चिमी तट का भाग नहीं है।

46. (C): ननकाना साहिब पंजाब (अब पाकिस्तान में) स्थित एक धार्मिक स्थल है, जो सिख धर्म के संस्थापक गुरु नानक देव जी का जन्मस्थान है। उनका जन्म 1469 ई. में इसी स्थान पर हुआ था। यह सिखों के प्रमुख तीर्थों में से एक है।

47. (C): 'Quantitative' शब्द का हिंदी पारिभाषिक शब्द होता है–मात्रात्मक, जिसका अर्थ है :

- संख्यात्मक रूप में व्यक्त किया जाने वाला
- जिसे मापा या गिना जा सकता हो

इसका प्रयोग विशेषतः आँकड़ों, शोध तथा सांख्यिकीय विश्लेषण में किया जाता है।

48. (C): ICDS योजना (Integrated Child Development Services) के उद्देश्य हैं :

(*b*) 6 वर्ष तक की आयु के बच्चों के पोषण और स्वास्थ्य में सुधार करना।

(*c*) बच्चों के सामाजिक, शारीरिक और मानसिक विकास की नींव रखना।

(*d*) बच्चों में मृत्यु दर, कुपोषण और स्कूल छोड़ने की दर को कम करना।

जबकि (*a*) स्तनपान कराने वाली माताओं की शिक्षा को लेकर नहीं है, यह योजना पोषण व बाल विकास पर केंद्रित है।

इसलिए, सही उत्तर : (*b*), (*c*), (*d*).

49. (D): प्रसव के बाद माताओं और नवजात शिशुओं को स्वास्थ्य केंद्र में कम–से–कम 48 घंटे तक निगरानी में रखने की सलाह दी जाती है।

इससे प्रसवोत्तर जटिलताओं का समय रहते उपचार संभव हो पाता है और माँ–बच्चे दोनों की सुरक्षा सुनिश्चित होती है।

50. (A): प्रश्न में चार कोनों पर संख्याएँ दी गई हैं और बीच के अक्षरों (L, S, P, ?) के आधार पर पैटर्न पहचानना है।

इस हेतु प्रत्येक कोने के 3 संख्याओं का योग निकालकर और उसे केंद्र में दिए गए अक्षर के क्रमांक (Alphabet Position) से मिलाना होगा :

ऊपरी–बाएँ कोना :

संख्याएँ : 3, 4, 5 → योग = 3 + 4 + 5 = 12

बीच का अक्षर : L, जिसकी वर्णमाला में स्थिति = 12

$\Rightarrow$ सही मेल है

ऊपरी–दाएँ कोना :

संख्याएँ : 9, 6, 4 $\rightarrow$ योग = 9 + 6 + 4 = 19

बीच का अक्षर : S $\rightarrow$ वर्णमाला क्रम = 19

$\Rightarrow$ सही मेल है

नीचे–बाएँ कोना :

संख्याएँ : 7, 1, 8 $\rightarrow$ योग = 7 + 1 + 8 = 16

बीच का अक्षर : P $\rightarrow$ वर्णमाला क्रम = 16

$\Rightarrow$ सही मेल है

नीचे–दाएँ कोना :

संख्याएँ : 8, 3, 2 $\rightarrow$ योग = 8 + 3 + 2 = 13

तो बीच का अक्षर ऐसा होना चाहिए जिसका वर्णमाला क्रम = 13 $\Rightarrow$ M (13वाँ अक्षर)

इसलिए, सही उत्तर है : (A) M.

51. (B): 'कामदेव' के पर्यायवाची हैं–

- कंदर्प
- मनोज
- कुसुमेषु

इनका संबंध प्रेम के देवता से है।

मयूख का अर्थ है–किरण या प्रकाशराशि, जो कामदेव से संबंधित नहीं है। इसलिए 'मयूख' कामदेव का पर्यायवाची नहीं है।

52. (D): ECCE (Early Childhood Care and Education) में 'Care' का मुख्य आशय है–

- बालक का स्वास्थ्य देखभाल,
- पोषण,
- सुरक्षा,
- और भावनात्मक देखभाल।

इसलिए 'केयर' घटक में स्वास्थ्य और पोषण प्रमुख रूप से अंतर्निहित होता है।

53. (B): NRHM का पूर्ण रूप है : National Rural Health Mission

हिंदी में : राष्ट्रीय ग्रामीण स्वास्थ्य मिशन

यह 2005 में ग्रामीण क्षेत्रों में स्वास्थ्य सेवाओं को मजबूत करने के लिए शुरू किया गया था।

54. (A): शृंखला : 9, 12, 17, 20, 25, 28, 34, 36, 41

अंतर देखें : +3, +5, +3, +5, +3, +6, +2, +5

पैटर्न में गड़बड़ी है :

34 के बाद +2 किया गया (36), जबकि पहले का पैटर्न था : +3, +5 alternately

यदि 34 की जगह 33 होता, तो पैटर्न बनता :

28 + 5 = 33, फिर +3 $\rightarrow$ 36, +5 $\rightarrow$ 41

इसलिए गलत संख्या है : 34.

55. (A): सकारात्मक सोच (Positive thinking) से आशय होता है–

- आत्मविश्वास,
- आशा,
- और निश्चितता की भावना

यह एक आत्म–सशक्तिकरण का तरीका है जिसमें व्यक्ति आशावादी दृष्टिकोण अपनाता है। इसलिए यह निश्चितता की अभिव्यक्ति से संबंधित है।

56. (A): विजय ने 50 दर्जन अंडे खरीदे

= 50 × 12 = 600 अंडे

क्रय मूल्य = ₹ 40 प्रति दर्जन $\rightarrow$ कुल मूल्य

= 50 × ₹ 40 = ₹ 2000

टूटे अंडे = 40,

बचे = 600 – 40 = 560 अंडे

= 560 ÷ 12 = 46.67 दर्जन

वह चाहता है 5% लाभ :

लाभ के साथ विक्रय मूल्य = ₹ 2000 × 1.05

= ₹ 2100

अब ₹ 2100 प्राप्त करने के लिए 46.67 दर्जन अंडे कितने में बेचे?

$\Rightarrow$ प्रति दर्जन मूल्य = ₹ 2100 ÷ 46.67 ≈ ₹ 45.

57. (C): कुदुम्बश्री केरल सरकार की एक प्रमुख महिला–स्वसहायता आधारित गरीबी उन्मूलन योजना है। यह ग्रामीण व शहरी महिलाओं को स्वरोजगार, सामाजिक सशक्तिकरण और वित्तीय स्वतंत्रता के लिए प्रेरित करती है। इसका मुख्य उद्देश्य गरीबी हटाना है।

58. (A): घेंघा (Goitre) रोग आयोडीन की कमी से होता है। समुद्री भोजन जैसे मछली, झींगे आदि में प्राकृतिक रूप से आयोडीन प्रचुर मात्रा में पाया जाता है। इसलिए इसकी सेवन से घेंघा की रोकथाम संभव है।

59. (B): 'उल्टी गंगा बहाना' मुहावरे का अर्थ है–प्रकृति के विरुद्ध या असामान्य/प्रतिकूल कार्य करना। उदाहरण : जब कोई परंपरा के उलट काम करे, जैसे बेटा बाप को उपदेश दे।
इसका आशय तर्क के विरुद्ध चलने से है।

60. (B): स्वर्ण जयन्ती शहरी रोजगार योजना (SJSRY) को भारत सरकार द्वारा 1997 में शुरू किया गया था। इस योजना का उद्देश्य शहरी गरीबों को स्वरोजगार व कौशल विकास के माध्यम से आजीविका देना था।

61. (D): लड़का A से शुरू होकर :

- पूर्व की ओर B तक 3 किमी. गया
- फिर बाएं मुड़कर (उत्तर दिशा में)
  $3 \times 3 = 9$ किमी. चला और C तक पहुँचा
- तदुपरांत फिर से बाएं मुड़ा (अब पश्चिम की ओर), और A–B (3 किमी.) का 5 गुना यानी 15 किमी. चला और D तक पहुँचा

अब A से D की सीधी दूरी (shortest distance) हेतु, A से D का स्थानांतरण पश्चिम में $15 - 3 = 12$ किमी., और उत्तर में 9 किमी. है।

$\Rightarrow$ अतः दूरी $= \sqrt{(12^2 + 9^2)}$

$= \sqrt{144 + 81} = \sqrt{225}$

$= 15$ किमी.।

62. (B): ई–मेल एक लिखित संचार का स्पष्ट उदाहरण है, जो डिजिटल रूप में होता है। बाकी सभी मौखिक संचार के प्रकार हैं जैसे सार्वजनिक भाषण, आमने–सामने संवाद आदि।

63. (A): भारत का 53वाँ अंतर्राष्ट्रीय फिल्म महोत्सव (IFFI) वर्ष 2022 में गोवा में आयोजित किया गया था। गोवा IFFI का नियमित स्थल है जहाँ हर साल यह आयोजन होता है।

64. (D): माना, मूलधन = ₹ 100

60% अधिक = ₹ 160

$\Rightarrow$ ब्याज = ₹ 60

$$SI = \frac{P \times R \times T}{100}$$

$$\Rightarrow \quad 60 = \frac{100 \times 6 \times T}{100}$$

$\Rightarrow$ T = 10 वर्ष।

65. (C): भारत में शाला पूर्व शिक्षा (Pre-school education) की आयु सीमा 3 से 6 वर्ष निर्धारित है। यह आयु वर्ग आँगनवाड़ी व बालवाड़ी जैसी संस्थाओं में भेजा जाता है जहाँ ECCE (Early Childhood Care - Education) दी जाती है।

66. (D): रसीले फलों के जंगल (Juicy fruits forests) जैसे संतरा, नींबू, अंगूर, जैतून आदि आमतौर पर भू-मध्यसागरीय वन (Mediterranean Forests) में पाए जाते हैं। यह क्षेत्र शुष्क गर्मियों और आर्द्र सर्दियों वाला होता है, और फलों की खेती के लिए उपयुक्त है। इन वनों में सदाबहार झाड़ियाँ और फलदार वृक्ष अधिक होते हैं।

67. (D): संसाधनों की विशेषताएँ होती हैं :

- उपयोगिता (utility)
- प्रबंधनीयता (manageability)
- अभिगम्यता (accessibility)

लेकिन ''अविनिमेय योग्य'' (non-substitutable) कोई सामान्य संसाधन विशेषता नहीं है, क्योंकि कई संसाधनों के स्थान पर वैकल्पिक संसाधन उपलब्ध होते हैं।

68. (B): कथन I गलत है : नवजात को OPV-1 पहली खुराक 6 सप्ताह (डेढ़ माह) पर दी जाती है, न कि तीसरे महीने के अंत में।

कथन II गलत है : नवजात शिशु को सूखे, गर्म कपड़े में लपेटा जाना चाहिए, ताकि शरीर का तापमान बना रहे। गीले कपड़े में लपेटना खतरनाक हो सकता है। इसलिए, दोनों कथन गलत हैं।

69. (D): वाक्य : The mechanic repaired the car.–यह Simple Past Tense (Active Voice) है।

Passive Voice में यह होगा : The car was repaired by the mechanic.

Tense और Structure दोनों सही हैं।

70. (C): अनुमतिबोधक क्रिया वह होती है जिसमें किसी कार्य की अनुमति या संभावना प्रकट होती है, जैसे :

- ''मैं जा सकता हूँ।''
- ''तुम इसे कर सकते हो।''

यह संयुक्त क्रिया (Modal Auxiliary + Main Verb) का भाग होती है।

जैसे : ''सकता है'', ''चाहता है'', ''पाना'', ''चाहिए'' इत्यादि। इसलिए यह क्रिया का संयुक्त भेद है।

71. (D):

- पर्वत, पठार और मैदान–ये प्राकृतिक स्थलाकृतियाँ हैं, जो प्रकृति द्वारा निर्मित होती हैं।
- नहरें (Canals)–मानव द्वारा सिंचाई या जल परिवहन के लिए बनाई जाती हैं, इसलिए ये कृत्रिम (man-made) होती हैं।

इसलिए, नहरें प्राकृतिक स्थलाकृति नहीं हैं।

72. (A):

(*a*) ग्राह्य ↔ त्याज्य (स्वीकार्य ↔ अस्वीकार्य) → III
(*b*) ज्योति ↔ तम (प्रकाश ↔ अंधकार) → I
(*c*) सत्य ↔ मिथ्या (सत्य ↔ झूठ) → II
(*d*) आर्द्र ↔ शुष्क (गीला ↔ सूखा) → IV
इसलिए सही सुमेल : (*a*)-III, (*b*)-I, (*c*)-II, (*d*)-IV.

73. (C): कथन I सही है–बच्चे स्वाभाविक रूप से जिज्ञासु होते हैं और सीखने की जन्मजात इच्छा रखते हैं। कथन II गलत है–बच्चों की सीखने की आवश्यकताएँ भिन्न होती हैं, अतः एकल रणनीति पर्याप्त नहीं होती। शिक्षक को विविध शिक्षण विधियाँ अपनानी चाहिए।

74. (C): कथन I बिल्कुल सही है। ICDS (एकीकृत बाल विकास सेवा) कार्यक्रम का प्रमुख उद्देश्य 0 से 6 वर्ष तक के बच्चों को पूरक पोषण, स्वास्थ्य जांच, और पूर्व–विद्यालय शिक्षा प्रदान करना है। इस आयु वर्ग के बच्चे इसके लक्ष्य समूह में आते हैं और उन्हें पोषण आहार नियमित रूप से आँगनवाड़ी केंद्रों के माध्यम से दिया जाता है।

कथन II सही प्रतीत हो सकता है लेकिन यह तथ्यात्मक रूप से गलत है। ICDS कार्यक्रम गर्भवती और स्तनपान कराने वाली माताओं को टीकाकरण सेवाएं स्वयं नहीं देता। यह कार्यक्रम उन्हें पोषण, स्वास्थ्य परामर्श, और संदर्भ सेवाएं प्रदान करता है, जबकि टीकाकरण की जिम्मेदारी राष्ट्रीय टीकाकरण कार्यक्रम (NIP) की होती है जो स्वास्थ्य एवं परिवार कल्याण मंत्रालय द्वारा संचालित होता है। ICDS केवल रेफरल और सहयोग करता है, टीकाकरण का प्रत्यक्ष निष्पादन नहीं करता।

इसलिए केवल कथन I सही है जबकि कथन II गलत है।

75. (C): सूक्ष्म पोषक तत्व (Micronutrients) में आते हैं :
(*d*) खनिज (Minerals)
(*e*) विटामिन (Vitamins)

इनकी शरीर को कम मात्रा में आवश्यकता होती है, लेकिन ये अत्यंत आवश्यक होते हैं। बाकी–प्रोटीन, वसा, कार्बोहाइड्रेट–स्थूल पोषक तत्व (Macronutrients) हैं।

76. (D): सिन्धु–सरस्वती सभ्यता के कई प्रमुख स्थल भारत और पाकिस्तान दोनों में स्थित हैं।

- हड़प्पा, जो इस सभ्यता के नामकरण का आधार भी बना, पाकिस्तान के पंजाब प्रांत में स्थित है।

बाकी विकल्प–कालीबंगा (राजस्थान), रायपुर (छत्तीसगढ़), धोलावीरा (गुजरात)–भारत में हैं।

इसलिए, सही उत्तर है : हड़प्पा।

77. (C):

(*a*) सही–आहारीय रेशों को रूक्षांश (Roughage) कहा जाता है, ये पाचन में सहायक होते हैं।

(*b*) गलत–चावल और बाजरा में कार्बोहाइड्रेट अधिक होता है, ये प्रोटीन के सर्वोत्तम स्रोत नहीं माने जाते।

(*c*) सही–दूध, गाजर और आम विटामिन A के अच्छे स्रोत हैं।

(*d*) सही–वसायुक्त भोजन अधिक मात्रा में लेने से मोटापा (Obesity) हो सकता है।

इसलिए, सही कथन हैं : (*a*), (*c*), (*d*).

78. (C): WHO के अनुसार, बच्चों के स्वास्थ्य के लिए निम्न बीमारियाँ अत्यंत खतरनाक मानी गई हैं :

(*a*) काली खाँसी, डिप्थीरिया–दोनों संक्रामक बीमारियाँ हैं।

(*c*) टिटनेस, खसरा–शिशुओं के लिए खतरनाक और जानलेवा हो सकते हैं।

(*d*) तपेदिक (TB), पोलियोमाइलिटिस–दोनों WHO द्वारा गंभीर बाल रोगों की श्रेणी में शामिल हैं।

इनमें से सभी बीमारियाँ WHO के Universal Immunization Program के अंतर्गत आती हैं।

79. (B): 13 अप्रैल 1919 को जलियाँवाला बाग हत्याकांड अमृतसर में हुआ। इस दिन हजारों लोग रॉलेट एक्ट के विरोध में एकत्रित हुए थे, जिसे बिना मुकदमे के गिरफ्तारी की अनुमति देने वाला कठोर कानून माना गया था। ब्रिटिश ब्रिगेडियर जनरल डायर ने इस शांतिपूर्ण सभा पर गोलियाँ चलवाईं।

80. (B): माना, अनुज की वर्तमान आयु = $7x$,

दीपक की आयु = $4x$

10 वर्ष बाद :

$$\text{अनुज} = 7x + 10,$$

$$\text{दीपक} = 4x + 10$$

अनुपात दिया :

$$\frac{7x+10}{4x+10} = \frac{4}{3}$$

व्रज–गुणन करने पर :

$$3(7x + 10) = 4(4x + 10)$$

$$\Rightarrow 21x + 30 = 16x + 40$$

$$\Rightarrow 5x = 10$$

$$\Rightarrow x = 2$$

दीपक की वर्तमान आयु = $4x = 4 \times 2 = 8$ वर्ष।

81. (A): मिशन इंद्रधनुष भारत सरकार द्वारा शुरू किया गया एक राष्ट्रीय टीकाकरण कार्यक्रम है, जिसका उद्देश्य 2 वर्ष तक के बच्चों और गर्भवती महिलाओं को पूर्ण टीकाकरण प्रदान करना है।

इसका प्रमुख उद्देश्य है :

- पहचान करना (Identify)
- सूचीबद्ध करना (List)
- टीकाकरण करना (Immunize)
- प्रगति को ट्रैक करना (Track)

यह मिशन 2014 में शुरू किया गया था।

82. (A): कथन I सही है–भारत में कुपोषण का एक मुख्य कारण गरीबी है, जिससे पोषक आहार की उपलब्धता और खरीदने की क्षमता प्रभावित होती है।

कथन II भी सही है–बड़े परिवार और बार–बार गर्भधारण करने से महिला के शरीर में पोषक तत्वों की कमी हो जाती है, जिससे कुपोषण की संभावना बढ़ जाती है।

83. (B): सदाबहार वन (Evergreen Forests)–वर्षभर हरे–भरे रहने वाले वनों की श्रेणी में आते हैं और ये मुख्यतः उच्च वर्षा वाले क्षेत्रों में पाए जाते हैं जैसे :

- पश्चिमी घाट,
- पूर्वोत्तर भारत,
- अंडमान निकोबार द्वीप

दक्षिण पश्चिम पंजाब और पश्चिमी राजस्थान में शुष्क जलवायु है, वहाँ सदाबहार वन नहीं होते।

84. (C): स्वतंत्रता के समय राजस्थान क्षेत्र में कुल 19 रियासतें थीं। इनमें जयपुर, जोधपुर, बीकानेर, उदयपुर आदि प्रमुख थीं।

राजस्थान राज्य का गठन 1948 से 1956 तक विभिन्न चरणों में हुआ।

85. (C): ICDS (Integrated Child Development Services) योजना भारत सरकार द्वारा 2 अक्टूबर 1975 को शुरू की गई थी।

इसका उद्देश्य :

- 0-6 वर्ष के बच्चों,
- गर्भवती महिलाओं
- और स्तनपान कराने वाली माताओं को पोषण, स्वास्थ्य और पूर्व–विद्यालय शिक्षा प्रदान करना है।

86. (A): मद्रास की संधि (Treaty of Madras) का संबंध प्रथम आंग्ल–मैसूर युद्ध (1767-1769) से है।

यह संधि 1769 में ब्रिटिश ईस्ट इंडिया कंपनी और हैदर अली के बीच हुई थी, जब युद्ध बिना निर्णायक परिणाम के समाप्त हुआ और दोनों पक्षों ने एक–दूसरे की सहायता का वचन दिया।

87. (C): वाक्य : There was no claim for the lost watch at the Lost and Found counter.

यहाँ उपयुक्त शब्द बनता है : claimant (जिसका अर्थ है–दावा करने वाला व्यक्ति)।

Suffix '-ant' जोड़कर 'claim' से 'claimant' बनता है, जो एक noun बनाता है और सही प्रयोग है।

88. (A): 'कोष' का अर्थ है–खजाना या संग्रह।

'कोश' विशेष रूप से शब्दों का संग्रह जैसे : शब्दकोश (dictionary).

इसलिए 'कोष–कोश' शब्द युग्म का सबसे उपयुक्त अर्थ है : खजाना–शब्द–संग्रह।

89. (C): कथन I सही है–शाला पूर्व शिक्षा (Pre-school education) में बच्चों के सीखने की प्रक्रिया बहुत हद तक उनके आसपास के वयस्कों के व्यवहार और चरित्र पर निर्भर करती है।

कथन II गलत है–शाला पूर्व शिक्षा के लिए उच्च स्तरीय उपकरणों या महंगे संसाधनों की आवश्यकता नहीं होती। यह अधिकतर स्नेहपूर्ण वातावरण, संवाद. और सरल गतिविधियों से ही प्रभावी हो सकती है।

90. (B): स्व–प्रबंधन कौशल (Self-management skills) में शामिल होते हैं :

- स्वयं को समझना
- आत्मविश्वास बनाना
- समस्याओं का समाधान करना

लेकिन सौदेबाजी (Bargaining) एक सामाजिक या व्यावसायिक कौशल है, न कि आत्म–प्रबंधन कौशल। इसलिए, यह सूची में नहीं आता।

91. (A): कथन I सही है–पोषण अभियान (POSHAN Abhiyaan) का उद्देश्य सभी लक्षित समूहों (गर्भवती महिलाएं, स्तनपान कराने वाली माताएं, 0-6 वर्ष तक के बच्चे, किशोर बालिकाएं) को ट्रैक करने के लिए सुनिश्चित पोषण ट्रैकर के माध्यम से व्यापक निगरानी करना है। कथन II भी सही है–आंगनवाड़ी कार्यकर्ता और सहायिकाएं इस कार्यक्रम के मुख्य कार्यान्वयनकर्ता हैं, जो जमीनी स्तर पर सेवाओं को प्रदान करती हैं और भारत को कुपोषण मुक्त बनाने में अहम भूमिका निभा रही हैं।

92. (C): ECCE (Early Childhood Care and Education) में बच्चों के समग्र विकास के लिए इन सभी घटकों का समावेश होता है :

(*a*) स्वास्थ्य

(*b*) पोषण

(*c*) प्रारंभिक शिक्षा

(*d*) खेल

ये सभी घटक 0-6 वर्ष की आयु के बच्चों के शारीरिक, मानसिक और सामाजिक विकास के लिए आवश्यक हैं।

93. (A): भारतीय खाद्य गाइड पिरामिड में भोजन की वरीयता इस प्रकार होती है :

(*b*) ऊर्जा देने वाले भोजन (जैसे अनाज–सबसे अधिक मात्रा में लेने की सिफारिश)

(*c*) सुरक्षात्मक भोजन (जैसे फल व सब्जियाँ–विटामिन व खनिज स्रोत)

(*a*) बॉडी बिल्डिंग फूड (प्रोटीन–जैसे दालें, अंडा, दूध)

(*d*) वसा और तेल (कम मात्रा में आवश्यक)।

94. (B):

(*a*) प्रोटीन कुपोषण → II. मैरास्मस

(*b*) थियामिन (Vitamin B1) की कमी → IV. बेरी–बेरी

(*c*) विटामिन D की कमी → I. रिकेट्स

(*d*) लौह की कमी → III. अरक्तता (Anaemia)

इस मिलान में B सबसे उपयुक्त है।

95. (C): कैंसर एक असंक्रामक रोग (Non-communicable Disease) है, जो शरीर की कोशिकाओं के अनियंत्रित विभाजन से होता है और एक व्यक्ति से दूसरे में नहीं फैलता। बाकी सभी : जुकाम, AIDS, दाद–संक्रामक रोग हैं।

96. (C): आयोडीन की कमी से मुख्य रूप से घेंघा (Goitre) होता है। यह थायरॉइड ग्रंथि की असामान्य वृद्धि है, जो आयोडीन की अपर्याप्तता से उत्पन्न होती है। यह गले में सूजन के रूप में दिखाई देता है।

97. (D): विटामिन A की कमी से आँखों की बीमारियाँ होती हैं, जिनमें प्रमुख है रतौंधी (Night Blindness)। इसमें व्यक्ति को रात या कम रोशनी में देखने में कठिनाई होती है।

98. (A): कथन I सही है–ECE (Early Childhood Education) बच्चों को आत्मविश्वास और सुरक्षा की भावना देता है। कथन II भी सही है–ECE जीवन भर सीखने की नींव रखता है, जो संज्ञानात्मक, सामाजिक व भावनात्मक विकास को बढ़ावा देता है।

99. (C): पूर्व–स्कूली अवस्था में बच्चे के संपूर्ण विकास के क्षेत्र हैं :

(*a*) भाषा–बातचीत व संप्रेषण कौशल

(*b*) सामाजिक मूल्य–साझा करना, सहयोग करना

(*c*) मोटर गतिविधियाँ–चलना, दौड़ना, पकड़ना

(*d*) माता–पिता से भावनात्मक संबंध–प्यार व सुरक्षा का भाव

इन सभी का विकास इस अवस्था में होता है।

100. (A): काली खाँसी (Pertussis) को रोकने के लिए DPT वैक्सीन दी जाती है, जिसमें

- D = Diphtheria
- P = Pertussis (काली खाँसी)
- T = Tetanus

यह बच्चों को जीवन के शुरुआती वर्षों में दी जाने वाली आवश्यक टीका है।

101. (A): "लास्ट चाइल्ड फर्स्ट" सिद्धांत का उद्देश्य सबसे पिछड़े, वंचित और जोखिम में रहने वाले बच्चों तक पहुंचना और उन्हें सेवाएं देना है।

NPAC 2016 में विशेष रूप से इसका उल्लेख किया गया है कि सभी योजनाएं अंतिम बच्चे तक पहुँच सुनिश्चित करें, जिससे कोई भी बच्चा पीछे न छूटे। यह नीति बाल अधिकारों और समावेशी विकास पर आधारित है।

102. (B): सामान्य बच्चे के स्वास्थ्य व विकास हेतु :

(*b*) स्तनपान को प्रोत्साहित करना अत्यंत आवश्यक है–WHO द्वारा 6 माह तक विशेष स्तनपान की सिफारिश की जाती है।

(*c*) स्थानीय व संतुलित खाद्य का ज्ञान माता–पिता को दिया जाना चाहिए।

(*d*) समय पर टीकाकरण बच्चे को रोगों से बचाता है।

जबकि (*a*) गलत है–4 माह से पहले पूरक आहार नहीं दिया जाता, केवल स्तनपान पर्याप्त है।

103. (B): स्तनपान कराने वाली माताओं को चाहिए कि वे प्राकृतिक, ताजा, पोषक तत्वों से भरपूर खाद्य पदार्थ खाएँ। डिब्बाबंद जूस व प्रिजर्व्ड फूड्स में प्रायः रसायन, परिरक्षक और अतिरिक्त चीनी होती है, जो शिशु के लिए हानिकारक हो सकती है। इसलिए इन्हें नहीं खाना चाहिए।

104. (A): कथन I सही है–विटामिन A की कमी से जेरोफ्थैल्मिया होता है, जिसमें आँखों की श्लेष्मा झिल्ली सूखने लगती है।

कथन II भी सही है–प्रोटीन और ऊर्जा कुपोषण (PEM) जैसे मैरास्मस और क्वाशियोरकर, विकासशील देशों में सबसे आम कुपोषण के रूप हैं।

105. (B): वाक्य : Only the brave deserves rewards.

इसका नकारात्मक और सर्वाधिक उपयुक्त रूप होगा : "None but the brave deserves rewards"–यानी "सिर्फ बहादुर ही पुरस्कार के योग्य हैं, अन्य कोई नहीं।"

यह मूल वाक्य का अर्थ बनाए रखता है और स्पष्ट नकारात्मक रूप में है।

106. (A): 'राणे जगपत रा मरसिया' एक प्रसिद्ध शोकगीत (मरसिया) है जो महाराणा जगत सिंह की मृत्यु पर लिखा गया था। यह मारवाड़ क्षेत्र की रचनात्मक परंपरा का हिस्सा है और वीर रस के साथ शोक भाव को दर्शाता है।

107. (C): यह वाक्य अशुद्ध है क्योंकि 'प्राण सूखना' व्याकरणिक दृष्टि से त्रुटिपूर्ण प्रयोग है। सही रूप होगा : "शेर को देखकर उसका कलेजा मुँह को आ गया" या "उसके होश उड़ गए"।

'प्राण सूखना' कोई मान्य या स्वाभाविक मुहावरा नहीं है।

108. (A): निमोनिया (Pneumonia) एक श्वसन तंत्र की बीमारी है जो कई जीवाणुओं से हो सकती है, लेकिन बच्चों में यह प्रायः Haemophilus influenzae नामक बैक्टीरिया से होता है। यह फेफड़ों में संक्रमण कर उन्हें भर देता है और सांस लेने में कठिनाई उत्पन्न करता है।

109. (C): छोटी चेचक (Smallpox) एकमात्र ऐसा मानव रोग है जिसका विश्व स्तर पर पूर्ण उन्मूलन हो चुका है। WHO ने 1980 में इसे आधिकारिक रूप से eradicated घोषित किया था। अन्य सभी बीमारियाँ अभी भी विभिन्न रूपों में मौजूद हैं।

110. (B): सही सुमेल इस प्रकार है :

(*a*) ग्रास नली (Esophagus) → II. भोजन का संचरण करती है

(*b*) आमाशय (Stomach) → III. भोजन का संग्रह और मंथन करता है

(*c*) अग्न्याशय (Pancreas) → IV. एन्जाइम और हार्मोन स्रावित करता है

(*d*) पित्ताशय (Gall bladder) → I. बाइल का संग्रह और सांद्रण करता है।

इसलिए, सही उत्तर : B.

111. (B): अरक्तता (Anaemia) मुख्यतः लौह (Iron) की कमी के कारण होती है। लौह तत्व की कमी से शरीर में हीमोग्लोबिन का स्तर गिरता है, जिससे रक्त में ऑक्सीजन वहन करने की क्षमता कम हो जाती है।

112. (C): भारत में कोविड–19 टीकाकरण कार्यक्रम आधिकारिक रूप से 16 जनवरी 2021 को शुरू हुआ था। इसका उद्देश्य हेल्थ वर्करों, फ्रंटलाइन वर्करों और बाद में आम जनता को चरणबद्ध रूप से टीकाकरण देना था।

113. (A): तर्क I मजबूत है–क्योंकि वर्तमान ऊर्जा संसाधन जैसे कोयला, पेट्रोलियम आदि क्षयशील (non-renewable) हैं, और सौर ऊर्जा एक स्थायी विकल्प है।

तर्क II कमजोर है–क्योंकि प्रारंभिक पूँजी व्यय को चुनौती मानना सही है, लेकिन यह ऊर्जा आत्मनिर्भरता की आवश्यकता को कमजोर नहीं करता।

इसलिए, केवल तर्क I तर्कसंगत है।

114. (C): राष्ट्रीय एकल खिड़की प्रणाली (National Single Window System–NSWS) को 2021 में लॉन्च किया गया था। इसका उद्देश्य निवेशकों को सभी आवश्यक अनुमतियाँ और सेवाएं एक ही पोर्टल पर उपलब्ध कराना है।

115. (C): आयोडीन का टिंचर एक ऐसा विलयन है जिसमें :

- आयोडीन = विलेय (solute)
- एल्कोहल (एथेनॉल) = विलायक (solvent)

यह एक एंटीसेप्टिक घोल है जो बाहरी घावों पर लगाया जाता है।

116. (D): एटोमिसिटी (Atomisity) का अर्थ है–किसी तत्व के एक अणु में उपस्थित परमाणुओं की संख्या :

(*a*) हीलियम → IV. एकपरमाणुक (Monoatomic)

(*b*) नाइट्रोजन (N_2) → I. द्विपरमाणुक (Diatomic)

(*c*) फॉस्फोरस (P_4) → III. चतुष्परमाणुक (Tetratomic)

(*d*) गंधक (S_8) → II. बहुपरमाणुक (Polyatomic)

इसलिए, सही मिलान : D.

117. (A): कथन I सही है–वजन, पोषण और स्वास्थ्य का संवेदनशील सूचक है, जो शीघ्र बदलाव दर्शाता है।

कथन II भी सही है–वजन वक्र (growth chart) से कुपोषण की स्थिति का पता लग जाता है, इससे पहले कि कोई अन्य लक्षण प्रकट हो।

इसलिए, दोनों कथन वैज्ञानिक दृष्टि से सत्य हैं।

118. (A): माना R का हिस्सा = ₹ 1

तो $Q = 1.25 \times R = 1.25$

$P = 0.5 \times Q$

$= 0.5 \times 1.25$

$= 0.625$

अब अनुपात बनता है :

$P : Q : R = 0.625 : 1.25 : 1$

इन सभी का 1000 से गुणा करें ताकि पूर्ण संख्या में आए :

$P = 625,\ Q = 1250,\ R = 1000$

⇒ अनुपात = 625 : 1250 : 1000

सभी का योग = 625 + 1250 + 1000

= 2875

अब कुल राशि ₹ 2300 है,

R का हिस्सा $= \frac{1000}{2875} \times 2300$

$= \frac{4}{11.5} \times 2300$

$= \frac{8}{23} \times 2300$

= ₹ 800

इसलिए, सही उत्तर है : A. 800.

119. (C): मूल्य में 10% की कमी ⇒

यदि पुराना मूल्य = ₹ x प्रति किलो

तो नया मूल्य = ₹ $0.9x$

अब : $3600 \div x = n$ किलो

$3600 \div 0.9x = n + 10$ किलो

दोनों को बराबर करें :

$$\frac{3600}{0.9x} - \frac{3600}{x} = 10$$

LCM:

$$\Rightarrow \frac{3600x - 3240x}{0.9x^2} = 10$$

$$\Rightarrow \frac{360x}{0.9x^2} = 10$$

$$\Rightarrow \frac{400}{x} = 10 \Rightarrow x = 40$$

नया मूल्य = ₹ 36/kg

25 किलो का मूल्य = 25 × 36 = ₹ 900.

120. (A):

(*a*) peevish (चिड़चिड़ा) → II. genial (मिलनसार)

(*b*) generous (उदार) → III. stingy (कंजूस)

(*c*) latent (छिपा हुआ) → IV. apparent (स्पष्ट)

(*d*) vanity (घमंड) → I. humility (विनम्रता)

इसलिए, सही मिलान : A.

121. (C):

(*a*) अन्न + अभाव → अ + अ = आ (दीर्घ संधि) → III

(*b*) चंद्र + उदय → अ + उ = ओ (गुण संधि) → I

(*c*) अति + आवश्यक → इ + अ = य (यण संधि) → II

(*d*) महा + ऐश्वर्य → अ + ऐ = ऐ (वृद्धि संधि) → IV.

122. (C): "Summary" के समानार्थक शब्दों में "Synopsis" सबसे उपयुक्त है। यह किसी विषय, कहानी या पुस्तक का संक्षिप्त रूप होता है।

123. (A): ICDS योजना का उद्देश्य 0-6 वर्ष की आयु के बच्चों, गर्भवती और स्तनपान कराने वाली महिलाओं के लिए है। 6-12 वर्ष के बच्चों के स्वास्थ्य सुधार की जिम्मेदारी मिड–डे मील या शिक्षा विभाग की होती है।

124. (B): प्रसवोत्तर अवधि गर्भावस्था के 9वें माह में होती है : यह कथन गलत है क्योंकि प्रसवोत्तर अवधि की शुरुआत बच्चे के जन्म के बाद होती है और यह 6 सप्ताह तक चलती है, ना कि गर्भावस्था के 9वें माह में।

125. (C): ICDS के अंतर्गत टीकाकरण कार्यक्रम में डिप्थीरिया, टिटनेस, पोलियो, तपेदिक आदि शामिल हैं। श्लीपाद (Lymphatic Filariasis) का टीकाकरण ICDS के तहत नहीं आता।

126. (D): न्यूरोसाइंस के अनुसार, जन्म से 6 वर्ष की आयु तक बच्चे के मस्तिष्क का लगभग 90% से 95% तक विकास हो चुका होता है। यह अवधि संज्ञानात्मक, सामाजिक और भावनात्मक विकास के लिए अत्यंत महत्वपूर्ण मानी जाती है। इसी कारण प्रारंभिक बाल्यावस्था में पोषण, संवेदनशील देखभाल और उत्तेजनात्मक वातावरण का अत्यधिक महत्त्व होता है।

127. (D): संचार में परिप्रेक्ष्य को प्रभावित करने वाले प्रमुख कारक होते हैं–भाषा/शैली, पूर्वधारणा और संस्कृति, क्योंकि ये श्रोता की समझ, व्याख्या और प्रतिक्रिया को प्रभावित करते हैं।

धन (Money) संचार के परिप्रेक्ष्य को सीधे प्रभावित करने वाला कारक नहीं है, इसलिए यह विकल्प सबसे उपयुक्त है।

128. (A): कथन I: 29 मई 2021 को प्रधानमंत्री ने **PM CARES for Children Scheme** शुरू की थी।

कथन II: इसका उद्देश्य उन बच्चों की सहायता करना है जिन्होंने 11 मार्च 2020 के बाद कोविड–19 के कारण अपने माता–पिता या कानूनी अभिभावक को खो दिया है। अतः दोनों कथन पूर्णतः सही हैं।

129. (B): 'उन्नति' शब्द में मूल रूप है "नति", जिसका अर्थ है झुकाव या विनम्रता।

यहाँ "उत्" उपसर्ग जुड़कर अर्थ देता है "ऊपर उठना" या "प्रगति"–इस प्रकार "उत् + नति = उन्नति" (प्रगति की ओर झुकाव)।

यहाँ "उत्" उपसर्ग का संधि–रूप "उन्नति" बनता है।

130. (D): ठंड में मुझसे बाहर बैठा नहीं जाता। यह भाववाच्य (Impersonal Voice) का उदाहरण है, जहाँ कर्ता स्पष्ट रूप से ज्ञात नहीं होता और क्रिया का केंद्र भाव या अवस्था होती है। वाक्य में "मुझसे बैठा नहीं जाता" से यह स्पष्ट होता है कि यह भाववाच्य वाक्य है।

131. (B): 'स्वतंत्र' का अर्थ है–अपने अधिकार में, स्वतंत्र। इसका विलोम है 'परतंत्र', जिसका अर्थ होता है–दूसरे के अधीन या निर्भर। यह अर्थ विपरीत भाव दर्शाता है और सर्वाधिक उपयुक्त विलोम है।

132. (B): घर पर यदि बच्चे की लगातार आलोचना की जाती है तो यह उसकी सीखने की इच्छा को कम करता है और आत्मविश्वास को भी कमजोर करता है। इसके विपरीत, बोलने के अवसर देना, खेलना और सुनना सकारात्मक प्रेरणादायक गतिविधियाँ हैं। अतः यह गतिविधि प्रेरित नहीं करती।

133. (B): 'मान' एक अनेकार्थक शब्द है जिसका विभिन्न सन्दर्भों में भिन्न अर्थ होते हैं जैसे–

- इज्जत (सम्मान)
- अभिमान (गर्व)
- नाप–तौल (मापन)

इसलिए, सबसे उपयुक्त अनेकार्थक समूह विकल्प B में है।

134. (C): 'प्रज्वलित' शब्द संस्कृत मूल 'ज्वल्' धातु से बना है जिसका अर्थ है जलाना। 'प्रज्वलित' का अर्थ है–प्रकाशित, जलाया गया। यह व्याकरण और उच्चारण की दृष्टि से सर्वाधिक शुद्ध रूप है।

135. (A): विश्व स्वास्थ्य संगठन (WHO) के अनुसार, तपेदिक (टी.बी.) आज भी विश्व की सबसे अधिक जानलेवा संक्रामक बीमारी मानी जाती है, जिससे प्रति वर्ष लाखों लोगों की मृत्यु होती है। यह माइकोबैक्टीरियम ट्यूबरक्युलोसिस नामक बैक्टीरिया से फैलता है।

136. (C): 'HARYANA' को 8197151 के रूप में कूटबद्ध किया गया है।

हमें प्रत्येक अक्षर के वर्णमाला क्रमांक को जोड़कर एकल अंक में बदलना है :

H = 8, A = 1,

R = 18 → 1 + 8 = 9,

Y = 25 → 2 + 5 = 7,

N = 14 → 1 + 4 = 5

इस प्रकार क्रम बना : 8 1 9 7 1 5 1

अब 'DELHI' के लिए :

D = 4

E = 5

L = 12 → 1+2 = 3

H = 8

I = 9

क्रम बना : 4 5 3 8 9 → उत्तर है : 45389.

137. (D): बौद्धिक पूंजी (Intellectual Capital) में मुख्यतः तीन घटक होते हैं :

1. मानव पूंजी (Human Capital)
2. संरचनात्मक पूंजी (Structural Capital)
3. संबंधात्मक पूंजी (Relational Capital)

'संबंधों का तंत्र' यानी दूसरों के साथ संपर्क, नेटवर्क, और सामाजिक जुड़ाव–बौद्धिक पूंजी का हिस्सा है, क्योंकि यह संगठनात्मक ज्ञान और संसाधनों तक पहुँच बढ़ाता है।

इसलिए, सही उत्तर है : संबंधों का तंत्र।

138. (B): दस्त की स्थिति में शरीर से बहुत अधिक पानी और लवण बाहर निकल जाते हैं जिससे डिहाइड्रेशन हो सकता है।

ओ.आर.एस. (ORS–Oral Rehydration Solution) शरीर में तरल और इलेक्ट्रोलाइट संतुलन बनाए रखने में मदद करता है।

इसलिए दस्त में तुरंत ORS देना सबसे उपयुक्त कदम है।

अतः उत्तर है : पर्याप्त मात्रा में ओ.आर.एस. देना चाहिए।

139. (D): गर्भावस्था के दौरान यदि किसी महिला को कमजोरी, पेट में तेज दर्द या पैरों में अत्यधिक सूजन होती है, तो यह खतरे के संकेत हैं। लेकिन पर्याप्त भूख लगना एक स्वस्थ संकेत है, न कि खतरे का।

इसलिए, सही उत्तर है : पर्याप्त भूख लगना।

140. (B): सही सुमेल है :

(*a*) अकथनीय → III. जो कहा न जा सके

(*b*) अनेर → I. बिना देखरेख का जानवर

(*c*) अकथित → IV. जो कहा न गया हो

(*d*) अप्रगल्भ → II. सुस्त, जो बढ़चढ़कर न बोले

इसलिए, सही विकल्प है : (*a*)-III, (*b*)-I, (*c*)-IV, (*d*)-II.

141. (A): कर्मचारी संघ ने प्रबंधक से लिखित परीक्षा शुरू करने की अपील की है, जिससे स्पष्ट है कि (I) पहले बिना लिखित परीक्षा के चयन होता था। साथ ही, (II) लिखित परीक्षा योग्य व्यक्तियों की पहचान में सहायक हो सकती है–यह सामान्य धारणा है। लेकिन (III) में ''उच्च स्तर'' और ''शायद'' जैसे शब्द अस्पष्ट हैं और कथन से इसका कोई सीधा संबंध नहीं है, अतः यह निर्विवाद नहीं कहा जा सकता।

142. (D): मान लीजिए, लागत मूल्य = ₹ 100

लाभ = 5%, तो विक्रय मूल्य = ₹ 105

यह ₹ 105, 16% छूट के बाद मिला है ⇒

$$\text{चिह्नित मूल्य} \times \frac{84}{100} = 105 \Rightarrow$$

$$\text{चिह्नित मूल्य} = 105 \times \frac{100}{84} = ₹\ 125$$

$$\text{इसका प्रतिशत} = \frac{125}{100} \times 100 = 125\%,$$

तो चिह्नित मूल्य लागत मूल्य का 25% अधिक है।

143. (D): गैर-मौखिक संचार में शब्दों का प्रयोग नहीं होता। मुद्रा, स्पर्श, नेत्र संपर्क–ये सब शरीर की भाषा से संबंधित संकेत हैं। लेकिन भाषा (spoken or written) मौखिक संप्रेषण का हिस्सा है, इसलिए यह गैर–मौखिक संचार का हिस्सा नहीं है।

144. (C): दालें मुख्य रूप से प्रोटीन का अच्छा स्रोत होती हैं। यह शरीर निर्माण (body building) पोषक तत्वों में आता है। हालाँकि इनमें कुछ मात्रा में कार्बोहाइड्रेट भी होता है, लेकिन प्राथमिक स्रोत प्रोटीन है।

145. (C): प्रश्न के अनुसार,

माना मूलधन = ₹ 100

तब मिश्रधन = 4 × 100

= ₹ 400

∴ साधारण ब्याज = मिश्रधन − मूलधन

= 400 − 100

= ₹ 300

$$\because \quad \text{समय} = \frac{\text{ब्याज} \times 100}{\text{मूलधन} \times \text{दर}}$$

$$= \frac{300 \times 100}{100 \times 6}$$

= 50 वर्ष

अब, मूलधन इसी अवधि में 8 गुणा हो जाता है।

∴ मिश्रधन = 8 × 100

= ₹ 800

∴ साधारण ब्याज = मिश्रधन − मूलधन

= 800 − 100

= ₹ 700

$$\text{अतः दर} = \frac{\text{ब्याज} \times 100}{\text{मूलधन} \times \text{समय}}$$

$$= \frac{700 \times 100}{100 \times 50} = 14\%$$

अतः अभीष्ट दर = 14%.

146. (C): मक्खन मुख्य रूप से वसा (fat) का स्रोत है, न कि कार्बोहाइड्रेट का। जबकि सफेद ब्रेड, चावल और आलू में स्टार्च और शर्करा अधिक मात्रा में होते हैं, जो कि प्रमुख कार्बोहाइड्रेट स्रोत हैं। इसलिए, मक्खन कार्बोहाइड्रेट का मुख्य स्रोत नहीं है।

147. (D): खसरा (Measles) एक अत्यंत संक्रामक रोग है जो 'Measles virus' नामक RNA वायरस से उत्पन्न होता है। यह वायरस श्वसन मार्ग से फैलता है और बच्चों में बुखार, त्वचा पर चकत्ते व अन्य जटिलताएं पैदा करता है।

149. (C): राष्ट्रीय किशोर स्वास्थ्य कार्यक्रम (RKSK) किशोरों के स्वास्थ्य से जुड़ी कई पहल करता है। इसमें शामिल हैं :

- साप्ताहिक आयरन–फोलिक एसिडे अनुपूरण (WIFS)
- मासिक धर्म स्वच्छता योजना
- किशोर मित्रवत स्वास्थ्य क्लीनिक

स्तनपान प्रबंधन केंद्र व दस्त नियंत्रण पखवाड़ा अन्य कार्यक्रमों का हिस्सा हैं, RKSK के नहीं।

150. (C): कथन I: टीकाकरण के बाद हल्का बुखार, सिरदर्द, फ्लू जैसे लक्षण सामान्य हैं–सही।

कथन II: टीकाकरण से गंभीर एलर्जिक प्रतिक्रिया अत्यंत दुर्लभ होती है, यह सामान्य नहीं है–गलत।

इसलिए, केवल पहला कथन सही है।

पिछले प्रश्न–पत्र (हल सहित)

आँगनवाड़ी/सुपरवाइजर भर्ती परीक्षा, 2023

महिला एवं बाल विकास विभाग से संबंधित योजनाएँ एवं कार्यक्रम

1. अग्न्याशय रस किसके स्रावित होने से प्रेरित होता है :
A. एंटरोकिनेस B. सीक्रेटिन
C. कोलेसीस्टोकिनिन D. (B) और (C) दोनों

2. गले और टॉन्सिल को ढकने वाली झिल्ली जब मोटी और भूरे रंग की हो तो यह लक्षण है :
A. स्वाइन फ्लू B. टॉन्सिलाइटिस
C. डिफ्थीरिया D. एलर्जी

3. अंतरालीय कोशिकाओं में टेस्टोस्टेरोन का उत्पादन प्रेरित होता है :
A. इनहिबिन B. ल्यूटिनाइजिंग हार्मोन
C. FSH D. प्रोजेस्टेरोन

4. निम्नलिखित में से किससे दूषित डिब्बाबंद भोजन खाने से बोटुलिज्म होता है?
A. *लैक्टोकोकस बोटुलिनम*
B. *क्लोस्ट्रीडियम बोटुलिनम*
C. *स्ट्रेप्टोकोकस बोटुलिनम*
D. उपरोक्त सभी

5. पहली हृदय ध्वनि इंगित करती है :
A. आलिंद सिस्टोल की शुरूआत
B. वेंट्रिकुलर डायस्टोल की शुरूआत
C. वेंट्रिकुलर सिस्टोल की शुरूआत
D. उपरोक्त में से कोई नहीं

6. नवजात शिशुओं के लिए गर्मी बनाए रखने के लिए अनुशंसित कमरे का तापमान है :
A. 25-28 °C B. 30-35 °C
C. 28 °C D. 32 °C

7. परिवार द्वारा भावनात्मक और शारीरिक समर्थन में कमी से बच्चों का कौन–सा विकास सीधे प्रभावित होगा?
A. शारीरिक विकास B. सांस्कृतिक विकास
C. व्यक्तित्व विकास D. कैरियर विकास

8. आधिकारिक तौर पर जनगणना कितने वर्षों के अंतराल पर की जाती है?
A. 1 वर्ष B. 5 वर्ष
C. 2 वर्ष D. 10 वर्ष

9. पालन–पोषण की किस शैली में बच्चों के सामाजिक रूप से सक्षम, जिम्मेदार और स्वायत्त होने की अधिक संभावना रहती है?
A. अधिनायकवादी B. अनुमतिवादी
C. आधिकारिक D. असंबद्ध

10. स्कूल टीकाकरण कार्यक्रम के तहत जापानीज एनसिफेलाइटिस (JE) का टीका किस आयु वर्ग के बच्चों को दिया जाता है?
A. स्कूल में प्रवेश पर 5 वर्ष की आयु
B. 16 वर्ष की आयु में
C. 5 से 10 वर्ष की आयु
D. 1 से 15 वर्ष की आयु

11. वंशानुगत पेलाग्रा को अन्य किस नाम से जाना जाता है?
A. टिटेनी B. पन्नस रोग
C. हार्टनुप रोग D. उपरोक्त में से कोई नहीं

12. इनुलिन किसका एक बहुलक है?
A. फ्रक्टोज B. ग्लूकोज
C. लैक्टोज D. गैलेक्टोज

13. एनोरेक्सिया नर्वोसा का अर्थ है :
A. भूख का अभाव B. भूख की उपस्थिति
C. स्व–भुखमरी D. उपरोक्त सभी

14. मध्याहन भोजन कार्यक्रम कब शुरू किया गया था?
A. 1985 B. 1995
C. 1955 D. 1975

15. स्पष्ट तरल आहार में शामिल हैं :
A. दूध B. टमाटर का रस
C. कार्बोनेटेड पेय D. उपरोक्त सभी

16. संचार की प्रक्रिया में निम्नलिखित में से कौन–सा कालानुक्रमिक क्रम में होता है?
A. संचार, माध्यम, प्राप्तकर्ता, प्रभाव, संदेश
B. माध्यम, संचारक, संदेश, प्राप्तकर्ता, प्रभाव
C. संचारक, संदेश, माध्यम, प्राप्तकर्ता, प्रभाव
D. संदेश, संचारक, माध्यम, प्राप्तकर्ता, प्रभाव

17. सामुदायिक विकास कार्यक्रम प्रारम्भ किया गया था :
A. 2 अक्टूबर, 1950 B. 2 अक्टूबर, 1952
C. 25 मार्च, 1950 D 2 अक्टूबर, 1964

18. अंत्योदय अन्न योजना (AAY) किसके लिए शुरू की गई?
A. कॉलेज के छात्रों के बीच ऋण सुविधाओं को बढ़ावा देने के लिए
B. स्कूली छात्रों के बीच कृषि को बढ़ावा देने के लिए
C. किसानों के बीच ऋण सुविधाओं को बढ़ावा देने के लिए
D. भारत में सबसे गरीबों के लिए खाद्य सुरक्षा को बढ़ावा देने के लिए

19. संचार प्रक्रिया के मॉडल में 'शोर' को एक तत्व के रूप में किसने पेश किया?
A. शैनन और वीवर B. श्राम
C. लीगन्स D. बेरियो

20. फ्लैश कार्ड का मानक आकार क्या है?
A. 12 × 7 सेमी. B. 15 × 13 सेमी.
C. 30 × 20 सेमी. D. 50 × 22 सेमी.

21. पकाने पर मांस का लाल रंग भूरा हो जाता है, इसका कारण है :
A. मायोग्लोबिन में आयरन की कमी
B. आयरन और मायोग्लोबिन की परस्पर क्रिया
C. हीमोग्लोबिन का ऑक्सीकरण
D. आयरन और मायोग्लोबिन का ऑक्सीकरण

22. दूध को 3 सेकंड के लिए 93.4 डिग्री सेलसियस तापमान पर गर्म करने की विधि है :
A. HTST विधि B. UHT विधि
C. बैच प्रसंस्करण विधि D. उपरोक्त में से कोई नहीं

23. मक्के में ________ प्रोटीन होता है।
A. कैसिइन B. ग्लूटेलिन
C. ग्लाइसिन D. जीन

24. कई फलों और सब्जियों में पाए जाने वाले पानी में घुलनशील लाल रंग के रंजक हैं :
A. लाइकोपीन B. एंथोक्जैन्थिन
C. एंथोसायनिन D. उपरोक्त सभी

25. काली मिर्च का तीखापन किसके कारण होता है?
A. चाविसीन B. जिंजरोल
C. करक्यूमिन D. एलिसिन

26. परिवार के बारे में निम्नलिखित में से कौन-सा कथन सही है?
A. आज परिवार के कई कार्य दूसरी संस्थाओं द्वारा किए जाने लगे हैं
B. शहरीकरण ने संयुक्त परिवार प्रणाली को मजबूत किया है
C. पारंपरिक संयुक्त परिवार उच्च व्यक्तिगत स्वतंत्रता प्रदान करते हैं
D. आधुनिक एकल परिवारों की विशेषता महिलाओं की घटती महत्ता है

27. दहेज निषेध अधिनियम, 1961 के अनुसार निम्नलिखित में से कौन-सा 'दहेज' के अंतर्गत नहीं आता है?
A. विवाह में एक पक्ष द्वारा दूसरे पक्ष को दी गई कोई संपत्ति या कीमती सामान
B. विवाह के समय किसी भी पक्ष के माता-पिता द्वारा दी गई कोई संपत्ति या कीमती सामान
C. विवाह के संबंध में किसी भी पक्ष द्वारा सहमति से दिया जाने वाला कोई भी कीमती सामान
D. मुस्लिम पर्सनल लॉ के तहत विवाह में दी जाने वाली मेहर

28. निम्नलिखित में से कौन-सा जलवायु परिवर्तन का परिणाम है?
A. मानसिक विकार B. जनसंख्या विस्थापन
C. मौसमी चक्रों में परिवर्तन D. उपरोक्त सभी

29. निम्नलिखित में से कौन महिला सशक्तिकरण का सूचक नहीं है?
A. शिक्षा में महिलाओं की भागीदारी में वृद्धि
B. महिलाओं के प्रति बढ़ता दुर्व्यवहार
C. विवाह की आयु में वृद्धि
D. राजनीति में महिलाओं की बढ़ती भागीदारी

30. निम्नलिखित में से कौन-सा कथन सही है?
A. एक अच्छी प्रश्नावली में डबल बैरल वाले प्रश्न होते हैं
B. निरक्षर उत्तरदाताओं से डेटा एकत्र करने के लिए एक प्रश्नावली का उपयोग किया जाता है
C. एक प्रश्नावली में खुले सिरे वाले और बंद सिरे वाले दोनों प्रकार के प्रश्न हो सकते हैं
D. एक अच्छी प्रश्नावली में अस्पष्ट प्रश्न होते हैं

31. नीचे दो कथन दिए गए हैं, एक को अभिकथन (A) और दूसरे को कारण (R) के रूप में लिखा गया है।

अभिकथन (A): संयुक्त परिवार अपने सदस्यों को मनोवैज्ञानिक और भावनात्मक सुरक्षा प्रदान करते हैं।

कारण (R): संयुक्त परिवार व्यक्तिगत विकास में बाधा डालते हैं और आलस्य को बढ़ावा देते हैं।

A. (A) सत्य है और (R) गलत है
B. (A) गलत है और (R) सत्य है
C. (A) और (R) दोनों गलत हैं
D. (A) और (R) दोनों सत्य हैं

32. केमिकल इंजीनियरिंग में स्नातक सतीश एक बहुराष्ट्रीय कंपनी में ऑफिस अटेंडेंट के रूप में कार्यरत है। यह उदाहरण है :

A. अल्पबेरोजगारी का B. शिक्षित बेरोजगारी का
C. तकनीकी बेरोजगारी का D. प्रच्छन्न बेरोजगारी का

33. IGNOAPS है :

A. खाद्य सुरक्षा कार्यक्रम
B. सामाजिक सुरक्षा कार्यक्रम
C. वेतन रोजगार कार्यक्रम
D. स्वरोजगार कार्यक्रम

34. संविधान यह प्रावधान करता है कि :

(*i*) प्रत्येक पंचायत में प्रत्यक्ष चुनाव द्वारा भरी जाने वाली सीटों की कुल संख्या का कम से कम एक तिहाई महिलाओं के लिए आरक्षित होगा।
(*ii*) महिलाओं के लिए अधिकतम आरक्षण कुल सीटों का एक तिहाई होगा।
(*iii*) अनुसूचित जाति/अनुसूचित जनजाति के लिए आरक्षित सीटों की कुल संख्या में से कम से कम एक तिहाई सीटें अनुसूचित जाति/अनुसूचित जनजाति की महिलाओं के लिए आरक्षित होंगी।
(*iv*) महिलाओं के लिए आरक्षित सीटें किसी पंचायत में विभिन्न निर्वाचन क्षेत्रों में चक्रानुक्रम द्वारा आवंटित की जा सकती हैं।

A. केवल (*i*) सत्य है
B. केवल (*ii*) सत्य है
C. (*i*), (*ii*) और (*iii*) सत्य हैं
D. (*i*), (*iii*) और (*iv*) सत्य हैं

35. ________ एक विशेष सामाजिक इकाई का पूर्ण और सावधानीपूर्वक अध्ययन है।

A. केंद्रित साक्षात्कार B. केस स्टडी
C. अवलोकन D. सामग्री विश्लेषण

36. नायर तारावडु उदाहरण है :

A. पितृसत्तात्मक परिवार B. मातृसत्तात्मक परिवार
C. मातृस्थानीय परिवार D. (B) और (C) दोनों

37. नीचे दी गई तालिका एनसीआरबी रिपोर्ट के आधार पर महिलाओं के खिलाफ अपराध पर आंकड़े प्रदर्शित करती हैं :

वर्ष	महिलाओं के खिलाफ अपराध - 2018-2020		
	2018	**2019**	**2020**
कर्नाटक	13514	13828	12680
केरल	10461	11462	10139
तमिलनाडु	5822	5934	6630
अखिल भारत	378236	405326	371503

(*i*) राष्ट्रीय स्तर पर महिलाओं के खिलाफ अपराध में 2019 की तुलना में 2020 में कमी देखी गई है।
(*ii*) सभी भारतीय राज्यों में, कर्नाटक महिलाओं के खिलाफ सबसे अधिक अपराधों वाला राज्य है।
(*iii*) तमिलनाडु में पिछले कुछ वर्षों में महिलाओं के खिलाफ अपराध में वृद्धि देखी गई है।
(*iv*) सभी तीन राज्यों में पिछले कुछ वर्षों में अपराध दर में एक समान पैटर्न दिखाई देता है।

तालिका के आधार पर दिए गए उपरोक्त तथ्यों में से कौन सही है?

A. केवल (*i*) B. (*i*) और (*ii*)
C. (*i*) और (*iii*) D. (*i*), (*ii*), (*iii*) और (*iv*)

38. निम्नलिखित में से कौन वायु प्रदूषण का कारण बनता है?

A. ज्वालामुखी प्रस्फुटन B. मवेशी पालन
C. जीवाश्म ईंधन का दहन D. उपरोक्त सभी

39. स्वयं सहायता समूह निम्नलिखित में सहायता करते हैं :

A. महिला सशक्तिकरण
B. महिलाओं की आर्थिक स्वतंत्रता बढ़ाना
C. महिलाओं में नेतृत्व गुणों को बढ़ाना
D. उपरोक्त सभी

40. मेल द्वारा भेजी गई प्रश्नावली इनमें से किसके लिए सर्वाधिक उपयुक्त है?

A. शिक्षित उत्तरदाता
B. अशिक्षित उत्तरदाता
C. आदिम और स्वदेशी आबादी
D. छिपी हुई आबादी

41. निम्नलिखित में से किसने संयुक्त परिवारों के विघटन में योगदान दिया?

A. शहरीकरण B. विधि निर्माण
C. विकेंद्रीकरण D. (A) और (B) दोनों

42. बाल श्रम (निषेध एवं विनिमय) अधिनियम 1986 के अनुसार एक 'बच्चा' वह व्यक्ति है जिसने अपनी ________ वर्ष की आयु पूरी नहीं की है।

A. अट्ठारह B. चौदह
C. सोलह D. पंद्रह

43. पदानुक्रम के भीतर वह अमूर्त बाधा जो महिलाओं को उच्च स्तरीय पद प्राप्त करने से रोकती है, कहलाती है :

A. लिंग रूढ़िवादिता B. लिंग बाधा
C. ग्लास सीलिंग D. लिंग वेतन अंतर

44. विकास का नकारात्मक प्रभाव कौन-सा नहीं है?

A. विस्थापन B. प्रदूषण
C. संसाधन की कमी D. रोजगार सृजन

45. साक्षात्कार कार्यक्रम है :
A. डेटा संग्रह की विधि B. डेटा संग्रह का उपकरण
C. प्राथमिक डेटा का स्रोत D. डेटा संग्रह की तकनीक

46. "ऐसे लोगों का समूह जो आमतौर पर एक ही छत के नीचे रहते हैं, जो एक ही चूल्हे पर पका हुआ खाना खाते हैं, जिनके पास समान संपत्ति होती है, और जो सामान्य पारिवारिक पूजा में भाग लेते हैं और कुछ विशेष प्रकार के रिश्तेदारों के रूप में एक-दूसरे से संबंधित होते हैं।" संयुक्त परिवार की यह परिभाषा किसने दी है?
A. के.एम. कपाड़िया B. एस.सी. दुबे
C. इरावती कर्वे D. आई.पी. देसाई

47. भारत में, घरेलू हिंसा पर डेटा एकत्र किया जाता है :
A. राष्ट्रीय परिवार स्वास्थ्य सर्वेक्षण
B. राष्ट्रीय नमूना सर्वेक्षण
C. राष्ट्रीय जनगणना
D. उपरोक्त में से कोई नहीं

48. महात्मा गांधी नरेगा के बारे में निम्नलिखित में से कौन-सा कथन सत्य है/हैं?
(*i*) महात्मा गांधी नरेगा एक स्वरोजगार कार्यक्रम है।
(*ii*) महात्मा गांधी नरेगा का प्राथमिक उद्देश्य संपत्ति निर्माण है।
(*iii*) यह कार्यक्रम श्रम और रोजगार मंत्रालय द्वारा कार्यान्वित किया जाता है।
(*iv*) यह काम मांगने का अधिकार प्रदान करता है।
A. केवल (*i*) सत्य है
B. केवल (*iv*) सत्य है
C. (*i*) और (*iv*) दोनों सत्य हैं
D. (*i*), (*ii*) और (*iv*) सत्य हैं

49. GDI का अर्थ है :
A. लिंग विकास सूचकांक (Gender Development Index)
B. सकल विकास सूचकांक (Gross Development Index)
C. लिंग अभाव सूचकांक (Gender Deprivation Index)
D. लिंग अंतर सूचकांक (Gender Differences Index)

50. एक शोधकर्ता राष्ट्रीय नमूना सर्वेक्षण संगठन की रिपोर्टों के आधार पर भारत के विभिन्न राज्यों में साक्षरता दर के बारे में तुलनात्मक अध्ययन करता है। शोधकर्ता द्वारा उपयोग किया गया डेटा एक उदाहरण है :
A. द्वितीयक डेटा का B. नमूना डेटा का
C. प्राथमिक डेटा का D. तुलनात्मक डेटा का

51. वे स्रोत जिनसे विकास कार्य उत्पन्न होते हैं :
A. शारीरिक परिपक्वता, विकास की सांस्कृतिक रूप से साझा अपेक्षाएं, व्यक्तिगत मूल्य और आकांक्षाएं
B. शारीरिक परिपक्वता, कानून, लोकरीति, रीति-रिवाज और रूढ़िवादिता, आनुवंशिकता
C. सामाजिक-सांस्कृतिक मानदंड, शारीरिक विकास और परिपक्वता, पर्यावरण के साथ अन्योन्य क्रिया
D. व्यक्तिगत और सामाजिक मूल्य, व्यक्तित्व कारक, आनुवंशिकता और शारीरिक विकास

52. प्रसवपूर्व अवधि के दौरान कौन-से खतरे हैं?
(*i*) माता-पिता के प्रभाव के बारे में पारंपरिक मान्यताएँ।
(*ii*) पैतृक निम्न विटामिन C स्तर
(*iii*) मातृ कुपोषण
A. केवल (*i*) और (*iii*) B. केवल (*iii*)
C. (*i*), (*ii*) और (*iii*) D. इनमें से कोई नहीं

53. निम्नलिखित वाक्यों को पढ़ें।
(*i*) माता-पिता अपने बच्चों के आचरण की निगरानी करते हैं और उन्हें स्पष्ट आदर्श प्रस्तुत करते हैं।
(*ii*) माता-पिता दृढ़ और उत्तरदायी हैं, लेकिन दखल देने वाले और प्रतिबंधात्मक नहीं हैं।
(*iii*) वे बच्चों को सामाजिक रूप से जिम्मेदार, स्व-विनियमित और सहकारी बनाते हैं।

पालन-पोषण की कौन-सी शैली इन विशेषताओं में सटीक बैठती है?
A. सत्तावादी B. आधिकारिक
C. अनुमतिवादी D. उपेक्षावादी

54. निम्नलिखित में से कौन-से कथन सत्य हैं?
(*i*) किशोरावस्था की अवधि को तीन चरणों में वर्गीकृत किया गया है।
(*ii*) मित्र इस चरण में महत्वपूर्ण भूमिका निभाते हैं और किशोर अपने हमउम्र समूह के बीच पहचान बनाए रखने की पूरी कोशिश करते हैं।
(*iii*) वे अधिक सुरक्षा और देखभाल करने वाले अपने माता-पिता से अधिक जुड़ जाते हैं।
A. केवल (*i*) और (*ii*) B. केवल (*ii*) और (*iii*)
C. केवल (*iii*) D. (*i*), (*ii*) और (*iii*)

55. सफल उम्र वृद्धि की प्रमुख विशेषताएं निम्नलिखित में से कौन-सी हैं?
A. उच्च सामाजिक-आर्थिक स्थिति
B. मध्यम विकलांगता
C. उच्च जैव-मनोवैज्ञानिक-सामाजिक कार्यप्रणाली
D. रोजगार

56. भारत में टीकाकरण कार्यक्रम किस वर्ष प्रारंभ हुआ?
A. 1978 B. 1985
C. 1989 D. 1990

57. प्रत्येक महिला और नवजात शिशु को सम्मानजनक और गुणवत्तापूर्ण स्वास्थ्य सुविधा प्रदान करने के लिए शुरू किया गया कार्यक्रम है :

A. प्रधानमंत्री सुरक्षित मातृत्व अभियान
B. जननी शिशु सुरक्षा कार्यक्रम
C. जननी सुरक्षा योजना
D. सुरक्षित मातृत्व आश्वासन

58. निम्नलिखित में से कौन-सा कथन 'बालिका मंडल' से संबंधित है/हैं?

(*i*) किशोरियों को सामान्य शिक्षा और साक्षरता प्रदान करता है।
(*ii*) व्यक्तिगत और पर्यावरणीय स्वच्छता।
(*iii*) पारिवारिक जीवन, बच्चे की देखभाल और विकास।
(*iv*) संवैधानिक अधिकार।

A. केवल (*ii*) और (*iii*) B. केवल (*iii*)
C. केवल (*ii*) D. उपरोक्त सभी

59. मासिक धर्म स्वास्थ्य को बढ़ावा देने के लिए लक्षित आबादी में समुदाय आधारित स्वास्थ्य शिक्षा; किशोरियों को सैनिटरी नैपकिन की नियमित उपलब्धता सुनिश्चित करना; मासिक धर्म के लिए स्वास्थ्य और सैनिटरी नैपकिन के सुरक्षित वितरण में आशा कार्यकर्ताओं और नोडल शिक्षकों का प्रशिक्षण निम्नलिखित गतिविधियाँ हैं :

A. किशोर स्वास्थ्य कार्यक्रम
B. किशोर यौन स्वास्थ्य कार्यक्रम
C. मासिक धर्म स्वच्छता को बढ़ावा देने के लिए योजना
D. यौन शिक्षा और मासिक धर्म स्वच्छता को बढ़ावा देने के लिए योजना

60. संक्षित नाम ARSH का अर्थ है :

A. किशोर प्रजनन और यौन स्वास्थ्य कार्यक्रम (**Adolescent Reproductive and Sexual Health Programme**)
B. उचित प्रजनन और यौन स्वच्छता (**Appropriate Reproductive and Sexual Hygiene**)
C. किशोर प्रजनन और मानक स्वास्थ्य कार्यक्रम (**Adolescent Reproductive and Standard Health Programme**)
D. प्रजनन और यौन स्वास्थ्य आवश्यकताओं के लिए सहायता (**Assistance for Reproductive and Sexual Health Needs**)

61. जब हम किसी से शादी करते हैं और बच्चे पैदा करते हैं या गोद लेते हैं तो हम जो परिवार बनाते हैं, उसे कहा जाता है :

A. संतानोत्पत्ति का परिवार B. अभिविन्यास का परिवार
C. दाम्पत्य मूलक D. समगोत्रीय/समरक्त संबंधी

62. परिवार को सबसे स्थायी सामाजिक संस्था कहा जाता है क्योंकि :

A. (*i*) यह अपने सदस्यों की आर्थिक आवश्यकता को पूरा करता है।
(*ii*) यह संस्कृति के समाजीकरण और प्रसारण को सुविधाजनक बनाता है।
(*iii*) अपने सदस्यों में नैतिक सिद्धांतों का निर्माण और व्यवहार का मार्गदर्शन करता है।

B. (*i*) यह रिश्तों का निर्माण करता है।
(*ii*) यह अपने सदस्यों को भावनात्मक और भौतिक सहायता प्रदान करता है।
(*iii*) यह अपने सदस्यों को भूमिकाएँ और जिम्मेदारियाँ देता है।

C. (*i*) यह सुरक्षा और पोषण देता है।
(*ii*) यह रिश्ते प्रदान करता है।
(*iii*) यह व्यवहार का मार्गदर्शन करता है।

D. (*i*) यह समाजीकरण में मदद करता है।
(*ii*) यह अपने सदस्यों को भूमिकाएँ और जिम्मेदारियाँ देता है।
(*iii*) यह सामाजिक नियंत्रण बनाए रखता है।

63. इस विवाह की विशेषता है भागीदारों के बीच बातचीत और भावनात्मक जुड़ाव में कमी तथा रिश्तों में उदासीनता। यह किस प्रकार की वैवाहिक शिथिलता है?

A. आश्रित वैवाहिक शिथिलता
B. विच्छेदित वैवाहिक शिथिलता
C. असंगत वैवाहिक शिथिलता
D. उलझी हुई वैवाहिक शिथिलता

64. युवा वयस्कों को शिक्षा या नौकरी के लिए स्वतंत्र जीवन में शामिल करना, बच्चे की स्वतंत्रता को स्वीकार करना और एक सहायक घरेलू आधार बनाए रखना निम्नलिखित विकासात्मक कार्य हैं :

A. स्कूल जाने वाले बच्चों वाले परिवार के
B. 'खाली घोंसला' जैसा अनुभव करने वाले परिवार के
C. परिवार जो केंद्र शुरू कर रहे हैं
D. परिवार जो स्वयं को स्थापित करने का प्रयास कर रहे हैं

65. जहाँ परिवार की उप-प्रणालियों के बीच संघर्ष होता है, वहाँ कौन-सी प्रणाली प्रभावित होती है?

A. पैतृक व्यवस्था B. सहोदर प्रणाली
C. युगल प्रणाली D. परिवार व्यवस्था

66. समूह की गतिशीलता की संकल्पना इस प्रकार की जा सकती है :

(*i*) संचार प्रक्रियाएँ और अंतःक्रिया प्रणाली

(*ii*) पारस्परिक आकर्षण और सामंजस्य
(*iii*) सामाजिक एकीकरण और प्रभाव
(*iv*) शक्ति और नियंत्रण
(*v*) संस्कृति

A. (*i*), (*ii*) और (*iii*) B. (*ii*), (*iii*) और (*iv*)
C. केवल (*iii*) D. उपरोक्त सभी

67. समूह प्रक्रिया का एक प्राकृतिक और आवश्यक घटक, जो ठहराव को रोकता है, रुचि और जिज्ञासा को प्रेरित करता है और समस्याओं की पहचान को संभव बनाता है :

A. सामंजस्य B. संघर्ष
C. सहयोग D. जबरदस्ती

68. (*i*) सदस्यों को लगता है कि वे सदस्य हैं, जैसा कि यह जानने से पता चलता है कि कौन सदस्य हैं और खुद को गैर-सदस्यों से अलग करते हैं।
(*ii*) सदस्य स्वयं में 'हम' की भावना से ओत-प्रोत होते हैं, जो एक दूसरे के साथ और समूह इकाई के साथ सदस्यों की पहचान का प्रतीक है।
(*iii*) सदस्यों के बीच संबंध स्वीकार्य, अन्योन्याश्रित और घनिष्ठ हो जाते हैं।

उपरोक्त किसके संकेत हैं?

A. समूह भावना के B. समूह सहयोग के
C. समूह सामंजस्य के D. समूह निर्भरता के

69. एक समूह कार्यकर्ता समूह का मूल्यांकन करता है :
(*i*) समूह सामंजस्य और लक्ष्यों की प्राप्ति।
(*ii*) कार्यक्रम गतिविधियाँ और भागीदारी
(*iii*) समूह प्रक्रिया
(*iv*) समूह कार्यकर्ता की भूमिका

A. (*i*), (*ii*) और (*iv*) B. (*ii*), (*iii*) और (*iv*)
C. इनमें से कोई नहीं D. उपरोक्त सभी

70. जिन सामाजिक समूहों में व्यक्ति स्वयं की पहचान करता है, उन्हें किस प्रकार वर्गीकृत किया गया है?

A. प्राथमिक और द्वितीयक समूह
B. अंतःसमूह और बहिर्समूह
C. औपचारिक और अनौपचारिक समूह
D. स्वैच्छिक और अनैच्छिक समूह

71. निम्नलिखित में से कौन-सा कथन गलत है?
(*i*) नशीली दवाओं के उपयोग, कान छिदवाने और टैटू बनवाने के लिए सुई या सीरिंज साझा करने से लोगों को एचआईवी संक्रमण का खतरा होता है।
(*ii*) कीड़े के काटने, पसीना, आंसू और टॉयलेट सीट से एचआईवी फैलने का खतरा बढ़ जाता है।
(*iii*) रक्तदान से एचआईवी संक्रमण फैलने का खतरा अधिक होता है।
(*iv*) संक्रमित शरीर के तरल पदार्थ जैसे योनि स्राव, रक्त आदि के संपर्क STD से फैलता है।

A. केवल (*i*) और (*ii*) B. केवल (*iii*) और (*iv*)
C. केवल (*ii*) और (*iii*) D. केवल (*i*) और (*iv*)

72. शुक्राणु ले जाने वाली नलिकाओं को काटने की एक शल्य प्रक्रिया जो वृषण और मूत्रमार्ग के बीच के मार्ग को अवरुद्ध करती है जिसके कारण शुक्राणु वृषण से बाहर नहीं निकल पाता है और इसलिए अंडे तक नहीं पहुंच पाता है, कहलाती है :

A. पुरुष नसबंदी B. ट्यूबल बंधाव
C. बंध्याकरण प्रत्यारोपण D. बंध्याकरण

73. परिवार नियोजन नीति से संबंधित सूचनाएँ प्रसारित करने के लिए स्वास्थ्य और परिवार कल्याण मंत्रालय द्वारा निम्नलिखित में से कौन-सी आईईसी सामग्री तैयार की गई है?
(*i*) प्यार में दूरी 'फिर से दुल्हन'
(*ii*) 'पति नंबर 1'
(*iii*) 'एक दो तीन'
(*iv*) 'प्रेमी युगल स्वस्थ युगल'

A. (*i*), (*ii*) और (*iii*) B. (*i*), (*ii*) और (*iv*)
C. (*ii*), (*iii*) और (*iv*) D. (*i*), (*iii*) और (*iv*)

74. एमटीपी अधिनियम, 2021 के प्रमुख संशोधन निम्नलिखित में से क्या हैं?
(*i*) यह गर्भनिरोधक विधि या उपकरण की विफलता की स्थिति में अविवाहित महिलाओं को भी गर्भावस्था को समाप्त करने की अनुमति देता है।
(*ii*) गर्भधारण की ऊपरी सीमा को बढ़ाकर 24 सप्ताह करना।
(*iii*) राज्य स्तरीय मेडिकल बोर्ड द्वारा निदान किए गए महत्वपूर्ण भ्रूण असामान्यताओं के मामलों में गर्भधारण सीमा लागू नहीं होगी।'
(*iv*) किसी भी धारा का उल्लंघन करने पर 5 वर्ष तक का कारावास।

A. उपरोक्त सभी B. (*i*), (*ii*) और (*iv*)
C. (*i*), (*ii*) और (*iii*) D. (*ii*), (*iii*) और (*iv*)

75. निम्नलिखित वाक्यों की जांच करें और बताएं कि स्तनपान के लिए कौन-सा उपयुक्त है?
(*i*) स्तनपान जल्द से जल्द शुरू किया जाना चाहिए, अधिमानतः प्रसव के एक घंटे के भीतर।
(*ii*) पहले दिन का माँ का दूध (कोलोस्ट्रम) नवजात शिशु के लिए बहुत उपयोगी होता है क्योंकि यह पौष्टिक होता है और आम संक्रमणों के खिलाफ सुरक्षात्मक एंटीबॉडी से भरपूर होता है।

(*iii*) छह महीने तक केवल स्तनपान कराया जाना चाहिए और मांगने पर दिया जाना चाहिए।

(*iv*) इस दौरान बच्चे को प्रीलैक्टियल फीड (ग्राइप वॉटर, शहद) देना चाहिए।

(*v*) केवल स्तनपान कराने से उस अवधि के दौरान गर्भधारण की संभावना कम हो जाती है।

A. उपरोक्त सभी B. केवल (*ii*)
C. (*i*), (*ii*) और (*iii*) D. (*iii*), (*iv*) और (*v*)

76. मनोविज्ञान को मुख्य रूप से एक विज्ञान माना जाता है क्योंकि यह प्रत्यक्ष अवलोकन पर निर्भर करता है। मनोविज्ञान का कौन–सा क्षेत्र इसका समर्थन करता है?
A. व्यवहारवाद B. गेस्टाल्ट मनोविज्ञान
C. प्रकार्यवाद D. संरचनावाद

77. न्यूरॉन का कौन–सा भाग सुरक्षात्मक कोटिंग के रूप में कार्य करता है?
A. कोशिका निकाय B. रैनवियर के नोड्स
C. माइलिन शीथ D. सिनैप्स

78. जागरूकता के स्तर से नीचे उत्तेजनाओं का प्रदर्शन कहलाता है :
A. अवधारणात्मक रक्षा B. अचेतन धारणा
C. टर्मिनल सीमा D. धारणा

79. हमारे अधिकांश सपने नींद की किस अवस्था में आते हैं?
A. नींद के प्रथम चरण B. नींद के द्वितीय चरण
C. नींद के तृतीय चरण D. तीव्र नेत्र गति नींद

80. कोई चीज जो पिछली शिक्षा को अवरुद्ध करने के लिए पीछे की ओर काम करती है, उसे कहा जाता है :
A. पूर्वव्यापी हस्तक्षेप B. सक्रिय हस्तक्षेप
C. संज्ञानात्मक असंगति D. भूलने की बीमारी

81. निम्नलिखित में से कौन मनोविज्ञान के गेस्टाल्ट स्कूल से संबंधित है?
A. इवान पावलोव B. जॉन बी. वॉटसन
C. जॉन बॉल्बी D. मैक्स वर्थाइमर

82. सामाजिक अनुमोदन किस रूप में कार्य करता है?
A. प्राथमिक सुदृढ़कर्ता B. द्वितीयक सुदृढ़कर्ता
C. तृतीयक सुदृढ़कर्ता D. सजा

83. फ्रायड के विचार के अनुसार व्यक्तित्व का 'प्रशासक' है :
A. अहंकार B. अचेतन अवस्था
C. अति अहंकार D. अहम्

84. इच्छाशक्ति द्वारा निर्जीव वस्तुओं पर प्रभाव डालने की कथित क्षमता को कहा जाता है :
A. टेलीपैथी B. अतीन्द्रिय दृष्टि
C. साइकोकाइनेसिस D. पूर्वज्ञान

85. निम्नलिखित में से कौन–सा लिम्बिक सिस्टम का हिस्सा नहीं है?
A. एमिग्डाला B. हाइपोथैलेमस
C. सेरिबैलम D. हिप्पोकैम्पस

86. अंबिली अब 35 साल की हैं। उसने अभी–अभी थेरेपी शुरू की है क्योंकि वह महसूस करती है कि वह 'कष्ट में है'। थेरेपी के दौरान उसे एहसास होता है कि उसने अपने जीवन में अधिकांश समय इसी तरह महसूस किया है। वह संभवतः इससे पीड़ित है :
A. मानसिक विकार
B. द्विध्रुवी विकार
C. सामान्यीकृत चिंता विकार
D. असामाजिक व्यक्तित्व विकार

87. संज्ञानात्मक प्रक्रिया का वह रूप जिसमें विशिष्ट उदाहरणों की श्रृंखला से एक सामान्य नियम या सिद्धांत एकत्र किया जाता है, कहलाता है :
A. अभिसारी सोच B. भिन्न सोच
C. आगमनात्मक तर्क D. निगमनात्मक तर्क

88. मन की संरचना का अध्ययन करने के लिए उपयोग की जाने वाली एक प्रक्रिया जिसमें विषयों को विस्तार से वर्णन करने के लिए कहा जाता है कि वे उत्तेजना के संपर्क में आने पर क्या अनुभव कर रहे हैं, इसे कहा जाता है :
A. मुक्त संघ B. आत्मनिरीक्षण
C. रेचन D. सपना देखना

89. कोई भी चीज जो बिना पूर्व सीख के प्रतिक्रिया प्राप्त करती है, वह है :
A. सशर्त उत्तेजना B. सकारात्मक सुदृढ़ीकरण
C. बिना शर्त उत्तेजना D. नकारात्मक सुदृढ़ीकरण

90. ________ न्यूरॉन का वह भाग है, जिसमें सबसे पहले सूचना प्राप्त होती है।
A. एक्सॉन B. डेंड्राइट्स
C. कोशिका शरीर D. सिनैप्स

91. निम्नलिखित में से कौन–सा विकार चिंता विकार नहीं है?
A. रोगभ्रम B. आतंक
C. जुनूनी बाध्यकारी विकार D. संत्रास विकार

92. विखंडित मस्तिष्क ऑपरेशन के दौरान मस्तिष्क का कौन–सा भाग प्रभावित होता है?
A. सेरिबेलम B. सेरिब्रम
C. कॉर्पस कैलोसम D. पोंस

93. विभिन्न परिस्थितियों में किसी उद्दीपक स्थिति को लगभग एक ही प्रकार से समझने की प्रवृत्ति कहलाती है :
A. अवधारणात्मक सतर्कता

B. अवधारणात्मक अपरिवर्तनशीलता
C. अवधारणात्मक रक्षा
D. अवधारणात्मक स्थिरता

94. निम्नलिखित में से कौन–सा परीक्षण एक प्रक्षेपी परीक्षण का उदाहरण है, जिसमें अस्पष्ट चित्रों का एक सेट शामिल होता है, जिसके बारे में लोगों को एक कहानी बताने के लिए कहा जाता है?
A. MMPI B. TAT
C. LSAT D. रोर्स्च इंकब्लॉट परीक्षण

95. एक प्रयोग में, अजय यह जांच करने जा रहा है कि तापमान आक्रामकता को कैसे प्रभावित करता है। तापमान की वह तीव्रता जिसके संपर्क में प्रतिभागी आया, कहलाती है :
A. स्वतंत्र चर B. आश्रित चर
C. बाह्य चर D. भ्रमित करने वाला चर

96. राहुल दूसरों के अधिकारों या संपत्तियों की पूरी तरह उपेक्षा करता हैं। वह लगभग किसी का भी समय चुरा लेता है। वह बेतरतीब ढंग से लोगों को परेशान करता है। उसने लगातार अपने पड़ोसी की संपत्ति को नष्ट किया है। पिछले महीने उसे अपहरण के आरोप में गिरफ्तार किया गया था। जेल में रहते हुए भी वह लगातार झूठ बोल रहा है और उसे अपने किए पर बहुत कम पछतावा है। राहुल किस मानसिक विकार से पीड़ित है?
A. संविभ्रमी व्यक्तित्व विकार
B. विखंडित मनस्कता विकार
C. आश्रित व्यक्तित्व विकार
D. मनोरोगी

97. मस्तिष्क में भौतिक स्मृति का निशान जो स्मृति से मेल खाता है, उसे कहा जाता है :
A. एक्सॉन B. एनग्राम
C. ग्लायल कोशिका D. निमे (Mneme)

98. थैलेमस का मुख्य कार्य है :
A. स्पर्श, दर्द और तापमान के बारे में संवेदी जानकारी संसाधित करना
B. संचलन और समयबद्ध मोटर प्रतिक्रियाओं का समन्वय
C. संवेदी जानकारी प्राप्त करना और उसे उचित क्षेत्र में प्रसारित करना
D. प्रेरक और भावनात्मक व्यवहार को विनियमित करना

99. जनगणना निम्नलिखित में से किस पद्धति का उदाहरण है?
A. समाजमिति B. केस स्टडी
C. साक्षात्कार D. सर्वेक्षण

100. किसी दिए गए संवेदी तंत्र को सक्रिय करने के लिए आवश्यक भौतिक ऊर्जा की न्यूनतम मात्रा को कहा जाता है :
A. विभेदक सीमा
B. निरपेक्ष सीमा
C. बस ध्यान देने योग्य अंतर
D. अंतिम सीमा

उत्तरमाला

1	**2**	**3**	**4**	**5**	**6**	**7**	**8**	**9**	**10**
D	C	B	B	C	A	C	D	C	D
11	**12**	**13**	**14**	**15**	**16**	**17**	**18**	**19**	**20**
C	A	C	B	C	C	B	D	A	C
21	**22**	**23**	**24**	**25**	**26**	**27**	**28**	**29**	**30**
D	B	D	C	A	A	D	D	B	C
31	**32**	**33**	**34**	**35**	**36**	**37**	**38**	**39**	**40**
D	A	B	D	B	D	C	D	D	A
41	**42**	**43**	**44**	**45**	**46**	**47**	**48**	**49**	**50**
D	B	C	D	B	C	A	C	A	A
51	**52**	**53**	**54**	**55**	**56**	**57**	**58**	**59**	**60**
A	C	B	A	C	A	D	D	C	A
61	**62**	**63**	**64**	**65**	**66**	**67**	**68**	**69**	**70**
B	A	B	C	D	D	B	C	D	B
71	**72**	**73**	**74**	**75**	**76**	**77**	**78**	**79**	**80**
C	A	B	C	C	A	C	B	D	A
81	**82**	**83**	**84**	**85**	**86**	**87**	**88**	**89**	**90**
D	B	A	C	C	A	C	B	C	B
91	**92**	**93**	**94**	**95**	**96**	**97**	**98**	**99**	**100**
A	C	D	B	A	D	B	C	D	B

पिछले प्रश्न–पत्र (हल सहित)

आँगनवाड़ी/सुपरवाइजर भर्ती परीक्षा, 2022*

भाग-1 : महिला एवं बाल विकास विभाग से संबंधित योजनाएँ एवं कार्यक्रम

1. राज्य सरकार बालकों के अधिकारों के विरुद्ध अपराधों का त्वरित विचारण करने के प्रयोजन से राज्य में कम-से-कम एक न्यायालय को या प्रत्येक जिले में किसी सेशन न्यायालय को बालक न्यायालय के रूप में निर्दिष्ट कर सकेगी।

A. उच्च न्यायालय के मुख्य न्यायमूर्ति की सहमति से
B. सर्वोच्च न्यायालय के न्यायाधीश की सहमति से
C. राज्य सरकार की सहमति से
D. केन्द्र सरकार की सहमति से

2. यदि कोई व्यक्ति दहेज प्रतिषेध अधिनियम, 1961 के प्रारंभ के पश्चात् दहेज देगा या लेगा, तो वह कारावास से दण्डनीय होगा, जिसकी अवधि ______ वर्ष से कम की नहीं होगी।

A. दस वर्ष B. पाँच वर्ष
C. तीन वर्ष D. दो वर्ष

3. निम्नलिखित में से कौन–सा भारत सरकार द्वारा पूरक पोषण आहार के लिए निर्धारित वित्तीय मापदण्ड, पोषकतत्व एवं ऊर्जा 06 माह से 06 वर्ष तक के गंभीर कुपोषित बच्चों के लिए सही है?

A. वित्तीय प्रावधान : ₹ 12
प्रोटीन : 20-25 ग्राम
कैलोरी : 800 कैलोरी

B. वित्तीय प्रावधान : ₹ 8
प्रोटीन : 12-15 ग्राम
कैलोरी : 500 कैलोरी

C. वित्तीय प्रावधान : ₹ 9.50
प्रोटीन : 15-20 ग्राम
कैलोरी : 600 कैलोरी

D. उपरोक्त में से कोई नहीं

4. रेडी टू ईट फूड में कौन–से घटक नहीं होते हैं?

A. गेहूँ, सोयाबीन, चना तथा शक्कर
B. सोयाबीन, चना, शक्कर तथा सोयाबीन का तेल
C. सोयाबीन का तेल, गेहूँ, सोयाबीन तथा चना
D. उपरोक्त में से सभी

5. निम्नलिखित में से कौन–से 'मुख्यमंत्री कन्यादान विवाह योजना' के उद्देश्य हैं?

(*i*) कन्याओं के विवाह में आने वाली आर्थिक कठिनाई का निवारण करना।
(*ii*) विवाह के अवसर पर फिजूलखर्च रोकना।
(*iii*) सामूहिक विवाह के माध्यम से मनोबल एवं आत्मसम्मान में वृद्धि करना।
(*iv*) नवविवाहित जोड़े को भावी जीवन के लिए आर्थिक सहायता प्रदान करना।

निम्नलिखित में से सही कोड का चयन करें।

A. (*i*), (*ii*) तथा (*iii*)
B. सिर्फ (*i*) तथा (*ii*)
C. सिर्फ (*i*) तथा (*iii*)
D. (*i*), (*ii*), (*iii*) तथा (*iv*) सभी

6. निम्नलिखित में से बैक्टीरिया जनित रोग कौन–से हैं?

A. डिफ्थीरिया तथा टिटेनस
B. टिटेनस तथा पोलियो
C. पोलियो तथा डिफ्थिरिया
D. उपरोक्त में से कोई नहीं

7. राष्ट्रीय स्तर पर पोषण अभियान का लक्ष्य क्या है?

A. बच्चों में कुपोषण को प्रति वर्ष 3% तक तथा बालिकाओं एवं महिलाओं में एनिमिया को प्रति वर्ष 2% तक कम करना
B. बच्चों में कुपोषण को प्रति वर्ष 2% तक तथा बालिकाओं एवं महिलाओं में एनिमिया को प्रति वर्ष 3% तक कम करना
C. बच्चों में कुपोषण को प्रति वर्ष 3% तक तथा बालिकाओं एवं महिलाओं में एनीमिया को प्रति वर्ष 4% तक कम करना
D. उपरोक्त में से कोई नहीं

8. किसी बच्चे के स्वास्थ्य स्तर को किन परिस्थितियों में गंभीर रूप से जोखिम भरा माना जाता है?

A. यदि जन्म के समय शिशु का वजन 2 किग्रा. से कम है
B. शिशु का वजन लगातार तीन माह से बढ़ नहीं रहा है
C. शिशु के वजन में लगातार दो महीने से कमी हो रही है
D. उपरोक्त सभी

---

* Exam held on 23-01-2022 (Conducted by C.G. Professional Examination Board).

9. वर्ष त्योहार के अनुसार नीचे दी गई तालिका में वर्ष और कुपोषण के प्रतिशत का सही मिलान करें।

ग्रुप–A (वर्ष)	ग्रुप–B (कुपोषण %)
(*i*) 2015-2016	(*a*) 30.13%
(*ii*) 2016-2017	(*b*) 23.37%
(*iii*) 2017-2018	(*c*) 26.33%
(*iv*) 2018-2019	(*d*) 29.87%

	(*i*)	(*ii*)	(*iii*)	(*iv*)
A.	(*d*)	(*a*)	(*b*)	(*c*)
B.	(*d*)	(*a*)	(*c*)	(*b*)
C.	(*a*)	(*d*)	(*c*)	(*b*)

D. उपरोक्त में से कोई नहीं

10. 05 वर्ष तक के कुपोषण से ग्रसित बच्चों (उम्र के अनुसार वजन) का प्रतिशत राज्य में एवं भारत में निम्नानुसार है

A. इस राज्य : 37.6%, भारत : 35.7%

B. इस राज्य : 37.6%, भारत : 38.6%

C. इस राज्य : 37.7%, भारत : 35.7%

D. इस राज्य : 37.7%, भारत : 38.6%

11. शाला–पूर्व शिक्षा के सम्बन्ध में 03 से 06 वर्ष के बच्चों के लिए निम्नलिखित में से कौन–सा ग्रुप सही नहीं है?

A. उत्सुक, जिज्ञासु, कल्पनाशील, क्रियाशील

B. उत्सुक, जिज्ञासु, सहज, आत्म–केन्द्रित

C. सहज, आत्म–केन्द्रित, एकाग्रहित, जिज्ञासु

D. उपरोक्त में से कोई नहीं

12. ''नोनी सुरक्षा योजना'' के संबंध में निम्नलिखित में से क्या सही है?

(*i*) यह योजना 01-04-2014 को प्रारम्भ की गई।

(*ii*) यह योजना 01-01-2014 को प्रारम्भ की गई।

(*iii*) इस योजना के तहत 18 वर्ष तक लड़की का विवाह न होने पर एवं 12वीं तक की शिक्षा पूर्ण करने पर ₹01 लाख परिपक्वता राशि दिए जाने का प्रावधान है।

(*iv*) इस योजना के तहत जनवरी 2021 तक 56518 हितग्राहियों को पंजीकृत किया गया।

निम्नलिखित में से सही कोड का चयन करें।

A. (*i*), (*iii*) तथा (*iv*) B. (*i*), (*iii*) तथा (*iv*)

C. सिर्फ (*i*) तथा (*iii*) D. सिर्फ (*iii*) तथा (*iv*)

13. निम्नलिखित में से कौन–सी बीमारी इनसेक्ट वेक्टर के द्वारा संचारित होती है?

A. एच.आई.वी. / एड्स B. मलेरिया

C. टीबी D. उपरोक्त में से कोई नहीं

14. निम्नलिखित में से किसमें प्रोटीन एनर्जी कुपोषण सामान्यतः दिखाई देता है एवं अधिकतम घातक परिणाम होते हैं?

A. वयस्कता और किशोरावस्था

B. किशोरावस्था और बचपन

C. शिशु अवस्था और बचपन

D. केवल शिशु अवस्था

15. इस राज्य के जिलों को नवम्बर, 2020 तक संचालित आंगनवाड़ी केंद्र की संख्याओं से सुमेलित कीजिए।

सूची–A (जिले का नाम)	सूची–B (संचालित आंगनवाड़ी केंद्रों की संख्या)
(*i*) बलरामपुर	(*a*) 2894
(*ii*) जशपुर	(*b*) 2694
(*iii*) कोरबा	(*c*) 2280
(*iv*) राजनांदगांव	(*d*) 2931
(*v*) रायगढ़	(*e*) 2005

	(*i*)	(*ii*)	(*iii*)	(*iv*)	(*v*)
A.	(*b*)	(*c*)	(*d*)	(*e*)	(*a*)
B.	(*a*)	(*b*)	(*c*)	(*d*)	(*e*)
C.	(*c*)	(*d*)	(*a*)	(*b*)	(*e*)
D.	(*e*)	(*d*)	(*c*)	(*b*)	(*a*)

16. घरेलू हिंसा से स्त्री का संरक्षण अधिनियम, 2005 के अन्तर्गत ''शारीरिक दुर्व्यवहार'' से अभिप्रेत है :

A. शारीरिक पीड़ा, हानि

B. जीवन या शारीरिक अंग को खतरा, स्वास्थ्य को खतरा

C. प्रहार, आपराधिक भय और आपराधिक बल

D. उपरोक्त सभी

17. (*i*) समेकित बाल विकास परियोजना 02 अक्टूबर 1975 से शुरू हुई।

(*ii*) संदर्भित सेवाएँ शारीरिक रूप से विकलांग बच्चों, जोखिम वाले बच्चों और बीमार बच्चों को दी जाती है।

(*iii*) शाला–पूर्व शिक्षा 03 से 06 वर्ष के बीच के बच्चों को दी जाती है।

(*iv*) पूरक पोषण योजना नवजात शिशुओं के लिए निर्धारित है।

उपरोक्त चार कथनों में से कौन–सा सही है?

A. (*i*), (*ii*) तथा (*iii*) B. (*ii*), (*iii*) तथा (*iv*)

C. (*iii*), (*iv*) तथा (*i*) D. (*iv*), (*i*) तथा (*ii*)

18. 02 अक्टूबर, 1975 को निम्नलिखित विकास खण्डों एवं आंगनवाड़ी केंद्रों में समेकित बाल विकास योजना को प्रारंभ किया गया।

सही युग्म का चयन करें।

A. 33 विकास खण्ड एवं 4791 आंगनवाड़ी केन्द्रों में

B. 23 विकास खण्ड एवं 4891 आंगनवाड़ी केन्द्रों में

C. 33 विकास खण्ड एवं 4891 आंगनवाड़ी केन्द्रों में
D. 23 विकास खण्ड एवं 4791 आंगनवाड़ी केन्द्रों में

19. भारत की जनगणना 2011 के लिए निम्नलिखित कथनों पर विचार कीजिए :
(*i*) भारत की जनसंख्या 121.02 करोड़ थी।
(*ii*) भारत वर्ष में 06 से कम आयु के बच्चों की जनसंख्या 13.88 करोड़ थी।
(*iii*) इस राज्य की जनसंख्या 2.56 करोड़ थी।
(*iv*) इस राज्य में 06 से कम आयु वाले बच्चों की जनसंख्या 35.84 लाख थी।
उपरोक्त चार कथनों में से कौन–सा सही है?
A. (*i*), (*ii*) तथा (*iii*) B. (*ii*), (*iii*) तथा (*iv*)
C. (*iii*), (*iv*) तथा (*i*) D. (*iv*), (*i*) तथा (*ii*)

20. निम्नलिखित में से कौन–सा पोषक तत्व नहीं है?
A. विटामिन B. मिनरल (खनिज पदार्थ)
C. फाइबर (रेशा) D. वसा

भाग–2 : सामान्य मानसिक योग्यता एवं सामान्य ज्ञान

21. दिए गए अभिव्यक्ति और प्रतीक के अनुसार दिया गया कौन–सा निष्कर्ष सही है?
$A:>, B:>, C:\neq, D:=, E:<, F:<$
अभिव्यक्ति : (a E b) और (b E c)
A. a E c B. a F c
C. c B a D. c B b

22. संकेतों और संख्याओं में चारे में से कौन–सा एक परस्पर परिवर्तन दिए गए समीकरण को सही बना देगा?
$4 \times 6 - 2 = 14$
A. × से +, 2 और 4 B. – से +, 2 और 6
C. – से +, 2 और 6 D. × से +, 4 और 6

23. उस बॉक्स का चयन करें जो दिए गए अनफोल्डेड बॉक्स को मोड़कर नहीं बनाया जा सकता है।

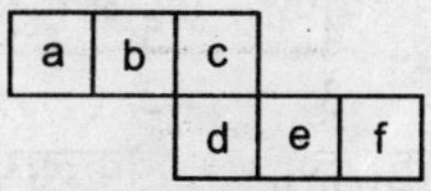

A. 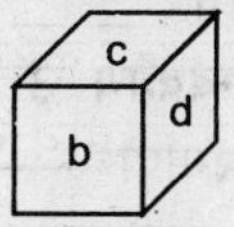

B. 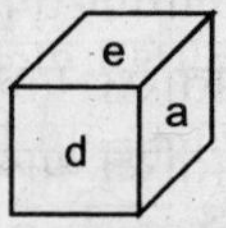

C. 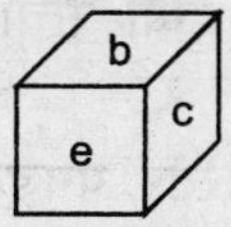

D. 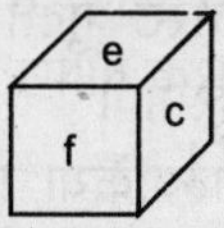

24. दी गई आकृति में घनों की संख्या का गणना करें।

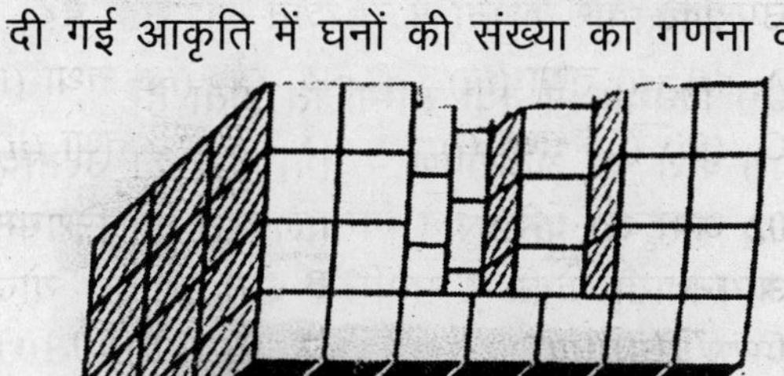

A. 69 B. 70
C. 72 D. 73

25. कौन–सा अंक 4 के विपरीत फलक में होगा?

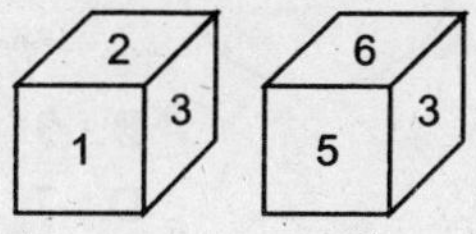

A. 3 B. 5
C. 6 D. 2/3

26. ओमिक्रान सबसे पहले किस देश में पाए जाने की जानकारी विश्व स्वास्थ्य संगठन को मिली?
A. बेल्जियम B. इजराइल
C. दक्षिण अफ्रीका D. ब्रिटेन

27. भारत के लिए "बहु–आयामी निर्धनता का प्रतिवेदन" वर्ष 2021 में किसने जारी किया?
A. वित्त मंत्री B. भारतीय रिजर्व बैंक
C. नीति आयोग D. विश्व बैंक

28. वर्तमान में भारत की सकल घरेलू उत्पाद में किस क्षेत्र का योगदान अधिकतम है?
A. प्राथमिक क्षेत्र B. द्वितीयक क्षेत्र
C. तृतीयक क्षेत्र D. विनिर्माण क्षेत्र

29. टैथिस सागर के स्थान पर बना है :
A. मालवा पठार B. अरावली पर्वत
C. हिमालय पर्वत D. विन्ध्याचल पर्वत

30. निम्नलिखित में से कौन–सी नदी ज्वारनद मुख (एस्चुरी) का निर्माण करती है?
A. माही नदी B. साबरमती नदी
C. लूनी नदी D. नर्मदा नदी

31. विलुप्त पद को दिए गए विकल्प में से चुनिए।
MHZ, NIW, OKT, PNQ, ?
A. RRN B. QRN
C. QRM D. QQN

32. दी गई कौन–सी आकृति मनुष्य, शिक्षक और स्नातक के मध्य सही संबंध को दर्शाता है?

A. 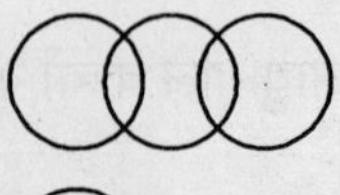
B. 

C. 
D. 

33. नीचे दी गई आकृति में वृत्त रोजगार व्यक्ति को, त्रिभुज युवा व्यक्ति को तथा वर्ग अशिक्षित व्यक्ति को दर्शाता हो, तो कौन–सा क्षेत्र युवा शिक्षित और बेरोजगार व्यक्तियों को दर्शाता है?

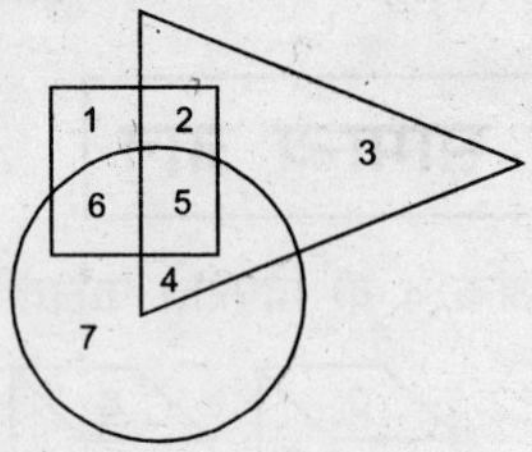

A. 2 B. 3
C. 4 D. 7

34. दिए गए चित्र में

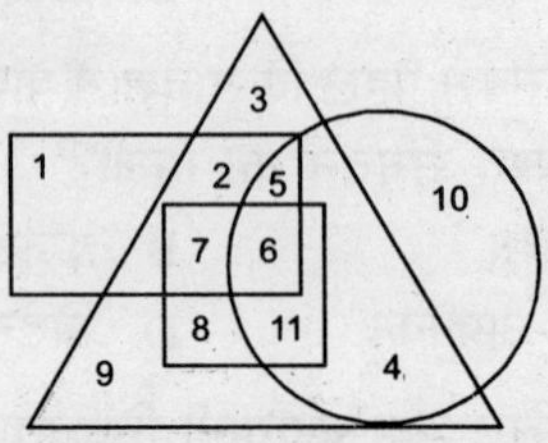

1. आयत शासकीय कर्मचारी को दर्शाता है।
2. त्रिभुज शहरी व्यक्ति को दर्शाता है।
3. वृत्त स्नातक को दर्शाता है।
4. वर्ग क्लर्क को दर्शाता है।

सही कथन को चुनिए।

A. सभी शहरी व्यक्ति स्नातक हैं
B. कुछ क्लर्क शासकीय कर्मचारी हैं परन्तु शहरी नहीं हैं
C. सभी शासकीय कर्मचारी क्लर्क हैं
D. कुछ शहरी व्यक्ति स्नातक नहीं हैं

35. यदि PAN = 12, तो BOY किस अंक के बराबर होगा?

A. 34 B. 40
C. 28 D. उपरोक्त में से कोई नहीं

36. निम्नलिखित में से कौन–सी गुफा तीरथगढ़ जल प्रपात के निकट है?

A. हाथी गुफा B. जोगी मारा गुफा
C. कुटुमसर गुफा D. सीताबेग्रा गुफा

37. **अभिकथन (A):** कृत्रिम उपग्रह का प्रक्षेपण हमेशा पृथ्वी के पूर्वी दिशा से किया जाता है।

कारण (R): पृथ्वी पश्चिम से पूर्व की ओर घूर्णित होने के कारण उपग्रह पलायन वेग प्राप्त कर लेता है।

A. (A) एवं (R) दोनों सत्य हैं एवं (R), (A) की सही व्याख्या है।
B. (A) एवं (R) दोनों सत्य हैं परन्तु (R), (A) की सही व्याख्या नहीं है।
C. (A) सत्य है परन्तु (R) असत्य है।
D. (A) असत्य है परन्तु (R) सत्य है।

38. निम्न पर विचार कीजिए :

1. प्रकाश–संश्लेषण 2. श्वसन
3. कार्बनिक पदार्थ का क्षय 4. ज्वालामुखी का विस्फोट

उपरोक्त में से कौन कार्बन चक्र में कार्बन डाईऑक्साइड का योग नहीं करता है?

A. केवल 1 एवं 4 B. केवल 1
C. केवल 1 एवं 2 D. केवल 3 और 4

39. सूची–I को सूची–II से सुमेलित करके निम्न कोड की सहायता से सही उत्तर का चयन कीजिए :

सूची–I (यौगिक)	**सूची–II (अनुप्रयोग)**
(*a*) ब्यूटाडाईन	1. रबड़ उद्योग
(*b*) BTX मिश्रण	2. काँच उद्योग
(*c*) फास्फोरस	3. रंजक उद्योग
(*d*) एनीलीन	4. माचिस उद्योग
(*e*) कॉपर ऑक्साइड	5. पेट्रोलियम उद्योग

कोड :

	(*a*)	(*b*)	(*c*)	(*d*)	(*e*)
A.	5	1	3	2	4
B.	5	3	4	2	1
C.	1	2	3	4	5
D.	1	5	4	3	2

40. क्रायोजेनिक तकनीक का अनुप्रयोग ______ में होता है।

A. अंतरिक्ष यात्रा, शल्यक्रिया, चुम्बकीय उत्तोलन
B. अंतरिक्ष यात्रा, शल्यक्रिया, दूरमापी
C. फ्रॉस्ट मुक्त रेफ्रिजिरेटर, पनडुब्बी संचालन शक्ति, दूरमापी
D. शल्यक्रिया, फ्रॉस्ट मुक्त रेफ्रिजेरेटर, पनडुब्बी संचालन शक्ति

41. धन विधेयक में क्या सम्मिलित होता है?

(*i*) करों का अधिरोपण (*ii*) करों का उत्सादन
(*iii*) करों का परिहार (*iv*) करों का नियमन

A. (*i*) B. (*i*), (*ii*)
C. (*i*), (*ii*), (*iii*) D. (*i*), (*ii*), (*iii*), (*iv*)

42. सही क्या है?

(*i*) लोकसभा को संचित निधि पर भारित व्यय पर मत देने का अधिकार नहीं है।

(*ii*) लोक सभा को संचित निधि पर भारित व्यय पर बहस करने का अधिकार है।

A. (*i*) सही है
B. (*ii*) सही है
C. (*i*) और (*ii*) दोनों सही हैं
D. (*i*) और (*ii*) दोनों गलत हैं

43. संयुक्त लोक सेवा आयेाग की नियुक्ति की प्रक्रिया के विषय में सही क्या है?

(*i*) राज्य विधानमंडलों के द्वारा एक संकल्प पारित होना चाहिए।
(*ii*) संसद विधि द्वारा संयुक्त लोक सेवा आयोग की नियुक्ति का उपबन्ध करेगी।
(*iii*) इसके अध्यक्ष और सदस्यों की नियुक्ति राष्ट्रपति करेंगे।

A. (*i*), (*ii*), (*iii*)
B. (*ii*), (*iii*)
C. (*i*), (*iii*)
D. उपर्युक्त में से कोई नहीं

44. इस राज्य के प्रथम इथेनॉल प्लांट की स्थापना निम्न में से किस स्थान पर की जाएगी?

A. अंबिकापुर
B. रायगढ़
C. कवर्धा
D. राजनांदगांव

45. ओलाफ स्कोल्ज ने निम्न में से किस देश के चांसलर का पदभार संभाला?

A. फ्रांस
B. जर्मनी
C. ब्रिटेन
D. इटली

46. किसी सांकेतिक भाषा में '289' का मतलब 'read from paper', '276' का मतलब 'tea from field' और '85' का मतलब 'wall paper' है तो निम्न में 'read' के लिए कोड कौन–सा है?

A. 2
B. 8
C. 9
D. 5

47. दी गई आकृति में त्रिभुजों की संख्या की गणना करें।

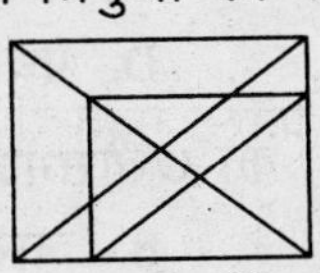

A. 16
B. 18
C. 20
D. 19

48. दिए गए चित्र में कितने त्रिभुज हैं?

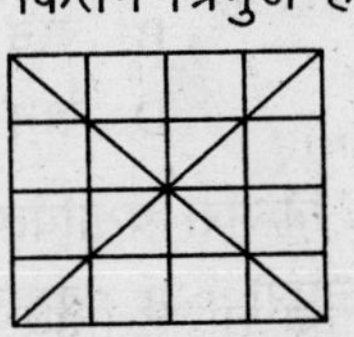

A. 36
B. 40
C. 48
D. 50

49. विलुप्त पद को ज्ञात कीजिए।

A	H	E
A	I	N
A	J	?

A. W
B. X
C. B
D. K

50. विलुप्त पद ज्ञात कीजिए।

6	12	8
3	18	24
18	?	36

A. 32
B. 36
C. 72
D. 162

51. इस राज्य को प्राप्त 2021 के राष्ट्रीय पुरस्कारों की संख्या को उसके योजना अथवा अभियानों से सुमेलित कीजिए।

(*a*) ग्राम स्वराज अभियान	(*i*) 3
(*b*) राष्ट्रीय पंचायत अवार्ड	(*ii*) 5
(*c*) दिव्यांग जनों के कल्याण हेतु	(*iii*) 9
(*d*) पोषण अभियान में कार्य	(*iv*) 12

कोड :

	(*a*)	(*b*)	(*c*)	(*d*)
A.	(*i*)	(*ii*)	(*iii*)	(*iv*)
B.	(*iii*)	(*iv*)	(*i*)	(*ii*)
C.	(*ii*)	(*i*)	(*iv*)	(*iii*)
D.	(*iv*)	(*ii*)	(*i*)	(*iii*)

52. इस राज्य में हाथियों के लिए विशेष रूप से बनाए गए अभयारण्य का नाम है :

A. लेमरू
B. अचानकमार
C. पामेड़
D. सेमरसोत

53. शिवाजी के काल की घटनाओं को उनके वर्ष से सुमेलित कीजिए।

(*a*) पुरन्दर की संधि	(*i*) 1673
(*b*) शिवाजी का राज्याभिषेक	(*ii*) 1664
(*c*) सूरत की प्रथम लूट	(*iii*) 1665
(*d*) शाइस्ता खां से संघर्ष	(*iv*) 1674

कोड :

	(*a*)	(*b*)	(*c*)	(*d*)
A.	(*i*)	(*ii*)	(*iii*)	(*iv*)
B.	(*ii*)	(*i*)	(*iv*)	(*iii*)
C.	(*iii*)	(*iv*)	(*ii*)	(*i*)
D.	(*iv*)	(*iii*)	(*ii*)	(*i*)

54. ब्रिटिश नीति के विरुद्ध जनजाति विद्रोह के नेता सिद्धू एवं कान्हू किस समुदाय के थे?

A. संथाल
B. खोंड
C. भूमिज
D. जुआंग

55. संविधान के अनुच्छेद 20 के अनुसार अपराधों के लिए दोष सिद्धि के संबंध में संरक्षण में क्या शामिल है?

(*i*) कार्योत्तर विधि से संरक्षण

(*ii*) दोहरे दण्ड से संरक्षण

(*iii*) आत्म अभिशंसन से संरक्षण

(*iv*) अपात्रता से संरक्षण

A. (*i*) B. (*i*), (*ii*)
C. (*i*), (*ii*), (*iii*) D. (*i*), (*ii*), (*iii*), (*iv*)

56. विषमता को पहचानें।

A. CP B. GL
C. IJ D. HJ

57. विषम संख्यात्मक युग्म को चुनिए।

A. 8-320 B. 7-441
C. 9-243 D. 6-108

58. गलत पद को ज्ञात कीजिए।

445, 221, 109, 46, 25, 11, 4

A. 25 B. 46
C. 109 D. 221

59. दिए गए श्रेणी में विलुप्त संख्या को ज्ञात कीजिए।

2, 7, 11, 21, 35, ______

A. 61
B. 64
C. 70
D. उपरोक्त में से कोई नहीं

60. दिए गए श्रेणी में विलुप्त अक्षर को ज्ञात कीजिए।

I, G, E, J, H, F, K, I, G, ______

A. E B. J
C. L D. उपरोक्त में से कोई नहीं

भाग-3 : सामान्य हिन्दी

61. इनमें से कौन-सा शब्द देशज शब्द नहीं है?

A. फाटक B. चकचक
C. खर्राटा D. कनस्तर

62. अतिथि का पर्यायवाची शब्द क्या है?

A. अभिवादक B. अभ्यागत
C. अभिभावक D. अभिमत

63. शुद्ध शब्द की पहचान कीजिए।

A. अभिसेक B. अभिषेक
C. अभिशेक D. अभीषेक

64. शुद्ध वाक्य की पहचान कीजिए।

A. उसने उसके गले में एक फूलों की माला डाली।
B. उसने उसके गले में फूलों की माला डाली
C. उसने उसके गले में माला डाली।
D. उसने उसके गले में फूलों की एक माला डाली।

65. वाक्य का आवश्यक तत्व नहीं है :

A. सार्थकता B. योग्यता
C. उद्देश्य D. पदक्रम

66. शुद्ध शब्द की पहचान कीजिए।

A. आशिर्वाद B. आर्शिवाद
C. आशीर्वाद D. सआशिर्वाद

67. दुर्गेश में कौन-सी संधि है?

A. दीर्घ स्वर संधि
B. गुण स्वर संधि
C. वृद्धि स्वर संधि
D. यण स्वर संधि

68. इनमें से तत्सम शब्द नहीं है :

A. कर्पूर B. दुग्ध
C. अंगूठी D. अट्टालिका

69. उ ऊ का उच्चारण स्थान क्या है?

A. मूर्धन्य B. ओष्ठय
C. कठ्य D. दन्त्य

70. नवरात्र में कौन-सा समास है?

A. तत्पुरुष समास B. बहुव्रीहि समास
C. कर्मधारय समास D. द्विगु समास

71. छत्तीसगढ़ी भाषा की लोकगाथा 'फूलबासन' में किसकी कथा है?

A. सीता और हनुमान B. सीता और रावण
C. सीता और राम D. सीता और लक्ष्मण

72. छत्तीसगढ़ी शब्द 'खास' का हिंदी अनुवाद है :

A. अध्यक्ष B. वरिष्ठ
C. विशिष्ट D. प्रधान

73. हिंदी शब्द 'संयोजक' का छत्तीसगढ़ी में अनुवाद होगा :

A. झोकइया B. जोरइया
C. पठोइया D. सिरजनइया

74. छत्तीसगढ़ी का प्रारंभिक लिखित रूप कब से माना जाता है?

A. सन् 1890 ई. B. सन् 1857 ई.
C. सन् 1885 ई. D. सन् 1703 ई.

75. पश्चिमी छत्तीसगढ़ी किससे प्रभावित है?

A. बघेली और भोजपुरी B. बुंदेली और मराठी
C. उड़िया और भोजपुरी D. मराठी और गोंडी

General English

76. The new tower blocks are _______ than the old buildings.
A. expensive B. stronger
C. much higher D. none of the above

77. Choose the correct antonym of the word: Invigorate
A. Engergize B. Dull
C. Revive D. Spur

78. Fill in the blank with correct form of verb.
The boys are eager ______ to the higher class.
A. to promote B. to be promoted
C. to be permitted D. none of the above

79. Choose the correct spelling from the following.
A. Unscrupulous B. Unscruplous
C. Unscrupous D. None of the above

80. He jumped off the bus while it _______ .
A. moved B. was moving
C. had moved D. none of the above

81. Choose the correct passive sentence.
He has to sell the house.
A. The house has to be sold by him.
B. House was to be sold.
C. House must be sold.
D. None of the above

82. These people _______ houses we destroyed in the earthquake need to help.
A. who B. whose
C. whom D. which

83. Choose one word substitute.
One who is against the religion.
A. Heretic B. Conformist
C. Believer D. Orthodox

84. Choose the correct synonym of the word:
Squalid
A. Filthy B. Happy
C. Clean D. Eager

85. There were ________ twenty people there.
(Choose the correct word)
A. hardly B. scarcely
C. barely D. none of the above

सामान्य गणित

86. किसी माल का 2/3 भाग 5% लाभ पर बेचा गया और बचा हुआ 2% हानि पर बेचा गया। यदि कुल लाभ ₹ 400 हो, तो माल का कुल मूल्य (₹ में) होगा :
A. ₹ 20,000
B. ₹ 15,000
C. ₹ 12,000
D. इनमें से कोई नहीं

87. गौरव ने अंकित मूल्य पर 20% का डिस्काउंट (छूट) काटने के पश्चात् 10% अतिरिक्त छूट के साथ एक सूटकेस खरीदा। यदि अंकित मूल्य ₹ 1400 है, तो उसने सूटकेस किस मूल्य में खरीदा?
A. ₹ 1,008 B. ₹ 980
C. ₹ 1,156 D. इनमें से कोई नहीं

88. एक कमरा चौड़ाई से आधा अधिक लम्बा है। कमरे में कारपेट बिछाने की कीमत ₹ 5 प्रति वर्ग मी. के हिसाब से ₹ 270 है। चार दीवारों पर ₹ 10 प्रति वर्ग मी. के हिसाब से पेपर चिपकाने की कीमत ₹ 1720 है। यदि एक दरवाजा और 2 खिड़की 8 वर्ग मी. जगह घेरते हैं, तो कमरे की नाप लम्बाई × चौड़ाई × ऊँचाई में होगी :
A. $9 \times 6 \times 6$ B. $8 \times 6 \times 9$
C. $8 \times 4 \times 6$ D. इनमें से कोई नहीं

89. तीन टंकियों के आयतन का अनुपात 3 : 4 : 5 है। उनमें दूध और पानी का मिश्रण भरा है। उन मिश्रणों में दूध और पानी का अनुपात क्रमशः (4 : 1), (3 : 1) और (5 : 2) है। इन तीन टंकियों का मिश्रण चौथी टंकी में डाला गया, तो चौथी टंकी में दूध और पानी का अनुपात होगा :
A. 157 : 53 B. 151 : 48
C. 5 : 2 D. इनमें से कोई नहीं

90. वह अनुपात क्या होगा जिनका अन्तर 40 है और मान $\frac{2}{7}$ है?
A. 14 : 56 B. 15 : 56
C. 16 : 56 D. इनमें से कोई नहीं

91. एक मोटर यात्री 150 किमी. की दूरी 50 किमी. प्रति घंटा की औसत चाल से तय करता है और वापस 30 किमी. प्रति घंटा की चाल से समान दूरी तय करता है। उसकी पूरी यात्रा की औसत चाल किमी./घंटा में होगी :
A. 37.5 B. 37
C. 35.7 D. इनमें से कोई नहीं

92. यदि दो संख्याओं का योग 55 है और उनका महत्तम समापवर्तक एवं लघुत्तमक समापवर्त्य क्रमशः 5 और 120 है, तो उन संख्याआं के व्युत्क्रमों का योग होगा :

A. $\frac{120}{11}$ B. $\frac{11}{120}$
C. $\frac{55}{601}$ D. इनमें से कोई नहीं

93. चार अलग विद्युत उपकरण प्रत्येक 30 मिनट, 1 घंटा, $1\frac{1}{2}$ घंटा तथा 1 घंटा 45 मिनट के अंतराल पर क्रमशः सीटी बजाते हैं। यदि दोपहर 12 बजे सभी एक साथ सीटी बजाएं, तो अगली बार एक साथ कितने बजे सीटी बजाएंगे?
A. मध्यरात्रि 12 बजे B. 9 A.M.
C. 6 A.M. D. इनमें से कोई नहीं

94. किसी संस्थान का विद्युत बिल आंशिक रूप से नियत तथा आंशिक रूप से विद्युत इकाई के खर्च पर निर्भर था। किसी महीने में 540 इकाई खर्च होने पर बिल ₹ 1,800 हुआ। दूसरे महीने में 620 इकाई खर्च होने पर बिल ₹ 2,040 हुआ। यदि किसी अन्य महीने से 500 इकाई खर्च हुआ हो, तो उस महीने का बिल होगा :
A. ₹ 1,840 B. ₹ 1,560
C. ₹ 1,680 D. इनमें से कोई नहीं

95. एक वस्तु X का भाव प्रतिवर्ष 40 पैसे बढ़ता है जबकि वस्तु Y का भाव प्रतिवर्ष 15 पैसे बढ़ता है। यदि वर्ष 2001 में वस्तु X का भाव ₹ 4.20 था और वस्तु Y का भाव ₹ 6.30 था, तो किस वर्ष वस्तु X का भाव वस्तु Y से 40 पैसे अधिक होगा?
A. 2011 B. 2012
C. 2013 D. इनमें से कोई नहीं

96. व्यंजक $\frac{(0.06)^2+(0.47)^2+(0.079)^2}{(0.006)^2+(0.047)^2+(0.0079)^2}$ का मान होगा :
A. 10 B. 100
C. 1000 D. इनमें से कोई नहीं

97. $\left[\frac{8(3.75)^2+1}{(7.5)^2-6.5}\right]$ का मान होगा :
A. 2.75 B. 4.75
C. 8.5 D. इनमें से कोई नहीं

98. एक कार के खाली पेट्रोल टंकी को X प्रकार के पेट्रोल से भरा गया। जब वह टंकी आधी खाली हुई तब उसे Y प्रकार के पेट्रोल से भरा गया। पुनः जब वह आधी खाली हुई, तो उसे X प्रकार के पेट्रोल से भरा गया और पुनः जब वह आधी खाली हुई, तो Y प्रकार के पेट्रोल से भरा गया। बताइए अब टंकी में X प्रकार के पेट्रोल का प्रतिशत कितना है?
A. 50% B. 37.5%
C. 33.5% D. इनमें से कोई नहीं

99. ₹ 2,379 को 3 भागों में इस प्रकार बाँटो कि 2, 3 एवं 4 वर्ष पश्चात् क्रमशः उनका मिश्रधन समान हो, ब्याज की दर साधारण ब्याज पर 5% वार्षिक है। उसका प्रथम भाग होगा :
A. ₹ 818 B. ₹ 828
C. ₹ 808 D. इनमें से कोई नहीं

100. वह समय वर्षों में ज्ञात कीजिए, जिसमें एक मूल धन 20% चक्रवृद्धि ब्याज की दर से दोगुने से भी अधिक हो जाए।
A. 3 B. 4
C. 5 D. इनमें से कोई नहीं

उत्तरमाला

1	2	3	4	5	6	7	8	9	10
A	B	A	*	A	A	B	D	B	C
11	**12**	**13**	**14**	**15**	**16**	**17**	**18**	**19**	**20**
D	A	B	C	D	D	A	C	C	C
21	**22**	**23**	**24**	**25**	**26**	**27**	**28**	**29**	**30**
A	C	B	C	A	C	C	C	C	D
31	**32**	**33**	**34**	**35**	**36**	**37**	**38**	**39**	**40**
B	D	B	D	C	C	C	B	D	A
41	**42**	**43**	**44**	**45**	**46**	**47**	**48**	**49**	**50**
D	C	A	C	D	C	D	C	B	D
51	**52**	**53**	**54**	**55**	**56**	**57**	**58**	**59**	**60**
B	A	C	A	C	D	B	B	A	C
61	**62**	**63**	**64**	**65**	**66**	**67**	**68**	**69**	**70**
D	B	B	D	C	C	C	C	B	D
71	**72**	**73**	**74**	**75**	**76**	**77**	**78**	**79**	**80**
D	C	B	D	B	C	B	B	A	B
81	**82**	**83**	**84**	**85**	**86**	**87**	**88**	**89**	**90**
A	B	A	A	C	B	A	A	A	C
91	**92**	**93**	**94**	**95**	**96**	**97**	**98**	**99**	**100**
A	B	B	C	A	B	C	B	B	B

पिछले प्रश्न–पत्र (हल सहित)

आँगनवाड़ी सुपरवाइजर भर्ती परीक्षा, 2020*

1. किस योजना के अंतर्गत लाभार्थी को प्रशिक्षण के साथ–साथ छात्रवृत्ति भी दी जाती है?
A. विशेष महिला उत्थान योजना
B. माता शबरी योजना
C. महिला स्वयं रोजगार योजना
D. इनमें से कोई नहीं

2. हिमाचल प्रदेश का कौन–सा जिला मुख्यालय सबसे ऊँचे शिखर पर स्थित है?
A. रेकोंग पेयो B. केलोंग
C. धर्मशाला D. नाहान

3. कुगती दर्रा लाहौल को किससे जोड़ता है?
A. स्पीति B. मनाली
C. भरमौर D. इनमें से कोई नहीं

4. हिमाचल प्रदेश के किस जिले में वशिष्ठ गरम पानी का सोता स्थित है?
A. शिमला B. मण्डी
C. काँगड़ा D. कुल्लू

5. हिमाचल प्रदेश के किस जिले में चौहर घाटी स्थित है?
A. मण्डी B. सिरमौर
C. सोलन D. बिलासपुर

6. ब्यास नदी का वैदिक नाम है :
A. विपासा B. अस्कीनी
C. कालिन्दी D. अरर्जिकीय

7. हिमाचल प्रदेश के किस जिले में कराली झील स्थित है?
A. हमीरपुर B. ऊना
C. किन्नौर D. शिमला

8. नदौन (Nadaun) की लड़ाई केहलुर के राजा भीमचंद और अलीफ खान के नेतृत्व में मुगलों के बीच में किस साल में हुई थी?
A. 1605 B. 1663
C. 1682 D. 1691

9. किस साल में हिमाचल प्रदेश मुख्य आयुक्त का प्रांत बना?
A. 1948 B. 1951
C. 1956 D. 1966

10. हिमाचल प्रदेश में कुल कितने प्रशासनिक प्रभाग हैं?
A. 2 B. 3
C. 4 D. 5

11. सिरमौर रियासत के संस्थापक थे :
A. राजेन्द्र प्रकाश B. सुभांश प्रकाश
C. रसालु D. इनमें से कोई नहीं

12. 'Uhl-III' हाइड्रोइलेक्ट्रिक परियोजना की कार्यकारी एजेंसी है :
A. HPSEB B. NHPC
C. BBMB D. SJVNL

13. हिमाचल प्रदेश तकनीकी विश्वविद्यालय कहाँ स्थित है?
A. शिमला B. धर्मशाला
C. वक्नाघाट D. हमीरपुर

14. शिमला में पहली बैंक कौन–सी थी?
A. एक्सिस बैंक B. अलायन्स बैंक
C. इलाहाबाद बैंक D. देना बैंक

15. 'धरती है बलिदान की' पुस्तक के लेखक कौन थे?
A. शांता कुमार B. डॉ. वाई.एस. परमार
C. राहुल सांकृत्यायन D. एम.एस. रंधावा

16. भूरी सिंह म्यूजियम कहाँ स्थित है?
A. नाहन B. नग्गर
C. अन्द्रेट्टा D. चंबा

17. 'सिंधु घाटी सभ्यता का मैनचेस्टर' किसे कहते हैं?
A. बनवाली B. रोपड़
C. धौलावीरा D. लोथल

18. महाभारत किसने लिखा था?
A. वाल्मिकी B. वेद व्यास
C. ऋषि विश्वामित्र D. ऋषि भारद्वाज

** Exam held on 20-9-2020, conducted by HPSSC.*

19. किसे द्वितीय अशोक के नाम से जाना जाता है?
A. कनिष्क B. समुद्रगुप्त
C. अकबर D. शिवाजी

20. बृहदेश्वर मंदिर किस स्थान पर स्थित है?
A. कांचीपुरम् B. तंजौर
C. चित्तौड़ D. कन्नौज

21. पानीपत का प्रथम युद्ध किसके बीच लड़ा गया था?
A. बाबर और इब्राहिम लोदी
B. अकबर और हेमू
C. अहमदशाह अब्दाली और मराठा
D. इनमें से कोई नहीं

22. भारत का राष्ट्रीय गीत किसने बनाया था?
A. रवीन्द्रनाथ टैगोर B. बी.सी. चटर्जी
C. बी.जी. तिलक D. अरबिन्दो घोष

23. 'कथकली' किस राज्य का शास्त्रीय नृत्य है?
A. आंध्र प्रदेश B. ओडिशा
C. तमिलनाडु D. केरल

24. लाल किला कहाँ स्थित है?
A. आगरा B. मथुरा
C. फतेहपुर सीकरी D. दिल्ली

25. सबसे बड़ा ग्रह कौन-सा है?
A. शनि B. नेप्च्युन
C. बृहस्पति D. पृथ्वी

26. उत्तरी गोलार्द्ध में सबसे बड़ा दिन है :
A. 21 जून B. 22 दिसम्बर
C. 21 मार्च D. 23 सितम्बर

27. ग्रीनहाऊस गैस कौन-सी है?
A. CO_2 B. नाइट्रोजन
C. ऑक्सीजन D. कार्बन मोनोक्साइड

28. भारत और पाकिस्तान के बीच की सीमा रेखा है?
A. रेडक्लिफ रेखा B. मैकमोहन रेखा
C. डूरन्ड रेखा D. मेगिनोट रेखा

29. सबसे बड़ा महासागर कौन-सा है?
A. प्रशांत महासागर B. अटलांटिक महासागर
C. आर्कटिक महासागर D. हिंद महासागर

30. नरोरा न्यूक्लियर पॉवर स्टेशन किस राज्य में स्थित है?
A. उत्तर प्रदेश B. तमिलनाडु
C. महाराष्ट्र D. राजस्थान

31. 'इरुला' किस राज्य की जनजाति है?
A. असम B. अरुणाचल प्रदेश
C. तमिलनाडु D. मध्य प्रदेश

32. भारत के उप-राष्ट्रपति बनने के लिए न्यूनतम आयु है :
A. 25 वर्ष B. 30 वर्ष
C. 35 वर्ष D. 40 वर्ष

33. लोकसभा का सामान्य कार्यकाल है :
A. 3 वर्ष B. 4 वर्ष
C. 5 वर्ष D. 6 वर्ष

34. किसे 'सार्वजनिक धन का अभिभावक' कहा गया है?
A. एटॉर्नी जनरल
B. सोलिसिटर जनरल
C. कम्प्ट्रोलर एंड ऑडिटर जनरल
D. वित्त मंत्री

35. राष्ट्रीय मानव अधिकार आयोग एक ______ है।
A. संवैधानिक मण्डल B. सांविधिक मण्डल
C. असांविधिक मण्डल D. इनमें से कोई नहीं

36. कौन-सी केन्द्रीय बैंक है?
A. RBI B. SBI
C. PNB D. UCO बैंक

37. विश्व में किस देश ने सबसे पहले कुटुंब नियोजन अपनाया था?
A. भारत B. चीन
C. यू.एस.ए. D. इटली

38. शीशा है :
A. समतल दर्पण B. उत्तल दर्पण
C. अवतल दर्पण D. इनमें से कोई नहीं

39. पीतल मिश्रधातु है, किसकी?
A. ताँबा और जस्ता B. ताँबा और टिन
C. सीसा और टिन D. एल्युमिनियम और ताँबा

40. ट्यूबरक्लोसिस किसके द्वारा होता है?
A. विषाणु B. कवक
C. प्रोटोजोआ D. बैक्टीरिया

41. यदि शब्द 'LEADER' को 20-13-9-12-13-26 के रूप में कोडित किया जाता है तो आप 'LIGHT' को कैसे लिखेंगे?
A. 20-16-17-15-27 B. 20-15-16-18-23
C. 20-17-15-16-28 D. 20-16-15-17-22

42. श्रेणी पूर्ण कीजिए :
AZY, EXW, IVU, ?
A. MTS B. MQR
C. NRQ D. LST

43. किस राज्य द्वारा वृक्षारोपण को बढ़ावा देने के लिए हाल ही में ''प्यार का पौधा'' अभियान शुरू किया गया है?
A. मध्य प्रदेश B. अरुणाचल प्रदेश
C. सिक्किम D. बिहार

44. किस भारतीय खिलाड़ी को अंतर्राष्ट्रीय हॉकी फेडरेशन द्वारा हाल ही में 2019 के लिए प्लेयर ऑफ द इयर के रूप में घोषित किया गया?
A. मनप्रीत सिंह B. मनदीप सिंह
C. श्रीजेश D. हरमनप्रीत सिंह

45. ऋषि सुनाक हाल ही में किस देश के भारतीय मूल के प्रथम वित्त मंत्री बने हैं?
A. यूनाइटेड स्टेट्स B. यूनाइटेड किंगडम
C. न्यूजीलैंड D. जापान

46. Correctly spelt word is:
A. Goverment B. Govarment
C. Govarnment D. Government

47. It is _______ useful book.
A. a B. an
C. the D. None of these

48. Antonym of 'Repel' is:
A. Attract B. Concentrate
C. Attend D. Continue

49. 'घोड़े बेचकर सोना' मुहावरे का अर्थ है :
A. अत्यंत शोर करना B. मरणासन्न होना
C. कुछ उत्तर न देना D. निश्चित रहना

50. 'चन्द्र' का पर्यायवाची है :
A. रजत B. पीयूष
C. मलय D. सुधाकर

51. 'देवासुर' में समास है :
A. बहुव्रीहि B. द्वन्द्व
C. तत्पुरुष D. अव्ययीभाव

52. समेकित बाल विकास सेवा योजना की शुरूआत हिमाचल प्रदेश में कब हुई थी?
A. 2 अक्टूबर, 1975 B. 26 जनवरी, 1976
C. 14 नवम्बर, 1975 D. 15 अगस्त, 1976

53. प्रायोगिक तौर पर समेकित बाल विकास सेवाओं की शुरूआत हमारे देश में कुल 33 खण्डों में हुई थी, इनमें से हिमाचल प्रदेश में भी एक जनजातीय खण्ड में यह योजना शुरू की गई थी, नाम बताएँ।
A. पांगी B. भरमौर
C. काजा D. पूह

54. भारतवर्ष में समेकित बाल विकास सेवाओं की शुरूआत किस पंचवर्षीय योजना के दौरान की गई?
A. प्रथम पंचवर्षीय योजना
B. तृतीय पंचवर्षीय योजना
C. पाँचवीं पंचवर्षीय योजना
D. सातवीं पंचवर्षीय योजना

55. वर्तमान में मुख्यमंत्री कन्यादान योजना के अन्तर्गत पात्र लाभार्थी को कितनी अनुदान राशि दी जाती है?
A. 21,000 B. 31,000
C. 51,000 D. 11,000

56. आई.सी.डी.एस. में बच्चों के वजन वृद्धि पर निगरानी के लिए नए वृद्धि निगरानी चार्ट्स किस/किन नए वृद्धि मानकों पर आधारित है?
A. विश्व स्वास्थ्य संस्था मानक–2006
B. विश्व स्वास्थ्य संस्था मानक–2007
C. विश्व स्वास्थ्य संस्था मानक–2008
D. इनमें से कोई नहीं

57. महावारी के दौरान नैपकिन बदलने एवं शौच जाने के बाद अपने शरीर (गुप्तांग) को किस प्रकार अच्छी तरह धोएँ ताकि संक्रमण से बचा जा सके?
A. आगे से पीछे की ओर
B. पीछे से आगे की ओर
C. (A) तथा (B) दोनों
D. इनमें से कोई नहीं

58. विटामिन C कौन–से फल में सबसे अधिक मात्रा में पाई जाती है?
A. आम B. अमरूद
C. आंवला D. नींबू

59. निम्न दर्शाई गई कौन–सी हरी पत्तेदार सब्जी में सबसे अधिक मात्रा में लौह तत्व पाया जाता है?
A. चौलाई B. पत्तागोभी
C. मेथी D. सरसों का साग

60. हमारी हड्डियों और दाँतों की मजबूती के लिए कौन–से खनिज पदार्थ की आवश्यकता होती है?
A. आयरन B. कैल्सियम
C. फॉस्फोरस D. ये सभी

61. हमारी स्वस्थ आँखों व त्वचा तथा शिशुओं के विकास के लिए कौन–सी विटामिन अति आवश्यक है?
A. विटामिन A B. विटामिन B
C. विटामिन C D. विटामिन D

62. भारत की जनगणना 2011 के अनुसार हिमाचल प्रदेश में सबसे कम लिंगानुपात (महिलाएँ प्रति हजार पुरुष) किस जिले में पाया गया था?

A. मण्डी B. किन्नौर
C. चम्बा D. कुल्लू

63. एक महिला की गर्भधारण की औसत अवधि उसकी अन्तिम महावारी की शुरूआत वाले दिन से गिनते हुए कितने दिनों की होती है?

A. 250 B. 255
C. 280 D. 365

64. महिलाओं की प्रसव की संभावित तिथि से कितने समय पहले प्रसव हो जाने को पूर्व प्रसव (प्री मैच्योर डिलीवरी) कहा जाएगा?

A. एक सप्ताह से पहले B. दो सप्ताह से पहले
C. तीन सप्ताह से पहले D. चार सप्ताह से पहले

65. एक स्वस्थ महिला का हिमोग्लोबिन (एच.बी.) का स्तर कितना होना चाहिए?

A. 10 ग्राम B. 8 ग्राम
C. 12 ग्राम D. 16 ग्राम

66. हिमाचल प्रदेश में समेकित बाल विकास योजना किस विभाग के द्वारा चलाई जा रही हैं?

A. सामाजिक न्याय एवं अधिकारिता विभाग
B. महिला एवं बाल विकास विभाग
C. ग्रामीण विकास विभाग
D. स्वास्थ्य विभाग

67. एक आंगनवाड़ी केन्द्र में एक वर्ष के दौरान कम-से-कम कितने दिन पूरक पोषाहार का वितरण जरूरी है?

A. 250 दिन B. 300 दिन
C. 325 दिन D. 365 दिन

68. जन्म के समय एक स्वस्थ नवजात शिशु का वजन कितना होना चाहिए?

A. 2500 ग्राम B. 3000 ग्राम
C. 3250 ग्राम D. 3650 ग्राम

69. स्तनपान सप्ताह कब मनाया जाता है?

A. 1 से 7 जनवरी B. 1 से 7 जुलाई
C. 1 से 7 अगस्त D. 1 से 7 सितम्बर

70. हिमाचल प्रदेश में घरेलू हिंसा अधिनियम, 2005 के अनुसार किसे संरक्षण अधिकारी बनाया गया है?

A. आई.सी.डी.एस. पर्यवेक्षक
B. बाल विकास परियोजना अधिकारी
C. स्वास्थ्य पर्यवेक्षक
D. पंचायत सचिव

71. सी.बी.ई. (CBE) का अभिप्राय क्या है?

A. चाइल्ड बेस्ड इवेन्ट्स
B. कम्युनिटी बेस्ड इवेन्ट्स
C. कम्युनिटी बेस्ड इकोनॉमी
D. इनमें से कोई नहीं

72. जन्म के समय माता व कन्या शिशु के प्रति समाज के नकारात्मक रवैये को बदलने के उद्देश्य से 'बेटी है अनमोल' योजना के अन्तर्गत एक बी.पी.एल. परिवार में जन्म लेने वाली अधिकतम कितनी बालिकाओं के नाम ₹ 12,000 की राशि जमा करवाई जाती है?

A. 1 बालिका को B. 2 बालिकाओं को
C. 3 बालिकाओं को D. 4 बालिकाओं को

73. बालिका दिवस कब मनाया जाता है?

A. 24 जनवरी B. 24 फरवरी
C. 8 मार्च D. 10 अप्रैल

74. मदर टेरेसा मातृ सम्बल योजना के अन्तर्गत असहाय/निराश्रित/परित्यकता या तलाकशुदा औरतों को जिनकी वार्षिक आय ₹ 35,000 या उससे कम है, के कितने बच्चों को 18 वर्ष की आयु का हो जाने तक प्रति वर्ष ₹ 6,000 (प्रति बच्चा) दिया जाता है?

A. 1 बच्चा B. 2 बच्चे
C. 3 बच्चे D. 4 बच्चे

75. दो वर्ष तक की आयु के बच्चे का औसतन कितना प्रतिशत बौद्धिक विकास हो जाता है?

A. 50-55 प्रतिशत B. 60-65 प्रतिशत
C. 65-70 प्रतिशत D. 75-80 प्रतिशत

76. जिला कुल्लू में 19 जनवरी, 2020 को पल्स पोलियो अभियान के दौरान एक आंगनवाड़ी कार्यकर्ता की फिसलकर गहरी खाई में गिर जाने से मृत्यु हो गई थी, का सम्बन्ध किस बाल विकास परियोजना से है?

A. कुल्लू B. कटराई
C. बंजार D. आनी

77. पोक्सो एक्ट (POCSO Act) किससे सम्बन्धित है?

A. महिलाओं से B. बच्चों से
C. युवाओं से D. इनमें से कोई नहीं

78. यदि किसी बालक बच्चे के साथ किसी भी प्रकार का यौन शोषण होता है तो आरोपी को किस कानून के अन्तर्गत सजा का प्रावधान है?

A. पोक्सो एक्ट 2012 B. लेबर एक्ट
C. चाइल्ड मैरिज एक्ट D. इनमें से कोई नहीं

79. सशक्त महिला योजना किस विभाग के द्वारा चलाई जा रही है?
A. सामाजिक न्याय एवं अधिकारिता विभाग
B. महिला एवं बाल विकास विभाग
C. ग्रामीण विकास विभाग
D. स्वास्थ्य विभाग

80. सघन मिशन इन्द्रधनुष योजना के अंतर्गत टीकाकरण से वंचित किस आयु वर्ग के बच्चों को लाभान्वित किया जाता है?
A. 0 से 1 वर्ष B. 0 से 2 वर्ष
C. 0 से 3 वर्ष D. 0 से 4 वर्ष

81. आई.सी.डी.एस. के अन्तर्गत निम्न में से कौन–से लाभार्थी हैं?
A. 0 से 6 वर्ष के बच्चे B. गर्भवती महिलाएँ
C. धात्री माताएँ D. ये सभी

82. भारत सरकार के महिला एवं बाल विकास मंत्रालय के द्वारा अम्ब्रेला आई.सी.डी.एस. (Umbrella ICDS) के अन्तर्गत निम्न में से कौन–सी सेवाएँ प्रदान नहीं की जा रही हैं?
A. आंगनबाड़ी सेवा योजना व पी.एम.एम.वी.वाई
B. राष्ट्रीय शिशु पालना गृह (Creche) एवं पोषण अभियान
C. किशोरियों के लिए योजना (SAG) व बाल संरक्षण योजना
D. मनरेगा योजना

83. चाय और कॉफी में मौजूद कौन–सा पदार्थ भोजन के लौह तत्वों के अवशोषण में बाधा डालता/पहुँचाता है, इसलिए खाने के साथ चाय व कॉफी नहीं पीनी चाहिए?
A. टेनिन B. यूरिक एसिड
C. लैक्टिक एसिड D. इनमें से कोई नहीं

84. हिमाचल प्रदेश सरकार के द्वारा महिलाओं की सुरक्षा सुनिश्चित करने हेतु गुड़िया हेल्पलाइन के अन्तर्गत कौन–सा टोल फ्री नं. की शुरूआत की गई है?
A. 1092 B. 1515
C. 1098 D. इनमें से कोई नहीं

85. सुकन्या समृद्धि योजना के अन्तर्गत कम से कम कितनी राशि से लाभार्थी का खाता खोला जा सकता है?
A. ₹ 200 B. ₹ 250
C. ₹ 300 D. ₹ 350

86. हिमाचल प्रदेश में ग्रामीण क्षेत्र में एक आंगनबाड़ी केन्द्र खोलने हेतु कितनी जनसंख्या का होना आवश्यक है?
A. 200 B. 250
C. 300 D. 350

87. प्रधानमंत्री मातृ वंदना योजना का प्रारम्भ कब किया गया था?
A. 1 जनवरी, 2017 B. 26 जनवरी, 2017
C. 15 अगस्त, 2019 D. 1 सितम्बर, 2019

88. आई.सी.डी.एस. कैस (ICDS-CAS) में कैस का शाब्दिक अर्थ है :
A. कॉमन एप्लीकेशन सॉफ्टवेयर
B. कम्यूनिटी एप्लीकेशन सर्विसेज
C. चाइल्ड एप्लीकेशन सॉफ्टवेयर
D. इनमें से कोई नहीं

89. वर्ष 2019 में मातृ वन्दना सप्ताह कब से कब तक मनाया गया था?
A. 2 से 8 जनवरी तक
B. 1 से 7 अगस्त तक
C. 1 से 7 सितम्बर तक
D. 2 से 8 दिसम्बर तक

90. हिमाचल प्रदेश को पूरे देश में प्रधानमंत्री मातृ वंदना योजना लागू करने हेतु द्वितीय स्थान प्राप्त हुआ था। इसी दौरान हिमाचल प्रदेश के किस जिले ने राष्ट्रीय स्तर पर द्वितीय स्थान प्राप्त किया?
A. किन्नौर B. सोलन
C. ऊना D. मण्डी

91. स्पेशल न्यू बॉर्न केयर यूनिट (SNBCU) में कितने आयु/दिन के बच्चे को स्वास्थ्य लाभ हेतु रखा जाता है?
A. 15 दिन तक के बच्चे को
B. 28 दिन तक के बच्चे को
C. 32 दिन तक के बच्चे को
D. इनमें से कोई नहीं

92. माँ के पहले पीले गाढ़े दूध को क्या कहते हैं?
A. कोलोस्ट्रम B. दूध
C. कोलेस्ट्रॉल D. इनमें से कोई नहीं

93. प्रसव के बाद कितने दिनों में माँ का दूध सफेद हो जाता है?
A. 3 दिनों में B. 4 दिनों में
C. 5 दिनों में D. 7 दिनों में

94. चंडीगढ़ का चमत्कार नाम से जानी जाने वाली 103 वर्षीय सबसे बुजुर्ग धावक, जिन्हें 8 मार्च, 2020 को महिला दिवस के दौरान भारत के राष्ट्रपति के द्वारा भी सम्मानित किया गया है, का नाम बताएँ।

A. सरदारनी अमृत कौर B. सरदारनी मानकौर
C. सरदारनी शान कौर D. इनमें से कोई नहीं

95. हर वर्ष राष्ट्रीय कृमि मुक्ति दिवस कब मनाया जाता है?

A. 10 जनवरी और 10 अप्रैल
B. 10 फरवरी और 10 अगस्त
C. 8 मार्च और 8 सितम्बर
D. 8 अप्रैल और 8 अक्टूबर

96. किस आयु वर्ग के बच्चों को राष्ट्रीय कृमि मुक्ति दिवस के दौरान दवाई दी जाती है?

A. 0 से 1 वर्ष
B. 6 माह से 1 वर्ष तक
C. 5 माह से 6 वर्ष तक
D. 1 वर्ष से 19 वर्ष तक

97. आई.एल.ए. के कितने मॉड्यूल हैं?

A. 11 B. 15
C. 21 D. 25

98. नवजात शिशु के प्रथम शौच (टट्टी) को कहते हैं :

A. मेकोनियम B. म्यूकौनियस
C. मयमकौरियल D. इनमें से कोई नहीं

99. कौन–से अधिनियम के अन्तर्गत प्रधानमंत्री मातृ वंदना योजना देश के सभी जिलों में लागू की गई है?

A. पोक्सो एक्ट, 2012
B. जे.जे. एक्ट, 2006
C. नेशनल फूड सिक्योरिटी एंड सेफ्टी एक्ट, 2013
D. इनमें से कोई नहीं

100. सशक्त महिला योजना के अन्तर्गत सशक्त महिला केन्द्र किस स्तर पर स्थापित किए गए हैं?

A. पंचायत स्तर पर B. खण्ड स्तर पर
C. तहसील स्तर पर D. जिला स्तर पर

101. प्रधानमंत्री श्रम योगी मानधन योजना से क्या अभिप्राय है?

A. स्वास्थ्य योजना B. बीमा योजना
C. श्रम योजना D. पेंशन योजना

102. हिमाचल प्रदेश सरकार के सामाजिक न्याय एवं अधिकारिता विभाग के अतिरिक्त मुख्य सचिव कौन हैं?

A. कृतिका कुलहारी B. भावना शर्मा
C. निशा सिंह D. अनुराधा ठाकुर

103. पोषण अभियान के अंतर्गत छः माह से 59 माह के बच्चों में अनीमिया प्रति वर्ष कितना कम लाना/करना है?

A. 3 प्रतिशत प्रति वर्ष B. 4 प्रतिशत प्रति वर्ष
C. 5 प्रतिशत प्रति वर्ष D. 6 प्रतिशत प्रति वर्ष

104. बलात्कार से पीड़ित महिलाओं को आर्थिक सहायता कौन–सा विभाग/संस्था देती है?

A. महिला एवं बाल विकास
B. स्वास्थ्य विभाग
C. रेडक्रास सोसायटी
D. जिला विविधिक सेवा प्राधिकरण

105. हमारे देश की महिला एवं बाल विकास मंत्री कौन हैं?

A. श्रीमती सीतारमण B. श्रीमती स्मृति ईरानी
C. श्रीमती मेनका गांधी D. इनमें से कोई नहीं

106. पत्नी के प्रसव के दौरान कितने दिनों का पितृ अवकाश (Paternity leave) दिया जाता है?

A. 7 दिन B. 10 दिन
C. 15 दिन D. 30 दिन

107. बाल संरक्षण योजना के अंतर्गत ग्राम स्तरीय बाल संरक्षण समिति का अध्यक्ष कौन होता है?

A. प्रधान ग्राम पंचायत B. उपप्रधान
C. स्वास्थ्य कार्यकर्ता D. पर्यवेक्षक

108. महिला के प्रसव होने के कितने दिनों के अंदर मृत्यु होने पर महिला को मातृ मृत्यु दर (MMR) में शामिल किया जाता है?

A. 42 दिनों में B. 45 दिनों में
C. 60 दिनों में D. 90 दिनों में

109. फोस्टर केयर योजना के अन्तर्गत सरकार के द्वारा पात्र बच्चों के नाम पर ₹ 300 की राशि प्रति माह 18 वर्ष की आयु पूर्ण होने तक जमा करवाई जाती है और उनकी देखभाल करने वाले अभिभावकों को कितनी राशि प्रति माह दी जाती है?

A. ₹ 2100 B. ₹ 2000
C. ₹ 1800 D. ₹ 1500

110. एड्स कौन–से वायरस से फैलता है?

A. कोरोना B. एच.आई.वी.
C. अलीसा D. इनमें से कोई नहीं

111. महिला एवं बाल विकास निदेशक का नाम क्या है?

A. कृतिका कुलहारी B. मानसी सहाय
C. मधुबाला शर्मा D. राजेश शर्मा

112. कोरोना वायरस चीन के कौन–से शहर में सबसे ज्यादा फैला है?
A. बीजिंग
B. वुहान
C. जिनजियांग
D. इनमें से कोई नहीं

113. हिमाचल प्रदेश राज्य एड्स कंट्रोल सोसायटी द्वारा प्रायोजित की जा रही महिलाओं को कौन–सी योजना के अंतर्गत आई.टी.आई. में प्रशिक्षण दिया जाता है?
A. सबल योजना
B. मदर टेरेसा असहाय मातृ सम्बल योजना
C. विशेष महिला उत्थान योजना
D. किशोरी शक्ति योजना

114. 'बेटी है अनमोल' योजना के अन्तर्गत बी.पी.एल. परिवार में जन्मी बेटियों को जमा की गई राशि 18 वर्ष की आयु हो जाने के उपरान्त दी जाती है। उक्त राशि को निम्न में से किन कारणों से नहीं दिया जा सकता?
A. बाल विवाह होने पर
B. 18 वर्ष की आयु से पहले मृत्यु होने पर
C. (A) तथा (B) दोनों पर
D. इनमें से कोई नहीं

115. विधवा पुनर्विवाह योजना के अंतर्गत पात्र दम्पत्ति की अधिकतम आयु कितनी होनी चाहिए?
A. 35 वर्ष से कम B. 40 वर्ष से कम
C. 50 वर्ष से कम D. 55 वर्ष से कम

116. विश्व (ग्लोबल) हैण्ड वॉश डे कब मनाया जाता है?
A. 15 अक्टूबर B. 14 नवम्बर
C. 1 दिसम्बर D. 15 दिसम्बर

117. महिला स्वयं रोजगार योजना के अंतर्गत पात्र महिलाओं को आत्मनिर्भर बनाने के लिए कितनी वित्तीय राशि जारी की जाती है?
A. ₹ 21,000 B. ₹ 15,000
C. ₹ 10,000 D. ₹ 5,000

118. ई.सी.सी.ई. का शाब्दिक अर्थ क्या है?
A. अर्ली चाल्डहुड एंड केयर एजुकेशन
B. अर्ली चाइल्डहुड एंड क्रॉफ्ट एजूकेशन
C. अर्ली चाइल्ड एंड कैंटीन इवेंट्स
D. इनमें से कोई नहीं

119. एक आंगनबाड़ी कार्यकर्ता का गृह भ्रमण के दौरान बच्चे की वृद्धि निगरानी के बारे में माँ के साथ क्या–क्या चर्चा करना आवश्यक है?
A. बच्चे की वृद्धि व विकास के बारे में समझाना।
B. सही वृद्धि हेतु माता की सराहना करना।
C. बच्चे का वृद्धि चार्ट दिखाना व परामर्श देना।
D. ये सभी

120. हिमाचल प्रदेश बाल कल्याण परिषद् की महासचिव कौन हैं?
A. श्रीमती सरवीण चौधरी
B. श्रीमती पायल वैध
C. श्रीमती भावना
D. श्रीमती धनेश्वरी ठाकुर

121. हिमाचल प्रदेश महिला आयोग की अध्यक्ष कौन हैं?
A. श्रीमती मंजूला नेगी B. डॉ. साधना ठाकुर
C. डॉ. ऋचा वर्मा D. डॉ. डेजी ठाकुर

122. महिला एवं बाल विकास निदेशालय के अन्तर्गत निम्न में कौन–सी महिला जिला कार्यक्रम अधिकारी नहीं हैं?
A. विपाशा भाटिया B. वंदना चौहान
C. अंजू बाला D. ईरा तनवर

123. हमारे राज्य में नवजात शिशुओं के लिंग अनुपात बढ़ाने हेतु गुड्डी गुड्डा बोर्ड (Flex) कहाँ लगाए गए हैं?
A. ग्राम पंचायत B. स्कूल
C. कॉलेज D. इनमें से कोई नहीं

124. महिला एवं बाल विकास के कार्यों की निगरानी हेतु गठित की गई जिला स्तरीय निगरानी एवं समीक्षा समिति के अध्यक्ष कौन हैं?
A. अध्यक्ष जिला परिषद
B. उपायुक्त
C. मुख्य चिकित्सा अधिकारी
D. जिला कार्यक्रम अधिकारी

125. एक महिला की संस्थागत प्रसव के बाद घर आने पर आंगनबाड़ी कार्यकर्ता के द्वारा कौन–से दिन उसका गृह भ्रमण करना चाहिए?
A. पहले दिन B. दूसरे दिन
C. तीसरे दिन D. चौथे दिन

126. एक नवजात शिशु को कब तक नहीं नहलाना चाहिए?
A. 7 दिन B. 10 दिन
C. 13 दिन D. 15 दिन

127. पोषण अभियान विशेष रूप से किन लाभभोगियों पर केन्द्रित नहीं होता है?
A. गर्भवती धात्री B. किशोरियों के लिए
C. बच्चों के लिए D. युवाओं के लिए

128. हिमाचल प्रदेश में जननी सुरक्षा योजना को किस विभाग के द्वारा कार्यान्वित किया जाता है?
A. महिला एवं बाल विकास
B. स्वास्थ्य एवं परिवार कल्याण
C. पंचायती राज
D. ग्रामीण विकास

129. 'बेटी बचाओ, बेटी पढ़ाओ' योजना के अंतर्गत वर्ष 2019 में जिला मण्डी में मनाए जाने वाले अन्तर्राष्ट्रीय शिवरात्रि मेला के दौरान कितनी कन्याओं का पूजन किया गया था?
A. 108 B. 111
C. 1008 D. 1100

130. 'बेटी बचाओ, बेटी पढ़ाओ' योजना के अन्तर्गत हिमाचल प्रदेश के कौन–से तीन जिलों को राष्ट्रीय स्तर पर भारत सरकार के द्वारा सम्मानित किया गया?
A. सिरमौर, शिमला व मण्डी
B. कुल्लू, लाहौल–स्पीति व किन्नौर
C. ऊना, सोलन व बिलासपुर
D. काँगड़ा, चम्बा व हमीरपुर

131. आयोडीन मुख्य रूप से किस खाद्य पदार्थ में मिलाई जाती है?
A. चावल B. गेहूँ
C. नमक D. इनमें से कोई नहीं

132. किस आयु वर्ग की किशोरियों के लिए Scheme for Adolescent Girl बनाई गई है?
A. 0 से 14 वर्ष B. 11 से 14 वर्ष
C. 14 से 18 वर्ष D. 11 से 18 वर्ष

133. किस आयु वर्ग के बच्चों के लिए निःशुल्क एवं अनिवार्य शिक्षा का अधिकार अधिनियम 2009 (RTE) बनाया गया है?
A. 3 से 6 वर्ष के बच्चे
B. 6 से 14 वर्ष के बच्चे
C. 14 से 18 वर्ष के बच्चे
D. इनमें से कोई नहीं

134. संवेदना महावारी स्वच्छता की ओर एक कदम कार्यक्रम जिला कुल्लू में 22 दिसम्बर, 2019 को हिमाचल प्रदेश राज्य रेडक्रॉस सोसायटी की उपाध्यक्षा के द्वारा शुभारंभ किया गया। उपाध्यक्षा का नाम बताएँ।
A. डॉ. डेजी ठाकुर B. डॉ. वांगमों
C. डॉ. साधना ठाकुर D. डॉ. ऋचा वर्मा

135. हिमाचल प्रदेश में शिशु की मृत्यु के दो बड़े कारण हैं :
A. दस्त व निमोनिया B. पीलिया
C. बुखार D. इनमें से कोई नहीं

136. गुमशुदा बच्चे, शोषित बच्चे और विषम परिस्थितियों में रह रहे बच्चे जिन्हें इलाज, देखभाल की जरूरत है, तो किस टोल फ्री नं. पर डायल कर सकते हैं?
A. 1515 B. 1090
C. 1098 D. 1133

137. कृमि मुक्ति के लिए 1 से 2 वर्ष के बच्चों को एलबैंडाजोल की कितनी मात्रा में दवाई दी जाती है?
A. ½ गोली B. 1 गोली
C. 2 गोली D. इनमें से कोई नहीं

138. पोषण अभियान के अंतर्गत नवजात शिशुओं में स्तनपान का अवलोकन कौन और कैसे विषय के बारे में किस मॉड्यूल में दर्शाया गया है?
A. 1 B. 2
C. 3 D. 4

139. सशक्त महिला योजना की घोषणा हिमाचल प्रदेश के मुख्यमंत्री के द्वारा कौन–से वित्त वर्ष के बजट भाषण में की गई थी?
A. 2015-16 B. 2016-17
C. 2017-18 D. 2018-19

140. निदेशालय, महिला एवं बाल विकास हिमाचल प्रदेश कब अस्तित्व में आया?
A. 2010 B. 2011
C. 2012 D. 2013

141. मुख्यमंत्री सेवा संकल्प टोल फ्री हेल्पलाइन नं. है :
A. 1100 B. 1200
C. 1300 D. 1400

142. भारतीय दण्ड संहिता 1860 में संशोधन करने के उपरान्त कौन–सी धारा जोड़ी गई है ताकि देश में दहेज के कारण बढ़ती हुई मौतों पर अंकुश लगाया जा सके और दोषियों को दण्डित किया जा सके?
A. धारा 301बी B. धारा 302सी
C. धारा 303ए D. धारा 304बी

143. गर्भावस्था में शिशु का लिंग परीक्षण प्रसव पूर्व निदान तकनीक अधिनियम, 1994 के तहत कानून निषेध है। यह कानून कब से लागू किया गया है?
A. 1 जनवरी, 1996
B. 1 जनवरी, 1998
C. 26 जनवरी, 1996
D. इनमें से कोई नहीं

144. बाल संरक्षण योजना के अंतर्गत किस आयु वर्ग के बच्चों को संस्थागत देखरेख प्रदान की जाती है?

A. 18 वर्ष तक B. 19 वर्ष तक
C. 20 वर्ष तक D. 21 वर्ष तक

145. प्रधानमंत्री मातृ वंदना योजना के मुख्य उद्देश्य क्या हैं?

A. मजदूरी की क्षति के बदले राशि को प्रोत्साहन के रूप में देना।
B. प्रदान की गई प्रोत्साहन राशि से गर्भवती महिलाओं एवं स्तनपान करवाने वाली माताओं में स्वस्थ रहने के आचरण में सुधार होगा।
C. (A) तथा (B) दोनों
D. इनमें से कोई नहीं

146. स्वस्थ जीवन जीने के लिए किस प्रकार के बर्तनों का प्रयोग नहीं करना चाहिए?

A. प्लास्टिक के बर्तनों का B. लोहे के बर्तनों का
C. ताँबे के बर्तनों का D. मिट्टी के बर्तनों का

147. घरेलू हिंसा की शिकार महिलाएँ अपनी व्यथा किससे कह सकती हैं?

A. संरक्षण अधिकारी B. पुलिस अधिकारी
C. मजिस्ट्रेट D. यह सभी

148. अनीमिया के क्या लक्षण हैं?

A. थकान, कमजोरी व चिड़चिड़ापन
B. त्वचा में पीलापन आना
C. चक्कर आना, साँस फूलना
D. ये सभी

149. बाल संरक्षण योजना के अंतर्गत कौन–सी समिति बच्चों की संस्थागत देखभाल हेतु प्रवेश के लिए अधिकृत है?

A. उपायुक्त
B. जिला कार्यक्रम अधिकारी
C. जिला बाल कल्याण समिति
D. जिला बाल संरक्षण अधिकारी

150. किशोर न्याय अधिनियम, 2015 के अंतर्गत विधि का उल्लंघन करने वाले किशोरों से सम्बन्धित मामलों का निपटारा कौन करता है?

A. जे.जे. बोर्ड B. सी.डब्ल्यू.सी.
C. डी.सी.पी.यू. D. इनमें से कोई नहीं

151. जनगणना 2011 के अनुसार हिमाचल प्रदेश में 1000 लड़कों पर कितनी लड़कियाँ हैं?

A. 900 B. 972
C. 980 D. 872

152. किसी भी प्रकार की हिंसा से पीड़ित महिला को अस्थायी रूप से कहाँ संरक्षण दिया जा सकता है?

A. वन स्टॉप सेंटर B. बालिका आश्रम
C. अस्पताल D. ये सभी

153. अन्नप्राशन कब करवाया जाता है?

A. 3 माह के बच्चे को B. 4 माह के बच्चे को
C. 6 माह के बच्चे को D. 12 माह के बच्चे को

154. एक बालिका की शादी की आयु कितनी होनी चाहिए?

A. 18 वर्ष B. 19 वर्ष
C. 17 वर्ष D. 21 वर्ष

155. हिमाचल प्रदेश का कौन–सा जिला नीति आयोग द्वारा आकांक्षी (Aspirational) जिला घोषित किया गया है?

A. चम्बा B. ऊना
C. काँगड़ा D. हमीरपुर

156. पोषण अभियान को प्रथम चरण में हिमाचल प्रदेश के किन चार जिलों में चलाया गया था?

A. चम्बा, शिमला, हमीरपुर, सोलन
B. काँगड़ा, ऊना, किन्नौर, लाहौल–स्पीति
C. बिलासपुर, सिरमौर, मण्डी, कुल्लू
D. ये सभी में

157. किस आयु वर्ग के बच्चों की लम्बाई को इनफैंटोमीटर के द्वारा मापा जाता है?

A. 0 से 1 वर्ष के बच्चे B. 0 से 2 वर्ष के बच्चे
C. 0 से 3 वर्ष के बच्चे D. 0 से 6 वर्ष के बच्चे

158. हिमाचल प्रदेश के सामाजिक न्याय एवं अधिकारिता मंत्री कौन हैं?

A. राजीव बिंदल B. राजीव सैजल
C. रामलाल मारकण्डे D. इनमें से कोई नहीं

159. आयोडीन निम्न में से सर्वाधिक किस चीज में पाया जाता है?

A. शैवाल B. मेथी
C. पालक D. इन सभी में

160. हिमाचल प्रदेश के मुख्यमंत्री ने वित्त वर्ष 2020-21 के बजट में मिन्नी आंगनबाड़ी कार्यकर्ता के मानदेय में कितने रुपये की वृद्धि की गई?

A. ₹ 500 B. ₹ 400
C. ₹ 300 D. ₹ 200

161. एक किशोरी को अनीमिया दूर करने के लिए नीली आयरन की गोली सप्ताह में कितनी बार लेनी चाहिए?

A. एक बार B. दो बार
C. तीन बार D. चार बार

162. किसी किशोरी को पहली बार महावारी आने को क्या कहते हैं?

A. मिनारकी B. मेनोपॉज
C. डायरिया D. गोनोरिया

163. हमारे देश की उस महान सामाजिक कार्यकर्ता का नाम बताएँ जिन्होंने वर्ष 1848 में पहला कन्या विद्यालय खोला था, उन्होंने महिलाओं के अधिकारों के बारे में भी समाज को विभिन्न सामाजिक बुराईयों जैसे बाल–विवाह, सती प्रथा के विरुद्ध इत्यादि के प्रति जागरूक किया था, जिस कारण रूढ़ीवादी लोगों ने उनका विरोध भी किया था?

A. झाँसी की रानी B. सावित्री बाई फुले
C. सुभद्रा कुमारी चौहान D. रानी अमृतकौर

164. हिमाचल प्रदेश में एम्स अस्पताल किस जिले में बनाया जाना प्रस्तावित है?

A. शिमला B. काँगड़ा
C. बिलासपुर D. मण्डी

165. संयुक्त राष्ट्र संघ के द्वारा किस वर्ष को अंतर्राष्ट्रीय महिला वर्ष का नाम दिया था, इसी दौरान 8 मार्च को अंतर्राष्ट्रीय महिला दिवस घोषित किया गया था?

A. 1971 B. 1972
C. 1974 D. 1975

166. महिला के प्रसव से लेकर छः माह (180 दिन) तक रोजाना आई.एफ.ए. की किस रंग की गोली खाना आवश्यक है?

A. लाल B. नीली
C. सफेद D. हरी

167. कौन–सा यौन रोग लाइलाज है?

A. गोनोरिया B. सिफलिस
C. एड्स D. ये सभी

168. हिमाचल प्रदेश के प्रासंगिक विषय पर आधारित ई.सी.सी.ई. पाठ्यक्रम का क्या नाम है?

A. प्रयास B. पहला प्रयास
C. दूसरा प्रयास D. इनमें से कोई नहीं

169. भारतवर्ष में पोषण अभियान की शुरूआत प्रधानमंत्री के द्वारा 8 मार्च, 2018 को झुंझुनू जिले से की गई थी, झुंझुनू जिला किस राज्य में स्थित है?

A. राजस्थान B. मध्य प्रदेश
C. गुजरात D. महाराष्ट्र

170. किस योजना के अंतर्गत लाभार्थी की पात्रता हेतु न्यूनतम/अधिकतम आय सीमा जरूरी नहीं है?

A. बेटी अनमोल योजना B. विधवा पुनर्विवाह
C. मदर टेरेसा योजना D. ये सभी

उत्तरमाला

1	2	3	4	5	6	7	8	9	10
A	B	C	D	A	D	D	D	A	B
11	**12**	**13**	**14**	**15**	**16**	**17**	**18**	**19**	**20**
C	A	D	B	A	D	D	B	A	B
21	**22**	**23**	**24**	**25**	**26**	**27**	**28**	**29**	**30**
A	B	D	D	C	A	A	A	A	A
31	**32**	**33**	**34**	**35**	**36**	**37**	**38**	**39**	**40**
C	C	C	C	B	A	A	A	A	D
41	**42**	**43**	**44**	**45**	**46**	**47**	**48**	**49**	**50**
C	A	D	A	B	D	A	A	D	D
51	**52**	**53**	**54**	**55**	**56**	**57**	**58**	**59**	**60**
B	A	D	C	C	A	A	C	A	B
61	**62**	**63**	**64**	**65**	**66**	**67**	**68**	**69**	**70**
A	B	C	C	C	A	B	C	C	A
71	**72**	**73**	**74**	**75**	**76**	**77**	**78**	**79**	**80**
B	B	A	B	D	C	B	A	A	B
81	**82**	**83**	**84**	**85**	**86**	**87**	**88**	**89**	**90**
D	D	A	B	B	C	A	A	D	C

91	92	93	94	95	96	97	98	99	100
B	A	A	B	B	D	C	A	C	A
101	102	103	104	105	106	107	108	109	110
D	C	A	D	B	C	A	A	B	B
111	112	113	114	115	116	117	118	119	120
A	B	C	C	C	A	D	A	D	B
121	122	123	124	125	126	127	128	129	130
D	A	A	B	A	B	D	B	C	A
131	132	133	134	135	136	137	138	139	140
C	B	B	C	A	C	A	D	D	B
141	142	143	144	145	146	147	148	149	150
A	D	A	A	C	A	D	D	C	A
151	152	153	154	155	156	157	158	159	160
B	A	C	A	A	A	B	B	A	C
161	162	163	164	165	166	167	168	169	170
A	A	B	C	D	A	C	B	A	B

पिछले प्रश्न–पत्र (हल सहित)

आँगनवाड़ी सुपरवाइजर भर्ती परीक्षा, 2019

1. ICMR 2010 के अनुसार गर्भवती महिलाओं के लिए ज़िंक की RDA है:

A. 10 मिग्रा / दिन B. 12 मिग्रा / दिन
C. 15 मिग्रा / दिन D. 20 मिग्रा / दिन

2. इनमें से कौन भूख उद्दीप्त करने वाला हॉर्मोन है?

A. लेप्टिन B. ग्लूकागॉन
C. इंसुलिन D. हेपरिन

3. 1 किग्रा जल के तापमान में 1 डिग्री सेल्सियस (सेंटीग्रेड) की वृद्धि हेतु आवश्यक ऊष्मा की मात्रा _____ के रूप में परिभाषित किया गया है।

A. किलोकैलोरी B. किलोग्राम
C. किलोजूल D. जूल

4. आहार में _____ शामिल करके रक्ताल्पता (एनीमिया) की रोकथाम की जा सकती है।

A. आयरन एवं विटामिन C
B. कैल्शियम एवं आयरन
C. फॉस्फोरस एवं फ्लोराइड
D. फ्लोराइड एवं फॉस्फोरस

5. श्रवणशक्ति का ह्रास दृष्टि क्षीणता और समन्वय की कमी आमतौर पर _____ में देखने को मिलती है

A. किशोरों B. गर्भवती महिलायें
C. बुजुर्ग / वृद्ध आयु D. इनमें से कोई नहीं

6. एक समयावधि में आधारी चयापचय के लिए प्रयुक्त ऊर्जा की मात्रा को _____ कहते हैं:

A. आधारी चयापचय दर (बेसल मेटाबोलिक रेट)
B. आधारी ऊर्जा दर (बेसल एनर्जी रेट)
C. ऊर्जा दर (एनर्जी रेट)
D. इनमें से कोई नहीं

7. हायपोएल्बुमीनिया, हायपोकैलीमिया और फैटी लिवर अधिकांशत _____ रोग से पीड़ित लोगों में देखने को मिलते हैं।

A. क्वाशरकोर
B. इलेक्ट्रोलाइट असन्तुलन
C. विषाणुजन्य यकृतशोथ (वायरल हेपेटाइटिस)
D. मेरास्मस

8. काली खाँसी मुख्यतः _____ द्वारा फैलती है।

A. बिंदुक संक्रमण एवं सीधे सम्पर्क
B. मच्छर के काटने
C. संदूषित खाद्य पदार्थों
D. उपर्युक्त में से कोई नहीं

9. रोटावायरस अधिकांशतः बच्चों को प्रभावित करता है। इसका संक्रमण इनमें से किस नैदानिक स्थिति का कारण बनता है:

A. उल्टियां, दस्त, उदर में दर्द
B. रक्ताल्पता (एनीमिया)
C. पेलाग्रा
D. मनोभ्रंश (डिमेंशिया)

10. निकटदृष्टिता (मायोपिया) एक दृष्टिदोष है जिसमें _____:

A. दूर की वस्तुएं अस्पष्ट दिखती हैं
B. पास की वस्तुएं अस्पष्ट दिखती हैं
C. कम प्रकाश में वस्तुओं की पहचान में कठिनाई होती है
D. वर्णान्धता (कलर ब्लाइंडनेस) उत्पन्न हो जाती है

11. ICMR 2010 के अनुसार 7–12 माह के शिशु को स्तनपान करा रही महिला की कैलोरी आवश्यकता क्या होगी?

A. +420 किलो कैलोरी / दिन
B. +520 किलो कैलोरी / दिन
C. +620 किलो कैलोरी / दिन
D. +720 किलो कैलोरी / दिन

12. ICMR 2010 के अनुसार गर्भवती स्त्री की अतिरिक्त कैलोरी की आवश्यकता कितनी होती है?

A. +350 किलो कैलोरी / दिन
B. +450 किलो कैलोरी / दिन

C. +550 किलो कैलोरी / दिन

D. +650 किलो कैलोरी / दिन

13. मलेरिया के आम लक्षण हैं:

A. तीव्र कंपकंपी और तेज बुखार

B. अत्याधिक पसीना और सिरदर्द

C. उबकाई, उल्टियां और रक्ताल्पता

D. उपर्युक्त सभी

14. गर्भस्थ शिशु की वृद्धि को नियंत्रित करने वाले कई हॉर्मोनों के उत्पादन का मुख्य स्थल कौन–सा है?

A. गर्भनाल (प्लेसेंटा)

B. गर्भाशय

C. स्तन

D. फेलोपियन नलिका

15. बच्चों को विटामिन डी, कैल्शियम और फॉस्फोरस देने से _____ की रोकथाम होती है।

A. अस्थिमृदुता (ऑस्टियोमलेसिया)

B. रिकेट्स

C. पेलाग्रा

D. केराटोमलेसिया

16. गर्भावस्था के दौरान ऊर्जा के किस स्रोत से बचना चाहिए?

A. वसा B. कार्बोहाइड्रेट

C. प्रोटीन D. एल्कोहल

17. न्यूमोनिया के उपचार में आहार का लक्ष्य क्या है?

A. शरीर की प्रतिरोधक शक्ति बढ़ाना

B. शरीर का भार कायम रखना

C. निर्जलीकरण से बचाना

D. उपर्युक्त सभी

18. गर्भावस्था प्रेरित उच्च रक्तचाप को _____ कहते हैं:

A. एक्लेम्प्सिया B. रक्ताल्पता (एनीमिया)

C. कब्ज D. सीने में जलन

19. _____ के आंकलन के लिए पूर्व–विद्यालयी बच्चों की प्रोटीन पोषण स्थिति का आंकलन करने हेतु सीरम एल्बुमिन के स्तर को संकेतक के रूप में प्रयोग करते हैं:

A. PEM B. DHA

C. ALA D. DOTS

20. इनमें से किसे छोड़कर अन्य सभी पोषण सम्बन्धी विकार सामान्य से अधिक पोषण से सम्बन्धित हैं?

A. मोटापा

B. हाइपरविटामिनोसिस

C. फ्लूरोसिस

D. अस्थिमृदुता (ऑस्टियोमलेसिया)

21. माँस, मछली और मुर्गी _____ के महत्वपूर्ण स्रोत हैं।

A. कार्बोहायड्रेट B. प्रोटीन

C. कैल्शियम D. विटामिन C

22. चूंकि बचाव, इलाज से बेहतर होता है, _____ के द्वारा टायफॉइड से बचाव किया जा सकता है:

A. किसी के द्वारा छुए गए भोजन से बचने

B. सड़कों पर बिकने वाले भोज्य पदार्थों और कच्चे फलों व सब्जियों से बचने

C. उपरोक्त दोनों

D. इनमें से कोई नहीं

23. एक ग्राम प्रोटीन से _____ मिलती हैं।

A. 4 किलो कैलोरी B. 5 किलो कैलोरी

C. 6 किलो कैलोरी D. 9 किलो कैलोरी

24. गर्भावस्थाकालीन मधुमेह _____ में देखने को मिलता है:

A. रजोनिवृत्त स्त्रियों B. वयस्क स्त्रियों

C. वयस्क पुरुषों D. गर्भवती स्त्रियों

25. प्रसव के तुरन्त बाद माता द्वारा उत्पन्न दुग्धसम स्राव जो नवजात शिशु को पिलाने के लिए निकलता है, _____ कहलाता है।

A. पीयूष (कोलोस्ट्रम) B. कोलेस्टेरॉल

C. लैक्टोज़ D. हीमोग्लोबिन

26. कुपोषण के एक प्रकार PEM का पूरा नाम क्या है?

A. पेप्सिन–ऊर्जा कुपोषण

B. प्रोटीन–आधिक्य कुपोषण

C. प्रोटीन–ऊर्जा कुपोषण

D. पेप्सिन–एंज़ाइम कुपोषण

27. चेचक (चिकन पॉक्स) _____ नामक विषाणु से होता है:

A. वेरिकोज़

B. वेरिसेला ज़ोस्टर वायरस

C. हर्पीज़ वायरस

D. लेप्रा वायरस

28. एचआईबी का पूरा नाम है:

A. हीमोग्लोबिन इन्फ्लुएंज़ा

B. हीमोफाइलस इन्फ़्लुएंजी टाइप b

C. हीमोप्टायसिस (बलगम में खून)

D. हीमोडायलिसिस

29. ग्रामीण भारत में किशोरियों में मासिक धर्म सम्बन्धित स्वच्छता को बढ़ावा देने की योजना किस आयु वर्ग पर केन्द्रित है?

A. 15–20 वर्ष B. 10–19 वर्ष

C. 5–9 वर्ष D. उपर्युक्त में से कोई नहीं

30. रतौंधी या निक्टेलोपिया किस पोषक तत्व की कमी के आरम्भिक संकेतों में से एक है?

A. प्रोटीन B. विटामिन A
C. विटामिन C D. फ़ोलिक अम्ल

31. ज़ीरोस्टोमिया (लार नहीं बनना) इनमें से किसमें अधिक पाया जाता है:

A. बुजुर्ग/वृद्ध आयु
B. किशोर
C. चलना आरम्भ कर रहे शिशु
D. इनमें से कोई नहीं

32. उल्टियां होने के दौरान इनमें से कौन–सा खाद्य पदार्थ नहीं लेना चाहिए?

A. दूध व दूध के उत्पाद
B. एल्कोहल
C. कार्बनीकृत पेय
D. उपर्युक्त सभी

33. संपूरक आहार/दूध छुड़ाने की शुरूआत _____ की आयु से की जानी होती है।

A. 3 माह B. 6 माह
C. 9 माह D. 12 माह

34. राष्ट्रीय अन्धता नियन्त्रण कार्यक्रम योजना किस सन् में आरम्भ किया गया था?

A. 1976 B. 1982
C. 1989 D. 1990

35. मुख के कोनों पर शोथ और दरार (Cracking) की स्थिति को _____ कहते हैं।

A. पेलाग्रा
B. स्कर्वी
C. ओष्ठविदरता (चेलोसिस)
D. रिकेट्स

36. ट्यूबरकुलोसिस की रोकथाम _____ के माध्यम से की जा सकती है।

A. BCG के टीके
B. शिक्षा और खाँसने के शिष्टाचार
C. उपरोक्त दोनों
D. इनमें से कोई नहीं

37. शुद्ध रूप से शाकाहारी खानपान वाले व्यक्तियों में, विशेष रूप से 5 से 6 वर्ष की आयु के बाद, _____ के परिसंचरणशील स्तर आमतौर पर कम होते हैं।

A. विटामिन D B. विटामिन B12
C. आयरन D. विटामिन K

38. राष्ट्रीय मानसिक स्वास्थ्य कार्यक्रम _____ के मानसिक स्वास्थ्य संबंधी मुद्दों को सम्बोधित करने के लिए डिजाइन किया गया है।

A. किशोरों B. नवजात शिशुओं
C. गर्भवती माताओं D. बुजुर्गों

39. जन्म के समय कम भार को कितने पौंड से कम भार के रूप में परिभाषित किया गया है?

A. 4.5 पाउंड B. 5 पाउंड
C. 5.5 पाउंड D. 7 पाउंड

40. किशोरों के लिए आयरन एवं फ़ोलिक अम्ल की टैबलेट किस रंग की होती हैं?

A. आयरन की नीली गोली – नीली
B. आयरन की पीली गोली – पीली
C. आयरन की लाल गोली – लाल
D. आयरन की सफ़ेद गोली – सफ़ेद

41. DPT वैक्सीन किन रोगों से सुरक्षा के लिए दी जाती है?

A. डिफ्थीरिया, टेटनस और पर्ट्यूसिस
B. डिसेंट्री (पेचिश), पोलियों और टेटनस
C. डायबिटीज़ (मधुमेह), पेलाग्रा और पर्ट्यूसिस
D. उपर्युक्त सभी

42. फ़ोलेट के सम्बन्ध में इनमें से किसे छोड़कर अन्य कथन असत्य हैं?

A. फ़ोलेट कोशिका विभाजन के लिए महत्वपूर्ण होता है
B. फ़ोलेट की कमी से गर्भावस्थाकालीन मधुमेह हो सकता है
C. फ़ोलेट की कमी तन्त्रिका नाल दोषों (न्यूरल ट्यूब डिफ़ेक्ट) से सम्बंधित है
D. पालक, मसूर की दाल, फ़ोर्टिफ़ाइड अनाज़ के समृद्ध स्रोत हैं

43. गर्भावस्था में ज़िंक की कमी _____ का कारण बन सकती है।

A. जन्म के समय कम भार
B. DNA एवं RNA संश्लेषण की क्षीणता
C. उपरोक्त दोनों
D. इनमें से कोई नहीं

44. इनमें से कौन–सा समूह अस्थिसुषिरता (ऑस्टियोपोरोसिस) के प्रति अधिक असुरक्षित है?

A. नवजात शिशु
B. किशोर
C. रजोनिवृत्त स्त्रियां
D. इनमें से कोई नहीं

45. स्थानिक (एंडेमिक) रोग का अर्थ _____ से है।
A. विशिष्ट क्षेत्र की समस्या
B. केवल स्त्रियों से संबंधित रोग
C. केवल पुरुषों से संबंधित रोग
D. इनमें से कोई नहीं

46. प्रतिरक्षीकरण एक महत्वपूर्ण ____ है।
A. जन स्वास्थ्य हस्तक्षेप B. स्वास्थ्य निवेश
C. अशक्तता रोकथाम D. उपरोक्त सभी

47. दस्त के आम कारण क्या हैं?
A. जीवाणु, विषाणु एवं परजीवी संक्रमण
B. एंटीबायोटिक जैसी औषधियां
C. लैक्टोज़ असह्यता
D. उपर्युक्त सभी

48. एक भोजन सम्बन्धी विकार जिसके अभिलक्षण हैं शरीर का भार असामान्य रूप से कम होना एवं भार बढ़ने का भय:
A. एनोरेक्सिया नर्वोसा B. हाइपरलिपिडेमिया
C. मुंहासे D. इनमें से कोई नहीं

49. इनमें से कौन एक डाईसैकराइड नहीं है?
A. सुक्रोज़ B. लैक्टोज़
C. गैलेक्टोज़ D. इनमें से कोई नहीं

50. माता की वह आदत जो गर्भस्थ शिशु के लिए हानिकारक हो सकती है:
A. कम कार्बोहाइड्रेट / प्रोटीन वाला आहार
B. उपवास रखना
C. धूम्रपान करना
D. उपरोक्त सभी

51. बेरी–बेरी किस विटामिन से सम्बन्धित न्यूनता का विकार है?
A. थायमिन B. राइबोफ्लेविन
C. नियासिन D. पायरिडॉक्सिन

52. स्वास्थ्य एवं परिवार कल्याण मन्त्रालय द्वारा _____ में राष्ट्रीय कृमि–मुक्ति दिवस आरम्भ किया गया था।
A. फरवरी 2013 B. फरवरी 2015
C. फरवरी 2010 D. फरवरी 2017

53. भारत के आयोडीन न्यूनता नियन्त्रण कार्यक्रम के अनुसार, मनुष्य की सामान्य वृद्धि एवं विकास के लिए _____ आयोडीन आवश्यक है।
A. 200–250 माइक्रोग्राम B. 450–475 माइक्रोग्राम
C. 100–150 माइक्रोग्राम D. 75–95 माइक्रोग्राम

54. ICMR 2010 के अनुसार वयस्क निष्क्रिय पुरुष कर्मी के लिए कैलोरी एवं प्रोटीन की RDA है:
A. 2000 किलो कैलोरी / दिन; 50 ग्राम
B. 2320 किलो कैलोरी / दिन; 60 ग्राम
C. 2632 किलो कैलोरी / दिन; 60 ग्राम
D. 2700 किलो कैलोरी / दिन; 50 ग्राम

55. 25 फरवरी, 2012 को विश्व स्वास्थ्य संगठन (WHO) ने भारत को _____ ग्रस्त देशों की वैश्विक सूची से निकाल दिया था।
A. पोलियो महामारी B. डिफ्थीरिया
C. पर्टयूसिस D. चेचक (चिकन पॉक्स)

56. निखिल उत्तर की ओर 10 किमी चलता है, फिर बाएं मुड़कर 4 किमी चलता है तथा वह दायें मुड़कर फिर 5 किमी और चलता है। वह फिर से दायें मुड़कर 4 किमी और चलता है वह अपने प्रारम्भिक बिन्दु से कितनी दूरी पर है?
A. 5 किमी B. 4 किमी
C. 15 किमी D. 10 किमी

57. इनमें से किस समय पर यौन परिपक्ता हो जाती है?
A. वयस्कावस्था B. वयःसंधि
C. शिश्रीय अवस्था D. उपरोक्त में से कोई नहीं

58. प्रधानमंत्री कौशल विकास योजना इसके लिए कौशल विकास से जुड़ी है:
A. युवा B. बच्चे
C. शिशुओं D. वरिष्ठ नागरिक

59. निम्न आकृति से त्रिभुजों की संख्या ज्ञात करें।

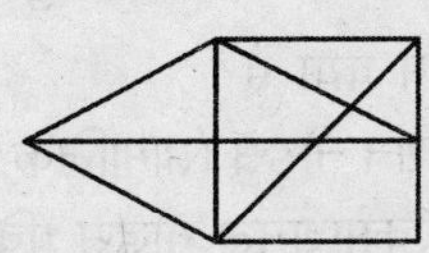

A. 8 B. 10
C. 19 D. इनमें से कोई नहीं

60. एड्स एक संक्रमित व्यक्ति से दूसरे व्यक्ति को _____ के माध्यम से फैल सकता है।
A. भोजन साझा करने B. रक्ताधान (खून चढ़ाने)
C. कंघा साझा करने D. मच्छर के काटने

61. दी गयी आकृति का दर्पण प्रतिबिम्ब ज्ञात करें।

प्रश्न आकृति

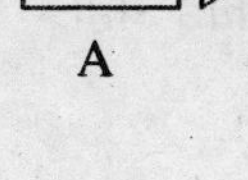

A

उत्तर आकृति

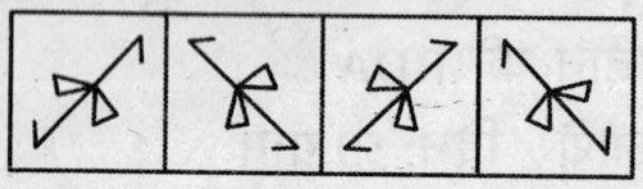

a *b* *c* *d*

A. *a* B. *b*
C. *c* D. *d*

62. एक महिला का परिचय कराते हुए एक पुरुष ने कहा 'उसी महिला की माँ के पति की बहन मेरी माँ है'। उस पुरुष का उस महिला से क्या संबंध है?
A. ममेरे–फुफेरे भाई B. भतीजा–बुआ
C. पिता–पुत्री D. इनमें से कोई नही

63. बाल श्रम निरोध अधिनियम _____ में सरकार द्वारा संशोधित किया गया था।
A. सितंबर 2017 B. अक्टूबर 2006
C. जनवरी 2002 D. अक्टूबर 2005

64. यौवनारम्भ तक ले जाने वाले परिवर्तनों की अवधि को _____ कहते हैं।
A. वयस्कावस्था B. वयः संधि
C. रजोदर्शन D. शुक्रदर्शन / वीर्यदर्शन

65. ₹ 45,000 को A, B तथा C के बीच क्रमशः 3 : 2 : 5 के अनुपात में बांटा गया, तो A का हिस्सा कितना होगा?
A. ₹ 13,500 B. ₹ 14,500
C. ₹ 18,500 D. ₹ 16,000

66. पीयूष ग्रन्थि को मास्टर अंतः स्रावी ग्रन्थि भी कहा जाता है और यह _____ के नियन्त्रणाधीन होती है।
A. पिनियल ग्रंथि B. अधिवृक्क ग्रंथि
C. हाइपोथेलेमस D. अवटु (थायरॉइड) ग्रंथि

67. SEN का पूरा नाम क्या है?
A. सोशल एजुकेशन नीड्स (सामाजिक शिक्षा आवश्यकताएं)
B. स्पेशल एंड एक्सेप्शनल नीड्स (विशेष एवं असाधारण आवश्यकताएं)
C. स्पेशल (Spatial) इमोशनल नेगोशिएशन (स्थानिक भावनात्मक मोलभाव)
D. स्पेशल एजुकेशनल नीड्स (विशेष शैक्षिक आवश्यकताएं)

68. स्वच्छ भारत अभियान की शुरुआत किस वर्ष में हुई?
A. 2013 B. 2014
C. 2015 D. 2016

69. एक गाय को ₹ 6000 में बेचने के तुलना में ₹ 6500 में बेचने पर 10% अधिक लाभ होता है। गाय का क्रय मूल्य ज्ञात करें।
A. ₹ 5000 B. ₹ 6000
C. ₹ 5500 D. इनमें से कोई नहीं

70. जिला अधिकारी किसका अध्यक्ष होता है?
A. ग्राम पंचायत
B. पंचायत समिति
C. जिला परिषद
D. ग्राम सभा

71. इनमें से किसे राष्ट्रीय महिला आयोग अधिनियम 1990, के अन्तर्गत स्थापित किया गया था?
A. NHRC B. NCSC
C. NCST D. NCW

72. निम्नलिखित प्रश्न में प्रश्नवाचक चिह्न (?) के स्थान पर लगभग कौन–सा मान आएगा?

749 का 49% + 820 का 55% – ? = 24^2

A. 242 B. 272
C. 390 D. 212

73. PDA _____ के अधिकारों की रक्षा करता है।
A. बुजुर्ग B. बच्चे
C. महिलाएं D. दिव्यांग जन

74. अन्त्योदय अन्न योजना कब आरम्भ हुई थी?
A. जनवरी 1999 में
B. मई 2000 में
C. दिसंबर 2000 में
D. अक्टूबर 2005 में

75. शारदा अधिनियम _____ से सम्बन्धित है।
A. विधवा पुनर्विवाह B. बाल विवाह
C. अंतर्जातीय विवाह D. बहुविवाह

76. समावेशी शिक्षा का उद्देश्य है–
A. अधिगम की बाधाओं को प्रकट करना और उन्हें न्यूनतम करना
B. सभी बच्चों की आवश्यकताओं की पूर्ति के लिए रवैये, व्यवहारों, अध्यापन विधियों, पाठ्यचर्या और परिवेश में परिवर्तन लाना
C. स्थानीय संस्कृतियों और समाज के विभिन्न समुदायों की विषय–वस्तु को लगातार बढ़ावा देना
D. उपर्युक्त सभी

77. अनुप्रयुक्त व्यावहारिक विश्लेषण (एप्लाइड बिहेवरल एनालिसिस, (ABA)) का उपयोग प्रायः इनमें से किस स्थिति से पीड़ित बच्चों की मदद के लिए किया जाता है?
A. स्वलीनता (ऑटिज्म)
B. एकाग्रता न्यूनता विकार (अटेन्शन डेफिसिट डिसॉर्डर)
C. पठन वैकल्य (डिसलेक्सिया)
D. गतिसमन्वय वैकल्य (डिसप्रेक्सिया)

78. लैंगर हैंस की द्वीपिका (Islets of langerhans) _____ में मिलते हैं।
A. अग्र पीयूष
B. वृक्क वल्कुट (किडनी कॉर्टिक्स)
C. प्लीहा
D. अंतः स्रावी अग्न्याशय

79. सामुदायिक विकास कार्यक्रम का दर्शनः
A. केवल प्रजातान्त्रिक विकास
B. लोगों की प्रतिभागिता के माध्यम से विकास
C. शौक्षिक विकास
D. पोषणात्मक विकास

80. भारत में वर्तमान में हो रहे नियोजन को कहा जाता हैः
A. राज्य योजना B. केंद्रीकृत योजना
C. वीकेंद्रीकृत योजना D. संकेतात्मक योजना

81. किसी नवाचार के परिणाम दिखाई देने के स्तर को कहा जाता हैः
A. पर्यवेक्षता B. परिलता
C. अनुकूलता D. प्रयोगधर्मिता

82. IRDP के अंतर्गत विकास की मूल इकाई हैः
A. जिला B. गाँव
C. सीडी ब्लॉक D. परिवार

83. कार्यक्रमों को बनाने, क्रियान्वित करने व आंकलन करने में लोगों की भागीदारी को कहा जाता हैः
A. समुदाय B. सामाजिक भागीदारी
C. सहकारी समिति D. सामुदायिक भागीदारी

84. न्यूनतम आवश्यकता कार्यक्रम की शुरूआत किसके दौरान की गई?
A. तीसरी पंचवर्षीय योजना
B. चौथी पंचवर्षीय योजना
C. पांचवी पंचवर्षीय योजना
D. सातवीं पंचवर्षीय योजना

85. सामुदायिक विकास कार्यक्रम की शुरूआत हुईः
A. 2 अक्टूबर, 1950 B. 2 अक्टूबर, 1951
C. 2 अक्टूबर, 1952 D. 2 अक्टूबर, 1953

86. बच्चों का सबसे अधिक शारीरिक उत्पीड़न कौन करता है?
A. आया B. गैर–अभिभावकीय परिजन
C. माता–पिता D. शिक्षक

87. आईसीडीएस कार्यक्रम सेवा निम्नलिखित आयु–वर्ग के बच्चों को पूरक आहार और इम्यूनाइजेशन प्रदान करती है।
A. जन्म से 3 साल B. जन्म से 6 साल
C. 2–4 साल D. 3–4 साल

88. गर्भ को पोषण मिलता हैः
A. एम्नियोटिक पुटिका से
B. अपरा से
C. नाभि रज्जु से
D. स्तनपान से

89. निर्जीव चीजों को सजीव के रूप में देखने की बच्चों की प्रवृत्ति कहलाती हैः
A. डाइनामिज़्म B. एनिमिज़्म
C. मैक्सिमिज़्म D. ह्यूमनिज़्म

90. घर आधारित कार्यक्रम हैः
A. देखभाल प्रदाताओं और गृह संचालक की भूमिका में माता–पिता की सहायता
B. पर्यावरण की सहायता
C. शिक्षकों की सहायता
D. लोगों की सहायता

91. पहले साल के अंत तक, ज्यादातर शिशुः
A. अपने जन्मजात वजन से दोगुनी हो जाते हैं।
B. अपने जन्मजात वजन से तिगुनी हो जाते हैं।
C. लगभग 10 पाउंड वजन वृद्धि कर लेते हैं।
D. इनमें से कोई नहीं

92. नेत्रगोलक पर अत्याधिक दबाव कहलाता हैः
A. ग्लूकोमा B. रिफ्रैक्शन
C. मायोपिया D. मोतियाबिंद

93. मल्टिपल कॉग्नीटिव अक्षमताओं वाले व्यक्ति का किसी एक हुनर में विलक्षण दक्षता होती है, यह क्या कहलाता है?
A. रेनमैन सिंड्रोम B. ऐस्पर्गर क्षमता
C. बौद्धिक पृथक्करण D. सावंत सिंड्रोम

94. इनमें से कौन माता से बच्चे में HIV संक्रमण के प्रसारित होने का सबसे सामान्य स्वरूप है?
A. गर्भावस्था के दौरान अपरा या गर्भनाल के जरिए
B. प्रसव के दौरान रक्त मिश्रण के जरिए
C. दुग्धस्राव के दौरान स्तन दुग्ध के जरिए
D. उपरोक्त सभी

95. निम्न में से किसके कारण मस्तिष्क में घबराहट होती है एवं उससे आसन्न या अपेक्षित अस्वस्थता की अनुभूति होती है?
A. चिंता B. अवसाद
C. उदासीनता D. अप्रसन्नता

96. एक्वायर्ड इम्यून डेफिसिएंसी सिंड्रोम (AIDS) उत्पन्न करने वाला विषाणु किसे परजीवित करता है?

A. कोशिकाएं
B. साइटोक्सिक कोशिकाएं
C. हेल्पर T कोशिकाएं
D. लसीका ग्रंथियों की झिल्ली

97. प्राणी की एक विक्षोभित अवस्था जिसके साथ कुछ शारीरिक परिवर्तन और कार्य आवेग शामिल होते हैं _____ विकास के रूप में निरूपित किया जा सकता है।
A. मोटर B. सामाजिक
C. भावनात्मक D. बौद्धिक

98. मोटर विकास निम्नलिखित पर निर्भर करता है:
A. पेशीय परिपक्क्ता
B. हड्डियों का अस्थिकरण
C. अच्छा भोजन अंतर्ग्रहण
D. प्रदान किए गए बेहतरीन अवसर

99. बाल सहायता सोसाइटी का उद्देश्य है:
A. मानवाधिकार
B. बाल सुरक्षा
C. महिला सुरक्षा
D. महिला एवं बाल सुरक्षा

100. मध्यम स्तर पर अवमंदित बच्चों के लिए शैक्षणिक विचारण निम्नलिखित पर बल देता है:
A. सामाजिक कौशल B. स्वयं सहायता कौशल
C. तत्परता कौशल D. खेल कौशल

101. निम्नलिखित में से कौन–सा अपंग बच्चे की विकृति का एक कारण है?
A. तंत्रिका, हड्डी या मांसपेशी
B. केवल हड्डी
C. केवल मांसपेशी
D. हड्डी, मांसपेशी या जोड़

102. निम्नलिखित के लिए व्हील चेयर, रैंप और विशिष्ट उपकरणों की आवश्यकता होती है:
A. अक्षम व्यक्ति B. शारीरिक रूप से विकलांग
C. विशिष्ट बच्चे D. विलक्षण बच्चे

103. बाल कल्याण एवं शोध ब्यूरो के उद्देश्य हैं:
A. बच्चों की समस्याओं पर वैज्ञानिक अनुसंधान
B. महिलाओं के लिए पूरक आहार
C. अनाथों के लिए राहत का विस्तार
D. महिलाओं को चिकित्सीय सुविधाएं उपलब्ध कराना

104. प्री–स्कूली बच्चों की भावनाएं निम्नलिखित के जरिए मुक्त होती हैं:
A. पेग बोर्ड पर प्रहार
B. पढ़ना
C. ड्रॉइंग
D. अन्य बच्चों के साथ बातचीत

105. बालपन (टोडलरहुड) की इनमें से क्या विशेषता होती है?
A. डगमागाते हुए चलने की शुरुआत
B. तीव्र शारीरिक बदलाव
C. महत्वपूर्ण रूप से बदले हुए सामाजिक संबंध
D. उपरोक्त सभी

106. ऑटिस्टिक स्पेक्ट्रम डिसॉर्डर में जब व्यक्ति अभी–अभी सुने हुए शब्दों या ध्वनि की तत्काल नकल करता है, तो यह कहलाता है:
A. इकॉस्टिक डिसॉर्डर
B. इकोलैलिया
C. फोनोलॉजिकल इनहिबिशन
D. ग्राफीम डिस्फंक्शन

107. निम्नलिखित में से कौन ऑर्थोपेडिक रूप से विकलांगता का एक प्रकार है?
A. पोलियोमेलाइटिस
B. हाइपरनैसेलिटी
C. ओमिशन
D. डिस्टॉर्शन

108. किस अवधि में शिशु के शरीर का आकार और उसकी शारीरिक संरचना में नाटकीय वृद्धि होती है?
A. अंडाणु की अवधि
B. भ्रूण की अवधि
C. युग्मज की अवधि
D. गर्भ की अवधि

109. किस प्रकार के प्रशिक्षक माता–पिता को कम लागत वाले खेल उपकरण विकसित करने में मदद करते हैं?
A. स्कूली शिक्षक
B. घरेलू आगंतुक
C. डिमॉन्सट्रेटर
D. टीचर एजुकेटर

110. इनमें से किसके HIV संक्रमण के चपेट में आने का उच्च जोखिम होता है?
A. पेशेवर कर्मी
B. नशीली दवाएं सेवन करने वाले
C. बार–बार रक्त आधान कराने वाले व्यक्ति
D. उपरोक्त सभी

उत्तरमाला

1	2	3	4	5	6	7	8	9	10
B	A	A	A	C	A	A	A	A	A
11	12	13	14	15	16	17	18	19	20
B	A	D	A	B	D	D	A	A	D
21	22	23	24	25	26	27	28	29	30
B	C	A	D	A	C	B	B	B	B
31	32	33	34	35	36	37	38	39	40
A	D	B	A	C	C	B	A	C	A
41	42	43	44	45	46	47	48	49	50
A	B	C	C	A	D	D	A	C	D
51	52	53	54	55	56	57	58	59	60
A	B	C	B	A	C	B	B	D	B
61	62	63	64	65	66	67	68	69	70
D	A	B	B	A	C	D	B	A	C
71	72	73	74	75	76	77	78	79	80
D	A	D	C	B	D	A	D	B	D
81	82	83	84	85	86	87	88	89	90
D	C	D	C	C	C	B	B	B	A
91	92	93	94	95	96	97	98	99	100
B	A	D	D	A	C	C	A	B	B
101	102	103	104	105	106	107	108	109	110
D	B	A	A	A	B	A	D	A	D

पिछले प्रश्न–पत्र (हल सहित)

आँगनवाड़ी भर्ती परीक्षा, 2018*

1. बच्चों को जन्म के समय कौन-सा टीका दिया जाता है?

A. बी.सी.जी. B. डी.पी.टी.
C. खसरा D. चेचक

2. चिकित्सकीय, विधिक, पुलिस, काउंसलिंग, आसरा आदि सुविधाएं सरकार द्वारा एक ही केन्द्र पर दी जाती हैं, वह है:

A. गरिमा (GARIMA)
B. अपराजिता (APARAJITA)
C. नारी (NARI)
D. महिला (MAHILA)

3. आई.सी.डी.एस. कार्यक्रम शुरु हुआ था इस वर्ष में:

A. 1973 B. 1974
C. 1975 D. 1976

4. निम्नलिखित में से कौन-सी सेवा ICDS के लाभार्थियों को प्रदान नहीं की जाती है?

A. रोजगार B. स्वास्थ्य जाँच
C. टीकाकरण D. रेफरल सेवाएं

5. प्रोटीन ऊर्जा कुपोषण का पहला सूचक है:

A. त्वचा में परिवर्तन
B. बालों में परिवर्तन
C. उम्र के अनुसार अधिक वजन
D. उम्र के अनुसार कम वजन

6. 'क्वाशियोरकर' टर्म इनके द्वारा दी गई:

A. लुई पाश्चर B. जैलिफ
C. डेविडसन D. सिसली विलियम्स

7. बच्चों में मांसपेशियों को गंभीर रूप से अपक्षय होते देखा जाता है इसमें:

A. रक्ताल्पता B. अस्थि सुषिरता
C. बेरीबेरी D. सूखारोग

8. काली खाँसी प्राथमिक तौर पर निम्न लोगों का रोग है:

A. नवजात शिशुओं का B. वृद्ध लोगों का
C. किशोरों का D. वयस्कों का

9. इनमें से कौन-सा एक संक्रामक रोग है?

A. उच्च रक्तचाप B. टाइप 2 मधुमेह
C. केन्सर D. तपेदिक

10. 'जेनू वलगम' परिणाम है:

A. फ्लोराइड विषाक्तता का
B. मैंगनीज की अधिकता का
C. पोटैशियम की कमी का
D. आयोडीन विषाक्तता का

11. धात्री माता को पहले छः महीनों के दौरान अतिरिक्त ऊर्जा की आवश्यकता होती है:

A. 500 kcal / प्रतिदिन B. 600 kcal / प्रतिदिन
C. 700 kcal / प्रतिदिन D. 800 kcal / प्रतिदिन

12. गर्भवती महिलाओं के बीच मतली को कम किया जा सकता है इसके सेवन से:

A. वसा से भरपूर भोजन
B. मसालेदार भोजन
C. छोटे और लगातार भोजन
D. अधिक भोजन

13. इनमें से कौन-सा एक संयुक्त टीका है?

A. HIB B. DPT
C. HEP B D. Varicella (वारीसेला)

14. सबला योजना जो आई.सी.डी.एस. स्तर पर लागू हुई है, वह है:

A. स्कूल की उम्र के बच्चों के लिये
B. किशोरियों के लिये
C. वृद्ध महिलाओं के लिये
D. कामकाजी महिलाओं के लिये

15. लाल रक्त कणिका की जीवन अवधि:

A. प्रोटीन ऊर्जा कुपोषण में बढ़ जाती है।
B. प्रोटीन ऊर्जा कुपोषण में अप्रभावित रहती है।
C. प्रोटीन ऊर्जा कुपोषण में कम हो जाती है।
D. सोडियम की कमी में बढ़ जाती है।

* Exam held on 3 March, 2019. (सुपरवाइजर पद के लिए)

16. जिस संक्रमित मच्छर के काटने से मलेरिया मानव से मानव में फैलता है, वह है:

A. एडीज एजिप्टी B. एडीज अल्बोपिक्टस
C. मादा एनोफिलिस D. क्यूलेक्स

17. हार्मोन जो स्तनों में एल्वियोली को उत्तेजित करता है, जिसके परिणामस्वरूप दूध का उत्पादन होता हैं, वह है:

A. प्रोलेक्टिन B. ऑक्सीटोसिन
C. ल्यूटिनाइसिंग हार्मोन D. इस्ट्रोजन

18. गर्भावस्था के दौरान किस पोषक तत्व की आवश्यकता दोगुनी हो जाती है?

A. लौहतत्व B. प्रोटीन
C. ऊर्जा D. कैल्शियम

19. कुछ सब्जियों में उपस्थित ऑक्जेलेट निम्न में से किसके अवशोषण में बाधक हैं?

A. लोहा B. विटामिन डी
C. आयोडीन D. सोडियम

20. ऊर्जा उत्पन्न करने वाले तीन पोषक तत्व हैं:

A. विटामिन, प्रोटीन और खनिज
B. विटामिन, कार्बोज और वसा
C. वसा, कार्बोज और प्रोटीन
D. खनिज, विटामिन और कार्बोज

21. इनमें से किसके निर्माण में लोहा एक आवश्यक तत्व है?

A. हीमोग्लोबिन B. मायोग्लोबिन
C. एड्रीनलीन D. पैप्सिन

22. जिस पोषक तत्व के उच्च सेवन से उच्च रक्तचाप का खतरा बढ़ जाता है, वह है:

A. फॉस्फोरस B. पोटेशियम
C. सोडियम D. सल्फर

23. खाद्य पिरामिड का आधार बनता है:

A. अनाज और दालों से
B. सब्जियों और फलों से
C. शर्करा से
D. मांस और उसके पदार्थों से

24. साबुत अनाज अच्छे स्रोत हैं:

A. 'बी'-विटामिन्स के B. विटामिन 'सी' के
C. वसा के D. बीटा-कैरोटीन के

25. गर्भावस्था के दौरान लौह तत्व की प्रस्तावित आहारीय मात्रा है:

A. 25 मि.ग्रा. प्रतिदिन B. 30 मि.ग्रा. प्रतिदिन
C. 35 मि.ग्रा. प्रतिदिन D. 40 मि.ग्रा. प्रतिदिन

26. गर्भावस्था में औसतन वजन में बढ़ोतरी होनी चाहिये:

A. 15-17 किग्रा. B. 5-7 किग्रा.
C. 10-12 किग्रा. D. 8-9 किग्रा.

27. गर्भवती महिलाओं में कब्ज का उपचार इनके सेवन से किया जा सकता है–

A. केवल तरल पदार्थ
B. प्रचुर मात्रा में सब्जियाँ, फल और तरल पदार्थ
C. वसायुक्त खाद्य पदार्थ
D. स्टार्च युक्त खाद्य पदार्थ

28. गर्भावस्था में गर्भाशय का आकार बढ़ने से होता है:

A. अतिसार B. बुखार
C. जलन और एसिडिटी D. तेज सिर दर्द

29. छोटी चेचक से बचाव के लिये प्रस्तावित टीका है:

A. रोटा वायरस B. बी.सी.जी.
C. एम.एम.आर. D. वारीसेला

30. एम.एम.आर. वैक्सीन को प्रस्तावित किया जाता है इसके रोकथाम के लिये:

A. खसरा B. मलेरिया
C. न्यूमोनिया D. पोलियो

31. पूर्वकालिक क्रिया के लिए कौन-सा विकल्प सही है?

A. समय पर सोना अच्छी बात है
B. हँसने वालों को मना करो
C. वह नहाकर पूजा करेगा
D. बहता पानी साफ होता है

32. 'जिसका वर्णन नहीं हो सकता' वाक्यांश के लिए सार्थक शब्द है:

A. अवर्ण्य B. अल्पभाषी
C. अभेद्य D. दर्शनीय

33. 'जिसकी आशा न की गई हो' वाक्यांश के लिए सही शब्द है:

A. अप्रत्याशित B. प्रत्यक्ष
C. अनायास D. आशित

34. निम्नलिखित में से जिस मुहावरे का अर्थ–'सदैव एक-सी स्थिति' के लिए उपयुक्त है, उस मुहावरे का चयन करें:

A. ढाक के तीन पात
B. तीन लोक से मथुरा न्यारी
C. तुरन्त दान महा कल्याण
D. जिसकी लाठी उसकी भैंस

35. 'जस दूल्हा तस बनी बराता' लोकोक्ति का अर्थ है:

A. संगठन से ही कार्य सिद्ध होता है।

B. सुंदर वस्तु के साथ ही सुंदर वस्तु का मेल होता है।
C. सभी साथी एक ही जैसे।
D. बेढंगा होना।

36. 'Discrepancy' शब्द के लिए हिन्दी समानार्थक शब्द क्या होगा?
A. विवेक B. विसंगति
C. बर्खास्त करना D. अव्यवस्था

37. हिन्दी के 'गोपनीय' शब्द के लिए अंग्रेजी का समानार्थी शब्द प्रयोग होगा:
A. Confidential B. Conditional
C. Credit D. Close

38. निम्न में से 'बसंत' का पर्यायवाची शब्द नहीं है:
A. ऋतुराज B. सुमन
C. मधुकाल D. मधुऋतु

39. निम्न में से कौन-सा शब्द 'कमल' का पर्यायवाची नहीं है?
A. सरोज B. पंकज
C. सरसिज D. मिलिंद

40. 'अथ' शब्द के लिए निम्न विकल्पों में से सही विलोम शब्द है:
A. प्रथम B. इति
C. कृति D. नेति

41. 'इच्छा' शब्द का सही विलोम शब्द बताइये:
A. अपेक्षा B. अनिच्छा
C. कामना D. आकांक्षा

42. 'अज' शब्द का अनेकार्थक शब्द चयन कीजिए:
A. ब्रह्मा B. आकाश
C. घृत D. सूर्य

43. 'कनक' शब्द किस अर्थ का वाचक नहीं है?
A. सोना B. सोम
C. धतूरा D. गेहूँ

44. 'अभिराम-अविराम' का उचित शब्द युग्म छाँटिए:
A. बिना रुके – भगवान राम
B. राघव – सत्य
C. सुन्दर – निरन्तर
D. लगातार – नयनप्रिय

45. 'कटिबद्ध-कटिबन्ध' शब्द युग्म का सही अर्थ होगा:
A. तैयार – कमरबन्ध B. कतार – उद्धत
C. उपयुक्त – सरल D. आभूषण – कठोर

46. निम्नलिखित में से अशुद्ध शब्द है:
A. विकृत B. विलुप्त
C. व्यक्ति D. विक्रत

47. निम्न शब्द समूहों में से किस समूह के सभी शब्द शुद्ध हैं?
A. झौंपड़ी, शुभेच्छु, मूर्छा
B. गृहिणी, भ्रान्ति, जिजीविषा
C. तकनीकी, परिक्षित, आमात्य
D. बारात, मालिन, हरिण

48. निम्नांकित में से सटीक और शुद्ध वाक्य को पहचानिए:
A. आप लोग अपनी-अपनी रजाई ले लीजिए।
B. दादाजी की बीमारी चिंतनीय है।
C. उसके प्राण खत्म हो गये।
D. मुझे भारी दुःख हुआ।

49. निम्नलिखित में कौन-सा वाक्य अशुद्ध है?
A. यह पानी का कुआँ कैसे सूख गया?
B. तुम्हारा यहाँ क्या काम है?
C. विंध्याचल हरा-भरा हो गया।
D. रमा ने अपनी सहेली को उपहार दिया।

50. निम्न में से कौन-सा वाक्य कर्तृवाच्य है?
A. सुधा रो रही थी।
B. हिरण से दौड़ा जाता है।
C. क्या यह उपन्यास मुंशी प्रेमचंद द्वारा लिखा गया है?
D. आज घूमने चला जाए।

51. सही कथन चुनिए:
A. क्रिया के जिस रूप में कर्ता की प्रधानता हो, भाववाच्य कहलाता है।
B. क्रिया के जिस रूप में कर्म की प्रधानता हो, कर्मवाच्य कहलाता है।
C. क्रिया के जिस रूप में भाव की प्रधानता हो, वह कर्तृवाच्य कहलाता है।
D. जहाँ कानूनी भाषा का प्रयोग होता है, वहाँ कर्तृवाच्य होता है।

52. 'रजनी बत्ती जलाकर अपने कमरे में पढ़ रही है।'
उक्त वाक्य में अकर्मक क्रिया है। कौन-सा शब्द जोड़ने से यह सकर्मक क्रिया बन सकती है?
A. ओढ़नी B. समाचार-पत्र
C. मेज D. चुपचाप

53. 'अन्वेषण' शब्द में कौन-सी संधि है?
A. यण संधि B. गुण संधि
C. वृद्धि संधि D. व्यंजन संधि

54. 'पीताम्बर' शब्द में कौन-सी संधि है?
A. यण संधि B. अयादि संधि
C. व्यंजन संधि D. दीर्घ संधि

55. 'सुपुरुष' में कौन-सा समास है?
A. कर्मधारय B. अव्ययीभाव
C. तत्पुरुष D. द्वन्द्व

56. 'निर्विकार' शब्द में कौन-सा समास है?
A. द्वन्द्व B. द्विगु
C. कर्मधारय D. अव्ययीभाव

57. सु उपसर्ग से निम्न में से कौन-सा शब्द बना है?
A. सुरेश B. सुकर्म
C. सुन्दर D. सुरेन्द्र

58. 'संस्कार' शब्द में किस उपसर्ग का प्रयोग हुआ है?
A. सम् B. सन्
C. सम्स D. सन्स

59. 'तैराक' शब्द में कौन-सा प्रत्यय है?
A. आक B. अक
C. ऐक D. क

60. 'पछतावा' में प्रत्यय है:
A. आवा B. ताव
C. अतावा D. वा

61. अनुक्रम जिसमें वृद्धि शरीर के केंद्र से शुरू होती है और बहिर्वाह की ओर बढ़ती है:
A. मस्तकाधोमुखी क्रम B. निकट-दूर क्रम
C. दूर क्रम D. गतिशीलता क्रम

62. खेल जिसमें सहपाठी के साथ अंतःक्रिया हो:
A. रचनात्मक खेल B. बौद्धिक खेल
C. सामाजिक खेल D. प्रयास खेल

63. निम्नलिखित में से कौन-सा पूर्व बाल्यावस्था का विकासात्मक कार्य ('डेवेलपमेन्टल टास्क') नहीं है?
A. शरीर से अपशिष्ट (मल-मूत्र) के निष्कासन पर नियंत्रण सीखना
B. लिंग-भेद एवं यौनशीलता सीखना
C. ठोस आहार खाना सीखना
D. शारीरिक एवं सामाजिक प्रक्रियाओं के लिए भाषा का उपयोग सीखना

64. निम्नलिखित में से कौन-सा वृद्धि एवं विकास के सिद्धान्तों में से एक **नहीं** है?
A. विशिष्ट से सामान्य की ओर विकास होना
B. विकास के सभी आयामों में पारस्परिक सम्बन्ध
C. निरंतरता का सिद्धांत
D. विकास बहुआयामी होता है

65. पियाजे के संज्ञानात्मक विकास के सिद्धांत की पहली अवस्था को क्या कहते हैं जिसमें बालक अपनी इन्द्रियों एवं मांसपेशीय गतिविधियों के द्वारा युक्तियाँ (स्कीम्स) बनाता है?
A. औपचारिक संक्रियात्मक अवस्था
B. मूर्त संक्रियात्मक अवस्था
C. पूर्व-संक्रियात्मक अवस्था
D. संवेदी-पेशीय अवस्था

66. निम्नलिखित में से कौन-सी जन्म के पूर्व के विकास की अवस्था **नहीं** है?
A. भ्रूणावस्था
B. डिम्बावस्था
C. जीवोत्पत्ति की अवस्था
D. बीजावस्था

67. परिवर्तन की वह पद्धति जो गर्भधारण से जीवन काल तक निरंतर चलती है:
A. विकास B. वृद्धि
C. परिपक्वता D. गुणन

68. जब शिशु सिर को एक तरफ करे, अपने को बचाए, हाथ-पैर फैलाए एक तरफ, तब से:
A. मोरो अनुक्रिया
B. टोनिक अनुक्रिया
C. पाँव के तलबे की सहज अनुक्रिया
D. रूटिंग अनुक्रिया

69. एक छोटी नली, जिसके आगे प्रकाश स्रोत हो, को गर्भाशय में डालकर गर्भ के अंग और मुँह की खराबी पकड़ने के तरीके को कहते हैं:
A. एमिनोसेन्टीसिस B. अल्ट्रासाउन्ड
C. फीटोसोफी D. मातृ खून जाँच

70. .... कोशिका की आंतरिक परत है, जो डिम्बावस्था अवधि के दौरान विकसित होती है।
A. ट्रोफोब्लास्ट B. ब्लास्टोसिस्ट
C. एन्डोसिस्ट D. एम्ब्रयोब्लास्ट

71. मानसिक प्रस्तुति का उपयोग करने की क्षमता जिसमें बच्चे ने अर्थ जोड़ दिया हो .... कहलाता है।
A. प्रतीकात्मक कार्य B. स्थानजनित तर्कन
C. संरक्षण D. संक्रियाओं

72. परार्थवादी व्यवहार में:
A. नुकसान करना दूसरों का
B. फायदा करना दूसरों को

C. दूसरों से इनाम की उम्मीद करना
D. स्वार्थी व्यवहार

73. चार साल की सलोनी अपनी माँ से कहती है कि उसकी गुड़िया खेलने के लिए नहीं आ सकती क्योंकि वह बीमार है। इस वाक्य से सलोनी की कौन-सी सोच का पता चलता है?

A. अहंकेन्द्रिता B. जीवत्वारोपण
C. वास्तविकता D. कृत्रिमता

74. वह प्रक्रिया जिसके द्वारा बच्चा सीखने के बाद नए शब्द का अर्थ अवशोषित करता है:

A. व्याकरण और वाक्य रचना
B. फास्ट मैपिंग
C. सामाजिक वाणी
D. निजी वाणी

75. एक बच्चा अपने खिलौने को चादर के अन्दर छुपा देता है और यह सोचता है कि कोई भी उसके खिलौने को नहीं देख सकता है क्योंकि वह उसे नहीं दिख रहा। बालक के इस प्रकार की सोच को क्या कहते हैं?

A. मूर्त सोच B. अमूर्त सोच
C. केन्द्रीकृत सोच D. आत्मकेन्द्रित सोच

76. शैशवावस्था की वह क्रिया जिसमें बालक वास्तविक रूप से अवसर से वांछित घटना उत्पन्न करने की क्रिया सीखता है, को कहते हैं:

A. युक्ति B. तृतीयक प्रतिक्रिया
C. चक्रीय प्रतिक्रिया D. मानसिक समुच्चय

77. मस्तिष्क का वह क्षेत्र जो आयतन का 80 प्रतिशत हिस्सा है और भाषा व सोच के विकास में महत्त्वपूर्ण योगदान देता है:

A. सेरिब्रल कॉर्टेक्स B. मेडूला
C. सेरिब्रल लोब D. सेरिबैलम

78. पौरुष या स्त्रीलिंग कार्य को पारंपरिक अधिग्रहण करने को कहते हैं:

A. लिंग अभिजान B. लिंग कार्य
C. लिंग टाइपिंग D. पुस्त्रीलिंगता

79. .... एक अनुमति है, जो हम अपने श्रेय और धारणा को संयुक्त करते हैं।

A. आत्म प्रत्यय B. आत्म सम्मान
C. आत्म बोध D. आत्म विश्वास

80. निम्नलिखित में से कौन-सा पूर्व-बाल्यावस्था के दौरान भाषा विकास का हिस्सा **नहीं** है?

A. वाणी एवं शब्दावली का विकास
B. मौखिक अभिव्यक्ति का विकास
C. सुनने की क्षमता का विकास
D. भाषा अनुसरण करने की क्षमता का विकास

81. निम्नलिखित में से बालक की कौन-सी संज्ञानात्मक क्षमता 'पियाजे' द्वारा दी गई 'पूर्व-संक्रियात्मक अवस्था' की शुरुआत को दर्शाता है?

A. संकेतात्मक सोच की क्षमता
B. लक्ष्य की ओर निर्देशित व्यवहार क्षमता
C. दूसरों के नजरियों को समझ पाने की क्षमता
D. अकेन्द्रीकृत सोच की क्षमता

82. पर्यावरणीय एजेंट के लिए प्रयुक्त टर्म जो प्रसव पूर्व अवधि में नुकसान पहुंचाता है:

A. टेराटोजन्स
B. माता का आहार
C. न्यूरान
D. माता का भावनात्मक तनाव

83. फैन्टेसी प्ले, ड्रामेटिक प्ले या कल्पनाशील नाटक का दूसरा नाम:

A. दिखावा करना (प्रिटेन्ड खेल)
B. रचनात्मक खेल
C. कार्यात्मक खेल
D. समानांतर खेल

84. स्केल जो नवजात की शारीरिक अवस्था, पल्स गतिविधि व श्वसन मापने के प्रयोग में आता है:

A. अपगार स्केल
B. ब्रेजलटन स्केल
C. निओनेटल स्क्रीनिंग टूल
D. आई क्यू स्केल

85. संज्ञानात्मक विकास की अवस्था जिसमें बालक ज्यादा विवेक का इस्तेमाल प्रतीकात्मक विचार में करते हैं, परन्तु फिर भी तर्क नहीं लगाते, को कहते हैं:

A. संवेदी दैहिक अवस्था
B. पूर्व संक्रियात्मक अवस्था
C. औपचारिक संक्रियात्मक अवस्था
D. मूर्त संक्रियात्मक अवस्था

86. कुछ अभिभावक अपने बच्चों पर प्रतिबंध लगाकर उन्हें दंडित करके अनुशासित करते हैं। इस प्रकार की परवरिश शैली को क्या कहते हैं?

A. प्रभुत्वशाली (ऑथोरीटेरीयन)
B. प्रजातांत्रिक (ऑथोरीटेटीव)
C. अनुमतिपूर्ण
D. तिरस्कार

87. आत्म चेतन संवेग जो दूसरे साल में आते हैं और कुछ संज्ञानात्मक विकास पर निर्भर करते हैं, को कहते हैं:

A. प्राथमिक संवेग B. संवेग
C. द्वितीयक संवेग D. तृतीयक संवेग

88. डिम्ब के बाह्य चर्म परत से बनता है:

A. पाचन तंत्र B. परिसंचरण तंत्र
C. कंकाल तंत्र D. नाड़ी संस्थान

89. APGAR मापनी का उपयोग कब किया जाता है?

A. गर्भावस्था में बच्चे के विकास का आकलन करने के लिए
B. नए जन्मे बच्चों में रिफ्लेक्सेस/प्रतिवर्त के सही तरीके से काम करने का आकलन करने के लिए
C. माँ के प्रति बच्चे की ममता के स्तर का आकलन करने के लिए
D. जन्म के बाद बच्चे के स्वास्थ्य का आकलन करने के लिए

90. प्रतीकात्मक विचार, संवेदक मोटर समन्वय जैसी मनोवैज्ञानिक गतिविधियाँ कब विकसित होती हैं?

A. शैशवावस्था B. पूर्व बाल्यावस्था
C. उत्तर बाल्यावस्था D. किशोरावस्था

91. एक व्यापारी एक वस्तु को ₹ 500 में खरीदता है। वह उस पर ₹ 700 अंकित करता है। वह नगद भुगतान पर 10% की छूट देता है। राशि और प्रतिशतता में कुल लाभ क्या है?

A. ₹ 130, 26% B. ₹ 130, 28%
C. ₹ 150, 30% D. ₹ 120, 14%

92. किसी घड़ी के अंकित मूल्य पर 10% बट्टा देने से एक दुकानदार को 20% लाभ होता है। यदि वह 13% बट्टा दे, तो उसका लाभ प्रतिशत है:

A. 15 B. 16
C. 17 D. 18

93. मि. केशव ने ₹ 21,250 को 10 वर्षों के लिए निवेश किया। साधारण ब्याज की किस दर पर 10 वर्षों के अंत में उसे कुल राशि ₹ 26,350 प्राप्त होगी?

A. 2% प्रति वर्ष
B. 2.4% प्रति वर्ष
C. 3% प्रति वर्ष
D. 3.4% प्रति वर्ष

94. ₹ 16,000 का 20% वार्षिक ब्याज दर से 9 माह का चक्रवृद्धि ब्याज क्या होगा यदि ब्याज तिमाही देय हो?

A. ₹ 2,225 B. ₹ 2,522
C. ₹ 2,252 D. ₹ 2,525

95. एक निश्चित धन पर 3 वर्षों का साधारण ब्याज ₹ 105 तथा उसी दर से 2 वर्षों का चक्रवृद्धि ब्याज ₹ 70.70 है। प्रति वर्ष दर प्रतिशत है:

A. 2% B. 2.5%
C. 4% D. 5%

96. दिये गये कथन और उसके नीचे दी गई पूर्वधारणाओं पर विचार करके तय कीजिए कि कौन-सी पूर्वधारणा कथन में अन्तर्निहित है।

कथन: वेतन संशोधन के निर्णय को अगले वर्ष तक स्थगित करने के सरकार के निर्णय के खिलाफ सभी डिग्री कॉलेजों के अध्यापक अनिश्चितकालीन हड़ताल पर चले गए।

पूर्वधारणाएं:

(I) सरकार सभी हड़ताली अध्यापकों को निलंबित कर सकती है।
(II) सरकार अध्यापकों के वेतन को चालू वर्ष में संशोधित कर सकती है।

A. केवल पूर्वधारणा (I) अन्तर्निहित है।
B. केवल पूर्वधारणा (II) अन्तर्निहित है।
C. या तो पूर्वधारणा (I) अथवा पूर्वधारणा (II) अन्तर्निहित है।
D. पूर्वधारणाएं (I) और (II) दोनों अन्तर्निहित हैं।

97. एक कथन के आगे दो तर्क (I) तथा (II) दिए गए हैं। आपको तय करना है कि कौन-सा तर्क दृढ़ है तथा कौन-तर्क शिथिल है।

कथन: क्या एल.पी.जी. पर सब्सिडी (अनुदान) बंद होनी चाहिए?

तर्क:

(I) हाँ, इससे सरकार को वित्तीय घाटे को कम करने में मदद मिलेगी।
(II) नहीं, गरीब परिवारों को समस्याओं का सामना करना पड़ेगा।

A. केवल (I) ही दृढ़ तर्क है।
B. केवल (II) ही दृढ़ तर्क है।
C. न (I) न ही (II) दृढ़ तर्क है।
D. दोनों तर्क (I) तथा (II) दृढ़ हैं।

98. संख्याओं 4, 8, 16, 26 में कौन-सी संख्या जोड़ी जाए ताकि वे समानुपाती हो जायें?

A. 2 B. 4
C. 6 D. 8

99. दो पूर्ण संख्याएं जिनका योग 72 है, तो वे निम्न में से कौन-से अनुपात में नहीं हो सकती हैं?

A. 5 : 7 B. 3 : 5
C. 3 : 7 D. 4 : 5

100. एक महाविद्यालय में गणित, भौतिकी तथा रसायनशास्त्र की सीटों का अनुपात 2 : 3 : 4 है। सीटों को क्रमशः 40%, 20% तथा 10% बढ़ाने का प्रस्ताव है। बढ़ी हुई सीटों का अनुपात क्या होगा?

A. 5 : 7 : 8 B. 7 : 9 : 11
C. 7 : 9 : 10 D. 8 : 9 : 11

101. दो प्रत्याशियों A तथा B के मध्य चुनाव में A ने कुल डाले गए मतों का 61% प्राप्त किया तथा 3806 मतों से चुनाव जीता। यदि कोई भी मत अवैध घोषित नहीं किया गया, तो कुल डाले गए मत हैं:

A. 6747 B. 9759
C. 10553 D. 17300

102. पेट्रोल की कीमत में 25% वृद्धि होती है। ग्राहक को अपना उपभोग कितना प्रतिशत कम करना चाहिए, ताकि पेट्रोल का पिछला बिल न बदले?

A. 20% B. 25%
C. 30% D. 33.33%

103. एक प्रतियोगी जो 20% अंक प्राप्त करता है, तो वह 10 अंकों से असफल हो जाता है। लेकिन एक अन्य प्रतियोगी जो 42% अंक प्राप्त करता है, वह उत्तीर्ण अंकों से 12% अधिक अंक प्राप्त करता है। अधिकतम अंक हैं:

A. 50 B. 80
C. 100 D. 120

104. एक कुर्सी को ₹ 56 में बेचने पर एक आदमी को क्रय मूल्य के बराबर लाभ प्रतिशत प्राप्त होता है। कुर्सी का क्रय मूल्य है:

A. ₹ 50 B. ₹ 48
C. ₹ 45 D. ₹ 40

105. एक खिलौने को ₹ 1,440 में बेचने पर 10% हानि होती है। उसे कितने रुपये में बेचा जाये कि 15% का लाभ हो?

A. ₹ 1,820 B. ₹ 1,840
C. ₹ 1,860 D. ₹ 1,880

106. एक व्यापारी ने चावल की तीन किस्मों जिनकी कीमत ₹ 50, ₹ 20 तथा ₹ 30 प्रति किग्रा. को 2 : 4 : 3 में वजन के अनुपात में मिलाया है तथा मिश्रण को ₹ 33 प्रति किग्रा. की दर से बेचता है। उसने कितने प्रतिशत लाभ कमाया है?

A. 3% B. 5%
C. 10% D. 15%

107. एक वस्तु का अंकित मूल्य ₹ 250 है। दुकानदार इस पर 20% की छूट देता है फिर भी 25% लाभ अर्जित करता है, तो वस्तु का क्रय मूल्य है:

A. ₹ 148 B. ₹ 150
C. ₹ 160 D. ₹ 200

108. दो व्यक्तियों A और B की आयु का योग 50 वर्ष है। 5 वर्ष पूर्व उनकी आयु का अनुपात $\frac{5}{3}$ था। 5 वर्ष बाद A तथा B की आयु होगी:

A. 35 वर्ष, 25 वर्ष B. 30 वर्ष, 20 वर्ष
C. 38 वर्ष, 12 वर्ष D. 40 वर्ष, 20 वर्ष

109. बिन्नी की आयु सन्नी से आधी है। पिंकी की आयु सन्नी से दुगुनी है। पिंकी, बिन्नी से कितना गुना बड़ी है?

A. 1 B. 2
C. 4 D. 8

110. पाँच वर्ष पहले P की आयु Q से तिगुनी थी तथा दस वर्षों के बाद P की आयु Q से दुगुनी होगी। P की वर्तमान आयु है:

A. 20 वर्ष B. 30 वर्ष
C. 40 वर्ष D. 50 वर्ष

111. असंगत को छाँटिए:

A. चन्द्रमा B. पृथ्वी
C. मंगल D. शुक्र

112. निम्न में से कौन-सा विकल्प विषम है?

A. 16 - 64 B. 17 - 68
C. 20 - 100 D. 21 - 84

113. यदि PUT = 19, WAKE = 10, तब MUSIC = ?

A. 12 B. 13
C. 14 D. 15

114. यदि 74683 का अर्थ GREAT हो, तो 7684 का अर्थ है:

A. HEAR B. GEAR
C. REAG D. GAER

115. अमित, राहुल का पुत्र है। राहुल की बहन प्रियंका का एक पुत्र युवराज और एक पुत्री इन्दु है। राजा, युवराज का मामा है। अमित का युवराज से क्या सम्बन्ध है?

A. पिता B. चाचा
C. ममेरा भाई D. भतीजा

116. तस्वीर में एक महिला की ओर इशारा करते हुए प्रियंका ने कहा, "इसके बेटे का पिता मेरी माँ का दामाद है,"। प्रियंका उस महिला से किस प्रकार संबंधित है?

A. माता B. बहन
C. चाची D. बेटी

117. एक कथन के आगे दो निष्कर्ष (I) तथा (II) दिए गए हैं। आपको तय करना है कि कौन-सा निष्कर्ष दिए गए कथन से निकलता है।

कथनः बेरोजगारी, देश की गरीबी के लिए एक मुख्य कारण है।

निष्कर्ष:

(I) रोजगार के अवसर उपलब्ध करवाने से देश की गरीबी की समस्या कम होगी।

(II) देश के सभी व्यक्ति बेरोजगार हैं।

A. केवल निष्कर्ष (I) निकलता है।

B. केवल निष्कर्ष (II) निकलता है।

C. न तो निष्कर्ष (I) न ही (II) निकलता है।

D. दोनों निष्कर्ष (I) तथा (II) निकलते हैं।

118. एक व्यक्ति एक स्थान से चलना प्रारम्भ करता है और 3 किमी. उत्तर में चलता है। इसके बाद पश्चिम में मुड़कर 2 किमी. चलता है। वह उत्तर में मुड़कर 1 किमी. चलता है और 5 किमी. पूर्व में चलता है। अब वह प्रारम्भिक स्थान से कितना दूर है?

A. 8 किमी. B. 3 किमी.

C. 5 किमी. D. 11 किमी.

119. मोनू ने अपने घर से पूर्व की दिशा में 6 किमी. की दूरी तय करने के बाद यह महसूस किया कि उसने गलत दिशा में दूरी तय की है। वह वापस घूमा और पश्चिम की दिशा में 12 किमी. की दूरी तय की, दायीं ओर घूमकर अपने कार्यालय पहुँचने के लिए 8 किमी. की दूरी तय की। उसके घर से कार्यालय की सीधी दूरी है:

A. 20 किमी. B. 14 किमी.

C. 10 किमी. D. 8 किमी.

120. सोनू उत्तर की ओर 10 किमी. चलता है तथा दायीं ओर 45° मुड़कर 6 किमी. चलता है। तब दायीं ओर मुड़कर 8 किमी. चलता है। अब उसका चेहरा किस दिशा में है?

A. दक्षिण-पूर्व B. दक्षिण-पश्चिम

C. उत्तर-पूर्व D. उत्तर-पश्चिम

121. Choose the correct alternative which can be substituted for the given word/sentence.

That which cannot be corrected.

A. Unintelligible B. Illegible

C. Incorrigible D. Indelible

122. Change from Assertive to Negative.

I was doubtful whether it was you.

A. I am doubtful whether it was you.

B. I am doubting if it was you.

C. I am not sure that it was you.

D. I was not sure that it was you.

123. Transform the following sentence from affirmative to negative from the options: (without change of meaning)

You must yield to your fate.

A. You cannot but yield to your fate.

B. You should not but yield to fate.

C. You have no other option so better challenge your fate.

D. You need to yield to your fate.

124. Select the correct transformation from active to passive voice.

They cancelled all flights because of fog.

A. All flights will be cancelled because of fog.

B. All flights were cancelled because of fog.

C. All flights are being cancelled because of fog.

D. Fog was the reason flights were cancelled.

125. Choose the correct direct speech of the following sentence from the options given below:

They asked me whether I was ill.

A. They said to me, "Were you ill?"

B. They told me, that "Are you ill?"

C. They tell me, "Are you ill?"

D. They said to me, "Are you ill?"

126. Choose the correct indirect speech of the following sentence from the options given below:

He said, "Hurrah, I have won the quiz."

A. He said joyfully he has won the quiz.

B. He exclaimed with joy that he had won the quiz.

C. He exclaimed joyfully that he won the quiz.

D. He exclaimed with joy that I had won the quiz.

127. Choose the correct assertive form of the following sentence from the options below:

What a fine doctor he is!

A. He is a doctor who is fine.

B. He is a very fine doctor.

C. Isn't he a fine doctor!

D. He isn't a fine doctor.

128. Choose the correct antonym of the following from the options given below:

"Alleviate"

A. ameliorate B. aggravate

C. upgrade D. assuage

129. Choose the correct sentence in which the subject and the verb agree:

A. The state of his affairs were such as to cause anxiety to his creditors.

B. The mayor, with his councillors, is to be present.

C. Bread and butter were his only food.

D. The house, with its contents, were insured.

130. Fill in the blank with the correct degree of adjective from the given options:

She is _______ than clever.

A. braver B. more brave
C. brave D. more braver

131. Choose the correct synonym of the following word from the options below:

"Fickle"

A. inconstant B. consistent
C. unchanging D. firm

132. Choose the correct sequence of tenses.

He _______ because his feet _______ dirty.

A. bathed, was B. was bathing, were
C. was bathing, are D. was bathing, will be

133. Fill in the blank with the correct form of tense.

The commonwealth games _______ place every four years.

A. has taken B. take
C. takes D. is taking

134. Choose the correct form of Passive Transformation of the sentence given.

They were carrying the injured player off the field.

A. The injured player had been carried off the field.
B. Off the field the injured player was carried.
C. The injured player was being carried off the field.
D. The injured player was carried off the field.

135. Choose the correct interrogative form of the following sentence from the options below:

She doesn't obey her teachers.

A. Doesn't she obey her teachers?
B. Doesn't she ever obey her teachers?
C. Does she never obey her teachers?
D. Does she obey her teachers?

136. Choose the correct assertive form of the following sentence from the options below:

How cold the weather is!

A. The weather is not cold.
B. The weather isn't hot.
C. The weather is very cold.
D. Never was the weather so cold.

137. _________ of what he said was very sensible.

A. Many B. A few
C. Every D. Much

138. Fill in the blank with the correct preposition from the options given below:

She drew the picture _________ a crayon.

A. by B. with
C. for D. to

139. Fill in the blank, choosing the correct preposition from the given options:

His house is _________ the mall.

A. besides B. beside
C. into D. till

140. The most apt Hindi translation of the following sentence will be:

Her silence proves her guilt.

A. यह तथ्य कि वह चुप है साबित करता है कि वह दोषी है।
B. उसकी चुप्पी उसके अपराध को साबित करती है।
C. उसकी चुप्पी उसके अपराध भाव को दर्शाती है।
D. उसकी चुप्पी यह साबित करती है कि उसने ही अपराध किया है।

141. Choose the correct English translation of the following sentence from the options given below:

वह बहुत धीरे भाग रहा था।

A. He is running very slowly.
B. He has been running slowly.
C. He ran very slowly.
D. He was running very slowly.

142. Choose the sentence in which the subject and verb agree.

A. Each one of the shirts has a green collar.
B. Every one of the shirts have a green collar.
C. Each of the shirts have a green collar.
D. Each of the shirts have had a green collar.

143. Fill in the blank with the correct option:

He is very _______.

A. decent B. dissent
C. descent D. descend

144. Choose the correct option and fill in the blank.

She _________ herself to the new environment.

A. adept B. adopted
C. adapted D. apt

145. Choose the most appropriate connective to join the paired sentences from the given options:

The game ended. The referee blew his whistle.

A. or B. but
C. when D. also

146. Choose from the following options the most apt English version of 'निर्वासन':

A. Ballotage B. Bailable
C. Classification D. Banishment

147. Choose the correct Hindi translation of the following word from the given options:

Notification

A. अधिसूचना B. सूचना

C. ज्ञापन D. परिपत्र

148. Replace the underlined part of the following sentence with one word from the options below:

He is a person who doesn't eat meat.

A. non-vegetarian B. vegetarian

C. carnivorous D. omnivorous

149. Choose from the options given below, the word formed by the prefix 'Im'.

Options:

A. Important B. Impatient

C. Image D. Imagination

150. What suffix can you not add to the end of the word 'harm' to make a new word?

A. ful B. ing

C. ed D. est

उत्तरमाला

1	**2**	**3**	**4**	**5**	**6**	**7**	**8**	**9**	**10**
A	B	C	A	D	D	D	A	D	A
11	**12**	**13**	**14**	**15**	**16**	**17**	**18**	**19**	**20**
B	C	B	B	C	C	A	A	A	C
21	**22**	**23**	**24**	**25**	**26**	**27**	**28**	**29**	**30**
A	C	B	A	C	C	B	C	D	A
31	**32**	**33**	**34**	**35**	**36**	**37**	**38**	**39**	**40**
C	A	A	A	C	B	A	B	D	B
41	**42**	**43**	**44**	**45**	**46**	**47**	**48**	**49**	**50**
B	A	B	C	A	D	B	A	A	A
51	**52**	**53**	**54**	**55**	**56**	**57**	**58**	**59**	**60**
B	B	A	D	A	D	B	A	A	A
61	**62**	**63**	**64**	**65**	**66**	**67**	**68**	**69**	**70**
A	C	B	A	C	C	A	B	C	B
71	**72**	**73**	**74**	**75**	**76**	**77**	**78**	**79**	**80**
A	B	B	B	A	B	A	C	B	C
81	**82**	**83**	**84**	**85**	**86**	**87**	**88**	**89**	**90**
A	A	A	A	B	A	C	D	D	B
91	**92**	**93**	**94**	**95**	**96**	**97**	**98**	**99**	**100**
A	B	B	B	A	B	D	B	C	B
101	**102**	**103**	**104**	**105**	**106**	**107**	**108**	**109**	**110**
D	A	C	D	B	C	C	A	C	D
111	**112**	**113**	**114**	**115**	**116**	**117**	**118**	**119**	**120**
A	C	B	B	C	B	A	C	C	A
121	**122**	**123**	**124**	**125**	**126**	**127**	**128**	**129**	**130**
C	D	A	B	D	B	B	B	B	B
131	**132**	**133**	**134**	**135**	**136**	**137**	**138**	**139**	**140**
A	B	B	C	D	C	D	B	B	B
141	**142**	**143**	**144**	**145**	**146**	**147**	**148**	**149**	**150**
D	A	A	C	C	D	A	B	B	D

व्याख्यात्मक उत्तर

91. दिया है,

वस्तु का क्रय मूल्य = ₹ 500

वस्तु का अंकित मूल्य = ₹ 700

$\because$ विक्रय मूल्य = अंकित मूल्य $\left(1-\frac{\%\text{बट्टा}}{100}\right)$

$= 700\left(1-\frac{10}{100}\right)$

$= 700 \times \frac{90}{100} =$ ₹ 630

कुल लाभ = विक्रय मूल्य – क्रय मूल्य

= 630 – 500 = ₹ 130

लाभ% = $\frac{\text{कुल लाभ}}{\text{क्रय मूल्य}} \times 100$

$= \frac{130}{500} \times 100 = 26\%.$

92. माना घड़ी का अंकित मूल्य = ₹ 100

घड़ी का विक्रय मूल्य = अंकित मूल्य $\left(1-\frac{\%\text{बट्टा}}{100}\right)$

$= 100\left(1-\frac{10}{100}\right) =$ ₹ 90

घड़ी का क्रय मूल्य = $\frac{100}{(100+\%\text{लाभ})} \times$ विक्रय मूल्य

$= \left(\frac{100}{100+20}\right) \times 90$

$= \frac{100}{120} \times 90 = \frac{9000}{120} =$ ₹ 75

वस्तु को 13% बट्टे पर देने के बाद विक्रय मूल्य

= अंकित मूल्य $\left(1-\frac{\%\text{बट्टा}}{100}\right)$

$= 100\left(1-\frac{13}{100}\right) =$ ₹ 87

$\therefore$ लाभ % = $\frac{\text{विक्रय मूल्य} - \text{क्रय मूल्य}}{\text{क्रय मूल्य}} \times 100$

$= \frac{87-75}{75} \times 100 = \frac{4 \times 12}{3} = 16\%.$

93. साधारण ब्याज = मिश्रधन – मूलधन

= ₹ 26,350 – ₹ 21,250 = ₹ 5100

$\because$ साधारण ब्याज = $\frac{\text{मूलधन} \times \text{दर} \times \text{समय}}{100}$

$5100 = \frac{21,250 \times \text{दर} \times 10}{100}$

दर = $\frac{5100 \times 100}{21,250 \times 10}$

= 2.4% प्रति वर्ष

94. $\because$ ब्याज तिमाही है।

$\therefore$ समय = 9 × 4 = 36 माह = 3 वर्ष

दर = $\frac{20\%}{4} = 5\%$

चक्रवृद्धि ब्याज = मूलधन $\left[\left(1+\frac{\text{दर}}{100}\right)^{\text{समय}} - 1\right]$

$= 16000\left[\left(1+\frac{5}{100}\right)^3 - 1\right]$

$= 16000\left[\left(\frac{21}{20}\right)^3 - 1\right]$

$= 16000\left[\frac{(21)^3-(20)^3}{(20)^3}\right]$

$= 16000\left[\frac{9261-8000}{8000}\right]$

$= 16000\left[\frac{1261}{8000}\right]$

= 2 × 1261 = ₹ 2522.

98. माना संख्या x जोड़ने पर दी गई संख्याएँ समानुपाती हो जाएंगी

तब, $(4+x):(8+x)::(16+x):(26+x)$

$(4+x)(26+x) = (8+x)(16+x)$

$104+4x+26x+x^2 = 128+8x+16x+x^2$

$30x+104 = 24x+128$

$6x = 24$

$x = 4.$

100. बढ़ी हुई सीटों का अभीष्ट अनुपात

= 2 × 140% : 3 × 120% : 4 × 110%

= 28 : 36 : 44 = 7 : 9 : 11.

101. माना कुल डाले गए मतों की संख्या x है तो

तब, A को प्राप्त मत $= 61\%x = \frac{61x}{100}$

B को प्राप्त मत $= (100 - 61)\%x$

$= 39\%x = \frac{39x}{100}$

प्रश्नानुसार, $\frac{61x}{100} - \frac{39x}{100} = 3806$

$22x = 380600$

$x = \frac{380600}{22} = 17,300.$

102. उपभोग में कमी $= \frac{25}{100+25} \times 100$

$= \frac{2500}{125} = 20\%$

103. माना अधिकतम अंक x है

तब, सफल होने के लिए प्राप्त अंक

$= 20\%x + 10$

$= \left(\frac{x}{5} + 10\right)$

पुनः $42\%x = \left(\frac{x}{5} + 10\right) + 12$

$\frac{42x}{100} = \frac{x}{5} + 22$

$\frac{42x}{100} - \frac{x}{5} = 22$

$\frac{42x - 20x}{100} = 22$

$22x = 22 \times 100$

$x = 100.$

104. माना कुर्सी का क्रय मूल्य = ₹ x

तब, लाभ प्रतिशत $= \%x$

$$\text{लाभ प्रतिशत} = \frac{\text{विक्रय मूल्य} - \text{क्रय मूल्य}}{\text{क्रय मूल्य}} \times 100$$

$x\% = \frac{56 - x}{x} \times 100$

$x^2 = 5600 - 100x$

$x^2 + 100x - 5600 = 0$

$x^2 + 140x - 40x - 5600 = 0$

$x(x + 140) - 40(x + 140) = 0$

$(x - 40)(x + 140) = 0$

$x = 40$

∴ कुर्सी का क्रय मूल्य ₹ 40 है।

105. $\because \frac{\text{विक्रय मूल्य}_1}{100 \pm \text{लाभ\%/हानि\%}} = \frac{\text{विक्रय मूल्य}_2}{100 \pm \text{लाभ\%/हानि\%}}$

$\frac{1440}{100 - 10} = \frac{\text{विक्रय मूल्य}_2}{100 + 15}$

$\text{विक्रय मूल्य}_2 = \frac{1440 \times 115}{90} = \frac{165600}{90}$

= ₹ 1840.

106. तीनों किस्मों का क्रय मूल्य

$= ₹50 \times \frac{2}{(2+4+3)} + ₹20 \times \frac{4}{(2+4+3)} + ₹30 \times \frac{3}{(2+4+3)}$

$= \frac{100}{9} + \frac{80}{9} + \frac{90}{9} = \frac{100+80+90}{9}$

$= \frac{270}{9} =$ ₹ 30 प्रति किग्रा.

मिश्रण का विक्रय मूल्य = ₹ 33 प्रति किग्रा.

$$\text{लाभ\%} = \frac{\text{विक्रय मूल्य} - \text{क्रय मूल्य}}{\text{क्रय मूल्य}} \times 100$$

$= \frac{33 - 30}{30} \times 100 = \frac{3}{30} \times 100 = 10\%.$

113. जिस प्रकार, $\text{PUT} = \frac{16+21+20}{3} = \frac{57}{3} = 19$

$\text{WAKE} = \frac{23+1+11+5}{4} = \frac{40}{4} = 10$

उसी प्रकार, $\text{MUSIC} = \frac{13+21+19+9+3}{5}$

$= \frac{65}{5} = 13.$

114. जिस प्रकार,

7	4	6	8	3
↓	↓	↓	↓	↓
G	R	E	A	T

उसी प्रकार,

7	6	8	4
↓	↓	↓	↓
G	E	A	R

118. ∵ OE = 3 + 1 = 4 किमी.

ED = 5 − 2 = 3 किमी.

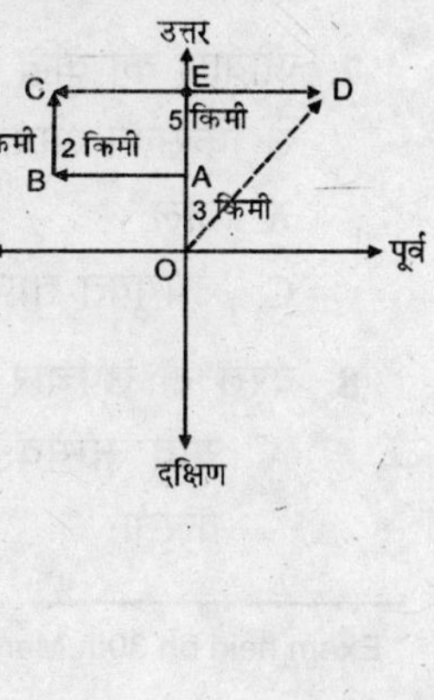

पाइथागोरस प्रमेय से,

$OD^2 = OE^2 + ED^2$

$= (4)^2 + (3)^2 = 16 + 9$

$OD^2 = 25$

$OD = \sqrt{25} = 5$ किमी.

पिछले प्रश्न–पत्र (हल सहित)

आँगनवाड़ी भर्ती परीक्षा, 2017*

1. इनमें से कौन-सा पोषक तत्व अधिक ऊर्जा प्रदान करता है?
   A. एक ग्राम कार्बोहाइड्रेट
   B. एक ग्राम वसा
   C. एक ग्राम प्रोटीन
   D. एक ग्राम विटामिन A

2. ICDS योजना का/के घटक है/हैं:
   A. पूरक पोषण   B. प्रतिरक्षीकरण
   C. स्वास्थ्य जाँच   D. ऊपर के सभी

3. ICMR-2010 के अनुसार, एक माइक्रोग्राम β-कैरोटीन रूपान्तरण के बाद .... के बराबर होगा।
   A. 6 μg रेटिनॉल   B. 8 μg रेटिनॉल
   C. 10 μg रेटिनॉल   D. 12 μg रेटिनॉल

4. कपोत वक्ष (पिजन चेस्ट) किस न्यूनता रोग का लक्षण है?
   A. रिकेट्स   B. मलेरिया
   C. रतौंधी   D. एनीमिया

5. विटामिन C का समृद्ध स्रोत हैं:
   A. ताजा फल   B. अनाज
   C. दाल   D. दूध

6. ICMR 2010 के अनुसार, नवजात शिशुओं (0-6 माह) के लिए प्रतिदिन आवश्यक किलो कैलोरी/किग्रा शरीर भार की मात्रा है:
   A. 92 किलो कैलोरी   B. 100 किलो कैलोरी
   C. 108 किलो कैलोरी   D. 120 किलो कैलोरी

7. जीवाणु की वृद्धि और बहुगुणन में सहायता के लिए इनमें से किसकी आवश्यकता होती है?
   A. जल   B. खाद्य-पदार्थ
   C. उपयुक्त तापमान   D. उपर्युक्त सभी

8. दस्त के उपचार के सर्वाधिक महत्वपूर्ण भाग हैं:
   A. यदि सम्भव हो तो निर्जलीकरण होने की रोकथाम करना
   B. यदि निर्जलीकरण हो जाए तो उसका तेजी से उपचार करना
   C. बच्चे का पेट भरना
   D. उपर्युक्त सभी

9. प्रोटीन-ऊर्जा कुपोषण के कारण होने वाला रोग है:
   A. क्षय रोग (ट्यूबरकुलोसिस)
   B. क्वाशरकोर
   C. बुखार
   D. मलेरिया

10. ओरल रीहायड्रेशन सॉल्ट्स (ORS) घोल चिकित्सा का उपयोग .... के उपचार में किया जाता है।
    A. कब्ज   B. अल्सर
    C. मोटापा   D. संग्रहणी (दस्त)

11. डेंगू बुखार तेजी से फैलने की संभावना वाला एक विषाणुजन्य रोग है, यह .... द्वारा संचारित होता है।
    A. एडीज मच्छरों
    B. प्लाज्मोडियम फेल्सीपेरम
    C. एनोफिलीज कुलीसीफेसीज
    D. एनो. फ्लुविएटिलिस

12. पोलियो विषाणु शरीर में .... के माध्यम से प्रवेश करता है:
    A. मच्छर के काटने
    B. संक्रमित भोजन और जल
    C. खाँसी
    D. कुत्ते के काटने

13. इनमें से कौन गर्भावस्था की समस्या नहीं है?
    A. उबकाइयां और उलटियां
    B. दाँत सड़ना
    C. कब्ज
    D. एडीमा (तरल एकत्र होने से उत्पन्न सूजन)

14. क्रेटीनता (जड़वामनता) एक विकार है जो किशोरावस्था और गर्भावस्था में .... की कमी से पीड़ित रही माता से जन्मे बच्चों में होता है।

---
* Exam held on 30th March 2017

A. कैल्शियम B. आयरन
C. फॉस्फोरस D. आयोडीन

15. समेकित बाल विकास सेवाओं (इंटीग्रेटेड चाइल्ड डेवलपमेंट सर्विसेज (ICDS)) का आरंभ .... को हुआ था।
A. 2 जुलाई, 1975 B. 2 अगस्त, 1975
C. 2 सितंबर, 1975 D. 2 अक्टूबर, 1975

16. ट्यूबरकुलोसिस एक संक्रामक रोग है जो .... से होता है।
A. साल्मोनेला जीवाणु
B. बेसिलस मायकोबैक्टीरियम
C. ई. कोलाइ
D. विषाणु

17. गर्भावस्था के दौरान माता और गर्भस्थ शिशु के बीच पोषक तत्वों, ऑक्सीजन और अवशिष्ट पदार्थों के विनियम के लिए .... उत्तरदायी होता है।
A. गर्भनाल (प्लेसेंटा)
B. फेलोपियन नलिका
C. तंत्रिका नाल (न्यूरल ट्यूब)
D. उपरोक्त में से कोई नहीं

18. ICMR 2010 के अनुसार गर्भवती महिला के लिए आवश्यक अतिरिक्त कैलोरी और प्रोटीन की मात्राएं क्रमशः हैं:
A. 650 किलो कैलोरी, 15 ग्राम
B. 550 किलो कैलोरी, 10 ग्राम
C. 450 किलो कैलोरी, 27.2 ग्राम
D. 350 किलो कैलोरी, 27.2 ग्राम

19. हड्डियों में पाए जाने वाले मुख्य खनिज हैं:
A. कैल्शियम, फॉस्फेट और क्लोराइड
B. कैल्शियम, फॉस्फेट और आयरन
C. फॉस्फेट, मैग्नीशियम और क्लोराइड
D. कैल्शियम, फॉस्फेट और मैग्नीशियम

20. सामान्य रूप से पोषित बच्चे की छाती .... के दौरान उसके सिर से अधिक तेजी से बढ़ती है:
A. जीवन के प्रथम वर्ष
B. जीवन के द्वितीय एवं तृतीय वर्ष
C. वयस्कावस्था
D. उपरोक्त में से कोई नहीं

21. गर्भावस्था में माता में आयोडीन की कमी, का कारण बन सकती है:
A. जन्म के समय भार कम होने
B. एनीमिया
C. PEM
D. क्रेटीनता (जड़वामनता) एवं मनोगत्यात्मक (सायकोमोटर) विकास

22. एलाइजा (ELISA) परीक्षण का उपयोग .... का पता लगाने के लिए होता है।
A. उच्चरक्तचाप B. मधुमेह
C. एड्स D. मोटापा

23. वह विकार जिसमें व्यक्ति बार-बार या लंबे समय तक अपोषक तत्वों, जैसे प्लास्टर, चारकोल, मिट्टी, राख आदि को खाता है, ... कहलाता है:
A. पाइका B. अभ्रक (माइका)
C. PEM D. PIH

24. इनमें से कौन-सा एक मोनोसेकराइड नहीं है?
A. लैक्टोज B. ग्लूकोज
C. गैलेक्टोज D. फ्रक्टोज

25. ICDS के 1-5 वर्ष आयुवर्ग के बच्चों को हर .... पर विटामिन A के घोल की 2,00,000 I.U. मुख द्वारा दी जाती है।
A. तीन माह B. चार माह
C. छः माह D. नौ माह

26. बेरी-बेरी किस विटामिन से सम्बन्धित न्यूनता का विकार है?
A. थायमिन B. नियासिन
C. राइबोफ्लेविन D. पैंटोथेनिक एसिड

27. भारत में गर्भावस्था के दौरान सुझावित भार वृद्धि है:
A. 4-6 किग्रा B. 5-6 किग्रा
C. 11-13 किग्रा D. 15-25 किग्रा

28. इनमें से किसकी रोकथाम एंटीबायोटिक्स द्वारा नहीं की जा सकती है?
A. खसरा B. टिटनस कुष्ठ रोग
C. कुष्ठ रोग D. हैजा

29. एन्फ्लुएंजा अल्पावधि का एक तीक्ष्ण संक्रमण है, जो .... से सम्पर्क/को साँस द्वारा अन्दर लिए जाने के द्वारा एक व्यक्ति से दूसरे व्यक्ति में फैलता है।
A. जीवाणु B. विषाणु
C. कवक D. शैवाल

30. .... का अर्थ निषेचन से लेकर, आरंभिक भ्रूण के विकास से होते हुए, गर्भाशय में रोपण की प्रक्रिया पूरी हो जाने तक लगने वाले समय से है।
A. भ्रूणावस्था B. जननिक अवस्था
C. गर्भज अवस्था D. नवजात अवस्था

31. इनमें से कौन मेरास्मस (सूखा रोग) का एक लक्षण नहीं है?

A. चंद्र-मुख B. पेशी क्षय
C. वृद्धि धीमी हो जाना D. झुर्रीदार त्वचा

32. D.P.T. वैक्सीन का उपयोग .... की रोकथाम के लिए किया जाता है।

A. पोलियो, डिफ्थीरिया और टिटनस
B. डिफ्थीरिया, काली खाँसी, और टिटनस
C. टिटनस, ट्यूबरकुलोसिस और पोलियो
D. डिफ्थीरिया, टायफॉइड और टिटनस

33. इनमें से कौन-सा जोड़ा गलत है?

A. रेबीज – कुत्ता B. प्लेग – चूहा
C. फीता कृमि – शूकर D. पोलियो – बन्दर

34. स्तनपान करा रही महिलाओं में औसत दैनिक दुग्ध उत्पादन होता है:

A. 650 मिली B. 450 मिली
C. 350 मिली D. 250 मिली

35. स्वस्थ बच्चे का भार, ... की आयु तक उसके जन्म के समय के भार का दोगुना हो जाता है।

A. दो वर्ष B. डेढ़ वर्ष
C. एक वर्ष D. छः माह

36. विटामिन डी .... की रोकथाम करता है।

A. रिकेट्स
B. अस्थिमृदुता (ऑस्टियोमलेसिया)
C. ऑस्टियोपोरोसिस
D. उपर्युक्त सभी

37. प्रति 1000 सजीव जन्म पर जीवन के प्रथम वर्ष में मरने वाले शिशुओं की संख्या को .... कहा जाता है।

A. नवजात रुग्णता दर B. नवजात मृत्यु दर
C. मातृ मृत्यु दर D. मातृ रुग्णता दर

38. कौन-सा वर्गीकरण कुपोषण के प्रकार और अवधि की पहचान करता है?

A. गोमेज वर्गीकरण B. IAP वर्गीकरण
C. वॉटरलो वर्गीकरण D. वेलकम वर्गीकरण

39. गर्भावस्था के दौरान आवश्यक अतिरिक्त प्रोटीन .... के लिए आवश्यक होता है।

A. गर्भस्थ शिशु की तीव्र वृद्धि
B. गर्भाशय के आकार में वृद्धि
C. उल्व तरल (एम्नियोटिक फ्लुइड) के निर्माण
D. उपर्युक्त सभी

40. ICDS योजना का/के लाभार्थी है/हैं:

A. 0-6 वर्ष की आयु के बच्चे
B. गर्भवती महिलाएं
C. स्तनपान करा रही महिलाएं
D. उपर्युक्त सभी

41. गर्भावस्था के दौरान ऊर्जा की आवश्यकता बढ़ जाती है क्योंकि .... के लिए अतिरिक्त ऊर्जा चाहिए होती है।

A. गर्भस्थ शिशु की वृद्धि एवं शारीरिक गतिविधि
B. गर्भनाल की वृद्धि
C. माता के शरीर में वृद्धि
D. उपर्युक्त सभी

42. हैजा और दस्त .... द्वारा होते हैं।

A. विषाणु संक्रमण B. जीवाणु संक्रमण
C. कृमि D. प्रोटोजोआ

43. शाकाहारी माता में .... की कमी होने की संभावना अधिक होती है:

A. विटामिन C B. विटामिन A
C. विटामिन B-12 D. आयरन

44. स्किन-फोल्ड केलिपर्स .... की मोटाई मापते हैं।

A. प्रोटीन की पर्त
B. वसा की पर्त
C. कार्बोहाइड्रेट की पर्त
D. पानी की पर्त

45. टिटनस का अभिलक्षण है:

A. पेशियों में दृढ़ता एवं दर्दयुक्त ऐंठन
B. प्रायः जबड़े की पेशियों के कड़ेपन एवं दर्द की शुरुआत होती है
C. उदर की पेशियों में दर्द
D. उपर्युक्त सभी

46. संस्थागत प्रसवों के लिए इनमें से कौन-सी वैक्सीन जन्म के समय की खुराक (24 घंटे के अन्दर) के रूप में दी जाती है?

A. एचआईबी
B. हेपेटाइटिस-B
C. न्यूमोनिया
D. हिम-शुष्कीकृत (लायोफिलाइज्ड)

47. शुरुआती दो या तीन दिनों के दौरान दुग्ध ग्रन्थियों से पतला एवं पीला तरल आता है जो सामान्य दूध से भिन्न होता है, उसे .... कहते हैं:

A. विशेष दूध B. कत्थई दूध
C. पीयूष (कोलोस्ट्रम) D. कोलेस्टेरॉल

48. 25 फरवरी, 2012 को विश्व स्वास्थ्य संगठन (WHO) ने भारत को .... की वैश्विक सूची से निकाल दिया था।

A. खसरा महामारी वाले देश

B. पोलियो महामारी वाले देश

C. ट्यूबरकुलोसिस महामारी वाले देश

D. टिटनस महामारी वाले देश

49. हरी पत्तेदार सब्जियां और ताजे फल .... का अच्छा स्रोत नहीं हैं।

A. प्रोटीन B. विटामिन A

C. विटामिन C D. आयरन

50. कौन-सा कार्यक्रम राष्ट्रीय ग्रामीण स्वास्थ्य अभियान के दायरे में आता है?

A. आयोडीन न्यूनता विकास नियंत्रण कार्यक्रम

B. विटामिन B न्यूनता विकार नियंत्रण कार्यक्रम

C. विटामिन C न्यूनता विकार नियंत्रण कार्यक्रम

D. कैल्शियम न्यूनता विकार नियंत्रण कार्यक्रम

51. कौन-सा कारक गर्भस्थ शिशु के जन्म के समय कम भार को प्रभावित करता है?

A. माता की आयु

B. माता की अनुचित या अपर्याप्त प्रसव-पूर्व देखभाल

C. उपरोक्त दोनों

D. उपरोक्त में से कोई नहीं

52. अपेक्षित आयु वर्ग में से कम लम्बाई वाले बच्चे को .... कहा जाता है।

A. क्षयी B. वृद्धि-रुद्ध

C. सामान्य से कम भार D. सामान्य से अधिक भार

53. गर्भावस्था के दौरान गर्भस्थ शिशु की वृद्धि को इनमें से कौन–सा कारक प्रभावित करता है?

A. संक्रमण B. पोषण

C. आनुवंशिक D. उपर्युक्त सभी

54. NRHM का पूरा नाम है:

A. नेशनल हेल्थ मिशन (राष्ट्रीय स्वास्थ्य अभियान)

B. नेशनल रूरल हेल्थ मिशन (राष्ट्रीय ग्रामीण स्वास्थ्य अभियान)

C. नेशनल रिप्रोडक्टिव हेल्थ मिशन (राष्ट्रीय प्रजनन स्वास्थ्य अभियान)

D. नेशनल रीजनल हेल्थ मिशन (राष्ट्रीय क्षेत्रीय स्वास्थ्य अभियान)

55. जन्म के बाद नवजात शिशुओं के शरीर से ऊष्मा का तेजी से ह्रास होता है, इसलिए जन्म कक्ष को .... पर रखना आवश्यक होता है।

A. कम से कम 15°C B. कम से कम 25°C

C. कम से कम 35°C D. कम से कम 45°C

56. बेरी बेरी कौन-से विटामिन की कमी से होता है?

A. विटामिन B B. हार्मोन

C. आयोडिन D. लोहा

57. कायाकल्प योजना के पुरष्कारों को कितने श्रेणियों में श्रेणिगत किया गया है?

A. 1 B. 2

C. 3 D. 4

58. अतिरक्त रचना को भ्रूण को पोषण प्रदान करती है:

A. उल्ब B. जरायु

C. नाभिका D. अपरा

59. भारतीय जनजातीय सहकारी विपणन विकास महासंघ का निर्माण भारत सरकार ने कौन-से वर्ष में किया था?

A. 1987 B. 1988

C. 1989 D. 1990

60. यदि 'अंग्रेजी' को 'हिंदी' कहा जाता है, 'हिंदी' को 'फ्रेंच' कहा जाता है, 'फ्रेंच' को 'गुजराती' कहा जाता है, 'गुजराती' को 'बंगाली' कहा जाता है, तो निम्न में से कौन-सी गुजरात की स्थानीय भाषा है?

A. बंगाली B. अंग्रेजी

C. हिंदी D. गुजराती

61. निर्देश: नीचे दी गयी आकृतियों में लुप्त संख्या ज्ञात कीजिए।

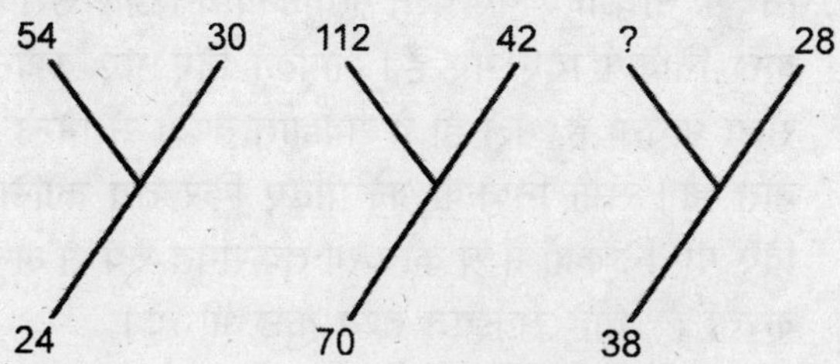

A. 76 B. 66

C. 10 D. 9

62. प्रत्येक राज्यों / केंद्र शासित प्रदेशों के लिए भारत सरकार ने कौन-सी संख्या को महिला हेल्पलाइन नंबर के रूप में आवंटित किया?

A. 112 B. 108

C. 181 D. 1097

63. निम्न में से कौन-सा विकल्प सही है?

A. हिन्दू उत्तराधिकार अधिनियम, 1956 बेटियों को एक संयुक्त हिन्दू परिवार से केवल जीविका का अधिकार मांग सकती है

B. हिन्दू उत्तराधिकार संशोधन अधिनियम, 1956 के द्वारा बेटियों को अपने भाइयों के साथ विरासत का अधिकार प्रदान किया गया
C. उपरोक्त दोनों
D. इनमें से कोई नहीं

64. निम्न में से कौन-सा महिलाओं का कार्यस्थल पर लैंगिक उत्पीड़न (निवारण, प्रतिषेध और प्रतितोप) अधिनियम, 2013 सम्बन्धी विकल्प सही नहीं है?
A. आंतरिक शिकायत समिति के अधीष्ठाता महिला होनी चाहिए
B. 'कार्यस्थल' में आवासगृह या घर शामिल नहीं है
C. प्रत्येक जिला अधिकारी को एक स्थानीय शिकायत समिति का गठन करना पड़ेगा
D. इनमें से कोई नहीं

65. निर्देशः दिए गए विकल्पों में से लुप्त पदों को ज्ञात करें।

__XX__Y__XYYX__Y

A. YYXY	B. YXYX
C. XYYX	D. YYXX

66. राष्ट्रीय खाद्य सुरक्षा अधिनियम, 2013 सम्बन्धी निम्न विकल्पों में से कौन-सा सही है?
A. यह पूरे भारत में लागू है
B. राज्य खाद्य समिति में 5 सदस्य होते हैं
C. उपरोक्त दोनों
D. इनमें से कोई नहीं

67. निर्देशः नीचे दिए गए प्रश्न में कुछ कथन और उसके बाद कुछ निष्कर्ष दिए गए हैं। आपको दिए गए कथनों को सत्य मानना है, भले ही वे सर्वज्ञात तथ्यों से भिन्न प्रतीत होते हों। सभी निष्कर्षों को पढ़िए फिर तय कीजिए कि दिए गए निष्कर्षों में से कौन-सा तर्कसंगत रुप से अनुसरण करता है, चाहे सर्वज्ञात तथ्य कुछ भी हों।

कथनः सभी पक्षी, तोते हैं
सभी तोते, किसान हैं

निष्कर्षः कुछ किसान, पक्षी हैं
कुछ तोते, पक्षी हैं

A. यदि केवल निष्कर्ष I अनुसरण करता है
B. यदि केवल निष्कर्ष II अनुसरण करता है
C. यदि या तो निष्कर्ष I या II अनुसरण करता है
D. यदि निष्कर्ष I और II दोनों अनुसरण करते हैं

68. सती समिति (रोकथाम) अधिनियम, 1987 के अंतर्गत निम्न में से कौन-सी महिलाओं को 'सती' की श्रेणी में रखा जा सकता है?
A. एक महिला जिनको अपने मृतक पति के देह के साथ जबरदस्ती जला दिया जा रहा है
B. एक महिला जिनको अपने मृतक सम्बन्धी के देह के साथ उनके स्वेच्छापूर्वक जला दिया जा रहा है
C. उपरोक्त दोनों
D. इनमें से कोई नहीं

69. यदि एक हाथी को 7% हानि की अपेक्षा 8% लाभ पर बेचा जाये, तो विक्रेता को ₹ 105,000 अधिक प्राप्त होंगे। हाथी का क्रयमूल्य (₹ में) हैः

A. 4,00,000	B. 6,60,000
C. 7,00,000	D. 7,60,000

70. निर्देशः निम्न में से कौन-सी उत्तर आकृति प्रश्न आकृति का दर्पण प्रतिबिंब होगी यदि एकदर्पण रेखा AB पर रख जाये?

प्रश्न आकृति

उत्तर आकृतियां

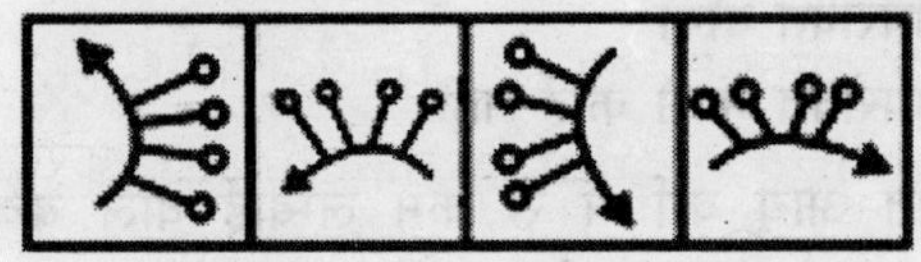

(1) (2) (3) (4)

A. 1	B. 2
C. 3	D. 4

71. प्रोसेस टू प्रोसेस डिलीवरी के लिए कौन-सी लेयर जिम्मेदार हैं?

A. फिजिकल लेयर	B. डाटा लिंक लेयर
C. ट्रांसपोर्ट लेयर	D. नेटवर्क लेयर

72. इंटरनेट पर एक कंप्यूटर .... पहचाना जाता है।

A. गली का पता	B. IP पता
C. ई-मेल पता	D. इनमें से कोई नहीं

73. महिला का अभद्र प्रतिनिधित्व (निषेध) अधिनियम, 1987 सम्बन्धी कौन-सा विकल्प सही नहीं है?
A. यह अधिनियम जम्मू और कश्मीर के अलावा पूरे भारत में लागू है
B. किसी प्राचीन स्मारक में की गयी कोई प्रतिनिधित्व इस अधिनियम के अंतर्गत नहीं आ सकती
C. उपरोक्त दोनों
D. इनमें से कोई नहीं

74. बाल विवाह अधिनियम, 2006 के अनुसार बाल विवाह के संवैधानिकता को बढ़ावा देने या अनुमति देने के लिए माता-पिता या अभिभावक को कितने अधिक वर्षों तक कैद किया जा सकता है?

A. 2
B. 3
C. 4
D. 5

75. अनुसूचित जनजातियों के लिए टॉप क्लास शिक्षा की योजना का आरम्भ किस वर्ष से किया गया?

A. 2005-06
B. 2006-07
C. 2007-08
D. 2008-09

76. व्यक्तियों का एक दल किसी कार्य को 15 दिनों में पूरा करने का निश्चय करता है, लेकिन उनमें से 10 व्यक्ति अनुपस्थित हो जाते हैं। यदि शेष व्यक्ति उसी कार्य को 25 दिनों में पूरा करते हैं, तो व्यक्तियों की संख्या आरम्भ में कितनी थी?

A. 18 आदमी
B. 25 आदमी
C. 32 आदमी
D. 35 आदमी

77. टोकोफेरोल की कमी से पुरुषों और महिलाओं में बांझपन होता है। टोकोफेरोल के लिए लोकप्रिय शब्द .... है।

A. विटामिन B
B. विटामिन K
C. विटामिन E
D. विटामिन C

78. पावर प्वाइंट में, अच्छा डिजाइन निर्धारित करता है:

A. विश्वसनीयता
B. पठनीयता
C. पहला प्रभाव
D. उपर्युक्त सभी

79. निम्न में से साँझी योजना की मूल इकाई क्या होगी?

A. चुनाव क्षेत्र
B. ग्राम
C. ब्लॉक
D. ग्राम पंचायत

80. अपनी सामान्य गति की 4/5 गति से चलते हुए आराध्या अपने सामान्य समय से 2 घंटा अधिक समय लेती है, तो उसकी सामान्य समय क्या है?

A. 12 घंटा
B. 9 घंटा
C. 10 घंटा
D. 8 घंटा

81. गैर-अनुसूचित क्षेत्रों में अनुसूचित जनजातियों के लिए काम करने वाले स्वैच्छिक संगठनों को संसाधन के लागत का कितना प्रतिशत जनजातीय कार्य मंत्रालय द्वारा अनुदान के रूप में दिया जाता है।

A. 70
B. 80
C. 90
D. 95

82. बेटी बचाओ बेटी पढ़ाओ योजना के कार्यान्वयन के लिए नोडल मंत्रालय कौन-सा होगा?

A. स्वास्थ्य और परिवार कल्याण मंत्रालय
B. मानव संसाधन विकास मंत्रालय
C. महिला एवं बाल विकास मंत्रालय
D. यह संयुक्त रूप से किया जाएगा

83. कितने वर्षों में ₹ 25,000 की राशि 5% वार्षिक चक्रवृद्धि ब्याज की दर से ₹ 27562.5 हो जायेगी?

A. 3
B. 4
C. 1
D. 2

84. IPv4 और IPv6 पते के बारे में कौन-सा कथन सच है?

A. आईपीवी 6 पता 128 बिट लंबा होता है, जो कि हेक्साडेसीमल में दर्शाया जाता है।
B. आईपीवी 4 पता 32 बिट लंबा होता है, जो कि डेसीमल में दर्शाया जाता है।
C. उपरोक्त दोनों
D. आईपीवी 6 पता 32 बिट लंबा होता है, जो कि हेक्साडेसीमल में दर्शाया जाता है।

85. निःशुल्क और अनिवार्य बाल शिक्षा (आरटीई) अधिनियम, 2009 के अंतर्गत कौन-से आयु-वर्ग के बच्चों को निःशुल्क और अनिवार्य शिक्षा दी जाएगी?

A. 6-12 वर्ष
B. 6-14 वर्ष
C. 6-15 वर्ष
D. 6-18 वर्ष

86. ग्लायकोजन को सामान्यता कहा जाता है:

A. जन्तु स्टार्च
B. इंसुलिन
C. अलजीनिक अम्ल
D. सेल्यूलोस

87. **निर्देशः** निम्नलिखित पाई चार्ट का ध्यानपूर्वक अध्ययन कर नीचे दिए गए प्रश्न के उत्तर दीजिए।

पुस्तक के उत्पादन और बिक्री में विभिन्न मदों पर खर्च का प्रतिशत

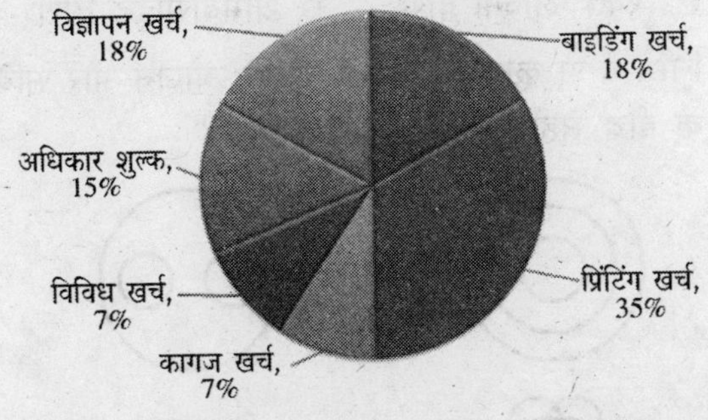

विविध और प्रिंटिंग खर्च पर व्यय का क्रमशः अनुपात है

A. 1 : 3
B. 1 : 5
C. 3 : 7
D. 2 : 5

88. ₹ 305 को A, B तथा C में इस तरह बांटना है कि A को B से ₹ 10 अधिक प्राप्त हो तथा B को C से ₹ 5 अधिक प्राप्त हो, तो उनके हिस्सों का अनुपात है:

A. 22 : 20 : 19 B. 16 : 17 : 18
C. 11 : 14 : 19 D. 15 : 18 : 13

89. स्वच्छता उद्यमी योजना का लांच किसने किया?

A. स्वास्थ्य एवं परिवार कल्याण मंत्रालय
B. जनजातीय कार्य मंत्रालय
C. राष्ट्रीय सफाई कर्मचारी वित्त एवं विकास निगम
D. शहरी विकास मंत्रालय

90. संकटकालीन हॉर्मोन है:

A. एल्डोस्तरोन B. पैराथॉर्मोन
C. एड्रीनेलिन D. थायरॉक्सिन

91. निर्देश: निम्नलिखित प्रश्नवाचक चिह्न (?) के स्थान पर लगभग कौन-सा मान आएगा?

$340 + 17 \div 8 \times 9 = ?$

A. 425 B. 360
C. 392 D. 395

92. ईशान, अपने घर से शुरुआत करता है और 10 किमी दक्षिण दिशा की ओर चलता है, फिर वह दाएं मुड़ता है और 6 किमी चलता है, वह फिर दाएं मुड़ता है और 10 किमी चलता है और अंत में, वह दाएं मुड़ता है और 6 किमी चलता है। वह अपने प्रारम्भिक बिंदु से कितनी दूरी पर है?

A. 8 किमी B. 10 किमी
C. 6 किमी D. प्रारम्भिक बिंदु पर

93. एक चिरपरचित सूक्ष्मजीवीय कीटनाशी है:

A. केंदीदा B. यीस्ट
C. बेसिलस थुरिजेनेसिस D. स्टेफाल्योकोक्कस औरेयस

94. रक्त में ऑक्सीजन पहुंचाई जाती है:

A. ल्यूकोसाइट द्वारा B. इराइथ्रोसाइट द्वारा
C. रक्त प्लाज्मा द्वारा D. थामबोसाइट द्वारा

95. निम्न में से कौन-सा आरेख गाजर, भोजन और सब्जियों के बीच सही सम्बन्ध को दर्शाता है?

A. 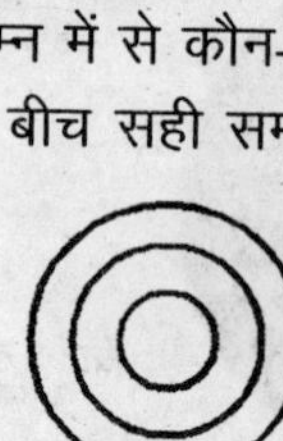
B. 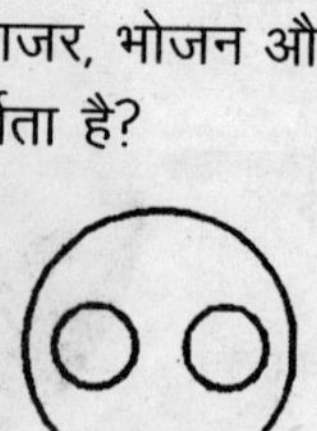
C. 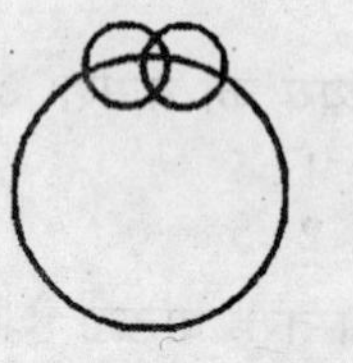
D. 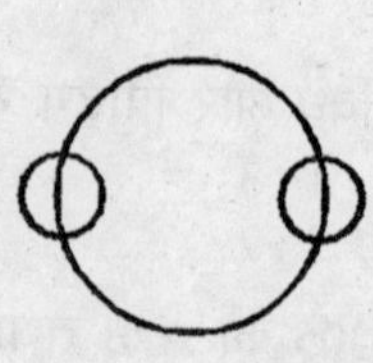

96. मैदानी और तटीय क्षेत्रों के रुर्बन क्लस्टर की आबादी कितनी होनी चाहिए?

A. 15,000 – 30,000 B. 20,000 – 40,000
C. 25,000 – 50,000 D. 30,000 – 50,000

97. राष्ट्रीय अनुसूचित जाति वित्त एवं विकास निगम को कब स्थापित किया गया?

A. 1989 B. 1990
C. 1991 D. 1992

98. हिन्दू उत्तराधिकार अधिनियम, 1956 निम्न में से किन व्यक्तियों पर लागू होता है?

A. ब्राह्मो समाज के अनुयायी
B. अनुसूचित जनजाति
C. उपरोक्त दोनों
D. इनमें से कोई नहीं

99. A, C का पिता है और D, B का पुत्र है। E, A का भाई है। यदि C, D की बहन है तो B, E से किस प्रकार संबंधित है?

A. ननद / भाभी / साली B. बहन
C. देवर / जीजा / साला D. भाई

100. वेब के लिए इंटरैक्टिव पाइवोट सारणी बनाने के लिए, आप एक माइक्रोसॉफ्ट ऑफिस वेब घटक का उपयोग करते हैं:

A. एच् टी एम आल
B. पाइवोट तालिका फील्ड सूची
C. पाइवोट तालिका लिस्ट
D. पाइवोट तालिका रिपोर्ट

101. किशोर न्याय (बालकों की देखरेख और संरक्षण) अधिनियम, 2015 के अनुसार यदि बालक की आयु .... या उससे अधिक हो तो किशोर न्याय बोर्ड को जघन्य अपराधों का प्राथमिक निर्धारण करना होगा।

A. 15 B. 16
C. 17 D. 18

102. निर्देश: निम्नलिखित प्रश्न में प्रश्नवाचक चिह्न (?) के स्थान पर लगभग कौन-सा मान आएगा?

$450 \times 90 \div 7 + 17 = ?$

A. 5200 B. 5650
C. 5803 D. 7255

103. निम्न में से किसके परिवर्तन हेतु एन्टरोकाइनेज उत्तरदाई होता है?

A. ट्रिप्सिनोजेन को ट्रिप्सिन में
B. पेप्सिनोजेन को पेप्सिन में
C. प्रोरेनिनको रेनिन में
D. कैसिनोजेन को कैसीन में

104. सोनू को 25% अंक प्राप्त होता है तथा वह 15 अंकों से अनुत्तीर्ण हो जाता है, जबकि एक अन्य छात्रा जिसे 45%

अंक प्राप्त होता है, उत्तीर्ण होने के लिए आवश्यक न्यूनतम अंक से 5 अंक अधिक अंक प्राप्त करता है। उत्तीर्ण होने के लिए आवश्यक न्यूनतम अंक है:

A. 40 B. 60
C. 30 D. 50

105. इनमें से कौन-सा संबंध एक्सेस डाटाबेस में लागू नहीं किया जा सकता है?

A. वन टू वन B. वन टू मेनी
C. मेनी टू मेनी D. उपर्युक्त सभी

106. नीचे दी गयी आकृति में त्रिभुजों की संख्या कितनी है?

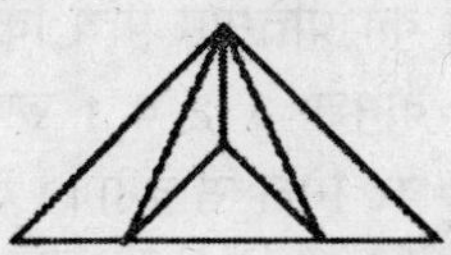

A. 6 B. 7
C. 8 D. 9

107. लैंडस्केप है?

A. पेज लेआउट
B. कागज का आकार
C. कागज का उन्मुखीकरण
D. फॉन्ट शैली

108. निम्न में से कौन-सी उत्तर आकृति प्रश्न आकृति को पूर्ण करेगी?

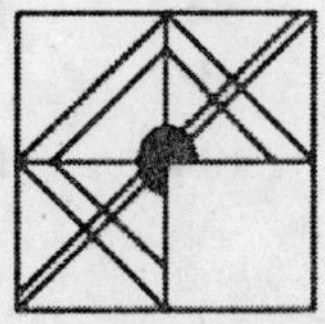

A. 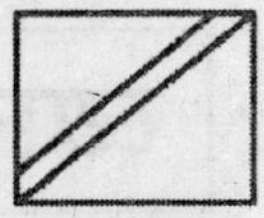 B. 

C.  D. 

109. प्रथम संख्या द्वितीय संख्या की तिगुनी है और तृतीय संख्या की दोगुनी है। इन संख्याओं का औसत 33 है। सबसे छोटी संख्या का मान क्या है?

A. 18 B. 21
C. 27 D. 36

110. घरेलू हिंसा से महिला संरक्षण अधिनियम, 2005 के अंतर्गत निम्न में से कौन-सी क्रिया घरेलू हिंसा की व्याख्या में आ सकता है?

A. बच्चा न होने के कारण अपमानित करना
B. दहेज के लिए जबरदस्ती करने पर उसके रिश्तेदारों को हानि पहुंचाना
C. उपरोक्त दोनों
D. इनमें से कोई नहीं

उत्तरमाला

1	2	3	4	5	6	7	8	9	10
B	D	B	A	A	A	D	D	B	D
11	**12**	**13**	**14**	**15**	**16**	**17**	**18**	**19**	**20**
A	B	B	D	D	B	A	D	D	B
21	**22**	**23**	**24**	**25**	**26**	**27**	**28**	**29**	**30**
D	C	A	A	C	A	C	A	B	B
31	**32**	**33**	**34**	**35**	**36**	**37**	**38**	**39**	**40**
A	B	D	A	D	D	B	C	D	D
41	**42**	**43**	**44**	**45**	**46**	**47**	**48**	**49**	**50**
D	B	C	B	D	B	C	B	A	A
51	**52**	**53**	**54**	**55**	**56**	**57**	**58**	**59**	**60**
C	B	D	B	B	A	C	D	A	A
61	**62**	**63**	**64**	**65**	**66**	**67**	**68**	**69**	**70**
B	C	A	B	D	A	D	C	C	B
71	**72**	**73**	**74**	**75**	**76**	**77**	**78**	**79**	**80**
C	B	D	A	C	B	C	D	D	D
81	**82**	**83**	**84**	**85**	**86**	**87**	**88**	**89**	**90**
C	C	D	C	B	A	B	A	C	C

91	92	93	94	95	96	97	98	99	100
B	D	C	B	A	C	A	D	A	C
101	**102**	**103**	**104**	**105**	**106**	**107**	**108**	**109**	**110**
B	C	A	A	D	D	C	D	A	C

व्याख्यात्मक उत्तर

59. बहुराष्ट्रीय सहकारी समिति अधिनियम, 1984 (एमएससीएस अधिनियम, 1984) के तहत राष्ट्रीय स्तर के शीर्षस्थ निकाय के रूप में वर्ष 1987 में भारतीय जनजातीय सहकारी विपणन विकास केंद्र (यानी ट्राइबल को–ऑपरेटिव मार्केटिंग डेवलपमेंट फेडरेशन ऑफ इण्डिया लिमिटेड–ट्राइफेड) की स्थापना की गयी थी। बहुराज्य सहकारी समिति अधिनियम, 2002 (एमएससीएस अधिनियम, 2002) के अधिनियम के बाद ट्राइफेड को इसी अधिनियम, के अंतर्गत पंजीकृत मान लिया गया और यह अधिनियम की दूसरी अनुसूची में राष्ट्रीय सहकारी संस्था के रूप में भी सूचीबद्ध है।

61.

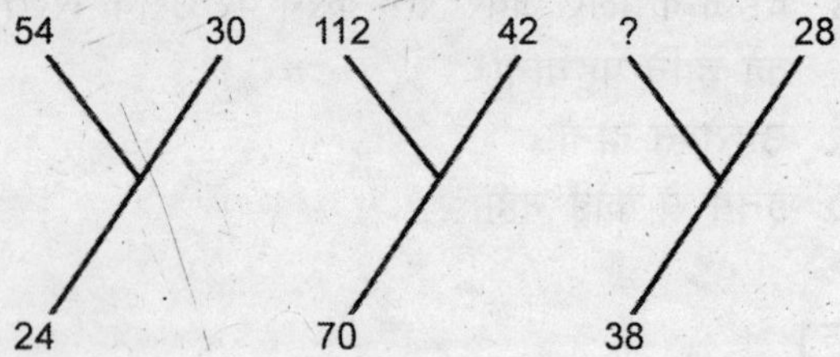

$54 - 30 = 24 \quad 112 - 42 = 70 \quad x - 28 = 38$

$\Rightarrow x = 38 + 28$

$\Rightarrow x = 66$

अतः दी गई आकृति में लुप्त संख्या = 66 होगी।

66. राष्ट्रीय खाद्य सुरक्षा अधिनियम–2013 भारत सरकार द्वारा अधिसूचित एक कानून है जिसके माध्यम से भारत सरकार का उद्देश्य यह सुनिश्चित करना है कि देश में जनसाधारण को खाद्यान्न उपलब्ध हो सके। भारतीय संसद द्वारा पारित होने के उपरांत सरकार द्वारा 10 सितम्बर, 2013 को इसे अधिसूचित कर दिया गया। राष्ट्रीय खाद्य सुरक्षा अधिनियम का उद्देश्य लोगों को सस्ती दर पर पर्याप्त मात्रा में उत्तम खाद्यान्न उपलब्ध कराना है ताकि उन्हें खाद्य एवं पोषण सुरक्षा मिले और वे सम्मान के साथ जीवन जी सके।

- इस कानून के तहत (टीपीडीएस) के अंतर्गत ग्रामीण क्षेत्रों में 75 प्रतिशत तक तथा शहरी क्षेत्रों की 50 प्रतिशत तक की आबादी को रियायती दरों पर खाद्यान्न उपलब्ध कराने का प्रावधान है।
- इस प्रकार देश की लगभग दो–तिहाई जनसंख्या को इसका लाभ मिलने का अनुमान है।
- पात्र परिवारों को प्रतिमाह पांच कि.ग्रा. चावल, गेहूँ व मोटा अनाज क्रमशः 3, 2 व 1 रुपये प्रति कि.ग्रा. की रियायती दर पर मिल सकेगा।
- अंत्योदय अन्न योजना (एएवाई) में शामिल परिवारों को प्रति परिवार 35 कि.ग्रा. अनाज का मिलना पूर्ववत जारी रहेगा।
- इसके लागू होने के 365 दिन की अवधि की लिए, लक्षित सार्वजनिक वितरण प्रणाली (टीपीडीएम) के अंतर्गत सब्सिडीयुक्त खाद्यान्न प्राप्त करने हेतु, पात्र परिवारों का चयन किया जाएगा।
- गर्भवती तथा स्तनपान कराने वाली महिलाओं को गर्भावस्था के दौरान तथा प्रसव के छः माह के उपरांत भोजन के अलावा कम–से–कम ₹ 6000 का मातृत्व लाभ भी मिलेगा।
- 14 वर्ष तक की आयु के बच्चे पौष्टिक आहार अथवा निर्धारित पौष्टिक मानदण्डानुसार घर राशन ले जा सकें।
- खाद्यान्न अथवा भोजन की आपूर्ति न हो पाने के स्थिति में, लाभार्थी को खाद्य सुरक्षा भत्ता दिया जाएगा।
- इस अधिनियम के जिला एवं राज्यस्तर पर शिकायत निवारण तंत्र स्थापित करने का भी प्रावधान है।
- पारदर्शिता एवं उत्तरदायित्व सुनिश्चित करने के लिए भी आवश्यक प्रावधान किए गए हैं।

68. सती समिति (रोकथाम) अधिनियम, 1987 के अंतर्गत वैसी महिलाओ को 'सती' की श्रेणी में रखा जा सकता है जिन्हें अपने मृतक पति के देह के साथ जबरदस्ती जला दिया जाता हो तथा जिनको अपने मृतक सम्बन्धी के देह के साथ उनकी स्वेच्छा से जला दिया जाता है। सती (रोकथाम) अधिनियम, 1987 राजस्थान सरकार द्वारा 1987 में बनाया गया। 1988 में भारत सरकार ने इसे संघीय कानून में शामिल किया।

69. माना कि क्रय मूल्य = ₹ 100

जब क्रय मूल्य ₹ 100 तब विक्रय मूल्य = ₹ 93

पुनः जब क्रय मूल्य ₹ 100 तब विक्रय मूल्य = ₹ 108

दोनों विक्रय मूल्य में अन्तर = 108 – 93 = ₹ 15

जब ₹ 15 अधिक मिलते हैं तब क्रय मूल्य = ₹ 100

जब ₹ 105,000 अधिक मिलते हैं तब क्रय मूल्य

$$= \frac{100}{15} \times 1,05,000$$

$$= 100 \times 7,00,000$$

= ₹ 7,00, 000

अतः हाथी का क्रयमूल्य = 7,00,000.

73. महिला का अभद्र प्रतिनिधित्व (निषेध) अधिनियम, 1986 संसद द्वारा भारतीय गणराज्य के 37वें वर्ष में 23 दिसम्बर, 1986 को लागू किया गया। इस अधिनियम को विज्ञापन या लेखों, चित्रों आंकड़ों या प्रकाशनों या किसी अन्य तरीके से और ऐसे संबंधित मामलों के लिए अश्लील रूप से महिलाओं के किसी भी प्रतिनिधित्व को प्रतिबंधित करने के लिए अधिनियमित किया गया था। जम्मू और कश्मीर राज्य को छोड़कर यह पूरे भारत में लागू है।

74. बाल विवाह अधिनियम, 2006 के अनुसार बाल विवाह की संवैधानिकता को बढ़ावा देने या अनुमति देने के लिए माता–पिता या अभिभावक को अधिकतम 2 वर्षों तक कैद किया जा सकता है। इस अधिनियम के अनुसार, बाल विवाह वह है जिसमें लड़के की उम्र 21 वर्ष से कम या लड़की की उम्र 18 वर्ष से कम हो। बाल विवाह स्वतंत्रतापूर्व काल से समाज में प्रचलित एक सामाजिक बुराई है। इस अधिनियम के लागू होने से इसकी बड़े पैमाने पर रोकथाम की गई किंतु ग्रामीण भारत के कुछ हिस्सों में यह अब भी प्रचलित है। इस अधिनियम का उद्देश्य है इस अपराध में भागीदार व्यक्तियों को दंडित कर बाल विवाह को रोकना।

76. माना कि आरम्भ में व्यक्तियों की संख्या = x

$\because$ x आदमी किसी काम को 15 दिनों में पूरा करते हैं

$\therefore$ 1 आदमी उसी काम को $15 \times x$ दिनों में पूरा करेगा ...(1)

चूँकि 10 आदमी अनुपस्थित हो जाते हैं।

अतः व्यक्तियों की संख्या = $(x - 10)$

$\because$ $(x - 10)$ आदमी उसी काम को 25 दिनों में पूरा करते हैं।

$\therefore$ 1 आदमी उसी काम को $25 \times (x - 10)$ दिनों में पूरा करेगा। ...(2)

समीकरण (1) तथा (2) से,

$$15x = 25(x - 10)$$

$$\Rightarrow \quad 15x = 25x - 250$$

$$\Rightarrow \quad 10x = 250$$

$$\Rightarrow \quad x = \frac{250}{10} = 25$$

अतः आरम्भ में व्यक्तियों की संख्या 25 थी।

80. नई चाल = वास्तविक चाल का $\frac{4}{5}$

$\Rightarrow$ नई चाल से यात्रा पूरी करने में लगा समय

= वास्तविक चाल से लगे समय का $\frac{5}{4}$

$\Rightarrow$ $\frac{5}{4} \times$ (वास्तविक चाल से लगा समय) –

(वास्तविक चाल से लगा समय) = 2 घंटे

$\Rightarrow$ वास्तविक चाल से लगा समय $\left(\frac{5}{4} - 1\right)$ = 2 घंटे

$\Rightarrow$ वास्तविक चाल से लगा समय $\left(\frac{5-4}{4}\right)$ = 2 घंटे

$\Rightarrow$ वास्तविक चाल से लगा समय = $4 \times 2 = 8$ घंटे

अतः सामान्य समय = 8 घंटे।

82. **बेटी बचाओ बेटी पढ़ाओ योजनाः** बेटी बचाओ बेटी पढ़ाओ योजना (BBBP) महिला एवं बाल विकास मंत्रालय, स्वास्थ्य मंत्रालय, स्वास्थ्य मंत्रालय और परिवार कल्याण मंत्रालय एवं मानव संसाधन विकास की एक संयुक्त पहल के रूप में समन्वित और अभिसरित प्रयासों के अंतर्गत बालिकाओं को सरक्षण और सशक्त करने के लिए बेटी बचाओ बेटी पढ़ाओ योजना की शुरुआत 22 जनवरी 2015 को की गई है और जिसे निम्न लिंगानुपात वाले 100 जिलों में प्रारंभ किया गया है। सभी राज्यों/संघ शासित क्षेत्रों को कवर 2011 की जनगणना के अनुसार निम्न बाल लिंगानुपात के आधार पर प्रत्येक राज्य में कम–से–कम एक जिले के साथ 100 जिलों का एक पायलट जिले के रूप में चयन किया गया है।

योजना के उद्देश्य

- पक्षपाती लिंग चुनाव की प्रक्रिया का उन्मूलन बालिकाओं का अस्तित्व और सुरक्षा सुनिश्चित करना।
- बालिकाओं की शिक्षा सुनिश्चित करना।

रणनीतियाँ

- बालिका और शिक्षा को बढ़ावा देने के लिए एक सामाजिक आंदोलन और समान मूल्य को बढ़ावा देने के लिए जागरुकता अभियान का कार्यान्वय करना।
- इस मुद्दे को सार्वजनिक विमर्श का विषय बनाना और उसे संशोधित करते रहना सुशासन का पैमाना बनेगा।
- निम्न लिंगानुपात वाले जिलों की पहचान कर ध्यान देते हुए गहन और एकीकृत कार्रवाई करना।
- सामाजिक परिवर्तन लाने के लिए महत्वपूर्ण स्रोत के रूप में स्थानीय महिला संगठनों/युवाओं की सहभागिता लेते हुए पंचायती राज्य संस्थाओं, स्थानीय निकायों और जमीनी स्तर पर जुड़े कार्यकर्ताओं को प्रेरित एवं प्रशिक्षित करते हुए सामाजिक परिवर्तन के प्रेरक की भूमिका में ढालना। जिला/ब्लॉक/जमीनी स्तर पर अंतर–क्षेत्रीय और अंतर–संस्थागत समायोजन को सक्षम करना।

83. $$\text{मिश्रधन} = \text{मूलधन}\left(1+\frac{\text{दर}}{100}\right)^{\text{समय}}$$

$$\Rightarrow \quad 27562.5 = 25000\left(1+\frac{5}{100}\right)^{\text{समय}}$$

$$\Rightarrow \quad \frac{275625}{25000\times 10} = \left(\frac{21}{20}\right)^{\text{समय}}$$

$$\Rightarrow \quad \frac{441}{400} = \left(\frac{21}{20}\right)^{\text{समय}}$$

$$\Rightarrow \quad \left(\frac{21}{20}\right)^{2} = \left(\frac{21}{20}\right)^{\text{समय}}$$

$$\Rightarrow \quad \text{समय} = 2 \text{ वर्ष।}$$

85. शिक्षा को मौलिक अधिकार बनाने संबंधी कानून के लागू होने से स्वतंत्रता के छः दशक पश्चात् बच्चों के लिए निःशुल्क और अनिवार्य शिक्षा का सपना साकार हुआ है। यह कानून 1 अप्रैल, 2010 से लागू हो गया। इसे बच्चों को निःशुल्क और अनिवार्य शिक्षा का अधिकार अधिनियम–2009 नाम लिया गया है।

इस अधिनियम के लागू होने से 6 से 14 वर्ष तक के प्रत्येक बच्चे को अपने नजदीकी विद्यालय में निःशुल्क तथा अनिवार्य प्राथमिक शिक्षा पाने का कानूनी अधिकार मिल गया है। इस अधिनियम की खास बात यह है कि गरीब परिवार के वे बच्चे, जो प्राथमिक शिक्षा से वंचित हैं, के लिए निजी विद्यालयों में 25 प्रतिशत आरक्षण का प्रावधान रखा गया है।

राइट–टू–इजुकेशन एक्ट लागू होने के अवसर पर प्रधानमंत्री ने अपने संदेश में कहा कि भारत नौजवानों का देश है, बच्चों और नौजवानों को उनकी शिक्षा और उनके विशिष्ट गुणों का परिमार्जन करके देश को खुशहाल और शक्तिशाली बनाया जाएगा।

शिक्षा के अधिकार के साथ बच्चों एवं युवाओं का विकास होता है तथा राष्ट्र शक्तिशाली एवं समृद्ध बनता है। यह उत्तरदायी एवं सक्रिय नागरिक बनाने में भी सहायक है। इसमें देश के सभी लोगों अभिभावकों एवं शिक्षकों का भी सहयोग आवश्यक है।

शिक्षा का अधिकार कानून लागू होने से 6 से 14 वर्ष तक के बच्चों को न तो स्कूल फीस देनी होगी, न ही यूनिफार्म, बुक, ट्रांसपोर्टेशन या मीड–डे मील जैसी चीजों पर ही खर्च करना होगा। बच्चों को न तो अगली क्लास में पहुँचने से रोका जाएगा, न निकाला जाएगा। न ही उनके लिए बोर्ड परीक्षा पास करना अनिवार्य होगा।

कोई स्कूल बच्चों को प्रवेश देने से इंकार नहीं कर सकेगा। हर 60 बच्चों को पढ़ाने के लिए कम से कम दो प्रशिक्षित अध्यापक होंगे। जिन स्कूलों में संसाधन नहीं हैं, उन्हें तीन साल के अंदर सुधारा जाएगा। साथ ही तीन किलोमीटर के क्षेत्र में एक विद्यालय स्थापित किया जाएगा। इस कानून के लागू करने पर आने वाले खर्च केंद्र (55 प्रतिशत) और राज्य सरकार (45 प्रतिशत) मिलकर उठाएंगे। शिक्षा के अधिकार को मूल अधिकार का दर्जा देने के साथ ही इसे मूल कर्त्तव्यों में शामिल कर अभिभावकों का कर्त्तव्य बनाया गया है। इस अधिनियम द्वारा राज्य सरकार, बच्चों के माता–पिता या संरक्षक सभी का दायित्व तय किया गया है तथा उल्लघन करने पर अर्थदण्ड का भी प्रावधान है।

तात्कालिक तौर पर सरकार का यह अधिनियम भारतीय राष्ट्र एवं समाज को एक विकसित एवं शिक्षित राष्ट्र के रूप में परिवर्तित करने का प्रयास जान पड़ता है। इस अधिनियम को सही रूप से क्रियान्वित कर 2020 ई. तक भारत को एक knowledge society में रूपान्तरित किया जा सकता है। यही हमारे पूर्व राष्ट्रपति एपीजे अब्दुल कलाम का भी सपना था।

87. विविध और प्रिंटिंग पर खर्च का अनुपात

$$= \frac{7}{35} = 1 : 5.$$

88. माना कि C का हिस्सा = ₹ x

B का हिस्सा = ₹ $x+5$

$\therefore$ A का हिस्सा = ₹$(x+5)+10$ = ₹ $x+15$

$x+15+x+5+x$ = ₹ 305

$\Rightarrow \quad 3x+20 = 305$

$\Rightarrow \quad 3x = 285$

$\Rightarrow \quad x = \dfrac{285}{3} = 95$

C का हिस्सा = ₹ 95

B का हिस्सा = ₹ 100

A का हिस्सा = ₹ 110

$\therefore \quad A : B : C = 110 : 100 : 95$

$= 22 : 20 : 19.$

91. $340 + 17 \div 8 \times 9 = x$

$\Rightarrow \quad 340 + \dfrac{17}{8} \times 9 = x$

$\Rightarrow \quad 340 + 2.125 \times 9 = x$

$\Rightarrow \quad 340 + 19.125 = x$

$\Rightarrow \quad x = 340 + 20 = 360$ (लगभग)

92.

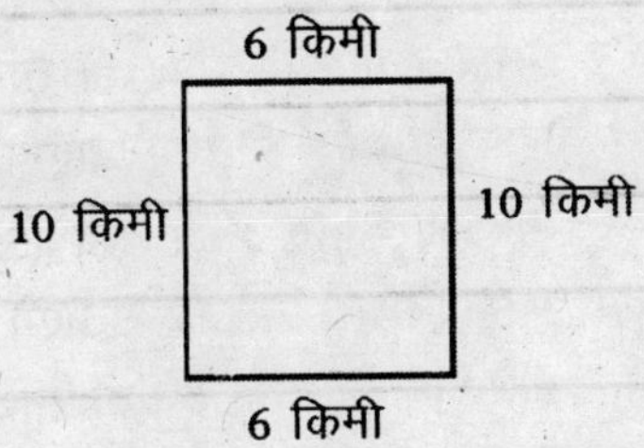

ईशान दक्षिण दिशा में 10 किमी. चला फिर पश्चिम दिशा में 6 किमी चला फिर उत्तर दिशा में 10 किमी चला फिर पूरब दिशा में 6 किमी चला। इस तरह वह अपने प्रारम्भिक बिन्दु पर ही आ गया।

अतः विकल्प (D) सही है।

102. $450 \times 90 \div 7 + 17 = ?$

$\Rightarrow \quad 450 \times \dfrac{90}{7} + 17 = x$

$\Rightarrow \quad 450 \times 12.857 + 17 = x$

$\Rightarrow \quad 5785.650 + 17 = x$

$\Rightarrow \quad 5802.65 = x$

$\Rightarrow \quad x = 5803$ (लगभग)

अतः प्रश्न–चिह्न के स्थान पर 5803 आएगा।

104. माना कि पूर्णांक = x

प्रश्नानुसार,

(x का 25%) + 15 = (x का 45%) − 5

$\Rightarrow \quad x \times \dfrac{25}{100} + 15 = x \times \dfrac{45}{100} - 5$

$\Rightarrow \quad \dfrac{45x}{100} - \dfrac{25x}{100} = 20$

$\Rightarrow \quad 20x = 100 \times 20$

$\Rightarrow \quad x = \dfrac{100 \times 20}{20} = 100$

$\therefore$ उत्तीर्णांक $= x \times \dfrac{25}{100} + 15 = 100 \times \dfrac{25}{100} + 15$

$= 25 + 15 = 40.$

106.

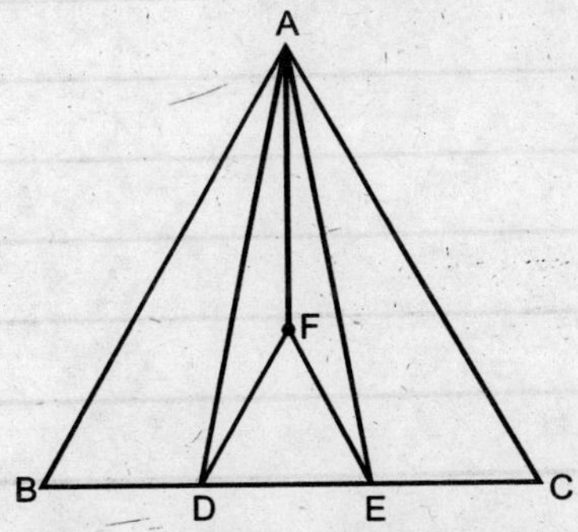

दी गई आकृति में त्रिभुजों की संख्या = 9

जो निम्न प्रकार से हैं:–

ΔABC, ΔABD, ΔADF, ΔAEF, ΔADE, ΔDEF, ΔABE, ΔACD तथा ΔACE.

109. माना कि x, y, z तीन संख्याएँ हैं जिसमें $x = 3y = 2z$ हैं

तीनों संख्याओं का योग $= 33 \times 3 = 99$

$\because \quad x = 3y$ तथा $x = 2z$

$\Rightarrow \quad z = \dfrac{x}{2} = \dfrac{3y}{2}$

अब, $\quad x + y + z = 99$

$\Rightarrow \quad 3y + y + \dfrac{3y}{2} = 99$

$\Rightarrow \quad \dfrac{6y + 2y + 3y}{2} = 99$

$\Rightarrow \quad 11y = 198$

$\Rightarrow \quad y = \dfrac{198}{11} = 18$

$x = 3 \times 18 = 54$ तथा $z = 27$

अतः सबसे छोटी संख्या का मान 18 है।

YOUR SPACE

तार्किक योग्यता
(Reasoning Ability)

1

श्रृंखला (Series)

अक्षर श्रृंखला (Letter Series)

अक्षर श्रृंखला में निहित अक्षरों का एक निश्चित क्रम होता है। दी गई अक्षर श्रृंखला में अक्षर वर्णमाला के सीधे क्रम में भी हो सकते हैं और वर्णमाला के विपरीत क्रम में भी।

वर्णमाला के सीधे क्रम में अक्षरों की श्रृंखला है :

A B C D E F G H I J K L M N O P Q R S T U V W X Y Z

A ↓ पहला, E ↓ 5वाँ, J ↓ 10वाँ, O ↓ 15वाँ, T ↓ 20वाँ, Y ↓ 25वाँ

वर्णमाला के विपरीत या उल्टे क्रम में अक्षरों की श्रृंखला है :

Z Y X W V U T S R Q P O N M L K J I H G F E D C B A

Z ↓ पहला, V ↓ 5वाँ, Q ↓ 10वाँ, L ↓ 15वाँ, G ↓ 20वाँ, B ↓ 25वाँ

टिप्पणी : Z पर पहुंचकर श्रृंखला A से पुन: शुरू होती है और A पर पहुंचकर श्रृंखला Z से पुन: शुरू होती हैं।

अभ्यास

निर्देश : *नीचे दी गई प्रत्येक श्रृंखला में अक्षरों का क्रम निर्धारित करें। तत्पश्चात् दिए गए विकल्पों में से उस विकल्प का चयन करें जिससे दी गई श्रृंखला में प्रश्न चिह्न प्रतिस्थापित होता हो।*

1. B Y C X D W E ?
(*a*) S (*b*) T
(*c*) U (*d*) V

2. A D C G E ?
(*a*) G (*b*) J
(*c*) I (*d*) L

3. X O I F ?
(*a*) D (*b*) F
(*c*) B (*d*) E

4. Z A A Y B B X C ?
(*a*) W (*b*) C
(*c*) V (*d*) D

5. A Z Y B X W C V U D T S E ?
(*a*) R S (*b*) S T
(*c*) R Q (*d*) Q R

उत्तरमाला

1	2	3	4	5
(*d*)	(*b*)	(*b*)	(*b*)	(*c*)

व्याख्यात्मक उत्तर

1. दी गई श्रृंखला में बारी-बारी से दो अक्षर श्रृंखलाएं अंतर्निहित हैं।

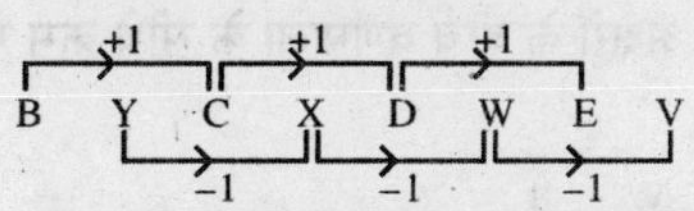

श्रृंखला I : BCDE (वर्णमाला के सीधे क्रम में)

श्रृंखला II : YXWV (वर्णमाला के विपरीत क्रम में)

3. श्रृंखला में दो सन्निकट अक्षरों के बीच वर्णमाला के विपरीत क्रम में क्रमश: 3 की कमी होती जाती है, अर्थात्

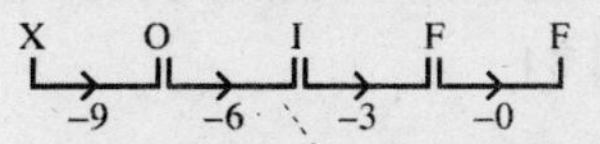

5. श्रृंखला में बारी-बारी से दो श्रृंखलाएं अंतर्निहित हैं।

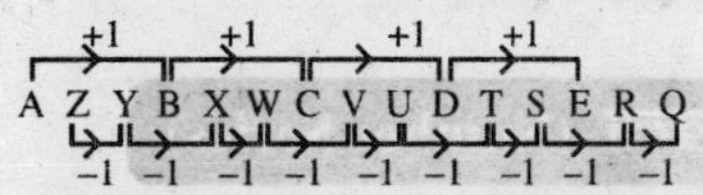

श्रृंखला I : ABCDE (वर्णमाला के सीधे क्रम में)

श्रृंखला II : ZY XW VU TS RQ (वर्णमाला के विपरीत क्रम में एक साथ दो अक्षर)

गलत या बेमेल अक्षर-श्रृंखला (Wrong Letter Series)

इस प्रकार के प्रश्नों में दी गई श्रृंखला में अभ्यर्थियों को ऐसे अक्षर या अक्षर-समूह ज्ञात करने की आवश्यकता नहीं होती जिनसे दी गई श्रृंखला पूर्ण होती है बल्कि उन्हें ऐसे अक्षर का पता लगाना होता है जो श्रृंखला में गलत या बेमेल हो।

अभ्यास

निर्देश : *नीचे के प्रत्येक प्रश्न में दी गई अक्षर-शृंखला में कौन-सा अक्षर या अक्षर-समूह गलत या बेमेल है?*

1. C H M S W B
(*a*) C (*b*) S
(*c*) B (*d*) W

2. Z A W B X C
(*a*) D (*b*) C
(*c*) X (*d*) W

3. D K R Y F L
(*a*) L (*b*) D
(*c*) R (*d*) Y

4. XW, DC, CB, NM, PQ
(*a*) NM (*b*) CB
(*c*) PQ (*d*) XW

5. Z T P K H F
(*a*) Z (*b*) P
(*c*) T (*d*) F

उत्तरमाला

1	2	3	4	5
(*b*)	(*d*)	(*a*)	(*c*)	(*b*)

व्याख्यात्मक उत्तर

1. शृंखला में दो सन्निकट अक्षरों के बीच वर्णमाला के सीधे क्रम में +5 का अंतर है।

C H M R W B
+5 +5 +5 +5 +5

अत: शृंखला में S के स्थान पर R होना चाहिए। (शृंखला Z पर पहुंचने के बाद A से पुन: शुरू होती है।)

4. शृंखला कोई भी दो क्रमागत अक्षरों को वर्णमाला के विपरीत क्रम में शामिल करके निर्मित की गई है।

XW DC CB NM QP
← ← ← ← ←

संख्या-शृंखला (Number Series)

इस प्रकार की शृंखला में दी गई संख्याओं के समुच्चय एक दूसरे से एक विशेष पैटर्न या रुप में संबंधित होते हैं। संख्याओं के बीच संबंध—

(*i*) क्रमागत विषम/सम संख्याओं;

(*ii*) क्रमागत अविभाज्य संख्याओं;

(*iii*) किसी संख्या (या संख्याओं) का वर्गफल/घनफल जिसमें किसी संख्या को जोड़ने या घटाने पर परिवर्तन होता है/नहीं होता;

(*iv*) पूर्ववर्ती संख्याओं का योग/गुणनफल/अंतर;

(*v*) किसी संख्या से योग/घटाव/गुणा/भाग; और

(*vi*) उपर्युक्त संबंधों के अनेक और भी संयोजनों पर आधारित होता है।

अभ्यास

निर्देश : *शृंखलाओं को पूरा करने के लिए दिए गए विकल्पों में से लुप्त पद/संख्या ज्ञात करें।*

1. 1, 6, 12, 19, 27, ?
(*a*) 38 (*b*) 35
(*c*) 36 (*d*) 54

2. 2, 3, 6, 18, 108, ?
(*a*) 1944 (*b*) 1658
(*c*) 648 (*d*) 1008

3. 3, 8, 13, 24, 41, ?
(*a*) 65 (*b*) 75
(*c*) 70 (*d*) 80

4. 0, 5, 22, 57, ?, 205
(*a*) 198 (*b*) 116
(*c*) 172 (*d*) 92

5. 1, 2, 5, 12, 27, 58, 121, ?
(*a*) 246 (*b*) 247
(*c*) 248 (*d*) 249

उत्तरमाला

1	2	3	4	5
(*c*)	(*a*)	(*c*)	(*b*)	(*c*)

व्याख्यात्मक उत्तर

1. शृंखला के आरंभिक पदों अर्थात् 1 और 6 के बीच 5 का अंतर है और तत्पश्चात् शृंखला की आनुक्रमिक संख्याओं के बीच अंतर में क्रमश: 1 की वृद्धि होती जाती है।

1 6 12 19 27 36
+5 +6 +7 +8 +9

4. शृंखला निम्नलिखित पैटर्न का अनुपालन करती है :
1 से आरंभ करके प्राकृतिक संख्याओं का घनफल घटा 1 से आरंभ करके एकांतर विषम संख्याएं

0	5	22	57	116	205
↓	↓	↓	↓	↓	↓
1^3-1	2^3-3	3^3-5	4^3-7	5^3-9	6^3-11

आवृत्ति शृंखला (Repetitive Series)

इस प्रकार की शृंखला में अक्षरों का समुच्चय निर्मित करने के लिए अंग्रेजी वर्णमाला के छोटे अक्षरों का प्रयोग किया जाता है जिनकी शृंखला में पुनरावृत्ति होती है।

अभ्यास

निर्देश : *दी गई अक्षर-शृंखलाओं को पूरा करने के लिए दिए गए अक्षर-समूहों के विकल्पों में से सही विकल्प का चयन करें।*

1. ab---b-bbaa-
(*a*) babba (*b*) abaab
(*c*) abbab (*d*) baaab

2. aa-ab--aaa-a
(*a*) baaa (*b*) abab
(*c*) aaab (*d*) aabb

3. -baa-aab-a-a
(a) baab (b) abab
(c) aaba (d) aabb

4. -a cca-ccca-acccc-aaa
(a) ccaa (b) acca
(c) caac (d) caaa

5. c-bbb--abbbb-abbb-
(a) abccb (b) bacbb
(c) aabcb (d) abacb

उत्तरमाला

1	2	3	4	5
(d)	(c)	(b)	(d)	(a)

व्याख्यात्मक उत्तर

2. दी गई अक्षर श्रृंखला है : aaaaba, aaaaba

4. दी गई अक्षर श्रृंखला है : c, a, cc, aa, ccc, aaa, cccc, aaaa

5. दी गई अक्षर श्रृंखला है : cabbbb, cabbbb, cabbbb

●●●

2

सादृश्य या संबंध (Analogies or Relationships)

शब्द सादृश्य (Word Analogy)

संबंध या सादृश्य परीक्षा में दिए गए दो शब्दों के बीच संबंध स्थापित किया जाता है और उसी संबंध को दिए गए अन्य शब्दों पर अनुप्रयुक्त किया जाता है। दिए गए दो शब्दों के बीच विभिन्न प्रकार के संबंध हो सकते हैं, अत: इस प्रकार के प्रश्नों को हल करते समय सर्वप्रथम यह ज्ञात करना होता है कि दिए गए दो शब्दों के बीच किस प्रकार का संबंध है।

अभ्यास

निर्देश (प्र.सं. 1–5): *पूछे गए प्रत्येक प्रश्न में पहले दिए गए दो शब्दों के बीच संबंध स्थापित करें। तत्पश्चात् दिए गए विकल्पों में से उस विकल्प का चयन करें जिसके शब्द और प्रश्न में दिए गए तीसरे शब्द के बीच ठीक वैसा ही संबंध या सादृश्य हो जैसा कि पहले के दो शब्दों के बीच है।*

1. जो संबंध 'उन्माद' और 'सनक' में है वही संबंध 'भय' और निम्नलिखित में से किसमें है?
(a) इच्छा (b) शौक
(c) आवश्यकता (d) डर

2. 'हकलाना' जिस प्रकार 'वाणी' से संबंधित है उसी प्रकार 'बहरापन' का संबंध निम्नलिखित में से किससे है?
(a) कान (b) सुनना
(c) शोर (d) चुप्पी

3. जिस प्रकार 'नेता', 'अनुयायी' से संबंधित है, उसी प्रकार .... संबंधित है सिपाही से।
(a) कैप्टन (b) यूनिट
(c) सेना (d) बैरक

4. जिस प्रकार 'चिल्लाहट', 'फुसफुसाहट' से संबंधित है, उसी प्रकार 'मारना' निम्नलिखित में से किससे संबंधित है?
(a) थप्पड़ मारने (b) छूना
(c) क्रोध (d) शोरगुल

5. जिस प्रकार 'पंजा', 'बिल्ली' से संबंधित है उसी प्रकार 'खुर' निम्नलिखित में से किससे संबंधित है?
(a) घोड़ा (b) मेमना
(c) हाथी (d) शेर

निर्देश (प्र.सं. 6–10): *नीचे दिए गए प्रत्येक प्रश्न में :: चिह्न की बाईं ओर दो शब्द दिए गए हैं। इन दोनों शब्दों में कुछ संबंध है। वैसा ही संबंध :: चिह्न की दाईं ओर के दो शब्दों में है जिनमें से एक शब्द के स्थान पर प्रश्नवाचक चिह्न (?) है। प्रश्नवाचक चिह्न (?) के स्थान पर दिए गए विकल्पों में से एक उपयुक्त विकल्प का चयन करें।*

6. शिकारी : बंदूक :: लेखक : ?
(a) पुस्तक (b) कलम
(c) कविता (d) पृष्ठ

7. भोजन : आमाशय :: ईंधन : ?
(a) इंज़न (b) ऑटोमोबाइल
(c) रेल (d) वायुयान

8. जल : रेत :: महासागर : ?
(a) द्वीप (b) नदी
(c) मरुभूमि (d) तरंगें

9. वयस्क : बच्चा :: फूल : ?
(a) बीज (b) कली
(c) फल (d) तितली

10. मोती : कंठहार :: फूल : ?
(a) पौधा (b) बगीचा
(c) पँखुड़ी (d) गुलदस्ता

निर्देश (प्र.सं. 11–15): *दिए गए विकल्पों में से उस शब्द-युग्म का चयन कीजिए जिसमें युग्म के शब्दों के बीच ठीक उसी प्रकार का संबंध हो जिस प्रकार का संबंध प्रश्न में दिए गए मूल शब्द-युग्म के बीच है।*

11. राज्य : निर्वासन
(*a*) पुलिस : गिरफ्तार (*b*) न्यायाधीश : अभियुक्त
(*c*) संविधान : संशोधन (*d*) चर्च : धर्म-बहिष्करण

12. चंचलता : विश्वसनीयता
(*a*) तात्कालिक : भविष्य सूचक (*b*) अविश्वसनीय : अमानवीय
(*c*) दृढ़निश्चयी : व्यवहार्यता (*d*) स्वेच्छाचारी : सनकी

13. अनिच्छुक : बल-प्रयोग
(*a*) घृणित : दुलारा (*b*) चिढ़ना : प्यार करना
(*c*) क्रुद्ध : प्रतिरोध (*d*) विमुख : मान-मनोव्वल

14. शल्क : मछली
(*a*) महिला : ड्रेस (*b*) पेड़ : पत्तियां
(*c*) पक्षी : पंख (*d*) त्वचा : मुनष्य

15. वृक्ष : बालवृक्ष
(*a*) झोंपड़ी : महल (*b*) लंबा-तगड़ा : बौना
(*c*) घोड़ा : बछेड़ा (*d*) चींटी : हाथी

उत्तरमाला

1	2	3	4	5
(*d*)	(*b*)	(*a*)	(*b*)	(*a*)
6	**7**	**8**	**9**	**10**
(*b*)	(*a*)	(*c*)	(*b*)	(*d*)
11	**12**	**13**	**14**	**15**
(*d*)	(*d*)	(*d*)	(*d*)	(*c*)

व्याख्यात्मक उत्तर

1. संबंधित शब्द पर्यायवाची हैं।

3. जिस प्रकार 'अनुयायी' अपने 'नेता' से मार्ग-दर्शन प्राप्त करते हैं उसी प्रकार 'सिपाही' को अपने 'कैप्टन' से मार्गदर्शन प्राप्त होता है।

5. 'बिल्ली' के 'पैर में' 'पंजा' होता है जबकि 'घोड़ा' के पैर में 'खुर' होता है।

6. 'शिकारी' का हथियार 'बंदूक' है और 'लेखक' का हथियार 'कलम' है।

9. 'बच्चा' विकसित होकर 'वयस्क' बनता है और 'कली' खिलकर 'फूल' बनती है।

11. राज्य से बाहर कर देना 'निर्वासन' और चर्च से बाहर कर देना 'धर्म-बहिष्करण' कहलाता है।

14. मछली का शरीर 'शल्कों' से ढका होता है और मनुष्य का शरीर उसकी 'त्वचा' से ढका होता है।

15. नवजात वृक्ष को 'बालवृक्ष' कहते हैं और नवजात घोड़े को 'बछेड़ा' कहते हैं।

अक्षर सादृश्य (Letter Analogy)

इस प्रकार के सादृश्य में अक्षरों के दो दिए गए समुच्चयों के बीच संबंध स्थापित किया जाता है और तत्पश्चात् अक्षरों के दिए गए तीसरे समुच्चय पर पहले दो अक्षर समुच्चयों के बीच के संबंध को अनुप्रयुक्त करके अक्षरों के चौथे अपेक्षित समुच्चय को ज्ञात किया जाता है।

अभ्यास

निर्देश: *नीचे के प्रत्येक प्रश्न में एक लुप्त पद है। प्रश्न में :: चिह्न की बायीं ओर के दो अक्षर-समूहों में जो समानता या सादृश्य है वैसी ही समानता या सादृश्य :: चिह्न की दायीं ओर के दो अक्षर समूहों में है जिनमें से एक अक्षर समूह के स्थान पर प्रश्नवाचक चिह्न (?) लगा है। प्रश्न-वाचक चिह्न (?) के स्थान पर लुप्त पद ज्ञात करें।*

1. BCF : DEG : : MNQ : ?
(*a*) OPR (*b*) PQS
(*c*) OPP (*d*) QRT

2. NATION : ANITNO : : HUNGRY : ?
(*a*) HNUGRY (*b*) UNHGYR
(*c*) YRNGUH (*d*) UHGNYR

3. ACE : FGH : : LNP : ?
(*a*) QRS (*b*) PQR
(*c*) QST (*d*) MOQ

4. BOQD : ERTG : : ANPC : ?
(*a*) DQSF (*b*) FSHU
(*c*) SHFU (*d*) DSQF

5. RUX : TRP : : BEH : ?
(*a*) SQN (*b*) QON
(*c*) QOM (*d*) QNL

6. BCDE : WVUT : : QRST : ?
(*a*) EFHG (*b*) JIHG
(*c*) POML (*d*) GEDC

7. ABC : ZYX : : IJK : ?
(*a*) RST (*b*) RQP
(*c*) RTS (*d*) RPQ

8. CIRCLE : RICELC : : SQUARE : ?
(*a*) UQSERA (*b*) QUSERA
(*c*) QSUERA (*d*) UQSAER

9. PSQR : CFED : : JMKL : ?
(*a*) UXVW (*b*) WZYX
(*c*) YVXZ (*d*) YZWX

10. FHJL : VTRP : : MOQS : ?
(*a*) JHFD (*b*) IGFD
(*c*) IGED (*d*) JHED

उत्तरमाला

1	2	3	4	5
(*a*)	(*d*)	(*a*)	(*a*)	(*c*)
6	**7**	**8**	**9**	**10**
(*b*)	(*b*)	(*a*)	(*b*)	(*a*)

व्याख्यात्मक उत्तर

2. पहले समूह के अक्षरों को दो-दो अक्षरों के खंडों में विभाजित करके प्रत्येक खंड के अक्षरों को उल्टे क्रम में लिखने पर दूसरा अक्षर-समूह प्राप्त होता है।

4. प्रत्येक अक्षर समूह में पहले और चौथे अक्षरों के बीच एक अक्षर छूटा हुआ है तथा दूसरे और तीसरे अक्षरों के बीच भी एक अक्षर छूटा हुआ है।

BOQD : ERTG : : ANPC : DQSF
(P, C) (S, F) (O, B) (R, E)

5. पहले समूह के अक्षरों में +3 का और दूसरे समूह के अक्षरों में –2 का अंतर है।

RUX : TRP : : BEH : QOM
+3 +3 –2 –2 +3+3 –2 –2

7. पहले अक्षर समूह में क्रमागत अक्षर वर्णमाला के सीधे क्रम में हैं और दूसरे अक्षर समूह में अक्षर वर्णमाला के विपरीत क्रम में समस्थानिक अक्षर हैं।

ABC → : ZYX ← : : IJK → : RQP ←

8. प्रथम अक्षर-समूह को दो बराबर खंडों में विभक्त करके प्रत्येक खंड के अक्षरों को उल्टे क्रम में लिखने पर दूसरा अक्षर-समूह प्राप्त होता है।

CIRCLE : RICELC : : SQUARE : UQSERA

संख्या सादृश्य (Number Analogy)

संख्या सादृश्य में भी पहले दो दी गई संख्याओं के बीच संबंध स्थापित किया जाता है और तत्पश्चात् इस ज्ञात संबंध को संख्याओं के दूसरे जोड़े पर प्रयुक्त करके उसके लुप्त पद को ज्ञात किया जाता है। संख्याओं के बीच संबंध किसी भी एक पैटर्न पर आधारित हो सकता है,

अभ्यास

निर्देश : *नीचे के प्रत्येक प्रश्न में चिह्न ': :' के पहले दो संख्याएं दी गई हैं जिनमें आपस में एक संबंध है तथा ': :' चिह्न के बाद में एक तीसरी संख्या दी गई है। दिए गए विकल्पों में से उस संख्या का चयन करें जिसका तीसरी संख्या के साथ वैसा ही संबंध हो जैसा संबंध संख्याओं के पहले जोड़े के बीच है।*

1. 14 : 20 : : 16 : ?
(*a*) 23 (*b*) 10
(*c*) 48 (*d*) 32

2. 0.16 : 0.0016 : : 1.02 : ?
(*a*) 10.20 (*b*) 0.102
(*c*) 0.0102 (*d*) 1.020

3. 5 : 24 : : 8 : ?
(*a*) 65 (*b*) 63
(*c*) 62 (*d*) 64

4. 65 : 30 : : 44 : ?
(*a*) 79 (*b*) 62
(*c*) 28 (*d*) 16

5. 30 : 42 : : 56 : ?
(*a*) 92 (*b*) 21
(*c*) 38 (*d*) 72

6. 6 : 18 : : 4 : ?
(*a*) 2 (*b*) 6
(*c*) 8 (*d*) 16

7. 162 : 9 : : 310 : ?
(*a*) 33 (*b*) 27
(*c*) 16 (*d*) 4

8. 123 : 149 : : 201 : ?
(*a*) 202 (*b*) 404
(*c*) 401 (*d*) 227

9. 6 : 21 : : 14 : ?
(*a*) 82 (*b*) 75
(*c*) 60 (*d*) 41

उत्तरमाला

1	2	3	4	5
(*a*)	(*c*)	(*b*)	(*d*)	(*d*)
6	**7**	**8**	**9**	
(*c*)	(*d*)	(*c*)	(*a*)	

व्याख्यात्मक उत्तर

1. संख्याओं के बीच संबंध निम्नवत् है:

14 : 20 : : 16 : 23
↓ ↓ ↓ ↓
7 × 2 (7 × 3)–1 8 × 2 (8 × 3)–1

4. दूसरी संख्या पहली संख्या के अंकों का गुणनफल है:

$$\frac{60:30}{(6\quad 5)}::\frac{44:16}{(4\quad 4)}$$

7. पहली संख्या के अंकों का योगफल दूसरी संख्या के बराबर है:

162 : 9 : : 310 : 4
1 + 6 + 2 3 + 1 + 0

●●●

3

वर्गीकरण या विजातीय छांटना (Classification or Odd One Out)

विजातीय छांटना–शब्दों पर आधारित समस्याएं

इस प्रकार के वर्गीकरण में चार शब्द दिए जाते हैं जिनमें से तीन शब्द तथ्य या अर्थ की दृष्टि से या अन्य किसी न किसी रूप में आपस में संबंधित होते हुए एक समूह बनाते हैं जबकि शेष केवल एक शब्द अन्य तीनों से भिन्न होता है।

अभ्यास

निर्देश : *यहां दिए गए प्रत्येक प्रश्न में तीन शब्द किसी न किसी प्रकार से समान हैं और इस कारण वे एक समूह बनाते हैं जबकि एक शब्द अन्य तीनों से भिन्न है। इस भिन्न या विजातीय शब्द को ज्ञात करें।*

1. (*a*) अस्तबल (*b*) बिल (*c*) डोंगी (*d*) सूअर-बाड़ा

2. (*a*) खुश (*b*) उदास (*c*) प्रसन्नचित्त (*d*) प्रसन्न

3. (*a*) सीसा (*b*) पारद (*c*) तांबा (*d*) लोहा

4. (*a*) अतिवृष्टि (*b*) अनावृष्टि (*c*) भूस्खलन (*d*) युद्ध

5. (*a*) सिंहशावक (*b*) चूजा (*c*) सूअर (*d*) पिल्ला

6. (*a*) खरगोश (*b*) मगरमच्छ (*c*) केंचुआ (*d*) घोंघा

7. (*a*) पेड़ (*b*) पत्ता (*c*) झाड़ी (*d*) शाकीय पौधे

8. (*a*) अलंकृत करना (*b*) रमणीय (*c*) सजाना (*d*) सुंदर बनाना

9. (*a*) ट्यूटर (*b*) प्रिंसिपल (*c*) छात्र (*d*) प्रोफेसर

10. (*a*) निवेदित भाव (*b*) शुल्क (*c*) कर (*d*) चुंगी

उत्तरमाला

1	2	3	4	5
(*c*)	(*b*)	(*b*)	(*d*)	(*c*)
6	**7**	**8**	**9**	**10**
(*a*)	(*b*)	(*b*)	(*c*)	(*a*)

व्याख्यात्मक उत्तर

1. डोंगी एक छोटी नाव होती है। अन्य सभी पशु-पक्षियों के निवासस्थलों के नाम हैं।

2. अन्य सभी आनन्द की अनुभूति को अभिव्यक्त करते हैं।

3. अन्य सभी ठोस धातुएं हैं।

5. अन्य सभी शब्द विभिन्न जंतुओं के शिशुओं के नाम हैं।

9. अन्य सभी शिक्षा प्रदान करते हैं जबकि छात्र इन सभी से शिक्षा प्राप्त करता है।

10. अन्य सभी विभिन्न प्रकार के कर हैं।

विजातीय छांटना–अक्षरों पर आधारित समस्याएं

इस कोटि के अंतर्गत विकल्प के रूप में चार अक्षर-समूह या अक्षरों की एक शृंखला दी जाती है। परीक्षार्थी को इनमें से ऐसे विकल्प का चयन करना होता है जो अन्यों से भिन्न अर्थात् विजातीय हो।

अभ्यास

निर्देश : *नीचे के प्रत्येक प्रश्न में अक्षर समूहों के रूप में चार विकल्प दिए गए हैं जिनमें से तीन में किसी न किसी प्रकार की समानता है और इस कारण वे एक समूह बनाते हैं। उस अक्षर समूह का चयन करें जो समूह से संबंधित नहीं है।*

1. (*a*) ACE (*b*) LOR (*c*) GIK (*d*) VXZ

2. (*a*) EFLM (*b*) KJSR (*c*) XWHG (*d*) EDYX

3. (*a*) JOPK (*b*) BOPC (*c*) QOPR (*d*) TOPS

4. (*a*) BdfH (*b*) FHJL (*c*) RTvX (*d*) uVwX

5. (*a*) MKGA (*b*) PNID (*c*) RPLF (*d*) VTPJ

6. (*a*) ABJNM (*b*) QRTUZ (*c*) IXYOQ (*d*) WGFPO

7. (*a*) CFIL (*b*) ABCD (*c*) ACDF (*d*) EFGH

8. (*a*) KNOS (*b*) QTUY (*c*) DFGJ (*d*) BEFJ

9. (*a*) FKP (*b*) LPU (*c*) HMR (*d*) DIN

10. (*a*) TBVD (*b*) JOKQ (*c*) AXCZ (*d*) FRHT

उत्तरमाला

1	2	3	4	5
(*b*)	(*a*)	(*d*)	(*d*)	(*b*)
6	**7**	**8**	**9**	**10**
(*c*)	(*c*)	(*c*)	(*b*)	(*b*)

व्याख्यात्मक उत्तर

1. शेष सभी अक्षर समूहों में अगला अक्षर अपने पूर्ववर्ती अक्षर से वर्णमाला के सीधे क्रम में 2 अक्षर आगे का है जबकि विकल्प (*b*) के अक्षर समूह में +3 अनुक्रम का पालन होता है।

A B C D E (+2, +2) L M N O P Q R (+3, +3)

G H I J K (+2, +2) V W X Y Z (+2, +2)

6. शेष समूहों में कम से कम दो जोड़े अक्षर वर्णमाला के क्रम में हैं, अर्थात्

ABJNM; QRTUZ; WGFPO

विकल्प (*c*) में केवल एक जोड़ा अक्षर-ही वर्णमाला के क्रम में है।

IXYOQ

9. शेष सभी अक्षर समूहों में +5 पैटर्न का अनुपालन होता है।

F K P ; H M R ; D I N
+5 +5 ; +5 +5 ; +5 +5

विकल्प (*b*) में +4, +5 पैटर्न का अनुपालन होता है।

L P U
+4 +5

10. शेष समूहों में तीसरा अक्षर पहले अक्षर से और चौथा अक्षर दूसरे अक्षर से वर्णमाला के सीधे क्रम में 2 अक्षर आगे का अक्षर है। अर्थात् :

T B V D; A X C Z; F R H T
+2 +2 ; +2 +2 ; +2 +2

विकल्प (*b*) में निम्नवत् पैटर्न दिखाई पड़ता है :

J O K Q
+1 +2

विजातीय छांटना–संख्याओं पर आधारित समस्याएं

इस प्रकार के वर्गीकरण में विकल्पों के रूप में विभिन्न संख्याएं दी जाती हैं। इन संख्याओं में से एक को छोड़कर जो अन्य से भिन्न होती है, शेष किसी न किसी रूप में आपस में संबंधित होती हैं और इस प्रकार एक समूह बनाती हैं।

अभ्यास

निर्देश : *यहां प्रत्येक प्रश्न में चार विकल्प दिए गए हैं जिनमें से तीन किसी न किसी रूप में आपस में संबंधित होते हुए एक समूह बनाते हैं, जबकि शेष एक संख्या अन्य से भिन्न है। उस भिन्न संख्या का चयन करें जो समूह से संबंधित नहीं है।*

1. (*a*) 1948 (*b*) 2401
(*c*) 966 (*d*) 1449

2. (*a*) 182 (*b*) 169
(*c*) 130 (*d*) 158

3. (*a*) 3215 (*b*) 9309
(*c*) 4721 (*d*) 2850

4. (*a*) 1776 (*b*) 2364
(*c*) 1976 (*d*) 3776

5. (*a*) 7658 (*b*) 1234
(*c*) 9876 (*d*) 6543

6. (*a*) 18 (*b*) 12
(*c*) 30 (*d*) 20

7. (*a*) 9875432 (*b*) 98765
(*c*) 98756 (*d*) 9876543

8. (*a*) 5243 (*b*) 9251
(*c*) 4256 (*d*) 3257

9. (*a*) 2553 (*b*) 1224
(*c*) 7992 (*d*) 3885

10. (*a*) 3223 (*b*) 4554
(*c*) 6116 (*d*) 9887

उत्तरमाला

1	2	3	4	5
(*a*)	(*d*)	(*b*)	(*b*)	(*a*)
6	**7**	**8**	**9**	**10**
(*a*)	(*c*)	(*a*)	(*b*)	(*d*)

व्याख्यात्मक उत्तर

1. शेष संख्याएं 7 से विभाज्य हैं।
2. शेष संख्याएं 13 का गुणज हैं।
4. शेष संख्याओं में आखिरी दो अंक एक से हैं।
8. शेष सभी संख्याओं में 25 बीच में है और सिरे के दो अंकों का योग 10 के बराबर है।
10. शेष सभी संख्याओं में अंतिम दो अंक पहले दो अंकों को उलटे क्रम में लिखने पर प्राप्त होते हैं।

विजातीय छांटना–शब्द समूहों से संबंधित समस्याएं

शब्दों, अक्षरों या संख्याओं के समूह का वर्गीकरण एकल शब्द, अक्षर या संख्या के वर्गीकरण से अधिक भिन्न नहीं होता।

अभ्यास

निर्देश : *नीचे के प्रत्येक प्रश्न में शब्दों के उस जोड़े का चयन करें जो शेष तीन जोड़ों से भिन्न हो।*

1. (*a*) कुर्सी-फर्नीचर (*b*) शर्ट-वस्त्र
(*c*) कंठहार-आभूषण (*d*) बोगी-इंजन

2. (*a*) चित्रांकनी-कागज (*b*) पेंसिल-लेड
(*c*) कलम-स्याही (*d*) बुरुश-रंग

3. (*a*) युद्ध-शांति (*b*) वास्तविक-सहज
(*c*) अग्रगण्य-प्रथम (*d*) क्रोध-गुस्सा

4. (*a*) दिन-रात (*b*) चालाक-मूर्ख
(*c*) स्पष्ट-धुंधला (*d*) पहुंचना-आना

5. (*a*) भतीजी-भतीजा (*b*) भाई-बहन
(*c*) पति-पत्नी (*d*) पिता-माता

6. (*a*) पेट्रोल-कार (*b*) तेल-लैम्प
(*c*) डीजल-लकड़ी (*d*) मोम-मोमबत्ती

7. (*a*) गंगा-नर्मदा (*b*) थार-गोबी
(*c*) आमाशय-हाथ (*d*) एवरेस्ट-पर्वत

8. (*a*) औषधि-चिकित्सक (*b*) फूल-कलाकार
(*c*) जूता-मोची (*d*) त्वचा-त्वचारोग विशेषज्ञ

9. (*a*) प्राधिकार-मंजूरी (*b*) प्रतिकर्षण-आकर्षण
(*c*) तुनकमिजाज-दुस्तोषणीय (*d*) श्वास-अस्तित्व

10. (*a*) पोलो-बर्फ का मैदान (रिंक)
(*b*) गोल्फ-लॉन
(*c*) टेनिस-कोर्ट
(*d*) शतरंज-बोर्ड

उत्तरमाला

1	2	3	4	5
(*d*)	(*a*)	(*a*)	(*d*)	(*a*)
6	**7**	**8**	**9**	**10**
(*c*)	(*d*)	(*b*)	(*b*)	(*a*)

व्याख्यात्मक उत्तर

1. बोगी रेलगाड़ी का एक हिस्सा होता है जो परिवहन का एक साधन है। कुर्सी, शर्ट और कंठहार क्रमशः फर्नीचर, वस्त्र और आभूषण हैं।

3. शेष सभी शब्द-युग्म समानार्थक शब्दों के युग्म हैं जबकि विकल्प (*a*) में दिया गया शब्द-युग्म विपरीतार्थक शब्दों का युग्म है।

4. शेष शब्द-युग्म एक दूसरे के विपरीतार्थक हैं।

5. संबंधित शब्द-युग्मों में पहला पुल्लिंग और दूसरा स्त्रीलिंग है। विकल्प (*a*) में पहले स्त्रीलिंग और तत्पश्चात् पुल्लिंग दिया गया है।

8. चिकित्सक का औषधि, मोची का जूता और त्वचारोग विशेषज्ञ का संबंध त्वचारोग से है। फूलों की देख-रेख करने वाले व्यक्ति को माली कहते हैं।

●●●

4

सांकेतिक भाषा परीक्षण (Coding and Decoding)

भाग-I

कूटलेखन या 'कोडिंग' संवाद-संप्रेषण की एक प्रक्रिया है जिसमें एक गुप्त भाषा का प्रयोग वास्तविक तथ्यों शब्दों/मूल्यों की अभिव्यक्ति या प्रस्तुतिकरण को एक ऐसी भाषा में परिवर्तित करने के लिए किया जाता है जिसे संवाद के प्रेषक और प्राप्तकर्ता के अतिरिक्त कोई तीसरा व्यक्ति समझ न सके।

अभ्यास

निर्देश : *निम्नलिखित प्रश्नों में दिए गए शब्दों या अक्षरों के लिए इंगित कूटभाषा के शब्द या अक्षर ज्ञात करें।*

1. यदि किसी कूट भाषा में CHAIR को FKDLU के रूप में लिखा जाए तो उसी कूटभाषा में RAID शब्द को किस प्रकार लिखा जाएगा?
(*a*) ULGD (*b*) ULKG
(*c*) ULDG (*d*) UDLG

2. किसी कूटभाषा में COME को XLNV और ABLE को ZYOV लिखा जाता है। इसी कूटभाषा में MOLLY किस प्रकार लिखा जाएगा?
(*a*) NLOBO (*b*) NLBOO
(*c*) LNOOB (*d*) NLOOB

3. यदि किसी कूटभाषा में ACTION को ZXGRLM लिखा जाता हो तो उसी कूटभाषा में HEALTH को कैसे लिखा जाएगा?
(*a*) SVZOGS (*b*) TVZOGT
(*c*) RUZPGR (*d*) QVGOZQ

4. यदि PHILOSOPHY को HPLISOPOYH लिखा जाता हो तो ORNAMENTAL कैसे लिखा जाएगा?
(*a*) ROANEMNTLA
(*b*) ONRAMNEALT
(*c*) ROANEMTNLA
(*d*) ROANEMNATL

5. यदि किसी कूटभाषा में लिखे गए शब्द OPFGBCST का अर्थवाचन NEAR के रूप में किया जाता हो तो उसी कूटभाषा में कूटबद्ध IJVWHI का अर्थ निम्नलिखित में से क्या होगा?
(*a*) HAG (*b*) HUG
(*c*) HUT (*d*) KEG

6. किसी विशेष कूटलिपि में PUNCTUAL को 16598623 के रूप में कूटबद्ध किया जाता है। इसी कूटलिपि में ACTUPULN निम्नलिखित में से किस प्रकार लिखा जाएगा?
(*a*) 29861653 (*b*) 29861635
(*c*) 28916135 (*d*) 29851536

7. यदि BAD को 7 के रूप में और HIS को 9 के रूप में कूटबद्ध किया जाए तो LOW निम्नलिखित में से किसके द्वारा सूचित किया जाएगा?
(*a*) 50 (*b*) 8
(*c*) 23 (*d*) 5

8. किसी विशेष कूटभाषा में REGISTRY को VAKEWPVU लिखा जाता है। इसी कूटभाषा में ENTRY कैसे लिखा जाएगा?
(*a*) IJXNC (*b*) ARPVW
(*c*) ARPVU (*d*) IJXMC

9. निम्नलिखित शब्दों में अक्षरों के संख्या कोड दिए गए हैं : BRAIN–12345, GRADE–72308, DRAIN–02345, STATE–78388। इन शब्दों में 'D' के लिए किस संख्या कोड का प्रयोग किया गया है?
(*a*) 3 (*b*) 2
(*c*) 0 (*d*) 4

उत्तरमाला

1	2	3	4	5
(*d*)	(*d*)	(*a*)	(*c*)	(*b*)
6	**7**	**8**	**9**	
(*b*)	(*d*)	(*a*)	(*c*)	

व्याख्यात्मक उत्तर

1. शब्द को कूटबद्ध करने के लिए उसके अक्षरों से वर्णमाला के क्रम में +3 चरण आगे के अक्षर लिए गए हैं।

C H A I R   F K D L U

+3
+3
+3
+3
+3

इसी प्रकार, R A I D   U D L G

+3
+3
+3
+3

4. शब्द को कूटबद्ध करने के लिए उसके दो क्रमागत अक्षरों को एक दूसरे के स्थान पर लिखा जाता है।

PH IL OS OP HY   HP LI SO PO YH

इसी प्रकार, OR NA ME NT AL   RO AN EM TN LA

5. कूटबद्ध शब्द का अर्थ-निर्वचन निम्नलिखित रूप में किया गया है :

↓OP ↓ FG ↓ BC ↓ ST → कूट

N   E   A   R   → दिया गया शब्द

अत: कूटबद्ध शब्द का अर्थ-निर्वचन करने के लिए वर्णमाला के अनुक्रम में दो क्रमागत अक्षरों से पहले के अक्षर लिए जाते हैं।

इसी प्रकार,

↓ IJ ↓ VW↓ HI→ दिया गया शब्द

H   U   G   → उत्तर शब्द

6. शब्द PUNCTUAL के अक्षरों को यादृच्छिक क्रम में लेकर ACTUPULN शब्द लिखा गया है।

इसी प्रकार संख्या कूट भी लिखा जाएगा

P U N C T U A L→ दिया गया शब्द

1 6 5 9 8 6 2 3 → कूट

इसी प्रकार,

A C T U P U L N → कूटबद्ध किया जाने वाला शब्द

2 9 8 6 1 6 3 5 → उत्तर कोड

9. जिन शब्दों में D का अक्षर निहित है, वे शब्द हैं :

G R A D E और D R A I N → अक्षर

7 2 3 0 8   0 2 3 4 5 → कूट

अत: यह स्पष्ट है कि 'D' का कूट '0' है।

भाग-II

एक अन्य प्रकार के कूट लेखन में किसी शब्द को कूट नाम दिए जाते हैं जिन्हें आगे भी कूटबद्ध किया जाता है। इस पैटर्न पर आधारित प्रश्न अर्थहीन प्रतीत हो सकते हैं किंतु कूट यथार्थता की बुनियादी बातों से हटकर नहीं होने चाहिए।

अभ्यास

निर्देश : *प्रत्येक प्रश्न में दी गई कूटबद्ध सूचना को अच्छी तरह समझें और दिए गए विकल्पों में से सही उत्तर का चयन करें।*

1. यदि किसी कूटभाषा में 'पानी' को 'नीला', 'नीला' को 'लाल', 'लाल' को 'सफेद', 'सफेद' को 'आकाश', 'आकाश' को 'वर्षा', 'वर्षा' को 'हरा', 'हरा' को 'हवा' और 'हवा' को 'मेज' कहा जाए, तो इस कूटभाषा में दूध के रंग को क्या कहेंगे?

(*a*) सफेद   (*b*) वर्षा
(*c*) आकाश   (*d*) हरा

2. यदि किसी कूटभाषा में 'प्रकाश' को 'अंधकार', 'अंधकार' को 'हरा', 'हरा' को 'नीला', 'नीला' को 'लाल', 'लाल' को 'सफेद' और 'सफेद' को 'पीला' कहा जाता हो तो इस कूटभाषा में रक्त का रंग क्या कहलाएगा?

(*a*) लाल   (*b*) अंधकार
(*c*) सफेद   (*d*) पीला

3. यदि किसी कूटभाषा में 'आकाश' को 'समुद्र', 'समुद्र' को 'पानी', 'पानी' को 'हवा', 'हवा' को 'बादल' और 'बादल' को 'नदी' कहा जाता हो तो प्यास लगने पर इस कूटभाषा में पीने के लिए किस चीज की मांग करेंगे?

(*a*) आकाश   (*b*) हवा
(*c*) पानी   (*d*) समुद्र

4. यदि किसी कूटभाषा में 'पीला' का अर्थ 'लाल', 'सफेद' का अर्थ 'हरा', 'लाल' का अर्थ 'नारंगी', 'नीला' का अर्थ 'सफेद' और 'हरा' का अर्थ 'नीला' हो तो उस कूटभाषा में आकाश का रंग क्या है?

(*a*) सफेद   (*b*) हरा
(*c*) नीला   (*d*) पीला

5. यदि किसी कूटभाषा में 'घर' को 'झोपड़ी', 'झोपड़ी' को 'नहर', 'नहर' को 'स्कूल', 'स्कूल' को 'मैदान', 'मैदान' को 'सुराही' और 'सुराही' को 'तार' कहा जाए तो इस कूटभाषा में छात्रों के पढ़ने की जगह को क्या कहेंगे?

(*a*) मैदान   (*b*) सुराही
(*c*) झोपड़ी   (*d*) स्कूल

6. यदि किसी कूटभाषा में 'बिल्ली' को 'घोड़ा', 'घोड़ा' को 'चूहा', 'कुत्ता' को 'खरगोश', 'खरगोश' को 'बिल्ली', 'चूहा' को 'कुत्ता' और 'शेर' को 'चींटी' कहा जाए तो इस कूटभाषा मे प्रयुक्त कूटों के आधार पर भौंकने वाले पशु को क्या कहेंगे?

(*a*) कुत्ता   (*b*) बिल्ली
(*c*) शेर   (*d*) खरगोश

7. यदि 'भूमि' को 'झील', 'झील' को 'पत्थर', 'पत्थर' को 'भारी', 'भारी' को 'स्टेडियम', 'स्टेडियम' को 'महासागर', 'महासागर' को 'वर्षा' और 'वर्षा' को 'आग' कहा जाए तो क्रिकेट के टेस्ट मैच खेले जाने वाले स्थान क्या कहलाते हैं?

(*a*) भारी   (*b*) महासागर
(*c*) पत्थर   (*d*) भूमि

8. यदि किसी कूटभाषा में 'चिड़िया' को 'राजा', 'राजा' को 'फूल', 'फूल' को 'घन', 'घन' को 'मेज', 'मेज' को 'मनुष्य' और 'मनुष्य' को 'चिड़िया' कहा जाए तो इस कूटभाषा में 'गुलाब' क्या है?
(*a*) मेज (*b*) फूल
(*c*) घन (*d*) मनुष्य

9. यदि किसी कूटभाषा में 'पानी' को 'पत्थर', 'पत्थर' को 'तेल', 'तेल' को 'हवा', 'हवा' को 'लकड़ी', 'लकड़ी' को 'गैस' और 'गैस' को 'द्रव' कहा जाए तो इस कूटभाषा में फर्नीचर किस चीज से बनता है?
(*a*) गैस (*b*) हवा
(*c*) तेल (*d*) द्रव

10. यदि किसी कूटभाषा में 'पिंजड़ा' को 'रॉकेट', 'रॉकेट' को 'फंदा', 'फंदा' को 'ग्रह', 'ग्रह' को 'हवाई जहाज', 'हवाई जहाज' को 'साइकिल' और 'साइकिल' को 'कार' कहा जाए तो इस कूटभाषा में पृथ्वी को क्या कहेंगे?
(*a*) साइकिल (*b*) रॉकेट
(*c*) ग्रह (*d*) हवाई जहाज

उत्तरमाला

1	2	3	4	5
(*c*)	(*c*)	(*b*)	(*a*)	(*a*)
6	7	8	9	10
(*d*)	(*b*)	(*c*)	(*a*)	(*d*)

व्याख्यात्मक उत्तर

1. दूध का रंग 'सफेद' होता है और इस कूटभाषा में 'सफेद' को 'आकाश' कहते हैं।
2. रक्त का रंग 'लाल' होता है और इस कूटभाषा में 'लाल' को 'सफेद' कहते हैं।
3. प्यास लगने पर हम 'पानी' पीते हैं और इस कूटभाषा में 'पानी' को 'हवा' कहते हैं।
4. आकाश का रंग 'नीला' होता है और नीला का अर्थ 'सफेद' है।
5. छात्र 'स्कूल' में पढ़ते हैं और 'स्कूल' को इस कूटभाषा में 'मैदान' कहा जाता है।
6. भौंकने वाला पशु 'कुत्ता' है और 'कुत्ता' को इस कूटभाषा में 'खरगोश' कहते हैं।

●●●

5

कथन विश्लेषण (Statement Analysis)

तर्कबुद्धि परीक्षण से संबंधित इस प्रकार के प्रश्नों में कुछ कथन दिए जाते हैं। इन कथनों में कतिपय तथ्यों को अलग-अलग रूपों में तोड़-मरोड़ कर प्रस्तुत किया जाता है। ऐसे प्रश्नों को हल करने के लिए अभ्यर्थियों से यह अपेक्षा की जाती है कि वे दिए गए कथनों का विश्लेषण करें, दिए गए तथ्यों को सुव्यवस्थित और वर्गीकृत करें तथा तत्पश्चात् दिए गए कथनों से संबंधित प्रश्नों के उत्तर दें।

अभ्यास

1. A, B, C, D और E पांच मित्र हैं जिनमें से A का वजन B से अधिक है, C का वजन D से कम है, B का वजन D से कम है किंतु E से अधिक है। इनमें से किसका वजन सबसे अधिक है?
(*a*) B (*b*) C
(*c*) A (*d*) कहा नहीं जा सकता

2. विपुल, हंस से लंबा है। हंस, आनंद से लंबा है। आलोक, अशोक से लंबा है। अशोक, हंस से लंबा है। इन पांचों मित्रों से कौन सबसे अधिक लंबा है?
(*a*) विपुल (*b*) आलोक
(*c*) अशोक (*d*) कहा नहीं जा सकता

3. प्रमोद, गोपाल से लंबा है। गोपाल, मधु से कम लंबा है। यह जानने के लिए कि इनमें सबसे अधिक लंबा कौन है, निम्नलिखित में से कौन-सी अतिरिक्त जानकारी आवश्यक है?
(*a*) मधु, गोपाल से लंबी है
(*b*) मधु, प्रमोद के भाई से कम लंबी है
(*c*) प्रमोद, मधु से लंबा है
(*d*) प्रमोद, मधु के भाई से लंबा है

4. विक्रम की लंबाई राजन से अधिक किंतु ऐनी से कम है। जमाल, ऐनी से अधिक लंबा है। सीता, विक्रम से अधिक लंबी है। राजन, सीता से कम लंबा है। इस समूह में सबसे कम लंबाई किसकी है?
(*a*) सीता (*b*) राजन
(*c*) विक्रम (*d*) कहा नहीं जा सकता

5. प्रमोद आयु में जयेश और सुधीर से बड़ा है। विकास, अनिल से छोटा है। इनमें किसकी आयु सब से अधिक है, यह जानने के लिए निम्नलिखित में से कौन-सी अतिरिक्त जानकारी अपेक्षित है?
(*a*) सुधीर, जयेश से बड़ा है (*b*) अनिल, जयेश से बड़ा है
(*c*) विकास, प्रमोद से बड़ा है (*d*) विकास, प्रमोद से छोटा है

निर्देश (प्र.सं. 6 और 7): ***(A) गोपाल की लंबाई अशोक से कम किंतु केशव से अधिक है; (B) नवीन की लंबाई केशव से कम है; (C) जयेश की लंबाई नवीन से अधिक है; (D) अशोक की लंबाई जयेश से अधिक है।***

6. इनमें सबसे अधिक लंबा कौन है?
(*a*) गोपाल (*b*) अशोक
(*c*) जयेश (*d*) नवीन

7. उपर्युक्त प्रश्न का उत्तर देने के लिए निम्नलिखित में से कौन-सी सूचना आवश्यक नहीं है?

(*a*) A (*b*) B
(*c*) C (*d*) D

निर्देश (प्र.सं. 8–10): *नीचे उल्लिखित कथन को ध्यानपूर्वक पढ़ें और पूछे गए प्रश्नों के उत्तर दें:*

एक समूह में A, B, C, D और E पांच व्यक्ति हैं। इनमें से दो पुरुष हैं। केवल तीन व्यक्ति तैरना जानते हैं जिनमें एक पुरुष है। इस समूह में एक विवाहित जोड़ा भी है जिसमें पति को तैरना आता है। A, D की छोटी बहन है और B, E का पति है। C तैराकी का चैम्पियन है।

8. समूह में अविवाहित पुरुष कौन है?

(*a*) C (*b*) B
(*c*) A (*d*) D

9. निम्नलिखित में से कौन-सी दो महिलाएं तैरना जानती हैं?

(*a*) A और C (*b*) C और D
(*c*) D और E (*d*) A और E

10. निम्नलिखित में से किन दो व्यक्तियों को तैरना नहीं आता?

(*a*) B और D
(*b*) D और E
(*c*) A और E
(*d*) A और D

उत्तरमाला

1	2	3	4	5
(*d*)	(*d*)	(*c*)	(*b*)	(*c*)
6	7	8	9	10
(*b*)	(*c*)	(*d*)	(*a*)	(*b*)

व्याख्यात्मक उत्तर

1. वजन के घटते क्रम में इन मित्रों को निम्नवत् श्रेणीबद्ध किया जा सकता है : A/D, B/C, E या A/D, B, C/E अत: इन मित्रों में से A या D का वजन सबसे अधिक है।

2. लंबाई के घटते क्रम में इन व्यक्तियों के नाम हैं: विपुल/आलोक, अशोक, हंस, आनंद। अत: विपुल या आलोक में से कोई एक सबसे अधिक लंबा है।

4. लंबाई के घटते क्रम में इन व्यक्तियों को निम्नवत् विन्यस्त किया जा सकता है :

जमाल/सीमा, ऐनी, विक्रम, राजन *या*
जमाल, सीता/ऐनी, विक्रम, राजन

6. लंबाई के घटते क्रम में इन व्यक्तियों को निम्नवत् विन्यस्त किया जा सकता है :

अशोक, गोपाल/जयेश, केशव, नवीन *या*
अशोक, गोपाल, केशव/जयेश, नवीन

प्रश्न संख्या 8 से 10 तक के प्रश्नों के उत्तर के लिए सूचना चार्ट नीचे दिया गया है :

A. महिला (D की छोटी बहन) : तैराकी जानती है।
B. पुरुष (E का पति) : तैराकी जानता है।
C. महिला : तैराकी की चैम्पियन
D. पुरुष (A का भाई)
E. महिला (B की पत्नी)

विवाहित जोड़े B और E में से पति (B) तैराकी जानता है। C तैराकी की एक चैम्पियन है। तीन व्यक्ति तैरना जानते हैं जिनमें केवल B ही पुरुष है। अत: तैराकी जानने वाली दो महिलाएं C और A (D की छोटी बहन) हैं। पांच व्यक्तियों के इस समूह में दो पुरुष हैं जिनमें एक B है और दूसरा D होगा।

●●●

6

स्थान व्यवस्थीकरण (Place Arrangement)

स्थान व्यवस्थीकरण का सामान्य अर्थ है दी गई सूचनाओं के आधार पर व्यक्तियों या वस्तुओं का स्थान-क्रम निर्धारित करना। इसके लिए आवश्यक है कि स्थान-क्रम को अच्छी तरह समझा जाए और तत्पश्चात् दिए गए प्रश्नों को उपलब्ध कराई गई सूचना के आधार पर हल करने का प्रयास किया जाए।

अभ्यास

निर्देश (प्र.सं. 1–6): *निम्नलिखित प्रश्नों में व्यवस्थीकरण के पैटर्न को समझें और तत्पश्चात् दिए गए विकल्पों में से सही उत्तर का चयन करें:*

1. मिनी, रजनी के दाएं और अनंता के बाएं बैठी है। सत्या, मिनी के दाएं बैठी है किंतु वह जया के बाएं है। यदि सभी लड़कियां उत्तर दिशा की ओर मुंह किए बैठी हों तो इनमें से सबसे बाएं छोर पर कौन बैठी है?

(*a*) जया (*b*) मिनी
(*c*) रजनी (*d*) सत्या

2. A, B, C, D और E एक दूसरे के पीछे दौड़ रहे हैं। C, E के निकट नहीं है और A, D के निकट नहीं है। B, A के पीछे है और E, D के निकट नहीं है। इनके बीच में कौन व्यक्ति है?

(*a*) B (*b*) E
(*c*) A (*d*) कहा नहीं जा सकता

3. O, P, Q, R, S और T एक बेंच पर अपनी लंबाई के घटते क्रम में खड़े हैं। P, O से अधिक लंबा है किंतु S से उसकी लंबाई कम है। केवल S ही T से अधिक लंबा है। R, P से कम लंबा है किंतु वह Q से अधिक लंबा है। इनमें किसकी लंबाई सबसे कम है?

(*a*) O (*b*) Q
(*c*) P (*d*) कहा नहीं जा सकता

4. छह मित्र एक गोल घेरे में बैठकर ताश खेल रहे हैं। केनी, डैनी की बायीं ओर बैठा है। माइकल, बॉब और जॉन के बीच बैठा है। रॉजर, केनी और बॉब के बीच बैठा है। माइकल की दाहिनी ओर कौन बैठा है?

(*a*) डैनी (*b*) जॉन
(*c*) केनी (*d*) बॉब

5. 10 पुस्तकों के एक ढेर में 3 पुस्तकें इतिहास की, 3 हिंदी की, 2 गणित की और 2 अंग्रेजी की पुस्तकें हैं। यदि ऊपर से देखा जाए तो इतिहास और गणित की एक-एक पुस्तकों के बीच अंग्रेजी की एक पुस्तक है, गणित और अंग्रेजी की एक-एक पुस्तकों के बीच इतिहास की एक पुस्तक है, अंग्रेजी और गणित की एक-एक पुस्तकों के बीच एक हिंदी की पुस्तक है, हिंदी की दो पुस्तकों के बीच गणित की एक पुस्तक है तथा गणित और इतिहास की एक-एक पुस्तकों के बीच हिंदी की दो पुस्तकें हैं। इस ढेर में किस विषय की पुस्तक ऊपर से छठे स्थान पर है?

(*a*) अंग्रेजी (*b*) हिंदी
(*c*) इतिहास (*d*) गणित

6. छह मित्र A, B, C, D, E और F एक गोल घेरे में खड़े हैं। B, F और C के बीच में है, A, E और D के बीच में है, F, D की बायीं ओर है। A और F के बीच कौन है?

(*a*) C (*b*) B
(*c*) D (*d*) E

निर्देश (प्र.सं. 7 और 8): *निम्नलिखित कथनों को सावधानी पूर्वक पढ़ें और पूछे गए प्रश्नों के उत्तर दें :*

एक शेल्फ में पांच कमीजें एक ढेर में एक के ऊपर एक रखी हुई हैं। इस ढेर में लाल कमीज नीली कमीज के ऊपर रखी गई है और हरे रंग की कमीज नारंगी रंग की कमीज के नीचे रखी गई है। नीली कमीज नारंगी रंग की कमीज के ऊपर तथा सफेद कमीज हरी कमीज के नीचे रखी गई है।

7. लाल और नारंगी रंग की कमीजों के बीच रखी कमीज किस रंग की है?

(*a*) सफेद रंग की (*b*) हरे रंग की
(*c*) नीले रंग की (*d*) आंकड़े अपर्याप्त हैं

8. सबसे नीचे किस रंग की कमीज है?

(*a*) लाल (*b*) सफेद
(*c*) नारंगी (*d*) कहा नहीं जा सकता

उत्तरमाला

1	2	3	4	5
(*c*)	(*a*)	(*d*)	(*d*)	(*b*)
6	**7**	**8**		
(*c*)	(*c*)	(*b*)		

व्याख्यात्मक उत्तर

2. दौड़ते समय ये व्यक्ति निम्नलिखित क्रम में एक दूसरे के पीछे होंगे :

E		E
A		A
B	या	B
C		D
D		C

4. इन छह मित्रों के बैठने का निम्नलिखित क्रम है :

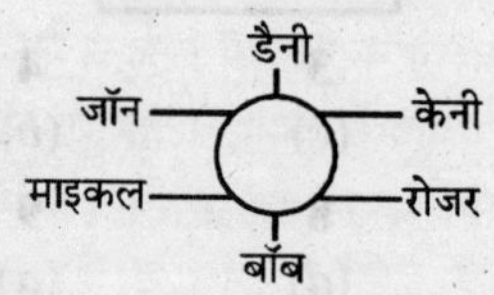

6. ये मित्र निम्नलिखित क्रम में एक दूसरे की बगल में खड़े हैं

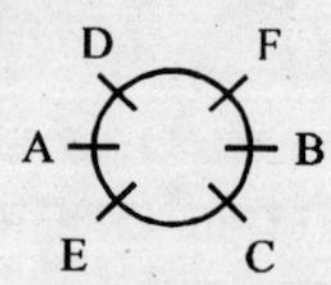

●●●

7 दिशा ज्ञान परीक्षण (Direction Sense)

इस प्रकार के प्रश्न अभ्यर्थियों की सही दिशा-निर्देशों को समझने की योग्यता की जांच करने हेतु पूछे जाते हैं। ऐसे प्रश्न दिशा-चार्ट पर आधारित होते हैं :

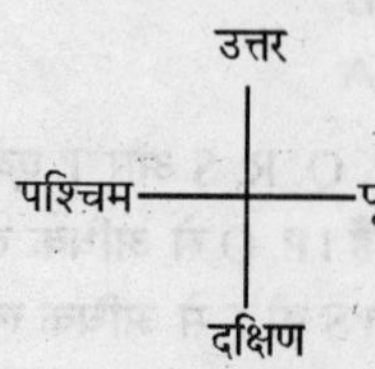

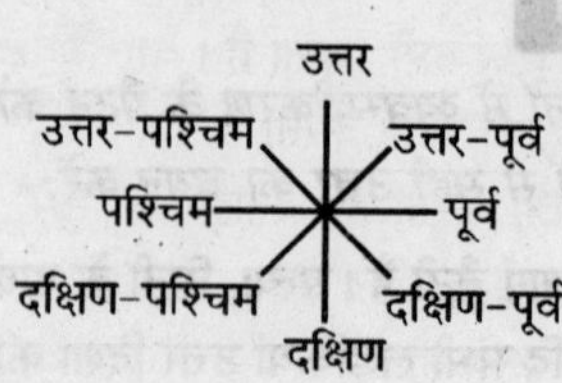

विभिन्न दिशाओं का बोध बाएं या दाएं मोड़ या कोणीय मोड़ों द्वारा निर्देशित होता है।

अभ्यास

निर्देश : *नीचे के प्रत्येक प्रश्न में सही दिशा/ दूरी दर्शाने के लिए दिए गए विकल्पों से सही उत्तर का चयन करें।*

1. एक व्यक्ति पश्चिम दिशा में अपनी गाड़ी चला रहा है। वह दक्षिण दिशा में चले इसके लिए उसे निम्नलिखित में से कौन से मोड़ मुड़ने चाहिए?
(*a*) बायीं ओर, दायीं ओर, दायीं ओर
(*b*) दायीं ओर, दायीं ओर, बायीं ओर
(*c*) बायीं ओर, बायीं ओर, बायीं ओर
(*d*) दायीं ओर, दायीं ओर, दायीं ओर

2. ऋचा अपनी गाड़ी से दक्षिण दिशा में 8 किमी आगे चलकर बायीं ओर मुड़ जाती है और 5 किमी. आगे चलती है। वहां वह एक बार फिर से बायीं ओर मुड़कर 8 किमी. आगे चलती है। अब वह अपने शुरू के स्थान से कितनी दूरी पर है?
(*a*) 3 किमी. (*b*) 5 किमी.
(*c*) 8 किमी. (*d*) 13 किमी.

3. देबू पहले पूर्व की ओर और तब उत्तर की ओर चलता है तथा वहां वह 45° दायें मुड़कर कुछ देर आगे चलता है और अंततः बायीं ओर मुड़ जाता है। अब वह किस दिशा में चल रहा है?
(*a*) उत्तर (*b*) पूर्व
(*c*) दक्षिण-पूर्व (*d*) उत्तर-पश्चिम

4. मैं अपने घर से उत्तर दिशा में चला और तब बायीं ओर मुड़ गया। अब कुछ देर तक आगे चलने के बाद मैं फिर से बायीं ओर मुड़ा और तब दायीं ओर मुड़ गया। बाद में आगे चलते हुए मैं बायीं ओर और एक बार फिर से बायीं ओर मुड़ा। बताइए कि अब मैं किस दिशा में चल रहा हूँ?
(*a*) उत्तर (*b*) दक्षिण
(*c*) पूर्व (*d*) पश्चिम

5. राज पश्चिम दिशा में चल रहा है। वह आगे चलते हुए अपने दाएं, फिर दाएं और तब बाएं, हर बार 45° के कोण पर मुड़ा। बताइए कि अब वह किस दिशा में चल रहा है?
(*a*) उत्तर-पूर्व (*b*) दक्षिण-पूर्व
(*c*) पूर्व (*d*) पश्चिम

6. एक महिला उत्तर दिशा में 12 किमी. चलती है, तब वह दक्षिण दिशा में 6 किमी. चलती है और तत्पश्चात् पूर्व दिशा में 8 किमी चलती है। इस समय वह अपने आरंभिक बिंदु से कितनी दूरी पर है और किस दिशा में चल रही है?
(*a*) 5 किमी., उत्तर-पूर्व (*b*) 5 किमी., पूर्व
(*c*) 10 किमी., उत्तर-पूर्व (*d*) 10 किमी., पश्चिम

7. रवि अपनी गाड़ी से पश्चिम दिशा में 12 किमी. जाता है। वहां वह दक्षिण दिशा में मुड़कर 3 किमी. आगे की यात्रा करता है, जहां वह पूर्व दिशा में मुड़कर 8 किमी. की यात्रा करता है। बताइए कि इस समय वह अपने आरंभिक बिंदु से कितनी दूरी पर है?
(*a*) 3 किमी. (*b*) 5 किमी.
(*c*) 7 किमी. (*d*) 11 किमी.

8. यदि सभी दिशाएं घूम जाएं अर्थात् यदि उत्तर दिशा घूमकर पश्चिम दिशा हो जाए और पूर्व दिशा घूमकर उत्तर दिशा हो जाए तथा इसी प्रकार अन्य दिशाएं भी घूम जाएं तो उत्तर-पश्चिम दिशा बदल कर कौन-सी दिशा हो जाएगी?
(*a*) दक्षिण-पश्चिम (*b*) उत्तर-पूर्व
(*c*) पूर्व-उत्तर (*d*) पूर्व-पश्चिम

9. A और B किसी एक बिंदु से एक साथ चलना आरंभ करते हैं। वे उत्तर दिशा में 10 किमी. जाते हैं। वहां A बायीं ओर मुड़ कर 5 किमी. आगे जाता है जबकि B दायीं ओर मुड़कर 3 किमी. आगे जाता है जहां से A एक बार फिर से बायीं ओर मुड़कर 15 किमी. आगे जाता है और B दायीं ओर मुड़कर 15 किमी. आगे जाता है। बताइए कि अब A और B एक दूसरे से कितनी दूरी पर हैं?
(*a*) 18 किमी. (*b*) 10 किमी.
(*c*) 5 किमी. (*d*) 8 किमी.

10. तरुण पूर्व दिशा में चल रहा है। यदि वह उत्तर दिशा में चलना चाहता है तो उसे निम्नलिखित से में कौन से मोड़ नहीं मुड़ने चाहिए?
(*a*) दायां, दायां, बायां, दायां, दायां
(*b*) दायां, दायां, बायां, बायां, बायां
(*c*) दायां, दायां, दायां
(*d*) दायां, बायां, दायां, बायां

11. सोनी और मोनी किसी एक स्थान से चलना शुरू करती हैं। सोनी पश्चिम दिशा में और मोनी दक्षिण दिशा में चलती है। 20 किमी. आगे जाने के बाद सोनी बायीं ओर मुड़ जाती है और 15 किमी. आगे बढ़ती है। मोनी 10 किमी. आगे जाने के बाद बायीं ओर मुड़ती है और तब 5 किमी. आगे जाती है। इसी समय सोनी अपने स्थान से बायीं ओर मुड़कर 25 किमी. आगे जाती है जबकि मोनी अपने स्थान से दाहिनी ओर मुड़ती है और 5 किमी. आगे जाती है। बताइए कि यहां सोनी और मोनी एक दूसरे से कितनी दूरी पर हैं।
(*a*) 5 किमी.
(*b*) वे अपने आरंभिक बिंदु पर वापस पहुंच गए हैं
(*c*) वे अपनी यात्रा समाप्ति पर एक ही स्थान पर पहुंचती हैं
(*d*) दी गई सूचना अपर्याप्त है

12. सीता के घर का मुख्य दरवाजा दक्षिण दिशा में खुलता है। वह अपने घर से निकलकर सामने की दिशा में 10 मीटर जाती है, वहां से बायीं ओर मुड़कर वह 5 मीटर आगे जाती है और तब फिर से बायें मुड़कर 15 मीटर आगे जाती है और तब एक बार फिर से बायें मुड़कर 10 मीटर आगे जाती है। अंततः वह दायें मुड़ती है और 5 मीटर आगे जाकर अपने मित्र के घर पहुंचती है। सीता के मित्र के घर का मुख्य दरवाजा किस दिशा में खुलता है?
(*a*) उत्तर (*b*) दक्षिण
(*c*) पश्चिम (*d*) पूर्व

उत्तरमाला

1	2	3	4	5	6
(*d*)	(*b*)	(*d*)	(*c*)	(*a*)	(*c*)
7	8	9	10	11	12
(*b*)	(*a*)	(*d*)	(*d*)	(*c*)	(*b*)

व्याख्यात्मक उत्तर

1. 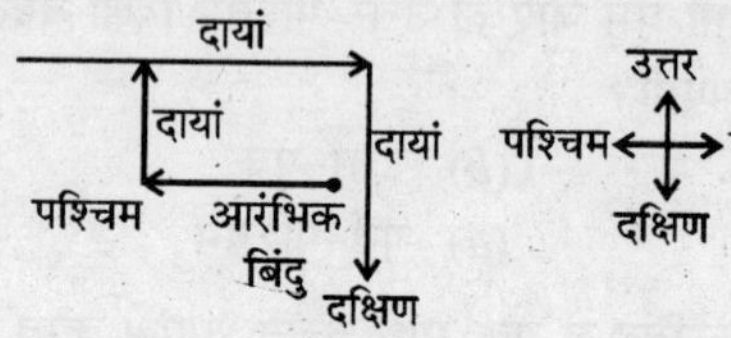

2. 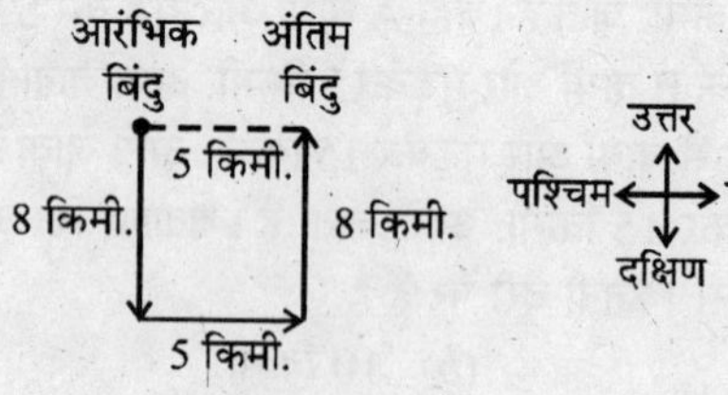

3. 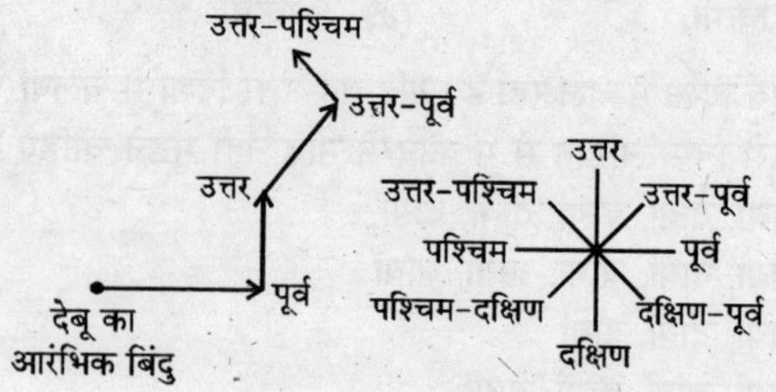

4. 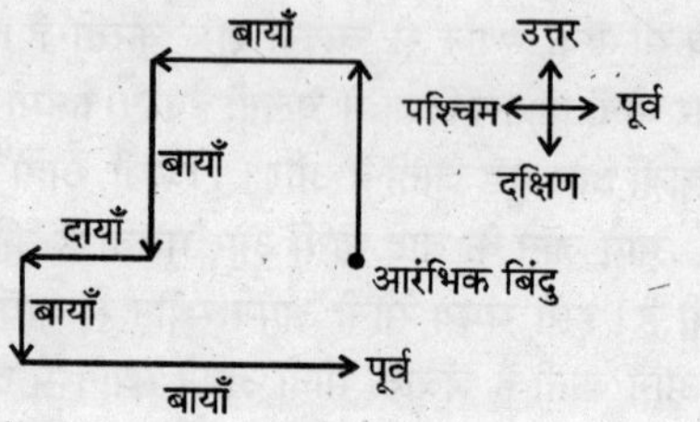

7. $ab = \sqrt{bc^2 + ca^2}$

$$ab = \sqrt{3^2 + 4^2} = \sqrt{9+16} = \sqrt{25} = 5$$

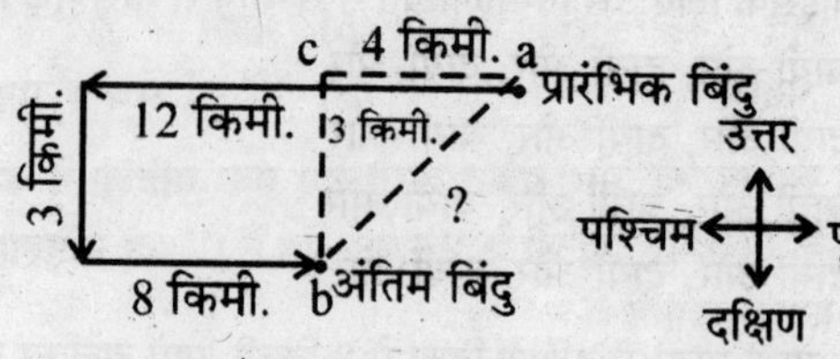

9. 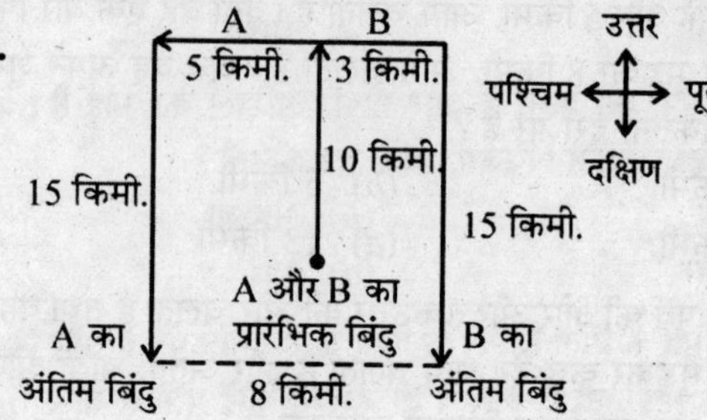

12. 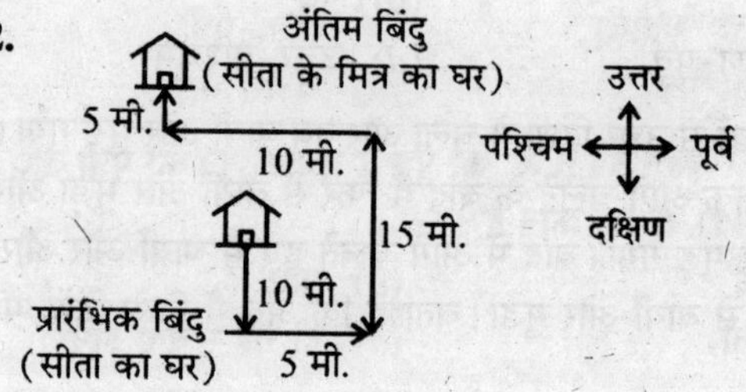

●●●

8 रक्त संबंधी परीक्षण (Blood Relationships)

रक्त संबंधों पर आधारित प्रश्नों को हल करने के लिए यह आवश्यक है कि परीक्षार्थी रिश्तों की जटिलता को तत्काल समझ सकें और किन्हीं दो व्यक्तियों के बीच किस प्रकार के संबंध हो सकते हैं, इस बारे में उन्हें स्पष्ट जानकारी हो। इस प्रकार के प्रश्नों को पूछने का अभिप्राय मुख्यतः यह सुनिश्चित करना है कि परीक्षार्थी कतिपय जटिल भाषा में व्यक्त रिश्तों को कितनी तत्परता से समझ सकते हैं और उत्तर के रूप में सही विकल्प का चयन कर सकते हैं।

अभ्यास

निर्देश: *नीचे के प्रत्येक प्रश्न में व्यक्तियों के बीच उल्लिखित संबंधों को सावधानीपूर्वक समझें और तब दिए गए विकल्पों में से सही उत्तर का चयन करें:*

1. A, B और C का पिता है। B, A का पुत्र है किंतु C, A का पुत्र नहीं है। C का A से क्या संबंध है?
   (*a*) पुत्री (*b*) पुत्र
   (*c*) भतीजी (*d*) भतीजा

2. एक महिला ने कहा, "वहां खड़ी लड़की मेरे दादा जी के एकमात्र पुत्र की पुत्री है"। उस महिला का उस लड़की से क्या संबंध है?
   (*a*) बहन (*b*) मां
   (*c*) चाची (*d*) भतीजा

3. अजय, विजय का भाई है। शुभा, अजय की बहन है। संजय, राहुल का भाई है और मेहुल विजय की पुत्री है। संजय का चाचा कौन है?
   (*a*) राहुल (*b*) अजय
   (*c*) मेहुल (*d*) दी गई सूचना अपर्याप्त है

4. आदित्य, रवि का भाई है। भरत, जयंत के पिता हैं। ईला, रवि की मां है। आदित्य और जयंत आपस में भाई हैं। ईला का भरत से क्या संबंध है?

(*a*) बहन (*b*) मां
(*c*) पुत्री (*d*) पत्नी

5. वरुण ने अरुण की ओर संकेत करते हुए कहा, "वह मेरी बहन के एकमात्र भाई का पुत्र है।" अरुण का वरूण से क्या संबंध है?

(*a*) पुत्र (*b*) भाई
(*c*) भतीजा (*d*) दी गई सूचना अपर्याप्त है

6. एक व्यक्ति की ओर संकेत करते हुए एक महिला ने कहा "उसके भाई के पिता मेरे दादाजी के एकमात्र पुत्र हैं।" वह महिला उस व्यक्ति की क्या लगती है?

(*a*) मां (*b*) बहन
(*c*) पुत्री (*d*) चाची

7. विद्या, गोपी की पत्नी है और गोपी, अखिल का भाई है। अखिल, विजय का चाचा है। विजय, विद्या का कौन है?

(*a*) पुत्र (*b*) भतीजा
(*c*) देवर (*d*) भाई

8. यदि अमित के पिता बिल्लू के पिता के एकमात्र पुत्र हैं और बिल्लू का कोई भी भाई नहीं है और न ही उसकी कोई पुत्री है तो अमित और बिल्लू के बीच क्या संबंध है?

(*a*) चाचा-भतीजा (*b*) पिता-पुत्री
(*c*) पिता-पुत्र (*d*) चचेरा भाई

9. A, B की बहन है। B, C का पुत्र है तथा E, D की पुत्री और A की बहन है। D, C का कौन है?

(*a*) भाई (*b*) पति
(*c*) पत्नी (*d*) दी गई सूचना अपर्याप्त है

10. यदि M + N का अर्थ है कि 'M', 'N' का भाई है,
M – N का अर्थ है कि 'M', 'N' की बहन है,
M × N का अर्थ है कि 'M', 'N' की मां है और
M ÷ N का अर्थ है कि 'M', 'N' का पिता है, तो निम्नलिखित में से किसका अर्थ यह होगा कि E, F की बुआ है?

(*a*) E – G ÷ F (*b*) E + G × F
(*c*) E × F – G (*d*) F × G + E

उत्तरमाला

1	2	3	4	5
(*a*)	(*a*)	(*d*)	(*d*)	(*a*)
6	**7**	**8**	**9**	**10**
(*b*)	(*b*)	(*c*)	(*d*)	(*a*)

व्याख्यात्मक उत्तर

1.

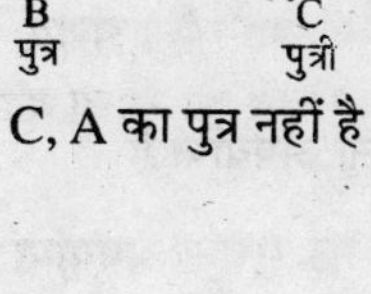

C, A का पुत्र नहीं है किंतु A, C का पिता है। अत: C, A की पुत्री है।

2.

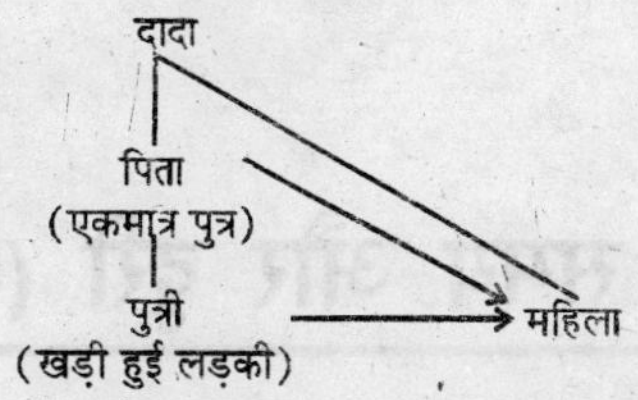

उस महिला के दादा का पुत्र उसके पिता हैं तथा पिता की पुत्री निश्चित ही उस महिला की बहन होगी।

3.

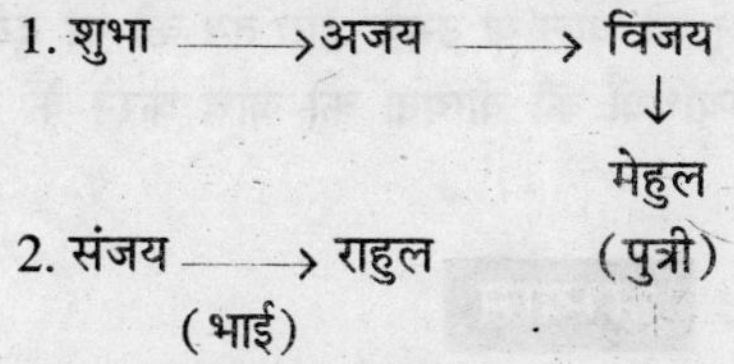

यहां दो संबंध-समुच्चयों का उल्लेख किया गया है। दी गई सूचना अपर्याप्त है और इन दो भिन्न संबंध-समुच्चयों के बीच कोई संबंध स्थापित नहीं किया जा सकता।

5.

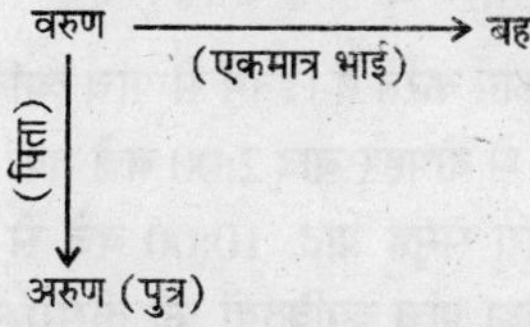

वरुण की बहन का एकमात्र भाई स्वयं वरुण है और उसका पुत्र अरुण है।

8. प्रश्न पर आधारित संबंध-चार्ट है :

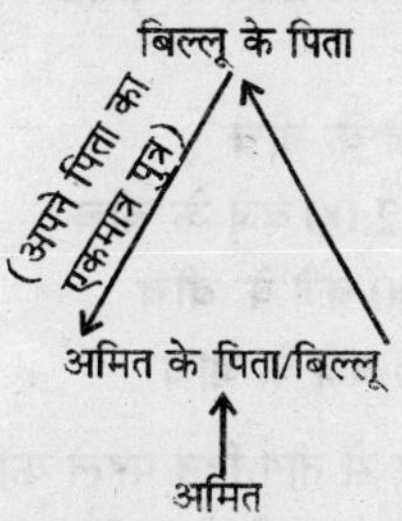

अमित के पिता बिल्लू के पिता के एकमात्र पुत्र हैं, और बिल्लू अपने पिता का एकमात्र पुत्र है (बिल्लू का कोई भाई नहीं है)। इससे यह स्पष्ट होता है कि बिल्लू ही अमित का पिता है। चूंकि बिल्लू की कोई पुत्री नहीं है, अत: अमित ही उसका एकमात्र पुत्र है।

9.

D और C के बीच संबंध नहीं बताया गया है, अत: इनके बीच कोई संबंध नहीं बताया जा सकता है।

10. E – G का अर्थ है 'E, G की बहन है' और G ÷ F का अर्थ है कि 'G, F का पिता है।'

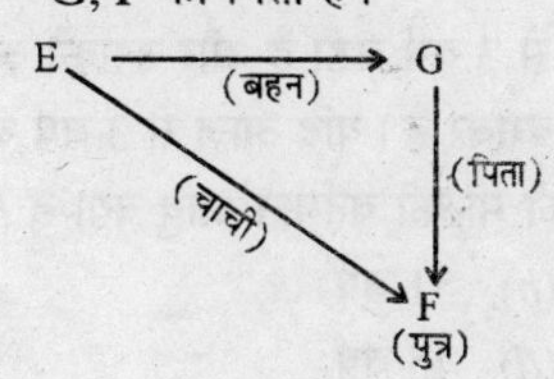

●●●

9

कैलेंडर, घड़ी, समय और दूरी (Calendar, Clock, Time and Distance)

इस प्रकार की गणितीय तर्क बुद्धि परीक्षा घड़ी या कैलेंडर द्वारा समय के परिकलन तथा गतिमान वस्तु की चाल या उसके द्वारा तय की गई दूरी के परिकलन के संबंध में अभ्यर्थियों की योग्यता की जांच करने के लिए आयोजित की जाती है।

अभ्यास

1. यदि परसों बृहस्पतिवार था तो रविवार कब होगा?
(*a*) कल (*b*) परसों
(*c*) आज (*d*) आज से दो दिन बाद

2. किसी कार्यालय में बीस व्यक्ति कार्य करते हैं। इनमें से पांच व्यक्तियों का पहला समूह प्रात: 8:00 बजे से दोपहर बाद 2:00 बजे तक काम करता है। दस व्यक्तियों का दूसरा समूह प्रात: 10:00 बजे से शाम 4:00 बजे तक काम करता है तथा पांच व्यक्तियों का तीसरा समूह दोपहर 12:00 बजे से संध्या 6:00 बजे तक काम करता है। इस कार्यालय में तीन कंप्यूटर हैं जिन्हें सभी कर्मचारी बार-बार प्रयोग में लाते हैं। बताइए कि निम्नलिखित में से किस समय के दौरान कंप्यूटर पर सर्वाधिक काम होगा?
(*a*) दोपहर बाद 1:00 बजे से 3:00 बजे के बीच
(*b*) दोपहर 12:00 बजे से दोपहर बाद 2:00 बजे के बीच
(*c*) दोपहर बाद 2:00 बजे से शाम 4:00 बजे के बीच
(*d*) प्रात: 10:00 बजे से दोपहर 12:00 बजे के बीच

3. यदि किसी माह का सातवां दिन शुक्रवार से तीन दिन पहले का दिन हो तो उस माह का उन्नीसवां दिन सप्ताह का कौन-सा दिन होगा?
(*a*) रविवार (*b*) सोमवार
(*c*) बुधवार (*d*) शुक्रवार

4. राधा को याद है कि उसके पिता का जन्मदिन 16 मार्च के बाद किंतु 21 मार्च से पहले है जबकि उसके भाई मंगेश को याद है कि उनके पिता का जन्मदिन 22 मार्च से पहले किंतु 19 मार्च के बाद है। बताइए कि उनके पिता का जन्मदिन किस तारीख को निश्चित रूप से है?
(*a*) 19 मार्च
(*b*) 20 मार्च
(*c*) 21 मार्च
(*d*) कहा नहीं जा सकता

5. एक व्यक्ति आयु में अपनी पत्नी से 3 वर्ष बड़ा है और उसकी आयु उसके पुत्र की आयु के 4 गुने के बराबर है। यदि आज से 3 वर्ष बाद पुत्र की आयु 15 वर्ष हो तो उसकी मां की वर्तमान आयु क्या है?
(*a*) 60 वर्ष (*b*) 51 वर्ष
(*c*) 48 वर्ष (*d*) 45 वर्ष

6. एक घड़ी इस प्रकार रखी गई है कि दोपहर ठीक 12.00 बजे इसकी मिनट की सूई उत्तर-पूर्व दिशा को सूचित करती है। दोपहर बाद 1.30 बजे इस घड़ी की घंटे की सूई किस दिशा को सूचित करेगी?
(*a*) पूर्व (*b*) पश्चिम
(*c*) उत्तर (*d*) दक्षिण

7. दो भाइयों को एक ही दिन घर वापस लौटना था। रजत पूर्व निर्धारित दिन से 3 दिन पहले घर लौटा जबकि रोहित निर्धारित दिन से चार दिन बाद घर लौटा। यदि रजत वृहस्पतिवार को घर लौटा हो तो उनके घर लौटने का पूर्व-निर्धारित दिन क्या था तथा रोहित किस दिन घर लौटा?
(*a*) बुधवार, रविवार (*b*) बृहस्पतिवार, सोमवार
(*c*) रविवार, बृहस्पतिवार (*d*) सोमवार, शुक्रवार

निर्देश (प्र.सं. 8–10): *निम्नलिखित सूचना को ध्यानपूर्वक पढ़ें और नीचे पूछे गए प्रश्नों के उत्तर दें :*

(*i*) एक सिटी बस कंपनी M, N, O, P, Q, R और S सात बसें चलाती है जिनमें से प्रत्येक बस शहर के दर्शनीय स्थलों के टूर पर प्रतिदिन एक बार 4 घंटे के लिए रवाना होती है।
(*ii*) सोमवार से शुक्रवार तक पहली बस ठीक आठ बजे रवाना होती है जिसके बाद की बसें बारी-बारी से 45 मिनट, जिसके बाद 30 मिनट और फिर 45 मिनट, जिसके बाद 35 मिनट और फिर 45 मिनट और उसके बाद 40 मिनट के अंतराल पर रवाना होती हैं।
(*iii*) शनिवार और रविवार को पहली बस प्रात: 7:30 बजे रवाना होती है और उसके बाद की बसें बारी-बारी से एक-एक घंटे के अंतर पर रवाना होती हैं।
(*iv*) बस 'Q' बस 'M' के ठीक बाद रवाना होती है जिसके ठीक बाद बस 'S' रवाना होती है।
(*v*) बस 'O' अंतिम बस है जिसके बाद और कोई बस नहीं जाती।
(*vi*) बस 'R' बस 'M' से ठीक पहले रवाना होती है किंतु यह बस 'P' के ठीक बाद नहीं जाती।

8. शनिवार को बस 'M' कितने बजे रवाना होती है?
(*a*) प्रात: 10 बजे
(*b*) प्रात: 9:45 बजे
(*c*) प्रात: 10:30 बजे
(*d*) सूचना अपर्याप्त है

9. रविवार को बस 'P' द्वारा अपना टूर पूरा कर लेने के बाद निम्नलिखित में से कौन-सी बस रवाना होती है?
(*a*) Q (*b*) S
(*c*) O (*d*) सूचना अपर्याप्त है

10. यदि शनिवार-रविवार को बस 'M' के रवाना होने के बाद दूसरी बसों के रवाना होने के समय-अंतराल में 30 मिनट की वृद्धि कर दी जाए, तो बस 'O' का टूर कितने बजे पूरा होगा ?

(*a*) दोपहर बाद 3:00 बजे (*b*) दोपहर बाद 2:00 बजे

(*c*) शाम 6:00 बजे (*d*) शाम 7:00 बजे

उत्तरमाला

1	2	3	4	5
(*a*)	(*b*)	(*a*)	(*b*)	(*d*)
6	**7**	**8**	**9**	**10**
(*a*)	(*c*)	(*c*)	(*a*)	(*d*)

व्याख्यात्मक उत्तर

1. बृहस्पतिवार —बीता परसों

शुक्रवार —बीता कल

शनिवार —आज

रविवार — आने वाला कल

4. पिता का जन्मदिन

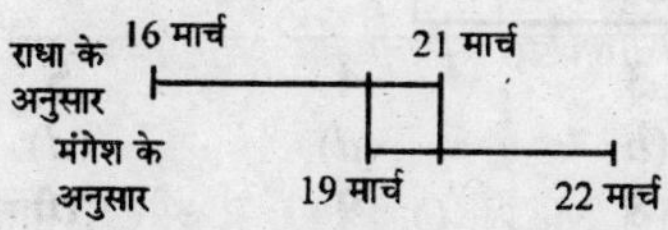

∴ अत: उनके पिता का जन्मदिन 20 मार्च को है।

6.

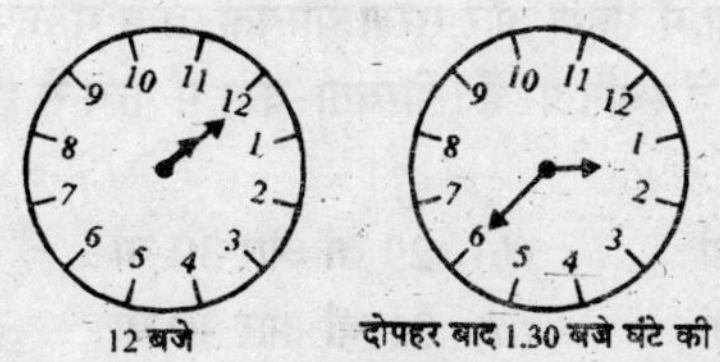

दोपहर बाद 1.30 बजे घंटे की सुई पूर्व दिशा की ओर सूचित करेगी

8-10.

बसों के रवाना होने का क्रम	सोमवार से शुक्रवार तक रवानगी का समय	शनिवार और रविवार को रवानगी का समय
P	प्रात: 8:00 बजे	प्रात: 7:30 बजे
N	प्रात: 8:45 बजे	प्रात: 8:30 बजे
R	प्रात: 9:15 बजे	प्रात: 9:30 बजे
M	प्रात: 10 बजे	प्रात: 10:30 बजे
Q	प्रात: 10:35	प्रात: 11:30 बजे
S	प्रात: 11:20 बजे	दोपहर बाद 12:30 बजे
O	दोपहर 12 बजे	दोपहर बाद 1:30 बजे

10. बस M प्रात: 10:30 बजे रवाना होती है। यदि 1 घंटे के समय अंतराल में 30 मिनट की वृद्धि कर दी जाए तो बस Q दोपहर 12:00 बजे रवाना होगी, बस S दोपहर बाद 1:30 बजे और बस O दोपहर बाद 3:00 बजे रवाना होगी। बस O अपना चार घंटे का टूर शाम 7:00 बजे पूरा करेगी।

●●●

10 श्रेणी एवं क्रम (Rows and Ranks)

इस प्रकार के प्रश्न किसी पंक्ति या लाइन में व्यवस्थित वस्तुओं की संख्या या कुछ छात्रों की एक कक्षा में किसी छात्र के क्रम-स्थान (कोटि) या कक्षा में छात्रों की कुल संख्या ज्ञात करने के लिए कतिपय सरल गणितीय परिकलनों पर आधारित होते हैं।

अभ्यास

1. पेड़ों की एक पंक्ति में कोई एक पेड़ पंक्ति के दोनों छोरों से पांचवें स्थान पर है। इस पंक्ति में कुल कितने पेड़ हैं ?

(*a*) 11 (*b*) 8

(*c*) 10 (*d*) 9

2. 53 छात्रों की एक कक्षा में जया का योग्यता-क्रम में 5 वां स्थान है। कक्षा में योग्यता-क्रम में नीचे से उसका क्रम-स्थान क्या है ?

(*a*) 49 वां (*b*) 48 वां

(*c*) 47 वां (*d*) 50 वां

3. पैंसठ छात्रों की एक कक्षा में योग्यता-क्रम में मोहन का क्रम स्थान इक्कीसवां है। यदि योग्यता-क्रम में सबसे नीचे के छात्र का क्रम-स्थान 1 माना जाए तो योग्यता-क्रम में नीचे से मोहन का क्रम-स्थान क्या होगा ?

(*a*) 44 वां (*b*) 45 वां

(*c*) 46 वां (*d*) दी गई सूचना अपर्याप्त है

4. लड़कों की एक पंक्ति में राहुल दाहिने से 12 वें स्थान पर और बाएं से चौथे स्थान पर खड़ा है। इस पंक्ति में और कितने लड़कों को शामिल करने पर पंक्ति में लड़कों की कुल संख्या 28 हो जाएगी ?

(*a*) 12 (*b*) 14

(*c*) 20 (*d*) 13

5. लड़कों की एक पंक्ति में राजन दाहिने से दसवें स्थान पर है और सूरज बाएं से दसवें स्थान पर है। यदि राजन और सूरज आपस में अपना स्थान बदल लें तो सूरज बाएं से सताइसवें स्थान पर आ जाएगा। राजन अब पंक्ति में दाहिने से कितने स्थान पर खड़ा है ?

(*a*) दसवें (*b*) छब्बीसवें

(*c*) उन्तीसवें (*d*) सताइसवें

6. 41 छात्रों की एक कक्षा में महेश और सुरेश योग्यता-क्रम में ऊपर से क्रमशः 11 वें और 12 वें स्थान पर हैं। योग्यता-क्रम में नीचे से इनका क्रम-स्थान क्या है ?
(*a*) 32 वां और 33 वां (*b*) 29 वां और 30 वां
(*c*) 30 वां और 31 वां (*d*) 31 वां और 30 वां

7. किसी कक्षा में उमा योग्यता-क्रम में ऊपर से 8 वें और नीचे से 37 वें स्थान पर है। इस कक्षा में कुल कितने छात्र हैं ?
(*a*) 47 (*b*) 46
(*c*) 45 (*d*) 44

8. एक पंक्ति में सादिक सामने से 14 वें स्थान पर और जोसफ अंत से 17 वें स्थान पर खड़ा है जबकि जेन, सादिक और जोसफ के बीच खड़ा है। यदि सादिक, जोसफ से आगे खड़ा है और पंक्ति में कुल 48 व्यक्ति खड़ें हो, तो सादिक और जेन के बीच पंक्ति में कितने व्यक्ति खड़े हैं ?
(*a*) 5 (*b*) 6
(*c*) 7 (*d*) 8

9. किसी कक्षा में वार्षिक परीक्षा में उत्तीर्ण हुए छात्रों में योग्यता-क्रम में रोहन नीचे से सताइसवें स्थान पर और ऊपर से ग्यारहवें स्थान पर आया। यदि वार्षिक परीक्षा में इस कक्षा के 12 छात्र अनुत्तीर्ण घोषित किए गए हों तो परीक्षा में इस कक्षा के कितने छात्र शामिल हुए थे ?
(*a*) 48 (*b*) 49
(*c*) 50 (*d*) कहा नहीं जा सकता

10. कुछ लड़के एक पंक्ति में बैठे हैं। P पंक्ति में बाएं से चौदहवें स्थान पर और Q दाहिने से सातवें स्थान पर बैठा है। यदि P और Q के बीच चार लड़के बैठे हों, तो इस पंक्ति में कुल कितने लड़के हैं ?
(*a*) 19 (*b*) 21
(*c*) 25 (*d*) 23

निर्देश (प्र.सं. 11 से 15): *प्रत्येक दिए गए विकल्पों से उस एक शब्द का चयन करें जिसे प्रश्न में दिए गए शब्द के अक्षरों का प्रयोग करके लिखा नहीं जा सकता।*

11. ROTATION
(*a*) TORN (*b*) NOTE
(*c*) TART (*d*) RAIN

12. INSUFFICIENT
(*a*) ENTICE (*b*) SCENT
(*c*) SUFFICE (*d*) THENCE

13. CATASTROPHE
(*a*) TASTE (*b*) CHEAP
(*c*) POUCH (*d*) STARE

14. MASTERPIECE
(*a*) MINCE (*b*) TRAMP
(*c*) PESTER (*d*) SPRITE

15. PROGNOSTICATION
(*a*) RONTGEN (*b*) SPITOON
(*c*) ROGATION (*d*) START

निर्देश (प्र.सं. 16 से 20): *यहाँ प्रत्येक प्रश्न में दिए गए विकल्पों से उस एक शब्द का चयन करें जिसे प्रश्न के आरंभ में दिए गए शब्द के अक्षरों का प्रयोग करके लिखा जा सकता है।*

16. INVESTIGATE
(*a*) INVERT (*b*) GLIDE
(*c*) STING (*d*) ACTED

17. ADVENTURE
(*a*) AWARE (*b*) EVENT
(*c*) TRUCE (*d*) DRIED

18. THANKSGIVING
(*a*) AVENGE (*b*) HAUNTS
(*c*) GRAINS (*d*) SAVING

19. BLANDISHMENT
(*a*) BOARD (*b*) METAL
(*c*) SHAPE (*d*) CRASH

20. UNDISCHARGED
(*a*) CHANGED (*b*) DISARMED
(*c*) GROUNDED (*d*) SHARPEN

उत्तरमाला

1	2	3	4	5
(*d*)	(*a*)	(*b*)	(*d*)	(*d*)
6	7	8	9	10
(*d*)	(*d*)	(*d*)	(*b*)	(*c*)
11	12	13	14	15
(*b*)	(*d*)	(*c*)	(*a*)	(*a*)
16	17	18	19	20
(*c*)	(*b*)	(*d*)	(*b*)	(*a*)

व्याख्यात्मक उत्तर

1.

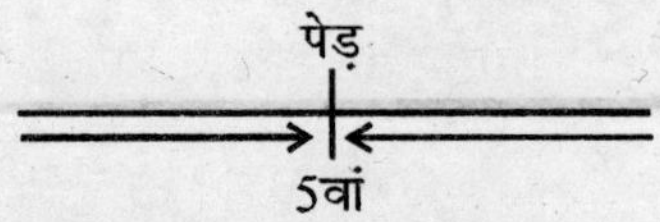

पंक्ति में पेड़ों की कुल संख्या
= (5 + 5) –1 = 9

2.

योग्यता-क्रम में नीचे से जया का स्थान
= (53 – 5) +1 = 49 वां

7.

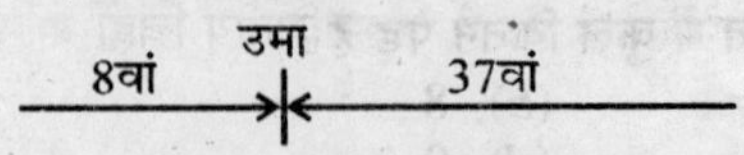

कक्षा में छात्रों की कुल संख्या = (8 + 37) – 1 = 44

10.

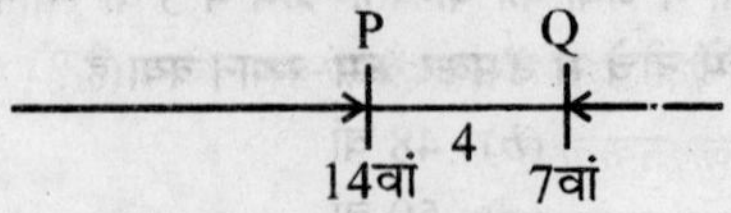

पंक्ति में लड़कों की संख्या = (14 + 4 + 7) = 25

●●●

11

प्रतीक (चिह्न) प्रतिस्थापन (Symbol Substitution)

इस प्रकार के प्रश्नों को हल करना अत्यधिक सरल है। ऐसे प्रश्नों को हल करने की एकमात्र अपेक्षा यह है कि उम्मीदवार दिए गए प्रतीकों या चिह्नों को प्रतिस्थापित करने और परिकलन की विद्या में पारंगत हों और अत्यधिक त्वरित गति से दिए गए प्रश्नों का हल ज्ञात कर सके। इस श्रेणी में पूछे गए कुछ सामान्य प्रकार के प्रश्न नीचे हल किए गए हैं।

अभ्यास

1. यदि "+" का अर्थ "–" हो; "–" का अर्थ "×" हो; "×" का अर्थ "÷" हो और "÷" का अर्थ "+" हो, तो
$15 \times 5 \div 10 + 5 - 3 = ?$
(*a*) 9.5 (*b*) 0
(*c*) – 2 (*d*) 24

2. यदि "+" का अर्थ "–" हो; "–" का अर्थ "×" हो; "×" का अर्थ "÷" हो; और "÷" का अर्थ "+" हो, तो
$15 \times 3 \div 15 + 5 - 2 = ?$
(*a*) 0 (*b*) 10
(*c*) 20 (*d*) 6

3. यदि "+" का अर्थ "÷" हो; "×" का अर्थ "–" हो; "÷" का अर्थ "+" हो और "–" का अर्थ "×" हो, तो
$16 \div 8 \times 6 - 2 + 12 = ?$
(*a*) 22 (*b*) 24
(*c*) 23 (*d*) 20

4. यदि "+" का अर्थ "×" हो; "–" का अर्थ "÷" हो; "×" का अर्थ "–" हो और "÷" का अर्थ "+" हो, तो
$5 + 8 - 4 \times 2 \div 9 = ?$
(*a*) 15 (*b*) 13
(*c*) 17 (*d*) 11

5. यदि × का आशय जोड़ की संक्रिया से हो, ÷ का आशय घटाव की संक्रिया से हो, + का आशय गुणा की संक्रिया से हो और – का आशय भाग की संक्रिया से हो तो $(20 \times 6 \div 6 \times 4)$ निम्नलिखित में से किसके बराबर है?
(*a*) 5 (*b*) 24
(*c*) 25 (*d*) 80

उत्तरमाला

1	2	3	4	5
(*c*)	(*b*)	(*c*)	(*c*)	(*b*)

व्याख्यात्मक उत्तर

1. $15 \div 5 + 10 - 5 \times 3$
$3 + 10 - 15 = -2$

3. $16 + 8 - 6 \times 2 \div 12$
$16 + 8 - 1 = 23$

4. $5 \times 8 \div 4 - 2 + 9,$
$10 - 2 + 9 = 17$

5. $20 + 6 - 6 + 4 = 24$

●●●

12

कृत्रिम मान और लुप्त संख्याएँ (Artificial Values and Missing Numbers)

इस प्रकार के प्रश्नों को हल करने के लिए संख्या संबंधी प्रश्नों को हल करने में निपुणता और गणितीय कौशल का होना अपेक्षित है। उत्तर प्राप्त करने के लिए अभ्यर्थियों के लिए यह अपेक्षित है कि वे अंकगणितीय चिह्नों या प्रतीकों के सही संयोजन का चयन करें जिसे दिए गए प्रश्नों में प्रश्न चिह्न के स्थान पर प्रतिस्थापित किया जा सके।

अभ्यास

निर्देश : *नीचे दिए गए प्रत्येक प्रश्न में बताएँ कि प्रश्न चिह्न (?) के स्थान पर कौन-सी संख्या रखी जा सकती है?*

1.

(*a*) 693 (*b*) 939
(*c*) 981 (*d*) 993

2.
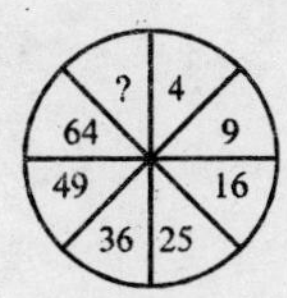

(*a*) 68 (*b*) 100
(*c*) 72 (*d*) 81

3. 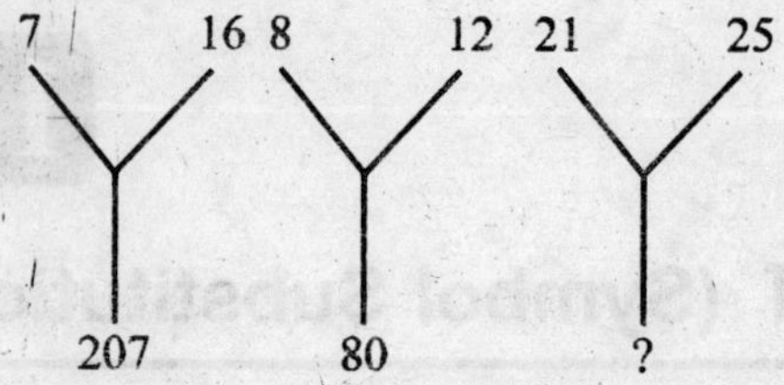

(*a*) 425 (*b*) 184
(*c*) 241 (*d*) 210

4. 

(*a*) 35 (*b*) 37
(*c*) 45 (*d*) 48

5. 

(*a*) 69 (*b*) 49
(*c*) 50 (*d*) 60

6. 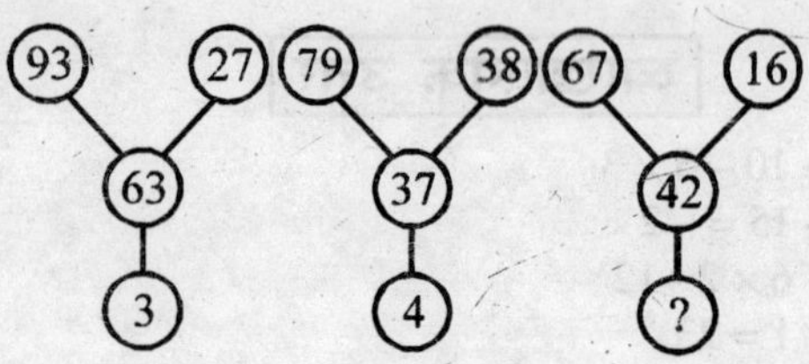

(*a*) 5 (*b*) 6
(*c*) 8 (*d*) 9

7. 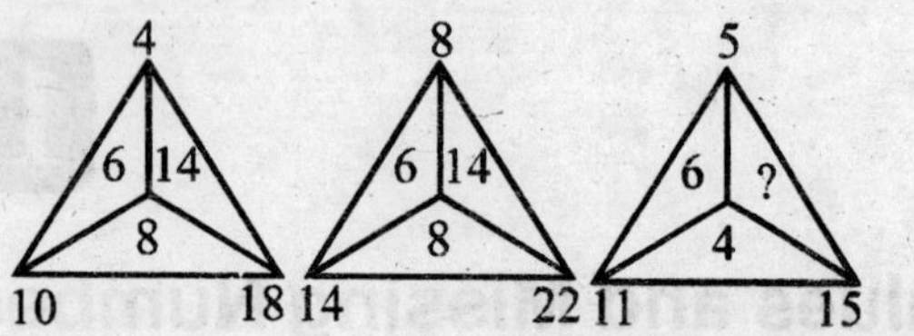

(*a*) 8 (*b*) 14
(*c*) 10 (*d*) 6

8. 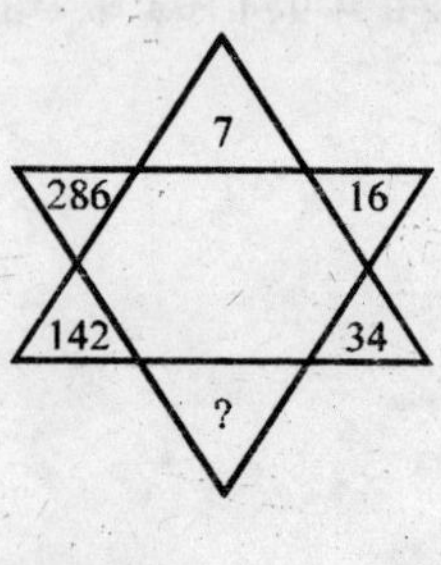

(*a*) 70 (*b*) 68
(*c*) 56 (*d*) 92

9. 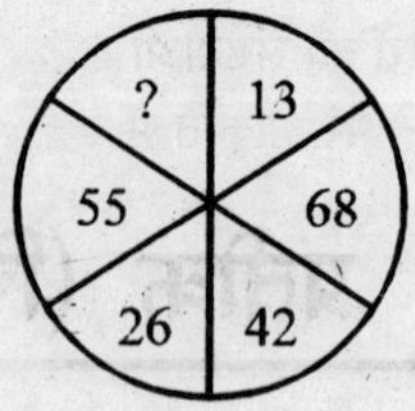

(*a*) 41 (*b*) 37
(*c*) 29 (*d*) 25

10. 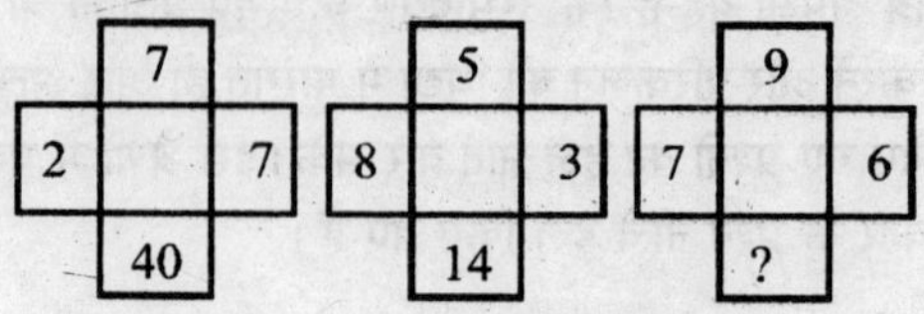

(*a*) 72 (*b*) 68
(*c*) 82 (*d*) 96

उत्तरमाला

1	2	3	4	5
(*c*)	(*d*)	(*b*)	(*b*)	(*a*)
6	**7**	**8**	**9**	**10**
(*d*)	(*c*)	(*a*)	(*c*)	(*b*)

व्याख्यात्मक उत्तर

1. उलटे बने त्रिभुज के ऊपरी भाग के दोनों खानों में दी गई संख्याओं के वर्ग को एक दूसरे की बगल में रखने पर त्रिभुज के निचले शीर्ष की संख्या प्राप्त होती है, अर्थात्

6^2 और $3^2 = 369$, 2^2 और $5^2 = 425$,

इसी प्रकार 3^2 और $9^2 = 981$.

2. 4 से आरंभ करके प्रत्येक अनुवर्ती संख्या क्रमागत प्राकृतिक संख्या का वर्ग है। अर्थात् $2^2 = 4$, $3^2 = 9$, $4^2 = 16, \ldots\ 9^2 = 81$

3. नीचे की संख्या ऊपर की दोनों संख्याओं के वर्गों का अंतर है, अर्थात्

$16^2 - 7^2 = 256 - 49 = 207$

$12^2 - 8^2 = 144 - 64 = 80$, इसी प्रकार

$25^2 - 21^2 = 625 \ 441 = 184$

4. बीच की संख्या विकर्णत: सम्मुख संख्याओं के गुणनफलों का योग है, अर्थात् $(3 \times 3) + (5 \times 6) = 39$

$(4 \times 4) + (7 \times 5) = 51$,

इसी प्रकार $(3 \times 4) + (5 \times 5) = 37$

5. किसी भी एक आकृति में सरेखीय तीनों संख्याओं का योगफल समान है, अर्थात्

$29 + 80 + 43$ या $39 + 80 + 33$ या $45 + 80 + 27 = 152$

$29 + 70 + 44$ या $42 + 70 + 31$

या $43 + 70 + 30 = 143$, इसी प्रकार

$59 + 80 + 20$ या $39 + 80 + 40 = 159$.

अत: लुप्त संख्या है : $159 - (80 + 10) = 69$

6. प्रत्येक आकृति में दाहिने और बीच के घेरों की संख्याओं के योगफल को बायीं ओर के घेरे की संख्या से घटाने पर आकृति में सबसे नीचे के घेरे की संख्या प्राप्त होती है, अर्थात्

$93 - (27 + 63) = 3$

$79 - (38 + 37) = 4$, इसी प्रकार

$67 - (16 + 42) = 9$

8. दी गई आकृति में 7 की संख्या से आरंभ करके दक्षिणावर्त अगली संख्या पहली संख्या के दोगुने से 2 अधिक है, अर्थात्

$(7 \times 2) + 2 = 16$

$(16 \times 2) + 2 = 34 \ldots$, इसी प्रकार

$(34 \times 2) + 2 = 70$

$(70 \times 2) + 2 = 142$

$(142 \times 2) + 2 = 286$

9. दी गई आकृति में सम्मुख त्रिज्यखंडों में दी गई संख्याओं का अंतर 13 है, अर्थात्

$26 - 13 = 13$

$68 - 55 = 13$,

इसी प्रकार

अतः लुप्त संख्या है : $42 - 13 = 29$

($42 + 13 = 55$ विकल्पों में नहीं दिया गया है)

10. प्रत्येक आकृति में मध्यस्थ ग्रिड रेखा में दी गई संख्याओं के योगफल को ऊपर स्थित संख्या के वर्ग से घटाने पर आकृति में नीचे की संख्या प्राप्त होती है, अर्थात्

$7^2 - (2 + 7) = 40$

$5^2 - (8 + 3) = 14$,

इसी प्रकार $9^2 - (7 + 6) = 68$.

●●●

13

अंग्रेजी वर्णक्रम पर आधारित प्रश्न

(Problems Based on English Alphabet)

अंग्रेजी वर्णमाला पर आधारित प्रश्नों को हल करना अत्यधिक सरल है। इस प्रकार के प्रश्न वर्णमाला के सीधे क्रम में और साथ ही उलटे क्रम में भी दी गई शृंखलाओं पर आधारित होते हैं। शृंखला Z पर पहुँचने के बाद A से पुनः आरंभ होती है और उलटे क्रम में A पर पहुँचने के बाद Z से पुनः आरंभ होती है। इस शृंखला में A E I O U स्वर और शेष अक्षर व्यंजन कहलाते हैं।

अभ्यास

निर्देश: *निम्नलिखित प्रश्न वर्णमाला के सीधे या उलटे क्रम में लिखी गई शृंखला पर तथा दिए गए शब्द में अक्षरों के स्थान परिवर्तन पर आधारित हैं।*

1. वर्णमाला के सीधे क्रम में लिखी गई शृंखला में बाएँ छोर से छठे अक्षर के ठीक पहले कौन-सा अक्षर होता है?

(*a*) U (*b*) E
(*c*) F (*d*) V

2. यदि अंग्रेजी वर्णमाला में प्रथम अर्द्धांश के अक्षरों को उलटे क्रम में लिखा जाए तो दायीं ओर से नौवें अक्षर की बायीं ओर का नौवाँ अक्षर कौन-सा होगा?

(*a*) I (*b*) D
(*c*) F (*d*) E

3. यदि अंग्रेजी वर्णमाला को उलटे क्रम में लिखा जाए, तो दायीं और से सातवें अक्षर की बायीं ओर का आठवाँ अक्षर कौन-सा होगा?

(*a*) O (*b*) P
(*c*) N (*d*) Q

4. यदि अंग्रेजी वर्णमाला को उलटे क्रम में लिखा जाए तो P के दाएँ से छठा अक्षर कौन-सा होगा?

(*a*) J (*b*) W
(*c*) K (*d*) V

5. यदि अंग्रेजी वर्णमाला को दो बराबर हिस्सों में बाँट दिया जाए जिनमें पहले अर्द्धांश में A से M तक के और दूसरे अर्द्धांश में N से Z तक के अक्षर निहित हों, तो बाद वाले अर्द्धांश का कौन-सा अक्षर पहले वाले अर्द्धांश के J अक्षर के संगत होगा?

(*a*) W (*b*) Q
(*c*) V (*d*) R

उत्तरमाला

1	2	3	4	5
(*b*)	(*d*)	(*a*)	(*a*)	(*a*)

व्याख्यात्मक उत्तर

1. 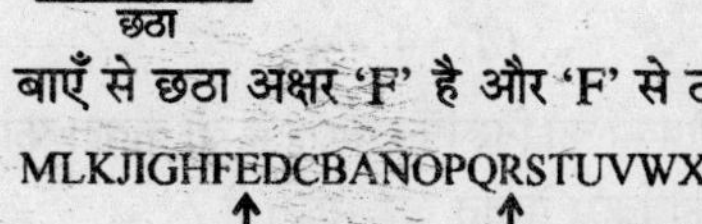

बाएँ से छठा अक्षर 'F' है और 'F' से ठीक पहले का अक्षर 'E' है।

2. MLKJIGHFEDCBANOPQRSTUVWXYZ

5. A B C D E F G H I J K L M
N O P Q R S T U V W X Y Z

●●●

14

वेन आरेख विश्लेषण (Venn Diagram Analysis)

आरेख विश्लेषण

इस प्रकार के परीक्षण में आरेखों द्वारा निरूपित दो या दो से अधिक वस्तुओं या तथ्यों या मदों के बीच संबंध स्थापित करना होता है।

आरेखों द्वारा निरूपित मदें कोई पृथक वस्तु या प्राणी या व्यक्तियों का कोई विशिष्ट दल/वर्ग आदि हो सकती हैं।

अभ्यास

1. निम्नलिखित आरेख में कौन-सी संख्या केवल दो ज्यामितीय आकृतियों में उभयनिष्ठ है?

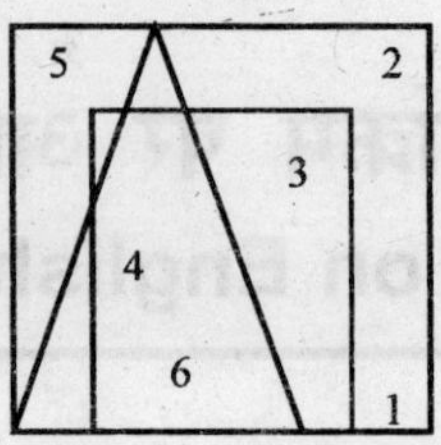

(*a*) 4 (*b*) 3
(*c*) 5 (*d*) 2

निर्देश (प्रश्न 2 और 3) : *नीचे के आरेख में आयत हिंदी के उद्घोषकों को निरूपित करता है, वृत्त अंग्रेजी भाषा के उद्घोषकों को निरूपित करता है, वर्ग फ्रांसीसी भाषा के उद्घोषकों को निरूपित करता है और त्रिभुज जर्मन भाषा के उद्घोषकों को निरूपित करता है।*

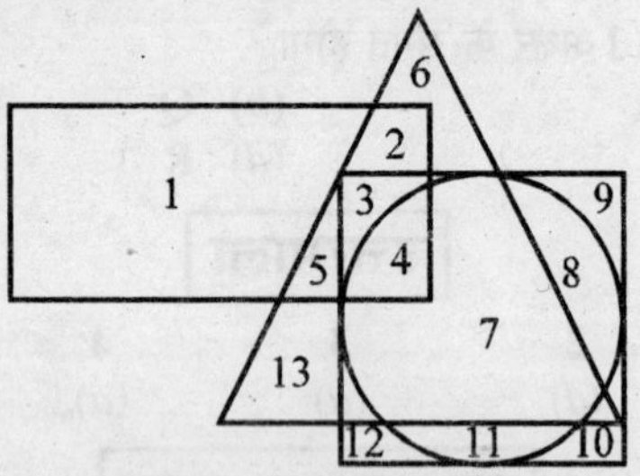

2. कौन-सा क्षेत्र उन उद्घोषकों को निरूपित करता है जो हिंदी, फ्रांसीसी और जर्मन भाषाओं में कार्यक्रम प्रस्तुत कर सकते हैं?
(*a*) 1 (*b*) 2
(*c*) 3 (*d*) 4

3. कौन-सा क्षेत्र उन उद्घोषकों को निरूपित करता है जो केवल फ्रांसीसी और अंग्रेजी भाषा में कार्यक्रम प्रस्तुत कर सकते हैं?
(*a*) 7
(*b*) 9
(*c*) 11
(*d*) 13

निर्देश (प्रश्न 4 और 5) : *नीचे दिए गए आरेख के आधार पर प्रश्न संख्या 4 और 5 के उत्तर दें :*

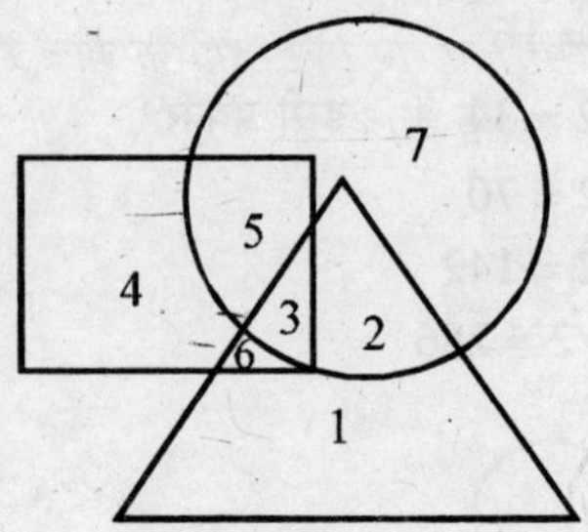

4. कौन-सी संख्या सभी ज्यामितीय आकृतियों में अंतर्निहित है?
(*a*) 5 (*b*) 6
(*c*) 2 (*d*) 3

5. संख्या 6 निम्नलिखित में से किसमें अंतर्निहित है?
(*a*) आयत और त्रिभुज
(*b*) वृत्त और त्रिभुज
(*c*) आयत और वृत्त
(*d*) केवल आयत

उत्तरमाला

1	2	3	4	5
(*b*)	(*c*)	(*c*)	(*d*)	(*a*)

व्याख्यात्मक उत्तर

प्रश्न 2 और 3 के लिए

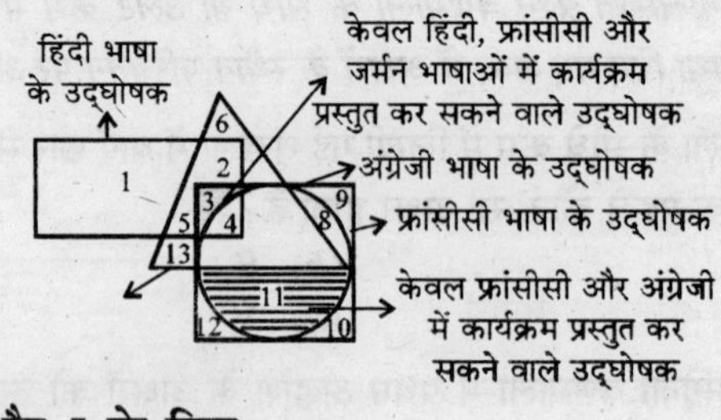

प्रश्न 4 और 5 के लिए

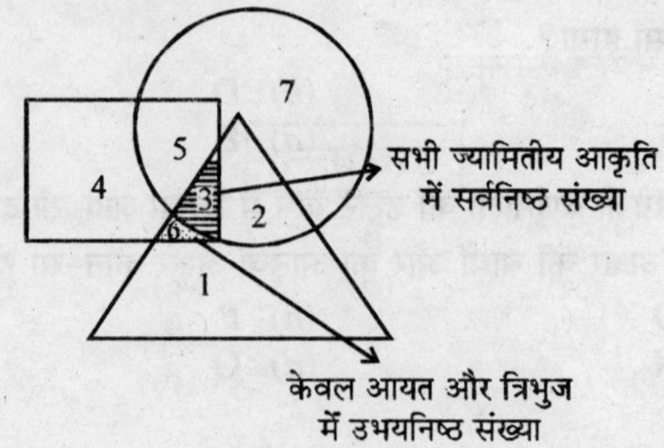

कथन एवं वेन आरेख

इस प्रकार के प्रश्नों में विकल्प के रूप में पाँच भिन्न-भिन्न आकृतियों का समुच्चय दिया जाता है। प्रत्येक आकृति संबंधित शब्दों के कुछ समूहों का एक तार्किक पैटर्न निरूपित करती है जिनमें प्रत्येक शब्द एक वर्ग को निरूपित करता है।

अभ्यास

निर्देश : *नीचे दिए गए पाँच तर्क आरेखों में से उस आरेख (आकृति) का चयन करें जो प्रश्न में दिए गए तीनों वर्गों के बीच संबंध को सर्वाधिक सुस्पष्ट रूप में प्रदर्शित करता है।*

(*a*) 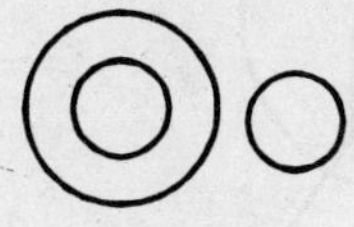

(*b*) 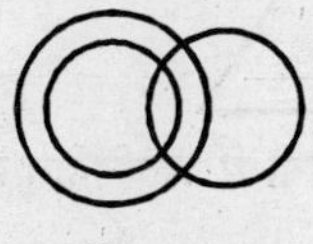

(*c*) 

(*d*) 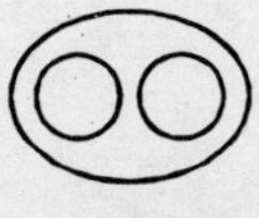

(*e*) 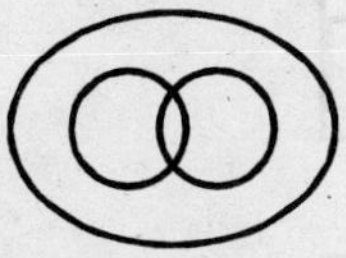

1. पक्षी, फल, आम
2. अपराधी, वकील, डकैत
3. तैराक, कुँआरा, पुरुष
4. स्मार्ट, इंजीनियर, महिला
5. सब्जियाँ, आलू, बैंगन
6. अंगूर, मीठा, फल
7. डॉक्टर, वास्तुकार, मनुष्य
8. विद्वान, व्यक्ति, भारतीय
9. बच्चे, शरारती, अध्ययनशील
10. कलम, पेंसिल, स्टेशनरी

उत्तरमाला

1	2	3	4	5
(*a*)	(*a*)	(*b*)	(*c*)	(*d*)
6	**7**	**8**	**9**	**10**
(*b*)	(*d*)	(*e*)	(*c*)	(*d*)

व्याख्यात्मक उत्तर

1. 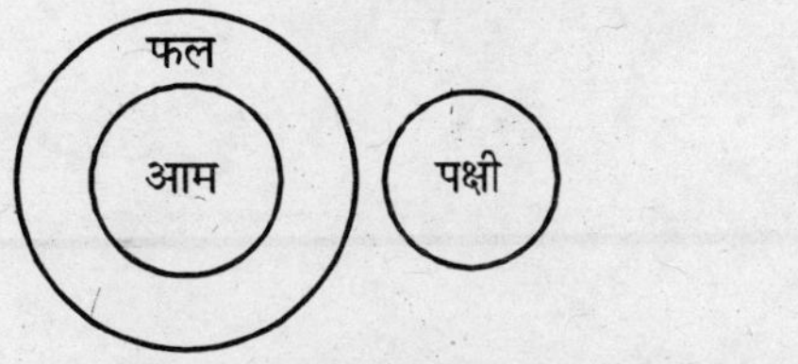

सभी आम फल हैं किंतु फल और आम में से कोई भी पक्षी नहीं है।

2. 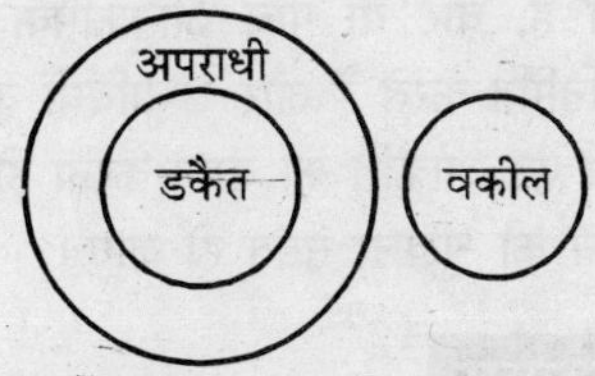

सभी डकैत अपराधी हैं किंतु अपराधी और डकैत में से कोई भी वकील नहीं हो सकता।

3. 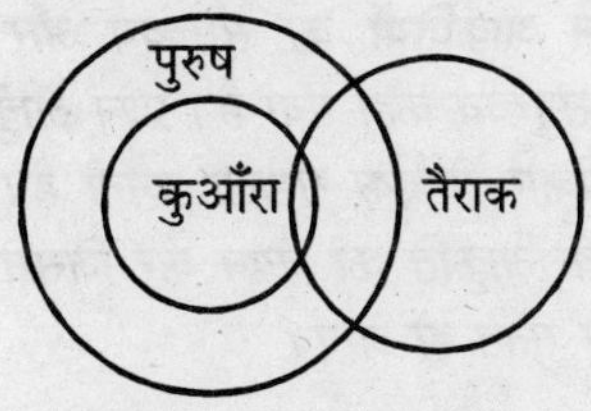

सभी कुँआरे पुरुष होते हैं तथा कुछ पुरुष और कुँआरे तैराक हो सकते हैं।

6. 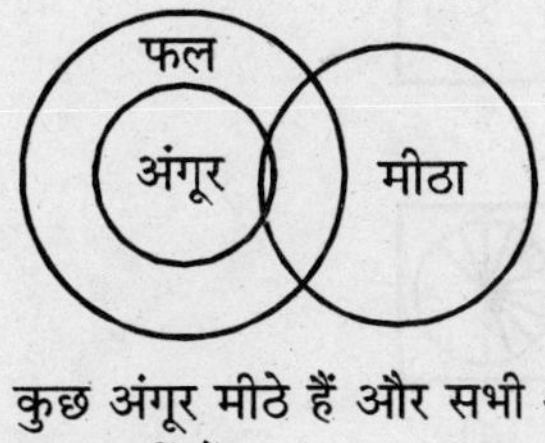

कुछ अंगूर मीठे हैं और सभी अंगूर फल हैं। किंतु सभी मीठी चीजें फल नहीं हैं।

8. 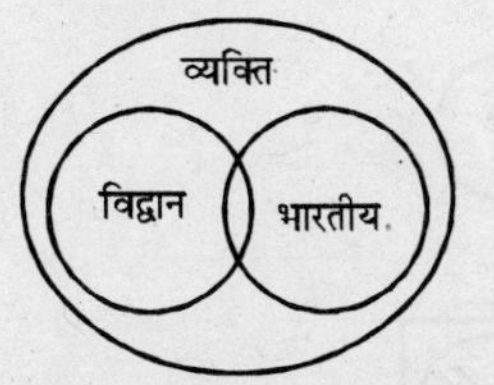

कुछ भारतीय विद्वान हो सकते हैं और कुछ विद्वान भारतीय हो सकते हैं। विद्वान और भारतीय दोनों ही व्यक्ति की श्रेणी में आते हैं।

10. 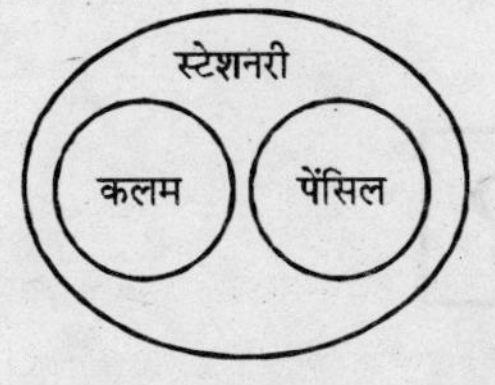

कलम और पेंसिल दोनों स्टेशनरी की मदें हैं। कुछ स्टेशनरी कलम और पेंसिल हैं किंतु कलम और पेंसिल दो अलग-अलग वर्ग हैं।

15

शृंखला (Series)

इस प्रकार की अभाषिक शृंखला (Non-Verbal Series) में, जो सर्वाधिक सामान्य प्रकार की शृंखला होती है, चार या पांच आनुक्रमिक प्रश्न आकृतियां एक निश्चित अनुक्रम निर्मित करते हैं और अभ्यर्थियों को दी गई उत्तर आकृतियों के सेट से उस एक आकृति का चयन करना होता है जिससे प्रश्न आकृतियों के समुच्चय की शृंखला सतत् हो जाए।

अभ्यास

निर्देश : *नीचे के प्रत्येक प्रश्न में आकृतियों के दो समुच्चय दिए गए हैं जिनमें से एक समुच्चय को* **प्रश्न आकृतियों** *का समुच्चय और दूसरे समुच्चय को* **उत्तर आकृतियों** *का समुच्चय कहा गया है। प्रश्न आकृतियों के समुच्चय से किसी न किसी प्रकार से एक शृंखला बनती है। उत्तर आकृतियों के समुच्चय से उस एक आकृति का चयन करें जिससे प्रश्न आकृतियों के समुच्चय की शृंखला संतत हो जाए।*

1. प्रश्न आकृतियां

उत्तर आकृतियां

(a) (b) (c) (d)

2. प्रश्न आकृतियां

उत्तर आकृतियां

(a) (b) (c) (d)

3. प्रश्न आकृतियां

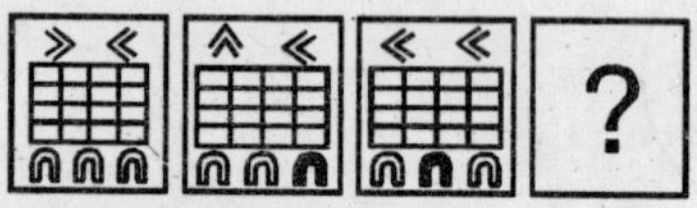

उत्तर आकृतियां

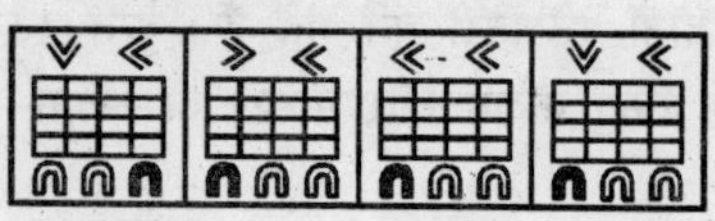

(a) (b) (c) (d)

4. प्रश्न आकृतियां

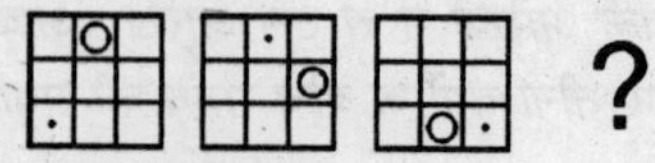

उत्तर आकृतियां

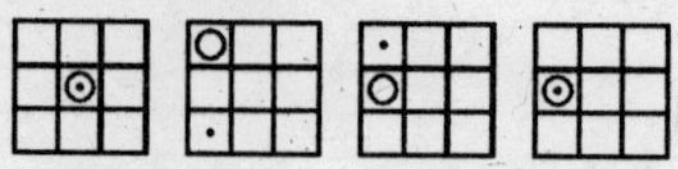

(a) (b) (c) (d)

5. प्रश्न आकृतियां

उत्तर आकृतियां

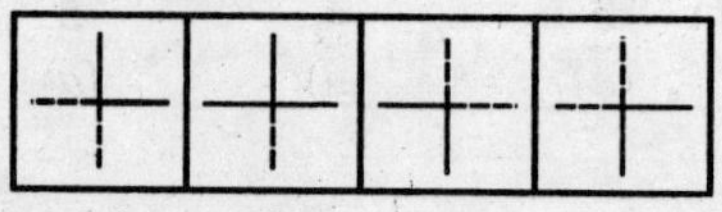

(a) (b) (c) (d)

6. प्रश्न आकृतियां

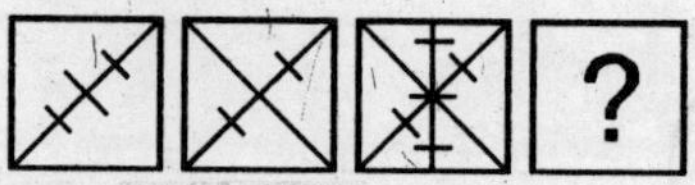

उत्तर आकृतियां

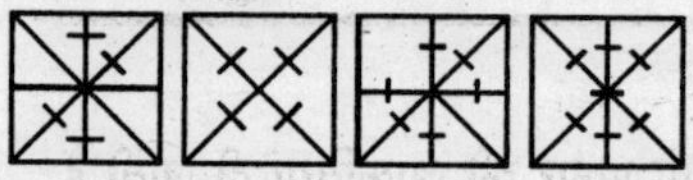

(a) (b) (c) (d)

7. प्रश्न आकृतियां

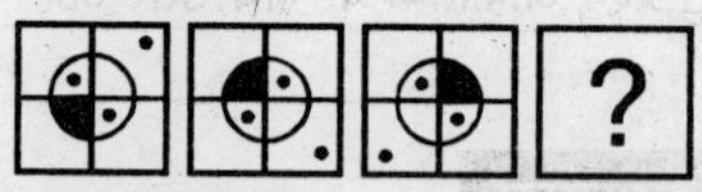

उत्तर आकृतियां

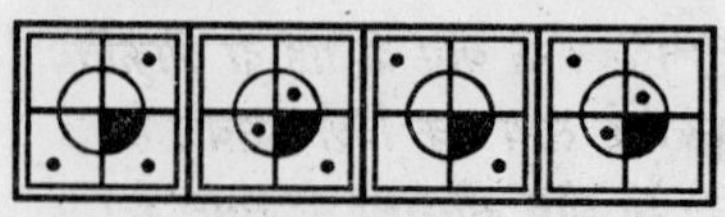

(a) (b) (c) (d)

8. प्रश्न आकृतियां

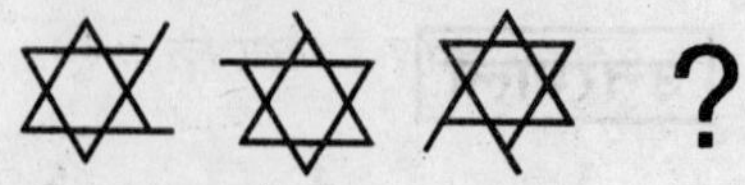

उत्तर आकृतियां

(a) (b) (c) (d)

9. प्रश्न आकृतियां

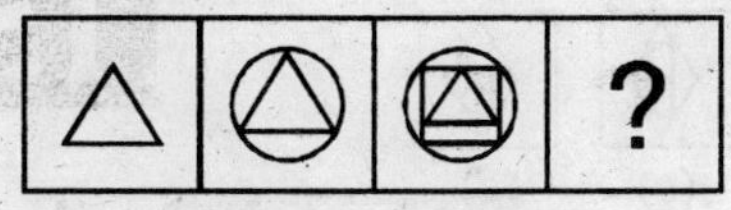

उत्तर आकृतियां

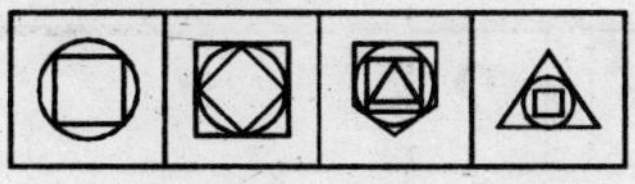

(*a*) (*b*) (*c*) (*d*)

10. प्रश्न आकृतियां

उत्तर आकृतियां

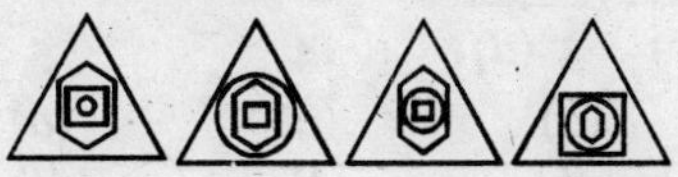

(*a*) (*b*) (*c*) (*d*)

उत्तरमाला

1	2	3	4	5	6	7	8	9	10
(*c*)	(*d*)	(*d*)	(*d*)	(*a*)	(*a*)	(*d*)	(*d*)	(*c*)	(*a*)

व्याख्यात्मक उत्तर

1. एक आकृति से दूसरी आकृति में वृत्त क्रमशः दक्षिणावर्त 30° के कोण से घूम जाता है और प्रत्येक चरण में वृत्त के भीतर स्थित एक त्रिज्यीय रेखाखण्ड लुप्त होता जाता है।

2. तिरछे या विकर्णी रेखाखण्ड एक-एक करके एक निश्चित क्रम में लुप्त होते जाते हैं।

4. वृत्त (गोल घेरा) और बिंदु अगली आकृति में दक्षिणावर्त क्रमशः दो और तीन खंड आगे खिसक जाते हैं।

5. प्रत्येक चरण में क्रॉस का चिह्न दक्षिणावर्त 90° के कोण से घूम जाता है।

7. प्रत्येक चरण पर संपूर्ण आकृति दक्षिणावर्त 90° के कोण से घूम जाती है।

9. प्रत्येक चरण पर पूर्ववर्ती आकृति-समुच्चय में एक नई आकृति जुड़ती जाती है।

10. पहली आकृति में सबसे बाहरी संरचना अगली आकृति में सबसे भीतर चली जाती है।

●●●

16

सादृश्य या संबंध (Analogies or Relationships)

अभाषिक सादृश्य के प्रश्नों में दो प्रकार की आकृतियां दी जाती हैं जो (i) प्रश्न आकृतियां और (ii) उत्तर आकृतियां कहलाती हैं। प्रश्न आकृतियां दो भागों में विभाजित होती हैं। प्रश्न आकृतियों के नीचे उत्तर आकृतियां दी जाती है।

अभ्यास

निर्देश : *प्रश्न आकृतियों में :: चिह्न के बाएं दी गई दो आकृतियों में से दूसरी आकृति का पहली आकृति के साथ एक विशेष संबंध है। :: चिह्न की दाईं ओर की दो आकृतियों के बीच भी ऐसा ही संबंध है। दिए गए विकल्पों से उस आकृति का चयन करें जिसे प्रश्न आकृतियों में प्रश्न चिह्न के स्थान पर रखा जा सकता है और जिसका :: चिह्न की दाईं ओर की पहली आकृति के साथ ठीक वैसा ही संबंध है जैसा कि :: चिह्न की बाईं ओर की दो आकृतियों के बीच है।*

1. प्रश्न आकृतियां

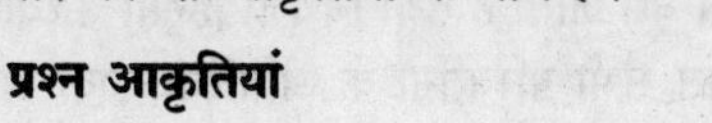

उत्तर आकृतियां

(*a*) (*b*) (*c*) (*d*)

2. प्रश्न आकृतियां

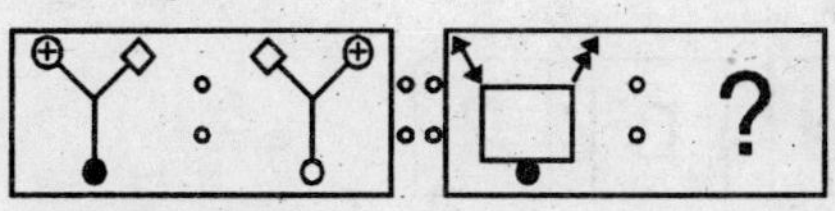

उत्तर आकृतियां

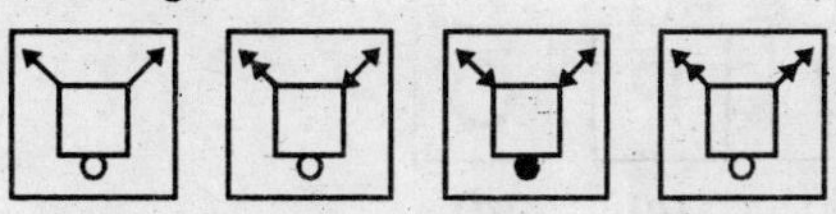

(*a*) (*b*) (*c*) (*d*)

3. प्रश्न आकृतियां

उत्तर आकृतियां

(a) (b) (c) (d)

4. प्रश्न आकृतियां

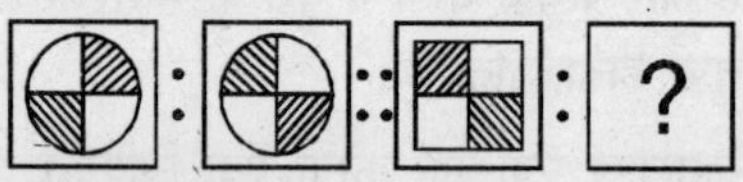

उत्तर आकृतियां

(a) (b) (c) (d)

5. प्रश्न आकृतियां

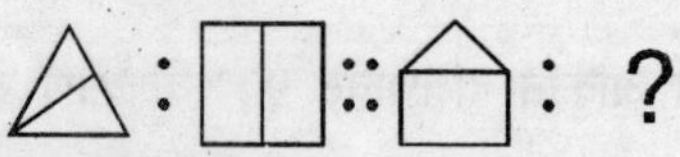

उत्तर आकृतियां

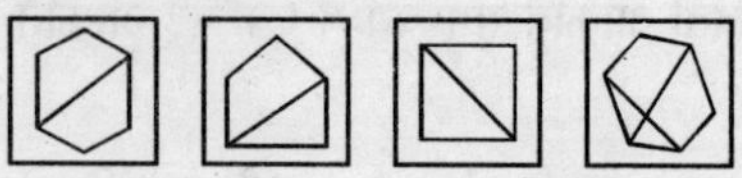

(a) (b) (c) (d)

6. प्रश्न आकृतियां

उत्तर आकृतियां

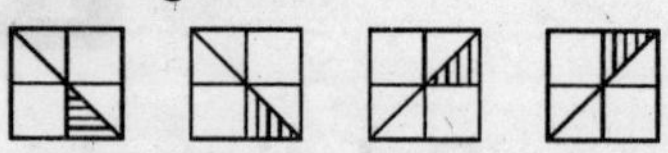

(a) (b) (c) (d)

7. प्रश्न आकृतियां

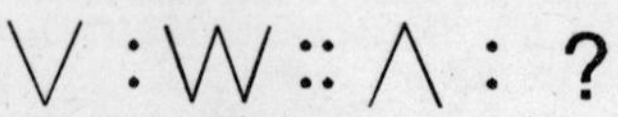

उत्तर आकृतियां

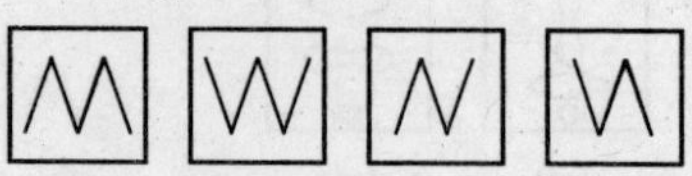

(a) (b) (c) (d)

8. प्रश्न आकृतियां

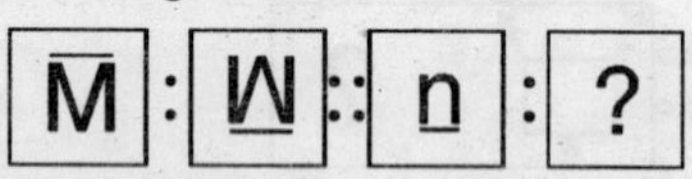

उत्तर आकृतियां

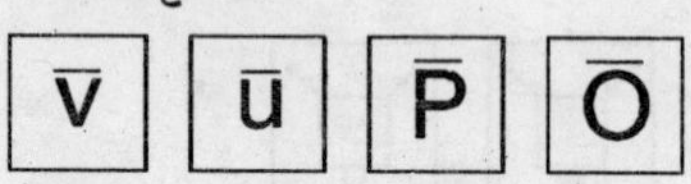

(a) (b) (c) (d)

9. प्रश्न आकृतियां

उत्तर आकृतियां

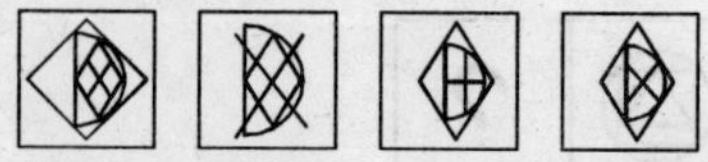

(a) (b) (c) (d)

10. प्रश्न आकृतियां

उत्तर आकृतियां

(a) (b) (c) (d)

उत्तरमाला

1	2	3	4	5
(b)	(b)	(a)	(a)	(a)
6	**7**	**8**	**9**	**10**
(c)	(a)	(b)	(d)	(c)

व्याख्यात्मक उत्तर

2. दूसरी आकृति में ऊपर के दो अवयव अपना स्थान बदल कर एक दूसरे के स्थान पर आ जाते हैं और वृत्त के भीतर का छायांकित भाग छायारहित हो जाता है।

3. पहली आकृति से दूसरी आकृति में एक ऊर्ध्वाधरतः रेखा कम हो जाती है और आकृति को निर्मित करने वाली रेखाओं की संख्या में एक की वृद्धि होती है।

4. पहली आकृति को वामावर्त 90° के कोण से घुमाने पर दूसरी आकृति प्राप्त होती है।

5. पहली आकृति से दूसरी आकृति में आकृति को निर्मित करने वाली रेखाओं की संख्या में एक की वृद्धि होती है।

6. पहली आकृति से दूसरी आकृति में विकर्णी रेखा 90° के कोण से घूम जाती है और रेखाखण्ड क्षैतिजतया सम्मुख खण्ड में चले जाते हैं।

7. पहली आकृति का डिजाइन दूसरी आकृति में दोगुना हो जाता है।

8. पहली आकृति का डिजाइन दूसरी आकृति में ऊर्ध्वाधरतः उलट जाता है।

9. बीच के और सबसे भीतरी अवयव के आकार में वृद्धि होती है और सबसे बाहरी अवयव छोटा होकर दो बढ़े हुए अवयवों के बीच में आ जाता है।

10. पहली आकृति से दूसरी आकृति में ऊपरी बाईं ओर का अवयव 90° के कोण से घूम जाता है और ऊपरी दाईं ओर का अवयव ऊर्ध्वाधरतः उलट जाता है। ऊर्ध्वाधर डिजाइन का ऊपरी भाग ऊर्ध्वाधरतः उलट जाता है और अलग हो जाता है, बीच का हिस्सा छोटा/बड़ा हो जाता है और 90° के कोण से घूम जाता है तथा निचला हिस्सा ऊर्ध्वाधरतः उलट जाता है। उपर्युक्त सभी परिवर्तनों के अतिरिक्त एक आकृति से दूसरी आकृति में छायांकित भाग छाया रहित हो जाता है और छाया रहित भाग छायांकित हो जाता है।

17

विजातीय का चयन (Odd-One Out)

अभाषिक वर्गीकरण संबंधी तर्कबुद्धि परीक्षण विषयक प्रश्नों में आकृतियों का एक समूह दिया जाता है तथा अभ्यर्थियों से यह अपेक्षा की जाती है कि वे दी गई आकृतियों को उनके विशिष्ट गुणों या विशेषताओं के आधार पर अलग-अलग समूहों या वर्गों में वर्गीकृत करें। आकृतियों या मदों को उनकी बनावट, आकार, प्रतिरूप, संरचना, प्रकार, क्रम, रूप-रंग, कोटि, शैली, संघटक अवयवों और अन्य प्रकार की विशेषताओं में समानता के आधार पर समूहों या वर्गों में वर्गीकृत करना होता है और तत्पश्चात् उस समूह से भिन्न अर्थात् विजातीय आकृति की पहचान करनी होती है।

अभ्यास

निर्देशः *नीचे के प्रत्येक प्रश्न में एक आकृति को छोड़कर अन्य सभी आकृतियाँ किसी-न-किसी रूप में आपस में संबंधित हैं और इस कारण वे एक समूह बनाती हैं। प्रत्येक प्रश्न में उस एक भिन्न आकृति का चयन करें जो अन्यों से संबंधित नहीं है अर्थात् जो भिन्न अथवा विजातीय है।*

1. 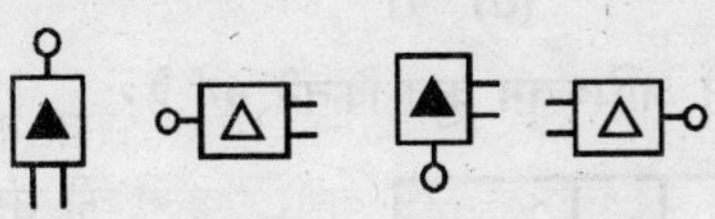

(a) (b) (c) (d)

2. 

(a) (b) (c) (d)

3. 

(a) (b) (c) (d)

4. 

(a) (b) (c) (d)

5. 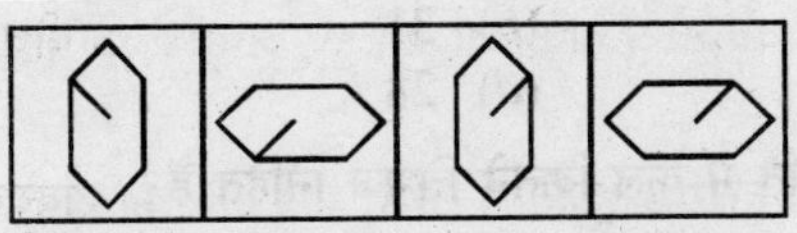

(a) (b) (c) (d)

6. 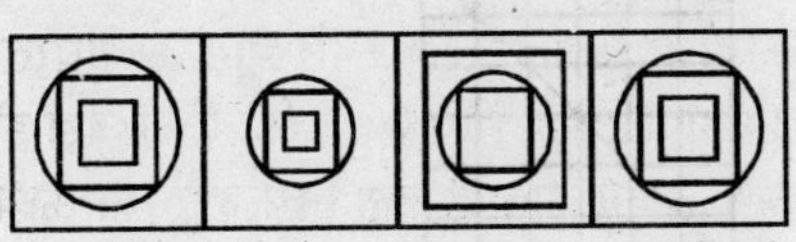

(a) (b) (c) (d)

7. 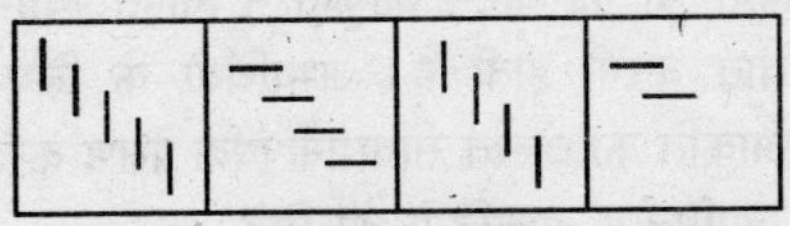

(a) (b) (c) (d)

8. 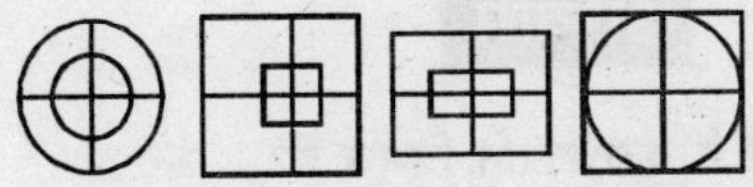

(a) (b) (c) (d)

9. 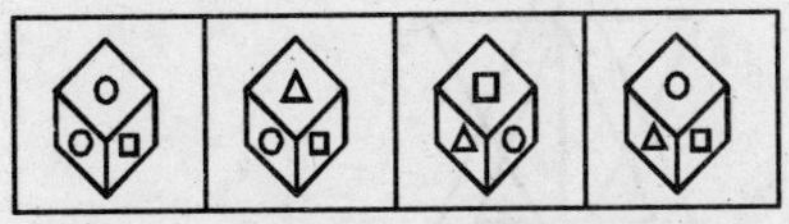

(a) (b) (c) (d)

10. 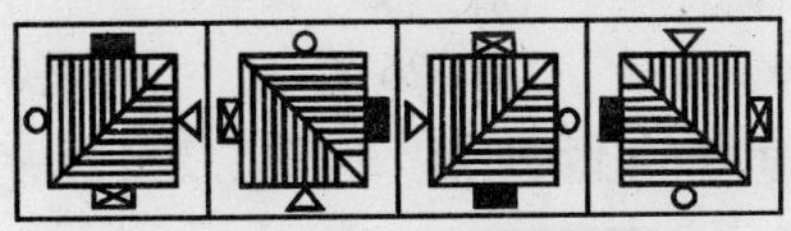

(a) (b) (c) (d)

उत्तरमाला

1	2	3	4	5
(c)	(c)	(c)	(d)	(c)
6	**7**	**8**	**9**	**10**
(c)	(a)	(d)	(a)	(c)

व्याख्यात्मक उत्तर

1. अन्य सभी आकृतियों में वृत्त युक्त रेखा और दो रेखाखंड वर्ग की सम्मुख भुजाओं पर अवस्थित हैं।

3. शेष सभी आकृतियाँ चार भागों में विभक्त हैं।

6. शेष सभी आकृतियों में बीच का और मध्यस्थ अवयव एक से हैं।

7. केवल इसी आकृति में रेखाखंडों की संख्या विषम है।

8. केवल इसी आकृति में दो अलग-अलग आकृतियाँ हैं जो दो समान भागों में विभाजित हैं।

9. केवल इसी आकृति में दो सदृश अवयव (वृत्त) निहित हैं।

10. शेष सभी आकृतियों को घुमाकर एक-दूसरी आकृतियाँ प्राप्त की जा सकती हैं।

●●●

18

आरेखों पर आधारित प्रश्न (Diagrammatic Puzzles)

इस प्रकार के प्रश्नों में किसी दी गई जटिल आकृति में निहित ज्यामितीय आकृतियों की संख्या ज्ञात करनी होती है। अभ्यर्थियों के लिए यह अनिवार्य है कि वे प्रश्न आकृति का अत्यंत सावधानीपूर्वक प्रेक्षण करें और तत्पश्चात् उसमें निहित ज्यामितीय आकृतियों को गिनें।

अभ्यास

1. नीचे दी गई आकृति में कुल कितने त्रिभुज हैं?

(*a*) 24 (*b*) 27
(*c*) 25 (*d*) 26

2. इस आकृति में कुल कितने त्रिभुज हैं?

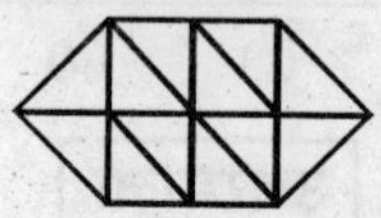

(*a*) 16 (*b*) 17
(*c*) 18 (*d*) 19

3. इस आकृति में कुल कितने वर्ग छिपे हैं?

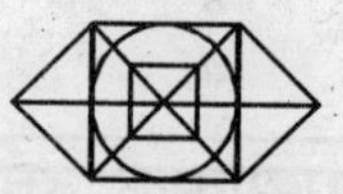

(*a*) 7 (*b*) 8
(*c*) 9 (*d*) 10

4. इस आकृति में निहित त्रिभुजों की संख्या कितनी है?

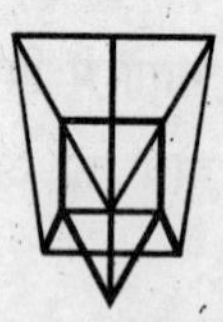

(*a*) 19 (*b*) 16
(*c*) 21 (*d*) 15

5. इस आकृति में वृत्तों की कुल कितनी संख्या है?

(*a*) 6 (*b*) 5
(*c*) 2 (*d*) 3

6. नीचे की आकृति में कुल कितने त्रिभुज निहित हैं?

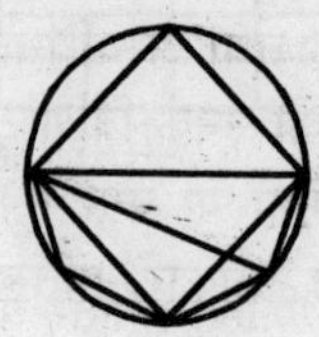

(*a*) 7 (*b*) 8
(*c*) 9 (*d*) 10

7. नीचे की आकृति में कुल कितने वर्ग हैं?

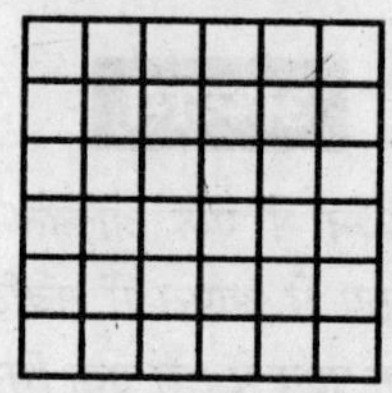

(*a*) 36 (*b*) 60
(*c*) 77 (*d*) 91

8. नीचे दी गई आकृति में अधिकतम कुल कितने वर्ग हैं?

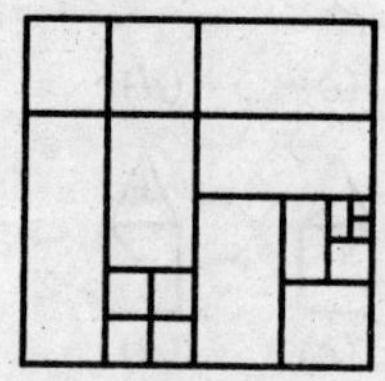

(*a*) 14 (*b*) 15
(*c*) 16 (*d*) 17

9. नीचे दी गई आकृति में कुल कितने वृत निहित हैं?

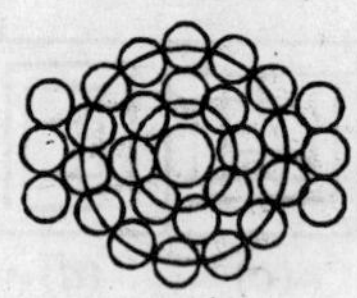

(*a*) 29 (*b*) 31
(*c*) 30 (*d*) 28

10. नीचे दी गई आकृति में कुल कितने त्रिभुज निहित हैं?

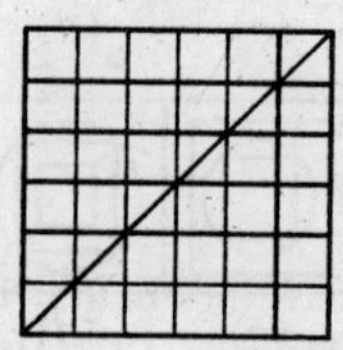

(*a*) 42 (*b*) 41
(*c*) 40 (*d*) 39

11. नीचे दी गई आकृति में कुल कितने त्रिभुज निहित हैं?

(*a*) 18 (*b*) 16
(*c*) 20 (*d*) 22

12. नीचे दी गई आकृति में निहित कुल आयतों की संख्या बताइए।

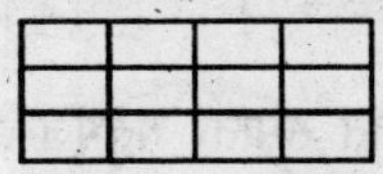

(*a*) 60 (*b*) 56
(*c*) 37 (*d*) 20

13. नीचे दी गई आकृति में निहित समांतर चतुर्भुजों की कुल संख्या ज्ञात करें।

(*a*) 35 (*b*) 36
(*c*) 37 (*d*) 38

14. नीचे दी गई आकृति में निहित त्रिभुजों की कुल संख्या बताइए ?

(*a*) 19 (*b*) 21
(*c*) 20 (*d*) 22

15. नीचे दी गई आकृति में कुल कितने षड्भुज निहित हैं ?

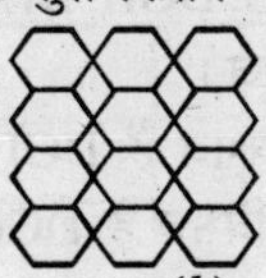

(*a*) 13 (*b*) 14
(*c*) 15 (*d*) 16

उत्तरमाला

1	2	3	4	5
(*b*)	(*a*)	(*d*)	(*b*)	(*a*)
6	**7**	**8**	**9**	**10**
(*b*)	(*d*)	(*a*)	(*b*)	(*a*)
11	**12**	**13**	**14**	**15**
(*c*)	(*a*)	(*b*)	(*b*)	(*c*)

व्याख्यात्मक उत्तर

2.

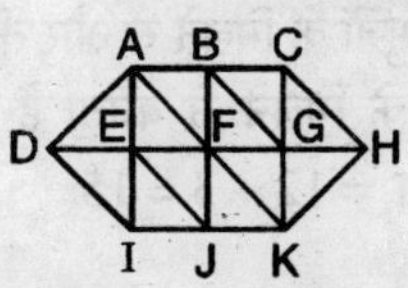

आकृति में सर्वाधिक सरलतापूर्वक दृष्टिगोचर होनेवाले त्रिभुज हैं: ADE, DEI, AEF, ABF, EIJ, EFJ, BFG, BCG, FJK, FGK, CGH और GHK, अर्थात् 12 त्रिभुज।

समद्विभाजित त्रिभुज हैं: ADI और CHK अर्थात् 2 त्रिभुज।

AIK और ACK अन्य त्रिभुज हैं, अर्थात 2 त्रिभुज।

अतः आकृति में निहित त्रिभुजों की कुल संख्या
= 12 + 2 + 2 = 16

3.

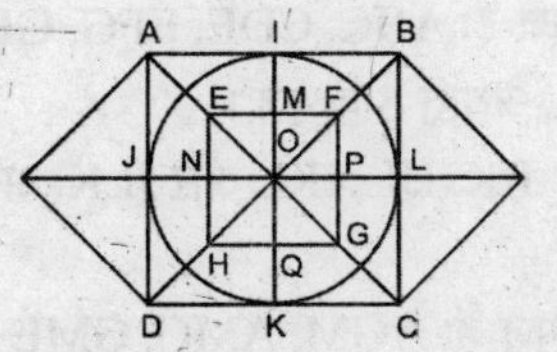

आकृति में निहित मुख्य वर्ग हैं : ABCD और EFGH, अर्थात् 2 वर्ग।

सरलतम बाह्य वर्ग हैं। AIOJ, IBLO, JOKD, और OLCK, अर्थात् 4 वर्ग।

सरलतम आंतरिक वर्ग हैं: EMON, NOQH, MFPO और OPGQ, अर्थात् 4 वर्ग।

आकृति में अन्य कोई वर्ग निहित नहीं हैं।

अतः उपर्युक्त आकृति में निहित वर्गों की कुल संख्या
= 2 + 4 + 4 = 10

5.

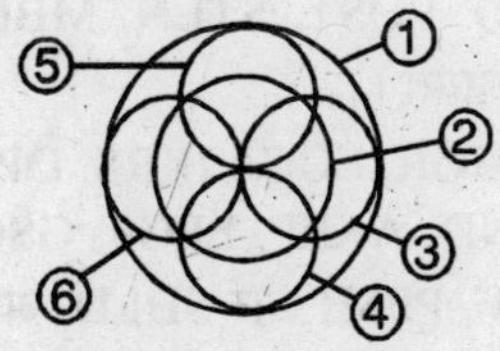

आकृति में दो मुख्य वृत्त हैं और चार छोटे वृत्त हैं और ये सभी एक-दूसरे को प्रतिच्छेदित कर रहे हैं।

∴ आकृति में निहित कुल वृत्त
= 2 + 4 = 6.

6. आकृति में निहित सरलतम त्रिभुज हैं: ABC, BDE, BEG, BGC, CGF और GFE, अर्थात् 6 त्रिभुज

समद्विभाजित त्रिभुज हैं: BCE और CEF, अर्थात् 2 त्रिभुज।

अतः आकृति में निहित त्रिभुजों की कुल संख्या
= 6 + 2 = 8.

9.

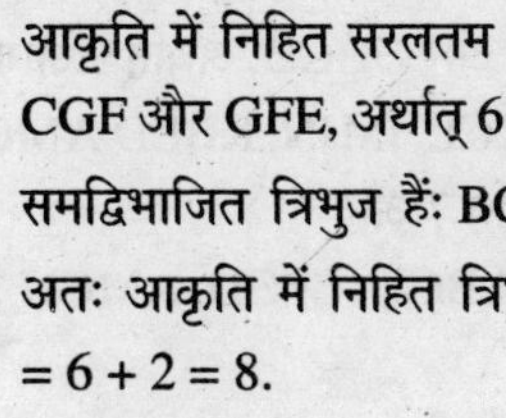

आकृति में 3 संकेंद्रिक वृत्त हैं, बीच के वृत्त की परिधि पर 8 छोटे वृत्त हैं, बाहरी वृत्त की परिधि पर 14 छोटे वृत्त हैं तथा सबसे बाहरी संकेंद्रिक वृत्त से बाहर उसकी दोनों ओर तीन-तीन वृत्त अर्थात् कुल 6 वृत्त हैं।

अतः वृत्तों की कुल संख्या
= 3 + 8 + 14 + 6 = 31.

11. 

आकृति में निहित सरलतम त्रिभुज हैं: ABC, CDE, EFG, GHA, JIM, IML, MLK और JMK, अर्थात् 8 त्रिभुज।

दो भागों में विभाजित त्रिभुज हैं: JIK, IJL, IKL और JLK, अर्थात् 4 त्रिभुज।

दो भागों में विभाजित अन्य त्रिभुज हैं: AGM, AMC, GME और MCE, अर्थात् 4 त्रिभुज।

आकृति में निहित अन्य त्रिभुज हैं: AGC, AGE, ACE और GCE, अर्थात् 4 त्रिभुज।

अतः त्रिभुजों की कुल संख्या = 8 + 4 + 4 + 4 = 20

12. 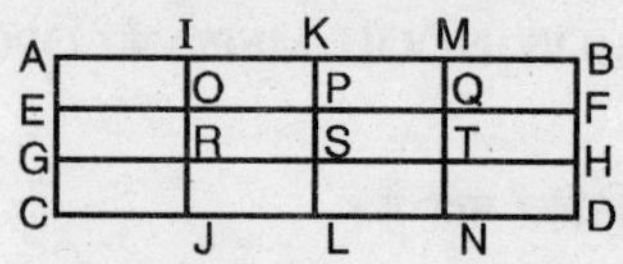

आकृति में निहित मुख्य आयत ABCD है, अर्थात् 1 आयत।

आकृति में निहित सरलतम आयत हैं: AIEO, EOGR, GRCJ, IKOP, OPRS, RSJL, KMPQ, PQST, STLN, MBQF, QFTH और THND, अर्थात् 12 आयत।

दो भागों में विभाजित आयत हैं: AIGR, EOCJ, IKRS, OPJL, KMST, PQLN, MBTH, QFND, AKEP, EPGS, GSCL, IMOQ, OQRT, RTJN, KBPF, PFSH और SHLD, अर्थात् 17 आयत।

तीन भागों में विभाजित आयत हैं: AICJ, IKJL, KMLN, MBND, AMEQ, EQGT, GTCN, IBOF, OFRH और RHJD, अर्थात् 10 आयत।

चार भागों में विभाजित आयत हैं: AKGS, EPCL, IMRT, OQJN, KBSH, PFLD, ABEF, EFGH और GHCD, अर्थात् 9 आयत।

छह भागों में विभाजित आयत हैं: AKCL, IMJN, KBLD AMGT, EQCN, IBRH और OFJD, अर्थात् 7 आयत।

आकृति में निहित अन्य आयत हैं: ABGH, EFCD, AMCN और IBJD, अर्थात् 4 आयत।

अतः इस आकृति में निहित आयतों की कुल संख्या
= 1 + 12 + 17 + 10 + 9 + 7 + 4 = 60

13. 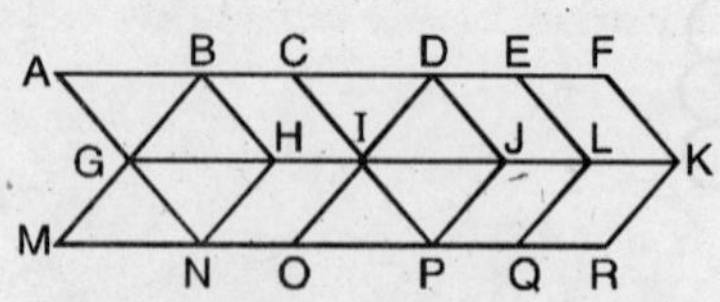

आकृति में निहित मुख्य समांतर चतुर्भुज AFGK और GKMR, है अर्थात् 2 समांतर चतुर्भुज।

आकृति में निहित सरलतम समांतर चतुर्भुज हैं: BCHI, DEJL, EFLK, HINO, JLPQ और LKQR, अर्थात् 6 समांतर चतुर्भुज।

दो भागों में विभाजित समांतर चतुर्भुज हैं: ABGH, CDIJ, DFJK, GHMN, IJOP, JKPR, GBNH और IDPJ, अर्थात् 8 समांतर चतुर्भुज।

तीन भागों में विभाजित समांतर चतुर्भुज हैं: ACGI, BDGI, BDHJ, CEIL, GIMO, GINP, HJNP और ILOQ, अर्थात् 8 समांतर चतुर्भुज।

चार भागों में विभाजित समांतर चतुर्भुज हैं: BEHL, CFIK, HLNQ और IKOR, अर्थात् 4 समांतर चतुर्भुज।

पाँच भागों में विभाजित समांतर चतुर्भुज हैं: ADGI, BFHK, GJMP और HKNR, अर्थात् 4 समांतर चतुर्भुज।

अन्य समांतर चतुर्भुज हैं: AEGL, GLMQ, ACNP और BDMO, अर्थात् 4 समांतर चतुर्भुज।

अतः आकृति में निहित समांतर चतुर्भुजों की कुल संख्या
= 2 + 6 + 8 + 8 + 4 + 4 + 4 = 36

14. 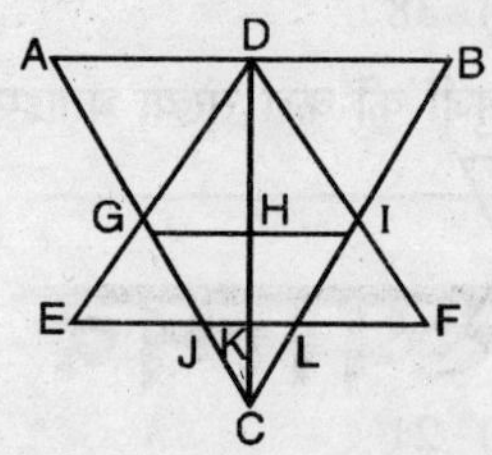

मुख्य त्रिभुज हैं: ABC और DEF, अर्थात् 2 त्रिभुज।

सरलतम त्रिभुज हैं: ADG, DGH, DHI, DBI, GEJ, JKC, KLC और ILF, अर्थात् 8 त्रिभुज।

दो भागों में विभाजित त्रिभुज हैं: DGI और JLC अर्थात् 2 त्रिभुज।

तीन भागों में विभाजित त्रिभुज हैं: DGC, DIC, DEK और DKF, अर्थात् 4 त्रिभुज।

अन्य त्रिभुज हैं: ADC, DBC, GIC, GHC और HIC, अर्थात् 5 त्रिभुज।

अतः आकृति में निहित त्रिभुजों की कुल संख्या
= 2 + 8 + 2 + 4 + 5 = 21

15. 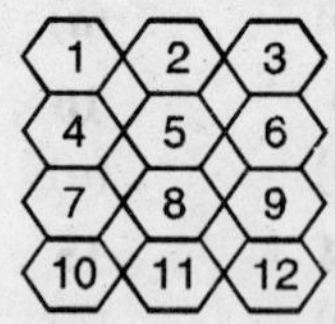

12 षड्भुज एक साथ रखे गये हैं जिनसे 3 और षड्भुज निर्मित होते हैं जिन में से पहला षड्भुज 2 और 5 संख्याकित षड्भुजों के मिलने से, दूसरा षड्भुज 5 और 8 संख्याकित षड्भुजों के मिलने से और तीसरा षड्भुज 8 और 11 संख्याकित षड्भुजों के मिलने से बनता हैं।

∴ आकृति में षड्भुजों की कुल संख्या = 12 + 3 = 15

●●●

संख्यात्मक अभियोग्यता
(Quantitative Aptitude)

1

संख्याएँ (Number)

एक संख्या हमें बताती है कि दी हुई मात्रा में कितनी इकाइयां हैं। अतः यह एक या एक से अधिक इकाइयों को प्रकट करती है। या एक ही प्रकारकी एक या अधिक भिन्न वस्तुओं को प्रकट करती है। जैसे–दो गाय, चार बकरी, आठ भैंस आदि। वे शब्द जो काले दर्शाये गये हैं, संख्याओं को प्रदर्शित करते हैं।

1. **पूर्ण संख्याएं :** संख्याएं 0, 1, 2, 3, 4, 5, 6, 7, 8, 9,.....आदि संख्याओं को **''पूर्ण संख्याएं''** या **''पूर्णांक''** कहते हैं। जैसे 84 एक पूर्णांक है। जबकि $\frac{61}{4}$ पूर्णांक नहीं है।
2. **सम संख्याएं :** वे संख्याएं जो 2 से पूर्णतः विभाजित हो जाती हैं उन्हें **''सम संख्याएं''** कहते हैं। जैसे–2, 4, 32, 64, 108.... आदि ''सम संख्याएं'' हैं।
3. **विषम संख्याएं :** वे संख्याएं जो 2 से पूर्णतः विभाजित नहीं होती हैं उन्हें **''विषम संख्याएं''** कहते हैं। जैसे–1, 3, 5, 7, 11, 17, 21, 23.... आदि ''विषम संख्याएं'' हैं।
4. **अभाज्य संख्याएं :** वे संख्याएं जो स्वयं और 1 के अतिरिक्त किसी अन्य संख्याओं से पूर्णतः विभाजित न हों, उन्हें **''अभाज्य संख्याएं''** कहते हैं। जैसे–2, 3, 7, 11, 13, 17.... आदि ''अभाज्य संख्याएं'' हैं।
5. **भाज्य संख्याएं :** वे संख्याएं जो स्वयं और 1 के अतिरिक्त किसी अन्य संख्याओं से पूर्णतः विभाजित हो जाती हों तो उन्हें **''भाज्य संख्याएं''** कहते हैं। जैसे– 4, 6, 9, 10, 12, 15....आदि ''भाज्य संख्याएं'' हैं।

नोट :

1. संख्या 1 न तो भाज्य है और न ही अभाज्य।

2. वह संख्या जो सम भी हो और अभाज्य भी, केवल 2 है।

- **आरोही क्रम (Ascending Order) :** बाईं ओर से दायीं ओर लिखने पर प्राकृतिक संख्याएं मान के अनुसार बढ़ते हुए क्रम में हों तो इस क्रम को **''आरोही क्रम''** कहते हैं। जैसे–25, 30, 41, 50 आदि संख्याएं आरोही क्रम में होंगी।
- **अवरोही क्रम (Descending Order):** बाईं ओर से दाईं ओर लिखने पर प्राकृतिक संख्याएं मान के अनुसार घटते हुए क्रम में हों, तो इस क्रम को **''अवरोही क्रम''** कहते हैं। जैसे–50, 41, 30, 25 आदि संख्याएं अवरोही क्रम में होंगी।

स्थानीय मान और जातीय (वास्तविक) मान

- **स्थानीय मान :** किसी अंक (Number) का जो मान (Value) उसके स्थान के कारण होता है, उसे उस अंक का **स्थानीय मान** कहते हैं। जैसे–32 में इकाई के स्थान पर 2 तथा दहाई के स्थान पर 3 है। इसमें 3 का स्थानीय मान $= 3 \times 10 = 30$ तथा 2 का स्थानीय मान $= 2 \times 1 = 2$ होगा।
- **जातीय (वास्तविक) मान :** हर अंक का अपना जातीय मान होता है। जैसे– 2 का 2, 5 का 5, 7 का 7, 9 का 9 आदि। जैसा कि हम ऊपर बता चुके हैं कि 32 में 3 का **स्थानीय मान** 30 है। परन्तु 32 में 3 का **जातीय मान** 3 होगा। इस प्रकार 32 में 3 के स्थानीय मान तथा जातीय मान के बीच अन्तर $= 30 - 3 = 27$ होगा। अतः किसी संख्या में किसी अंक का स्थानीय मान प्राप्त करने के लिए सरल तरीका यह है कि पहले उस अंक को लिख लें और उसके बाद उसमें उतने शून्य लगा दें, जितने कि उस अंक के बाद अंक हों।

उदाहरण 1 : 35011 में से 5 का स्थानीय मान क्या होगा?

हल : सबसे पहले 5 लिखें फिर देखें कि संख्या 5 के बाद कितने अंक हैं। अतः उपरोक्त दी हुई संख्या से स्पष्ट है कि 5 के बाद तीन अंक हैं। फिर 5 के बाद तीन शून्य लिख दें। 5000, इस प्रकार 35011 में 5 का **स्थानीय मान** = 5000 हुआ।

नोट : प्रत्येक पूर्ण संख्या को अभाज्य संख्याओं के गुणनफल के रूप में लिखा जा सकता है।

एक संख्या के अभाज्य गुणनखण्ड किस प्रकार लिख सकते हैं:

(*i*) संख्या को 2 से भाग करो, यदि सम्भव हो, और 2 से भाग करते रहो जब तक कि ऐसा गुणनखण्ड न आ जाए जो 2 से विभाजित न हो।

(*ii*) प्राप्त परिणाम (*i*) को 3 से भाग करो, यदि सम्भव हो और 3 से भाग करते रहो जब तक कि ऐसा गुणनखण्ड न आ जाए जो 3 से विभाजित न हो।

(*iii*) प्राप्त परिणाम (*ii*) को 5 से भाग करो, यदि सम्भव हो और 5 से भाग करते रहो जब तक कि ऐसा गुणनखण्ड न आ जाए जो 5 से विभाजित न हो।

(*iv*) प्राप्त परिणामों में इसी प्रकार 7, 11, 13 आदि संख्याओं से भाग करते रहो जब तक कि सारे गुणनखण्ड अभाज्य गुणनखण्ड न हो जाएं।

प्रश्नमाला

1. 1 से 100 के बीच अभाज्य संख्याएं होंगी:

A. 20 B. 30
C. 22 D. 25

2. ऐसी संख्या जो अभाज्य भी है और सम भी:

A. 1 B. 2
C. 98 D. 79

3. निम्न में से कौन-सी संख्या अभाज्य संख्या होगी?

A. 149 B. 159
C. 117 D. 147

4. चार अंकों की छोटी-से-छोटी संख्या होगी?

A. 1002 B. 1001
C. 9999 D. 1000

5. 43014 में 3 का स्थानीय मान क्या होगा?
A. 3 B. 3000
C. 300 D. 30

6. 81752 में 2 के स्थानीय मान और जातीय मान में अन्तर क्या होगा?
A. 2 B. 0
C. 1 D. 20

7. संख्या 3125 में से क्या घटाया जाए ताकि शेष संख्या 13 से पूर्णतः विभाजित हो सके?
A. 5 B. 8
C. 10 D. 12

8. निम्नलिखित में से कौन-सी संख्या 3 से पूर्णतः विभाजित होगी?
A. 491 B. 371
C. 591 D. 571

9. भाग के प्रश्न में भाजक 16, भागफल 9 तथा शेष 1 हो, तो भाज्य कितना होगा?
A. 145 B. 136
C. 144 D. 152

10. 1 से 50 तक पूर्णांकों का योग कितना होगा?
A. 1275 B. 1375
C. 1225 D. 1365

11. संख्या 30, 70, 584 में अंक 7 के स्थानीय मान लिखो।
A. 700 B. 7000
C. 70,000 D. 700,000

12. 3589 में क्या जोड़ें कि यह पांच अंकों की सबसे छोटी संख्या बन जाए?
A. 6413 B. 6412
C. 6411 D. 6311

13. 2756 और तीन अंकों की सबसे बड़ी संख्या का योगफल ज्ञात करो।
A. 3655 B. 3755
C. 3756 D. 3656

14. पांच अंकों की सबसे बड़ी और छः अंकों की सबसे छोटी संख्याओं का अन्तर ज्ञात करो।
A. 1 B. 3
C. 3 D. 4

15. संख्या 36795 में अंक 6 के स्थान पर 9 तथा 9 के स्थान पर 6 बदल देने से इन संख्याओं के मान में कितना अन्तर हो जाएगा।
A. 2970 B. 3071
C. 2971 D. 3071

16. चार अंकों की बड़ी-से-बड़ी व छोटी-से- छोटी संख्याओं का योग ज्ञात करो।
A. 10990 B. 11999
C. 10909 D. 10999

उत्तरमाला

1	2	3	4	5	6	7	8	9	10
D	B	A	D	B	B	A	C	A	A
11	**12**	**13**	**14**	**15**	**16**				
C	C	B	A	A	D				

व्याख्यात्मक उत्तर

1. चूंकि 1 से 100 के बीच अभाज्य संख्याएं क्रमशः 2, 3, 5, 7, 11, 13, 17, 19, 23, 29, 31, 37, 41, 43, 47, 53, 59, 61, 67, 71, 73, 79, 83, 89 तथा 97 होंगी। अतः स्पष्ट है कि 1 से 100 तक के बीच अभाज्य संख्याओं की गिनती = 25 हैं।

2. ऐसी संख्या जो अभाज्य भी है और सम भी, केवल 2 है।

3. दिये गये विकल्प A में 149 एक अभाज्य है, क्योंकि यह किसी अन्य संख्या से पूर्णतः विभाजित नहीं है।

4. चार अंकों की छोटी-से-छोटी संख्या = 1000 होगी। अतः आपका उत्तर विकल्प D है।

5. $\because$ संख्या 43014 में 3 का अंक हजार के स्थान पर है
$\therefore$ संख्या में 3 का स्थानीय मान
$= 3 \times 1000 = 3000$ होगा।

6. $\because$ संख्या 81752 में 2 का अंक इकाई के स्थान पर है।
$\therefore$ संख्या में 2 का स्थानीय मान $= 2 \times 1 = 2$ तथा संख्या में 2 का जातीय मान = 2 होगा। 2 के स्थानीय मान तथा जातीय मान के बीच अन्तर $= 2 - 2 = 0$ होगा।

7. चूंकि संख्या 3125 में 13 से भाग देने पर शेष 5 बचता है।
$\therefore$ संख्या 3125 को 13 से पूर्णतः विभाजित होने के लिए इसमें से 5 घटाया जाये।

8. विकल्प C में दी गई संख्या 591, 3 से पूर्णतः विभाजित होगी, क्योंकि संख्या के अंकों का योग 3 से विभाजित हैं।

9. $\because$ भाज्य = भाजक × भागफल + शेष
$= 16 \times 9 + 1 = 144 + 1 = 145.$

10. 1 से 50 तक के पूर्णांकों का योग
$= \frac{n(n+1)}{2}$ जहां n पदों की संख्या हैं।
$$= \frac{50(50+1)}{2} = \frac{50 \times 51}{2} = 1275$$

11. संख्या 3070584 में
अंक 7 का स्थानीय मान = 7 दस हजार = 70,000

15. 39765; मान में अंतर 2970

16. चार अंकों की सबसे बड़ी संख्या = 9999
चार अंकों की सबसे छोटी संख्या = 1000
$\therefore$ अभीष्ट योग = 9999 + 1000 = 10999

●●●

2

दशमलव (Decimals)

दशमलव बिन्दु के अंकों के समूह को **दशमलव भिन्न** कहते है। जैसे– 0.513, 0.317, 0.219, 0.6 आदि। प्रत्येक दशमलव एक भिन्न को दर्शाता है।

दशमलव भिन्न को साधारण भिन्न में बदलनाः

(*i*) एक ऐसी भिन्न लो जिसका हर 10 हो तथा अंश दशमलव के बाद दायीं ओर का पहला अंक हो।

(*ii*) एक ऐसी भिन्न लो जिसका हर 100 हो तथा अंश दशमलव के बाद दायीं ओर का दूसरा अंक हो।

(*iii*) इस प्रक्रिया को दोहराइये जब तक दशमलव के बाद के अंक समाप्त नहीं हो जाते। प्रत्येक दशा में हर, पहले हर का दस गुणा होगा।

(*iv*) इस प्रकार प्राप्त भिन्नों का योग जो परिणाम (*i*), (*ii*) और (*iii*) के योग से प्राप्त होता है, दशमलव भिन्न को प्रकट करता है।

जैसे :

$$0.317 = \frac{3}{10} + \frac{1}{100} + \frac{7}{1000}$$

$$= \frac{300}{1000} + \frac{10}{1000} + \frac{7}{1000} = \frac{317}{1000}$$

नोटः शून्यों से बनी कोई संख्या दशमलव के दाईं ओर बिना परिवर्तन किये लिखी जाती है।

प्रश्नमाला

1. कौन-सी भिन्न $\frac{15}{25}$ के समान है?

A. $\frac{150}{25}$ B. $\frac{15}{250}$

C. $\frac{3}{5}$ D. $\frac{60}{75}$

2. कौन-सी भिन्न $\frac{13}{20}$ के समान नहीं है?

A. $\frac{26}{40}$ B. $\frac{130}{200}$

C. $\frac{39}{60}$ D. $\frac{52}{60}$

3. एक घंटे के $\frac{5}{6}$ भाग का मान हैः

A. आधा घण्टा

B. 40 मिनट

C. 50 मिनट

D. 55 मिनट

4. एक वायुयान 1250 कि.मी. यात्रा में 2/5 भाग ईंधन खपत करता है। शेष ईंधन में यात्रा पूरी करेगाः

A. 1875 कि.मी. B. 2125 कि.मी.

C. 250 कि.मी. D. 475 कि.मी.

5. निम्नलिखित में से कौन-सी भिन्न सबसे बड़ी है?

A. $\frac{3}{15}$ B. $\frac{5}{20}$

C. $\frac{8}{64}$ D. $\frac{25}{1000}$

6. निम्नलिखित में से कौन-सी भिन्न सबसे छोटी है?

A. $\frac{1}{10}$ B. $\frac{1}{100}$

C. $\frac{9}{1000}$ D. $\frac{500}{10{,}000}$

7. $.001 \times 1000 = ?$

A. .1 B. 1

C. .01 D. 10

8. $1.01 \times .1 = ?$

A. 1.01 B. 10.1

C. .101 D. .0101

9. $\frac{20 + 8 \times 0.5}{20 - ?} = 12$

A. 12 B. 4

C. 18 D. 2

10. $.01 \times 100 \div 2.5 = ?$

A. 4 B. .4

C. .04 D. 5

11. दी हुई भिन्नों $\frac{5}{8}, \frac{21}{35}, \frac{9}{16}, \frac{6}{7}$ में सबसे बड़ी और सबसे छोटी भिन्न के बीच अन्तर है?

A. $\frac{33}{112}$ B. $\frac{112}{33}$

C. $\frac{32}{112}$ D. $\frac{112}{32}$

12. यदि किसी संख्या तथा उसके $\frac{1}{5}$ भाग में अन्तर 20 है, तो वह संख्या क्या है?

A. 23 B. 25

C. 24 D. 26

उत्तरमाला

1	2	3	4	5	6	7	8	9	10
C	D	C	A	B	C	B	C	C	B
11	12								
A	B								

व्याख्यात्मक उत्तर

1. $\frac{15}{25}=\frac{3\times5}{5\times5}=\frac{3}{5}$

2. $\frac{26}{40}=\frac{2\times13}{2\times20}=\frac{13}{20},\ \frac{39}{60}$

$=\frac{13\times3}{20\times3}=\frac{13}{20}$

$\frac{130}{200}=\frac{13\times10}{20\times10}=\frac{13}{20},\ \ \frac{52}{60}=\frac{13\times4}{20\times3}=\frac{13}{20}\times\frac{4}{3}$

अतः $\frac{52}{60}\neq\frac{13}{20}$

3. 1 घण्टे का $\frac{5}{6}$ भाग

$=\frac{5}{6}\times60$ मिनट = 50 मिनट।

4. शेष ईंधन $=1-\frac{2}{5}=\frac{5-2}{5}=\frac{3}{5}$

$\frac{2}{5}$ ईंधन में तय की गई दूरी

= 1250 कि.मी.

पूरे ईंधन में तय की गई दूरी

$=\frac{1250}{2/5}=\frac{1250\times5}{2}$ कि.मी.

$\frac{3}{5}$ ईंधन में तय की गई दूरी

$=\frac{1250\times5}{2}\times\frac{3}{5}=1875$ कि.मी.

5. $\frac{3}{15}=\frac{1}{5},\ \frac{8}{64}=\frac{1}{8}$

$\Rightarrow\ \frac{5}{20}=\frac{1}{4},\ \frac{25}{1000}=\frac{1}{40}$

$\frac{1}{5},\ \frac{1}{4},\ \frac{1}{8},\ \frac{1}{40}$

$\Rightarrow\ \frac{8,\ 10,\ 5,\ 1}{40}$

$\therefore$ सबसे बड़ी भिन्न $=\frac{1}{4}=\frac{5}{20}$

6. $\frac{1}{10}=.1,\ \frac{9}{1000}=.009$

$\frac{1}{100}=.01,\ \frac{500}{10,000}=\frac{5}{100}=.05$

$\therefore$ सबसे छोटी भिन्न $=0.09=\frac{9}{1000}$

7. $.001\times1000=001.000=1$

8. $1.01\times.1=\frac{101\times1}{100\times10}=\frac{101}{1000}=.101$

9. $\because\ \frac{20+8\times0.5}{20-?}\Rightarrow\frac{20+4}{20-?}$

$12\Rightarrow\frac{24}{12}=2$

$\Rightarrow2=20-?\Rightarrow?=20-2=18$

10. $.01\times100\div2.5=.01\times\frac{100}{2.5}=.01\times40=.4$

11. 8, 35, 16 और 7 का लघुत्तम समापवर्तक = 560

$\therefore\ \frac{5}{8}=\frac{5\times70}{8\times70}=\frac{350}{560}$

$\frac{21}{35}=\frac{21\times16}{35\times16}=\frac{336}{560}$

$\frac{9}{16}=\frac{9\times35}{16\times35}=\frac{315}{560}$

$\frac{6}{7}=\frac{6\times80}{7\times80}=\frac{480}{560}$

$\therefore$ सबसे बड़ी भिन्न $=\frac{6}{7}$

तथा सबसे छोटी भिन्न $=\frac{9}{16}$

$\therefore$ अन्तर $=\frac{6}{7}-\frac{9}{16}=\frac{96-63}{112}=\frac{33}{112}$

12. माना संख्या 1 है।

$\therefore$ 1 का $\frac{1}{5}=\frac{1}{5}$

$\therefore\ 1-\frac{1}{5}=\frac{4}{5}$

$\therefore$ संख्या $=20\div\frac{4}{5}=20\times\frac{5}{4}=25$

●●●

3

सरलीकरण (Simplification)

साधारण या दशमलव भिन्नों के जटिल व्यंजक को एक साधारण भिन्न या दशमलव भिन्न में बदलने की क्रिया को ''सरलीकरण'' कहते हैं। इस प्रकार के व्यंजक में ''कोष्ठक'', ''का'', (÷), (×), (+) तथा (–) आदि चिह्न अलग-अलग या एक साथ प्रदर्शित होते हैं। अतः ऐसे व्यंजक का ''सरलीकरण'' करने में **''BODMAS''** शब्द का प्रयोग किया जाता है। **''BODMAS''** शब्द का क्रमानुसार आशय निम्नलिखित है।

''BODMAS''

B	ब्रैकेट (कोष्ठक)	$\left[\{()\}\right]$
O	ऑफ (का)	का
D	डिवीजन (भाग)	÷
M	मल्टीप्लिकेशन (गुणा)	×
A	ऐडीशन (जोड़)	+
S	सब्ट्रेक्शन (घटाना)	–

अतः किसी भी जटिल व्यंजक को **''BODMAS''** शब्द के क्रमानुसार सरल किया जाता है। अर्थात् सबसे पहले ''कोष्ठक'' उसके बाद ''का'' फिर ''भाग'' फिर ''गुणा'' उसके बाद ''जोड़'' और अन्त में ''घटाना'' सरल होता है। इस क्रम को याद रखना परम आवश्यक है क्योंकि ऐसा न करने पर सरलीकरण की क्रियाएं गलत हो जाती हैं।

महत्वपूर्ण नोट :

(*i*) कोष्ठक चार प्रकार के होते हैं :

1. रेखा कोष्ठक जिसे बन्धनी रेखा (–) भी कहते हैं।
2. छोटा कोष्ठक(()),
3. मझला कोष्ठक ({}),
4. बड़ा कोष्ठक ([]),

अतः कोष्ठक के प्रश्नों में सबसे पहले रेखा कोष्ठक (–), उसके बाद छोटा कोष्ठक (()), उसके बाद मझला कोष्ठक ({}), और अन्त में बड़े कोष्ठक ([]) को सरल करना चाहिए।

(*ii*) O (का) का सामान्य अर्थ गुणा होता है।

प्रश्नमाला

1. $\frac{7}{4}-\frac{4}{7}=\frac{5}{28}+?$
A. 2 B. $\frac{1}{7}$
C. $\frac{2}{9}$ D. 1

2. $22\times5=22$ का ?%
A. 4500 B. 5000
C. 500 D. 750

3. 200 का $\frac{1}{25}\div8=?$
A. 1 B. 3
C. 8 D. 5

4. $\frac{40\times0.4\times0.04}{4+4\div4}=?$
A. .128 B. .148
C. .15 D. .248

5. $50\div5\div5=?$
A. 2 B. 10
C. 1/5 D. 4

6. $\frac{40\times15+25}{26+4\div4-2}=?$
A. 25 B. 30
C. 31 D. 42

7. $\frac{1.4\times3.6-1.2}{0.4\times1.2}=?$
A. 8 B. 2
C. 4 D. 3

8. $14\times3.2-2\times2.1+0.8=?$
A. 1.08 B. 2.18
C. 1.18 D. 2.08

9. $5\div\frac{3}{4}+\frac{2}{3}\times\frac{3}{4}-\frac{2}{3}$ का $\frac{13}{7}=?$
A. $4\frac{12}{11}$ B. $5\frac{13}{14}$
C. $5\frac{13}{17}$ D. $6\frac{13}{14}$

10. $(9+9+9)\div9\times9=?$
A. 27 B. 24
C. 21 D. 32

11. $2-\left[3-\left\{6-\left(5-\overline{4-3}\right)\right\}\right]$ को सरल करो।
A. 1 B. 2
C. 3 D. इनमें से कोई नहीं

12. सरल करो—
$\frac{3}{11}+\frac{4}{3}+\frac{10}{11}\times\frac{5}{11}-\frac{28}{33}$ का $1\frac{2}{7}$

A. $\frac{5}{13}$ B. $\frac{-5}{33}$

C. $\frac{5}{33}$ D. $\frac{-5}{13}$

13. $4.51\times\frac{2}{5}+\frac{3}{5}\times 4.51+4.51$ को सरल करो।

A. 9.02 B. 90.2

C. 0.902 D. 902

14. $\frac{15.72\times 15.72-5.72\times 5.72}{15.72+5.72}$ को सरल करो।

A. 9 B. 10

C. 8 D. 11

उत्तरमाला

1	2	3	4	5	6	7	8	9	10
D	C	A	A	A	A	A	A	B	A
11	12	13	14						
A	B	A	B						

व्याख्यात्मक उत्तर

1. $\frac{7}{4}-\frac{4}{7}=\frac{5}{28}+? \Rightarrow \frac{7\times 7-4\times 4}{4\times 7}=\frac{5}{28}+?$

$\Rightarrow \frac{49-16}{28}=\frac{5}{28}+? \Rightarrow \frac{33}{28}=\frac{5}{28}+?$

$\Rightarrow 1\frac{5}{28}=\frac{5}{28}+? \quad \Rightarrow 1+\frac{5}{28}=\frac{5}{28}+? \quad \therefore ?=1$

2. $\because\ 22\times 5=22$ का $?\%$

$\Rightarrow 110=22\times\frac{?}{100} \Rightarrow \frac{110\times 100}{22}=? \ \therefore\ ?=500$

3. $\because$ 200 का $\frac{1}{25}\div 8=?$

$\Rightarrow 8\div 8=? \Rightarrow \frac{8}{8}=? \Rightarrow 1=?$

4. $\because\ \frac{40\times 0.4\times 0.04}{4+4\div 4}=? \Rightarrow \frac{.64}{4+\frac{4}{4}}=?$

$\Rightarrow \frac{.64}{4+1}=? \Rightarrow \frac{.64}{5}=? \Rightarrow .128=?$

5. $\because\ 50\div 5\div 5=? \Rightarrow \frac{50}{5}\div 5=?$

$\Rightarrow 10\div 5=? \Rightarrow \frac{10}{5}=? \ \Rightarrow 2=?$

6. $\because\ \frac{40\times 15+25}{26+4\div 4-2}=? \ \Rightarrow \frac{600+25}{26+\frac{4}{4}-2}=?$

$\Rightarrow \frac{625}{26+1-2}=? \ \Rightarrow \ \frac{625}{25}=? \Rightarrow 25=?$

7. $\frac{1.4\times 3.6-1.2}{0.4\times 1.2}=\frac{5.04-1.2}{.48}=\frac{3.84}{.48}=8.$

8. "BODMAS" नियम के अनुसार पहले गुणा उसके बाद जोड़ और अन्त में घटाव की क्रिया करें।

$\therefore\ 1.4\times 3.2-2\times 2.1+0.8=4.48-4.2+0.8=1.08$

9. "BODMAS" नियम के अनुसार सबसे पहले का, फिर भाग, उसके बाद गुणा, फिर जोड़ और अन्त में घटाव की क्रिया करें।

$\therefore\ 5\div\frac{3}{4}+\frac{2}{3}\times\frac{3}{4}-\frac{2}{3}$ का $\frac{13}{7}=5\div\frac{3}{4}+\frac{2}{3}\times\frac{3}{4}-\frac{26}{21}$

$=\frac{20}{3}+\frac{2}{3}\times\frac{3}{4}-\frac{26}{21}=\frac{20}{3}+\frac{1}{2}-\frac{26}{21}$

$=\frac{280+21-52}{42}=\frac{249}{42}=5\frac{39}{42}=5\frac{13}{14}$

10. "BODMAS" नियम के अनुसार पहले कोष्ठक के अन्दर की संख्याओं को सरल करें, फिर भाग, उसके बाद गुणा करें।

$\therefore\ (9+9+9)\div 9\times 9=27\div 9\times 9=\frac{27}{9}\times 9=27.$

11. $2-\left[3-\left\{6-\left(5-\overline{4-3}\right)\right\}\right]=2-[3-\{6-(5-1)\}]$

$=2-[3-\{6-4\}]=2-[3-2]=2-1=1$

12. दिया गया व्यंजक

$=\frac{3}{11}+\frac{4}{3}\div\frac{10}{11}\times\frac{5}{11}-\frac{28}{33}$ का $1\frac{2}{7}$

$=\frac{3}{11}+\frac{4}{3}\div\frac{10}{11}\times\frac{5}{11}-\frac{28}{33}\times\frac{9}{7}$

$=\frac{3}{11}+\frac{4}{3}\times\frac{11}{10}\times\frac{5}{11}-\frac{28}{33}\times\frac{9}{7}$

$=\frac{3}{11}+\frac{2}{3}-\frac{12}{11}=\frac{9+22-36}{33}=\frac{-5}{33}$

13. व्यंजक $=4.51\times\frac{2}{5}+\frac{3}{5}\times 4.51+4.51$

$=4.51\left(\frac{2}{5}+\frac{3}{5}+1\right)=4.51\left(\frac{2+3+5}{5}\right)$

$=4.51\times\frac{10}{5}=4.51\times 2=9.02$

14. $\frac{15.72\times 15.72-5.72\times 5.72}{15.72+5.72}=\frac{(15.72+5.72)(15.72-5.72)}{(15.72+5.72)}$

$=15.72-5.72=10$

●●●

4

महत्तम समापवर्तक और लघुत्तम समापवर्त्य (H.C.F. and L.C.M.)

- **महत्तम समापवर्तक :** किन्हीं दो या दो से अधिक दी हुई संख्याओं का महत्तम समापवर्तक (म. स. प.) वह बड़ी-से-बड़ी संख्या है जो प्रत्येक दी हुई संख्याओं को पूरा-पूरा विभाजित करे।
- **लघुत्तम समापवर्त्य :** किन्हीं दो या दो से अधिक दी हुई संख्याओं का लघुत्तम समापवर्त्य (ल. स. व.) वह छोटी-से-छोटी संख्या है जो प्रत्येक दी हुई संख्या से पूरी-पूरी विभाजित हो।

प्रश्नों से संबंधित समस्याओं को हल करने के लिए निम्नलिखित सूत्रों को ध्यान में रखिये :

(*i*) भिन्नों का महत्तम समापवर्तक (म. स. प.) = अंशों का महत्तम lekiorā / हरों का लघुत्तम समापवर्त्य

(*ii*) भिन्नों का लघुत्तम समापवर्त्य (ल. स. व.) = अंशों का लघुत्तम समापवर्त्य / हरों का महत्तम समापवर्तक

(*iii*) दो संख्याओं का गुणनफल = म. स. प. × ल. स. व.

उदाहरण 1 : 18, 24 तथा 60 का महत्तम समापवर्तक निकालिए।

हल : $\because 18 = 2 \times 3 \times \underline{3}$

$24 = \underline{2} \times 2 \times 2 \times 3$ तथा $60 = 2 \times 2 \times \underline{3} \times 5$

∵ उपरोक्त दी हुई संख्याओं के अभाज्य गुणनखण्डों से स्पष्ट है कि तीनों संख्याओं के अभाज्य गुणनखण्डों में 2×3 उभयनिष्ठ है।

∴ अभीष्ट महत्तम समापवर्तक = 6 होगा।

प्रश्नमाला

1. 12, 24 व 36 का महत्तम समापवर्तक कितना होगा?
A. 16 B. 18
C. 12 D. 36

2. 70, 20 व 14 का लघुत्तम समापवर्त्य क्या है?
A. 120 B. 140
C. 280 D. 70

3. दो संख्याओं का अनुपात 11 : 15 है। यदि उनका म.स.प. 13 हो, तो वे संख्याएं क्रमशः क्या होंगी?
A. 143 व 195 B. 195 व 143
C. 110 व 150 D. 121 व 165

4. वह छोटी-से-छोटी पूर्ण वर्ग संख्या क्या होगी जो 56, 21 तथा 36 से पूर्णतः विभाजित हो सके?
A. 7056 B. 8056
C. 7040 D. 8100

5. वह बड़ी-से-बड़ी संख्या क्या होगी, जिससे यदि 27, 33 तथा 39 को भाग दें तो क्रमशः 2, 3 तथा 4 शेष बचे?
A. 4 B. 5
C. 3 D. 7

6. 5 अंकों की वह छोटी-से-छोटी संख्या क्या होगी जो 12, 15 तथा 18 से पूर्णतः विभाजित हो?
A. 10080 B. 10800
C. 11820 D. 12080

7. दो संख्याओं का गुणनफल 27 है। उनका महत्तम समापवर्तक 3 है, तो उनका लघुत्तम समापवर्त्य क्या होगा?
A. 81 B. 54
C. 9 D. 6

8. चार अंकों की वह बड़ी-से-बड़ी संख्या क्या है जो 2, 3, 4, 5, 6 और 7 से पूरी-पूरी विभाजित हो जाती है?
A. 9729 B. 9760
C. 9579 D. 9660

9. दो संख्याओं का गुणनफल 54 है। उनका महत्तम समापवर्तक 3 है, तो उनका लघुत्तम समापवर्त्य क्या होगा?
A. 18 B. 21
C. 9 D. 24

10. $\frac{10}{21}, \frac{25}{27}$ और $\frac{35}{24}$ का महत्तम समापवर्तक क्या है?
A. $\frac{5}{216}$ B. $\frac{5}{1080}$
C. $\frac{5}{1512}$ D. $\frac{5}{638}$

11. 27, 15, 72 का लघुत्तम ज्ञात करो।
A. 1020 B. 1080
C. 1050 D. 1060

12. 77, 88, 132 का लघुत्तम ज्ञात करो।
A. 1860 B. 1858
C. 1850 D. 1848

13. 135, 120, 90 का लघुत्तम ज्ञात करो।
A. 1050 B. 1020
C. 1080 D. 1060

14. 4, 6, 9, 12 का लघुत्तम ज्ञात करो।
A. 36 B. 38
C. 34 D. 40

उत्तरमाला

1	2	3	4	5	6	7	8	9	10
C	B	A	A	B	A	C	D	A	C
11	**12**	**13**	**14**						
B	D	C	A						

व्याख्यात्मक उत्तर

1. $\because$ $12 = 2 \times 2 \times 3$

$24 = 2 \times 2 \times 2 \times 3$

तथा $36 = 2 \times 2 \times 3 \times 3$

$\therefore$ अभीष्ट महत्तम समापवर्तक $= 2 \times 2 \times 3 = 12$ होगा।

2. $\because$ $70 = 2 \times 5 \times 7$

$20 = 2 \times 2 \times 5$

तथा $14 = 2 \times 7$

$\therefore$ अभीष्ट लघुत्तम समापवर्त्य $= 2 \times 2 \times 5 \times 7 = 140$

3. माना कि वे संख्याएं क्रमशः $11x$ व $15x$ हैं।
प्रश्नानुसार, दोनों संख्याओं का म.स.प. = 13 (दिया हुआ है)। अतः स्पष्ट होता है कि x के स्थान पर मान 13 होगा, क्योंकि 11×13 तथा 15×13 का म.स.प. 13 है। अतः वे संख्याएं क्रमशः $11 \times 13 = 143$ तथा $15 \times 13 = 195$ होंगी।

4. सबसे पहले 56, 21 तथा 36 का ल.स.व. ज्ञात करना है।

$\because$ $56 = 2 \times 2 \times 2 \times 7$

$21 = 3 \times 7$

तथा $36 = 2 \times 2 \times 3 \times 3$

$\therefore$ अभीष्ट ल.स.व. $= 2 \times 2 \times 2 \times 3 \times 3 \times 7$

चूंकि यह पूर्ण वर्ग संख्या नहीं है। अतः अभीष्ट ल.स.व. को पूर्ण वर्ग बनाने के लिए इसमें कम-से-कम 2×7 अर्थात् 14 से गुणा करना होगा।

$\therefore$ वह छोटी-से-छोटी पूर्ण वर्ग संख्या

$= 2 \times 2 \times 2 \times 3 \times 3 \times 7 \times 2 \times 7 = 7056$ होगी।

5. इस प्रकार के प्रश्नों में पहले शेषफल को संख्याओं में से घटाया जाता है फिर उन संख्याओं का म.स.प. ज्ञात किया जाता है।

$\therefore$ $27 - 2 = 25$

$33 - 3 = 30$

तथा $39 - 4 = 35$

अतः 25, 30 तथा 35 का म.स.प. ज्ञात करना है।

$\because$ $25 = 5 \times 5$

$30 = 2 \times 3 \times 5$

तथा $35 = 5 \times 7$

$\therefore$ अभीष्ट म.स.प. = 5

$\therefore$ वह-बड़ी-से बड़ी संख्या = 5 होगी।

6. सबसे पहले 12, 15 तथा 18 का ल.स.व. ज्ञात करना है।

$\because$ $12 = 2 \times 2 \times 3$

$15 = 3 \times 5$

तथा $18 = 2 \times 3 \times 3$

$\therefore$ अभीष्ट ल.स.व. $= 2 \times 2 \times 3 \times 3 \times 5 = 180$

तथा 5 अंकों की छोटी-से-छोटी संख्या = 10000

$= 180 \times 55 + 100$

तथा स्पष्ट है कि 5 अंकों की छोटी-से-छोटी संख्या जो 12, 15 तथा 18 से पूर्णतः विभाजित होगी $= 180 \times 56 = 10080$

7. लघुत्तम समापवर्त्य

$$= \frac{\text{दोनों संख्याओं का गुणनफल}}{\text{उनका महत्तम समापवर्तक}} = \frac{27}{3} = 9$$

8. 2, 3, 4, 5, 6 और 7 का लघुत्तम समापवर्त्य

$= 2 \times 2 \times 3 \times 5 \times 7 = 420$

चार अंकों की सबसे बड़ी संख्या = 9999

9999 को 420 से विभाजित करें तो शेष = 339

$\therefore$ अभीष्ट संख्या $= 9999 - 339 = 9660$

9. उनका लघुत्तम समापवर्त्य

$$= \frac{\text{दोनों संख्याओं का गुणनफल}}{\text{उनका महत्तम समापवर्तक}} = \frac{54}{3} = 18$$

10. भिन्नों का महत्तम समापवर्तक

$$= \frac{\text{अंशों का महत्तम समापवर्तक}}{\text{हरों का लघुत्तम समापवर्त्य}}$$

$$= \frac{\text{10, 25 और 35 का महत्तम समापवर्तक}}{\text{21, 27 और 24 का लघुत्तम समापवर्त्य}} = \frac{5}{1512}$$

11. ल. स.

2	27, 15, 72
2	27, 15, 36
2	27, 15, 18
3	27, 15, 9
3	9, 5, 3
3	3, 5, 1
5	1, 5, 1
	1, 1, 1

अतः दी गई संख्याओं का लघुत्तम समापवर्त्य

$2 \times 2 \times 2 \times 3 \times 3 \times 3 \times 5 = 1080$

14. ल. स.

2	4, 6, 9, 12
2	2, 3, 9, 6
3	1, 3, 9, 3
3	1, 1, 3, 1
	1, 1, 1, 1

अतः दी गई संख्याओं का लघुत्तम समापवर्त्य $= 2 \times 2 \times 3 \times 3 = 36$.

●●●

5

घातांक (Indices)

हम जानते हैं कि $x \times x = x^2$, $x \times x \times x = x^3$, $x \times x \times x \times x = x^4$ ...., $x \times x \times x \times x \times x$ .... n गुणनखण्डों तक $= x^n$ को "x की घात n" पढ़ा जाता है। इस प्रकार हम कह सकते हैं कि

2 की घात 3 $= 2^3 = 2 \times 2 \times 2 = 8$

3 की घात 3 $= 3^3 = 3 \times 3 \times 3 = 27$

5 की घात 4 $= 5^4 = 5 \times 5 \times 5 \times 5 = 625$

8 की घात 2 $= 8^2 = 8 \times 8 = 64$.

$\left(\frac{x}{y}\right)$ की घात 3 $= \left(\frac{x}{y}\right)^3 = \frac{x \times x \times x}{y \times y \times y} = \frac{x^3}{y^3}$

x^2 की घात 5 $= (x^2)^5 = x^2 \times x^2 \times x^2 \times x^2 \times x^2 = x^{10}$

घातांक से सम्बन्धित आवश्यक नियम

नियम 1. यदि m और n धन पूर्णांक हों तथा x, y कोई भी संख्याएं हैं तो $x^m \times x^n = x^{m+n}$

नियम 2. यदि m और n धन पूर्णांक हों तथा x, y कोई भी संख्याएं हैं तो,

$$x^m \div x^n = \frac{x^m}{x^n} = x^{m-n}$$

जबकि $m > n$ **या**

$$x^m \div x^n = \frac{x^m}{x^n} = \frac{1}{x^{n-m}} \text{ जबकि } n > m$$

नियम 3. यदि m और n धन पूर्णांक हों तथा x, y कोई भी संख्याएं हैं तो $(x^m)^n = x^{mn}$

नियम 4. यदि m और n धन पूर्णांक हों तथा x, y कोई भी संख्याएं हैं तो $(xy)^m = x^m \times y^m$

मूल : यदि कोई संख्या 'x की घात n' है तथा इसका परिणाम a अर्थात् $x^n = a$ है तो इसका अर्थ यह होता है कि a का n वां मूल x है। जिसे प्राय: इस प्रकार लिखा जाता है

$$x^n = a \Rightarrow x = \sqrt[n]{a} = (a)^{1/n}$$

इसी प्रकार यदि भिन्नात्मक घातांक $x^{p/q} = a$ है तो इसका अर्थ यह होगा कि x का q वां मूल बराबर है a का p वां मूल के, अर्थात्

$$x^{p/q} = a \Rightarrow \left(x^{1/q}\right)^p$$

$$a \Rightarrow x^{1/q} = a^{1/p}$$

$$\Rightarrow \sqrt[q]{x} = \sqrt[p]{a}$$

अत: दूसरे मूल को हम वर्गमूल तथा तीसरे मूल को घनमूल भी कहते हैं।

महत्त्वपूर्ण नोट : यदि किसी संख्या या राशि की घात ''शून्य'' है, तो उस संख्या या राशि का मान सदैव 1 के बराबर होगा। अर्थात् $x^0 = y^0 = z^0 = 2^0 = 5^0 = 8^0 = 1$ होगा।

प्रश्नमाला

1. $a^5 \times a^7$ का मान कितना होगा?
A. a^{35} B. a^2
C. a^{12} D. $a^{5/7}$

2. $(x^{2/3})^{-3/4}$ का मान कितना होगा?
A. $\frac{1}{x}$ B. $\frac{1}{\sqrt{x}}$
C. $\frac{1}{x^2}$ D. $\frac{1}{x^{-2}}$

3. 4 की घात 3 निम्न में से किस संख्या के बराबर होगी?
A. 64 B. 81
C. 12 D. 49

4. 2 की घात 3 तथा 3 की घात 2 में कितना अन्तर होगा?
A. 2 B. 5
C. 3 D. 1

5. $\left(-\frac{1}{125}\right)^{-\frac{2}{3}}$ का मान कितना होगा?
A. $\frac{1}{25}$ B. 25
C. 5 D. $\frac{1}{5}$

6. $(8)^{-(2^{-2})}$ का मान कितना होगा?
A. $2^{-1/4}$ B. $2^{-3/4}$
C. $2^{3/4}$ D. $2^{-1/2}$

7. यदि $\sqrt{2^n} = 64$ है, तो n का मान क्या होगा?
A. 8 B. 4
C. 12 D. 16

8. $(100)^0$ का मान कितना होगा?
A. 0 B. 10
C. 1 D. 100

9. यदि $10^{2/5} \times 10^{8/5} = 10^n$ है, तो n का मान क्या होगा?
A. 2 B. 3
C. 6 D. 4

10. $27^3 \times 3^4 \div 3^{10}$ का मान कितना होगा?

A. 9 B. 27

C. 81 D. $\frac{1}{27}$

11. व्यंजक $\frac{(-1)^{132}}{5^{-1}+3^{-1}}$ का मान कितना होगा?

A. $\frac{16}{9}$ B. $-\frac{15}{8}$

C. $\frac{15}{8}$ D. $\frac{17}{8}$

12. $6a^3b^3c^2 \div 2ab^2c$ का मान कितना होगा?

A. $3a^2bc$ B. $3ab^2c$

C. $3a^2b^2c^2$ D. $3a^3b^3c^3$

13. $\sqrt{\frac{1}{\left(\frac{3}{4}\right)^{-2}}} + \sqrt[3]{\frac{27}{64}}$ का मान क्या होगा?

A. $\frac{2}{3}$ B. $\frac{4}{5}$

C. $\frac{13}{12}$ D. $\frac{3}{2}$

उत्तरमाला

1	2	3	4	5	6	7	8	9	10
C	B	A	D	B	B	C	C	A	B
11	**12**	**13**							
C	A	D							

व्याख्यात्मक उत्तर

1. $\because a^5 \times a^7 = a^{5+7} = a^{12}$. $[\because x^m \times x^n = x^{m+n}]$

2. $\because \left(x^{\frac{2}{3}}\right)^{-\frac{3}{4}} = x^{\frac{2}{3}\times-\frac{3}{4}} = x^{-\frac{1}{2}} = \frac{1}{x^{\frac{1}{2}}} = \frac{1}{\sqrt{x}}$. $[\because (x^m)^n = x^{mn}]$

3. $\because$ 4 की घात 3 = $4^3 = 4 \times 4 \times 4 = 64$.

4. $\because$ 2 की घात 3 = $2^3 = 2 \times 2 \times 2 = 8$.

तथा 3 की घात 2 = $3^2 = 3 \times 3 = 9$

$\therefore$ अन्तर = $9 - 8 = 1$.

5. $$\left(-\frac{1}{125}\right)^{-\frac{2}{3}} = \frac{1}{\left(-\frac{1}{125}\right)^{\frac{2}{3}}} = (-125)^{\frac{2}{3}}$$

$= [(-125)^{1/3}]^2 = [(-5 \times -5 \times -5)^{1/3}]^2$

$= (-5^2) = -5 \times -5 = 25$.

6. $$\because 8^{-(2^{-2})} = 8^{-\left(\frac{1}{2^2}\right)} = 8^{-\frac{1}{4}} = \frac{1}{8^{\frac{1}{4}}}$$

$$= \frac{1}{(2\times2\times2)^{\frac{1}{4}}} = \frac{1}{(2)^{\frac{3}{4}}} = 2^{-\frac{3}{4}}.$$

7. $\because \sqrt{2^n} = 64 \Rightarrow 2^n = (64)^2$

$\Rightarrow 2^n = (2 \times 2 \times 2 \times 2 \times 2 \times 2)^2 \Rightarrow 2^n = (2^6)^2$

$\Rightarrow 2^n = 2^{6\times2} = 2^{12} \Rightarrow n = 12$ अत: n का मान 12 होगा।

8. यहां विद्यार्थियों को स्मरण रखना चाहिए कि यदि किसी संख्या या राशि की घात ''शून्य'' हो तो उस संख्या या राशि का मान हमेशा 1 के बराबर होगा। अत: स्पष्ट है कि $(100)^0$ का मान = 1 होगा।

9. $\because 10^{2/5} \times 10^{8/5} = 10^n$

$\Rightarrow 10^{2/5+8/5} = 10^n \Rightarrow 10^{10/5} = 10^n$

$\Rightarrow 10^2 = 10^n \Rightarrow n = 2$

अत: n का मान 2 होगा।

10. $$\because 27^3 \times 3^4 \div 3^{10} = 27^3 \times \frac{3^4}{3^{10}}$$

$$\frac{(3\times3\times3)^3 \times 3^4}{3^{10}} = \frac{(3^3)^3 \times 3^4}{3^{10}}$$

$$= \frac{3^9 \times 3^4}{3^{10}} = \frac{3^{9+4}}{3^{10}} = \frac{3^{13}}{3^{10}} = 3^{13-10} = 3^3 = 3\times3\times3 = 27.$$

11. $$\because \frac{(-1)^{132}}{5^{-1}+3^{-1}} = \frac{((-1)^2)^{66}}{5^{-1}+3^{-1}}$$

$$= \frac{(1)^{66}}{5^{-1}+3^{-1}} = \frac{1}{\frac{1}{5}+\frac{1}{3}} = \frac{1}{\frac{3+5}{15}} = \frac{1}{\frac{8}{15}} = \frac{15}{8}.$$

12. $\because 6a^3b^3c^2 \div 2ab^2c$

$$= \frac{6a^3b^3c^2}{2ab^2c} = 3a^{3-1}b^{3-2}c^{2-1} = 3a^2bc.$$

13. $$\because \sqrt{\frac{1}{\left(\frac{3}{4}\right)^{-2}}} + \sqrt[3]{\frac{27}{64}} = \sqrt{\left(\frac{3}{4}\right)^2} + \sqrt[3]{\frac{3\times3\times3}{4\times4\times4}}$$

$$= \sqrt{\left(\frac{3}{4}\right)^2} + \sqrt[3]{\left(\frac{3}{4}\right)^3} = \frac{3}{4} + \frac{3}{4} = \frac{6}{4} = \frac{3}{2}.$$

●●●

6

करणी (Surds)

प्राय: सभी संख्याओं के वर्गमूल सदैव पूर्ण संख्या नहीं होते, जैसे– $\sqrt{9}=3$ परन्तु $\sqrt{15}=3.873$, जो कि पूर्ण संख्या नहीं है, अर्थात् 15 का वर्गमूल पूर्ण संख्या नहीं है। अत: ऐसी संख्यायें जिनके वर्गमूल पूर्ण संख्या नहीं होते, जैसे– $\sqrt{3}$, $\sqrt{7}$, $2+\sqrt{11}$, $4+\sqrt{13}$ .... इत्यादि संख्यायें **करणी** कहलाती हैं।

प्रश्नों को हल करने के लिए निम्नलिखित सूत्रों का प्रयोग कीजिए :

1. $\sqrt{a}\times\sqrt{a}=a$
2. $\sqrt{a}\times\sqrt{b}=\sqrt{ab}$
3. $\left(\sqrt{a}+\sqrt{b}\right)^2=a+b+2\sqrt{ab}$
4. $\left(\sqrt{a}-\sqrt{b}\right)^2=a+b-2\sqrt{ab}$
5. $x\sqrt{a}+x\sqrt{b}=x\left(\sqrt{a}+\sqrt{b}\right)$
6. $\frac{1}{\sqrt{a}+\sqrt{b}}=\frac{1}{\sqrt{a}+\sqrt{b}}\times\frac{\sqrt{a}-\sqrt{b}}{\sqrt{a}-\sqrt{b}}$ $=\frac{\sqrt{a}-\sqrt{b}}{a-b}$
7. $\frac{1}{\sqrt{a}-\sqrt{b}}=\frac{1}{\sqrt{a}-\sqrt{b}}\times\frac{\sqrt{a}+\sqrt{b}}{\sqrt{a}+\sqrt{b}}$ $=\frac{\sqrt{a}+\sqrt{b}}{a-b}$
8. $a+\sqrt{b}=c+\sqrt{d}\Rightarrow a=c$ तथा $b=d$
9. $\sqrt{2}=1.41421$, $\sqrt{3}=1.73205$, $\sqrt{5}=2.23607$, $\sqrt{6}=2.4494$, $\sqrt{7}=2.64575$, $\sqrt{8}=2.82842$, $\sqrt{10}=3.16227$, $\sqrt{11}=3.31662$

प्रश्नमाला

1. $\frac{1}{\sqrt{3}}$ का मान दशमलव के तीन स्थानों तक होगा—

A. 0.577 B. 0.477
C. 0.673 D. 0.575

2. यदि $\sqrt{2}=1.4142$ हो, तो $\frac{1}{2}\left(\frac{\sqrt{2}-1}{\sqrt{2}+1}\right)$ का मान कितना होगा?

A. .0768 B. .0658
C. .0858 D. .0458

3. यदि $\sqrt{1936}=44$ हो, तो $\sqrt{19.36}+\sqrt{0.1936}+\sqrt{.001936}$ का मान दशमलव के तीन स्थानों तक होगा—

A. 5.679 B. 4.884
C. 9.884 D. 6.778

4. $\sqrt{\left(5+\frac{4}{9}\right)}$ का मान होगा?

A. $3\frac{1}{3}$ B. $2\frac{1}{6}$
C. $4\frac{1}{3}$ D. $2\frac{1}{3}$

5. $\frac{\sqrt{2}-1}{\sqrt{2}+1}$ का मान दशमलव के तीन स्थानों तक होगा—

A. 0.172 B. 0.158
C. 0.176 D. 0.188

6. $\sqrt[3]{8^4}$ का मान कितना होगा?

A. 15 B. 9
C. 16 D. 25

7. यदि $\sqrt{6}=2.45$, तो $\sqrt{\frac{2}{3}}+3\sqrt{\frac{3}{2}}$ का मान किसके बराबर होगा?

A. 3.942 B. 4.492
C. 4.942 D. 9.345

8. $\sqrt{72}$ का मान किसके बराबर होगा?

A. $3\sqrt{5}$ B. $6\sqrt{2}$
C. $8\sqrt{2}$ D. $7\sqrt{3}$

9. हर के परिमेयीकरण के पश्चात व्यंजक $\frac{\sqrt{2}}{\sqrt{2+\sqrt{3}-\sqrt{5}}}$ का रूप होगा—

A. $\frac{3+\sqrt{6}+\sqrt{15}}{6}$ B. $\frac{3-\sqrt{6}-\sqrt{5}}{6}$
C. $\frac{3+\sqrt{6}+\sqrt{5}}{3}$ D. $\frac{2+\sqrt{6}-\sqrt{15}}{6}$

10. $\left(\sqrt{80}+3\times\sqrt{245}-\sqrt{125}\right)$ का मान कितना होगा?

A. $18\sqrt{5}$ B. $20\sqrt{5}$
C. $22\sqrt{5}$ D. $28\sqrt{2}$

11. $\left(\dfrac{\sqrt{5}+\sqrt{3}}{\sqrt{5}-\sqrt{3}}\right)$ का मान कितना होगा?

A. $4+\sqrt{15}$ B. $3-\sqrt{15}$

C. $2+\sqrt{15}$ D. $4-\sqrt{15}$

12. $3^{\frac{1}{5}}, 5^{\frac{3}{5}}, 7^{\frac{4}{5}}$ को आरोही क्रम में किस प्रकार से लिखा जा सकता है?

A. $5^{\frac{3}{5}} < 3^{\frac{1}{5}} < 7^{\frac{4}{5}}$ B. $3^{\frac{1}{5}} < 5^{\frac{3}{5}} < 7^{\frac{4}{5}}$

C. $7^{\frac{4}{5}} < 3^{\frac{1}{5}} < 5^{\frac{3}{5}}$ D. $3^{\frac{1}{5}} < 7^{\frac{4}{5}} < 5^{\frac{3}{5}}$

उत्तरमाला

1	2	3	4	5	6	7	8	9	10
A	C	B	D	A	C	B	B	A	B
11	12								
A	B								

व्याख्यात्मक उत्तर

1. $\because \dfrac{1}{\sqrt{3}} = \dfrac{1}{\sqrt{3}} \times \dfrac{\sqrt{3}}{\sqrt{3}} = \dfrac{\sqrt{3}}{3} = \dfrac{1.732}{3} = 0.577.$

2. $\because \dfrac{1}{2}\left(\dfrac{\sqrt{2}-1}{\sqrt{2}+1}\right) = \dfrac{1}{2} \times \dfrac{\sqrt{2}-1}{\sqrt{2}+1} \times \dfrac{\sqrt{2}-1}{\sqrt{2}-1}$

$= \dfrac{1}{2} \times \dfrac{(\sqrt{2}-1)^2}{(\sqrt{2})^2 - 1^2} = \dfrac{1}{2} \times \dfrac{2+1-2\sqrt{2}}{2-1}$

$= \dfrac{1}{2} \times \dfrac{3-2\sqrt{2}}{1} = \dfrac{1}{2} \times (3 - 2 \times 1.4142)$

$= \dfrac{1}{2} \times 0.1716 = 0.0858.$

3. $\because \sqrt{1936} = 44 \Rightarrow \sqrt{19.36} = 4.4 \Rightarrow \sqrt{0.1936} = 0.44$

$\Rightarrow \sqrt{.001936} = .044 \therefore \sqrt{19.36} + \sqrt{0.1936} + \sqrt{.001936}$
$= 4.4 + 0.44 + 0.044 = 4.884.$

4. $\because \sqrt{5+\dfrac{4}{9}} = \sqrt{\dfrac{45+4}{9}} = \sqrt{\dfrac{49}{9}} = \dfrac{7}{3} = 2\dfrac{1}{3}.$

5. $\because \dfrac{\sqrt{2}-1}{\sqrt{2}+1} = \dfrac{\sqrt{2}-1}{\sqrt{2}+1} \times \dfrac{\sqrt{2}-1}{\sqrt{2}-1} = \dfrac{(\sqrt{2}-1)^2}{(\sqrt{2})^2 - (1)^2}$

$= \dfrac{2+1-2\sqrt{2}}{2-1} = \dfrac{3-2\sqrt{2}}{1} = 3 - 2 \times 1.414 = 0.172.$

6. $\because \sqrt[3]{8^4} = (8)^{\frac{4}{3}} = (2^3)^{\frac{4}{3}} = 2^{3\times\frac{4}{3}} = 2^4 = 16.$

7. $\because \sqrt{\dfrac{2}{3}} + 3\sqrt{\dfrac{3}{2}} = \dfrac{\sqrt{2}}{\sqrt{3}} \times \dfrac{\sqrt{3}}{\sqrt{3}} + 3 \times \dfrac{\sqrt{3}}{\sqrt{2}} \times \dfrac{\sqrt{2}}{\sqrt{2}}$

$= \dfrac{\sqrt{6}}{3} + \dfrac{3\sqrt{6}}{2} = \sqrt{6}\left[\dfrac{1}{3} + \dfrac{3}{2}\right] = \sqrt{6} \times \dfrac{11}{6} = \dfrac{11}{6} \times 2.45$
$= 4.492.$

8. $\because \sqrt{72} = \sqrt{6 \times 6 \times 2} = \sqrt{6^2 \times 2} = 6\sqrt{2}.$

9. $\dfrac{\sqrt{2}}{\sqrt{2}+\sqrt{3}-\sqrt{5}} = \dfrac{\sqrt{2}}{\sqrt{2}+\sqrt{3}-\sqrt{5}} \times \dfrac{\sqrt{2}+\sqrt{3}+\sqrt{5}}{\sqrt{2}+\sqrt{3}+\sqrt{5}}$

$= \dfrac{\sqrt{2}(\sqrt{2}+\sqrt{3}+\sqrt{5})}{(\sqrt{2}+\sqrt{3})^2 - (\sqrt{5})^2} = \dfrac{2+\sqrt{6}+\sqrt{10}}{2\sqrt{6}}$

$= \dfrac{2+\sqrt{6}+\sqrt{10}}{2\sqrt{6}} \times \dfrac{\sqrt{6}}{\sqrt{6}} = \dfrac{2\sqrt{6}+6+\sqrt{60}}{12}$

$= \dfrac{3+\sqrt{6}+\sqrt{15}}{6}.$

10. $\because \sqrt{80} + 3 \times \sqrt{245} - \sqrt{125}$

$= \sqrt{16 \times 5} + 3 \times \sqrt{49 \times 5} - \sqrt{25 \times 5}$

$= 4\sqrt{5} + 21\sqrt{5} - 5\sqrt{5} = 20\sqrt{5}.$

11. $\because \dfrac{\sqrt{5}+\sqrt{3}}{\sqrt{5}-\sqrt{3}} = \dfrac{\sqrt{5}+\sqrt{3}}{\sqrt{5}-\sqrt{3}} \times \dfrac{\sqrt{5}+\sqrt{3}}{\sqrt{5}+\sqrt{3}}$

$= \dfrac{(\sqrt{5}+\sqrt{3})^2}{(\sqrt{5})^2 - (\sqrt{3})^2} = \dfrac{5+3+2\sqrt{15}}{5-3} = \dfrac{8+2\sqrt{15}}{2}$

$= 4 + \sqrt{15}.$

12. $\because 3^{\frac{1}{5}} = (3)^{\frac{1}{5}}$

$5^{\frac{3}{5}} = (5^3)^{\frac{1}{5}} = (125)^{\frac{1}{5}}$

तथा $7^{\frac{4}{5}} = (7^4)^{\frac{1}{5}} = (2401)^{\frac{1}{5}}$

अत: स्पष्ट है कि $(3)^{\frac{1}{5}} < (125)^{\frac{1}{5}} < (2401)^{\frac{1}{5}}$

अत: $3^{\frac{1}{5}} < 5^{\frac{3}{5}} < 7^{\frac{4}{5}}$ आरोही क्रम में होगी।

●●●

7

औसत (Average)

औसत निकालने के लिए पहले उन सब राशियों को जोड़ लें जिनका औसत निकालना हो; उसके बाद उस योगफल में उन राशियों की कुल संख्या से भाग दे दें। उदाहरण के लिए यदि आपको 8, 10, 12, और 14 का औसत निकालना है, तो पहले इन्हें जोड़ दें। 8 + 10 + 12 + 14 = 44 जिनका औसत निकालना है, वे संख्याएं 4 हैं। अतः 44 में 4 से भाग दे दें। 44 ÷ 4 $= \frac{44}{4} = 11$ औसत आया।

इसके लिए सूत्र हैं:

(i) $\frac{\text{राशियों का योगफल}}{\text{राशियों की संख्या}} = \text{औसत}$

(ii) औसत × राशियों की संख्या = राशियों का योगफल

(iii) $\frac{\text{राशियों का जोड़}}{\text{औसत}} = \text{राशियों की संख्या}$

उदाहरण 1 : किसी कक्षा में 5 दिनों की दैनिक उपस्थिति 26, 23, 30, 29 और 17 थी। बताओ दैनिक औसत उपस्थिति क्या थी?

हल : ∵ 5 दिनों की कुल उपस्थिति

= 26 + 23 + 30 + 29 + 17 = 125 थी।

∴ 1 दिन की औसत उपस्थिति

$$= \frac{\text{राशियों का योगफल}}{\text{राशियों की संख्या}} = \frac{125}{5} = 25$$

प्रश्नमाला

1. 5 विद्यार्थियों की ऊँचाइयां (सेंमी में) 140, 135, 142, 138 व 140 है। उनकी औसत ऊँचाई है:

A. 136 B. 138
C. 139 D. 140

2. 10 विद्यार्थियों द्वारा प्राप्तांक 22, 35, 37, 38, 29, 27, 34, 36, 28 और 34 हैं। उनके औसत अंक हैं:

A. 30 B. 31
C. 32 D. 34

3. एक लड़का जिसकी ऊँचाई 165 सेंमी है, के स्थान पर नया लड़का आ जाने से 34 लड़कों के एक समूह की औसत ऊँचाई 1 सेंमी कम हो जाती है। नये लड़के की ऊँचाई है:

A. 132 सेंमी B. 129 सेंमी
C. 130 सेंमी D. 131 सेंमी

4. 2 से प्रारम्भ करके पांच लगातार सम संख्याओं का औसत है:

A. 4 B. 6
C. 7 D. 5

5. 5 गेंदों का भार (ग्राम में) क्रमशः 50, 54, 53, 56 और 52 है। उनका औसत भार है:

A. 53 B. 54
C. 52 D. 51

6. एक रस्सी के 5 टुकड़ों की लम्बाइयां (सेंमी में) 5, 5.2, 6.3, 7.2 और 6.3 हैं। टुकड़े की औसत लम्बाई है:

A. 5.8
B. 6.0
C. 6.1
D. 6.2

7. 7 के प्रथम पांच गुणजों (Multiples) का औसत क्या होगा?

A. 21 B. 23
C. 24 D. 28

8. चार संख्याओं का औसत 18 है। यदि उनमें से पहली तीन संख्याएं क्रमशः 16, 22 व 28 हों, तो बताइये अन्तिम संख्या क्या होगी?

A. 5 B. 8
C. 6 D. 9

9. 12 संख्याओं का औसत मान 30 है। यदि प्रत्येक संख्या में 3 से गुणा कर दिया जाये, तो बताइये नई संख्याओं का औसत मान कितना होगा?

A. 70 B. 80
C. 90 D. 100

10. एक व्यक्ति 50 रु. प्रति पुस्तक के हिसाब से 4 पुस्तकें, 60 रु. प्रति पुस्तक के हिसाब से 5 पुस्तकें, तथा 70 रु. प्रति पुस्तक के हिसाब से 6 पुस्तकें खरीदता है। बताइये पुस्तक का औसत मूल्य कितना होगा?

A. 62.33 रु. B. 41.50 रु.
C. 61.33 रु. D. 61.75 रु.

11. 25 राशियों का औसत 15 है, उनमें से 15 राशियों का औसत 17 है, तो शेष राशियों का औसत ज्ञात करो।

A. 10 B. 13
C. 11 D. 12

12. एक कक्षा में 23 छात्रों की औसत आयु 16 वर्ष है। यदि अध्यापक की आयु भी सम्मिलित कर ली जाए, तो औसत आयु एक वर्ष बढ़ जाती है। अध्यापक की आयु क्या है?

A. 35 वर्ष B. 40 वर्ष
C. 50 वर्ष D. 30 वर्ष

उत्तरमाला

1	2	3	4	5	6	7	8	9	10
C	C	D	B	A	B	A	C	C	C
11	12								
D	B								

व्याख्यात्मक उत्तर

1. औसत ऊँचाई

$= \frac{140+135+142+138+140}{5} = \frac{695}{5} = 139.$

2. औसत अंक

$= \frac{22+35+37+38+29+27+34+36+28+34}{10}$

$= \frac{320}{10} = 32.$

3. 34 लड़कों की ऊँचाई में औसत कमी = 1 सेंमी

34 लड़कों की ऊँचाई में कुल कमी = 34 सेंमी

$\therefore$ नये लड़के की ऊँचाई = 165 – 34 = 131 सेंमी

4. 2 से प्रारम्भ करके 5 लगातार सम संख्याओं का औसत

$= \frac{2+4+6+8+10}{5} = \frac{30}{5} = 6.$

5. औसत भार $= \frac{50+54+53+56+52}{5} = \frac{265}{5} = 53.$

6. औसत लम्बाई

$= \frac{5+5.2+6.3+7.2+6.3}{5} = \frac{30.0}{5} = 6.0$

7. $\because$ 7 के प्रथम 5 गुणज :

7, 14, 21, 28 व 35

$\therefore$ इनका औसत $= \frac{7+14+21+28+35}{5} = \frac{105}{5} = 21.$

8. $\because$ चार संख्याओं का औसत = 18

$\therefore$ चारों संख्याओं का योग = 18 × 4 = 72

प्रश्नानुसार, उनमें से पहली तीन संख्याएं क्रमशः 16, 22 व 28 हैं।

$\therefore$ अन्तिम संख्या = चारों संख्याओं का योग –(16+22+28)

= 72 – 66 = 6.

9. $\because$ 12 संख्याओं का औसत मान = 30

$\therefore$ 12 संख्याओं का कुल योग = 30 × 12 = 360

प्रश्नानुसार, प्रत्येक संख्या में 3 से गुणा करने पर 12 संख्याओं का कुल योग = 360 × 3 = 1080

12 नई संख्याओं का औसत मान $= \frac{1080}{12} = 90.$

10. $\because$ 50 रु. प्रति पुस्तक के हिसाब से 4 पुस्तकों का क्रय मूल्य = 200 रु.

60 रु. प्रति पुस्तक के हिसाब से 5 पुस्तकों का क्रय मूल्य = 300 रु.

तथा 70 रु. प्रति पुस्तक के हिसाब से 6 पुस्तकों का क्रय मूल्य = 420 रु.

$\therefore$ 15 पुस्तकों का कुल क्रय मूल्य = 200 + 300 + 420 = 920 रु.

$\therefore$ औसत मूल्य $= \frac{920}{15} = 61.33$ रु.।

11. $\because$ 25 राशियों का औसत = 15

$\therefore$ 25 राशियों का योग = 25 × 15 = 375

इनमें से 15 राशियों का औसत = 17

$\therefore$ इन 15 राशियों का योग

= 15 × 17 = 255

$\therefore$ शेष 25 –15 = 10 राशियों का योग

= 375 – 255 = 120

$\therefore$ शेष राशियों का औसत

$= \frac{120}{10} = 12$

सूत्र द्वारा—

शेष 10 राशियों का औसत

$= \frac{25\times15-15\times17}{25-15} = \frac{375-255}{10}$

$= \frac{120}{10} = 12.$

12. $\therefore$ 23 छात्रों की आयु का औसत = 16 वर्ष

$\therefore$ 23 छात्रों की आयु का योग

= 23 × 16 = 368 वर्ष

$\therefore$ 23 + 1 = 24 जनों की आयु का औसत

= 16 + 1 = 17 वर्ष

$\therefore$ इनकी आयु का योग

= 24 × 17 = 408 वर्ष

$\therefore$ अध्यापक की आयु

= 408 – 368 = 40 वर्ष।

●●●

8

प्रतिशत (Percentage)

1. प्रतिशत का अर्थ है–प्रत्येक सौ पर 1–इसका चिन्ह् है–%. 5% का अर्थ है–प्रत्येक सौ पर 5.

2. प्रतिशत को भिन्न में बदलने के लिए उसे 100 से भाग देते हैं। जैसे–$20\% = \frac{20}{100} = \frac{1}{5}$

3. साधारण भिन्न को प्रतिशत में बदलने के लिए उसे 100 से गुणा करते हैं। जैसे–$\frac{1}{10} \times 100 = 10\%$

प्रतिशत को दशमलव में बदलने की विधि

प्रतिशत का चिह्न हटाकर बाईं ओर दो अंकों के बाद दशमलव का चिन्ह् लगाते हैं।

उदाहरण : 25% को दशमलव में बदलें।

25% = .25 (बाईं ओर दो अंकों के बाद दशमलव बिन्दु लगा दिया।)

उदाहरण : 1.5% को दशमलव में बदलिये।

1.5% = .015 (बाईं ओर दो अंकों के बाद दशमलव बिन्दु लगा दिया, यहां एक शून्य लगाकर दो अंक पूरे करने पड़े।)

दशमलव को प्रतिशत में बदलने की विधि

दशमलव बिन्दु के दाहिनी ओर दो अंक बढ़ा देते हैं और उसके बाद % का निशान लगाते हैं।

उदाहरण : .24 को प्रतिशत में बदलें।

हल : .24 = 24% (दशमलव बिन्दु के दाहिनी ओर दो अंक आगे बढ़ाने पर 24 बनेगा, अतः दशमलव बिन्दु (.) लगाने की जरूरत नहीं है।)

प्रश्नमाला

1. निम्नलिखित में से 20% का मान किसके बराबर होगा?

A. $\frac{1}{4}$ B. $\frac{1}{2}$
C. $\frac{1}{5}$ D. $\frac{1}{8}$

2. 36% का मान दशमलव भिन्न में होगा–

A. .36 B. .036
C. 3.6 D. .0036

3. $\frac{4}{5}$ को प्रतिशत भिन्न में बदलने पर मान होगा–

A. 80% B. 70%
C. 60% D. 40%

4. 36 का कितने %, 24 के बराबर होगा?

A. $16\frac{2}{3}\%$ B. $66\frac{2}{3}\%$
C. $11\frac{1}{9}\%$ D. $31\frac{1}{9}\%$

5. 3 मीटर का 15%, किसके बराबर होगा?

A. 44 सेंमी B. 45 सेंमी
C. 40 सेंमी D. 38 सेंमी

6. 26 का 18% = ?

A. 4.88 B. 4.65
C. 3.68 D. 4.68

7. 10% का 10% कितने % होगा?

A. 7 B. 6
C. 1 D. 5

8. किसी शहर की जनसंख्या 50,000 से बढ़कर 52,000 हो जाती हो, तो बताइये कितने प्रतिशत की वृद्धि होगी?

A. 3% B. 6%
C. 4% D. 5%

9. एक आदमी अपने वेतन का 75% खर्च करता है और 150 रु. मासिक बचाता है तो उसका मासिक वेतन है:

A. 750 रु. B. 600 रु.
C. 400 रु. D. 300 रु.

10. किसी विद्यालय में 97% विद्यार्थी उपस्थित थे और 18 विद्यार्थी अनुपस्थित थे। विद्यालय में कुल विद्यार्थियों की संख्या है:

A. 400 B. 450
C. 500 D. 600

11. किसी राशि का 7%, 35 रुपये है तो वह राशि ज्ञात कीजिए।

A. 550 रु. B. 700 रु.
C. 600 रु. D. 500 रु.

12. 3 किग्रा. कितने किग्रा. का 5% है:

A. 60 किग्रा. B. 50 किग्रा.
C. 65 किग्रा. D. 70 किग्रा.

13. किसी राशि का 5%, 500 रुपए के 12% के बराबर है तो राशि ज्ञात कीजिए।

A. 1100 रु.
B. 1200 रु.
C. 1150 रु.
D. 1250 रु.

14. अनिल ने अपनी पूंजी का 65% मशीनरी में तथा 20% कच्चा माल खरीदने में खर्च कर दिया। यदि उसके पास अब 1305 रुपये बचे हों, तो उसने कितना खर्च कर दिया?

A. 7395 रु. B. 7350 रु.
C. 7390 रु. D. 7380 रु.

15. किसी पुस्तकालय में 20% पुस्तकें अंग्रेजी भाषा में हैं तथा शेष की 50% पुस्तकें हिन्दी भाषा में हैं। यदि शेष 900 पुस्तकें अन्य क्षेत्रीय भाषा में हैं, तो पुस्तकालय में कुल कितनी पुस्तकें हैं?

A. 2300 B. 2250
C. 2290 D. 2280

उत्तरमाला

1	2	3	4	5	6	7	8	9	10
C	A	A	B	B	D	C	C	B	D
11	12	13	14	15					
D	A	B	A	B					

व्याख्यात्मक उत्तर

1. $\because$ $20\% = \frac{20}{100} = \frac{1}{5}$ $\therefore$ 20% का मान, $\frac{1}{5}$ के बराबर होगा।

2. $\because$ $36\% = \frac{36}{100} = .36$

$\therefore$ 36% का मान दशमलव भिन्न में .36 होगा।

3. चूंकि किसी भी साधारण या दशमलव भिन्न को प्रतिशत भिन्न में बदलने के लिए उसमें 100% से गुणा करना होता है अर्थात् $\frac{4}{5} = \frac{4}{5} \times 100\% = 80\%$

अतः $\frac{4}{5}$ का प्रतिशत भिन्न में मान = 80% होगा।

4. माना कि 36 का $x\% = 24$

$\therefore$ $36 \times \frac{x}{100} = 24 \Rightarrow x = \frac{24 \times 100}{36} = 66\frac{2}{3}$

अतः 36 का $66\frac{2}{3}\%$, 24 के बराबर होगा।

5. $\because$ 3 मीटर का 15% = 300 सेंमी. $\times \frac{15}{100}$ = 45 सेंमी. [$\because$ 3 मी. = 300 सेंमी.]

अतः 3 मीटर का 15%, 45 सेंमी. के बराबर होगा।

6. $\because$ 26 का 18% $= 26 \times \frac{18}{100} = 4.68$

$\therefore$ (?) चिन्ह के स्थान पर 4.68 होना चाहिए।

7. $\because$ 10% का 10% $= \frac{10}{100} \times \frac{10}{100} = \frac{1}{100} = 1\%$

अतः 10% का 10%, 1% के बराबर होगा।

8. प्रश्नानुसार, शहर की प्रारम्भिक जनसंख्या = 50,000

तथा शहर की वर्तमान जनसंख्या = 52,000

$\therefore$ जनसंख्या में वृद्धि = 52,000 – 50,000 = 2,000

$\therefore$ प्रतिशत वृद्धि $= \frac{2000}{50000} \times 100 = 4\%$

अतः शहर की जनसंख्या में 4% वृद्धि होगी।

9. बचत = 100% – 75% = 25% = 150 रु.

कुल वेतन $= \frac{100}{25} \times 150 = 600$ रु.।

10. अनुपस्थित विद्यार्थी = 100% – 97% = 3% = 18

माना कि कुल विद्यार्थियों की संख्या = x

तो, $x \times \frac{3}{100} = 18 \therefore x = \frac{1800}{3} = 600.$

11. राशि का 7% = 35 रुपये

राशि $= \frac{35}{7\%} = \frac{35}{\frac{7}{100}} = \frac{35}{7} \times 100 = 500$ रुपये।

12. भार का 5% = 3 किग्रा.

भार $= \frac{3}{5\%} = \frac{3}{\frac{5}{100}} = \frac{3}{5} \times 100 = 60$ किग्रा. होगा।

13. 500 रुपये का 12% $= \frac{12}{100} \times 500$ रु. = 60 रुपये

$\because$ अभीष्ट राशि = 5% = 60 रुपये

$\therefore$ राशि $= \frac{60}{5\%} = \frac{60}{\frac{5}{100}} = \frac{60 \times 100}{5} = 1200$ रुपये।

14. बची राशि की प्रतिशत संख्या = 100 – (65 + 20) = 15

$\because$ 15 रुपये बचते हैं तो खर्च की हुई राशि = 85 रुपये

$\therefore$ 1305 रुपये बचते हैं तो खर्च की हुई राशि

$= \frac{85 \times 1305}{15} = 7395$ रुपये।

15. माना कुल पुस्तकें = 100

अतः अंग्रेजी भाषा की पुस्तकें = 20 पुस्तकें

शेष पुस्तकें = 100 – 20 = 80

हिन्दी भाषा की पुस्तकें = 80 का 50% $= 80 \times \frac{50}{100} = 40$

शेष पुस्तकें = 100 – (20 + 40) = 40 पुस्तकें।

$\because$ 40 पुस्तकें अन्य क्षेत्रीय भाषाओं की है तो कुल पुस्तकें = 100

$\therefore$ 900 पुस्तकें अन्य क्षेत्रीय भाषाओं की है तो कुल पुस्तकें

$= \frac{100}{40} \times 900 = 2250$ पुस्तकें।

●●●

9

साधारण ब्याज (Simple Interest)

ब्याज वह राशि है जो हमें दूसरों का धन प्रयोग करने के बदले में देनी पड़ती है। यदि यह वार्षिक देनी पड़े तो दर प्रतिशत वार्षिक कहते हैं। इस प्रकार 6% वार्षिक का अर्थ है कि 100 रु. पर 1 वर्ष में 6 रु. ब्याज है। जो धन उधार लिया जाता है उसे मूलधन कहते हैं। मूलधन और ब्याज के योग को समस्त धन (मिश्रधन) कहते हैं।

साधारण ब्याज के प्रश्नों के सूत्रः

$$\text{साधारण ब्याज} = \frac{\text{मूलधन} \times \text{दर\%} \times \text{समय (वर्षों में)}}{100}$$

समस्त धन = मूलधन + ब्याज

जब समय, दर % और ब्याज दिए गए हों, तो

$$\text{मूलधन} = \frac{\text{ब्याज} \times 100}{\text{दर} \times \text{समय}}$$

जब मूलधन, ब्याज और समय दिया गया हो, तो

$$\text{दर} = \frac{\text{ब्याज} \times 100}{\text{मूलधन} \times \text{समय}}$$

जब मूलधन, ब्याज और दर दी गई हो, तो

$$\text{समय} = \frac{\text{ब्याज} \times 100}{\text{मूलधन} \times \text{दर}}$$

प्रश्नमाला

1. किस धनराशि पर 4% वार्षिक ब्याज की दर से 5 वर्ष का साधारण ब्याज 64 रु. होगा?

A. 220 रु. B. 280 रु.
C. 320 रु. D. 300 रु.

2. 450 रु. पर 6% वार्षिक ब्याज दर से 4 मास का ब्याज कितना होगा?

A. 9 रु. B. 8 रु.
C. 6 रु. D. 5 रु.

3. कितने समय में 3600 रु. पर 6% वार्षिक दर से साधारण ब्याज 432 रु. होगा?

A. 1 वर्ष B. 2 वर्ष
C. $1\frac{1}{2}$ वर्ष D. $2\frac{1}{4}$ वर्ष

4. किस राशि पर 3% वार्षिक ब्याज की दर से 2 वर्ष का ब्याज 36 रु. होगा?

A. 500 रु. B. 575 रु.
C. 590 रु. D. 600 रु.

5. ब्याज की किस दर से कोई राशि 16 वर्षों में दोगुनी हो जाएगी?

A. $5\frac{1}{2}$ % B. $6\frac{1}{4}$ %
C. $4\frac{1}{3}$ % D. $2\frac{1}{2}$ %

6. 5000 रु. की राशि पर 10% वार्षिक दर से 5 वर्ष का साधारण ब्याज कितना होगा?

A. 2200 रु. B. 2500 रु.
C. 2300 रु. D. 2600 रु.

7. किस राशि का 6% वार्षिक ब्याज दर से 10 वर्ष का साधारण ब्याज 3 रु. होगा?

A. 4 रु. B. 8 रु.
C. 5 रु. D. 6 रु.

8. कितने वर्षों में कोई राशि 10% वार्षिक दर से अपने से दोगुनी हो जाएगी?

A. 10 वर्ष B. 8 वर्ष
C. 5 वर्ष D. 12 वर्ष

9. किस राशि का 5% दर से 5 वर्ष का साधारण ब्याज 80 रु. होगा?

A. 330 रु. B. 320 रु.
C. 340 रु. D. 380 रु.

10. यदि 5000 रु. पर 2 वर्ष का साधारण ब्याज 500 रु. हो, तो समस्त धन अर्थात् मिश्रधन कितना होगा?

A. 5600 रु. B. 5800 रु.
C. 5500 रु. D. 6000 रु.

11. 2000 रुपये पर $6\frac{1}{2}$ प्रतिशत वार्षिक ब्याज की दर से 8 महीने का साधारण ब्याज ज्ञात कीजिए।

A. $86\frac{2}{3}$ रु. B. $86\frac{3}{4}$ रु.
C. $86\frac{1}{3}$ रु. D. $86\frac{1}{2}$ रु.

12. कितने समय में 450 रुपये का 8% वार्षिक ब्याज की दर से साधारण ब्याज 90 रुपये हो जाएगा?

A. 2 वर्ष B. $2\frac{3}{4}$ वर्ष
C. $2\frac{1}{2}$ वर्ष D. 3 वर्ष

13. घनश्याम ने 2000 रुपये अपने मित्र से 5% सालाना ब्याज पर लिए और उसने पूरा पैसा 8 माह बाद चुका दिया। बताइये उसने कुल कितना धन चुकाया?

A. 2060.66 रु. B. 2066.66 रु.
C. 2066 रु. D. 2060 रु.

14. एक आदमी ने 600 रुपये 6 प्रतिशत वार्षिक ब्याज पर उधार लिए। 5 वर्ष बाद उसने 300 रुपये कीमत की एक घड़ी व कुछ धन उसको लौटाया तो बताओ उसने कितना धन लौटाया।

A. 480 रु. B. 485 रु.
C. 490 रु. D. 500 रु.

उत्तरमाला

1	2	3	4	5	6	7	8	9	10
C	A	B	D	B	B	C	A	B	C
11	**12**	**13**	**14**						
A	C	B	A						

व्याख्यात्मक उत्तर

1. $\because$ साधारण ब्याज = 64 रु., समय = 5 वर्ष तथा दर = 4%

$\therefore$ मूलधन (धनराशि)

$$= \frac{\text{साधारण ब्याज} \times 100}{\text{समय} \times \text{दर}} = \frac{64 \times 100}{5 \times 4} = 320 \text{ रु.}$$

2. $\because$ मूलधन = 450 रु., दर = 6% वार्षिक, समय = 4 मास = $\frac{1}{3}$ वर्ष

$\therefore$ साधारण ब्याज

$$= \frac{\text{मूलधन} \times \text{समय} \times \text{दर}}{100} = \frac{450 \times \frac{1}{3} \times 6}{100} = 9 \text{ रु.}$$

3. $$\because \text{ समय} = \frac{\text{साधारण ब्याज} \times 100}{\text{मूलधन} \times \text{दर}} = \frac{432 \times 100}{6 \times 3600} = 2 \text{ वर्ष}$$

4. $$\because \text{ मूलधन} = \frac{\text{साधारण ब्याज} \times 100}{\text{समय} \times \text{दर}} = \frac{36 \times 100}{2 \times 3} = 600 \text{ रु.}$$

5. $\because$ माना कि वह राशि = 100 रु.

प्रश्नानुसार, 16 वर्षों बाद मिश्रधन = 200 रु.

$\therefore$ साधारण ब्याज

= मिश्रधन – मूलधन (राशि) = 200 – 100 = 100 रु.

$$\therefore \quad \text{दर} = \frac{\text{साधारण ब्याज} \times 100}{\text{मूलधन} \times \text{समय}} = \frac{100 \times 100}{100 \times 16} = 6\frac{1}{4}\%$$

6. $\because$ साधारण ब्याज

$$= \frac{\text{मूलधन} \times \text{समय} \times \text{दर}}{100} = \frac{5000 \times 5 \times 10}{100} = 2500 \text{ रु.}$$

7. $\because$ मूलधन (राशि)

$$= \frac{\text{साधारण ब्याज} \times 100}{\text{समय} \times \text{दर}} = \frac{3 \times 100}{10 \times 6} = 5 \text{ रु.}$$

8. $\because$ माना कि वह राशि = 100 रु. तथा मिश्रधन = 2 × 100 = 200 रु.

$\therefore$ साधारण ब्याज = 200 – 100 = 100 रु.,

दर = 10%

$$\therefore \quad \text{समय} = \frac{\text{साधारण ब्याज} \times 100}{\text{मूलधन (राशि)} \times \text{दर}} = \frac{100 \times 100}{100 \times 10} = 10 \text{ वर्ष}$$

9. $\because$ मूलधन (राशि)

$$= \frac{\text{साधारण ब्याज} \times 100}{\text{समय} \times \text{दर}} = \frac{80 \times 100}{5 \times 5} = 320 \text{ रु.}$$

10. $\because$ समस्त धन अर्थात् मिश्रधन

= मूलधन + साधारण ब्याज = 5000 + 500 = 5500 रु.

11. दर $6\frac{1}{2} = \frac{13}{2}\%$, समय = 8 महीने = $\frac{8}{12}$ वर्ष = $\frac{2}{3}$ वर्ष

साधारण ब्याज

$$= \frac{\text{मूलधन} \times \text{दर} \times \text{समय}}{100} = \frac{2000 \times 13 \times 2}{100 \times 2 \times 3}$$

$$= \frac{260}{3} = 86\frac{2}{3} \text{ रुपये।}$$

12. $$\text{समय} = \frac{\text{साधारण ब्याज} \times 100}{\text{मूलधन} \times \text{दर}} = \frac{90 \times 100}{450 \times 8} = \frac{5}{2} = 2\frac{1}{2} \text{ वर्ष}$$

13. समय = 8 माह = $\frac{8}{12}$ वर्ष = $\frac{2}{3}$ वर्ष

साधारण ब्याज

$$= \frac{\text{मूलधन} \times \text{दर} \times \text{समय}}{100} = \frac{2000 \times 2 \times 5}{3 \times 100} = \frac{200}{3} \text{ रुपये}$$

मिश्रधन = मूलधन + साधारण ब्याज

$$= \frac{2000}{1} + \frac{200}{3} = \frac{6000 + 200}{3} = \frac{6200}{3} \text{ रुपये}$$

= 2066.66 रुपये

14. 600 रुपये का 6% वार्षिक ब्याज से 5 वर्ष का ब्याज

$$= \frac{600 \times 6 \times 5}{100} = 180 \text{ रुपये}$$

मिश्रधन = 600 + 180 = 780 रुपये

अत: उसको 780 रुपये लौटाने चाहिए थे, परन्तु 300 रु. की घड़ी उसने उसे दी तो उसका अतिरिक्त धन

= 780 – 300 = 480 रुपये

●●●

10

चक्रवृद्धि ब्याज (Compound Interest)

ब्याज की वह गणना, जिसमें ब्याज को मूलधन में जोड़कर प्राप्त मिश्रधन पर ब्याज लगाया जाए, **चक्रवृद्धि ब्याज** कहलाती है।

महत्वपूर्ण सूत्र :

1. चक्रवृद्धि मिश्रधन

$$= \text{मूलधन}\left(1+\frac{\text{दर}}{100}\right)^{\text{समय वर्ष में}}$$

2. चक्रवृद्धि ब्याज

= चक्रवृद्धि मिश्रधन – मूलधन

$$= \text{मूलधन}\left[\left(1+\frac{\text{दर}}{100}\right)^{\text{समय}}-1\right]$$

3. यदि चक्रवृद्धि ब्याज की दर प्रत्येक वर्ष में बदल रही हो तो—

मिश्रधन

$$= \text{मूलधन}\left(1+\frac{(\text{दर})\,1}{100}\right)\left(1+\frac{(\text{दर})\,2}{100}\right)\left(1+\frac{(\text{दर})\,3}{100}\right)$$

[∴ समय, प्रत्येक दर के लिए 1 वर्ष है]

4. *(i)* यदि ब्याज की गणना **अर्द्धवार्षिक** है तो दर आधी तथा समय दुगुना कर दिया जाता है।

(ii) यदि ब्याज की गणना त्रैमासिक है तो दर को 4 से भाग तथा समय को 4 से गुणा करते हैं।

नोट : एक वर्ष के लिए साधारण ब्याज तथा चक्रवृद्धि ब्याज बराबर होते हैं, जबकि ब्याज की दर वार्षिक हो।

प्रश्नमाला

1. 400 रु. की राशि पर 5% प्रतिवर्ष की दर से 2 वर्ष का चक्रवृद्धि ब्याज कितना होगा?

A. 40 रु. B. 41 रु.
C. 42 रु. D. 43 रु.

2. किसी राशि पर 6% चक्रवृद्धि ब्याज की दर से पहले वर्ष का ब्याज 60 रु. है, तो दूसरे वर्ष का ब्याज कितना होगा?

A. 120 रु. B. 66.60 रु.
C. 63.60 रु. D. 63 रु.

3. वह धनराशि ज्ञात करो, जिसका 5% ब्याज की दर से 2 वर्ष का चक्रवृद्धि ब्याज तथा साधारण ब्याज का अन्तर 3 रु. हो?

A. 1400 रु. B. 1500 रु.
C. 1350 रु. D. 1200 रु.

4. किस धन का 10% प्रतिवर्ष चक्रवृद्धि ब्याज की दर से 3 वर्ष में मिश्रधन 1331 रु. होगा?

A. 2000 रु. B. 1500 रु.
C. 1000 रु. D. 800 रु.

5. 2500 रु. का 6% ब्याज की दर से 2 वर्ष का चक्रवृद्धि ब्याज कितना होगा?

A. 306 रु. B. 150 रु.
C. 309 रु. D. 300 रु.

6. कोई राशि चक्रवृद्धि ब्याज की दर से 2 वर्ष में चार गुनी हो जाती है, तो कितने वर्ष में वह राशि 8 गुनी हो जायेगी?

A. 4 वर्ष B. $2\frac{1}{2}$ वर्ष
C. 3 वर्ष D. $3\frac{1}{2}$ वर्ष

7. 2400 रुपये पर 5% प्रतिवर्ष ब्याज की दर से 2 वर्ष में साधारण ब्याज तथा चक्रवृद्धि ब्याज का अन्तर होगा?

A. 8 रु. B. 10 रु.
C. 9 रु. D. 6 रु.

8. 8000 रु. की राशि पर 5% प्रतिवर्ष ब्याज की दर से 3 वर्ष का चक्रवृद्धि ब्याज कितना होगा?

A. 1361 रु. B. 1261 रु.
C. 1141 रु. D. 1241 रु.

9. 2000 रु. का 2 वर्ष में किस चक्रवृद्धि ब्याज की दर से मिश्रधन 2205 रु. हो जायेगा?

A. 3% B. 4%
C. 5% D. 6%

10. 3200 रु. का 10% प्रतिवर्ष चक्रवृद्धि ब्याज की दर से कितने समय में चक्रवृद्धि ब्याज 672 रु. हो जायेगा?

A. 2½वर्ष B. 1½वर्ष
C. 2 वर्ष D. 3½वर्ष

उत्तरमाला

1	2	3	4	5	6	7	8	9	10
B	C	D	C	C	C	D	B	C	C

व्याख्यात्मक उत्तर

1. मूलधन = 400 रु., दर = 5%, समय = 2 वर्ष

$\therefore$ चक्रवृद्धि ब्याज = मूलधन $\left[\left(1+\frac{\text{दर}}{100}\right)^{\text{समय}}-1\right]$

$\therefore$ चक्रवृद्धि ब्याज = $400\left[\left(1+\frac{5}{100}\right)^2-1\right]$

$= 400\left[\left(\frac{21}{20}\right)^2-1\right] = 400\left[\frac{21}{20}\times\frac{21}{20}-1\right] = 400\times\frac{41}{400}$

= 41 रु.

2. पहले वर्ष का साधारण ब्याज तथा चक्रवृद्धि ब्याज बराबर होगा

$\therefore \quad 60 = \frac{\text{मूलधन}\times 6\times 1}{100}$ $\therefore$ मूलधन = 1000 रु.

$\therefore$ दूसरे वर्ष के लिए मूलधन = 1000 + 60 = 1060 रु.

$\therefore \quad$ ब्याज $= \frac{1060\times 6\times 1}{100} = 63.60$ रु.

3. माना कि धनराशि x रु. है।

$\therefore$ 5% वार्षिक ब्याज की दर से 2 वर्ष का साधारण ब्याज

$= \frac{x\times 5\times 2}{100} = \frac{x}{10}$ रु.

तथा चक्रवृद्धि ब्याज $= x\left[\left(1+\frac{5}{100}\right)^2-1\right] = x\left[\left(\frac{21}{20}\right)^2-1\right]$

$= x\left[\frac{21}{20}\times\frac{21}{20}-1\right] = \frac{x\times 41}{400}$ रु.

प्रश्नानुसार— $\frac{41x}{400}-\frac{x}{10}=3$ $\therefore 41x-40x = 400\times 3$

या x = 1200 रु. अत: वह धनराशि 1200 रु. है।

4. माना वह धनराशि x रु. है

$\therefore$ मिश्रधन = मूलधन $\left(1+\frac{\text{दर}}{100}\right)^{\text{समय}}$ या $1331 = x\left(1+\frac{10}{100}\right)^3$

$\therefore \quad 1331 = x\times\frac{11}{10}\times\frac{11}{10}\times\frac{11}{10}$

$\therefore \quad x = \frac{1331\times 10\times 10\times 10}{11\times 11\times 11} = 1000$ रु.

5. चक्रवृद्धि ब्याज $= 2500\left[\left(1+\frac{6}{100}\right)^2-1\right] = 2500\left[\left(\frac{53}{50}\right)^2-1\right]$

$= 2500\left[\frac{53}{50}\times\frac{53}{50}-1\right] = 2500\left[\frac{2809-2500}{2500}\right]$

$= \frac{2500\times 309}{2500} = 309$ रु.

6. माना वह राशि x रु. है

$\therefore$ मिश्रधन = मूलधन $\left(1+\frac{\text{दर}}{100}\right)^{\text{समय}}$

प्रश्नानुसार—

$\therefore \quad 4x = x\left(1+\frac{\text{दर}}{100}\right)^2$ या $4 = \left(1+\frac{\text{दर}}{100}\right)^2$

या $\quad (2)^2 = \left(1+\frac{\text{दर}}{100}\right)^2$ या $2 = \left(1+\frac{\text{दर}}{100}\right)$

$\therefore$ मिश्रधन को 8 गुना करने के लिए

$\therefore \quad (2)^3 = \left(1+\frac{\text{दर}}{100}\right)^3$ $\therefore 8 = \left(1+\frac{\text{दर}}{100}\right)^3$

अत : स्पष्ट है कि मिश्रधन को 8 गुना होने में लगा समय = 3 वर्ष

7. साधारण ब्याज $= \frac{2400\times 5\times 2}{100} = 240$ रु.

चक्रवृद्धि ब्याज $= 2400\left[\left(1+\frac{5}{100}\right)^2-1\right]$

$= 2400\left[\frac{21}{20}\times\frac{21}{20}-1\right] = \frac{2400\times 41}{400} = 246$ रु.

$\therefore$ अन्तर = 246 – 240 = 6 रु.

8. चक्रवृद्धि ब्याज

$= 8000\left[\left(1+\frac{5}{100}\right)^3-1\right] = 8000\left[\frac{21}{20}\times\frac{21}{20}\times\frac{21}{20}-1\right]$

$= 8000\left[\frac{9261-8000}{8000}\right] = \frac{8000\times 1261}{8000} = 1261$ रु.

9. $2205 = 2000\left(1+\frac{\text{दर}}{100}\right)^2$

या $\frac{2205}{2000} = \left(1+\frac{\text{दर}}{100}\right)^2$ या $\frac{441}{400} = \left(1+\frac{\text{दर}}{100}\right)^2$

या $\left(\frac{21}{20}\right)^2 = \left(1+\frac{\text{दर}}{100}\right)^2$ या $\frac{21}{20} = 1+\frac{\text{दर}}{100}$

$\frac{\text{दर}}{100} = \frac{21}{20}-1 = \frac{1}{20}$ या दर $= \frac{100}{20} = 5\%$

10. मूलधन = 3200 रु., चक्रवृद्धि ब्याज = 672 रु.

$\therefore$ चक्रवृद्धि मिश्रधन = मूलधन + चक्रवृद्धि ब्याज

= 3200 + 672 = 3872 रु.

$\therefore$ चक्रवृद्धि मिश्रधन = मूलधन $\left(1+\frac{\text{दर}}{100}\right)^{\text{समय}}$

$\therefore \quad 3872 = 3200\left(1+\frac{10}{100}\right)$ या $\frac{3872}{3200} = \left(\frac{11}{10}\right)$

या $\frac{121}{100} = \left(\frac{11}{10}\right)$ या $\left(\frac{11}{10}\right)^2 = \left(\frac{11}{10}\right)$ $\therefore$ समय = 2 वर्ष

11

लाभ तथा हानि (Profit and Loss)

लाभ और हानि शब्द साधारणतया व्यापार में इस्तेमाल किए जाते हैं। प्रत्येक व्यापार का उद्देश्य लाभ कमाना होता है। लाभ और हानि से संबंधित सभी तरह के प्रश्नों को हल करने से पहले निम्नलिखित बातों को जानना आवश्यक है।

1. कोई वस्तु जिस मूल्य पर खरीदी जाती है उसे उस वस्तु का **लागत मूल्य** या **क्रय मूल्य** (Cost Price) कहते हैं। इसे क्रय मूल्य (C.P.) द्वारा भी निर्दिष्ट किया जाता है।
2. कोई वस्तु जिस मूल्य पर बेची जाती है, उसे उस वस्तु का **विक्रय मूल्य** (Sale Price) कहते हैं। इसे विक्रय मूल्य (S.P.) द्वारा भी निर्दिष्ट किया जाता है।
3. यदि वस्तु का क्रय मूल्य (Cost Price), वस्तु के विक्रय मूल्य (Sale Price) से अधिक हो, तो उस वस्तु पर हमेशा **हानि** होगी। अर्थात्
   हानि = क्रय मूल्य – विक्रय मूल्य
4. यदि किसी वस्तु का विक्रय मूल्य (Sale Price) वस्तु के क्रय मूल्य (Cost Price) से अधिक हो, तो उस वस्तु पर हमेशा **लाभ** होगा। अर्थात्
   लाभ = विक्रय मूल्य – क्रय मूल्य
5. लाभ और हानि दो प्रकार से व्यक्त किए जाते हैं:
   (i) रुपयों में; *(ii)* प्रतिशत में।

उदाहरण : यदि किसी वस्तु का क्रय मूल्य 100 रु. तथा उसका विक्रय मूल्य 95 रु. हो, तो वस्तु पर लाभ या हानि कितनी होगी?

हल : चूंकि वस्तु का क्रय मूल्य और उसके विक्रय मूल्य से अधिक है, इसलिए वस्तु पर हानि होगी। अर्थात् हानि = क्रय मूल्य – विक्रय मूल्य = 100 – 95 = 5 रु. हानि।

उपरोक्त उदाहरण में हमने वस्तु पर लाभ और हानि को रुपयों में समझाया है। अब हम लाभ-हानि को प्रतिशत में व्यक्त करते हैं।

लाभ-हानि को प्रतिशत लाभ और प्रतिशत हानि में बदलने के लिए निम्नलिखित सूत्रों को याद रखें।

1. $\text{लाभ\%} = \dfrac{\text{लाभ} \times 100}{\text{क्रय मूल्य}}$ 2. $\text{हानि\%} = \dfrac{\text{हानि} \times 100}{\text{क्रय मूल्य}}$

प्रश्नमाला

1. एक आदमी कोई वस्तु 25 रु. में खरीदकर 30 रु. में बेचता है। तो बताइये उसका लाभ क्या होगा?
A. 6 रु. B. 7.50 रु. C. 5 रु. D. 8.10 रु.

2. यदि 15 रु. वाली कोई वस्तु 12 रु. में बेच दी जाए, तो कितने प्रतिशत हानि होगी?
A. 20% B. 16% C. 22% D. 25%

3. यदि किसी वस्तु को 21 रु. में बेचने पर 12% का लाभ होता हो, तो बताइये उस वस्तु का क्रय मूल्य कितना होगा?
A. 15.50 रु. B. 20.15 रु. C. 18.75 रु. D. 17.50 रु.

4. यदि किसी वस्तु को 2040 रु. में बेचने पर 15% की हानि होती हो, तो बताइये उस वस्तु का क्रय मूल्य कितना होगा?
A. 2300 रु. B. 2400 रु. C. 2475 रु. D. 2800 रु.

5. एक वस्तु का क्रय मूल्य 150 रु. है। यदि इसे 13% लाभ पर बेचा जाए, तो बताइये वस्तु का विक्रय मूल्य कितना होगा?
A. 170.75 रु. B. 169.50 रु. C. 160.50 रु. D. 174.75 रु.

6. किसी वस्तु को 250 रु. में खरीदकर 300 रु. में बेच दिया गया। बताइये उस पर कितने प्रतिशत लाभ हुआ?
A. 16% B. 20% C. 18% D. 17%

7. एक वस्तु को 38 रु. में बेचने पर 5% हानि होती है। यदि इसे 42 रु. में बेचा जाए, तो कितने प्रतिशत लाभ या हानि होगी?
A. 6% लाभ B. 5% लाभ C. 8% हानि D. 4% हानि

8. यदि किसी वस्तु को 5% हानि पर बेचने पर 3990 रु. मिले हों, तो उस वस्तु का क्रय मूल्य कितना होगा?
A. 4100 रु. B. 4200 रु. C. 3890 रु. D. 4400 रु.

9. यदि 10 पेनों का क्रय मूल्य, 8 पेनों के विक्रय मूल्य के बराबर हो, तो प्रतिशत लाभ कितना होगा?
A. 20% B. 16% C. 25% D. 30%

10. राम ने एक टी.वी. 2475 रु. में खरीदकर उसे 3090 रु. में बेच दिया हो, तो उसे कितने प्रतिशत लाभ हुआ?
A. 23.8% B. 34.5% C. 37.6% D. 24.8%

11. एक फल विक्रेता ने 20 दर्जन केले 100 रुपये में खरीदकर 6 रुपये प्रति दर्जन के भाव से बेच दिए। उसका लाभ अथवा हानि ज्ञात करो।

A. 20 रु. B. 30 रु.
C. 25 रु. D. 35 रु.

12. एक ठेकेदार ने 7500 रुपये में एक खाली जमीन खरीदी और उस पर 2,65,000 रुपये खर्च कर मकान तैयार किया। यदि अब उस मकान को 3,25,000 रु. में बेच दिया, तो उसका लाभ अथवा हानि ज्ञात करो।

A. 15550 रु. हानि B. 15550 रु. लाभ
C. 15000 रु. हानि D. 15000 रु. लाभ

उत्तरमाला

1	2	3	4	5	6	7	8	9	10
C	A	C	B	B	B	B	B	C	D
11	**12**								
A	C								

व्याख्यात्मक उत्तर

1. ∵ वस्तु का विक्रय मूल्य, उसके क्रय मूल्य से अधिक है।

∴ लाभ = विक्रय मूल्य − क्रय मूल्य = 30 − 25 = 5 रु.।

2. ∵ वस्तु का क्रय मूल्य, उसके विक्रय मूल्य से अधिक है।

∴ हानि = क्रय मूल्य − विक्रय मूल्य = 15 − 12 = 3 रु.

$\therefore$ प्रतिशत हानि $= \frac{\text{हानि} \times 100}{\text{क्रय मूल्य}} = \frac{3 \times 100}{15} = 20\%.$

3. ∵ वस्तु का विक्रय मूल्य = 21 रु. तथा लाभ % = 12%

$\therefore$ क्रय मूल्य = विक्रय मूल्य $\left(\frac{100}{100 + \text{लाभ}\%}\right)$

$= 21\left(\frac{100}{100+12}\right) = \frac{21 \times 100}{112} = 18.75$ रु.।

4. ∵ वस्तु का विक्रय मूल्य = 2040 रु.

तथा हानि % = 15%

$\therefore$ क्रय मूल्य = विक्रय मूल्य $\left(\frac{100}{100 - \%\text{हानि}}\right)$

$= 2040\left(\frac{100}{100-15}\right) = \frac{2040 \times 100}{85} = 2400$ रु.।

5. ∵ वस्तु का क्रय मूल्य = 150 रु. तथा

लाभ % = 13%

$\therefore$ वस्तु का विक्रय मूल्य = क्रय मूल्य $\left(\frac{100 + \text{लाभ}\%}{100}\right)$

$= 150 \times \left(\frac{100+13}{100}\right) = \frac{150 \times 113}{100} = 169.50$ रु.।

6. ∵ वस्तु का क्रय मूल्य = 250 रु.

तथा वस्तु का विक्रय मूल्य = 300 रु.

∴ लाभ = 300 − 250 = 50 रु.

$\therefore$ प्रतिशत लाभ $= \frac{\text{लाभ} \times 100}{\text{क्रय मूल्य}} = \frac{50 \times 100}{250} = 20\%.$

7. पहली स्थिति में, वस्तु का विक्रय मूल्य = 38 रु., हानि % = 5%

$\therefore$ वस्तु का क्रय मूल्य = विक्रय मूल्य $\left(\frac{100}{100 - \text{हानि}\%}\right)$

$= 38\left(\frac{100}{100-5}\right) = \frac{38 \times 100}{95} = 40$ रु.

दूसरी स्थिति में, क्रय मूल्य = 40 रु., विक्रय मूल्य = 42 रु.

∴ लाभ = विक्रय मूल्य − क्रय मूल्य = 42 − 40 = 2 रु.

$\therefore$ प्रतिशत लाभ $= \frac{\text{लाभ} \times 100}{\text{क्रय मूल्य}} = \left(\frac{2 \times 100}{40}\right) = 5\%.$

8. ∴ वस्तु का विक्रय मूल्य = 3990 रु., तथा हानि % = 5%

∴ वस्तु का क्रय मूल्य

$=$ विक्रय मूल्य $\left(\frac{100}{100-5}\right) = 3990 \times \frac{100}{95} = 4200$ रु.

9. माना कि 10 पेनों का क्रय मूल्य = x रु.

प्रश्नानुसार, 8 पेनों का विक्रय मूल्य = x रु.

$\therefore$ 1 पेन का क्रय मूल्य $= \frac{x}{10}$ रु.

तथा 1 पेन का विक्रय मूल्य $= \frac{x}{8}$ रु.

$\therefore$ लाभ = विक्रय मूल्य − क्रय मूल्य $= \frac{x}{8} - \frac{x}{10} = \frac{x}{40}$ रु.

$\therefore$ प्रतिशत लाभ $= \frac{\text{लाभ} \times 100}{\text{क्रय मूल्य}} = \frac{\frac{x}{40} \times 100}{\frac{x}{10}} = 25\%.$

10. ∵ टी.वी. का खरीद मूल्य या क्रय मूल्य = 2475 रु.

तथा विक्रय मूल्य = 3090 रु.

लाभ = विक्रय मूल्य − क्रय मूल्य = 3090 − 2475 = 615 रु.

प्रतिशत लाभ $= \frac{\text{हानि} \times 100}{\text{क्रय मूल्य}} = \frac{615 \times 100}{2475} = 24.8\%.$

11. 20 दर्जन केलों का क्रय मूल्य = 100 रुपये

20 दर्जन केलों का विक्रय मूल्य = 6 × 20 = 120 रुपये

लाभ = विक्रय मूल्य − क्रय मूल्य

= 120 − 100 = 20 रुपये लाभ।

12. ठेकेदार का वास्तविक क्रय मूल्य

= 75000 + 2,65,000 = 3,40,000 रुपये

∵ उसका विक्रय मूल्य उसके क्रय मूल्य से कम है अत: हानि होगी।

हानि = क्रय मूल्य − विक्रय मूल्य

= 3,40,000 − 3,25,000 = 15,000 रुपये हानि।

●●●

12

अनुपात एवं समानुपात (Ratio and Proportion)

अनुपात

अनुपात सदैव दो सजातीय राशियों में होता है। एक राशि का, दूसरी सजातीय राशि में भाग देने पर अनुपात ज्ञात होता है या जब हम एक ही प्रकार की दो वस्तुओं की तुलना करते हैं और यह देखते हैं कि एक वस्तु, दूसरी वस्तु का कौन-सा भाग है तो उन दोनों के बीच पारस्परिक सम्बन्ध को अनुपात कहते हैं।

समानुपात

जब दो अनुपात बराबर होते हैं तो उनकी बराबरी को समानुपात कहते हैं। जैसे $a : b = c : d$ हो, तो इसका अर्थ यह है कि $\frac{a}{b}$ समानुपात में है $\frac{c}{d}$ के और इसे हम निम्न प्रकार से लिख सकते हैं।

अतः $a : b : : c : d$ में a, b, c तथा d को क्रमशः प्रथम, द्वितीय, तृतीय और चतुर्थ अनुपाती कहते हैं। इस प्रकार समानुपात में चार पद होते हैं।

नियम : समानुपात $a : b : : c : d$ में सिरे वाले दोनों पदों के गुणनफल, मध्य वाले दोनों पदों के गुणनफल के बराबर होता है।

अर्थात् $a \times d = b \times c$

साझा

साझा दो प्रकार का होता हैः

1. **साधारण साझा :** वह साझा जिसमें दो या दो से अधिक व्यापारी अपनी-अपनी पूंजी का इस्तेमाल एक समान अवधि के लिए करते हैं, उसे **साधारण साझा** कहते हैं।
2. **मिश्रित साझा :** वह साझा जिसमें दो या दो से अधिक व्यापारी अपनी-अपनी पूंजी का इस्तेमाल अलग-अलग अवधि के लिए करते हैं उसे **मिश्रित साझा** कहते हैं।

महत्त्वपूर्ण नोट : 1. साधारण साझे से सम्बन्धित प्रश्नों में व्यापार में हुए लाभ अथवा हानि को उनकी पूंजियों के अनुपात में विभाजित करते हैं। 2. मिश्रित साझे से सम्बन्धित प्रश्नों में व्यापार में हुए लाभ अथवा हानि को उनकी पूंजियों तथा समय के गुणनफलों के अनुपात में बांटा जाता है।

प्रश्नमाला

1. यदि $3 : 8 = 9 : x$, तो x का मान कितना होगा?
A. 20 B. 27
C. 24 D. 25

2. यदि A : B = 3 : 4 तथा B : C = 5 : 6, तो A : B : C में क्या अनुपात होगा?
A. 20 : 15 : 24 B. 15 : 20 : 24
C. 15 : 24 : 20 D. 20 : 24 : 15

3. यदि $18 : x = x : 8$ हो, तो x किसके बराबर होगा?
A. 11 B. 10
C. 16 D. 12

4. 8 : 12 : 10 : : ? है, तो प्रश्न चिन्ह् (?) के स्थान पर क्या मान होगा?
A. 14 B. 15
C. 16 D. 18

5. 5 और 125 का मध्य समानुपात कितना है?
A. 20 B. 25
C. 28 D. 27

6. 3, 4 और 15 का चौथा अनुपात होगा?
A. 16 B. 18
C. 20 D. 15

7. 12 और 30 का तृतीय समानुपात कितना होगा?
A. 75 B. 125
C. 60 D. 70

8. दो संख्याओं का अनुपात 3 : 4 है। यदि दोनों संख्याओं का योग 490 हो, तो वे संख्याएं क्रमशः क्या होंगी?
A. 220, 270 B. 210, 280
C. 120, 160 D. 180, 290

9. यदि एक त्रिभुज के कोणों में 1 : 2 : 3 का अनुपात हो, तो उस त्रिभुज के सबसे बड़े कोण का मान होगा।
A. 90° B. 70°
C. 105° D. 110°

10. यदि किसी अनुपात का दूसरा पद 15 तथा अनुपात का मान $\frac{3}{5}$ हो, तो उस अनुपात का पहला पद क्या होगा?
A. 8 B. 14
C. 9 D. 12

11. 1100 रुपये को सुधा, कमला और सलमा में इस प्रकार बांटो कि उनके धन में $\frac{1}{3}:\frac{2}{5}:\frac{1}{2}$ का अनुपात हो, तो सुधा को मिलने वाला धन क्या है?
A. 300 रु. B. 350 रु.
C. 250 रु. D. 200 रु.

12. एक मिश्रधातु में तांबा, जस्ता और लोहा 7 : 6 : 9 के अनुपात में हैं। यदि मिश्रण में तांबे की मात्रा 560 ग्राम हो, तो मिश्रधातु का कुल भार ज्ञात करो।
A. 1 किग्रा. 600 ग्रा. B. 2 किग्रा. 760 ग्रा.
C. 1 किग्रा. 760 ग्रा. D. 1 किग्रा. 700 ग्रा.

उत्तरमाला

1	2	3	4	5	6	7	8	9	10
C	B	D	B	B	C	A	B	A	C
11	12								
A	C								

व्याख्यात्मक उत्तर

1. $\because 3:8 = 9:x \Rightarrow \frac{3}{8} = \frac{9}{x} \Rightarrow x = \frac{8\times 9}{3} = 24$

अतः x का मान = 24 होगा।

2. $\because$ दिया हुआ है:

A : B = 3 : 4 तथा B : C = 5 : 6

दोनों अनुपातों में B को बराबर करने के लिए पहले अनुपात में 5 से तथा दूसरे अनुपात में 4 से गुणा करने पर,

$\therefore$ A : B = 3 : 4 = 3 × 5 : 4 × 5 = 15 : 20

तथा B : C = 5 : 6 = 5 × 4 : 6 × 4 = 20 : 24

$\therefore$ A : B : C = 15 : 20 : 24

3. $\because$ $18 : x = x : 8 \Rightarrow \frac{18}{x} = \frac{x}{8}$

$\Rightarrow$ $x \times x = 18 \times 8 \Rightarrow x^2 = 144 \Rightarrow x = \sqrt{144} = 12$

अतः x, 12 के बराबर होगा।

4. चूंकि समानुपात में दोनों बाहरी संख्याओं का गुणनफल, मध्य की दोनों संख्याओं के गुणनफल के बराबर होता है।

$\because$ 8 : 12 : : 10 : ?

$\therefore$ $8 \times ? = 12 \times 10 \Rightarrow ? = \frac{12\times 10}{8} = 15$

अतः प्रश्न चिन्ह् (?) के स्थान पर मान = 15 होगा।

5. माना कि 5 और 125 का मध्य समानुपात = x है

$\therefore 5 : x : : x : 125$

$\therefore$ $x \times x = 5 \times 125$

$\Rightarrow$ $x^2 = 625 \Rightarrow x = \sqrt{625} = 25$

अतः 5 और 125 का मध्य समानुपात = 25 है।

6. माना कि 3, 4 और 15 का चौथा अनुपात = x

$\therefore$ $3 : 4 = 15 : x$

$\therefore$ $x \times 3 = 4 \times 15$

$\therefore$ $x = \frac{4\times 15}{3} = 20$

अतः 3, 4 और 15 का चौथा अनुपात = 20 होगा।

7. माना कि 12 और 30 का तृतीय अनुपात = x

$\therefore$ $12 : 30 = 30 : x$

$\therefore$ $12 \times x = 30 \times 30$

$\Rightarrow$ $x = \frac{30\times 30}{12} = 75$

अतः 12 और 30 का तृतीय अनुपात = 75 होगा।

8. माना कि वे संख्याएं क्रमशः $3x$ व $4x$ हैं।

प्रश्नानुसार,

$3x + 4x = 490$

$\Rightarrow$ $7x = 490$

$\Rightarrow$ $x = \frac{490}{7} = 70$

अतः वे संख्याएं क्रमशः (3 × 70 = 210) व (4 × 70 = 280) होंगी।

9. चूंकि त्रिभुज के कोणों में अनुपात = 1 : 2 : 3

$\therefore$ अनुपात संख्याओं का योग = 1 + 2 + 3 = 6

परन्तु त्रिभुज के तीनों कोणों का योग = 180°

$\therefore$ सबसे बड़े कोण का मान = $\frac{3}{6} \times 180° = 90°$

अतः सबसे बड़े कोण का मान = 90° होगा।

10. माना कि अनुपात का पहला पद = x

प्रश्नानुसार,

$x : 15 = \frac{3}{5} = 3 : 5$ या, $\frac{x}{15} = \frac{3}{5}$

$\therefore$ $x \times 5 = 15 \times 3$

$\Rightarrow$ $x = \frac{15\times 3}{5} = 9$

अतः अनुपात का पहला पद = 9 होगा।

11. सुधा : कमला : सलमा

$\frac{1}{3} : \frac{2}{5} : \frac{1}{2}$

सरल करने पर, अनुपात = 10 : 12 : 15

अनुपातों का योग = 10 + 12 + 15 = 37

$\therefore$ सुधा का भाग = $\frac{1110}{37} \times 10$ = 300 रुपये

कमला का भाग = $\frac{1110}{37} \times 12$ = 360 रुपये

सलमा का भाग = $\frac{1110}{37} \times 15$ = 450 रुपये।

12. तांबा : जस्ता : लोहा

अनुपातों का योग = 7 + 6 + 9 = 22

मिश्रधातु का कुल भार = $\frac{560}{7} \times 22$

= 1760 ग्राम = 1 किलोग्राम 760 ग्राम।

●●●

13

चाल, समय एवं दूरी (Speed, Time and Distance)

याद रखें :

(i) दूरी निकालने के लिए चाल में समय से गुणा करें,
अर्थात् दूरी = चाल × समय

(ii) चाल निकालने के लिए दूरी में समय से भाग दें,

अर्थात् चाल = $\frac{\text{दूरी}}{\text{समय}}$

(iii) समय निकालने के लिए दूरी में चाल से भाग दें,

अर्थात् समय = $\frac{\text{दूरी}}{\text{चाल}}$

(iv) गाड़ी को खम्भा या वृक्ष पार करने में केवल अपनी लम्बाई पार करनी होती है।

(v) गाड़ी को पुल या प्लेटफार्म पार करने में अपनी लम्बाई और पुल या प्लेटफार्म की लम्बाई दोनों पार करनी होती है।

(vi) जब दो गाड़ियां एक ही दिशा में जा रही हों, तो उनकी आपेक्षिक गति (एक-दूसरे को पार करने की गति) निकालने के लिए दोनों गाड़ियों की गति का अंतर निकाला जाता है।

(vii) जब दो गाड़ियां विपरीत दिशा में जा रही हों, तो उनकी आपेक्षिक गति (एक-दूसरे को पार करने की गति) निकालने के लिए दोनों गाड़ियों की गति को जोड़ दिया जाता है।

प्रश्नमाला

1. एक गतिमान कार की चाल 36 कि॰मी॰ प्रति घंटा है। इसकी चाल मी॰/से॰ में है:
A. 10 मी॰/से॰ B. 15 मी॰/से॰
C. 20 मी॰/से॰ D. 25 मी॰/से॰

2. दो रेलगाड़ियां एक ही समय दो स्टेशनों X तथा Y से, जिनके मध्य 900 कि॰मी॰ की दूरी है, एक-दूसरे की ओर चलना शुरू करती हैं। यदि उनकी औसत चाल क्रमशः 38 तथां 22 कि॰मी॰/घं॰ हो, तो वे एक-दूसरे को कितने समय बाद मिलेंगी?
A. 12 घण्टे B. 13 घण्टे
C. 14 घण्टे D. 15 घण्टे

3. 100 मी॰ लम्बी रेलगाड़ी 60 कि॰मी॰ प्रति घंटा की चाल से जा रही है। इसे एक तार चौकी को पार करने में समय लगेगा:
A. 4 सेकेण्ड B. 5 सेकेण्ड
C. 6 सेकेण्ड D. 8 सेकेण्ड

4. 150 मी॰ लम्बी एक रेलगाड़ी 90 कि॰मी॰ प्रति घंटा की चाल से जा रही है। इसे एक पेड़ को पार करने में समय लगेगा:
A. 3 सेकेण्ड B. 4 सेकेण्ड
C. 6 सेकेण्ड D. 8 सेकेण्ड

5. 100 मी॰ लम्बी एक रेलगाड़ी 65 कि॰मी॰ प्रति घंटा की चाल से जा रही है। यह एक व्यक्ति को जो 5 कि॰मी॰/घंटा की चाल से रेलगाड़ी की दिशा में जा रहा है, कितने समय में पार करेगी?
A. 8 सेकेण्ड B. 6 सेकेण्ड
C. 4 सेकेण्ड D. 2 सेकेण्ड

6. एक व्यक्ति नदी के बहाव की दिशा में 6 कि॰मी॰ प्रति/घं॰ तथा विपरीत दिशा में 3 कि॰मी॰ प्रति/घं॰ की चाल से नाव चलाता है। स्थिर पानी में नाव की चाल है:
A. 9 कि॰मी॰/घं॰ B. 4.5 कि॰मी॰/घं॰
C. 1.5 कि॰मी॰/घं॰ D. 1.0 कि॰मी॰/घं॰

7. प्रश्न 6 में नदी के बहाव की चाल है
A. 1.5 कि॰मी॰/घं॰ B. 2.5 कि॰मी॰/घं॰
C. 4.5 कि॰मी॰/घं॰ D. 18.0 कि॰मी॰/घं॰

8. एक साइकिल सवार 3 मिनट में 1.2 किलोमीटर दूरी तय करता है, तो उसकी गति प्रति घंटा क्या होगी?
A. 24 कि॰मी॰/घंटा B. 24 मी॰/घंटा
C. 24 मी॰/से॰ D. 24 कि॰मी॰/मिनट

9. एक 100 मीटर लम्बी गाड़ी 90 कि॰मी॰/घ॰ की चाल से चल रही है। गाड़ी को पेड़ को पार करने में कितना समय लगेगा?
A. 4 से॰ B. 8 से॰
C. 11 से॰ D. 12 से॰

10. एक रेलगाड़ी जो 90 कि॰मी॰/घं॰ की गति से चली जा रही है। एक खम्भे को पार करने में 10 सेकेण्ड का समय लेती है। बताइये उस रेलगाड़ी की लम्बाई (मीटर में) कितनी होगी?
A. 250 B. 240
C. 280 D. 270

11. 18 किमी प्रति घंटा की चाल को मीटर प्रति सेकेण्ड में बदलिए।
A. 7 मी॰/से॰ B. 4 मी॰/से॰
C. 6 मी॰/से॰ D. 5 मी॰/से॰

12. 3 मीटर प्रति सेकेण्ड की चाल को किमी प्रति घण्टा में बदलिए।
A. 10 किमी॰/घंटा B. 10.8 किमी॰/घंटा
C. 8 किमी॰/घंटा D. 8.10 किमी॰/घंटा

13. 500 मीटर लम्बी रेलगाड़ी 220 मीटर लम्बे प्लेटफार्म को 36 सेकेण्ड में पार कर लेती है, तो गाड़ी की चाल किमी प्रति घण्टा ज्ञात करो

A. 60 किमी./घंटा B. 65 किमी./घंटा
C. 72 किमी./घंटा D. 70 किमी./घंटा

14. एक आदमी 5 किमी प्रति घण्टा की चाल से P से Q स्थान तक जाता है और 3 किमी प्रति घण्टा की चाल से Q से P स्थान पर वापस आ जाता है। उसकी सारी यात्रा में औसत चाल क्या रही?

A. $4\frac{3}{4}$ किमी./घंटा Б. $3\frac{3}{4}$ किमी./घंटा
C. 4 किमी./घंटा D. 3 किमी./घंटा

उत्तरमाला

1	2	3	4	5	6	7	8	9	10
A	D	C	C	B	B	A	A	A	A
11	12	13	14						
D	B	C	B						

व्याख्यात्मक उत्तर

1. चाल $= \frac{36 \text{ कि.मी.}}{\text{घंटा}} = \frac{36000 \text{ मी.}}{3600 \text{ से.}} = 10$ मी./से.

2. दो रेलगाड़ियों द्वारा 1 घंटे में तय की गई दूरी
$= 38 + 22 = 60$ कि.मी.

कुल दूरी = 900 कि.मी., समय $= \frac{900}{60} = 15$ घंटे।

3. दूरी = 100 मी.

$$\text{चाल} = \frac{60 \text{ कि.मी.}}{\text{घंटा}} = \frac{60000 \text{ मी.}}{3600 \text{ से.}} = \frac{50}{3} \text{ मी./से.}$$

$$\text{समय} = \frac{\text{दूरी}}{\text{चाल}} = \frac{100}{50/3} = \frac{100 \times 3}{50} = 6 \text{ से.}$$

4. चाल $= \frac{90 \text{ कि.मी.}}{\text{घंटा}} = \frac{90000 \text{ मी.}}{3600 \text{ से.}} = 25$ मी./से.

दूरी = 150 मी., समय $= \frac{\text{दूरी}}{\text{चाल}} = \frac{150}{25} = 6$ से.

5. वास्तविक चाल = रेलगाड़ी की चाल – व्यक्ति की चाल
$= 65 - 5 = 60$ कि.मी./घं.

$$\text{चाल} = \frac{60 \text{ कि.मी.}}{\text{घंटा}} = \frac{60000 \text{ मी.}}{3600 \text{ से.}} = \frac{50}{3} \text{ मी./से.}$$

$$\text{समय} = \frac{\text{दूरी}}{\text{चाल}} = \frac{100}{50/3} = \frac{100 \times 3}{50} = 6 \text{ से.}$$

7. नदी के बहाव की चाल $= \frac{6-3}{2} = \frac{3}{2} = 1.5$ कि.मी./घंटा

8. गति $= \frac{\text{दूरी}}{\text{समय}}$, दूरी = 1.2 कि.मी., समय = 3 मिनट $= \frac{3}{60}$ घंटा

$$\text{गति} = \frac{\text{दूरी}}{\text{समय}} = \frac{1.2}{\frac{3}{60}} = \frac{1.2 \times 60}{3} = 24 \text{ कि.मी./घंटा}$$

9. चूंकि रेलगाड़ी सिर्फ पेड़ को पार करती है।

$\therefore$ पेड़ को पार करने में लगा समय

$$= \frac{100 \text{ मी.}}{90 \text{ कि.मी./ घं.}} = \frac{100 \text{ मी.}}{90 \times \frac{5 \text{ मी.}}{18 \text{ से.}}} = 4 \text{ सेकेण्ड}$$

10. चूंकि रेलगाड़ी सिर्फ खम्भे को पार करती है।

$$\therefore \text{ खम्भे को पार करने में लगा समय} = \frac{\text{रेलगाड़ी की लम्बाई}}{\text{रेलगाड़ी की चाल}}$$

$$\therefore 10 = \frac{\text{रेलगाड़ी की लम्बाई}}{90 \times \frac{5}{18} \text{ मी./से.}}$$

$$\therefore \text{ रेलगाड़ी की लम्बाई} = 10 \times 90 \times \frac{5}{18} = 250 \text{ मीटर।}$$

11. $\because$ 1 किमी = 1000 मीटर और 1 घण्टा = 3600 सेकेण्ड

$\therefore$ 18 किमी प्रतिघण्टा $= \frac{18 \times 1000}{3600} = 5$ मीटर/सेकेण्ड।

12. 3 मीटर/सेकेण्ड $= \frac{3 \times 3600}{1000} = 10.8$ किमी/घण्टा।

13. गाड़ी द्वारा प्लेटफार्म को पार करने में तय की गई दूरी = 500 + 220 = 720 मीटर, समय = 36 सेकेण्ड

$\therefore$ चाल $= \frac{\text{दूरी}}{\text{समय}}$

$\therefore$ गाड़ी की चाल

$= \frac{720}{36}$ मीटर प्रति सेकेण्ड $= \frac{720 \times 3600}{36 \times 1000} = 72$ किमी/घण्टा।

14. माना P से Q स्थान की दूरी 15 किमी
(3 और 5 का ल.स.प. 15 है, अत: गणना की सुविधा के लिए 15 किमी दूरी मानी है।)

$\therefore$ जाने में लगा समय $= \frac{15}{3} = 5$ घण्टे

और वापस आने में लगा समय $= \frac{15}{3} = 5$ घण्टे

कुल दूरी = 15 + 15 = 30 किमी

कुल समय = 3 + 5 = 8 घण्टे

औसत चाल $\frac{30}{8} = \frac{15}{4} = 3\frac{3}{4}$ किमी प्रति घण्टा।

14

समय एवं कार्य (Time and Work)

ऐकिक नियम के प्रश्नों में पहले इकाई वस्तु का मूल्य ज्ञात करके प्रश्न में दी गई संख्या का मूल्य निकालते हैं। उदाहरण के लिए प्रश्न है–

7 बकरियों की कीमत 630 रु. है, तो 20 बकरियों की कीमत क्या होगी?

ऐकिक नियम विधि से इस प्रश्न को हल करने में पहले एक बकरी की कीमत निकालनी होगी। उसके बाद 20 बकरियों की कीमत निकाली जायेगी।

ऐसे प्रश्नों को हल करते समय जो भाषा लिखी जाती है, उसमें जिस राशि या मद का उत्तर निकालना हो, उसे सबसे बाद में लिखा जाता है।

नोटः

(i) यदि एक आदमी एक काम को 10 दिनों में करता है, तो उसका एक दिन का काम होगा = $\frac{1}{10}$ भाग

(ii) यदि किसी आदमी का एक दिन का काम $\frac{1}{10}$ हो, तो वह पूरा काम 10 दिनों में करेगा।

(iii) ऐसे प्रश्नों में पहले एक दिन का काम निकाला जाता है।

(iv) यदि काम करने वाले आदमी बढ़ जायें, तो काम कम समय (कम दिनों) में पूरा होगा और यदि काम करने वाले आदमी कम हो जायें, तो काम अधिक समय (अधिक दिनों) में पूरा होगा।

प्रश्नमाला

1. A एक काम को 6 दिन में तथा B उसे 10 दिन में कर सकता है। A तथा B मिलकर उसे पूरा करेंगे।

A. 10 दिन से कम तथा 6 दिन से अधिक दिनों में
B. 10 दिन से अधिक दिनों में
C. 6 दिन से कम दिनों में
D. 2 दिन में

2. A एक मेज को 3 दिन में तथा उसका मित्र उसे 6 दिन में बना सकता है। A और उसका मित्र मिलकर उसे पूरा बनाएंगेः

A. 3 दिन में B. 2 दिन में
C. 1 दिन में D. $\frac{1}{2}$ दिन में

3. X और Y मिलकर किसी कार्य को 10 दिन में कर सकते हैं। X अकेला उसे 15 दिन में कर सकता है, तो Y उसे कितने दिन में करेगा?

A. 15 दिन B. 20 दिन
C. 25 दिन D. 30 दिन

4. 24 आदमी एक मशीन को 12 दिन में तैयार करते हैं, तो 36 आदमी उसे कितने दिनों में तैयार करेंगे?

A. 8 दिन B. 12 दिन
C. 16 दिन D. 20 दिन

5. X, Y और Z किसी काम को क्रमशः 8, 10 और 8 दिन में कर सकते हैं। तीनों मिलकर उस कार्य को कितने दिनों में कर सकेंगे?

A. $2\frac{1}{7}$ दिन B. $2\frac{3}{7}$ दिन
C. $2\frac{5}{7}$ दिन D. $2\frac{6}{7}$ दिन

6. A एक काम को 5 दिन में तथा B उसी काम को 10 दिन में पूरा करता है, तो बताइये (A + B) उस काम को कितने दिनों में पूरा करेंगे?

A. $2\frac{3}{4}$ दिन B. $3\frac{3}{4}$ दिन
C. $3\frac{1}{3}$ दिन D. $2\frac{1}{4}$ दिन

7. 3 पेन और 5 पैन्सिलों का मूल्य 14 रु. है। 12 पेन और 20 पेन्सिलों का क्या मूल्य होगा?

A. 42 रु. B. 56 रु.
C. 20 रु. D. 112 रु.

8. *x*, *y* और *z* मिलकर एक कार्य को 8 दिन में पूरा कर सकते हैं। यदि *x* और *z* मिलकर उस कार्य को 12 दिन में पूरा कर सकते हों, तो बताइये *y* अकेला उस कार्य को पूरा कितने दिन में करेगा?

A. 22 दिन B. 24 दिन
C. $17\frac{1}{4}$ दिन D. 23 दिन

9. यदि 75 संतरों की एक पेटी का मूल्य 60 रु. है, तो 50 संतरों का मूल्य होगाः

A. 30 रु. B. 40 रु.
C. 50 रु. D. 60 रु.

10. एक नल एक हौज को 4 घण्टे में तथा दूसरा नल उस हौज को 5 घण्टे में भर सकता है। यदि दोनों नल एक साथ खोल दिए जाएं, तो हौज को भरने में कितने घण्टे लगेंगे?

A. $3\frac{2}{9}$ घण्टे B. $2\frac{2}{9}$ घण्टे
C. $2\frac{1}{9}$ घण्टे D. $3\frac{5}{9}$ घण्टे

11. यदि 210 रुपए में 6 बाल्टियां खरीदी जा सकती हैं, तो 140 रुपए में कितनी बाल्टियां खरीदी जा सकेंगी।

A. 4 B. 3

C. 5 D. 6

12. गणित की 14 पुस्तकों का मूल्य 105 रुपए है, तो बताइए ऐसी ही 24 पुस्तकों के लिए क्या मूल्य देना होगा?

A. 170 रु. B. 175 रु.

C. 180 रु. D. 185 रु.

उत्तरमाला

1	2	3	4	5	6	7	8	9	10
C	B	D	A	D	C	B	B	B	B
11	**12**								
A	C								

व्याख्यात्मक उत्तर

1. A का 1 दिन का काम = $\frac{1}{6}$; B का 1 दिन का काम = $\frac{1}{10}$

(A + B) का 1 दिन का काम = $\frac{1}{6}+\frac{1}{10}=\frac{8}{30}$

$\therefore$ A + B मिलकर उसे $\frac{30}{8}$ दिन में करेंगे

= $3\frac{6}{8}$ दिन = $3\frac{3}{4}$ दिन जो 6 दिन से कम है।

2. A तथा उसके मित्र द्वारा 1 दिन में किया गया कार्य = $\frac{1}{3}+\frac{1}{6}=\frac{3}{6}$

$\therefore$ दोनों मिलकर उसे पूरा करेंगे = $\frac{6}{3}=2$ दिन में।

3. X और Y का दिन का काम = $\frac{1}{10}$

अकेले X का 1 दिन का काम = $\frac{1}{15}$

अकेले Y का 1 दिन का काम = $\frac{1}{10}-\frac{1}{15}=\frac{1}{30}$

$\therefore$ Y अकेला उस काम को 30 दिन में करेगा।

4. $\because$ 24 व्यक्ति एक मशीन को बनाते हैं = 12 दिन में

$\therefore$ 1 व्यक्ति एक मशीन को बनाता है = 24 × 12 दिन में।

$\therefore$ 36 व्यक्ति एक मशीन को बनाते हैं = $\frac{24\times12}{36}=8$ दिन में।

5. X + Y + Z का 1 दिन का काम = $\frac{1}{8}+\frac{1}{10}+\frac{1}{8}=\frac{7}{20}$

$\therefore$ X + Y + Z उसे पूरा करेंगे = $\frac{20}{7}$ दिन = $2\frac{6}{7}$ दिन में

6. $\because$ A का 1 दिन का काम = $\frac{1}{5}$ तथा B का 1 दिन का काम = $\frac{1}{10}$

$\therefore$ (A + B) का 1 दिन का काम = $\frac{1}{5}+\frac{1}{10}=\frac{2+1}{10}=\frac{3}{10}$

चूंकि $\frac{3}{10}$ काम (A + B) करते हैं = 1 दिन में

$\therefore$ पूरा काम (A + B) करेंगे = $\frac{10}{3}=3\frac{1}{3}$ दिन में

7. $\because$ 3 पेन तथा 5 पेन्सिलों का मूल्य = 14 रु.

$\therefore$ 1 पेन तथा 1 पेन्सिल का मूल्य = $\frac{14}{\text{3 पेन तथा 5 पेन्सिल}}$

$\therefore$ 4 × (3 पेन तथा 5 पेन्सिलों) का मूल्य

= $\frac{14\times4\times(\text{3 पेन तथा 5 पेंसिल})}{\text{3 पेन तथा 5 पेंसिल}}$ = 56 रुपये।

8. $\because$ $(x + y + z)$ का 1 दिन का काम = $\frac{1}{8}$

तथा $(x + z)$ का 1 दिन का काम = $\frac{1}{12}$

$\therefore$ y का 1 दिन का काम = $\frac{1}{8}-\frac{1}{12}=\frac{3-2}{24}=\frac{1}{24}$

चूंकि $\frac{1}{24}$ काम y करता है = 1 दिन में

$\therefore$ पूरा काम y करेगा 24 दिन में।

9. $\because$ 75 संतरों का मूल्य = 60 रु. $\because$ 1 संतरे का मूल्य = $\frac{60}{75}$

$\therefore$ 50 संतरों का मूल्य = $\frac{60}{75}\times50$ = 40 रु.

10. पहले नल द्वारा 1 घण्टे में हौज का भरा भाग = $\frac{1}{4}$

तथा दूसरे नल द्वारा 1 घण्टे में हौज का भरा भाग = $\frac{1}{5}$

$\therefore$ (पहले + दूसरे) नल द्वारा 1 घण्टे में हौज का भरा भाग

= $\frac{1}{4}+\frac{1}{5}=\frac{5+4}{20}=\frac{9}{20}$

चूंकि हौज का $\frac{9}{20}$ भाग (पहले + दूसरे) नल भरते हैं = 1 घण्टे में

$\therefore$ पूरा भाग (पहले + दूसरे) नल भरेंगे $\frac{20}{9}=2\frac{2}{9}$ घण्टे में।

11.

रुपए	बाल्टियां
210	6
140	?

$\because$ 210 रुपए में खरीदी जाने वाली बाल्टियों की संख्या = 6

$\therefore$ 1 रुपए में खरीदी जाने वाली बाल्टियां = $\frac{6}{210}$

$\therefore$ 140 रुपए में खरीदी जाने वाली बाल्टियां

= $\frac{6}{210}\times140$ = 4 बाल्टियां

अतः 140 रुपए में 4 बाल्टियां खरीदी जा सकेंगी।

समय एवं दूरी (Time and Distance)

समय पर आधारित प्रश्नों के उत्तर देने के लिए निम्न बातें जानना आवश्यक है।

(i) 12 मध्यरात्रि से 12 मध्याह्न के समय पूर्वाह्न तथा 12 मध्याह्न से 12 मध्यरात्रि तक के समय को अपराह्न कहा जाता है।

(ii) 12 मध्यरात्रि को 24:00 बजे या 00:00 बजे लिखा जाता है।

(iii) 12 मध्यरात्रि को 12:00 बजे लिखा जाता है।

(iv) दाईं ओर के दो अंकों से बनने वाली संख्या मिनटों की संख्या दर्शाती है।

जैसे–10 : 15

(v) यदि बाईं ओर के दो अंकों से बनने वाली संख्या 12 से कम हो तो यह (मध्यरात्रि के बाद का समय) पूर्वाह्न कहलाती है। जैसे–

10:30 बजे = 10:30 पूर्वाह्न

11:45 बजे = 11:45 पूर्वाह्न

(vi) यदि बाईं ओर के दो अंकों से बनने वाली संख्या 12 से अधिक हो तो यह (दोपहर के बाद का समय) अपराह्न कहलाती है, जैसे–

18 : 15 बजे = 6 : 15 अपराह्न

20 : 30 बजे = 8 : 30 अपराह्न

उदाहरण 1. एक रेलगाड़ी सायं 5:40 बजे मुम्बई से चलती है और अगले दिन प्रातः 10:55 बजे नई दिल्ली पहुंचती है। रेलगाड़ी द्वारा तय यात्रा में लिया गया समय है।

हलः मुम्बई से प्रस्थान समय = 5:40

नई दिल्ली आगमन समय = 10:55 (अगले दिन)

कुल समय

= 5:40 से 5:40 (अगले दिन) = 12 घंटा

तथा 5:40 से 10:55 तक

= 5 घंटे 15 मिनट = 17 घंटे 15 मिनट

प्रश्नमाला

1. वैशाली सुपर फास्ट गाड़ी दिल्ली से 19:45 बजे रवाना होती है और अगले दिन 15:20 बजे मुज़फ्फरपुर पहुंचती है। बताओ यह मुज़फ्फरपुर पहुंचने में कितना समय लेती है?

A. 19 घंटा 25 मिनट

B. 18 घंटा 35 मिनट

C. 19 घंटा 35 मिनट

D. 18 घंटा 20 मिनट

2. मनु किसी सोमवार को रात में 9:30 पर सोया और अगले दिन 5:50 पर जागा। उसके सोने की अवधि कितनी थी?

A. 8 घंटे 20 मिनट B. 8 घंटे 10 मिनट

C. 7 घंटे 40 मिनट D. 7 घंटे 20 मिनट

3. इन्टरसिटी रेलगाड़ी रक्सौल से सुबह 9:15 पर चलती है तथा उसी दिन 11 बजे पीपरा पहुंचती है। रेलगाड़ी द्वारा यात्रा में लिया गया कुल समय है?

A. 1 घंटा 15 मिनट

B. 10 घंटे 45 मिनट

C. 1 घंटा 45 मिनट

D. 10 घंटे 15 मिनट

4. यदि किसी दिन सूर्य 6:20 पूर्वाह्न पर उदय हो तथा 6:57 अपराह्न पर अस्त हो, तो उस दिन की लम्बाई होगी।

A. 12 घंटे 27 मिनट B. 12 घंटे 17 मिनट

C. 12 घंटे 37 मिनट D. 12 घंटे

5. 9 घंटे 30 मिनट बराबर है।

A. 0.90 बजे B. 9:30 पूर्व. के

C. 8 घंटे 90 मिनट के D. 9:30 अप. के

6. एक बस शिमला से दिल्ली के लिए 7:20 बजे प्रातः प्रस्थान करती है और दिल्ली पहुंचने में 9 घंटे का समय लेती है। बस कितने बजे दिल्ली पहुंचती हे?

A. 4:20 बजे अप. B. 3:30 बजे अप.

C. 6:30 बजे अप. D. 7:30 बजे अप.

7. एक वायुयान मुम्बई से 7:50 बजे उड़ान भरता है। यह चेन्नई 10:30 बजे हवाई हड्डे पर उतरता है। यह चेन्नई पहुंचने में कितना समय लेता है।

A. 2 घंटे 30 मिनट

B. 2 घंटे

C. 3 घंटे लगभग

D. 2 घंटे 40 मिनट

8. एक लड़का रात्रि 8:30 बजे सोने के लिए गया तथा प्रातः 6:15 पर जागा। वह लड़का कितनी देर तक सोया?

A. 9 घंटे 45 मिनट

B. 9 घंटे 15 मिनट

C. 2 घंटे 15 मिनट

D. 4 घंटे 45 मिनट

9. एक छात्र अपने घर से विद्यालय के लिए प्रातः 8:30 बजे साइकिल से चला। वह विद्यालय से पढ़ाई करने के बाद सांय 4:50 बजे घर वापस आया। वह कितने समय तक घर से बाहर रहा।

A. 7 घंटे 20 मिनट B. 8 घंटे 20 मिनट

C. 9 घंटे 20 मिनट D. 7 घंटे 90 मिनट

10. एक स्कूल की वार्षिक परीक्षा 18 मार्च, 2002 को आरम्भ हुई और 23 मार्च, 2002 को समाप्त हुई। परीक्षा कितने दिन तक चली?

A. एक सप्ताह B. 8 दिन

C. 6 दिन D. 1 महीना

उत्तरमाला

1	2	3	4	5	6	7	8	9	10
C	A	C	C	B	A	D	A	B	C

व्याख्यात्मक उत्तर

1. दिल्ली से प्रस्थान का समय = 19:45

मुज़फ्फरपुर में आगमन समय = 15:20

कुल समय = 19:45 से 24:00

= 4 घंटे 15 मिनट

= 00:00 से 15:20

= 15 घंटे 20 मिनट

= 19 घंटे 35 मिनट

2. सोने का समय = 9:30

जागने का समय = 5:50

कुल समय = 9:30 से 12:00 बजे मध्य रात्रि तक

= 2 घंटे 30 मिनट

= 12:00 से 5:50 बजे सुबह तक

= 5 घंटे 50 मिनट

अर्थात् 7 घंटे 80 मिनट = 8 घंटे 20 मिनट

3. रक्सौल से प्रस्थान समय = 9:15

पीपरा में आगमन समय = 11:00

कुल समय = आगमन समय – प्रस्थान समय

= 11:00 – 9:15 = 1 घंटा 45 मिनट

4. सूर्योदय होने का समय = 6:20

अस्त होने का समय = 6:57

कुल समय = प्रातः 6:20 से 6:20 शाम तक

= 12 घंटे

= शेष 37 मिनट

कुल समय = 12 घंटे 37 मिनट

5. दो अंकों से बनने वाली संख्या 12 से कम हो, तो वह पूर्वाह्न कहलाती है।

इस प्रकार 9:30 दर्शाता है 9:30 पूर्वाह्न

6. शिमला से प्रस्थान का समय = 7:20 प्रातः

दिल्ली पहुंचने में लगा समय = 9 घंटे

= 7:20 से 7:20 तक = 12 घंटे

9 घंटे के लिए = 7:20 – 3 = 4 : 20 अप.

7. मुम्बई से उड़ान भरने का समय = 7:50

चेन्नई पहुंचने का समय = 10:30

कुल समय = आगमन का समय – प्रस्थान का समय

= 10:30 – 7:50

= 2 घंटे 40 मिनट

8. सोने का समय = 8:30 शाम

जागने का समय = 6:15 सुबह

कुल समय = 8:30 से 12 बजे रात तक

= 3 घंटे 30 मिनट

= 12 बजे रात से 6:15 सुबह तक

= 6 घंटे 15 मिनट

कुल समय = 9 घंटे 45 मिनट

9. विद्यालय जाने का समय = 8:30 प्रातः

वापस आने का समय = 4:50 शाम

= 8:30 से 12 बजे दिन तक

= 3:30

= 12 बजे दिन से 4:50 बजे शाम तक

= 4:50

अर्थात् 7:80 = 8 घंटे 20 मिनट

10. परीक्षा की शुरुआत = 18 मार्च, 2002

परीक्षा की समाप्ति = 23 मार्च, 2002

कुल समय = 23 मार्च, 2002 से — 18 मार्च, 2002 तक

= 6 दिन

●●●

16

क्षेत्रमिति : रेखीय आकृति एवं वृत्त
(Mensuration : Plane Figures and Circles)

क्षेत्रमिति से सम्बंधित प्रश्नों को हल करने के लिए निम्नलिखित प्रमुख सूत्रों का जानना आवश्यक होता है :

1. आयत:

(*a*) आयत का क्षेत्रफल = लम्बाई × चौड़ाई

(*b*) आयत की परिमिति = 2 (लम्बाई + चौड़ाई)

(*c*) आयत का विकर्ण = $\sqrt{(\text{लं.})^2 + (\text{चौ.})^2}$

2. वर्ग:

(*a*) वर्ग का क्षेत्रफल = $(\text{भुजा})^2$ (*b*) वर्ग का परिमाप = 4 × भुजा

(*c*) वर्ग का विकर्ण = $\sqrt{2}$ × भुजा

3. वृत्त:

(*a*) वृत्त का क्षेत्रफल = $\pi \times (\text{त्रिज्या})^2$

(*b*) वृत्त की परिधि = $2\pi \times$ (त्रिज्या)

(*c*) त्रिज्या = $\frac{\text{व्यास}}{2}$ या व्यास = 2 × त्रिज्या

4. त्रिभुज : (*a*) त्रिभुज का क्षेत्रफल

$= \sqrt{s(s-a)(s-b)(s-c)}$ जहां $s = \frac{a+b+c}{2}$

(*b*) यदि त्रिभुज समकोण हो, तब

क्षेत्रफल = $\frac{1}{2}$ × आधार (*b*) × ऊंचाई (*h*)

(*c*) समबाहु त्रिभुज का क्षेत्रफल = $\frac{\sqrt{3}}{4} \times (\text{भुजा})^2$

5. चतुर्भुज:

(*a*) चतुर्भुज का क्षेत्रफल = $\frac{1}{2}$ × विकर्ण × (शीर्ष लम्बों का योग)

(*b*) समान्तर चतुर्भुज का क्षेत्रफल = आधार × ऊंचाई

(*c*) सम चतुर्भुज का क्षेत्रफल = $\frac{1}{2}$ × विकर्णों का गुणनफल

(*d*) समलम्ब चतर्भुज का क्षेत्रफल

= $\frac{1}{2}$ × ऊंचाई × समान्तर भुजाओं का योग

6. चार दीवारों का:

(*a*) चार दीवारों का क्षेत्रफल = 2 × ऊंचाई (लम्बाई + चौड़ाई)

(*b*) ऊंचाई = $\frac{\text{क्षेत्रफल}}{2(\text{लम्बाई}+\text{चौड़ाई})}$

प्रश्नमाला

1. एक आयत की लम्बाई व चौड़ाई क्रमश: 50 सेंमी. व 25 सेंमी. है, तो उसका क्षेत्रफल कितना होगा?

A. 1150 वर्ग सेंमी. B. 1250 वर्ग सेंमी.
C. 1275 वर्ग सेंमी. D. 1280 वर्ग सेंमी.

2. एक वर्गाकार मैदान का परिमाप 580 मी. है, तो बताइये उस मैदान का क्षेत्रफल कितना होगा?

A. 21025 वर्ग मी. B. 20225 वर्ग मी.
C. 30025 वर्ग मी. D. 19975 वर्ग मी.

3. एक वर्ग की प्रत्येक भुजा 20 सेंमी. है, तो इसका क्षेत्रफल कितना होगा?

A. 300 वर्ग सेंमी. B. 380 वर्ग सेंमी.
C. 360 वर्ग सेंमी. D. 400 वर्ग सेंमी.

4. एक वृत्त का क्षेत्रफल 154 वर्ग सेंमी. है। वृत्त की परिधि कितनी होगी?

A. 44 सेंमी. B. 48 सेंमी.
C. 54 सेंमी. D. 68 सेंमी.

5. यदि किसी त्रिभुज का आधार 8 सेमी तथा ऊंचाई 10 सेंमी. हो, तो उस त्रिभुज का क्षेत्रफल कितना होगा?

A. 40 वर्ग सेंमी. B. 20 वर्ग सेंमी.
C. 49 वर्ग सेंमी. D. 64 वर्ग सेंमी.

6. एक समलम्ब चतुर्भज की समान्तर भुजाएं क्रमश: 15 मी. तथा 25 मी. हैं तथा उनके बीच की दूरी 10 मी. है, तो इसका क्षेत्रफल क्या होगा?

A. 150 वर्ग मी. B. 225 वर्ग मी.
C. 200 वर्ग मी. D. 270 वर्ग मी.

7. एक आयताकार खेत का परिमाप 760 मी. है तथा उसकी लम्बाई व चौड़ाई में 11 : 8 का अनुपात है। तो बताइये आयताकार खेत का क्षेत्रफल क्या होगा?

A. 35200 वर्ग मी. B. 34700 वर्ग मी.
C. 35600 वर्ग मी. D. 45200 वर्ग मी.

8. यदि किसी वर्ग की भुजा में 50% की कमी कर दी जाये, तो उसका क्षेत्रफल कितने प्रतिशत घट जायेगा?

A. 50% B. 75%
C. 80% D. 60%

9. उस वर्ग की एक भुजा की लम्बाई क्या होगी जिसका क्षेत्रफल क्रमश: 6.4 मी. लम्बे तथा 2.5 मी. चौड़े आयत के क्षेत्रफल के बराबर हो?

A. 8 मी. B. 5.4 मी.
C. 3.8 मी. D. 4 मी.

10. यदि एक समकोण त्रिभुज का परिमाप उसकी सबसे छोटी भुजा का छ: गुना हो, तो उस त्रिभुज की तीनों भुजाओं के बीच क्या अनुपात होगा?

A. 13 : 5 : 12 B. 13 : 12 : 5
C. 12 : 5 : 13 D. 13 : 5 : 10

उत्तरमाला

1	2	3	4	5	6	7	8	9	10
B	A	D	A	A	C	A	B	D	B

व्याख्यात्मक उत्तर

1. आयत का क्षेत्रफल = लम्बाई × चौड़ाई = 50 × 25 = 1250 वर्ग सेंमी.।

2. ∴ वर्गाकार मैदान का परिमाप = 4 × भुजा

प्रश्नानुसार,

∴ 4 × भुजा = 580 ⇒ भुजा = $\frac{580}{4}$ = 145 सेंमी.

∴ क्षेत्रफल = (भुजा)^2 = $(145)^2$ = 21025 वर्ग सेंमी.।

3. वर्ग का क्षेत्रफल = (भुजा)^2 = $(20)^2$

= 400 वर्ग सेंमी.

4. ∴ वृत्त का क्षेत्रफल= π × (त्रिज्या)^2

∴ π × (त्रिज्या)^2 = 154

⇒ (त्रिज्या)^2 = $\frac{154}{\pi} = \frac{154}{\frac{22}{7}}$ ⇒ (त्रिज्या)^2 = $\frac{154 \times 7}{22}$

= 7 × 7 ⇒ त्रिज्या = 7 सेंमी.

∴ वृत्त की परिधि = 2π × (त्रिज्या) = 2 × $\frac{22}{7}$ × 7 = 44 सेंमी.।

5. त्रिभुज का क्षेत्रफल = $\frac{1}{2}$ × आधार × ऊंचाई

= $\frac{1}{2}$ × 8 × 10 = 40 वर्ग सेंमी.।

6. चूंकि समलम्ब चतुर्भुज का क्षेत्रफल

= $\frac{1}{2}$ × ऊंचाई × समानान्तर भुजाओं का योग

∴ क्षेत्रफल = $\frac{1}{2} \times 10 \times (15 + 25) = \frac{1}{2} \times 10 \times 40$

= 200 वर्ग मी।

7. माना कि आयताकार खेत की लम्बाई व चौड़ाई क्रमशः $11x$ मी. व $8x$ मी. है

∴ खेत का परिमाप= $2(11x + 8x) = 2 \times 19x = 38x$ मी.

प्रश्नानुसार, आयताकार खेत का परिमाप = 760 है

∴ $38x = 760$

⇒ $x = \frac{760}{38} = 20$

∴ खेत की लम्बाई व चौड़ाई क्रमशः (11 × 20 = 220 मी.) व (8 × 20 = 160 मी.) होगी।

∴ आयताकार खेत का क्षेत्रफल

= 220 × 160 = 35200 वर्ग मी.।

8. माना कि वर्ग की भुजा x मी. है

∴ **पहली स्थिति में,** वर्ग का क्षेत्रफल = x^2 वर्ग मी.

दूसरी स्थिति में, वर्ग की भुजा में 50% की कमी के कारण

नए वर्ग की भुजा= $x - x$ का 50% = $\frac{x}{2}$ मी.

∴ नए वर्ग का क्षेत्रफल = $\left(\frac{x}{2}\right)^2 = \frac{x^2}{4}$ वर्ग मी.

∴ वर्ग के क्षेत्रफल में कमी = $x^2 - \frac{x^2}{4} = \frac{3x^2}{4}$ वर्ग मी.

∴ प्रतिशत कमी = $\frac{\frac{3x^2}{4}}{x^2} \times 100 = 75\%$

अतः वर्ग का क्षेत्रफल 75% घट जायेगा।

9. ∴ आयत का क्षेत्रफल = 6.4 × 2.5 = 16.00 वर्ग मी.

प्रश्नानुसार,

वर्ग का क्षेत्रफल = आयत का क्षेत्रफल

∴ वर्ग का क्षेत्रफल = 16 वर्ग मी.

∴ वर्ग की भुजा = $\sqrt{16} = \sqrt{4 \times 4}$ = 4 मी.।

10. माना कि समकोण त्रिभुज की तीन भुजाओं a, b और c में से सबसे बड़ी व सबसे छोटी भुजा क्रमशः a व c हैं

∴ $a^2 = b^2 + c^2$ ... (i)

तथा समकोण त्रिभुज का परिमाप = $a + b + c$

प्रश्नानुसार, $(a + b + c) = c \times 6 \Rightarrow a + b = 5c$ ... (ii)

समीकरण (i) से, $a^2 - b^2 = c^2$

⇒ $(a + b)(a - b) = c^2$

⇒ $5c(a - b) = c^2$

⇒ $a - b = \frac{c}{5}$ ... (iii) [$\because a + b = 5c$]

समीकरण (ii) व (iii) से,

$a + b = 5c$

$a - b = \frac{c}{5}$

⇒ $2a = 5c + \frac{c}{5} = \frac{26c}{5} \Rightarrow a = \frac{13}{5}c$

⇒ $a : c = 13 : 5$

a का मान समीकरण (ii) में रखने पर,

$b = 5c - \frac{13c}{5} = \frac{12c}{5} \Rightarrow b : c = 12 : 5$

अतः समकोण त्रिभुज की तीनों भुजाओं में क्रमशः 13 : 12 : 5.

●●●

17

क्षेत्रमिति : ठोस आकृतियाँ
(Mensuration : Solid Figures)

ठोस : कोई वस्तु जो स्थान घेरती है, भार रखती है तथा जिसका आकार निश्चित होता है, ठोस कहलाती है। इस प्रकार ठोस में तीन मापें होती हैं—1. लम्बाई 2. चौड़ाई 3. ऊंचाई (मोटाई)।

आयतन : ठोस के तलों द्वारा घिरी हुई जगह ठोस का आयतन कहलाती है। **घनाभ :** एक ठोस जो 6 आयताकार तलों द्वारा घिरा होता है, घनाभ कहलाता है। **घन :** एक ठोस जो 6 वर्गाकार तलों द्वारा घिरा होता है, घन कहलाता है।

ठोस आकृतियों से संबंधित समस्याओं को हल करने के लिए निम्नलिखित सूत्रों का जानना आवश्यक है :

1. गोला : (*a*) गोले का आयतन = $\frac{4}{3}\pi r^3$ (जहां r गोले की त्रिज्या है)

(*b*) गोले के धरातल का क्षेत्रफल या वक्रपृष्ठ का क्षेत्रफल = $4\pi r^2$

2. घनाभ : (*a*) घनाभ का आयतन = लम्बाई × चौड़ाई × ऊंचाई

(*b*) घनाभ का पृष्ठ = $2(l \times b + b \times h + h \times l)$ जहां l = लं., b = चौ., h = ऊं.

(*c*) किसी घनाभ का सबसे लम्बा विकर्ण = $\sqrt{l^2+b^2+h^2}$

3. घन : (*a*) घन का आयतन = $(\text{भुजा})^3$ ∵ [भुजा = ल. = चौ = ऊं.]

(*b*) घन का पृष्ठ = $6 \times (\text{भुजा})^2$

(*c*) किसी घन का सबसे लम्बा विकर्ण = $\sqrt{3}$ × भुजा

4. लम्ब वृत्तीय बेलन :

(*a*) बेलन का आयतन = आधार (वृत्त) का क्षेत्रफल × ऊँ.

$= \pi r^2 \times h = \pi r^2 h$

(*b*) बेलन का वक्रपृष्ठ = आधार (वृत्त) की परिधि × ऊँचाई

$= 2\pi r \times h = 2\pi rh$

(*c*) बेलन का सम्पूर्ण पृष्ठ = वक्र पृष्ठ + दोनों सिरों का क्षेत्रफल

$= 2\pi rh + 2\pi r^2 = 2\pi r(h + r)$

5. शंकु : (*a*) शंकु का आयतन = $\frac{1}{3}\pi r^2 h$

(*b*) शंकु की तिर्यक ऊंचाई = $\sqrt{r^2+h^2}$

(*c*) शंकु के वक्र पृष्ठ का क्षेत्रफल

$= \pi r \times$ तिर्यक ऊंचाई $= \pi r\sqrt{r^2+h^2}$

प्रश्नमाला

1. एक घनाभ की कोरें क्रमश: 4 सेंमी., 3 सेंमी. तथा 2 सेंमी. हैं, तो उस घनाभ का आयतन कितना होगा?

A. 20 घन सेंमी. B. 22 घन सेंमी.
C. 28 घन सेंमी. D. 24 घन सेंमी.

2. एक टंकी 3 मी. लम्बी, 2 मी. चौड़ी तथा 1 मी. गहरी है। उसकी क्षमता (ली. में) क्या होगी?

A. 8000 ली. B. 10000 ली.
C. 6500 ली. D. 6000 ली.

3. एक घन का पृष्ठ क्षेत्रफल 1014 वर्ग सेंमी. है। इसका आयतन कितना होगा?

A. 2197 घन सेंमी. B. 2297 घन सेंमी.
C. 2179 घन सेंमी. D. 2117 घन सेंमी.

4. यदि दो घनाकृतियों के आयतन में 8 : 1 का अनुपात हो, तो उनकी कोरों में क्या अनुपात होगा?

A. 1 : 2 B. 2 : 1
C. 4 : 1 D. 2 : 3

5. दो गोलों के पृष्ठ क्षेत्रफल में 9 : 16 का अनुपात है, तो बताइये उनके आयतनों में क्या अनुपात होगा?

A. 64 : 27 B. 27 : 64
C. 16 : 27 D. 11 : 27

6. एक कमरे की लं., चौ. व ऊँ. क्रमश: 12 मी., 9 मी. तथा 8 मी. है, तो बताइये उस छड़ की अधिक-से-अधिक लम्बाई क्या होगी जो कमरे में ठीक प्रकार रखी जा सके?

A. 17 मी. B. 18 मी.
C. 25 मी. D. 16 मी.

7. किसी लम्बवृत्तीय शंकु की त्रिज्या तथा ऊंचाई में 3 : 5 का अनुपात है। यदि शंकु का आयतन 120π घन मी. हो, तो उसकी तिरछी ऊँचाई कितनी होगी?

A. $3\sqrt{34}$ मी. B. $2\sqrt{28}$ मी.
C. $2\sqrt{44}$ मी. D. $2\sqrt{34}$ मी.

8. यदि किसी बेलन के आधार की परिधि 88 सेंमी. तथा ऊंचाई 42 सेंमी. हो, तो उस बेलन का आयतन कितना होगा?

A. 25872 घन सेंमी. B. 28572 घन सेंमी.
C. 25870 घन सेंमी. D. 22584 घन सेंमी.

9. 10 सेंमी. भुजा के दो घनों को आपस में सटाकर रखने से प्राप्त घनाभ का पृष्ठ क्या होगा?

A. 1200 वर्ग सेंमी. B. 5000 वर्ग सेंमी.
C. 1000 वर्ग सेंमी. D. 1250 वर्ग सेंमी.

10. एक आयताकार कागज के टुकड़े की लम्बाई व चौड़ाई क्रमश: 30 सेंमी. तथा 20 सेंमी. है। यदि कागज को मोड़कर एक बेलन का वक्रपृष्ठ बनाया जाये, तो बेलन कितने तरीके से बनाया जा सकता है?

A. तीन तरीके से B. दो तरीके से
C. एक तरीके से D. चार तरीके से

उत्तरमाला

1	2	3	4	5	6	7	8	9	10
D	D	A	B	B	A	D	A	C	B

व्याख्यात्मक उत्तर

1. $\because$ घनाभ का आयतन = लं. × चौ. × ऊं. = $4 \times 3 \times 2 = 24$ घन सेंमी.

2. टंकी का आयतन = लं. × चौ. × ऊं. = $3 \times 2 \times 1 = 6$ घन मी.

($\because$ 1 घन मी. = 1000 ली.)

$\therefore$ टंकी की क्षमता = $6 \times 1000 = 6000$ ली.।

3. $\because$ घन का पृष्ठ क्षेत्रफल = $6 \times (\text{भुजा})^2$

$\therefore \quad 6 \times (\text{भुजा})^2 = 1014 \Rightarrow (\text{भुजा})^2 = \dfrac{1014}{6} = 169$

$\therefore$ घन की भुजा = $\sqrt{169} = 13$ सेंमी.

$\therefore$ घन का आयतन = $(\text{भुजा})^3 = (13)^3$ सेंमी. = 2197 घन सेंमी.

4. माना दो घनों की भुजा क्रमशः a_1 व a_2 है।

$\therefore$ दोनों घनों का आयतन क्रमशः a_1^3 व a_2^3 होगा

प्रश्नानुसार,

$a_1^3 : a_2^3 = 8 : 1$

$\therefore \dfrac{a_1^3}{a_2^3} = \dfrac{8}{1} \therefore \left(\dfrac{a_1}{a_2}\right)^3 = \left(\dfrac{2}{1}\right)^3 \Rightarrow a_1 : a_2 = 2 : 1$

अत: उनकी कोरों में 2 : 1 का अनुपात होगा।

5. माना कि दो गोलों की त्रिज्या क्रमशः r_1 व r_2 है

दोनों गोलों का पृष्ठ क्षेत्रफल क्रमशः $4\pi r_1^2$ व $4\pi r_2^2$

प्रश्नानुसार,

$4\pi r_1^2 : 4\pi r_2^2 = 9 : 16 \Rightarrow r_1^2 : r_2^2 = 9 : 16$

$\Rightarrow \dfrac{r_1^2}{r_2^2} = \dfrac{9}{16} \Rightarrow \left(\dfrac{r_1}{r_2}\right)^2 = \left(\dfrac{3}{4}\right)^2 \Rightarrow r_1 : r_2 = 3 : 4$

$\Rightarrow \left(\dfrac{r_1}{r_2}\right)^3 = \left(\dfrac{3}{4}\right)^3 \Rightarrow \dfrac{r_1^3}{r_2^3} = \dfrac{27}{64} \Rightarrow r_1^3 : r_2^3 = 27 : 64$

$\because$ उनके आयतनों का अनुपात = $\dfrac{4}{3}\pi r_1^3 : \dfrac{4}{3}\pi r_2^3$

$\Rightarrow \quad r_1^3 : r_2^3 = 27 : 64$

6. $\because$ अधिक-से-अधिक लम्बाई की छड़

= घनाभ के विकर्ण की लम्बाई

$= \sqrt{(\ )^2 + (\ )^2 + (\ )^2} = \sqrt{(12)^2 + (9)^2 + (8)^2}$

$= \sqrt{144 + 81 + 64} = \sqrt{289} = 17$ मी.

अत: उस छड़ की अधिक-से-अधिक लम्बाई जो ठीक प्रकार से कमरे में रखी जा सके 17 मी. होगी।

7. माना कि लम्बवृत्तीय शंकु की त्रिज्या व ऊंचाई क्रमशः $3x$ मी. व $5x$ मी. है

$\therefore$ शंकु का आयतन = $\dfrac{1}{3}\pi r^2 h = \dfrac{1}{3}\pi \times (3x)^2 \times 5x$ घन मी.

प्रश्नानुसार,

शंकु का आयतन = 120π घन मी. (दिया है)

$\therefore \quad \dfrac{1}{3}\pi \times 9x^2 \times 5x = 120\pi \Rightarrow x^3 = \dfrac{120 \times 3}{9 \times 5}$

$\Rightarrow \quad x^3 = 8 \Rightarrow x^3 = (2)^3 \Rightarrow x = 2$ मी.

$\therefore$ लम्बवृत्तीय शंकु की त्रिज्या व ऊंचाई क्रमशः $3 \times 2 = 6$ मी. तथा $5 \times 2 = 10$ मी. होगी।

$\therefore$ तिर्यक ऊंचाई = $\sqrt{(\text{त्रिज्या})^2 + (\text{ऊँचाई})^2} = \sqrt{(6)^2 + (10)^2}$

$= \sqrt{36 + 100} = \sqrt{136} = 2\sqrt{34}$ मी.।

8. माना कि बेलन के आधार की त्रिज्या = r सेंमी.

$\therefore$ बेलन के आधार की परिधि = $2\pi r$ सेंमी.

प्रश्नानुसार, $2\pi r = 88$

$\Rightarrow \quad r = \dfrac{88}{2\pi} = \dfrac{88}{2 \times \frac{22}{7}} = \dfrac{88 \times 7}{2 \times 22} = 14$ सेंमी.

$\therefore$ बेलन का आयतन = $\pi r^2 h = \dfrac{22}{7} \times (14)^2 \times 42$

$= 22 \times 2 \times 14 \times 42 = 25872$ घन सेंमी.।

9. विद्यार्थियों को इस प्रकार के प्रश्नों में हमेशा ध्यान रखना चाहिए कि दो घनों को आपस में सटाकर रखने पर प्राप्त घनाभ की भुजाओं में केवल लम्बाई में ही वृद्धि होगी। उसकी चौड़ाई तथा ऊंचाई घन की भुजा के ही बराबर होगी।

$\therefore$ घनाभ की लम्बाई = पहले घन की भुजा की लम्बाई + दूसरे घन की भुजा की लम्बाई

अर्थात् घनाभ की लम्बाई = 10 + 10 = 20 सेंमी. होगी।

$\therefore$ घनाभ का पृष्ठ = $2(20 \times 10 + 10 \times 10 + 10 \times 20)$

$= 2(200 + 100 + 200) = 2 \times 500 = 1000$ वर्ग सेंमी.।

10. कागज के टुकड़े को दो तरीके से मोड़कर बेलन बनाया जा सकता है।

1. आयताकार कागज को इस प्रकार मोड़ा जाए ताकि उसकी लम्बाई 30 सेंमी. तथा चौड़ाई 20 सेंमी. बेलन की क्रमशः वृत्तीय आधार की परिधि तथा ऊंचाई हो।

2. पुन: आयताकार कागज को इस प्रकार से मोड़ा जाये ताकि उसकी लम्बाई 30 सेंमी. तथा चौड़ाई 20 सेंमी. बेलन की क्रमशः ऊंचाई व वृत्तीय आधार की परिधि हो।

●●●

English Language

Comprehension Passages

ENGLISH LANGUAGE COMPREHENSION

The objective of language comprehension test is to ascertain the ability of the candidates to understand the passage properly.

Therefore candidates are required to take notice of the following points:

1. Read the full passage very attentively and intelligently.
2. Try to comprehend the gist of it.
3. Make a mental note of all the important details and points given in the passage.
4. Read the passage for the second time in case you have not been able to understand it satisfactorily.
5. Divide the time proportionately for all the passages.
6. Answer the questions on the basis of facts, as given in the paragraph.
7. Don't waste much time in answering the questions of any one passage.
8. Check all the answers once again, very carefully, to see whether any question is left unanswered by mistake.

MODEL QUESTIONS (FOR PRACTICE)

Directions: *Each of the following passages is followed by five questions. Read the passage carefully and then answer the questions that follow each. For each question, four probable answers A, B, C and D are given. Only one out of these is correct. Choose the correct answer.*

PASSAGE-1

The use of words like 'welcome', 'thank you', 'please', etc., at the right moment reflects a polite nature. The civic sense also lies within the scope of good manners. We should not shout or talk loudly in public places like hospitals and libraries and create disturbance. We should not cheat people or make fun of them. Cleanliness is also necessary. We must not throw the waste on roads and make use of dustbins. We should not harm the public property as it belongs to all of us. While in a queue, discipline should be maintained. We must give fair chance to others.

1. Expressions like 'welcome' 'thank you' and 'please' reflect
   A. happiness B. discipline
   C. civic sense D. polite nature
2. While in a library, we should
   A. respect others B. avoid arguments
   C. talk in low tone D. be courteous
3. A public property belongs to
   A. nobody B. all of us
   C. government D. one who maintains it
4. Discipline is
   A. the rule of proper conduct or action
   B. the rule of road sense
   C. making use of dustbins
   D. forming a queue
5. The most appropriate title for this passage would be
   A. Polite Nature B. Courtesy
   C. Good Manners D. Civic Sense

PASSAGE-2

There is an old proverb 'Early to bed and early to rise makes a man healthy and wise.' I am in the habit of getting up early in the morning and have formed the habit of taking long morning walks in the past two years. It is a light exercise and best for physical fitness. The morning air which is fresh and pure is beneficial for the lungs. The early rays of the rising sun are good for healthy skin. 'Health is wealth' and doctors also recommend morning walk to their patients for gaining sound health and freshness of energy.

1. What is good for lungs?
   A. Sunrays B. Fresh air
   C. Sound sleep D. Light exercise
2. What is a light exercise?
   A. Early to bed B. Early to rise
   C. Morning walk D. Gaining sound health
3. What is good for skin?
   A. Fresh air B. Morning air
   C. Morning walk D. Rising sun's rays
4. What is best for physical fitness?
   A. Light exercise B. Long morning walk
   C. Early to rise D. Fresh and pure air
5. Long morning walk
   A. bring sound sleep
   B. ensures physical fitness
   C. ensures healthy skin
   D. keeps healthy, wealthy and wise

PASSAGE-3

Mahatma Gandhi lived a splendid long life and has set great moral standards before us. He showed to the world the true way to peace. He wished to see India prosper but he became a martyr for the noble cause of Hindu-Muslim unity at the time of partition when a religious fanatic, Nathuram Godse, shot him dead on January 30, 1948. His last words were 'Hey Ram'. He lived and died for his country and countryman.

1. Mahatma Gandhi showed the world the true way to
   A. prosperity B. love
   C. truth D. peace
2. Mahatma Gandhi became a martyr for the noble cause of
   A. truth B. non-violence
   C. freedom of India D. Hindu-Muslim unity
3. Mahatma Gandhi was shot dead
   A. before India achieved independence
   B. by a mad man
   C. by an intolerant religious person
   D. by a non-religious person
4. Mahatma Gandhi set great moral standards. It means
   A. he was a great religious teacher
   B. he was a great moralist
   C. he made India morally stronger
   D. moral was everything to him
5. Gandhiji lived and died for his country and countryman. It means
   A. he was born in India and died in India
   B. he was a patriot
   C. he was a great moralist
   D. he sacrified his life for India and her people

PASSAGE-4

On one hot day a crow felt very thirsty. He flew from one place to another in search of water. After long hours of labour he found a pitcher. Eagerly, he perched on the mouth of the pitcher. He found that the water was at the bottom of the vessel. He tried his best to dip his beak but did not succeed. He did not know what to do. Suddenly some pebbles lying nearby gave him an idea. One by one he dropped the pebbles with his beak into the pitcher. The level of water slowly came up to the mouth of the pitcher. The crow then drank the water and quenched his thirst.

1. The crow found a pitcher
   A. as it flew
   B. after many hours of labour
   C. full of water
   D. which was empty
2. What is the moral of the passage?
   A. No pains, no gains
   B. God helps those who help themselves
   C. Necessity is the mother of invention
   D. Try and try again, you will succeed at last
3. The crow flew from place to place
   A. in search of pitcher B. in search of pebbles
   C. in search of water D. in search of a vessel
4. The pitcher, the crow found
   A. was full of water
   B. was dry
   C. had little water in the bottom
   D. had water up to its mouth
5. As the crow dropped pebbles into the pitcher, what happend?
   A. The pitcher broke down
   B. The water leaked one of the pitcher
   C. The level of water into the pitcher rose up slowly
   D. Water level immediately rose to the mouth of the pitcher

PASSAGE-5

Once upon a time a crane and a fox lived in a forest. They were good friend. One day the fox invited the crane to a feast. He made a tasty food and served it before the crane on a plate. The crane could not eat anything because of the long beak. But the fox licked all his food. The crane felt insulted. He decided to teach the fox a lesson. Next day he invited the fox. He prepared the same tasty food and placed it in front of the fox inside a narrow glass. The crane ate easily while the fox looked on. Now, it was the fox's turn to remain hungry.

1. What is the moral of the passage?
   A. Beware of the wicked
   B. One good turn deserves another
   C. Be contented with what you have
   D. Tit for tat
2. The crane could not eat tasty food because the
   A. food was served in a shallow plate
   B. food was very hot
   C. food was served in a long jar
   D. crane was not hungry
3. The fox had to remain hungry because
   A. the food served was not enough in quantity
   B. the food was served inside a narrow glass
   C. the food served was not tasty
   D. the food was all liquid
4. Why did the crane feel insulted?
   A. Because he was invited to feast but he could not eat anything
   B. Because the food was served in a shallow plate and he could not eat
   C. Because the food was too hot
   D. Because the fox gulped all the food quickly
5. The crane successfully taught a lesson to the fox when he invited the fox to a feast and served the food
   A. in a narrow glass B. in a large plate
   C. in a broken plate D. in a long jar

PASSAGE-6

The family set down at the table and began to talk about the summer holidays. They had to decide a place to visit during the vacation. Should they go to their village or to a hill station? The parents preferred the village while the children wished to go the hill station. After few moments of discussion the elders decided to visit both the places. First they shall go to the village for a week and then stay at the hill station for the remaining days. For the first time the family shall be together during the holidays. The children were happy with the holiday plan.

1. The purpose for which the family set down at the table was
   A. to decide a place to visit during the vacation
   B. to educate the children how to carry articles during a visit to a hill station
   C. to decide the date when they should start their journey
   D. to tell the children that they will visit a hill station during this vacation
2. The final plan was to visit
   A. their village
   B. a hill station
   C. their village as well as a hill station
   D. their home town
3. The final decision was made by
   A. the boys B. the girls
   C. the women D. the elders
4. They decided first to go to their village and stay there for
   A. a day B. a week
   C. ten days D. a fortnight
5. Why were children happy?
   A. Because a hill station was included in their holiday plan
   B. Because a visit to their village was excluded from their holiday plan
   C. Because their choice prevailed
   D. Because they were going all alone to the hill station

PASSAGE-7

Once Govind intended to go on pilgrimage with his family. He asked Mirind to accompany. But for his trade's reason, he did not go with him. So Govind thought it safe to leave the box of his jewellery with him, as it was dangerous to leave it in a lone house or take it on the journey. So he went to him with the box. He took him to a lonely place under a tree and handed it over to him. He told Mirind, "Keep it safe with you. I shall return from the journey after six month then I shall take it back from you." Mirind said, "Don't worry, I shall keep it as safe as own."

1. Govind intended to go
   A. for a business trip
   B. to a hill station
   C. on a long journey to a sacred place
   D. to his home town for a long period
2. Why did Govind leave his box of jewellery with Mirind?
   A. Because it was not safe to take the box with him on a long journey
   B. Because Mirind was his fast friend
   C. Because the box was very heavy
   D. Because his house was unsafe
3. Why did Govind take Mirind to a lonely place?
   A. To tell him that the box contained valuable jewellery
   B. So that no third person could see box
   C. To show him what was within the box
   D. To tell him that the box will remain with him
4. Where did Govind hand over the box of jewellery to Mirind?
   A. At Mirind's house
   B. At his own house
   C. In a lonely place
   D. In a lonely place under a tree
5. It was not safe to leave the box in a lone house. Here the word 'lone house' means
   A. a house in a deserted place
   B. a house where none lives
   C. a house without door and lock
   D. a house near the forest

PASSAGE-8

Zahir-ud-din Babar was the first Mughal emperor of India. A descendent of Timur on father's side and Changez Khan on his mother's side, Babar was a brave warrior. After defeating Ibrahim Lodhi in the First Battle of Panipat in 1526 he entered Delhi and soon gained control over Agra. After many more battles with Rajputs he extended his empire over Punjab, Uttar Pradesh and north Bihar. He died at a young age of 48 years in 1530 at his capital Agra without getting much time to consolidate his victories.

1. Zahir-ud-din Babar was the first
   A. Muslim ruler of India B. Mughal ruler of India
   C. Afghan ruler of India D. Turk ruler of India
2. Babar was born in the years
   A. 1480 B. 1482
   C. 1492 D. 1962
3. Babar first occupied
   A. Punjab B. Agra
   C. Delhi D. Panipat
4. Babar was a brave warrior. Here brave warrior means
   A. courageous soldier B. a kind hearted soldier
   C. a clever fighter D. a victorious general
5. Babar extended his empire over Punjab and Uttar Pradesh after many more battles with the
   A. Afghans B. Rajputs
   C. Mughals D. Lodhies

PASSAGE-9

Our National Flag is tricolour. It has three equal horizontal strips. The strip at the top is saffron, in the middle is white and at the bottom is green. The ratio of width to length of the flag is 2 : 3. In the centre of the white strip is a wheel in navy blue. The wheel represents the *chakra*. Its design is similar to the wheel which appears on the abacus of the Sarnath Lion Capital of Ashoka. Its diameter approximates to the width of the white strip. The wheel has 24 spokes. It was adopted by Constituent Assembly on July 22, 1947. We love our national flag. We respect it. We are ready to sacrifice our life to protect its honour. It represents the nation. So it is a symbol of national honour.

1. In our national flag the wheel is located in the centre of

A. saffron strip B. white strip
C. green strip D. blue strip

2. In our national flag which of the strips is at the bottom in our national flag

A. blue C. saffron
B. white D. green

3. Why do we love our national flag?

A. Because it is tricolour
B. Because it has three strips
C. Because it has a wheel at the centre
D. Because it is a symbol of national honour

4. Our national flag was approved by

A. President
B. Lok Sabha
C. Parliament
D. Constituent Assembly

5. The diameter approximates to the width of the white strip. Here the word 'approximates' means

A. is more or less equal
B. is exactly equal
C. is not equal
D. is related

PASSAGE-10

Distance in large cities are long. All the people do not have their own means of transport. They have to depend upon the state or private buses. The number of bus users is very large. Every bus stop is, therefore, crowded. The number of buses is not adequate. Thus people suffer the torture of long wait at the bus stop. Some bus stops are quite orderly. People form queues and get into the buses turn by turn. However, often this order is forgotten and confusion spreads when the bus comes and the law of jungle prevails.

1. Why are the bus stops crowded?

A. Because they are small is size
B. Because the number of passengers is very large
C. Because they are situated at some busy centre
D. Because people do not form queues

2. Long wait at the bus stop is the result of

A. over-crowding in the buses
B. late running of buses
C. shortage of buses
D. slow speed of buses

3. Some bus stops are quite orderly where

A. there is no crowd
B. the number of buses is adequate
C. people do not have to wait for long
D. people form queues and enter the buses one by one

4. Most of the people who travel by buses are

A. non-working
B. do not have their own vehicles
C. have to go a long distance
D. live in large cities

5. What happens when people do not have their own transport?

A. They have to wait for a bus at a bus stop
B. They have to depend upon the state or private buses
C. They have to travel long distances
D. They form queues and get into buses one by one

ANSWERS

	1	2	3	4	5
Passage 1.	D	C	B	A	C
Passage 2.	B	C	D	B	B
Passage 3.	D	D	C	B	D
Passage 4.	B	C	C	C	C
Passage 5.	D	A	B	B	A
Passage 6.	A	C	D	B	A
Passage 7.	C	A	B	D	B
Passage 8.	B	B	C	A	B
Passage 9.	B	D	D	D	A
Passage 10.	B	C	D	B	B

2

English Grammar

PARTS OF SPEECH

Part of speech	Definition or Function	Examples
Noun	Name of a person, place, animal, quality or thing	Ram, boy, dog pen, sun, Delhi, truth, honesty
Pronoun	Used in place of a noun	I, you, he she, they
Articles & Determiners	Points out indefinite and definite nouns	a, an, the, few, some
Adjective	Describes a noun or pronoun	big, honest, wooden valuable, quiet, deep, soft, narrow
Adverb	Describes a verb, an adjective or another adverb	silently, widely, softly, quietly, very, carefully
Verb	Tells about action or state of something or someone	is, am, was, have, do, like, walk, work, make, throw, tell
Conjuction	Joins words, clauses or sentences	and, but, when, yet, while, else
Preposition	Links a noun or pronoun to another word	at, to, after, on for, under, over, with
Interjection	Expresses sudden feelings or emotions	Ah!, Alas!, oh!, ouch!, hi!, well!, Hurrah!

NOUNS

A word which denotes a person, a thing, an animal or a place is said to be a noun.

There are two noun numbers in English — the *Singular* and the *Plural*.

Singular Numbers : A noun that denotes one person or one thing, is said to be in the Singular number. For example — book, pencil, bird, dog, hen etc. are in singular number.

Plural Number : A noun that denotes more than one person or one thing is said to be in plural number. For example — boys, pens, lions, girls, men etc. are in plural number.

REMEMBER

Singular	*Plural*	*Singular*	*Plural*
Cat	Cats	Book	Books
Pen	Pens	Room	Rooms
Tree	Trees	Bus	Buses
Bush	Bushes	Box	Boxes
Glass	Glasses	Dish	Dishes
Judge	Judges	Tax	Taxes
Watch	Watches	Calf	Calves
Thief	Thieves	Knife	Knives
Scarf	Scarves	Wife	Wives
Leaf	Leaves	Wolf	Wolves
Half	Halves	Monarch	Monarchs
Roof	Roofs	Hoof	Hoofs
Gulf	Gulfs	Staff	Staffs
Radio	Radios	Bamboo	Bamboos
Folio	Folios	Hero	Heroes
Volcano	Volcanoes	Mango	Mangoes
Potato	Potatoes	Photo	Photos
Piano	Pianos	Baby	Babies
Fly	Flies	Country	Countries
Lady	Ladies	Boy	Boys
Monkey	Monkeys	Ox	Oxen
Child	Children	Man	Men
Woman	Women	Tooth	Teeth
Axis	Axes	Basis	Bases
Foot	Feet	Goose	Geese
Englishman	Englishmen	Radius	Radii
Vertex	Vertices	Stimulus	Stimuli

1. Note the plurals of the following nouns:

Singular	*Plural*	*Singular*	*Plural*
copy	copies	cry	cries
baby	babies	duty	duties
body	bodies	country	countries
family	families	diary	diaries
fly	flies	fairy	fairies
city	cities	spy	spies
army	armies	storey	storeys
bay	bays	monkey	monkeys

2. The following nouns do not undergo any change in plural form, in general.

Singular	*Plural*	*Singular*	*Plural*
deer	deer	sheep	sheep
thousand	thousand	pair	pair
hundred	hundred	score	score
dozen	dozen	gross	gross

Note: We can write—

(*a*) thousands of men; (*b*) two pairs of shoes; (*c*) dozens of mangoes; (*d*) scores of people etc. But—

(*a*) two thousand rupees; (*b*) three hundred men; (*c*) five dozen eggs, etc.

3. The following nouns are usually used in plural forms. They take a plural verb after them—

eatables	fetters	surroundings
riches	alms	spectacles
trousers	pants	scissors
premises	thanks	annals
congratulations	goods	shorts
tongs	pains	arms
breeches	(for troubles)	

4. The following are the nouns which are plural in appearance but are usually used in singular number. They are followed by a singular verb—

news	politics	physics
mathematics	economics	ethics
politics	classics	gallows
statistics	athletics	innings
mechanics	summons	mumps

5. Collective nouns often used as plurals—

public	police	cattle
audience	clergy	folk
people	poultry	nation
elite	gentry	glitterati

6. The nouns that are usually used in singular forms—

advice	hair	rice
fuel	alphabet	machinery
offspring	issue	furniture
mischief	stationery	luggage
bedding	information	abuse

7. Material nouns are always used in singular number—

gold	copper	milk
water	silk	wool

Note: They may be used in plural with a different meaning. copper coins (coppers), chains or fetters (irons), cans made of tin (tins).

GENDERS

The difference in sex is denoted by Gender in grammar. The various genders are as follows :

1. **Masculine Gender :** A noun that denotes a male is said to be of the masculine gender, as man, uncle, ox, boy etc.
2. **Feminine Gender :** A noun that denotes a female is said to be of feminine gender, as woman, aunt, princess, cow etc.
3. **Common Gender :** Nouns which denote both males and females are said to be of the common gender, as friend, cousin, person, parent, baby etc.
4. **Neuter Gender :** A noun that denotes the name of object without life is said to be of neuter gender, as file, table, pencil.

REMEMBER

Masculine	*Feminine*
Boy	Girl
Son	Daughter
Brother	Sister
Murderer	Murderess
Sorcerer	Sorceress
Son-in-law	Daughter-in-law
Father-in-law	Mother-in-law
Man-servant	Maid-servant
Land-lord	Land-lady
Bachelor	Maid
Gentleman	Lady
Monk	Nun
Earl	Countess
Lad	Lass
Sir	Madam
Duke	Dutchess
Emperor	Empress
Milk-man	Milk-maid
Pea-cock	Pea-hen
Step-father	Step-mother
Hero	Heroine
Viceroy	Vicerine
Mr.	Mrs.
Governor	Governess
Master	Mistress
Wizard	Witch
Heir	Heiress
Host	Hostess
Lion	Lioness
Mayor	Mayoress
Actor	Actress
Buck	Doe
Colt	Filly
Dog	Bitch
Horse	Mare
Count	Countess
Hunter	Huntress
Prince	Princess
Abbot	Abbess
God	Goddess
Author	Authoress
Ox	Cow
Widower	Widow
Grand-father	Grand-mother
He-goat	She-goat
Milk-man	Milk-woman
Bridegroom	Bride
Tiger	Tigress
Priest	Priestess
Poet	Poetess
Shepherd	Shepherdess
Nephew	Niece
Stag	Hind

PRONOUNS

The repetition of a noun in a sentence or a set of sentences is really boring. So, instead of repeating the noun, we can use a word (for that noun) called the pronoun.
"A pronoun is a word that we use instead of a noun".

Example:
This is *Sachin. He* plays cricket.
Note: *He* is the pronoun used in place of *Sachin.*

Kinds of Pronouns

1. **Personal pronouns :** A pronoun which is used instead of the name of a person is known as a 'Personal Pronoun'. A list of the 'Personal pronouns' is listed below :
   I, my, mine, me, we (First Person)
   You, your, yours (Second Person)
   He, his, him, she, her, hers, it, its, they, their, theirs, them (Third Person)
2. **Demonstrative, Indefinite and Distributive Pronouns :**
   (a) Demonstrative Pronouns : Pronouns used to point out the objects to which they refer are called Demonstrative Pronouns.
   Examples :
   (i) *This* is a present from my uncle.
   (ii) *These* are merely excuses.
   (iii) Bembay mangoes are better than *those* of Bangaluru.
   (b) Indefinite Pronouns : All pronouns which refer to persons or things in a general way and do not refer to any particular person or thing are called Indefinite Pronouns.
   Examples :
   (i) *Somebody* has stolen my watch.
   (ii) *Few* escaped unhurt.
   (iii) Did you ask *anybody* to come?
   (c) Distributive Pronouns : Each, either, neither are called distributive pronouns because they refer to persons or things one at a time. For this reason they are always singular and followed by the verb in singular.
   Examples :
   (i) *Each* of the men received a reward.
   (ii) *These* men received *each* a reward.
   (iii) *Either* of you can go.
3. **Relative Pronouns :** A relative pronoun refers or relates to some noun going before, which is called its Antecedent.
   Examples :
   (i) I met Hari *who* used to live here.
   (ii) I have found the pen *which* I had lost.
   (iii) Here is the book *that* you lent me.
4. **Interrogative Pronouns :** These pronouns, are used for asking questions.
   Examples :
   (i) *Whose* book is this?
   (ii) *What* will all the neighbours say?
   (iii) *Which* do you prefer, tea or coffee?

Note : Interrogative pronouns can also be used in asking indirect questions. Consider the following examples :
(i) I asked *who* was speaking.
(ii) Tell me *what* you have done.
(iii) Say *which* you would like best.

Behaviour of the Pronouns

1. If three pronouns are used together in the same sentence they are arranged in the following order :

2	+	3	+	1
↓		↓		↓
Second Person		Third Person		First Person

   Examples :
   I, you and he must help *that* poor man. (Incorrect)
   You, he and I must help *that* poor man. Correct)
2. When two or more singular nouns are joined by and, the pronoun used for them should be plural.
   Examples :
   Mohan and Sohan are friends. *They* play football. *They* live at Lajpat Nagar.
3. But if these nouns joined by and refer to the same person or thing, the pronoun used should be singular.
   Examples :
   (i) Delhi, the beautiful city and the capital of India, is famous for *its* historical monuments.
   (ii) The manager and owner of the firm expressed *his* views on the demands of the workers.
4. When two nouns are used with as well as, the pronoun agrees with the first subject.
   Examples :
   (a) Mohan as well as his friends is doing *his* work.
   (b) The students as well as their teachers are doing *their* work.
5. When two singular nouns joined by 'and' are preceded by *each* or *every,* the pronoun used must be singular and should agree in gender with the second noun.
   Examples :
   (a) Every man and every woman will do *her* best for the nation.
   (b) Each boy and each girl went to *her* house.
6. When two nouns are joined by using 'with', the pronoun agrees with the noun coming before 'with'.
   Examples :
   (a) The boy with *his* parents has gone to see a movie.
   (b) The children with *their* parents have gone to picnic.
7. When two different nouns are joined by either......... or; neither ......,... nor, the pronoun is used according to the number and gender of the second noun.

Examples :

(a) Either your sister or you have done *your* work.

(b) Neither the students nor the teacher was in *his* class.

8. The pronoun coming after '*than*' must be in the same case as that coming before '*than*'.

Examples :

(a) She plays better than *me*. (Incorrect)
She plays better than *I*. (Correct)

(b) His elder brother is more intelligent than *him*. (Incorrect)
His elder brother is more intelligent than *he*. (Correct)

9. 'Many a' always takes a singular pronoun and singular verb.

Example :

Many a soldier has met *his* death in the battle field.

10. 'Who', 'Whose', 'Whom' are used only for persons.

Examples :

(a) *Who* is knocking at the door?

(b) *Whose* pen is this?

(c) *What* do you want?

11. 'Which' is used for things.

Example : *Which* game do you like?

MULTIPLE CHOICE QUESTIONS

Directions: *In the following questions choose the correct options to fill the blanks.*

1. The place was so dirty that ..... wished to run away from there.
A. everybody B. anybody C. few D. some

2. ..... was there to help me.
A. Somebody B. Anything C. Anybody D. Nobody

3. Is there ...... to eat?
A. some B. something C. any D. few

4. ..... of the students were making a great noise.
A. Anyone B. Somebody C. Many D. Nobody

5. ..... of the students can solve this sum.
A. Someone B. Anybody C. Somebody D. None

6. ...... of us should try our best to make India a heaven.
A. Any B. Somebody C. Anybody D. All

7. ...... of us do not know the real meaning of our lives.
A. Any B. Something C. Several D. Many

8. My .... black.
A. hairs are B. hair is C. hairs shall D. hair will

9. She saw two .... on the last Sunday.
A. thiefs B. theifs C. thieves D. theives

10. My sister is a ....
A. bacheloress B. bachelor C. unmaried D. spinster

11. One is supposed to do ....
A. our duty B. their duty C. one's duty D. his duty

12. Take anything .... you want.
A. that B. which C. than D. then

13. I cannot tolerate ....
A. separated you B. your separation C. separation from you D. you separated

14. He is .... faithful partner.
A. Yours B. You C. Your D. Your's

15. Ajay is more smart than ....
A. her B. hers C. herself D. she

16. Vivek works harder than ....
A. me B. I C. her D. his

17. They should help ....
A. the poor people B. the poor C. the poor persons D. the poor peoples

18. .... are mad.
A. All his sons B. His all sons C. Sons all his D. All sons his

19. The poor fellow .... to fate.
A. resigned B. resigned himself C. resigned itself D. resigned themselves

20. Nobody will help you but ....
A. I B. me C. ours D. his

21. It is a good chance, You must avail ...... this opportunity.
A. of B. yourself of C. for D. from

22. The person who is elected .... my relative.
A. is B. he is C. his D. him

23. He made ....
A. yours mention B. mention of you C. mention for you D. mention about you

24. .... I know, he is quite faithful.
A. As far as B. So far as C. So far this D. So far so

25. It is a duty of a person to take .... for his family.
A. pain B. pains
C. pain-killers D. pained

26. She does not love .... husband.
A. his B. her
C. its D. their

27. Let .... work together.
A. him and me B. he and I
C. he and him D. I and me

28. Copper, Silver and Gold ....
A. each will do B. either will do
C. any one will do D. any will do

29. Jessica and Roma are very irregular .... habits.
A. in her B. in their
C. in its D. in every

30. One likes to enjoy .... who was a great poet.
A. The sonnets of Shakespeare
B. Shakespeare's sonnets
C. Sonnets
D. Shakespeare

ANSWERS

1	2	3	4	5	6	7	8	9	10
A	D	B	C	D	D	D	B	C	D
11	**12**	**13**	**14**	**15**	**16**	**17**	**18**	**19**	**20**
C	A	C	C	D	B	B	A	B	B
21	**22**	**23**	**24**	**25**	**26**	**27**	**28**	**29**	**30**
B	A	B	A	B	B	A	C	B	A

ARTICLES

The family of the articles has only three members. They are : A, An and The. However, they fall under two groups :
(a) Definite Article *(b)* Indefinite Article
'The' is known as definite article whereas 'a' and 'an' are known as indefinite articles.

Use of the Definite Article 'The'

'The' is used before

1. The superlative degree :
He is the ablest man of the town.
(ablest is a superlative degree)
2. The name of states, countries etc. having a descriptive name :
(i) The J & K is a small state. (J & K is a descriptive name)
(ii) He lives in the U.S.A. (U.S.A. is a descriptive name)
(But the Delhi and the America are wrong because neither Delhi nor America is a descriptive name)
3. The names of the scriptures :
The Gita is a holy book. (Gita is a scripture)
4. Name of newspapers :
The Tribune is published from Chandigarh.
5. Name of rivers, canals, seas, oceans, bays, gulfs, groups of islands etc. :
(i) The Ganga is a holy river.
(ii) The Indian Ocean is the deepest ocean.
(iii) The Persian Gulf is a narrow gulf.
6. The name of famous buildings :
The Taj is one of the best buildings in India.
7. The names of nationals, sects and communities:
(i) The English defeated the Germans in the World War.
(ii) The rich should help the poor.
(iii) The Hindus believe in the caste system.
8. Proper nouns used as common nouns :
(i) Kalidas is the Shakespeare of India.
(ii) Delhi is the London of India.
9. Famous historical events :
The Industrial Revolution changed the face of England.
10. The directions and the celestial bodies:
The sun rises in the east.
11. Titles : Akbar, the Great was loved by his subjects.

Do not use 'the'

1. Before languages :
The English is an international language. (Incorrect)
English is an international language. (Correct)
2. Before the names of games :
The hockey is a popular game. (Incorrect)
Hockey is a popular game. (Correct)

Use of the Indefinite Articles 'A' and 'An'

'A' is used before :

1. All singular common nouns beginning with a consonant :
(i) A boy sings a song.
(ii) A black and a white cow were grazing in the field.
2. If a word begins with a vowel but gives the sound of a consonant, 'a' should be used before it :
(i) He was helped in his work by a European.
(ii) He is a one-eyed man.
(iii) It is a useful work.

'An' is used as follows :

1. All singular common nouns beginning with a vowel (*i.e.*, a, e, i, o, u) :
   (i) He is an artist. (ii) He is an old man. (iii) I intend to buy an umbrella.
2. If a word starts with a consonant but gives the sound of a vowel, "an" should be used before it :
   (i) Brutus is an honourable man.
   (ii) He is an honour to his profession.
   (iii) He is an L.L.B.

Demonstratives, that, these and those

1. The demonstrative adjectives and pronouns are for objects nearby the speaker:
   this (singular) those (plural)
   and for objects far away from the speaker.
   That (singular) those (plural)
2. Demonstratives are the only adjectives that agree in number with their nouns.
   That hat is nice.
   Those hats are nice.
3. When there is the idea of selection, the pronoun "one" (or "ones") often follows the demonstrative.
   I want a book. I'll get this (one).
   If the demonstrative is followed by an adjective, "one"(or "ones") must be used.
   I want a book. I'll get this big one.

MULTIPLE CHOICE QUESTIONS

Directions: *In the following questions choose the correct options to fill the blanks.*

1. .... will have to be paid for this material.
A. Half rupee B. Half a rupee
C. A half rupee D. An half rupee

2. .... is taking keen interest in India.
A. The USA B. USA
C. An USA D. A USA

3. Only .... can save our country.
A. the Hitler B. a Hitler
C. Hitler D. an Hitler

4. I can run for ....
A. hundred miles B. the hundred miles
C. a hundred miles D. an hundred miles.

5. .... man-eater has been killed.
A. The B. A
C. An D. Either A or B

6. What .... fine idea!
A. the B. an
C. a D. No article

7. .... earth is moving around the sun.
A. An B. A
C. The D. No article

8. This is .... first example while I got.
A. the B. a
C. an D. No article

9. This is .... house which was built during earthquake.
A. a B. an
C. the D. No article

10. .... America is a rich country.
A. The B. An
C. A D. No article

11. .... U.S.A. is a developed country.
A. A B. An
C. The D. No article

12. .... Bible is a holy book.
A. A B. The
C. An D. No article

13. .... rich should help the poor.
A. The B. A
C. An D. No article

14. .... Gold is a costly metal.
A. The B. A
C. An D. No article

15. Kalidas is .... Shakespeare of India.
A. a B. an
C. the D. No article

16. I cannot do .... difficult work.
A. a such B. the such
C. such the D. such a

17. How foolish .... plan it is!
A. a B. an
C. the D. No article

18. An ink is .... useful article.
A. an B. a
C. the D. No article

19. There are .... husband and wife.
A. a B. an
C. the D. No article

20. He is learning .... French
A. the B. a
C. an D. No article

ANSWERS

1	2	3	4	5	6	7	8	9	10
B	A	B	C	D	C	C	A	C	D
11	12	13	14	15	16	17	18	19	20
C	B	A	D	C	D	A	B	D	D

ADJECTIVES & ADVERBS

An Adjective is a word which adds something to the meaning of a noun or a pronoun.

Mridula is an *intelligent* girl. He has a *black* goat.
He is a *brilliant* student. She is a *clever* girl.
It is a *beautiful* picture.

In the sentences given above, the words in italics are adjectives.

An Adverb is a word which qualifies the meaning of a Verb, an Adjective or another Adverb.

(*i*) He talks *slowly.*
(*ii*) He is a *very* good student.
(*iii*) He talks *very* slowly.

In sentence (*i*), *slowly* qualifies the verb *talks.*
In sentence (*ii*), *very* qualifies the adjective *good.*
In sentence (*iii*), *very* qualifies the adverb *slowly.*

Adjectives have three degrees of comparison :

1. **Positive Degree :** It expresses the common form of an adjective.
   Example :
   Ram is a *tall* boy.
   In the above sentence *tall* is an adjective and expresses the common form.
2. **Comparative Degree :** It expresses the more of the same form.
   Example :
   Ram is *taller* than Mahesh.
   In the above sentence *taller* is an adjective that expresses the more of the common form of the adjective *tall.*

   "When and How to Use" Comparative Degree?

   (a) Comparative Degree is used when two persons or two groups of persons or things are compared.
   Examples :
   (a)He is *wiser* than his younger brother.
   (b)This glass is *cleaner* than the other.

   (b) When two different qualities in the same person are compared, more is used instead of 'er' to form the comparative. The formula used in this case should be :
   More + Positive Degree
   She is *fairer* than polite. (Incorrect)
   She is *more fair* than polite. (Correct)

   (c) When selection of one out of two persons or things is meant, the degree of comparison is followed by of and *the* is used before it.
   Example :
   Zia is abler of *the* two sisters.

   (d) If two comparatives are used in the same sentence to impress upon an idea, both should be preceded by the definite article.
   Examples :
   (i) The higher you go, the cooler it is.
   (ii) The more we get, the more we desire.

   (e) When one person or thing is compared with another of the same kind, other is used after the comparative degree. In such sentences other is normally preceded by any or all.
   Examples :
   (i) Kalidas is greater than any dramatist.
   (Incorrect)
   Kalidas is greater than any other dramatist.
   (Correct)
   (ii) Lead is heavier than all metals.
   (Incorrect)
   Lead is heavier than all other metals.
   (Correct)

   (f) Senior, junior, superior, inferior, prior, anterior (earlier than) and posterior (later than) are always followed by 'to'.
   Examples :
   (i) Ram is senior *to* Mohan by three years.
   (ii) That pen is inferior *to* that.
   (iii) He is junior *to* me in rank.
   (iv) This event was posterior *to* that.

   Note: Never use *than* after the above mentioned adjectives.

Important Information

(a) 'Preferable' is also used as an adjective of the comparative degree. As such, it is always followed by *to* and not *a.*
Death is preferable than dishonour. (Incorrect)
Death is preferable *to* dishonour. (Correct)

(b) To intensify the Degree of comparison, we use *far* or *much* before the comparative.
Examples :
(i) This book is *far* better than that.
(ii) His performance was *much* better than Mohan's.
Warning : Always avoid the use of double comparatives.
Don't say : Ram is more cleverer than his younger brother.
Say: Ram is cleverer than his younger brother.

3. **Superlative Degree :** It expresses the most of the common form of an adjective.
   Example :
   He is the ablest man of the town.

How and when to use the Superlative Degree?

(a) The Superlative Degree is used when more than two persons or things are compared.
(b) The Superlative Degree is generally preceded by 'the' and followed by 'of' in most of the cases or otherwise.
(c) When an adjective of the superlative degree is preceded by a Possessive Adjective or a Noun in the Possessive case, 'the' should not be used before it.
Example :
Which is Kalidas' best play?

It will be a blunder to use 'the' before the Superlative Degree in such cases.

Don't say : Which is Kalidas' the best play.

(d) To intensify the degree of comparison, *by far* is used before the superlative degree.

Example :

India is *by far* the most beautiful country of the world.

Note: Always avoid the use of double superlatives.

Don't say : He is the most strongest boy in the class.

Say : He is the strongest boy in the class.

Use of some Important Adjectives

1. (a) **'Some'** is used as follows :
   (i) With countable nouns where it means— a little, a small quantity.
   (ii) In a question which shows some request.

Examples :
(i) There is some water in the bottle.
(ii) Some of the students were absent yesterday.
(iii) Will you have some milk?
(iv) Will you buy some fruit for me?

(b) **'Any'** is used as follows :
(i) In negative sentences.
(ii) In interrogative sentences.
(iii) After 'Hardly', 'Scarcely' and 'Barely'.
(iv) After 'If'.

Examples :
(i) There is not any sugar in the pot.
(ii) We haven't any rice in the house.
(iii) I have hardly any money.
(iv) There are scarcely any plants in this field.
(v) If there is any danger, blow the whistle.

2. (a) **Older :** Older (and oldest) are used for persons animals and things. But 'Older' and 'Oldest' refer to the persons who do not belong to the same family.

Examples :
(i) Radha is older than Shyama.
(ii) John is the oldest member of the staff.
'Older' and 'Oldest' refer to the persons who do not belong to the same family.

(b) **Elder** (and **eldest**) are used in respect of the members of the same family like sons, daughters, brothers, sisters.

Examples :
(i) My elder sister is a lecturer.
(ii) Meenakshi is the eldest of the three sisters.

Note :
(i) 'Elder' is not followed by 'than'.
(ii) 'Elder' and 'Eldest' cannot be used for things.

3. (a) **'Few'** is negative and is the opposite of 'Many'. It means 'not many'.
(b) **'A few'** is positive and means 'some at least'. It is the opposite of 'None'.
(c) **'The few'** means 'minority' and suggests 'whether there is'.

Examples :
(i) We have few holidays in school.
(ii) Only a few boys will fail in the examination.
(iii) The few poems that he wrote are very popular.

4. (a) **Further** means 'something additional'.
(b) **Farther** means 'a greater distance'.

Examples :
(i) Further discussion will be held in the office of the principal.
(ii) Amritsar is farther from Delhi than Ambala.

5. (a) **Little** is negative. It means, 'not much', or 'hardly any'.
(b) **A little** is positive. It means 'some quantity'.
(c) **The little** denotes quantity. It means, 'not much but all that is, or whatever quantity there is'.

Examples :
(i) There is little hope of his success.
(ii) He knows a little of everything.
(iii) I have spent the little money I had.
(iv) The little knowledge of shoe-making proved very useful to me.

6. (a) **'Much'** expresses 'quantity'.
(b) **'Many'** expresses 'number'.
(c) **'Many a'**—'Singular noun' and 'Singular verb' are used with 'many a'.

Examples :
(i) There is not *much* water in the jug.
(ii) *Many* boys are absent today.
(iii) *Many* a battle has been fought on the soil of India.

7. (a) **'Less'** denotes 'in a small degree'.
(b) **'Fewer'** denotes 'number'.

Examples :
(i) He devotes less time to his studies.
(ii) There are no fewer than ten chairs in this room.

8. (a) **'Each'** is used for a single number of 'two persons' or 'things'.
(b) **'Every'** is used for a single number of 'many persons' or 'things'.

Examples :
(i) Each boy must take part in games.
(ii) There are only two poets. Each poet recited his poem.
(iii) Every man dies in this world.
(iv) Every man is expected to do his duty.

9. (a) **'Either'** means one of the two or both.
(b) **'Neither'** is negative of the either.

Examples :
(i) You may buy either of these two chairs.
(ii) Neither of them could speak on the stage.

10. (a) **'Later'** expresses 'late in time'.
(b) **'Latter'** means 'second in position or order'.

Examples :
(i) My father reached later than I expected.
(ii) The latter position was better than the former.

Use of some Important Adverbs

1. (a) Also, too, enough:
   (i) He taught English. Also, he edited the school magazine
   (ii) He is a writer and also he is a painter.
   (iii) He is too obstinate to listen to any reason.
   (iv) This is too difficult a piece for the junior students.
   (v) Sarla was kind enough to help the poor.
   (vi) He is brave enough to help the truth.
   Note: 'Too' is used in a negative sense, but enough is used in a positive sense.

   (b) Fairly and rather: Both suggest the meaning 'moderately'. But, mainly 'fairly' is used with the words that denote a positive meaning and rather is used with the words that denote a negative meaning:
   (i) Rita did fairly well in that competition, but her performance was rather poor in sports.
   (ii) Mona is fairly rich, but she is rather stingy.
   Note: 'Rather' can also be used in a positive sense.
   (i) This is a rather interesting job.
   (ii) That boy is rather smart.

   (c) Hardly, barely, scarcely: These words mostly convey the negative suggestions and are almost similar.
   (i) I have hardly any strength now.
   (ii) There was barely any supply to the township,
   (iii) There were scarcely a hundred guests present.
   Note: With slight variance in the meaning, the words given above convey the idea of 'very little', 'not enough', 'lack of quantity and number'.

   (d) Yet, Still: These adverbs can often be used to connect the sentence units:
   (i) He has been defeated many times in the contest; still he wants to be a competitor.
   (ii) Mona was sick; yet she went on doing her work.

   (e) Alone:
   (i) He alone (none else) is capable of handling that fire,
   (ii) He hunted all alone in the forest. (not in any company)

Special Note:

(a) Apart from their conventional positions the adverbs might be used in different positions with different meanings and angles.
   (i) He had only four books.
   (ii) John only contacted his friend in need.
   (iii) He greeted me only.
   (iv) Only he greeted me there.

(b) Inversion: Some adverbs can be inverted *i.e.* placed in the beginning of the sentence and then be followed by an interrogative form. The most common of these adverb are: so, seldom, never, nowhere, under no circumstances, hardly, scarcely etc.
   (i) So big was the bus that it could not enter the narrow lane.
   (ii) Hardly had he reached the station when he received the message.

MULTIPLE CHOICE QUESTIONS

Directions: *In the following questions choose the correct options to fill the blanks.*

1. The girl whom you met is the .... sister of Ravi.
A. eldest B. elder
C. older D. oldest

2. The historical place is ....
A. seeing worth B. worthy of seeing
C. worth seeing D. worthy seeing

3. These flowers smell ....
A. sweet B. sweetly
C. more sweetly D. sweetest

4. .... aspirant cannot pass the entrance examination.
A. Each B. Every
C. All D. No

5. Harivansh Rai .... second Shakespeare.
A. is a B. is
C. is the D. is an

6. .... student in the class got prizes.
A. Each and every B. Every and each
C. Every D. Never

7. It is .... picture than the one we saw last Monday.
A. interesting B. much interesting
C. more interesting D. most interesting

8. She is clever ....
A. that her mother is B. as her mother is
C. to her mother is D. than her mother is

9. They will get ....
A. Red, green and black paper
B. Red, green black paper
C. Red and green and black paper
D. Red green black paper

10. Health is .... wealth.
A. preferable to B. more preferable than
C. more preferable to D. most preferable then

11. .... water that was in the jug evaporated.
A. Little B. The little
C. Small D. A small

12. He has not sung .... songs.
A. much B. most
C. more D. many

13. Srishti has searched .... office.
A. whole the B. the whole
C. a whole D. some whole

14. Premchand was ...... best and ...... famous writer.
A. a, the most B. the, a most
C. the, more D. the, the most

15. William Shakespeare is famous as ....
A. a poet and a dramatist
B. a poet and dramatist
C. the poet and the dramatist
D. a poet and the dramatist

16. What does .... leader suggest?
A. other B. another
C. others D. anothers

17. He .... money.
A. has few B. have few
C. has little D. have little

18. The .... boys are rewarded.
A. first two B. two first
C. firsts two D. two's first

19. He is .... brave.
A. stronger than
B. stronger then
C. more strong then
D. more strong than

20. No sooner said ....
A. so done B. and done
C. then done D. but done

21. She returned .... than I had thought.
A. quickly B. more quicker
C. more quickly D. quicker

22. He is .... foolish person.
A. rather the B. a rather
C. rather a D. rather

23. This pen......... rupees.
A. costs twenty B. twenty costs only
C. costs only twenty D. only costs twenty

24. It is .... pride.
A. nothing else but B. nothing else than
C. else nothing than D. but

25. This tea is .... to drink.
A. too hot B. very hot
C. enough hot D. much hot

ANSWERS

1	2	3	4	5	6	7	8	9	10
A	C	A	B	A	C	C	C	A	A
11	**12**	**13**	**14**	**15**	**16**	**17**	**18**	**19**	**20**
B	D	B	D	B	B	C	A	D	C
21	**22**	**23**	**24**	**25**					
C	C	C	A	A					

DETERMINERS

Determiners are actually Adjectives. They are always followed by nouns.

Determiners are of the following kinds:

1. **Demonstrative Determiners :** this, that, these, those
2. **Possessive Determiners :** my, our, your, his, her, its, their
3. **Quantitative Determiners :** some, any, much, enough, sufficient, whole, a little, the little, little, all, both
4. **Numerical Determiners:** a few, some, few, the few, any, several, many, no, etc.
   One, two, three ... (Cardinals)
   First, second, third ... (Ordinals)
5. **Distributive Determiners:** either, neither
6. **Articles: Indefinite:** a, an, **Definite:** the

MULTIPLE CHOICE QUESTIONS

Directions: *In the following questions choose the correct options to fill the blanks.*

1. Give me .... rice.
A. some B. few
C. a few D. any

2. ...... sheep grazing on the slope of the hill had gone away.
A. Any B. The few
C. This D. Much

3. Have you got .... magazines to read?
A. all B. much
C. some D. little

4. I have ...... money that I want to spend on shares.
A. any B. much
C. less D. some

5. There is .... owl on the branch of the tree.
A. a B. the
C. an D. some

6. My brother is .... MBA.
A. a B. an
C. the D. any

7. Have you got .... cheese?
A. some B. many
C. a few D. few

8. No, I have not got .... cheese.
A. many B. few
C. any D. some

9. There is only .... milk left in the bottle.
A. enough B. few
C. much D. a little

10. There is .... hope of his recovery.
A. any B. little
C. many D. few

11. .... dogs were barking at the strangers.
A. Some B. Any
C. Much D. Less

12. The girl bought her father .... juice.
A. few B. some
C. any D. many

13. You should take .... honey everyday.
A. any B. many
C. a little D. a few

14. .... boy was punished by the teacher.
A. Either B. All
C. Any D. Many

15. .... girl was asked to join the army.
A. None B. Neither
C. All D. Any

16. .... water in the jug has been drunk by Mohan.
A. The little B. The few
C. A few D. Few

17. I shall play .... piano at the party.
A. some B. any
C. the D. few

18. .... labourers were found dead in the mine.
A. Any B. Fewer
C. Many D. Less

19. Could I borrow .... umbrella?
A. our B. your
C. yours D. my

20. My brother is standing in the .... row.
A. any B. many
C. some D. first

ANSWERS

1	2	3	4	5	6	7	8	9	10
A	B	C	D	C	B	A	C	D	B
11	12	13	14	15	16	17	18	19	20
A	B	C	A	B	A	C	C	B	D

THE VERB

A Verb is a word that tells something about the action or state of or happenning to a person or thing.

A Verb tells the following:

1. What a person or thing does.
Sachin goes to school daily.
The bell *rang* loudly.
Many birds fly in the sky.
She *sang* a song.

2. What a person or thing is.
India *is* the biggest democracy in the world.
Ram Mehar *is* very rich.
They *are* happy.

3. What is done to a person or thing.
You *are liked* by all.
Two thieves *were arrested.*
Four students *were punished* by the teacher.

4. What happens to a person or thing.
His maternal uncle *died* last week.
Two ships *sank* yesterday.
Leaves *turn* yellow in autumn.

5. What a person or thing has, had, and so on.
I *have* a new car.
He *had* a scooter last year.
He *has* several cows and goats.

It goes without saying that a verb is the most important part of a sentence. No sentence is complete without a Verb.

Important Information

1. If two or more singular nouns are joined by 'and' the verb used will be plural.
Example:
(i) He and I were going to the market.
(ii) Ram and Mohan are friends.

2. If two singular nouns joined by 'and' points out to the same thing or person, the verb used must be singular.
Example:
(i) Rice and curry is the favourite food of the Punjabis.
(ii) The Collector and District Magistrate is away.

3. In case two subjects are joined by 'as well as' the verb agrees with the first subject.
Example :
(i) Kanta as well as her children is playing.
(ii) Children as well as their mother are playing.
In the case of first sentence the verb (is) agrees with Kanta and in the case of second sentence the verb (are) agrees with the children.

4. 'Neither', 'Either', 'Every', 'Each', 'Everyone', and 'Many a' are followed by a singular verb.
Example :
(i) Either of the plans is to be adopted.
(ii) Neither of the two brothers is sure to pass.
(iii) Every student is expected to be obedient.
(iv) Everyone of them desires this.
(v) Many a person is drowned in the sea.

5. If two subjects are joined by 'Either ...... or' / 'Neither .... nor', the verb agrees with the subject near to it.

Example :

(i) Either my brother or I am to do this work.

(ii) Neither he nor they are prepared to do this work.

6. 'A great many' is always followed by a 'plural noun' and a 'plural verb'. For example :

A great many students have been declared successful.

7. Similarly if two subjects are joined by 'with', 'together with', 'no less than', in addition to 'and not', etc. the verb agrees with the first subject.

Example :

(i) The boy with his parents has arrived.

(ii) He, no less than I, is to blame.

8. Nouns, plural in form, but singular in meaning, take a singular verb.

Example :

This news was broadcast from television yesterday.

MULTIPLE CHOICE QUESTIONS

Directions: *In the following questions choose the correct options to fill the blanks.*

1. The bus with all its passengers .... lost.
A. were B. was
C. are D. would

2. You as well as I .... responsible for this work.
A. am B. are
C. was D. is

3. Raghava like all his companions .... a spoiled child.
A. are B. were
C. is D. will be

4. Pen and ink .... required for me.
A. are B. were
C. is D. has required

5. Every girl and every boy .... attended the seminar.
A. have B. has
C. is D. are

6. Not only she but all her sisters ...... been married.
A. has B. have
C. is D. are

7. There .... nothing but miseries in life.
A. is B. are
C. were D. will be

8. Neither prose nor poem .... given.
A. were B. was
C. has D. have

9. Either he or I .... wrong.
A. is B. are
C. am D. were

10. Either Sulekha or Rekha .... coming here.
A. are B. is
C. were D. have

11. .... the child or his parents to blame?
A. Is B. Are
C. Were D. Has

12. You and I .... neighbours.
A. am B. are
C. was D. has

13. The house with all its belongings ..... sold away.
A. were B. are
C. was D. must

14. Either water or juice .... required.
A. is B. are
C. were D. has

15. There were not as many tables as .... required.
A. was B. were
C. is D. are

16. They each .... a book.
A. have B. are
C. has D. is

17. He and I .... class friends.
A. is B. am
C. was D. are

18. She as well as I .... guilty.
A. is B. are
C. am D. must be

19. Purushottam .... not read more on this chapter.
A. needs
B. has been need
C. need
D. had been need

20. He came .... to his aunt.
A. run B. running
C. to run D. in run

ANSWERS

1	2	3	4	5	6	7	8	9	10
B	B	C	C	B	B	A	B	C	B
11	**12**	**13**	**14**	**15**	**16**	**17**	**18**	**19**	**20**
A	B	C	A	B	A	D	A	C	B

CONJUNCTIONS

A conjunction is a word which connects words, clauses or sentences.

Look at the following sentences.

(i) He bought apples *and* mangoes.

(ii) God made the country *and* man made the town.

(iii) The door was open *but* there was no one in the house.

(iv) He knows that I am here *and* that I want to see him.

In the sentence (i), *and* connects two words—*apples* and *mangoes.*

In the sentence (ii), *and* connects two sentences—*God made the country* and *man made the town.*

In the sentence (iii), *but* connects two sentences—*The door was open* and *there was no one in the house.*

In the sentence (iv), *and* connects two clauses—*that I am here* and *that I want to see him.*

The main coordinating conjunctions are:

and, but, for, or, nor, also, either ..... or, neither ..... nor.

There are some conjunctions which are used in pairs. They are:

either .... or, ... neither .... nor, both .... and, though .... yet, whether .... or, not only .... but also.

Example: *Either* take it *or* leave it.

It is *neither* useful *nor* ornamental.

They *both* like *and* respect me.

Though he is suffering from high fever, *yet* he does not cry.

He does not care *whether* you go *or* stay.

He is *not only* doltish, *but also* obstinate.

The conjunctions which are used in pairs in this way, are called correlative conjunctions, or merely correlatives.

Use of Important Conjunctions

1. **As soon as :** As soon as denotes simultaneous time.
   Example : As soon as he saw his enemy, he took to his heels.
2. **No sooner .... than :**
   (a) 'No sooner' is always followed by 'than'.
   (b) Please remember that 'No sooner' is always followed by do/does/did. As such only first form of the verb should be used after the subject.
   Example :
   No sooner did he see his enemy than he took to his heels.
3. **Hardly :** Hardly is followed by when.
   Examples :
   (i) Hardly had I left the house when it started raining.
   (ii) We had hardly come into the room when his father began chastising him.
   Note :
   A. Hardly is never followed by than.
   B. 'Scarcely' can also be used in the sense and manner of 'Hardly'.
4. **Lest :** Lest is used in the sense of so that .... not. It is always followed by should. Lest is negative in sense. Hence 'not' should never be used with it.
   Example :
   Work hard lest you should fail.
   Note : 'Lest' is always followed by 'should' and not 'may'.
5. **Unless :** Unless expresses condition. It is also used in the negative sense. Use of 'not' is not allowed with unless because unless is already in the negative sense.
   Example :
   Unless you labour hard you will not pass.
6. **Until :** 'Until' expresses time. It means 'till not'.
   Example : Wait here until I return.
   Note : Until is in the negative sense. So 'not' should not be used with it. Example :
   Wait here until I do not return. (Incorrect)
   Wait here until I return. (Correct)
7. **As well as :** When two subjects are joined by 'as well as', the verb always agrees with the first subject.
   Examples :
   (i) The teacher as well as students is playing.
   (ii) Students as well as the teacher are playing.
   Note : 'Both' and 'as well as' cannot be used together in the same sentence.
   Examples :
   Both Sita as well as Kanta are beautiful. (Incorrect)
   Sita as well as Kanta is beautiful. (Correct)
   Both Sita and Kanta are beautiful. (Correct)
8. **As if :** 'As if' is used in the sense of pretension. While using 'as if' in a sentence, we should see that even the third person singular subject gets 'were'.
   Example : He talks as if he were mad.
9. **Till :** Till expresses time. Till is always used in the affirmative.
   Example :
   We did not come back till sunset.
10. **Rather than :** 'Rather than' is used in the sense of 'preference'. 'Rather' is always followed by 'than'.
    Example :
    I would rather die than submit.
11. **As long as/so long as :** Both express time during which an action or event takes place.
    Example :
    As long as there is life, there is hope.
12. **However :** It is both a subordinate and co-ordinate clause.
    Examples :
    (a) Mala worked hard, she however, failed.
    (b) However hard he may work, he cannot pass.
13. **Such as :** 'Such as' gives us the sense of 'like'. Such is always followed by 'as'.
    Example :
    Life is such a puzzle as cannot be solved.

MULTIPLE CHOICE QUESTIONS

Directions: *In the following questions choose the correct options to fill the blanks.*

1. Neither he .... his friend is good.
A. or B. and
C. but D. nor

2. The officer asked the peon .... why he was late.
A. that B. if
C. but D. No word needed

3. Both Ajay .... Vijay are intelligent.
A. or B. nor
C. and D. No word needed

4. No Sooner did the thief see the public .... he ran away.
A. then B. and
C. but D. than

5. Abhinav .... his brothers was going to Mumbai.
A. but
B. yet
C. No word needed
D. together with

6. He behaves .... he were the captain of the team.
A. as if B. as
C. No word needed D. that

7. Either Rupali .... Sonali is going to attend the meeting.
A. and B. but
C. nor D. or

8. Neither Nirmal .... Ashwinee is going to listen the speech.
A. and B. but
C. nor D. or

9. Ravi .... Prakash are going to Kolkata.
A. or B. nor
C. but D. and

10. Rice .... curry is my usual breakfast.
A. and B. but
C. then D. than

11. Hardly had he left .... his brother came.
A. then B. than
C. when D. that

12. I would rather have a copy .... a book.
A. then B. than
C. when D. that

13. He is no other .... my friend.
A. then B. than
C. when D. but

14. He saw a snake ....he awoke.
A. then B. when
C. than D. No word needed

15. Ten years have passed .... my grandmother died.
A. since B. when
C. then D. than

16. She is .... good .... bad.
A. either, not B. neither, or
C. neither, nor D. neither, than

17. The cellphone is both cheap .... best.
A. than B. and
C. then D. or

18. No sooner did the rogue see the police .... he disappeared.
A. then B. than
C. so D. because

19. Srishti will go .... Sanju goes.
A. if B. than
C. then D. although

20. She is wise .... timid.
A. and B. yet
C. but D. however

21. Make hay .... the sun shines.
A. though B. while
C. after D. before

22. He is so weak .... he cannot walk.
A. but B. that
C. then D. so

23. Although he is rich, ... he is unhappy.
A. but B. yet
C. so D. still

24. Wait here ...... I come back.
A. till B. until
C. before D. after

25. He is my friend .... I shall help him.
A. so B. hence
C. that is why D. therefore

26. He must go away .... he will be beaten.
A. otherwise B. and
C. or D. else

27. God loves good men .... good men love God.
A. and B. or
C. that D. those

28. He was late .... he was not punished.
A. but B. yet
C. still D. therefore

29. Walk slowly ...., you may fall.
A. and B. or
C. so D. otherwise

30. Work hard, ... you will fail.
A. and B. or
C. otherwise D. else

ANSWERS

1	2	3	4	5	6	7	8	9	10
D	D	C	D	D	A	D	C	D	A
11	12	13	14	15	16	17	18	19	20
C	B	B	B	A	C	B	B	A	C
21	22	23	24	25	26	27	28	29	30
B	B	B	A	B	C	A	C	D	D

PREPOSITIONS

A *Preposition* is a word which is placed before a noun or a pronoun to show its relation to some other word in the sentence.

1. I saw a goat *in* the field.
2. I am fond *of* hot coffee.

In sentence 1, the word *in* shows the relation between two things—*goat* and *field.*

In sentence 2, the word *of* shows the relation between the attribute expressed by the adjective *found* and *tea.*

The words *in* and *of* are here used as prepositions.

The noun or pronoun which is used with a preposition is called its object. The noun or pronoun is in the objective case. It is governed by the preposition. Now it is absolutely clear that in sentence 1, the noun *field* is in the objective case. The word *field* is governed by the preposition *in.*

A preposition may have two or more objects.

The road runs over *hill* and *plain.*

Here, the words *hill* and *plain* are used as objects.

Use of Important Prepositions

1. Among, Between

'**Among**' is used for more than two persons or things; '**Between**' is used only for two.

Examples :

(i) Distribute these sweets *among* the poor students of the class.

(ii) Distribute these books *between* Ram and Shyam.

2. Among, In

'**Among**' is used before collective plural nouns. '**In**' is used before collective singular nouns.

Examples :

(i) I found him standing *among* the crowd.

(ii) I saw him in the crowd.

3. Beside, Besides

'**Beside**' means 'by the side of'. '**Besides**' means 'in addition to'.

Examples :

(i) The daughter was sitting *beside* her mother.

(ii) *Besides* his relatives, he invited his friends also.

4. In, Within

'**In**' means at the expiry of a period of time in future, '**Within**' means before the expiry of a period of time in any tense.

Examples :

(i) She will return *in* a week.

(ii) I shall finish my work *within* a weak.

5. On, Upon

'**On**' is used for things at rest; '**Upon**' is used for things in motion.

Examples :

(i) He is sitting *on* the floor.

(ii) The dog sprang *upon* the table.

6. By, With

'**By**' denotes the agent or doer, '**With**' denotes the instrument with which anything is done.

Examples :

(i) The bird was killed *by* the hunter with an arrow.

(ii) He beat the dog *with* a stick.

(iii) I shall reach here *by* five o'clock.

7. After, In

'**After**' means at the end of a period of time in the past. '**In**' means at the end of a period of time in future.

Examples :

(i) I shall return your book *in* a week.

(ii) He returned the book *after* a week.

8. For, From, Since

'**For**' is used before a noun denoting a period of time with all the tenses. '**From**' is used before a noun or phrase denoting a point of time, it is used in all the tenses. '**Since**' is used before a noun or phrase denoting some point of time and is always produced by a verb in the perfect continuous tense or third form of a verb.

Examples :

(i) We have been playing cards *for* two hours.

(ii) She stayed with her uncle *from* the 15th of March to the 15th of May.

(iii) I have been reading this book *since* morning.

9. Above, Over

'**Above**' means 'higher from', **Over** is used in the following four senses :

(i) In the sense of 'above' :
At noon, the sun is *over* our heads.

(ii) In the sense of 'beyond' :
I cannot get *over* my disappointment.

(iii) In the sense of 'Superiority' :
God *over* all blesses for ever more.

(iv) In the sense of 'Conclusion' :
It is all *over* with me.

10. At, Towards

'**At**' denotes the idea of aim, '**Towards**' denotes the idea of destination.

Examples :

(i) He threw the stone *at* the cat.

(ii) He went *towards* the house.

11. At, In, On

'At' is used as follows :

(i) '**At**' is used with small towns and villages. **Examples:**

(a) He was born *at* Sonepat.

(b) He lives *at* village Bangra. (Bangra is a village)

(ii) '**At**' is used before a noun denoting a definite point of time.

Example :

He called on me *at* 9 p.m. yesterday.

'In' is used as follows :

(iii) '**In**' is used with the names of big cities, provinces and countries.

Examples :

(a) His father lives *in* England.

(b) His younger brother lives *in* Calcutta.

(iv) '**In**' is used before the names of months and years.

Example :

His elder sister was born *in* 1972 *in* the month of May.

'**On**' is used with dates and names of days. **Examples:**

(a) I joined college *on* the 26th April.

(b) He will leave for Kolkata *on* Wednesday next.

Important Information

1. '**In**' is also used in the following phrases :
   In the morning; In the evening, In winter, In summer.
2. '**In**' also denotes a place inside anything.
   He travelled *in* a crowded bus.
3. '**At**' is used in the following phrases :
   At home, *At* the station, *At* work, *At* play.

12. Below, Beneath

Below means 'of lower level in position, dignity and expectation' etc. *Beneath* means 'under'.

Examples :

(i) It is *below* my dignity to talk to her.

(ii) They rested *beneath* the shade of a tree.

13. In, Into, To

'**In**' expresses Rest or Motion inside anything. '**Into**' expresses Motion towards the inside of anything or change from one medium to another. '**To**' denotes motion from one place to another.

Examples :

(i) The boys are *in* the room.

(ii) Translate this passage from English *into* Hindi.

(iii) Every morning he goes *to* the temple.

14. Till, By, Of, Off

- 'Till' means upto or not earlier than.
- 'By' means not later than.
- 'Of' shows cause, source, separation, quality, contents, possession, apposition, point of reference, space in time etc.
- 'Off' shows separation at a near distance, and detached condition.

Consider the following examples:

(i) I shall work *till* 5 a.m.

(ii) Madhu died *of* cancer.

(iii) The nib *of* the pen is made *of* gold.

(iv) He presented me a bottle *of* perfume.

(v) Our principal is a man *of* principle.

(vi) He lived in the house *of* his friend.

(vii) *By* this time tomorrow, I'll have finished my job.

(viii) My house is *off* the road.

(ix) The book fell *off* the table.

MULTIPLE CHOICE QUESTIONS

Directions: *Tick the correct preposition for the blank in each of the following sentences.*

1. He applied ...... the manager.

A. for B. to
C. with D. by

2. Trust ...... God and do the right.

A. in B. for
C. to D. with

3. She is worthy ...... a prize.

A. with B. for
C. to D. of

4. Mr. Gomes has no taste ...... music.

A. of B. for
C. with D. to

5. You are hard ...... hearing.

A. at B. of
C. with D. for

6. He is sure ...... his success

A. for B. with
C. on D. of

7. Preeti was warned ...... the danger ahead.

A. for B. at
C. of D. about

8. I am thankful ...... you for a good advice.

A. for B. with
C. to D. of

9. Deepak would not surrender ...... the police.

A. with B. to
C. for D. on

10. The small plant in your lawn is very sensitive ...... touch.

A. on B. with
C. to D. about

11. Divya was sure to succeed ..... the examination.
A. for B. in
C. to D. with

12. Geeta was jealous ...... Ravina's beauty.
A. to B. with
C. for D. of

13. He was ignorant ..... what was happening there.
A. for B. of
C. to D. with

14. Your pen is inferior ...... mine.
A. than B. with
C. from D. to

15. Reenu is no match ...... Meenu.
A. to B. for
C. with D. upon

16. It is necessary ...... you to apply for this job.
A. on B. with
C. for D. to

17. Be loyal ...... your country.
A. for B. to
C. on D. with

18. Mukesh is junior ...... me.
A. than B. to
C. from D. of

19. Deepika was innocent ...... the crime.
A. of B. with
C. from D. to

20. I am desirous.... joining the Indian cricket team.
A. for B. of
C. to D. on

ANSWERS

1	2	3	4	5	6	7	8	9	10
B	A	D	B	B	D	D	D	B	D
11	12	13	14	15	16	17	18	19	20
B	D	B	D	B	D	B	B	A	B

SYNONYMS

A synonym is a word which conveys a meaning similar to the given word.

REMEMBER

Words	*Synonyms*
Add	Increase
Adequate	Enough
Adjust	Adapt
All	Aggregate
Allow	Permit
Abode	Dwelling
Apt	Proper
Assess	Appraise
Accuse	Calumniate
Abashed	Timid
Annoy	Displease
Ample	Enough, Sufficient
Amplify	Increase
Apathetic	Unenthusiastic
Accost	Address
Authentic	True
Adjust	Fit
Approve	Assent, Allow, Accept
Adapt	Conform
Adversary	Opponent, Rival, Competitor
Beat	Whack
Benign	Kind
Breeze	Zephyr
Baffle	Puzzle
Booty	Spoil
Beauty	Charm
Beast	Animal
Bandit	Robber
Blaze	Shine
Bond	Tie
Bend	Twist
Bate	Diminish
Beg	Plead
Barbaric	Wild, Savage
Bashful	Shy, Reserved
Begin	Start
Blend	Mix, Mingle
Bizarre	Funny
Below	Under
Bedevil	Confuse
Bemoan	Lament
Babble	Nonsense
Blame	Fault
Behaviour	Demeanour
Call	Accost
Copy	Imitate
Close	Shut
Caress	Love
Camp	Stay
Connect	Attach
Cut	Injure, Curtail
Cling	Stick
Conical	Funny
Convey	Carry
Conspicuous	Prominent
Cheerful	Happy, Pleasant

Words	Synonyms
Curtail	Decrease
Cheerless	Sad, Dejected
Curious	Strange
Circumstance	Factor, Situation, Condition
Competent	Capable
Congruent	Overlapping
Cope	Deal, Endure
Confident	Sure
Complex	Intricate
Cajole	Coax, Flatter
Cunning	Crafty
Delectable	Joyful, Delightful
Devilish	Diabolical
Delicate	Soft
Devil	Fiend
Delay	Postpone
Dislike	Repugnance
Destroy	Ruin
Dwell	Live, Dilate
Declare	Pronounce
Drunk	Flushed
Deficient	Lacking
Damn	Condemn, Curse
Decrease	Diminish
Destruction	Devastation
Efficient	Competent
Ethnic	Racial
Enthral	Enslave
Earnest	Serious
Envious	Jealous
Ending	Final
Egg	Incite
Extempore	At once
Extensive	Far-ranging
Extra	Surplus
Existence	Life
Exceed	Overstep
Enormous	Vast
Excessive	Superfluous
Free	Unhindered
Frigid	Cold
Feed	Cater
Fame	Reputation
Frame	Make
First	Initial
Frighten	Terrorise, Intimidate
Fervent	Fervid
Fall	Decline
Feeble	Frail
Fickle	Changeable
Finish	Conclude
Fraud	Deception
Forgiving	Placable

Words	Synonyms
Grow	Develop
Greed	Avidity
Greet	Welcome
Grave	Serious
Group	Constellation
Given	Bestowed
Gratitude	Thankfulness
Have	Possess
Hire	Rent
Hit	Strike
Handsome	Beautiful
Hinder	Prevent
Heap	Pile
Hope	Expect
Hard	Harsh
Help	Aid
Hymn	Song
Henpecked	Enslaved
Hoodwink	Mystify, Cheat
Humble	Polite, Urbane, Modest
Harass	Vex, Trouble
Impart	Instil
Intact	Untouched
Instal	Establish
Indict	Impeach
Imitate	Ape
Instigate	Incite
Initiate	Start, Introduce
Inimical	Unfriendly
Insufferable	Intolerable
Impartiality	Justice
Jolly	Merry
Joyful	Delectable
Join	Conjoin
Kind	Benign
Kill	Murder
Kindred	Similar
Kinship	Relationship
Keen	Sharp
Knowledge	Scholarship
Lazy	Slothful
Large	Substantial, Gargantuan
Listless	Careless, Lackadaisical
Lax	Loose
Little	Small
Lifelike	Realistic
Lofty	High
Lenient	Soft, Gentle
Lacking	Deficient, Wanting
Lessen	Decrease
Middleclass	Bourgeois
Mitigate	Lessen, Abate
Modesty	Humility, Lowliness

Words	*Synonyms*
Mix	Mingle, Blend
Mixture	Mingling
Mixed	Assorted
Modify	Decrease
Mean	Imply
Multifarious	Varied
Miscarry	Abort
Note	Notice
Noble	Stately
Native	Indigenous
Needful	Necessary
Notify	Declare
Nervous	Shaky, Tremulous, Timid
Natural	Spontaneous
Near	Close
Normal	Natural
Offend	Displease
Oppress	Persecute, Tyrannize
Opponent	Adversary
Obstruct	Hinder, Check
Offence	Fault
Offender	Villain
Overstep	Exceed
Overlapping	Congruent
Occult	Mystic
Profane	Unholy
Patience	Forbearance
Pornographic	Obscene
Plenitude	Abundance
Prominent	Important
Prodigal	Spender
Procrastinate	Postpone
Promote	Develop, Honour
Persecute	Tyrannise
Profess	Claim
Pliant	Flexible
Plebian	Common
Polished	Sophisticated
Quake	Shake
Quit	Leave
Queer	Eccentric
Quell	Suppress
Quantify	Allot
Reply	Answer
Relinquish	Retire
Read	Peruse
Relation	Reference
Render	Do
Remainder	Residuals
Repeat	Reiterate
Repentant	Contrite
Retaliative	Retaliatory
Rumour	Hearsay
Reveal	Divulge
Ritualistic	Ceremonious
Soft	Delicate
Sort	Kind, Choose, Select
Selfish	Egoistic
Sensual	Earthly
Suppress	Quell, Check
Stimulate	Provoke
Tasteless	Insipid
Travel	Journey
True	Authentic, Faithful, Truthful
Turbulence	Turmoil
Tragedy	Calamity
Tasteful	Tasty, Delicious
Touching	Painful
Thankful	Grateful
Tremendous	Great, Huge
Tough	Strong
Terminate	Conclude, End
Theory	Doctrine
Tell	Relate
Tremble	Shake, Shiver
Urge	Spur
Unbeaten	Unsubdued
Use	Utilize, Practise
Underhand	Unfair, Undue
Unfair	Unjust
Unravel	Reveal, Divulge
Unimportant	Common
Unconcerned	Apathetic
Unimitated	Inimitable
Unfortunate	Unlucky
Understand	Perceive, Comprehend
Vain	Proud, Haughty, Conceited, Shameless
Vale	Valley, Dale, Dell
Vice	Fault
Virtue	Quality
Veracity	Reality
Value	Price, Prize
Vex	Tease
Vibrate	Quiver, Shake
Violent	Excessive
Vivid	Clear, Lucid
Victory	Triumph
Vulgar	Indecent
Virtuous	Honest
Variegated	Varied, Multifarious
Well	Good
Yell	Cry, Shout
Yonder	There
Yearn	Wish, Desire
Yoke	Slavery
Zest	Earnestness, Enthusiasm
Zealous	Earnest

ANTONYMS

A antonym is a word which conveys a meaning opposite to the given word.

REMEMBER

Words	*Antonyms*
Abhor	Love
Abnormal	Normal
Able	Unable
Acceptable	Unacceptable
Adequate	Inadequate
Amusing	Boring
Angry	Calm
Apex	Bottom
Attract	Repel
Bad	Good
Barren	Fertile
Beautiful	Ugly
Bitter	Sweet
Brave	Cowardly
Brief	Lengthy
Bright	Dull
Calm	Violent
Careful	Careless
Clear	Vague, Cloudy
Cold	Hot
Cruel	Kind
Dear	Cheap
Deep	Shallow
Difficult	Easy
Direct	Indirect
Dishonest	Honest
Disobey	Obey
Encourage	Discourage
Enormous	Tiny
Excellent	Bad
Expensive	Cheap
Eat	Fast
Fair	Unfair
Fake	Authentic
False	True
Famous	Notorious
Fool	Genius
Generous	Miserly
Genius	Fool
Genuine	Unauthentic
Gigantic	Tiny
Glad	Depressed
Good	Bad
Great	Little
Happy	Sad
Hard	Soft
Hate	Love
Honest	Dishonest
Idle	Busy

Words	*Antonyms*
Immoral	Moral
Include	Exclude
Incorrect	Correct
Intelligent	Unintelligent
Kind	Cruel
Like	Dislike
Long	Short
Lucid	Vague
Major	Minor
Naive	Experienced
Nadir	Apex
Neat	Clumsy
Obedient	Disobedient
Obscure	Clear
Oppose	Support
Optimistic	Pessimistic
Out	In
Patience	Impatience
Peaceful	Belligerent
Pious	Impious
Polite	Impolite
Potent	Impotent
Prominent	Unimportant
Proper	Improper
Pure	Impure
Quick	Slow
Quiet	Disturbance
Real	False, Unreal
Reject	Select, Choose
Reliable	Unreliable
Respect	Disrespect
Right	Wrong
Robust	Feeble, Weak
Sad	Happy
Secret	Open
Sensible	Insensible
Severe	Mild
Sharp	Blunt
Simple	Complex
Sociable	Unsociable
Tall	Short
Tidy	Untidy
Uncanny	Canny
Violent	Calm
Vivid	Vague
Strong	Weak
Big	Small
Easy	Difficult
Fast	Slow
High	Low
Catchy	Unattractive
Ugly	Handsome, Beautiful, Tidy
Tasty	Insipid
Sonorous	Harsh

MULTIPLE CHOICE QUESTIONS

Directions (Qs. 1 to 20): *In the following questions choose the word which best expresses the meaning of the given word.*

1. ABSURD
   A. Foolish B. Simple
   C. Courageous D. Silly
2. ABANDON
   A. Lose B. Profit
   C. Vacate D. Foil
3. CAJOLE
   A. Pause B. Lenient
   C. Blast D. Lure
4. COMBAT
   A. Fight B. Conflict
   C. Shoot D. Quarrel
5. LAMENT
   A. Condone B. Console
   C. Complain D. Contribution
6. DEBACLE
   A. Disgrace B. Defeat
   C. Collapse D. Decline
7. SHIVER
   A. Fear B. Tremble
   C. Shake D. Ache
8. TORTURE
   A. Terror B. Harassment
   C. Torment D. Tranquility
9. LAUDABLE
   A. Lovable B. Commendable
   C. Profitable D. Oblivious
10. FIXED
    A. Sterile B. Static
    C. Stubborn D. Parennial
11. QUEER
    A. Unfamiliar B. Cute
    C. Curious D. Strange
12. SUFFICIENT
    A. Fit B. Proper
    C. Adequate D. Vast
13. GLOSS
    A. Brightness B. Soothing
    C. Rubbing D. Miracle
14. LONGING
    A. Prune B. Apathy
    C. Curtail D. Craving
15. JEER
    A. Applaud B. Magnanimity
    C. Avoid D. Scoff
16. ZENITH
    A. Minimum B. Nadir
    C. Plant D. Peak
17. GARB
    A. Distort B. Dress
    C. Trivial D. Rage
18. ABHOR
    A. Rude B. Reconcile
    C. Crave D. Detest
19. YIELD
    A. Shum B. Incisive
    C. Retain D. Surrender
20. YOKE
    A. Twist B. Release
    C. Link D. Extra

Directions (Qs. 21 to 26): *In the following questions choose the word which best expresses the opposite of the given word.*

21. TRAGIC
    A. Dramatic B. Strong
    C. Gentle D. Comic
22. ORAL
    A. Verbal B. Sane
    C. Minor D. Written
23. ADMIRE
    A. Hate B. Unlike
    C. Dislike D. Enough
24. VIOLENT
    A. Gentle B. Savage
    C. Haughty D. Decline
25. ADVERSITY
    A. Windfall B. Inprosperity
    C. Prosperity D. Slave
26. GENUINE
    A. Spurious B. Obscure
    C. Countless D. Apathetic

ANSWERS

1	2	3	4	5	6	7	8	9	10
D	C	D	A	C	C	B	C	B	B
11	12	13	14	15	16	17	18	19	20
D	C	A	D	D	D	B	D	D	C
21	22	23	24	25	26				
D	D	C	A	C	A				

●●●

3

Sentence Completion

It is such an exercise which starts with the primary schools and continues in the highest level of competitive examinations. One must practise it regularly to score well.

Directions (Qs. 1 to 15): *Pick out the most effective word(s) from the given words to fill in the blanks to make the sentence meaningfully complete.*

1. The student ...... that book from the library to study at home.
A. issued B. borrowed
C. hired D. lent

2. I wish I ...... a king.
A. was B. am
C. should be D. were

3. He ...... to listen to my arguments and walked away.
A. denied B. disliked
C. objected D. refused

4. The flow of blood was so ...... that the patient died.
A. intense B. adequate
C. profuse D. extensive

5. When I met her yesterday, it was the first time I ...... her since Christmas.
A. saw B. have seen
C. had seen D. have been seing

6. Can you pay ...... all these articles?
A. for B. of
C. off D. out

7. I ...... you to be at the party this evening.
A. expect B. hope
C. look forward to D. desire

8. ...... being a handicapped person, he is very cooperative and self-reliant.
A. Because B. Although
C. Since D. Despite

9. The child broke ...... from his mother and ran towards the painting.
A. away B. after
C. down D. with

10. With his ...... income, he finds it difficult to live a comfortable life.
A. brief
B. sufficient
C. meagre
D. huge

11. He could ...... a lot of money in such a short time by using his intelligence and working hard.
A. spend
B. spoil
C. exchange
D. accumulate

12. Though the brothers are twins, they look ......
A. alike B. handsome
C. indifferent D. different

13. Unfavourable weather conditions can ..... illness.
A. cure B. detect
C. treat D. enhance

14. No sooner did the bell ring, ... the actor started singing.
A. when B. than
C. after D. before

15. If I ...... realised it, I would not have acted on his advice.
A. was B. had
C. were D. have

Directions (Qs. 16 to 25): *In each question, an incomplete statement (Stem) followed by four fillers is given. Pick out the best one which can complete the incomplete stem correctly and meaningfully.*

16. Unless you work harder you will fail, means .....
A. if you fail you will work harder.
B. you must at least plan well than you will not fail.
C. hardly you will fail if you do not desire so.
D. if you do not put more efforts, then you will fail.

17. Even if it rains I shall come, means .....
A. if I come it will not rain.
B. if it rains I shall not come.
C. I will certainly come whether it rains or not.
D. whenever there is rain I shall come.

18. Dinesh is as stupid as he is lazy means .....
A. Dinesh is stupid because he is lazy.
B. Dinesh is lazy because he is stupid.
C. Dinesh is either stupid or lazy.
D. Dinesh is equally stupid and lazy.

19. He is so lazy that he .....
A. cannot depend on others for getting his work done.
B. cannot delay the schedule of completing the work.
C. can seldom complete his work on time.
D. dislike to postpone the work that he undertakes to do.

20. He always stammers in public meetings, but his today's speech .....
A. was fairly audible to everyone present in the hall.
B. was not received satisfactorily.
C. could not be understood properly.
D. was free from that defect.

21. In order to raise the company's profit, the employees.....
A. demanded two additional increments.
B. decided to go on paid holidays.
C. requested the management to implement new welfare schemes.
D. offered to work overtime without any compensation.

22. Although, he is reputed for making very candid statements, ...
A. his today's speech was not fairly audible.
B. his promises had always been realistic.
C. his speech was very interesting.
D. his today's statements were very ambiguous.

23. I felt somewhat more relaxed .....
A. but tense as compared to earlier.
B. and tense as compared to earlier.
C. as there was already no tension at all.
D. and tension-free as compared to earlier.

24. With great efforts his son succeeded in convincing him not to donate his entire wealth to an orphanage ....
A. and lead the life of a wealthy merchant.
B. but to a home for the forsaken children.
C. and make an orphan of himself.
D. as the orphanage needed a lot of donations.

25. Even though it is a very large house, ...
A. there is a lot of space available in it for children.
B. there is hardly any space available for children.
C. there is no dearth of space for children.
D. the servants take a long time to clean it.

ANSWERS

1	2	3	4	5	6	7	8	9	10
B	D	D	C	C	A	A	D	A	C
11	12	13	14	15	16	17	18	19	20
D	D	D	B	B	D	C	D	C	D
21	22	23	24	25					
D	D	D	C	B					

●●●

4

Spotting Errors

The most common errors in English are of spellings, grammar and usage of words. By regular practice, the errors can be easily spotted and minimised.

MULTIPLE CHOICE QUESTIONS

Directions: *In the following questions some of the sentences have errors and some are correct. Find out which part of a sentence has an error, the number of that part is your answer. If a sentence is free from errors, then your answer is D i.e., No error.*

1. (A) Either Ram or/(B) you is responsible/(C) for this action./(D) No error.
2. (A) The student flatly denied/(B) that he had copied/(C) in the examination hall./(D) No error.
3. (A) By the time you arrive tomorrow/(B) I have finished/(C) my work./(D) No error.
4. (A) The captain with the members of his team/(B) are returning/(C) after a fortnight./(D) No error.
5. (A) After returning from/(B) an all-India tour/(C) I had to describe about it./(D) No error.
6. (A) The teacher asked his students/(B) if they had gone through/(C) either of the three chapters included in the prescribed text./(D) No error.
7. (A) Do you know/(B) how old were you/(C) when you came here?/(D) No error.
8. (A) Beware of/(B) a fair-weather friend/(C) who is neither a friend in need nor a friend indeed./(D) No error.
9. (A) Copernicus proved/(B) that Earth/(C) moves round the Sun./(D) No error.
10. (A) The property/(B) was divided/(C) among the two brothers./(D) No error.
11. (A) I am quite certain/(B) that the lady is not only greedy/(C) but miserly./(D) No error.
12. (A) The brilliant success in the examination/(B) as well as his record in sports/(C) deserves high praise./(D) No error.
13. (A) I cannot find/(B) where has he gone/(C) though I have tried may best./(D) No error.
14. (A) If I was/(B) the Prime Minister of India/(C) I would work wonders/(D) No error.
15. (A) If it weren't/(B) for you,/(C) I wouldn't be alive today./(D) No error.
16. (A) He looked like a lion/(B) baulked from/(C) its prey./(D) No error.
17. (A) Widespread flooding/(B) is affecting/(C) large areas of the villages./(D) No error.
18. (A) If we really set to/(B) we can get the whole house/(C) cleaned in an afternoon./(D) No error.

ANSWERS

1	2	3	4	5	6	7	8	9	10
B	D	B	B	C	C	D	D	B	C
11	**12**	**13**	**14**	**15**	**16**	**17**	**18**	**19**	**20**
C	D	B	A	C	C	C	A	A	C

EXPLANATORY ANSWERS

1. Replace 'is' by 'are'.
2. No error.
3. Replace 'have' by 'would have'.
4. Replace 'are' by 'is'.
5. Replace 'had to describe' by 'described'.
6. Replace 'either' by 'any'.
7. No error.
8. No error.
9. Omit 'that'.
10. Replace 'among' by 'between'.
11. Add 'also'.
12. No error.
13. Replace 'has he' by 'he has'.
14. Replace 'was' by 'were'.
15. Replace 'wouldn't be' by 'would not have been'.
16. Replace 'its' by 'his'.
17. Replace 'areas' by 'area'.
18. Replace 'set to' by 'set on'.

●●●

5

One Word Substitution

There are many single words in English language which can be perfectly used for a number of words. These words help in expressing ideas in a short and correct manner for the right occasion. Such words not only increase the vocabulary but also enable you to economise in the use of words to a great extent.

Multiple Word Expression	***Substitution***
One who always looks towards the bright side of things	Optimist
One who always looks towards the dark side of things	Pessimist
The time when one develops from a child into an adult	Adolescence
The process of growing more plants in order to form a forest.	Afforestation
The science which deals with farming	Agriculture
From some other country or place etc.	Alien
A term, etc. giving more than one meaning	Ambiguous
A vehicle which is used to carry sick persons	Ambulance
An animal which can live both in water and on land	Amphibian
A lawless situation when there is no government	Anarchy
Belonging to the history of thousands of years old	Ancient
Once a year	Annual
A very old object but still valuable	Antique
Words of opposite meanings	Antonyms
Words of similar meanings	Synonyms
Signatures of a famous person	Autograph
A government led by one person with absolute authority	Autocracy
A written work of one's own life history	Autobiography
A person who has never been married	Bachelor
A person usually having no hair on his head	Bald
A place where one can deposit money and get interest	Bank
A person who cuts our hair	Barber
A building/group of buildings where soldiers live	Barracks
A person who makes buns and biscuits	Baker
A person who lives by asking people for food and money without doing any useful job	Beggar
The crime of having married to two persons at the same time	Bigamy
The branch of science which deals with the study of plants	Botany
Able to speak two languages	Bilingual
Able to speak more than two languages	Polyglot
The branch of science which deals with the living organisms	Biology
A powerful snow storm	Blizzard
A great successful book or movie	Blockbuster
A short news on the radio or TV	Bulletin
A system in which the most important works are organised by the government officials	Bureaucracy
A person who has no vision in his eyes	Blind
A page or a series of pages on which the information of days, weeks, months, etc. is given	Calendar
A person who eats human flesh	Cannibal
A complete list of items often arranged alphabetically	Catalogue
A sudden disaster	Catastrophe
A period of 100 years	Century

Multiple Word Expression	*Substitution*
A branch of science which deals with chemicals	Chemistry
A printed leaf usually issued by banks that we sign to carry certain financial deal	Cheque
A person who makes or mends shoes	Cobbler
A group of people who has been chosen by others to make decisions on their own	Committee
A building in which nuns live	Convent
An animal which feeds on other animals	Carnivorous
A person who does criticism	Critic
A person who cannot hear	Deaf
A condition in which one loses a lot of water from one's body because of vomiting, etc.	Dehydration
A system of government in which the people cast their votes to elect their leaders	Democracy
The study of skin problems	Dermatology
A long piece of land covered with sand	Desert
The art of managing relationships between countries	Diplomacy
A piece of information about the words in a book form	Dictionary
A piece of information about the telephone numbers of the people in a book from	Directory
A person in charge of a newspapers, magazine etc.	Editor
A person who thinks he is better than the others	Egoist
To leave your country and settle in some other country	Emigrate
A book or series of books giving almost all knowledge about an area or some persons etc.	Encyclopaedia
Study of insects	Entomology
Time when day and night are of the same duration	Equinox
To sell things out of the country	Export
To purchase things from some other country	Import
A plant or animal no longer in existence	Extinct
A situation when there is a shortage of food for a long period of time	Famine
An amount of money that we pay for some action or services	Fee
Related to women	Feminine
An animal strong and aggressive	Ferocious
A piece of land where plants grow easily from the soil that is favourable to them	Fertile
A work of literature having some imaginary events	Fiction
A large amount of water covering certain area	Flood
A person who sells flowers	Florist
A religious ceremony for burying or cremating a dead person	Funeral
A substance which kills fungus	Fungicide
A person studying or having studied the diseases and the related things of female reproductory system	Gynaecologist
The murder of the person of the same group race or country	Genocide
A substance which kills germs	Germicide
A situation in which many people die because of fire during war	Holocaust
The act of killing a person deliberately	Homicide
A word having the pronunciation as the other one does but it differs in meaning	Homophone
A word having the same spelling as the other one does but it is pronounced in some other way	Homonym
A person who is attracted towards the person of the same sex	Homosexual
Go across and parallel to the ground	Horizontal
A substance which kills the insects	Insecticide
That cannot be corrected	Incorrigible
That cannot be defeated	Invincible
That cannot be eaten	Inedible
That cannot be seen	Invisible
A place in a school or college where books are kept for the benefit of students, teachers etc.	Library
A place in a school or college where scientific experiments are performed	Laboratory

Multiple Word Expression	*Substitution*
An official who is a judge in the lowest court	Magistrate
A piece of music or a book before it is printed	Manuscript
Related to men	Masculine
One who believes in the existence of God	A theist
One who does not believe in the existence of good	An atheist
That can be believed	Credible
That cannot be believed	Incredible
That which dissolves in a solvent	Soluble
That which does not dissolves in a solvent	Insoluble
Hard writing that can be read	Legible
Hard writing that cannot be read	Illegible
A person who does jobs beneficial to mankind	Philanthropist
A person who goes on foot	Pedestrian
A person who fights for his own country	Patriot
An act of killing oneself	Suicide
A woman whose husband is dead	Widow
A man whose wife is dead	Widower
A person who eats vegetarian and non-vegetarian diets	Omnivorous
Something which is everywhere at the same time	Omnipresent
One who knows everything	Omniscient
A child who does not have parents	Orphan
An award etc. given after the death of the person	Posthumous
The place where animals are kept for amusement and to increase the knowledge of the public	Zoo
The science which deals with the study of animals	Zoology

MULTIPLE CHOICE QUESTIONS

Directions: *In questions given below, out of the four alternatives, choose the one which can be substituted for the given words/sentences.*

1. Something that relates to everyone in the world
A. General B. Common
C. Usual D. Universal

2. An expression of mild disapproval
A. Warning B. Denigration
C. Impertinence D. Reproof

3. One who is not easily pleased by anything
A. Maiden B. Medieval
C. Precarious D. Fastidious

4. Murder of a king
A. Infanticide B. Matricide
C. Genocide D. Regicide

5. A remedy for all diseases
A. Stoic B. Marvel
C. Panacea D. Recompense

6. A dramatic performance
A. Mask B. Mosque
C. Masque D. Mascot

7. Study of birds
A. Orology B. Optology
C. Ophthalmology D. Ornithology

8. Ready to believe
A. Credulous B. Credible
C. Creditable D. Incredible

9. Incapable of being seen through
A. Ductile B. Opaque
C. Obsolete D. Potable

10. One who eats everything
A. Omnivorous B. Omniscient
C. Irresistible D. Insolvent

11. A place where bees are kept is called
A. An apiary B. A mole
C. A hive D. A sanctuary

12. One who cannot be corrected
A. Incurable B. Incorrigible
C. Hardened D. Invulnerable

13. One who is in charge of a museum
A. Curator B. Supervisor
C. Caretaker D. Warden

14. Continuing fight between parties, families, clans, etc.
A. Enmity B. Feud
C. Quarrel D. Skirmish

15. A voice loud enough to be heard
A. Audible B. Applaudable
C. Laudable D. Oral

16. A paper written by hand
A. Handicraft B. Manuscript
C. Handiwork D. Thesis

17. Habitually silent or talking little
A. Serville B. Unequivocal
C. Taciturn D. Synoptic

18. To slap with a flat object
A. Chop B. Hew
C. Gnaw D. Swat

19. A person who speaks many languages
A. Linguist B. Monolingual
C. Polyglot D. Bilingual

20. A light sailing-boat built specially for racing
A. Canoe B. Yacht
C. Frigate D. Dinghy

21. A fixed orbit in space in relation to earth
A. Geological B. Geo-synchronous
C. Geo-centric D. Geo-stationary

22. A style in which a writer makes a display of his knowledge
A. Pedantic B. Verbose
C. Pompous D. Ornate

23. A religious discourse
A. Preach B. Stanza
C. Sanctorum D. Sermon

24. A place that provides refuge
A. Asylum B. Sanatorium
C. Shelter D. Orphanage

25. Detailed plan of a journey
A. Travelogue B. Travelkit
C. Schedule D. Itinerary

26. A person who insists on something
A. Disciplinarian B. Stickler
C. Instantaneous D. Boaster

27. A drawing on transparent paper
A. Red print B. Blue print
C. Negative D. Transparency

28. One who believes that all things and events in life are predetermined is a
A. Fatalist B. Puritan
C. Egoist D. Tyrant

29. A school boy who cuts classes frequently is a
A. Defeatist B. Sycophant
C. Truant D. Martinet

30. The act of violating the sanctity of the church is
A. Blasphemy B. Heresy
C. Sacrilege D. Desecration

31. A place where monks live as a secluded community
A. Cathedral B. Diocese
C. Convent D. Monastery

32. One who is fond of fighting
A. Bellicose B. Aggressive
C. Belligerent D. Militant

33. Tending to move away from the centre or axis
A. Centrifugal B. Centripetal
C. Axiomatic D. Awry

34. Words inscribed on tomb
A. Epitome B. Epistle
C. Epilogue D. Epitaph

35. Leave or remove from a place considered dangerous
A. Evade B. Evacuate
C. Avoid D. Exterminate

36. Original inhabitants of a country
A. Abroge B. Aborger
C. Aborgory D. Aborigins

37. Government by the officials
A. Theocracy B. Plutocracy
C. Bureaucracy D. Democracy

38. Incapable of being exhausted
A. Inexhaustible B. Inaexhaustible
C. Exhaustable D. Non-tired

39. A person of good understanding, knowledge and reasoning power
A. Expert B. Intellectual
C. Snob D. Literate

40. One absorbed in his own thoughts and feelings rather than in things outside
A. Scholar B. Recluse
C. Introvert D. Intellectual

ANSWERS

1	2	3	4	5	6	7	8	9	10
D	D	D	D	C	C	D	A	B	A
11	**12**	**13**	**14**	**15**	**16**	**17**	**18**	**19**	**20**
A	B	A	B	A	B	C	D	A	B
21	**22**	**23**	**24**	**25**	**26**	**27**	**28**	**29**	**30**
D	A	D	A	D	B	D	A	C	C
31	**32**	**33**	**34**	**35**	**36**	**37**	**38**	**39**	**40**
D	A	A	D	B	B	C	A	B	C

●●●

6

Spelling Errors

There are thousands of words in English language. It is difficult to remember the spellings and meanings of all at once. Try to learn as many as you can. Use a dictionary regularly.

Directions: *Find the correctly spelt words.*

1. A. Damage B. Dammage C. Damaige D. Dammege

2. A. Efficiant B. Effecient C. Efficient D. Eficient

3. A. Schedule B. Schdule C. Schedale D. Schedeule

4. A. Occurad B. Occurred C. Ocurred D. Occured

5. A. Grieff B. Grief C. Grieef D. Grrief

6. A. Guarantee B. Garuntee C. Guaruntee D. Gaurantee

7. A. Meddicine B. Medicine C. Medicene D. Medicinne

8. A. Benefeted B. Benefitted C. Benifited D. Benefited

9. A. Acommodation B. Acomodation C. Accomodation D. Accommodation

10. A. Querrelsome B. Quarrelsame C. Quarrelsome D. Querralsome

11. A. Sympathetic B. Smypathetic C. Sympothetic D. Sympethetic

12. A. Prograssive B. Progressive C. Progresive D. Prograsive

13. A. Uncivilized B. Uncevilized C. Uncivillized D. Uncevelized

14. A. Extravagant B. Extreragent C. Extreregant D. Extravegent

15. A. Missunderstood B. Miesunderstood C. Misunderstood D. Misunderstod

16. A. Belligerent B. Beligirent C. Belligarant D. Belligerrent

17. A. Astonished B. Astronished C. Astoneshed D. Asstonished

18. A. Sincerely B. Sencerely C. Sincerelly D. Sincerrely

19. A. Rigourous B. Rigerous C. Rigorous D. Regerous

20. A. Satellite B. Sattellite C. Satelite D. Sattelite

21. A. Pesanger B. Passenger C. Pessenger D. Pasanger

22. A. Humurous B. Humorous C. Humoreus D. Humorrous

23. A. Exeggerate B. Exaggerate C. Exadgerate D. Exagerate

24. A. Fariegn B. Forein C. Foriegn D. Foreign

25. A. Excesive B. Excessive C. Exccessive D. Exccesive

26. A. Forcaust B. Forcast C. Forecast D. Forecaste

27. A. Paralleted B. Paralelled C. Parralleled D. Parallelled

28. A. Ocasion B. Occassion C. Occasion D. Ocassion

29. A. Boquet B. Bouquet C. Bouquete D. Bouquette

30. A. Chettering B. Chaterring C. Chattering D. Chatering

31. A. Discourage B. Disscourage C. Discourege D. Discaurage

32. A. Curageous B. Courageous C. Courrageous D. Couregeous

33. A. Abandon B. Abanddon C. Abendon D. Abbandon

34. A. Embarassment B. Emberrassement C. Embarrassment D. Embbaresment

35. A. Eccintric B. Eccentrie C. Eccentric D. Eccintrie

36. A. Occasional B. Occassional C. Occesional D. Occessional

37. A. Querrel B. Querral C. Quarrel D. Quarel

38. A. Contrebution B. Contribution C. Contributtion D. Conterbution

39. A. Desgrace B. Disgrece
C. Disgrice D. Disgrace

40. A. Harassment B. Herassment
C. Harasment D. Harassmient

41. A. Imaginative B. Imeginative
C. Imagenative D. Imaginetive

42. A. Suficient B. Suficiant
C. Sufficient D. Sufficiant

43. A. Adequate B. Edequate
C. Adaquete D. Edaquete

44. A. Exparienced B. Experianced
C. Experienced D. Experrienced

45. A. Flatering B. Fletering
C. Flattering D. Fletaring

46. A. Cuttiveted B. Culltrivated
C. Cultivated D. Caltivated

47. A. Praiceworthy B. Peiseworthy
C. Praiseworthy D. Praisaworthy

48. A. Profesional B. Professionel
C. Professional D. Profissional

49. A. Ameteur B. Amateur
C. Amataur D. Amateor

50. A. Unfevourable B. Unfevaurable
C. Unfavourable D. Unfivourable

ANSWERS

1	2	3	4	5	6	7	8	9	10
A	C	A	B	B	A	B	B	D	C
11	**12**	**13**	**14**	**15**	**16**	**17**	**18**	**19**	**20**
A	B	A	A	C	A	A	A	C	A
21	**22**	**23**	**24**	**25**	**26**	**27**	**28**	**29**	**30**
B	B	B	D	B	C	A	C	B	C
31	**32**	**33**	**34**	**35**	**36**	**37**	**38**	**39**	**40**
A	B	A	C	C	A	C	B	D	A
41	**42**	**43**	**44**	**45**	**46**	**47**	**48**	**49**	**50**
A	C	A	C	A	C	C	C	B	C

•••

हिंदी

व्याकरण

व्याकरण वह शास्त्र है जिसके द्वारा किसी भी भाषा के शब्दों और वाक्यों के शुद्ध स्वरूपों एवं शुद्ध प्रयोगों का ज्ञान कराया जाता है।

व्याकरण के चार अंग हैं : (i) वर्ण विचार (ii) शब्द विचार (iii) पद विचार और (iv) वाक्य विचार

भाषा : भाषा अभिव्यक्ति का एक ऐसा साधन है जिसके द्वारा मनुष्य अपने विचारों को दूसरों पर प्रकट कर सकता है और दूसरों के विचार जान सकता है। भाषा के दो रूप हैं–(i) मौखिक और (ii) लिखित।

बोली : भाषा का क्षेत्रीय रूप बोली कहलाता है।

लिपि : किसी भी भाषा के लिखने की विधि को लिपि कहते हैं।

वर्ण : हिन्दी भाषा में प्रयुक्त सबसे छोटी ध्वनि वर्ण कहलाती है। जैसे–अ, आ, ई, क्, ख्, आदि

वर्णमाला : वर्णों के समुदाय को वर्णमाला कहते हैं। हिन्दी वर्णमाला में 44 वर्ण हैं। जिनमें 11 स्वर तथा 33 व्यंजन हैं।

स्वरवर्ण : उन वर्णों को कहते हैं, जिनका उच्चारण बिना किसी दूसरे वर्ण की सहायता से होता है। हिन्दी में 11 स्वर हैं–अ, आ, इ, ई, उ, ऊ, ए, ऐ, ओ, औ, ऋ।

व्यंजन वर्ण : उन वर्णों को कहते हैं, जिनका उच्चारण स्वर वर्णों की सहायता के बिना नहीं हो सकता है। इनकी संख्या 33 है–

क ख ग घ ड़ च छ ज झ ञ ट् ठ

ड ढ़ ण त थ द ध न प फ ब भ

म य र ल व श ष स ह।

वर्ण : एक या अधिक वर्णों से बनी हुई स्वतन्त्र सार्थक ध्वनि शब्द कहलाती है।

शब्दों को तत्सम, तद्भव, देशज और विदेशी भागों में बाँटा जाता है।

तत्सम : जो शब्द संस्कृत भाषा से हिन्दी में बिना किसी परिवर्तन के लिए जाते हैं वे तत्सम कहलाते हैं, जैसे-- अग्नि, क्षेत्र, मित्र, नासिका आदि।

तद्भव : उन शब्दों को कहते हैं, जो संस्कृत से ही लिए गए हैं, परन्तु हिन्दी में आने पर जिनका रूप बदल गया है। जैसे–आग, खेत, रात आदि।

देशज : उन शब्दों को कहते हैं, जो बोलचाल तथा देश की अन्य भाषाओं से लिए गए हैं। जैसे–कटोरा, झंझत, डिबिया, लोटा आदि।

विदेशज या विदेशी : उन शब्दों को कहते हैं, जो किसी विदेशी भाषा से आए हैं। जैसे–स्कूल, कार, कमरा, खुदा, जोश, सरकार आदि।

शब्द सम्पदा

तत्सम शब्दों के तद्भव रूप

तत्सम	तद्भव	तत्सम	तद्भव
अग्नि	आग	अद्य	आज
अष्ट	आठ	अक्षि	आँख
अर्ध	आधा	अस्थि	हड्डी
अश्रु	आँसू	आम्र	आम
ग्राम	गाँव	गर्दभ	गधा
गृध्र	गीध	गौर	गोरा
गृह	घर	घट	घड़ा
धातु	धात	धृत	घी
लक्ष	लाख	सप्त	सात
त्वम्	तुम	दुग्ध	दूध
रत्न	रतन	वर्ष	बरस
भक्त	भगत	मर्कट	बन्दर
रात्रि	रात	उलूक	उल्लू
अन्धकार	अन्धेरा	क्षीर	खीर
निद्रा	नींद	पृष्ठ	पीठ
ज्येष्ठ	जेठ	स्वर्ण	सोना
श्वास	साँस	काक	काग
कार्य	काज	कर्ण	कान

तत्सम	तद्भव	तत्सम	तद्भव
पाद	पाँव	हस्त	हाथ
नासिका	नाक	कंटक	काँटा
दश	दस	दधि	दही
दीप	दीया	निद्रा	नींद
नव	नौ	पत्र	पत्ता
प्रस्तर	पत्थर	जिह्वा	जीभ
हस्ती	हाथी	दन्त	दाँत
क्षेत्र	खेत	नृत्य	नाच
सूचिका	सूई	स्वर्णकार	सुनार
लोक	लोग	पर्यङ्क	पलंग
स्वप्न	सपना	कातर	कायर
पुत्र	पूत	मानव	मनुष्य
शत	सौ	पुष्प	फूल
पक्व	पक्का	कृषक	किसान
कर्म	कार्य	आम्र	आम
कर्ण	कान	अष्ट	आठ
घंटिका	घंटी	चन्द्र	चन्द
यव	जौ	धूम्र	धुआँ

विराम चिह्न

विराम का अर्थ रुकना। अपने विचारों को ठीक ढंग से प्रकट करने के पढ़ते अथवा लिखते समय हमें कुछ रुकना पड़ता है। इस प्रकार के रुकने को विराम कहते हैं।

प्रत्येक-विराम के लिए अलग-अलग चिह्न हैं–

पूर्ण विराम	[।]
अल्प विराम	[,]
अर्ध विराम	[;]
प्रश्न बोधक	[?]
विस्मयादि बोधक	[!]
योजक	[–]
उद्धरण	[" "]

कारक

कारक शब्द उस रूप को कहते हैं, जिससे संज्ञा या सर्वनाम वाक्य के साथ सम्बन्ध जाना जाता है। जैसे–शीला कलम **से** लिखती है।

यह सीमा **की** पुस्तक है।

कारक के भेद विभक्ति चिह्नों सहित

कारक	**विभक्ति**
कर्त्ता	ने
कर्म	को
करण	से
सम्प्रदान	के लिए
अपादान	से
सम्बन्ध	का, के, की
अधिकरण	में, पर
सम्बोधन	हे, अरे!

पर्यायवाची शब्द

जिन शब्दों से एक समान अर्थ का बोध होता है, उन्हें पर्यायवाची या समानार्थी शब्द कहते हैं।

कुछ पर्यायवाची शब्दों के उदाहरण निम्नलिखित हैं–

आग – अग्नि, अनल, पावक, हुताशन, ज्वाला।
आकाश – नभ, आसमान, गगन, लोभ।
असुर – राक्षस, दानव, निशाचर, दैत्य।
अमृत – अभिय, पीयूष, सुधा, सोम।
अन्धकार – अन्धेरा, तिमिर, तम, तमिस्त्र।
आँख – नेत्र, नयन, लोचन, चक्षु, दृग।
कमल – जलज, पंकज, नीरज, राजीव।
इन्द्र – सुरपति, देवेन्द्र, सुरेन्द्र, देवेश।
ईश्वर – प्रभु, भगवान, जगदीश, दीनबन्धु।
पक्षी – खग, विहग, चिड़िया, नभचर।
बादल – घन, जलधर, वारिद, नीरद।
गंगा – सुरसरि, जाह्नवी, त्रिपथगा, देवनदी, विष्णुपदी।
चन्द्रमा – शशि, मयंक, निशाकर, सुधाकर, सुधांशु, सोम हिमांशु, राकेश।
जल – पानी, नीर, लोभ, अम्बु, सलिल, क्षीर, वारि।
फूल – पुष्प, कुसुम, सुमन, प्रसून, सारंग।
पृथ्वी – भू, भूमि, धरा, वसुन्धरा, वसुधा, धरती क्षमा, लोक।
कपड़ा – पट, वस्त्र, चीर, अम्बर, दुकूल।
घर – गृह, गेह, निकेतन, आलय, निलय, भवन, शाला, धाम, सदन।
जंगल – वन, कानन, अरण्य, विपिन।
तालाब – सरोवर, ताल, जलाशय, तड़ाग।
दिन – दिवस, वासर, वार।
पहाड़ – गिरि, पर्वत, गूधर, नग, महीधर, मेरू।
पत्थर – पहाड़, प्रस्तर, पाहन।
पवन – वायु, समीर, हवा, मारुत, अनिल।
पुत्र – सुत, तनय, पूत, आत्मज।
बिजली – तड़ित, चपला, दामिनी।
वृक्ष – तरू, रूख, विटप, पेड़।
मनुष्य – नर, मानव, मनुज, आदमी।
हाथी – करि, हस्ती, गज।
मित्र – सखा, मीत, सहचर, दोस्त।
राजा – नरेश, नृप, महीप, भूप।
समुद्र – सागर, सिन्धु, जलधि, नीरधि।
सरस्वती – शारदा, वागेश्वरी, भारती, महाश्वेता।
साँप – पन्नग, सर्प, विषधर, अहि, व्याल।
सूर्य – दिनकर, दिवाकर, रवि, भानु, भास्कर।
स्त्री – नारी, महिला, दारा, वामा।
शरीर – देह, तन, काया, गात, बदन।
गणेश – गजानन, गणपति, विनायक, एकदन्त, गजवदन लम्बोदर, विघ्न नाशक।
घोड़ा – तुरंग, बाजि, हय, अश्व, घोटक।
युद्ध – समर, रण, संग्राम।
सिंह – केसरी, मृगराज, केहरी।
शत्रु – अरि, रिपु, बैरी।
विष्णु – हरि, कमलेश, रमापति, चक्रपाणि, केशव, माधव, पीताम्बर।
कोष – खजाना, भण्डार, निधि।
धन – दौलत, द्रव्य, मुद्रा।

तलवार – कृपाण, असि, खड्ग।
अंग – भाग, हिस्सा, अवयव।
चोर – तस्कर, दस्यु, रजनीचर।
पत्नी – भार्या, दारा, गृहिणी।
पुत्र – तनय, सुत, लड़का, बेटा।
पुत्री – तनया, सुता, लड़की, बेटी।
माता – जननी, अम्बा, अम्बिका, अम्मा, माँ, धात्री।
मोर – शिखी, नीलकण्ठ, मयूर।
मृत्यु – मौत, काल, देहान्त।
रक्त – रुधिर, शोणित, खून, लहू।
विष – जहर, हलाहल, गरल।
सोना – कंचन, स्वर्ण, कनक।
हृदय – उर, छाती, वक्ष, वक्षस्थल, हिय, हिया।
सभा – अधिवेशन, परिषद्, बैठक, महासभा, समागम, समिति, सम्मेलन।
यमुना – कालिन्दी, कृष्णा, जमुना, रविसुता तरणि-तनुजा।

विलोम-शब्द

शब्दों के अपने निश्चित अर्थ होते हैं। उन अर्थों के विपरीत अर्थ देने वाले शब्द को विलोम-शब्द कहते हैं।

शब्द	विलोम	शब्द	विलोम
अमृत	विष	उदार	संकीर्ण
अनुकूल	प्रतिकूल	अनुराग	विराग
आदि	अन्त	उत्थान	पतन
इच्छा	अनिच्छा	उचित	अनुचित
अल्पायु	दीर्घायु	अनुज	अग्रज
उन्नति	अवनति	आकाश	पाताल
अधिक	न्यून	आयात	निर्यात
एक	अनेक	अन्धकार	प्रकाश
अर्थ	अनर्थ	उदय	अस्त
परकीया	स्वकीया	जड़	चेतन
जय	पराजय	अनिवार्य	वैकल्पिक
नकद	उधार	अपेक्षा	उपेक्षा
उपस्थित	अनुपस्थित	आदर	अनादर
अन्धेरा	उजाला	अपना	पराया
उत्तम	अधम	आय	व्यय
सुपुत्र	कुपुत्र	स्वाधीन	पराधीन
आहार	निराहार	कठोर	कोमल
दाता	याचक	दोषी	निर्दोषि
खेद	प्रसन्नता	धनी	निर्धन
निकट	दूर	चर	अचर
देव	दानव	खरा	खोटा
गरीब	अमीर	प्रेम	घृणा
जीवन	मृत्यु	बुरा	भला
सजीव	निर्जीव	मित्र	शत्रु
सुगन्ध	दुर्गन्ध	मौखिक	लिखित
संक्षेप	विस्तार	कटु	मधुर
आरम्भ	अन्त	कड़वा	मीठा
कृतज्ञ	कृतघ्न	दिन	रात
साक्षर	निरक्षर	पवित्र	अपवित्र
पाप	पुण्य	जल	थल
धीर	अधीर	निर्मल	मलिन

शब्द	विलोम	शब्द	विलोम
गुण	अवगुण	नश्वर	अनश्वर
निन्दा	स्तुति	भारी	हल्का
मनुष्यता	पशुता	सरस	नीरस
मान	अपमान	क्रय	विक्रय
धर्म	अधर्म	गहरा	उथला
गुरु	शिष्य	पक्ष	विपक्ष
जन्म	मृत्यु	बन्धन	मुक्ति
यश	अपयश	ज्ञान	अज्ञान
आदर	अनादर	पूर्ण	अपूर्ण
सफल	असफल	शान्त	अशान्त
कीर्ति	अपकीर्ति	वादी	प्रतिवादी
आस्तिक	नास्तिक	स्वदेश	परदेश
सज्जन	दुर्जन	राग	द्वेष
ऊसर	उर्वर	उदार	कृपण
अगला	पिछला	अगम	सुगम
अग्नि	जल	अति	अल्प
अर्थ	अनर्थ	अतल	वितल
अत्यधिक	स्वल्प	अधः	उपरि
अधिकतम	न्यूनतम	अतिवृष्टि	अनावृष्टि
अनाथ	सनाथ	ईश्वर	जीव
अनुलोम	विलोम	अर्पण	ग्रहण
अवनि	अम्बर	अस्त	उदय
आकर्षण	विकर्षण	आगे	पीछे
आजाद	गुलाम	आदान	प्रदान
आधुनिक	प्राचीन	आना	जाना
आय	व्यय	आयात	निर्यात
आवश्यक	अनावश्यक	आशा	निराशा
आस्था	अनास्था	इहलोक	परलोक
उच्च	निम्न	उत्थान	पतन
उपकार	अपकार	उपयोग	दुरुपयोग
एकता	अनेकता	कल	आज
कृत्रिम	प्राकृत	कृष्ण	शुक्ल
कपूत	सपूत	कोमल	कठोर
गगन	धरा	ज्ञान	अज्ञान

लिंग

लिंग का अर्थ है 'चिह्न'। लिंग शब्द उस चिह्न को कहते हैं जिससे वस्तु के पुरुष या स्त्री होने की कल्पना हो। लिंग दो प्रकार के होते हैं— (1) पुल्लिंग (2) स्त्रीलिंग

पुल्लिंग–पुल्लिंग संज्ञा के उस रूप को कहते हैं जिससे उसके पुरुष होने का ज्ञान होता है। जैसे–राम, श्याम, घोड़ा, हाथी, कुत्ता आदि।

स्त्रीलिंग–स्त्रीलिंग संज्ञा के उस रूप को कहते हैं जिससे उसके स्त्री होने का ज्ञान हो। जैसे–भैंस, गाय, बकरी, सीता, रमा इत्यादि।

पुल्लिंग	स्त्रीलिंग	पुल्लिंग	स्त्रीलिंग
इन्द्र	इन्द्राणी	मेहतर	मेहतरानी
नौकर	नौकरानी	जेठ	जेठानी
देवर	देवरानी	सेठ	सेठानी
पण्डित	पण्डिताइन	ओझा	ओझाइन
बनिया	बनियाइन	दुबे	दुबाइन
हलवाई	हलवाइन	चौबे	चौबाइन
गुरु	गुरुआइन	लड़का	लड़की
दास	दासी	कबूतर	कबूतरी
हिरण	हिरणी	क्षत्रिय	क्षत्राणी
मुगल	मुगलानी	हिन्दू	हिन्दुआनी
चौधरी	चौधरानी	भव	भवानी
लाला	ललाइन	पण्डा	पण्डाइन
ठाकुर	ठकुराइन	बाबू	बबुआइन
घोड़ा	घोड़ी	गूँगा	गूँगी
बच्चा	बच्ची	चाचा	चाची
बकरा	बकरी	मामा	मामी
मुर्गा	मुर्गी	साला	साली
चींटा	चींटी	रस्सा	रस्सी
देव	देवी	ब्राह्मण	ब्राह्मणी
बेटा	बेटी	बूढ़ा	बुढ़िया
चूहा	चुहिया	डिब्बा	डिबिया
गुड्डा	गुड़िया	कुम्हार	कुम्हारिन
सुनार	सुनारिन	नाती	नातिन
जुलाहा	जुलाहिन	दर्जी	दर्जिन
पापी	पापिन	हाथी	हथिनी

पुल्लिंग	स्त्रीलिंग	पुल्लिंग	स्त्रीलिंग
पिता	माता	बैल	गाय
कवि	कवयित्री	विधुर	विधवा
बाप	माँ	बादशाह	बेगम
नर	मादा	मर्द	औरत
युवक	युवती	वर	वधू
सम्राट्	सम्राज्ञी	साढ़ू	साली
फूफा	बुआ	पुत्र	पुत्री
पहाड़	पहाड़ी	गोप	गोपी
गधा	गधी	तरुण	तरुणी
नर्तक	नर्तकी	बेटा	बिटिया
बछड़ा	बछिया	चिड़ा	चिड़िया
बन्दर	बन्दरिया	कुत्ता	कुतिया
नाई	नाइन	धोबी	धोबिन
ग्वाला	ग्वालिन	भंगी	भंगिन
स्वामी	स्वामिनी	विद्वान्	विदुषी
साधु	साध्वी	पुरुष	स्त्री
पति	पत्नी	वीर	वीरांगना
साहब	मेम	सास	ससुर
मियाँ	बीबी	राजा	रानी
बिलाड़	बिल्ली	अनुज	अनुजा
छात्र	छात्रा	महोदय	महोदया
प्रिय	प्रिया	मामा	मामी
लोटा	लुटिया	मोर	मोरनी
शेर	शेरनी	जाट	जाटिन
डाक्टर	डाक्टरनी	मालिक	मालकिन
माली	मालिन	बाघ	बाघिन
हाथी	हथिनी	स्वामी	स्वामिनी
बालक	बालिका	धनवान	धनवती
धावक	धाविका	नेता	नेत्री
गुणवान	गुणवती	नर	मादा
अभिनेता	अभिनेत्री	प्राचार्य	प्राचार्या
प्रबन्धकर्ता	प्रबन्धकर्ती	दाता	दात्री
ननदोई	ननद	अध्यापक	अध्यापिका

वचन

शब्द के जिस रूप से उसके एक अथवा अनेक होने का बोध हो, उसे वचन कहते हैं।

हिन्दी में दो वचन होते हैं—

(1) एकवचन और (2) बहुवचन

एकवचन–शब्द के जिस रूप से एक ही वस्तु का बोध हो, उसे एकवचन कहते हैं। जैसे–लड़का, गाय, बकरी, घोड़ा, राम, सीता आदि।

बहुवचन–शब्द के जिस रूप से अनेकता का बोध हो उसे बहुवचन कहते हैं। जैसे–लड़के, कपड़े, गायें आदि।

एकवचन	बहुवचन	एकवचन	बहुवचन
लड़का	लड़के	कौवा	कौवे
बेटा	बेटे	कमरा	कमरे
कपड़ा	कपड़े	बहन	बहनें
चीज	चीजें	गधा	गधे
रुपया	रुपये	घोड़ा	घोड़े
नहर	नहरें	रात	रातें
बात	बातें	सड़क	सड़कें
दाना	दाने	लोटा	लोटे
पैसा	पैसे	पुस्तक	पुस्तकें
कन्या	कन्याएँ	वधू	वधुएँ
नारी	नारियाँ	लड़की	लड़कियाँ
मुर्गा	मुर्गे	घण्टा	घण्टे
गद्दा	गद्दे	हीरा	हीरे
बच्चा	बच्चे	प्याला	प्याले
छाता	छाते	गाय	गायें
कथा	कथाएँ	कविता	कविताएँ
बहू	बहुएँ	टोपी	टोपियाँ
नाली	नालियाँ	बेटा	बेटे
ताला	ताले	जूता	जूते

एकवचन	बहुवचन	एकवचन	बहुवचन
डिबिया	डिबियाँ	नाक	नाकें
पूँछ	पूँछें	मूँछ	मूँछें
चिड़िया	चिड़ियाँ	सरिता	सरिताएँ
बालिका	बालिकाएँ	चाभी	चाभियाँ
कहानी	कहानियाँ	दरवाजा	दरवाजे
कलम	कलमें	कुटिया	कुटियाँ
रानी	रानियाँ	नाई	नाइयों
माता	माताएँ	बाल	बालों
हाथ	हाथों	मुख	मुख
कोट	कोट	दाँत	दाँतों
नाखून	नाखूनों	पैर	पैरों
बैल	बैलों	माली	मालियों
राजा	राजाओं	पिता	पिता
चन्द्रमा	चन्द्रमा	कवि	कवियों
मुनि	मुनियों	कौआ	कौए
छात्रा	छात्राएँ	सेना	सेनाएँ
दिशा	दिशाएँ	गुड़िया	गुड़ियाँ
मेज	मेजें	भैंस	भैंसें
अंगूर	अंगूरों	समुद्र	समुद्र

अनेक शब्दों के लिए एक शब्द

जिसकी कोई उपमा न हो : **अनुपम**
तेज बुद्धि वाला : **कुशाग्रबुद्धि**
कल्पना से परे हो : **कल्पनातीत**
जो उपकार नहीं मानता है : **कृतघ्न**
जो उपकार मानता है : **कृतज्ञ**
किसी की हँसी उड़ाना : **उपहास**
ऊपर कहा हुआ : **उपर्युक्त**
ऊपर लिखा हुआ : **उपरलिखित**
जिस पर उपकार किया गया हो : **उपकृत**
इतिहास का ज्ञाता : **इतिहासज्ञ**
आलोचना करने वाला : **आलोचक**
ईश्वर में आस्था रखने वाला : **आस्तिक**
बिना वेतन का : **अवैतनिक**
जो कहा न जा सके : **अकथनीय**
जो गिना न जा सके : **अगणित**
जिसका कोई शत्रु ही न जन्मा हो : **अजातशत्रु**
जिसके समान कोई दूसरा न हो : **अद्वितीय**
जो परिचित न हो : **अपरिचित**
आकाश में उड़ने वाला : **नभचर**
जो टुकड़े-टुकड़े हो गया हो : **खण्डित**

मछली की तरह आँखों वाली : **मीनाक्षी**
मयूर की तरह आँखों वाली : **मयूराक्षी**
बच्चों के लिए काम की वस्तु : **बालोपयोगी**
जिसकी बहुत अधिक चर्चा हो : **बहुचर्चित**
जिस स्त्री को कभी सन्तान न हुई हो : **बन्ध्या (बाँझ)**
फेन से भरा हुआ : **फेनिल**
प्रिय बोलने वाली स्त्री : **प्रियम्वदा**
जिसकी उपमा न हो : **निरुपम**
जो थोड़ी देर पहले पैदा हुआ हो : **नवजात**
जिसका कोई आधार न हो : **निराधार**
नगर में वास करने वाला : **नागरिक**
रात में घूमने वाला : **निशाचर**
ईश्वर में विश्वास न रखने वाला : **नास्तिक**
माँस न खाने वाला : **निरामिष**
बिल्कुल बर्बाद हो गया : **ध्वस्त**
जिसकी धर्म में निष्ठा हो : **धर्मनिष्ठ**
देखने योग्य : **दर्शनीय**
बहुत तेज चलने वाला : **द्रुतगामी**
जो किसी पक्ष में न रहे : **तटस्थ**
तत्त्व को जानने वाला : **तत्त्वज्ञ**

तप करने वाला : **तपस्वी**
जिसे देखकर डर लगे : **डरावना**
जो जन्म से अन्ध हो : **जन्मान्ध**
जीने की प्रबल इच्छा : **जिजीविषा**
जिसने इन्द्रियों को जीत लिया हो : **जितेन्द्रिय**
चिन्ता में डूबा हुआ : **चिन्तित**
जो बहुत समय तक ठहरे : **चिरस्थायी**
जिसकी चार भुजाएँ हों : **चतुर्भुज**
जिसके हाथ में चक्र हों : **चक्रपाणि**
जिससे घृणा की जाए : **घृणित**
जिसे गुप्त रखा जाए : **गोपनीय**
गणित ज्ञाता : **गणितज्ञ**
आकाश को चूमने वाला : **गगनचुम्बी**
जिसका आदि न हो : **अनादि**
जो कुछ न जानता हो : **अज्ञ**
जो अनुकरण करने योग्य हो : **अनुकरणीय**
जिसका अन्त न हो : **अनन्त**
जो कभी न मरे : **अमर**
जो कम बोलता हो : **अल्पभाषी**
जिसका इलाज न हो : **लाइलाज**
जिसका कोई नाथ न हो : **अनाथ**
कम जानने वाला : **अल्पज्ञ**
जहाँ जाना सम्भव न हो : **अगम**
बड़ा भाई : **अग्रज**
कम खाने वाला : **अल्पाहारी**
जो बात पहले कभी न हुई हो : **अभूतपूर्व**
दूसरों के पीछे चलने वाला : **अनुचर**
जो पहले न पढ़ा हो : **अपठित**
जिसके आर-पार दिखाई देता हो : **पारदर्शी**
आज्ञा पालन करने वाला : **आज्ञाकारी**
काम से जी चुराने वाला : **कामचोर**
प्रतिदिन होने वाला : **दैनिक**
जिसका कोई अर्थ न हो : **निरर्थक**
हाथ से लिखा हुआ : **हस्तलिखित**
आँखों के सामने होने वाला : **प्रत्यक्ष**
जिसका आचरण अच्छा हो : **सदाचारी**
वह पुरुष जिसकी पत्नी मर गई हो : **विधुर**
वह स्त्री जिसका पति मर गया हो : **विधवा**
जिसका रूप अच्छा न हो : **कुरूप**
सदा सत्य बोलने वाला : **सत्यवादी**
बड़ी इमारत के टूटे-फूटे भाग : **खण्डहर**
प्रशंसा के योग्य : **प्रशंसनीय**

जहाँ अनाथ रहते हों : **अनाथालय**
प्रत्येक मास होने वाला : **मासिक**
जहाँ पानी के जहाज आकर रुकते हैं : **बन्दरगाह**
प्रत्येक सप्ताह होने वाला : **साप्ताहिक**
प्रत्येक वर्ष होने वाला : **वार्षिक**
जो कठिनाई से मिले : **दुर्लभ**
जिसका आकार हो : **साकार**
जिसका आकार न हो : **निराकार**
जो कभी बूढ़ा न हो : **अजर**
बहुत बोलने वाला : **वाचाल**
पृथ्वी पर रहने वाला : **थलचर**
जल में रहने वाला : **जलचर**
नभ में विचरण करने वाला : **नभचर**
जल-थल दोनों में रहने वाला : **उभयचर**
जिसमें रस न हो : **नीरस**
पढ़ने वाला : **पाठक**
जो भाषण देता हो : **वक्ता**
जो साथ में पढ़ता हो : **सहपाठी**
जिसके नीचे रेखा खींची हो : **रेखांकित**
जानने की इच्छा रखने वाला : **जिज्ञासु**
जिसकी कोई सन्तान न हो : **निःसन्तान**
जिसका कोई मूल्य न हो : **अमूल्य**
जो वन में घूमता हो : **वनचर**
जो इस लोक के बाहर की बात हो : **अलौकिक**
जो इस लोक की बात हो : **लौकिक**
जिसका सम्बन्ध पश्चिम से हो : **पाश्चात्य**
जो स्थिर रहे : **स्थावर**
दुःखान्त नाटक : **त्रासदी**
ज्ञान देने वाली : **ज्ञानदा**
भूत, वर्तमान भविष्य को देखने वाला : **त्रिकालदर्शी**
जो क्षमा के योग्य हो : **क्षम्य**
हिंसा करने वाला : **हिंसक**
हित चाहने वाला : **हितैषी**
सब कुछ जानने वाला : **सर्वज्ञ**
जो स्वयं पैदा हुआ हो : **स्वयंभू**
जो शरण में आया हो : **शरणागत**
जिसका वर्णन न किया जा सके : **वर्णनातीत**
व्याकरण जानने वाला : **वैयाकरण**
रचना करने वाला : **रचयिता**
खून से रंगा हुआ : **रक्तरंजित**
अत्यन्त सुन्दर स्त्री : **रूपसी**
कीर्तिमान पुरुष : **यशस्वी**

महत्त्वपूर्ण शब्दों की भाववाचक संज्ञा

शब्द	भाववाचक संज्ञा	शब्द	भाववाचक संज्ञा
दास	दासता	क्षत्रिय	क्षत्रियत्व
पशु	पशुता	बालक	बालकपन
बन्धु	बन्धुत्व	मित्र	मित्रता
बूढ़ा	बुढ़ापा	सती	सतीत्व
सेवक	सेवा	शिशु	शैशव
अपना	अपनत्व	पराया	परायापन
पण्डित	पाण्डित्य	पुरुष	पुरुषत्व
ब्राह्मण	ब्राह्मणत्व	बच्चा	बचपन
प्रभु	प्रभुता	नारी	नारीत्व
देव	देवत्व	लड़का	लड़कपन
मनुष्य	मनुष्यता	दानव	दानवता
निज	निजता	स्व	स्वत्व

शब्द	भाववाचक संज्ञा	शब्द	भाववाचक संज्ञा
अहं	अहंकार	अपना	अपनापन
व्यक्ति	व्यक्तित्व	मीठा	मिठास
गरीब	गरीबी	सफल	सफलता
बुरा	बुराई	स्वस्थ	स्वास्थ्य
सरल	सरलता	कंजुस	कंजुसी
कमजोर	कमजोरी	हरा	हरियाली
गर्म	गर्मी	मोटा	मोटाई
चालाक	चालाकी	गम्भीर	गम्भीरता
पढ़ना	पढ़ाई	लिखना	लिखाई
थकना	थकावट	लिखना	लिखावट
लूटना	लूट	लड़ना	लड़ाई
हँसना	हँसी	आप	अपनत्व

महत्त्वपूर्ण शब्दों के विशेषण

शब्द	विशेषण	शब्द	विशेषण
अंक	अंकित	अर्थ	आर्थिक
इतिहास	ऐतिहासिक	उदासी	उदास
कलंक	कलंकित	कुसुम	कुसुमित
जटा	जटिल	भार	भारी
बनारस	बनारसी	बाजार	बाजारू
प्यास	प्यासा	पुराण	पौराणिक
पंक	पंकित	पक्ष	पाक्षिक
धन	धनी	दो	दूसरा
तीन	तीसरा	झगड़ा	झगड़ालू
ठण्ड	ठण्डा	जाति	जातीय
काँटा	कँटीला	विदेश	विदेशी
रोज	रोजाना	भूगोल	भौगोलिक
पीड़ा	पीड़ित	पुत्र	पुत्रवान
आलस्य	आलसी	अंतर	आंतरिक
ईर्ष्या	ईर्ष्यालु	कर्म	कर्मठ
करुणा	कारुणिक	कृपा	कृपालु
गुण	गुणी	जल	जलमय
जीव	जैविक	तट	तटस्थ
तर्क	तार्किक	धर्म	धार्मिक
नमक	नमकीन	पत्थर	पथरीला
पल्लव	पल्लवित	पान	पनवाड़ी
मुख	मुखर	मिठास	मीठा
मास	मासिक	मद	मादक
रक्त	रक्तिम	रस	रसीला

शब्द	विशेषण	शब्द	विशेषण
वन	वन्य	विष्णु	वैष्णव
शहर	शहरी	तप	तपस्वी
जापान	जापानी	तेज	तेजस्वी
तत्त्व	तात्त्विक	दया	दयालु
देव	दैविक	निंदा	निंदक
नव	नवीन	पोषण	पोषक
पेट	पेटू	पाप	पापी
पूजा	पूज्य	भूख	भूखा
फेन	फेनिल	भारत	भारतीय
माया	मायावी	रंग	रंगीन
विष	विषैला	श्री	श्रीमान
सुर	सुरीला	विवाह	वैवाहिक
आदर	आदरणीय	ऋण	ऋणी
किताब	किताबी	क्रम	क्रमिक
ग्राम	ग्रामीण	घर	घरेलू
चतुर	चतुरता	जहर	जहरीला
सप्ताह	साप्ताहिक	अनुभव	अनुभवी
ओज	ओजस्वी	कल्पना	काल्पनिक
कुल	कुलीन	गाँव	गँवार
चमक	चमकीला	चाचा	चचेरा
दीन	दीनता	नगर	नागरिक
नागपुर	नागपुरी	परिवार	पारिवारिक
पुष्प	पुष्पित	पिता	पैतृक
फ्रांस	फ्रांसीसी	बाहर	बाहरी

शब्द	विशेषण	शब्द	विशेषण	शब्द	विशेषण	शब्द	विशेषण
भय	भयभीत	मधु	मधुर	गाना	गायक	बेचना	बिकाऊ
मौन	मौनी	मन	मानसिक	भागना	भगोड़ा	वन्द	वन्दनीय
मानव	मानवीय	रक्षा	रक्षक	चलना	चलती	घूमना	घुमक्कड़
रघु	राघव	रोग	रोगी	चलना	चालू	मरना	मरियल
वर्ष	वार्षिक	शक्ति	शक्तिशाली	भूलना	भुलक्कड़	पीछे	पिछला
श्रम	श्रमिक	अंत	अंतिम	भीतर	भीतरी	नीचे	निम्न
कागज	कागजी	मर्म	मार्मिक	अणु	आणविक	अधिकार	आधिकारिक
शब्द	शाब्दिक	अज्ञान	अज्ञानी	अनुभव	अनुभवी	अन्याय	अन्यायी
गुलाब	गुलाबी	प्रकृति	प्राकृतिक	अपमान	अपमानित	अभ्यास	अभ्यासी
परिचय	परिचित	पूजा	पुजारी	अवश्य	आवश्यक	आदि	आदिम
रोग	रोगी	ग्राम	ग्रामीण	आयु	आयुष्मान्	उदय	उदित
सुगंध	सुगंधित	मैं	मेरा	उपज	उपजाऊ	एकता	एक
जो	जैसा	आप	आप-सा	अंत	अंतिम	कुल	कुलीन
तुम	तुम्हारा	कौन	कैसा	खर्च	खर्चीला	खून	खूनी
वह	वैसा	पढ़ना	पढ़ाकू	गुण	गुणी		

श्रुतिसम भिन्नार्थक शब्द

शब्द	अर्थ	शब्द	अर्थ
आदि	आरम्भ	आदी	अभ्यस्त
कुल	वंश	कूल	किनारा
अरि	शत्रु	अरी	सम्बोधन
अगम	दुर्गम	आगम	शास्त्र
अयश	अपकीर्ति	अयस्क	लोहा
अपेक्षा	चाहना, तुलना में	उपेक्षा	निरादर
अनिल	हवा	अनल	आग
अवधि	काल, समय	अवधी	अवध की भाषा
आयात	बाहर से आना	आयत	एक आकृति
चिर	पुराना	चीर	कपड़ा
तनु	पतला	तनू	पुत्र, गाय
तरंग	लहर	तुरंग	घोड़ा
दारा	स्त्री	द्वार	दरवाजा
दूत	संदेशवाहक	द्यूत	जुआ
जलद	बादल	जलज	कमल
प्रदीप	दीपक	प्रतीप	उल्टा
प्रसाद	कृपा	प्रासाद	महल
पास	निकट	पाश	बन्धन
द्विप	हाथी	द्वीप	टापू
देव	देवता	दैव	भाग्य
नीर	जल	नीड़	घोंसला
पवन	वायु	पावन	पवित्र

शब्द	अर्थ	शब्द	अर्थ
बन्द	खुला नहीं	बद	बुरा
पथ	रास्ता	पथ्य	रोगी का भोजन
पुर	नगर	पूर	बाढ़
भवन	महल	भुवन	संसार
लक्ष्य	उद्देश्य	लक्ष	लाख
सर	तालाब	शर	बाण
सर्ग	अध्याय	स्वर्ग	एक लोक
कर्म	कार्य	क्रम	सिलसिला
चिता	शव जलाने के लिए लकड़ियों का ढेर	चीता	बाघ
शव	लाश	शब	रात
शस्त्र	हथियार	शास्त्र	ग्रन्थ
श्रवण	सुनना	श्रमण	बौद्ध संन्यासी
मत	विचार	मत्त	मस्त
शोक	दुःख	शौक	चाव
ग्रह	नक्षत्र	गृह	घर
कपट	धोखा	कपाट	दरवाजा
उपयुक्त	ठीक	उपर्युक्त	ऊपर कहा गया
सुत	बेटा	सूत	धागा
शूर	वीर	सूर	अंधा
श्याम	कृष्ण	शाम	संध्या
दिन	वार	दीन	गरीब
कटिबद्ध	तैयार रहना	करबद्ध	हाथ जोड़ना

अनेकार्थक शब्द

शब्द	विभिन्न अर्थ
अंक	संख्या, गोद
अक्षर	वर्ण, ईश्वर
पानी	जल, प्रतिष्ठा
अचल	पर्वत, स्थिर
आम	फल, सामान्य
अंबर	वस्त्र, आकाश
अवस्था	आयु, दशा
उत्तर	दिशा, जबाव
विधि	तरीका, भाग्य
कर	हाथ, टैक्स
कनक	सोना, धतुरा
गुरु	श्रेष्ठ, शिक्षक
हान	भारी हथौड़ा, बादल
जड़	मूर्ख, मूल
कल	मशीन, आनेवाला कल, चैन
सुर	देवता, स्वर

शब्द	विभिन्न अर्थ
द्विज	पक्षी, ब्राह्मण
तीर	किनारा, बाण
प्रकृति	स्वभाव, कुदरत
पत्र	चिट्ठी, पत्र
पद	पैर, उपाधि
फल	परिणाम, फल
तनु	पतला, कोमल
वर्ण	रंग, जाति
हल	समाधान, खेत जोतने का साधन
अशोक	राजा, वृक्ष
आभीर	अहीर, एक राग
एकाक्ष	काना, कौआ
खल	दुष्ट, खलिहान
घट	घड़ा, हृदय
जलज	कमल, मछली
हेम	सोना, जल

सामान्य अशुद्धियाँ

अशुद्ध	शुद्ध	अशुद्ध	शुद्ध
दुनियां	दुनिया	श्रीमति	श्रीमती
सामिग्री	सामग्री	वापिस	वापस
प्रदर्शिनी	प्रदर्शनी	द्वारिका	द्वारका
ऊत्थान	उत्थान	दुसरा	दूसरा
प्रशाद	प्रसाद	अमावश्या	अमावस्या
बसंत	वसंत	बर्ष	वर्ष
विना	बिना	बन	वन
दाइत्व	दायित्व	सम्वाद	संवाद
कुन्डली	कुण्डली	मॉसिक	मानसिक
कन्ठ	कण्ठ	अगामी	आगामी
सप्ताहिक	साप्ताहिक	संसारिक	सांसारिक
आधीन	अधीन	हस्ताक्षेप	हस्तक्षेप
बरात	बारात	क्षत्रीय	क्षत्रिय
तिथी	तिथि	कालीदास	कालिदास
पुर्ती	पूर्ति	अतिथी	अतिथि
नीती	नीति	ग्रहणी	गृहिणी
क्यूँ	क्यों	साधू	साधु
वधु	वधू	रेणू	रेणु
नुपुर	नूपुर	निर्वान	निर्वाण
जादु	जादू	द्रश्य	दृश्य

अशुद्ध	शुद्ध	अशुद्ध	शुद्ध
अनुग्रहीत	अनुगृहीत	बृज	ब्रज
बनस्पति	वनस्पति	श्राप	शाप
सैना	सेना	सेनिक	सैनिक
इतिहासिक	ऐतिहासिक	प्रथक	पृथक
सम्पति	सम्पत्ति	कृतघन	कृतघ्न
बिमारी	बीमारी	व्यक्तिक	वैयक्तिक
वितीत	व्यतीत	निस्वार्थ	निःस्वार्थ
परिस्थित	परिस्थिति	रचियता	रचयिता
मैथिलिशरण	मैथिलीशरण	आर्शिवाद	आशीर्वाद
निरिक्षण	निरीक्षण	पत्नि	पत्नी
शताब्दि	शताब्दी	लड़ायी	लड़ाई
स्थाई	स्थायी	लिखायी	लिखाई
अलोकिक	अलौकिक	कृप्या	कृपया
गंवार	गँवार	असोक	अशोक
दुस्कर	दुष्कर	मूल्यावान	मूल्यवान्
नवम्	नवम	क्षात्र	छात्र
छमा	क्षमा	प्रन्तु	परन्तु
प्रीक्षा	परीक्षा	मरयादा	मर्यादा
दुदर्शा	दुर्दशा	विषेश	विशेष
उज्वल	उज्ज्वल	आल्हाद	आहलाद्

अशुद्ध	शुद्ध	अशुद्ध	शुद्ध
महत्व	महत्त्व	उपलक्ष	उपलक्ष्य
लीये	लिये	पिओ	पियो
हुये	हुए	कवित्री	कवयित्री
प्रमात्मा	परमात्मा	घनिष्ट	घनिष्ठ
यथेष्ठ	यथेष्ट	पियास	प्यास
व्यस्क	वयस्क	त्यौहार	त्योहार
मुसलिम	मुस्लिम	ऐैनक	ऐनक
नोकरी	नौकरी	कल्यान	कल्याण
पाणी	पानी	आसा	आशा
हुदय	हृदय	घ्रणा	घृणा
श्रंगार	शृंगार	हिन्दुस्थान	हिन्दुस्तान
प्रशन	प्रश्न	ग्यान	ज्ञान
अन्धेरा	अँधेरा	पेड	पेड़
महयान्हन	मध्यान्ह	मेंहदी	मेहंदी
शमशान	श्मशान	चिन्ह	चिह्न
कुंज	कुब्ज	ग्रहस्थ	गृहस्थ
अजोध्या	अयोध्या	अनधिकार	अनाधिकार
अनिष्ठा	अनिष्ट	अनुकुल	अनुकूल
अनुसंगिक	आनुषगिक	अनुशरण	अनुसरण
अभिसेक	अभिषेक	अरमाण	अरमान
अहिल्या	अहल्या	आदरनीय	आदरणीय
आविस्कार	आविष्कार	उँचाई	ऊँचाई
उत्तरदाई	उत्तरदायी	उपर	ऊपर
उपरोक्त	उपर्युक्त	उश्रृंखल	उच्छृंखल
कलस	कलश	कल्यान	कल्याण
गनित	गणित	जबाब	जवाब
तत्व	तत्त्व	तलाब	तालाब
तिरष्कार	तिरस्कार	त्रिवार्षिक	त्रैवार्षिक
दिपिका	दीपिका	देहिक	दैहिक
द्वन्द	द्वन्द्व	नरायन	नारायण
निरव	नीरव	निरोग	नीरोग
पुष्टी	पुष्टि	पुस्प	पुष्प
पेत्रिक	पैतृक	प्रनय	प्रणय

अशुद्ध	शुद्ध	अशुद्ध	शुद्ध
प्रनाम	प्रणाम	प्रयाप्त	पर्याप्त
प्रसंशा	प्रशंसा	प्रागंन	प्रांगण
प्रान	प्राण	पृष्ट	पृष्ठ
ब्रत	व्रत	भगीरथी	भागीरथी
भरथ	भरत	भष्म	भस्म
मंत्रीमंडल	मंत्रिमण्डल	रसायण	रसायन
राज्यमहल	राजमहल	रामायन	रामायण
वनोवास	वनवास	वानी	वाणी
वाल्मीकी	वाल्मीकि	वास्प	वाष्प
व्योहार	व्यवहार	सन्यासी	संन्यासी
सम्राज	साम्राज्य	सविनयपूर्वक	सविनय
सिंदुर	सिंदूर	स्त्रवण	श्रवण
हरीश्चन्द्र	हरिश्चन्द्र	हिन्दु	हिन्दू
हिन्दूस्तान	हिन्दुस्तान	बुद्धिवान	बुद्धिमान्
भाग्यमान	भाग्यवान	विद्वान	विद्वान्
श्रीमान	श्रीमान्	आंख	आँख
ऊंट	ऊँट	कंगना	कँगना
गँगा	गंगा	गांधी	गाँधी
जांच	जाँच	तांगा	ताँगा
दांत	दाँत	मंहगा	महँगा
मांस	माँस	मुंह	मुँह
सांप	साँप	सांस	साँस
हुँकार	हुंकार	निर्पेक्ष	निरपेक्ष
भाष्कर	भास्कर	सन्मुख	सम्मुख
माताहीन	मातृहीन	विद्यार्थि	विद्यार्थी
गुणि	गुणी	द्वैवाषिक	द्विवार्षिक
पूज्यनीय	पूजनीय	अकाश	आकाश
इद	ईद	इसलाम	इस्लाम
ऐैसा	ऐसा	दोसरा	दूसरा
पुत्रि	पुत्री	प्रस्तूत	प्रस्तुत
हरयाली	हरियाली	दिवाली	दीवाली
राष्ट्रिय	राष्ट्रीय	एकहरा	इकहरा
एतबार	इतबार		

वाक्यगत अशुद्धियाँ

अशुद्ध	शुद्ध
हम अच्छी भाषण दिए थे।	हमने अच्छा भाषण दिया था।
आप खाए कि नहीं?	आपने खाया कि नहीं?
वह मुझे देखा तो घबरा गया।	उसने मुझे देखा तो घबरा गया।
मैं किताब पढ़ा हूँ।	मैंने किताब पढ़ी है।
मैं सारी पुस्तक पढ़ डाली।	मैंने सारी पुस्तक पढ़ डाली।
सीता भात खायी।	सीता ने भात खाया।

अशुद्ध	शुद्ध
राम रोटी खाया।	राम ने रोटी खायी।
लड़की ने दही गिरा दी।	लड़की ने दही गिरा दिया।
शुद्ध गाय की घी दो।	गाय का शुद्ध घी दो।
तुम, मैं और वह चलेगा।	तुम, वह और मैं चलूँगा।
राम और सीता आयी थी।	राम और सीता आए थे।
भाई-बहन जा रही हैं।	भाई-बहन जा रहे हैं।

अशुद्ध	शुद्ध
वह लड़की को बुलाओ।	उस लड़की को बुलाओ।
मेरे लिए पढ़ता हूँ।	अपने लिए पढ़ता हूँ।
सीता राम की आज्ञाकारी पत्नी थी।	सीता राम की आज्ञाकारिणी पत्नी थीं।
देरी न करना।	देर न करना।
उसे मृत्युदण्ड की सजा मिली।	उसे मृत्युदण्ड मिला।
हमारे शिक्षक प्रश्न पूछते हैं।	हमारे शिक्षक प्रश्न करते हैं।
कै बजे? तीन बजा।	कितना बजा? तीन बजे।
उसका प्राण उड़ गया।	उसके प्राण उड़ गये।
मैंने आँख से देखा।	मैंने आँखों से देखा।
अपन को पढ़ना है।	मुझे पढ़ना है।
पुस्तक फट गया।	पुस्तक फट गई है।
घोड़ी तेज दौड़ता है।	घोड़ी तेज दौड़ती है।
मेरा प्रणम स्वीकार करो।	मेरा प्रणाम स्वीकार करो।
दो बालक खेलता है।	दो बालक खेलते हैं।

अशुद्ध	शुद्ध
ये सब मेरा पुस्तक है।	ये सब मेरी पुस्तकें हैं।
सूरज पूरब में उगते हैं।	सूरज पूर्व में उगता है।
वह लौट आए।	वे लौट आए।
वहाँ अनेकों लोग थे।	वहाँ अनेक लोग थे।
मेरे को मत मारो।	मुझे मत मारो।
मोहन ने पत्र को पढ़ा।	मोहन ने पत्र पढ़ा।
पुस्तक पर नहीं लिखो।	पुस्तक पर मत लिखो।
वह सज्जन पुरुष है।	वह सज्जन है।
आप हमारे घर आओ।	आप हमारे घर आइए।
हम आपसे कुछ कहे थे।	हमने आपसे कुछ कहा था।
मकान की दायीं ओर सड़क है।	मकान के दायीं ओर सड़क है।
पिताजी घर नहीं हैं।	पिताजी घर पर नहीं हैं।
घर पर सब कुशल हैं।	घर में सब कुशल हैं।
उसे भारी दुःख हुआ।	उसे बहुत दुःख हुआ।
सड़क में मत खेलो।	सड़क पर मत खेलो।

मुहावरे तथा लोकोक्तियाँ

- अँगूठी का नगीना–अत्यन्त महत्त्वपूर्ण।
- अंधा दरबार–न्यायहीन स्थान।
- अंधेर नगरी–न्याय का अभाव।
- अक्ल का दुश्मन–मूर्ख।
- अक्ल का दुम–मूर्ख।
- आँख का तारा–अतिप्रिय।
- ईद का चाँद–बहुत दिनों के बाद दिखाई देना।
- कछुआ चाल–धीमी गति।
- काला नाग–दुष्ट आदमी।
- किताबी कीड़ा–सदैव कुछ-न-कुछ पढ़ना।
- किस्मत का मारा–भाग्य का मन्द।
- कोल्हू का बैल–बहुत कठिन परिश्रम करनेवाला।
- कोड़ी का तीन–तुच्छ।
- खाली हाथ–पैसे का अभाव।
- गाजर-मूली–अशक्त।
- गुलर का फूल–दुर्लभ वस्तु।
- गोबर-गणेश–निरामूर्ख।
- घर का उजाला–कुल-दीपक।
- घड़ियाली आँसू–बनावटी शोक।
- चलता-पुरजा–चालाक।
- चाँद का टुकड़ा–परम सुन्दर वस्तु या व्यक्ति।
- चाँदी का जूता–रिश्वत।
- चार दिन की चाँदनी–थोड़े समय का सुख।
- जलती आँख–क्रोधाभिभूत।
- जीभ का पतला–लालची।
- टेढ़ी खीर–विकट काम।
- ठिकाने की बात–न्यायसंगत बात।
- अढ़ाई दिन की हुकूमत–थोड़े समय का ऐश्वर्य।
- तकदीर का सिकन्दर–भाग्य का बलवान्।
- थाली का बैंगन–मत बदलते रहना।
- दाँत कटी रोटी–घनिष्ठता।
- दाहिना हाथ–सहायक।
- दिल का बादशाह–बहुत बड़ा उदार।
- दूध का दूध और पानी का पानी–उचित न्याय।
- दूध का धोआ–निर्दोष।
- दो दिन का मेहमान–बहुत थोड़े समय ठहरने वाला।
- धरती का फूल–ऐसा व्यक्ति जो हाल में अमीर हुआ है।
- धोबी का कुत्ता–निकम्मा।
- नसीब का मारा–बुरे दिन देखनेवाला।
- निन्यानबे का फेरा–धन बढ़ाने की चिन्ता।
- पत्थर का कलेजा–हर दुःख सहने की शक्ति।
- पत्थर की लकीर–चिरस्थायी सदा सत्य।
- फूलों की सेज–आनन्ददायक कार्य।
- बगुला-भगत–कपटी व्यक्ति।

- बच्चों का खेल–साधारण काम।
- बलि का बकरा–निःसहाय व्यक्ति।
- बरसाती बादल–अस्थायी।
- बात का पक्का–सत्यवादी।
- बायें हाथ का खेल–सरल काम।
- बिन बादल बरसात–असमय लाभ।
- बे-पेंदी का लोटा–बे ठिकाने का आदमी।
- भागीरथ प्रयत्न–अत्यधिक परिश्रम।
- भीष्म प्रतिज्ञा–दृढ़ संकल्प।
- मक्खी चूस–कंजूस।
- मिट्टी के मोल–बहुत सस्ता।
- मोटा असामी–मूर्ख मालदार।
- राम कहानी–आत्मवृतान्त।
- लँगोटिया यार– बचपन का मित्र।
- हवाई महल–कोरी कल्पना।
- आँख लगना–नींद आना।
- आँख खुलना–होश में आना।
- आँखें दिखाना–क्रोध से घूरना।
- आँसू पोंछना–धैर्य बँधाना।
- अन्धे की लकड़ी–एकमात्र सहारा।
- कान भरना–चुगली करना।
- कान पर जूँ न रेंगना–कोई असर न होना।
- नाक कटना–प्रतिष्ठा खत्म होना।
- नाक रगड़ना–दीनता दिखाना।
- नाकों चने चबवाना–खूब सताना।
- मुँह की खाना–बुरी तरह हारना।
- आस्तीन का साँप–विश्वासघाती मित्र।
- कन्धे से कन्धा मिलाना–पूरा सहयोग करना।
- ईंट से ईंट बजाना–पूरी तरह नष्ट कर देना।
- नौ दो ग्यारह होना–भाग जाना।
- दाँत खट्टे करना–बुरी तरह हराना।
- हाथ मलना–पछताना।
- खून का प्यासा–जानी दुश्मन।
- घी के दिए जलाना–खुशी मनाना।
- चार चाँद लगाना–प्रतिष्ठा बढ़ाना।
- तीन तेरह होना–अलग-अलग होना।
- पानी फेर देना–नाश कर देना।
- गाल बजाना–डींगे मारना।
- जान से हाथ धो बैठना–मारा जाना।
- पानी-पानी होना–बहुत लज्जित होना।
- फूला न समाना–बहुत प्रसन्न होना।
- अपना उल्लू सीधा करना–अपना मतलब निकालना।
- आँखें चुरा लेना–अनदेखा कर देना।
- अन्धे की लाठी–एकमात्र सहारा।
- आसमान पर चढ़ना–बहुत अभिमान करना।
- आँखें खुलना–होश आना।
- चोरी और सीना जोरी–दोषी होकर धमकाना।
- आग में घी डालना–क्रोध को भड़काना।
- अँगुली पर नचाना– अच्छी तरह वश में करना।
- एक आँख से देखना–समान दृष्टि से देखना।
- एक ही थैले के चट्टे-बट्टे–एक जैसे।
- ओखली में सिर देना–जान-बूझकर आपत्ति मोल लेना।
- कलेजा मुँह को आना–बहुत दुःखी होना।
- कफन बाँधकर चलना–मौत से न घबराना।
- काँटे बिछाना–बाधा डालना।
- कलेजा ठण्डा होना–सन्तोष होना।
- कमर कसना–तैयार होना।
- खून खौलना–जोश में आना।
- खाक छानना–मारे-मारे फिरना।
- गागर में सागर भरना–थोड़े शब्दों में बहुत कुछ कह देना।
- घाव पर नमक छिड़कना–दुखी को अधिक दुखी करना।
- घी के दिए जलाना–खुशी मनाना।
- घोड़े बेचकर सोना–गहरी नींद में सोना।
- चल बसना–परलोक सिधारना।
- छठी का दूध याद आना–भारी संकट में पड़ना।
- छाती पर साँप लोटना–बहुत ईर्ष्या होना।
- जमीन पर पैर न रखना–अधिक घमण्ड होना।
- झक मारना–व्यर्थ समय खोना।
- टेढ़ी खीर–कठिन काम।
- डींग मारना–अपनी झूठी प्रशंसा करना।
- डूब मरना–बहुत लज्जित होना।
- तलवे चाटना–चापलूसी करना।
- ताक में रहना–मौका ढूँढ़ते रहना।
- दंग रह जाना–आश्चर्य में पड़ जाना।
- दाल न गलना–वश न चलना।
- दाल में काला होना–संदेह होना।
- पीठ दिखाना–हारकर भागना।
- मुँह तोड़ उत्तर देना–खरा उत्तर देना।

वस्तुनिष्ठ प्रश्न

अभ्यास-1

निर्देशः *नीचे प्रत्येक शुद्ध शब्द की वर्तनी के लिए चार विकल्प दिए गए हैं। आपको सही विकल्प का चयन करना है।*

1. A. ऋषि B. ऋषी
C. रिषी D. ऋसि

2. A. विषेसन B. विशेषण
C. विसेशन D. विशेशन

3. A. दुशासन B. दुसाशन
C. दूशाषण D. दुःशासन

4. A. संस्कृति B. संसकृति
C. संष्कृति D. संस्कृती

5. A. दूनियां B. दुनियां
C. दुनिया D. दूनिआ

6. A. टिपनी B. टिप्पणि
C. टिप्पणी D. टिप्पनी

7. A. शाषण B. साशन
C. शासन D. शाशन

8. A. किसमस B. किरसमस
C. क्रिसमूस D. कृसमस

9. A. अनुग्रहित B. अनुग्रहीत
C. अनुगृहीत D. अनुग्रहित

10. A. पराकम B. प्राक्रम
C. पराक्रम D. प्राकर्म

11. A. नायका B. नाइका
C. नाइक D. नायिका

12. A. समरिधी B. समद्धी
C. समृद्धि D. समरिद्धि

13. A. युधिष्ठर B. यूधिष्ठर
C. युधिष्ठिर D. युधिष्टर

14. A. वाल्मीकि B. बाल्मीकि
C. बालमीकि D. बाल्मिक

15. A. परलोकिक B. प्रलौकिक
C. पारलौकिक D. परलौकिक

16. A. त्रितीय B. तर्तीय
C. तृतीय D. तिरतीय

17. A. व्योहार B. व्यौहार
C. व्यवहार D. ब्यवहार

18. A. अहिल्या B. अहल्या
C. अहिलया D. अहीलया

19. A. आदरनीय B. आदरणीय
C. आदरनीया D. आदरणीया

20. A. आर्द B. आद्र
C. आर्द्र D. आर्दृ

21. A. आधीन B. अधिन
C. अधीन D. अधीम

22. A. आविस्कार B. आविष्कार
C. आवीस्कार D. आविश्कार

23. A. आसा B. आषा
C. आशा D. अशा

24. A. उज्वल B. उजज्ज्वल
C. उजज्वल D. उज्ज्वल

25. A. उन्नती B. उन्नित
C. उन्नति D. उन्नती

26. A. कलस B. कलष
C. कलश D. कलशा

27. A. गनीत B. गनित
C. गणीत D. गणित

28. A. तलाव B. तालाव
C. तलाब D. तालाब

29. A. दुष्ट B. दूष्ट
C. दुस्त D. दुश्त

30. A. निरोग B. निररोग
C. नीरोग D. नीरोगी

उत्तरमाला

1. A	2. B	3. D	4. A	5. C
6. C	7. C	8. C	9. C	10. C
11. D	12. C	13. C	14. A	15. C
16. C	17. C	18. B	19. B	20. C
21. C	22. B	23. C	24. D	25. C
26. C	27. D	28. D	29. A	30. C

अभ्यास-2

निर्देशः *नीचे कुछ शब्द दिए गए हैं। प्रत्येक के पर्यायवाची के चार विकल्प दिए गए हैं। इनमें से एक विकल्प सही पर्यायवाची है, उसका चयन कीजिए :*

1. अग्नि
A. अनिल B. अनल
C. गर्म D. ताप

2. अमृत
A. पीयूष B. गरल
C. सरस D. जीवनदायनी

3. आँख
A. लोचन B. आस्थि
C. वदन D. जलज

4. आकाश
A. अनन्त B. पाताल
C. वितल D. तल

5. कपड़ा
A. परिधान B. पटिका
C. पीताम्बर D. लँहगा

6. कमल
A. सरोज B. सरोवर
C. पंक D. पुष्प

7. गंगा
A. पाताल नदी B. हिमनदी
C. भागीरथ D. त्रिपथगा

8. चाँद
A. मयंक B. भानु
C. दिनकर D. रवि

9. नदी
A. सरिता B. प्रवाह
C. धारा D. जलधर

10. पर्वत
A. पत्थर B. चट्टान
C. शिखर D. मेरू

11. पवन
A. अनिल B. अनल
C. अग D. विहग

12. पति
A. साजन B. प्रिया
C. भार्या D. दारा

13. पानी
A. मही B. मेदिनी
C. अम्बु D. तरणी

14. पुत्र
A. आत्मज B. तनया
C. सुता D. आत्मजा

15. पुत्री
A. सुता B. सुत
C. आत्मज D. नन्दन

16. फूल
A. बहार B. मधु
C. माधव D. सुमन

17. वृक्ष
A. विटप B. अम्र
C. प्रसून D. रसा

18. बादल
A. अज B. व्यामोह
C. नीरद D. मधुप

19. बिजली
A. चंचला B. खटका
C. त्रास D. संत्रास

20. माता
A. धात्री B. धरणी
C. धरित्री D. श्यामा

21. घोषणा
A. आवाज B. पुकारना
C. ऐलान D. ललकारना

22. उत्कर्ष
A. आकर्षण B. विकर्षण
C. उन्नति D. निष्कर्ष

23. उदय
A. अन्त B. विकास
C. प्रगट D. व्यस्त

24. दक्ष
A. निपुण B. समर्थ
C. कर्मठ D. मेहनती

25. संवाद
A. विवाद B. झगड़ा
C. सम्बोधन D. वार्तालाप

उत्तरमाला

1. B	**2.** A	**3.** A	**4.** A	**5.** A
6. A	**7.** D	**8.** A	**9.** A	**10.** D
11. A	**12.** A	**13.** C	**14.** A	**15.** A
16. D	**17.** A	**18.** C	**19.** A	**20.** A
21. C	**22.** C	**23.** C	**24.** A	**25.** D

अभ्यास-3

निर्देशः *नीचे चार-चार शब्दों के समूह दिए गए हैं। प्रत्येक समूह में एक शब्द बेमेल है तथा शेष तीन शब्द पर्यायवाची हैं, आपको उस शब्द का चयन करना है, जो बेमेल है :*

1. A. तम B. अंधकार
C. तिमिर D. अंश

2. A. अनल B. आग
C. दहन D. तमिस्त्रा

3. A. अतुल B. अद्वितीय
C. अनुपम D. शुष्मा

4. A. अहं B. अहंकार
C. दर्प D. निराला

5. A. पता B. खोज
C. जाँच D. शोध

6. A. गरल B. पीयूष
C. सुधा D. सोम

7. A. कानन B. जंगल
C. पादप D. वन

8. A. अश्व B. गज
C. घोड़ा D. तुरंग

9. A. दानव B. मानव
C. दैत्य D. राक्षस

10. A. आँख B. चक्षु
C. नयन D. मुख

11. A. अन्तरिक्ष B. वसुन्धरा
C. आसमान D. गगन

12. A. इच्छा B. अभिलाषा
C. कामना D. प्रयोजन

13. A. कपड़ा B. चीर
C. वसन D. पोशाक

14. A. अब्ज B. कमल
C. राजीव D. आम्र

15. A. कोयल B. पिक
C. काग D. वनप्रिय

16. A. गंगा B. देवनदी
C. गोदावरी D. भागीरथी

17. A. गणेश B. एकदन्त
C. देवराज D. गणपति

18. A. घर B. निलय
C. निकेतन D. झोपड़ी

19. A. चाँद B. हिमांशु
C. विनायक D. सुधांशु

20. A. नदी B. तरणी
C. तटिनी D. सरिता

21. A. पक्षी B. चिड़िया
C. सुमन D. विहग

22. A. पवन B. अचला
C. वात D. वायु

23. A. समीर B. पृथ्वी
C. भू D. भूमि

24. A. पानी B. समीर
C. अम्बु D. जल

25. A. पुत्र B. तनया
C. तनय D. सुत

26. A. पुत्र B. तनया
C. सुता D. कन्या

27. A. गृहिणी B. आदमी
C. पुरुष D. नर

28. A. मधु B. फूल
C. पुष्प D. सुमन

29. A. माधव B. तरु
C. पेड़ D. वृक्ष

30. A. माता B. अम्बु
C. अम्मा D. जननी

उत्तरमाला

1. D	2. D	3. D	4. D	5. A
6. A	7. C	8. B	9. B	10. D
11. B	12. D	13. D	14. D	15. C
16. C	17. C	18. D	19. C	20. B
21. C	22. B	23. A	24. B	25. B
26. A	27. A	28. A	29. A	30. B

अभ्यास-4

निर्देशः ***गहरे काले शब्द*** *के विलोम शब्द का चयन कीजिए:*

1. उसे हर काम में **सफलता** मिल रही है।
A. असफलता B. सफल
C. कुशलता D. निपुणता

2. कभी किसी की **निन्दा** नहीं करनी चाहिए।
A. गुणगान B. स्तुति
C. प्रशंसा D. यशोगान

3. आलस्य व्यक्ति का सबसे बड़ा **दुश्मन** है।
A. शत्रु B. घातक
C. मित्र D. सहायक

4. वे बुढ़ापे से **दुखी** हैं।
A. अप्रसन्न B. सुखी
C. खुश D. नाराज

5. यहाँ उसकी **चतुराई** नहीं चली।
A. चालाकी B. बहादुरी
C. निपुणता D. मूर्खता

6. शहद की **मिठास** कम नहीं होती।
A. मीठा B. तीखा
C. कडुवा D. खट्टा

7. साहसी के **साहस** को देखकर मैं चकित रह गया।

A. हिम्मत B. बहादुरी
C. निडर D. भय

8. फिल्मोत्सव में सर्वश्रेष्ठ **अभिनेता** को पुरस्कार प्रदान किया गया।

A. हीरोइन B. नेत्री
C. मीनाक्षी D. अभिनेत्री

9. नाटक में नायक और **नायिका** की भूमिका महत्वपूर्ण होती है:

A. हीरो B. नायक
C. नेत्र D. नेता

10. कवि-सम्मेलन में एक कवि और एक **कवयित्री** को आमंत्रित किया गया था।

A. लेखक B. सम्पादक
C. नेता D. कवि

11. विद्यालय के वार्षिकोत्सव के लिए नेता और एक **नेत्री** को आमंत्रित किया गया।

A. अभिनेता B. विद्वान्
C. विदुषी D. नेता

12. मोहन बहुत **चतुर** है।

A. निपुण B. तेज
C. सुस्त D. मूर्ख

13. सोहन अब पूर्ण **स्वस्थ** है।

A. प्रसन्न B. खुश
C. अस्वस्थ D. अप्रसन्न

14. पक्षी **आकाश** में उड़ते हैं :

A. गगन B. नभ
C. धरती D. पाताल

15. वह विद्यालय में देर से आया और **अनुपस्थित** हो गया।

A. पूर्व B. उपस्थित
C. प्रवेश D. समयपूर्व

16. **बालक** चाँद की ओर देख रहा है।

A. बालिका B. लड़का
C. बच्चा D. बच्ची

17. मैं उसके विचार से बिल्कुल **सहमत** नहीं हूँ।

A. समर्थन B. सहमति
C. असहमत D. प्रशंसक

18. उसकी हालत **अधिक** खराब है।

A. बहुत B. कम
C. ठीक D. कुशल

19. **धर्म** की सर्वत्र विजय होती है:

A. अधर्म B. ज्ञान
C. भक्ति D. ईमानदारी

20. अच्छे चरित्र के बिना जीवन **निरर्थक** है:

A. व्यर्थ B. अर्थपूर्ण
C. सार्थक D. कुशल

21. **ईमानदारी** बड़ी दुर्लभ वस्तु है:

A. सच्चाई B. भलाई
C. बेइमानी D. परोपकारी

22. एवरेस्ट संसार का सबसे **ऊँचा** पर्वत है:

A. नीचा B. वितल
C. पाताल D. मध्यम

23. वह विश्वास के **योग्य** नहीं है:

A. काबिल B. विश्वासी
C. अयोग्य D. बेकार

24. क्या वह इतना **मूर्ख** है?

A. चालाक B. विद्वान्
C. बुद्धिमान D. धूर्त

25. कितना सुहावना **दृश्य** है!

A. अदृश्य B. दर्शनीय
C. सुन्दर D. व्यर्थ

उत्तरमाला

1. A	**2.** C	**3.** C	**4.** B	**5.** D
6. C	**7.** D	**8.** D	**9.** B	**10.** D
11. D	**12.** D	**13.** C	**14.** D	**15.** B
16. A	**17.** C	**18.** B	**19.** A	**20.** C
21. C	**22.** A	**23.** C	**24.** C	**25.** A

अभ्यास-5

निर्देशः नीचे प्रत्येक **काले गहरे शब्द** के चार विलोम दिए गए हैं। इनमें सही विलोम का चयन कीजिए :

1. अग्नि

A. आग B. अनल
C. दहन D. जल

2. अग्रज

A. अनुज B. भ्राता
C. भाई D. अम्बा

3. अच्छा

A. बुरा B. खराब
C. गंदा D. भ्रष्ट

4. अंत

A. प्रारम्भ B. समाप्त
C. शेष D. अल्प

5. अचल

A. विचल B. वितल
C. सजल D. चल

6. अति
A. अधिक B. बहुत
C. अल्प D. कम

7. अत्यधिक
A. अल्प B. अधिक
C. स्वल्प D. न्यूनतम

8. अंधकार
A. अंधेरा B. प्रकाश
C. रात्रि D. दिन

9. अतिवृष्टि
A. अनावृष्टि B. वृष्टि
C. वर्षा D. वर्षण

10. अनाथ
A. नाथ B. स्वामी
C. मासिक D. सनाथ

11. अनुकूल
A. मनोकूल B. प्रतिकूल
C. अनुकरण D. मनस्वी

12. अनुराग
A. राग B. विराग
C. विग्रह D. स्नेह

13. अन्त
A. श्री गणेश B. आदि
C. शुरुआत D. समाप्त

14. अपना
A. अपनत्व B. पराया
C. मित्र D. शत्रु

15. अपमान
A. मान B. सम्मान
C. वर्तमान D. स्वाभिमान

16. अपेक्षा
A. इच्छा B. स्वेच्छा
C. प्रविच्छा D. उपेक्षा

17. अमर
A. मर्त्य B. मृत्यु
C. सुधा D. गरल

18. अल्पायु
A. चिरायु B. उमरदराज
C. नश्वर D. सनातन

19. अस्त
A. उदय B. विकास
C. निर्माण D. सृष्टि

20. आकर्षण
A. प्रतिकर्षण B. विकर्षण
C. सम्मोहन D. विरत

21. आकाश
A. गगन B. नभ
C. वसुन्धरा D. पाताल

22. आगे
A. पीछे B. पूर्व
C. पृष्ट D. पृष्ठ

23. आजाद
A. स्वतंत्र B. स्वतंत्रतता
C. परतंत्र D. गुलाम

24. आदान
A. आयात B. निर्यात
C. प्रदान D. निदान

25. आधुनिक
A. अर्वाचीन B. नूतन
C. प्राचीन D. वर्तमान

उत्तरमाला

1. D	2. A	3. A	4. A	5. D
6. D	7. C	8. B	9. A	10. D
11. B	12. B	13. A	14. B	15. B
16. D	17. A	18. A	19. A	20. B
21. D	22. A	23. D	24. C	25. C

अभ्यास-6

निर्देशः *नीचे कुछ शब्द दिए गए हैं प्रत्येक शब्द के चार वैकल्पिक अर्थ दिए गए हैं। सही अर्थ का चयन कीजिए :*

1. सुरक्षित
A. कुशल B. घटना
C. दुर्घटना D. बचाव

2. प्रतिभाशाली
A. सज्जन B. कुशाग्र
C. विद्वान् D. वैभवशाली

3. आत्मसमर्पण
A. अपने आप को सौंपना B. समर्पण
C. अर्पण D. त्यागज

4. सिद्धहस्त
A. निपुण B. कर्मठ
C. मेहनती D. परिश्रमी

5. सुशोभित
A. मजेदार B. सुस्वागतम्
C. अच्छा D. शोभा पाना

6. स्वादिष्ट
A. मजेदार B. बेकार
C. मीठा D. तीखा

7. **स्वावलम्बी**
A. निर्भर B. परालंबी
C. आत्मनिर्भर D. अतिथि

8. **उपकरण**
A. साधन B. युक्ति
C. यंत्र D. मशीन

9. **कीमत**
A. क्रय B. विक्रय
C. मूल्य D. बिक्री

10. **संगठन**
A. एकता B. अनेकता
C. समूह D. संस्था

11. **विपत्ति**
A. दुख B. विपदा
C. मुसीबत D. सुख

12. **तृण**
A. तिनका B. धूल
C. धूप D. लकड़ी

13. **आश्चर्य**
A. निरीक्षण B. दृष्टिगोचर
C. हैरानी D. थकावट

14. **हार्दिक**
A. हृदय से B. शरीर से
C. मन से D. मस्तिष्क से

15. **नियति**
A. भाग्य B. किनारा
C. समय D. पवित्र

16. **सुगन्धित**
A. दुर्गन्ध B. खुशबू वाला
C. फूल D. कमल

17. **उत्साह**
A. होश B. हवास
C. जोश D. हिम्मत

18. **सहयोग**
A. मिलन सार B. मेहनती
C. परोपकारी D. आपसी सहायता

19. **मुसीबत**
A. विपत्ति B. सुशोभित
C. सहायता D. मदद

20. **निरक्षर**
A. साक्षर B. दर्शनीय
C. पठनीय D. अनपढ़

21. **उपवन**
A. वन B. तीर
C. जंगल D. बाग

22. **मेघ**
A. बादल B. पंकज
C. राजीव D. मेघनाद

23. **आधुनिक**
A. प्राचीन B. पुरातन
C. भूतकाल D. आज का

24. **तीर**
A. वाण B. धनुष
C. किनारा D. नदी

25. **परीक्षण**
A. जाँच B. पड़ताल
C. परीक्षा D. इम्तहान

26. **अभिवादन**
A. नमस्ते B. प्रणाम
C. बधाई D. शुभकामना

27. **सर्वत्र**
A. नश्वर B. सजीव
C. ईश्वर D. सभी जगह

28. **हलवाहा**
A. चरवाहा B. किसान
C. मजदूर D. हल चलाने वाला

29. **शिखर**
A. पर्वत B. पहाड़
C. टीला D. चोटी

30. **भयानक**
A. डरावना B. भयभीत
C. डरना D. खूँखार

उत्तरमाला

1. D	**2.** B	**3.** A	**4.** A	**5.** D
6. A	**7.** C	**8.** C	**9.** C	**10.** A
11. C	**12.** A	**13.** C	**14.** A	**15.** A
16. B	**17.** C	**18.** D	**19.** A	**20.** D
21. D	**22.** A	**23.** D	**24.** A	**25.** A
26. B	**27.** D	**28.** D	**29.** D	**30.** A

अभ्यास-7

निर्देशः *नीचे कुछ शब्द दिए जा रहे हैं। प्रत्येक शब्द के* **उपसर्ग** *के सन्दर्भ में चार विकल्प दिए गए हैं। आपको सही विकल्प का चयन करना है :*

1. अलबत्ता
A. अ B. अल
C. लब D. त्ता

2. अलगरज
A. अल B. लग
C. गर D. रज

3. कमसिन
A. क B. कम
C. सि D. सिन

4. अनमोल
A. अ B. अन
C. मो D. मोल

5. अनजान
A. अ B. अन
C. जा D. जान

6. अनपढ़
A. अ B. पढ़
C. प D. अन

7. अधखिला
A. अ B. अध
C. ला D. खिला

8. अधजला
A. अ B. ज
C. अध D. ला

9. अधपका
A. अ B. अध
C. पका D. का

10. अघखिला
A. अ B. अघ
C. खिला D. ला

11. उन्नीस
A. उन B. उन्
C. नीस D. स

12. उनसठ
A. उ B. उन
C. सठ D. ठ

13. दुकाल
A. द B. दुक
C. दु D. काल

14. दुबला
A. दब B. दुब
C. ला D. दु

15. निकम्मा
A. नि B. निक
C. कम्मा D. मा

16. निर्लज्ज
A. निर B. निल
C. नि D. लज्ज

17. बिनब्याहा
A. बि B. बिन
C. ब्याहा D. हा

18. भरपेट
A. भर B. पेट
C. पे D. ट

19. भरपाई
A. भ B. र
C. पा D. भर

20. कुपात्र
A. कु B. कुप
C. पा D. पात्र

21. सुजान
A. सु B. सुज
C. सुजा D. जान

22. गैर कानूनी
A. गै B. गैर
C. कानु D. नुनी

23. गैरसरकारी
A. गैर B. सर
C. का D. कारी

24. अपमान
A. अ B. अप
C. मा D. मान

25. अनुशासन
A. अ B. शासन
C. सन D. अनु

26. अविनीत
A. अवि B. अ
C. नी D. नीत

27. अभिमान
A. अभि B. अ
C. मा D. मान

28. अभियान
A. अ B. मान
C. यान D. अभि

29. अध्ययन
A. अध् B. अधि
C. यन D. न

30. निश्चल
A. नि B. निर
C. निस D. चल

उत्तरमाला

1. B	2. A	3. B	4. B	5. B
6. D	7. B	8. C	9. B	10. B
11. A	12. B	13. C	14. D	15. B
16. A	17. B	18. A	19. D	20. A
21. A	22. B	23. A	24. B	25. D
26. B	27. A	28. D	29. B	30. A

अभ्यास-8

निर्देशः *निम्नलिखित शब्दों में प्रयुक्त प्रत्यय सम्बन्धी चार विकल्प दिए गए हैं, सही विकल्प का चयन कीजिए :*

1. भलाई
   A. ई B. लाई
   C. आई D. भला
2. चतुराई
   A. चतु B. रा
   C. ई D. आई
3. भूखा
   A. भू B. भूख
   C. खा D. आ
4. भिड़न्त
   A. भिड् B. भि
   C. न्त D. अन्त
5. प्यासा
   A. आस B. सा
   C. आसा D. सा
6. बिकाऊ
   A. बिक B. काऊ
   C. आऊ D. ऊ
7. तैराक
   A. तै B. तैर
   C. राक D. आक
8. सन्नाटा
   A. सन् B. सन्ना
   C. नाटा D. आटा
9. लोहार
   A. लोह B. आरा
   C. आरी D. आर
10. मिलान
    A. आना B. आने
    C. आनी D. आन
11. चढ़ाव
    A. चढ़ B. चढ़ा
    C. आव D. व
12. लगाव
    A. लग B. अव
    C. आव D. गाव
13. लिखावट
    A. लिख B. लिखा
    C. वट D. आवट
14. मिलावट
    A. मिल B. वट
    C. आवट D. ट
15. मिठास
    A. मिठ B. ठास
    C. आस D. स
16. चिकनाहट
    A. चिक B. नाट्ट
    C. हट D. आहट
17. सड़ियल
    A. सड़ B. यल
    C. ड़ियल D. इयल
18. मरियल
    A. मर B. यल
    C. मरि D. इयल
19. गड़रिया
    A. गड़ B. इया
    C. रिया D. या
20. सजीला
    A. ईला B. इला
    C. ला D. स
21. लुटेरा
    A. लुट B. एरा
    C. ऐरा D. रा
22. लठैत
    A. ए B. ऐ
    C. ऐत D. त
23. भगोड़ा
    A. ओ B. ओड़ा
    C. ड़ा D. भगो
24. खपत
    A. ख B. प
    C. त D. पत
25. जीवट
    A. व B. अट
    C. जीव D. जी

उत्तरमाला

1. C	**2.** D	**3.** D	**4.** D	**5.** D
6. C	**7.** D	**8.** D	**9.** D	**10.** D
11. C	**12.** C	**13.** D	**14.** C	**15.** C
16. D	**17.** D	**18.** D	**19.** B	**20.** A
21. B	**22.** C	**23.** B	**24.** C	**25.** B

अभ्यास-9

निर्देशः *नीचे कुछ मुहावरे दिए गए हैं। प्रत्येक के अर्थ के लिए चार विकल्प दिए गए हैं। आपको सही विकल्प का चयन करना है :*

1. अक्ल पर पत्थर पड़ना
A. बुद्धि काम न करना B. दुविधा होना
C. संकट में होना D. परेशान होना

2. अपना उल्लू सीधा करना
A. अवसर देखना B. काम निकालना
C. मतलब साधना D. मूर्ख बनाना

3. अपने मुँह मियाँ-मिट्ठू बनना
A. मिठाई खाना B. प्रशंसा करना
C. निंदा करना D. अपनी प्रशंसा स्वयं करना

4. अपने पाँव पर आप कुल्हाड़ी मारना
A. हानि पहुँचाना B. खेद होना
C. अपना पैर काटना D. अपनी हानि स्वयं करना

5. आँखें चुरा लेना
A. भाग जाना B. छिप जाना
C. अनदेखा करना D. मिल जाना

6. अक्ल का दुश्मन
A. मित्र होना B. शत्रु होना
C. महामूर्ख D. महाविद्वान्

7. अंधे की लाठी
A. एक मात्र सहारा B. मित्र होना
C. शत्रु होना D. दुख पहुँचाना

8. आकाश-पाताल एक करना
A. भाग-दौड़ करना B. परेशान होना
C. थक जाना D. कठिन परिश्रम करना

9. घड़ों पानी पड़ना
A. लज्जित होना B. तुच्छ समझना
C. लाभ होना D. थकावट

10. अगर-मगर करना
A. नुकसान करना B. बहाने बनाना
C. बदनाम करना D. कपट करना

11. मुँह की खाना
A. गिर जाना B. हार जाना
C. भाग जाना D. व्यर्थ होना

12. आस्तीन का साँप होना
A. शत्रु B. मित्र
C. कपटी मित्र D. दयालु

13. एक आँख से देखना
A. बुरा व्यवहार B. समान व्यवहार
C. कपट करना D. लज्जित होना

14. बाल-बाँका न होना
A. घायल होना B. साफ बच जाना
C. क्रोधित होना D. स्वस्थ होना

15. दाँतों तले उँगली दबाना
A. उँगली काटना B. चिंतित हो जाना
C. चकित रह जाना D. प्रसन्न हो जाना

16. जान के लाले पड़ना
A. मरने का खतरा होना B. भाग जाना
C. हार जाना D. मुश्किल में पड़ना

17. बोली मारना
A. ताना देना B. सताना
C. मजाक करना D. याद दिलाना

18. अंधों में काना राजा
A. मूर्खों में अल्पज्ञ को विद्वान् माना जाना
B. सबको मूर्ख समझना
C. अत्यधिक महत्त्वपूर्ण
D. काना राजा

19. अक्ल के घोड़े दौड़ाना
A. बुद्धि लड़ाना
B. कल्पना करना
C. तरह-तरह के उपाय सोचना
D. ज्ञान-प्राप्त करना

20. पानी उतर जाना
A. शर्म करना B. लज्जित न होना
C. भाग जाना D. इज्जत करना

21. तीन-पाँच करना
A. तितर-बितर करना
B. वचन देकर फिर जाना
C. घुमा-फिरा कर बातें करना
D. परेशान करना

22. हथियार डाल देना
A. हार जाना B. जीत जाना
C. धोखा देना D. विजय होना

23. आँख खुलना
A. होश में आना B. अत्यन्त प्यार होना
C. उल्टा काम करना D. क्रोध करना

24. कमर सीधी करना
A. थक जाना B. थकावट दूर करना
C. काम करना D. परिश्रम करना

25. पगड़ी रखना
A. चैन की सांस लेना B. अपमान करना
C. दया की भीख माँगना D. अपमान होना

26. लोहा मानना
A. संघर्ष करना B. विजय होना
C. श्रेष्ठता स्वीकार करना D. खुशामद करना

27. काठ मार जाना
A. दुःखी होना B. चुप होना
C. सफल होना D. मर जाना

28. चाँद पर थूकना

A. अपमान करना

B. बढ़कर बातें करना

C. महान पुरुष पर लांछन लगाना

D. महत्त्वाकांक्षी होना

29. उगल देना

A. अपराध स्वीकार कर लेना

B. सच बोलना

C. उल्टी करना

D. अनपच होना

30. हाथ मलना

A. पश्चाताप करना B. सर्दी मिटाना

C. दुख करना D. तैयार होना

उत्तरमाला

1. A	**2.** C	**3.** D	**4.** D	**5.** C
6. C	**7.** A	**8.** D	**9.** A	**10.** B
11. B	**12.** C	**13.** B	**14.** B	**15.** C
16. D	**17.** A	**18.** A	**19.** A	**20.** B
21. C	**22.** A	**23.** A	**24.** B	**25.** C
26. C	**27.** B	**28.** C	**29.** A	**30.** A

अभ्यास-10

निर्देशः *नीचे कुछ वाक्य खण्ड दिए गए हैं, पूरे वाक्य खण्ड के लिए एक शब्द का चयन कीजिए।*

1. जिसका आदि न हो

A. अनंत B. अमर

C. शाश्वत D. अनादि

2. जो कुछ न जानता हो

A. मूर्ख B. महामूर्ख

C. ज्ञानी D. अज्ञ

3. जो अनुकरण करने योग्य हो

A. अनुकरणीय B. अद्वितीय

C. आदरणीय D. अगम

4. जिसका अंत न हो

A. अनंत B. अनादि

C. आदि D. परलोक

5. जो कभी न मरे

A. मर्त्य B. मुर्त्त

C. अमुर्त्त D. अमर

6. जिसके समान दूसरा न हो

A. अनुकूल B. प्रतिकूल

C. कृतज्ञ D. अद्वितीय

7. जो कम बोलता हो

A. मृदुभाषी B. वाचाल

C. अल्पभाषी D. अल्पज्ञ

8. जिसका इलाज न हो

A. मरणशील B. अमरत्व

C. बिमारी D. लाइलाज

9. जिस का विश्वास न किया जा सके

A. विश्वसनीय B. अविश्वसनीय

C. विश्वासी D. धूर्त्त

10. जिसका कोई नाथ न हो

A. सनाथ B. स्वामी

C. नाथ D. अनाथ

11. कम जानने वाला

A. अल्पज्ञ B. अज्ञ

C. विद् D. विद्वान

12. जहाँ जाना संभव न हो

A. दुर्गम B. अगम

C. तल D. वितल

13. कम खाने वाला

A. बहुभोजी B. पेटु

C. कंजूस D. अल्पाहारी

14. जो बात पहले कभी न हुई हो

A. भूतपूर्व B. अभूतपूर्व

C. प्राचीन D. अर्वाचीन

15. जिस स्त्री के सन्तान न हों

A. बाँझ B. कुलटा

C. पतिता D. विधवा

16. जो कहा न जा सके

A. अकथनीय B. अकथ्य

C. करणीय D. सम्भव

17. एहसान न मानने वाला

A. कृतज्ञ B. कृतघ्न

C. आस्तिक D. विश्वासी

18. जिसने देश के साथ विश्वासघात किया हो

A. विश्वासघाती B. द्रोही

C. आतंकवादी D. देश द्रोही

19. जिसने राष्ट्र के हित में अपना जीवन बलिदान कर दिया हो

A. देशभक्त B. शहीद

C. राष्ट्रभूत D. भारतपुत्र

20. वह जमीन जिसमें कुछ भी पैदा न हो

A. ऊसर B. बंजर

C. उर्वर D. पथरीला

21. वह वस्तु जिसकी चाह हो

A. श्रेष्ठ B. आवश्यक

C. इच्छित D. अभीष्ट

22. दूसरों के पीछे चलने वाला
A. अनुयायी B. अनुज
C. अनुचर D. अनुकरणीय

23. जो पहले न पढ़ा हो
A. पठित B. अपठित
C. पठनीय D. अपठनीय

24. जिसके आर-पार दिखाई देता हो
A. अपारदर्शी B. गम्य
C. अगम्य D. पारदर्शी

25. आज्ञा पालन करने वाला
A. शिष्य B. शिष्या
C. अनुचर D. आज्ञाकारी

26. काम से जी चुराने वाला
A. कामचोर B. आलसी
C. कर्मठ D. परिश्रमी

27. प्रतिदिन होने वाला
A. दैनिक B. शाश्वत
C. सनातन D. अमर

28. जिसका कोई अर्थ न हो
A. सार्थक B. निरर्थक
C. आर्थिक D. अनार्थिक

29. उपकार मानने वाला
A. कृतज्ञ B. कृतघ्न
C. विश्वासी D. अनुयायी

30. हाथ से लिखा हुआ
A. पठनीय B. अपठनीय
C. स्पष्ट D. हस्तलिखित

उत्तरमाला

1. D	2. D	3. A	4. A	5. D
6. D	7. C	8. D	9. B	10. D
11. A	12. A	13. D	14. B	15. A
16. A	17. B	18. D	19. B	20. A
21. C	22. C	23. B	24. D	25. D
26. A	27. A	28. B	29. A	30. D

अभ्यास-11

निर्देशः *नीचे कुछ संज्ञा शब्द दिए जा रहे हैं। प्रत्येक के संज्ञा-भेद के लिए चार विकल्प दिए गये है। सही विकल्प का चयन कीजिए :*

1. तुलसीदास
A. जातिवाचक B. भाववाचक
C. व्यक्तिवाचक D. समूहवाचक

2. यमुना
A. व्यक्तिवाचक B. जातिवाचक
C. समूहवाचक D. भाववाचक

3. बच्चा
A. जातिवाचक B. समूहवाचक
C. भाववाचक D. व्यक्तिवाचक

4. मानवता
A. भाववाचक B. जातिवाचक
C. द्रव्यवाचक D. समूहवाचक

5. हिमालय
A. व्यक्तिवाचक B. जातिवाचक
C. भाववाचक D. समूहवाचक

6. भारत
A. जातिवाचक B. भाववाचक
C. व्यक्तिवाचक D. समूहवाचक

7. एशिया
A. व्यक्तिवाचक B. भाववाचक
C. द्रव्यवाचक D. समूहवाचक

8. महाराष्ट्र
A. जातिवाचक B. व्यक्तिवाचक
C. समूहवाचक D. द्रव्यवाचक

9. सूर सागर
A. व्यक्तिवाचक B. भाववाचक
C. द्रव्यवाचक D. समूहवाचक

10. सोमवार
A. जातिवाचक B. व्यक्तिवाचक
C. द्रव्यवाचक D. समूहवाचक

11. खटमल
A. जातिवाचक B. व्यक्तिवाचक
C. द्रव्यवाचक D. समूहवाचक

12. मैना
A. जातिवाचक B. व्यक्तिवाचक
C. द्रव्यवाचक D. समूहवाचक

13. चाँदी
A. द्रव्यवाचक B. समूहवाचक
C. भाववाचक D. व्यक्तिवाचक

14. अच्छाई
A. भाववाचक B. समूहवाचक
C. जातिवाचक D. व्यक्तिवाचक

15. पीतल
A. द्रव्यवाचक B. भाववाचक
C. व्यक्तिवाचक D. जातिवाचक

16. वीरता
A. भाववाचक B. जातिवाचक
C. द्रव्यवाचक D. समूहवाचक

17. रूस
A. जातिवाचक B. व्यक्तिवाचक
C. भाववाचक D. द्रव्यवाचक

18. लम्बाई
A. भाववाचक B. समूहवाचक
C. द्रव्यवाचक D. व्यक्तिवाचक

19. दल
A. जातिवाचक B. व्यक्तिवाचक
C. समूहवाचक D. द्रव्यवाचक

20. मार्च
A. समूहवाचक B. व्यक्तिवाचक
C. द्रव्यवाचक D. जातिवाचक

21. झुण्ड
A. समूहवाचक B. जातिवाचक
C. व्यक्तिवाचक D. द्रव्यवाचक

22. टोली
A. जातिवाचक B. व्यक्तिवाचक
C. समूहवाचक D. द्रव्यवाचक

23. सुभाष चौक
A. जातिवाचक B. समूहवाचक
C. व्यक्तिवाचक D. भाववाचक

24. संघ
A. जातिवाचक B. द्रव्यवाचक
C. समूहवाचक D. भाववाचक

25. गिरोह
A. समूहवाचक B. द्रव्यवाचक
C. जातिवाचक D. भाववाचक

उत्तरमाला

1. C	**2.** A	**3.** A	**4.** A	**5.** A
6. C	**7.** A	**8.** B	**9.** A	**10.** B
11. A	**12.** A	**13.** A	**14.** A	**15.** A
16. A	**17.** B	**18.** A	**19.** C	**20.** B
21. A	**22.** C	**23.** C	**24.** C	**25.** A

अभ्यास-12

निर्देशः *नीचे दिए गए वाक्य में रिक्त स्थान है। प्रत्येक वाक्य के नीचे कारक चिह्न दिए गए हैं। रिक्त स्थान की पूर्ति के लिए उपयुक्त कारक चिह्न का चयन कीजिए :*

1. निम्नलिखित शब्दों........अर्थ बताइए
A. का B. के
C. से D. पर

2. सरकार मुझे नौकरी........मत निकालिए
A. पर B. में
C. से D. को

3. इस कथन........पुष्टि कीजिए
A. को B. से
C. की D. ने

4. छात्र-छात्राएँ राष्ट्र........सम्पत्ति और उसके भावी कर्णधार होते हैं
A. के B. की
C. को D. में

5. प्रत्येक प्रश्न........चार सम्भावित उत्तर दिए गए हैं
A. के लिए B. में
C. के D. से

6. माता बच्चे........पढ़ाती है
A. को B. के
C. की D. से

7. गुरुजी........सबसे छोटे लड़के को एक नारंगी दी
A. ने B. को
C. से D. के लिए

8. मोहन सोहन से मिलने........गया है
A. से B. के
C. को D. के लिए

9. उसने कलम........लिखा
A. के B. में
C. पर D. से

10. मैं ड्राइवर........गाड़ी चलवाता हूँ
A. के B. पर
C. में D. से

11. शिक्षक छात्रों........पुस्तक पढ़वाते हैं
A. के लिए B. मैं
C. पर D. से

12. मैंने दाढ़ी........उसे मुसलमान समझ लिया
A. से B. के
C. को D. के लिए

13. श्याम अपने भाई हरि........आम लाया है
A. के B. के लिए
C. का D. पर

14. मोहन घर........आता है
A. में B. पर
C. से D. का

15. उसे पाँच दिनों........मूर्च्छा आया करती है
A. पर B. से
C. के D. को

16. मेधावी छात्र परीक्षा........चोरी नहीं करते
A. में B. पर
C. से D. के लिए

उत्तरमाला

1. A	**2.** C	**3.** C	**4.** B	**5.** C
6. A	**7.** A	**8.** D	**9.** D	**10.** D
11. D	**12.** A	**13.** B	**14.** C	**15.** B
16. D				

गद्यांश (अपठित-बोध)

गद्यांश 1

यदि हम निरन्तर प्रयत्न करेंगे तो निश्चय ही अपने सभी लक्ष्यों को प्राप्त कर लेंगे, किन्तु प्रायः देखा जाता है कि अधिक आशावादी लोग थोड़ा सा प्रयत्न करके अधिक फल की कामना करने लगते हैं और मनोवांछित फल प्राप्त न होने पर निराश हो जाते हैं। अतः जीवन में सफलता प्राप्त करने के लिए परिस्थितियों के समक्ष घुटने न टेकें, बल्कि दृढ़ता से उनका मुकाबला करें। याद रखें, जितना कठोर हमारा परिश्रम होगा उसका फल भी उतना ही मीठा होगा।

उपर्युक्त गद्यांश को ध्यानपूर्वक पढ़ें और निम्न प्रश्नों के उत्तर के लिए सही विकल्प को चुनें:

1. फल न मिलने पर कौन निराश हो जाते हैं?
A. आशावादी लोग B. कम आशावादी लोग
C. अधिक आशावादी लोग D. निराशावादी लोग

2. लक्ष्य प्राप्ति के लिए क्या किया जाना चाहिए?
A. फल की कामना B. हिम्मत से मुकाबला
C. निरन्तर प्रयत्न D. परिस्थितियों से मुकाबला

3. आशावादी शब्द का विलोम शब्द है:
A. निराश B. निराशावादी
B. दुखी D. अप्रसन्न

4. मनोवांछित शब्द का क्या अर्थ है?
A. इच्छित B. परीक्षित
C. लाभदायक D. मन को खुश करने वाले

5. परिश्रम शब्द का अर्थ है:
A. साहस B. हिम्मत
C. काम D. कठिन मेहनत

गद्यांश 2

पन्द्रह अगस्त 1947 को हमारा देश स्वतंत्र हुआ। स्वतन्त्रता प्राप्ति के बाद विश्व के दूसरे देशों के साथ भारत के राजनयिक एवं सांस्कृतिक सम्बन्ध जुड़े। पर्यटकों के साथ-साथ राजनीतिज्ञों और साहित्यकारों को भी विदेश यात्रा के पर्याप्त अवसर मिले। विभिन्न प्रकार की छात्रवृत्तियों के माध्यम से बहुत से लोग विदेशों में पढ़ने गए। बहुत से लोगों ने विदेशों में उपलब्ध आजीविका के अवसरों का लाभ उठाया। इन सबके परिणामस्वरूप प्रचुर मात्रा में यात्रावृत्तांत लिखे गए। विदेश-विषयक यात्रावृतांत्तों में रूस और स्वदेश-विषयक यात्रावृतांत्तों में लेखकों की दृष्टि कश्मीर से कन्याकुमारी तक व्याप्त हुई।

उपर्युक्त गद्यांश को ध्यानपूर्वक पढ़ें और निम्नलिखित प्रश्नों के उत्तर के लिए सही विकल्प को चुनें:

1. भारत कब स्वतंत्र हुआ?
A. 15 अगस्त 1947 B. 15 अगस्त 1946
C. 15 अगस्त 1948 D. 15 अगस्त 1949

2. स्वतंत्र भारत के अन्य देशों के साथ किस प्रकार के संबंध जुड़े?
A. राजनीतिक
B. राजनयिक
C. धार्मिक
D. राजनयिक एवं सांस्कृतिक

3. आजीविका का क्या अर्थ है?
A. उपार्जन B. वेतन
C. मेहनत D. रोजगार

4. यात्रा-वृत्तांत का क्या अर्थ है?
A. भ्रमण B. पर्यटन
C. सफरनामा D. विदेशभ्रमण

5. स्वतंत्र का विलोम शब्द है:
A. परतंत्र B. आजाद
C. गुलामी D. मुक्ति

गद्यांश 3

युवा वर्ग का मस्तिष्क नई-नई बातों की ओर ज्यादा तेज दौड़ता है। उसमें अन्य वर्ग के व्यक्तियों से अधिक आवेश और शक्ति होती है। इस अवस्था में यदि सही शिक्षा और उचित मार्ग-दर्शन न मिले तो यही शक्ति प्रेरणा और निर्माण के स्थान पर विनाश की ओर ले जाती है। बिगड़ने और बनने की यही आयु होती है। दुर्भाग्य से हमारे देश में शिक्षा पद्धति केवल उपाधि बाँटने का काम ही करती है। एक सम्पूर्ण व्यक्तित्वपूर्ण मनुष्य बनाना आज की शिक्षा पद्धति के लिए मुश्किल है।

उपर्युक्त गद्यांश को ध्यानपूर्वक पढ़ें और निम्नलिखित प्रश्नों के उत्तर के लिए सही विकल्प को चुनें।

1. निर्माण का विलोम शब्द क्या हैं?
A. रचना B. बनावट
C. विनाश D. सृजन

2. मार्ग-दर्शन का क्या अर्थ है?
A. उपाधि B. रास्ता
C. उद्देश्य D. रास्ता दिखलाना

3. शक्ति विनाश की ओर कब अग्रसर होती है?
A. अधिक आवेश और शक्ति के अभाव में
B. सही शिक्षा और उचित मार्ग दर्शन के अभाव में
C. दुर्भाग्यपूर्ण शिक्षा पद्धति के कारण
D. इनमें से कोई नहीं

4. हमारे देश की शिक्षा पद्धति क्या कार्य करती है?
A. मार्ग-दर्शन B. शक्ति प्रेरणा
C. उपाधि देना D. उपर्युक्त सभी

5. दुर्भाग्य का विपरीत शब्द है:
A. भाग्य B. सौभाग्य
C. भाग्यशाली D. भाग्यवान

गद्यांश 4

भिखारी की भाँति गिड़गिड़ाना प्रेम की भाषा नहीं है। यहाँ तक कि मुक्ति के लिए भगवान् की उपासना करना भी अधम उपासना में गिना जाता है। प्रेम कोई पुरस्कार नहीं चाहता। प्रेम सर्वथा प्रेम के लिए ही होता है। भक्त इसलिए प्रेम करता है कि बिना प्रेम किए वह रह ही नहीं सकता। जब तुम किसी मनोहर प्राकृतिक दृश्य को देखकर उस पर मोहित हो जाते हो तो तुम किसी फल की याचना नहीं करते और न वह दृश्य ही तुमसे कुछ माँगता है। फिर भी उस दृश्य का दर्शन तुम्हारे मन को आनंद से भर देता है।

उपर्युक्त गद्यांश को ध्यानपूर्वक पढ़ें और निम्नलिखित प्रश्नों के उत्तर के लिए सही विकल्प का चयन करें:

1. प्रेम का उद्देश्य क्या होता है?

A. मुक्ति B. उपासना
C. भक्ति D. प्रेम

2. मुक्ति का अर्थ है:

A. आजादी B. स्वतंत्रता
C. परतंत्र D. निर्वाण

3. कैसी उपासना अधम मानी गई है?

A. प्रेम की उपासना B. भगवान की उपासना
C. मुक्ति की उपासना D. भक्ति की उपासना

4. मनोहर शब्द हैं:

A. विशेषण B. संज्ञा
C. सर्वनाम D. अव्यय

5. प्राकृतिक शब्द का अर्थ है:

A. ईश्वरीय B. मानव संबंधी
C. प्रकृति संबंधी D. प्रेम संबंधी

गद्यांश 5

कुछ लोग भाग्यवादी होते हैं और सब-कुछ भाग्य के सहारे छोड़कर कर्म से विरत हो जाते हैं। ऐसे लोग समाज के लिए बोझ हैं। वे कभी कोई बड़ा काम नहीं कर पाते। बड़ी-बड़ी खोज, बड़े-बड़े आविष्कार और बड़े-बड़े निर्माण कार्य कर्मशील लोगों के द्वारा ही संभव हो सके हैं। हम अपनी बुद्धि और प्रतिभा तथा कार्य-क्षमता के बल पर सही मार्ग पर चल सकते हैं, किन्तु बिना कठिन श्रम के अपने लक्ष्य तक नहीं पहुँच सकते। कठिन परिश्रम करने के बाद पाई गई सफलता हमारे मन को अलौकिक आनंद से भर देती है। यदि हम अपने कार्य में अपेक्षित श्रम नहीं करते तो हमारा मन ग्लानि का अनुभव करता है।

उपर्युक्त गद्यांश को ध्यानपूर्वक पढ़ें और निम्नलिखित प्रश्नों के उत्तर के लिए सही विकल्प चुनें:

1. "आविष्कार" शब्द का अर्थ है :

A. अनुसंधान B. खोज
C. निर्माण D. विनाश

2. **अलौकिक** शब्द का क्या अर्थ है?

A. संसारिक B. भौतिक
C. अमानुषी D. प्राकृतिक

3. सफलता का विलोम क्या है?

A. सफल B. असफल
C. सफलतापूर्वक D. असफलता

4. परिश्रम करने और न करने से हमारे जीवन पर क्या प्रभाव पड़ता है?

A. लोग भाग्यवादी बन जाते हैं
B. कर्म से विरत हो जाते हैं
C. मन में ग्लानि का अनुभव होता है
D. इनमें से कोई नहीं

5. किस प्रकार के लोग समाज के लिए बोझ हैं?

A. भाग्यवादी B. कर्मठ
C. परिश्रमी D. प्रतिभाशाली

गद्यांश 6

वैदिक काल से हिमालय के पहाड़ बहुत पवित्र माने जाते हैं। इसमें कोई सन्देह नहीं कि हिमालय के पहाड़ों का दृश्य अति सुन्दर है। उसकी विशालता को देखकर मन में आनन्द और कृतज्ञता की लहर उठती है। ऐसा लगता है कि यह विशाल सृष्टि प्रभु की अनुपम देन है। सारी सृष्टि के प्रति समभाव जाग्रत होता है। वस्तुतः यह दृष्टि कोरी कल्पनात्मक या आध्यात्मिक नहीं है। देखा जाए तो सारे भारत की जलवायु का समतोल करने वाले यह हिमालय के पहाड़ हैं, विशेषकर उत्तरी भारत को वर्षा और पानी देने वाले ये ही हैं। गंगोत्री, यमुनोत्री, बद्री, केदार को तीर्थ माना जाता है, जो व्यर्थ कल्पना नहीं है। उन स्थानों से निकलने वाली पवित्र नदियाँ ही वास्तव में हमारी प्राणदात्री रही हैं।

उपर्युक्त गद्यांश को ध्यानपूर्वक पढ़ें और निम्नलिखित प्रश्नों के उत्तर के लिए सही विकल्प चुनें :

1. हिमालय के पर्वत बहुत पवित्र कब से माने जाते हैं?

A. पाषाण काल से B. वैदिक काल से
C. प्राचीन काल से D. आधुनिक काल से

2. विशालता शब्द है :

A. जातिवाचक B. भाववाचक
C. विशेषण D. सर्वनाम

3. भारत की जलवायु को समतोल कौन करता है?

A. गंगोत्री B. यमुनोत्री
C. केदार D. हिमालय

4. सृष्टि का समानार्थक शब्द है :

A. सृजन B. रचना
C. प्रकृति D. संसार

5. प्राणदात्री का क्या अर्थ है?

A. गंगोत्री
B. यमुनोत्री
C. प्राणसंचार करने वाली
D. समभाव जाग्रत करने वाली

गद्यांश 7

सच्चा मित्र एक शिक्षक की भाँति होता है। जिस प्रकार शिक्षक अपने छात्र को सन्मार्ग की ही ओर अग्रसर करता है, उसी प्रकार एक सच्चा मित्र अपने मित्र को पाप के गर्त में गिरने से बचाता है। मानव-जीवन अधिक रहस्यपूर्ण है। कभी-कभी जीवन में ऐसे अवसर उपस्थित हो जाते हैं, जब मनुष्य की धर्मबुद्धि नष्ट हो जाती है और उसका मन द्रुत गति से पाप की ओर दौड़ता है। ऐसे समय में मित्र का ही उपदेश अधिक कल्याणकारी सिद्ध होता है। मित्र के उपदेश का जितना प्रभाव हृदय पर पड़ता है, उतना और किसी का नहीं पड़ता है।

उपर्युक्त गद्यांश को ध्यानपूर्वक पढ़ें और निम्नलिखित प्रश्नों के उत्तर के लिए सही विकल्प चुनें :

1. सच्चा मित्र किस प्रकार का होता है?
A. विपत्ति में सहायता देने वाला
B. गलत मार्ग पर चलने से रोकने वाला
C. शिक्षक के भाँति
D. धार्मिक गुरु की तरह

2. सन्मार्ग शब्द का विपरीत शब्द है :
A. अग्रसर B. कुमार्ग
C. सुमार्ग D. मार्गदर्शक

3. व्यक्ति को पाप के गर्त्त में गिरने से कौन बचाता है?
A. शिक्षक B. भाई
C. पिता D. सच्चा मित्र

4. मानव पाप की ओर कब दौड़ता है?
A. जब स्वार्थी बन जाता है
B. जब धर्म-बुद्धि नष्ट हो जाती है
C. जब सच्चामित्र साथ छोड़ देता है
D. जब धनवान बन जाता है

5. उपदेश में कौन-सा उपसर्ग है?
A. उ B. उप
C. दे D. देश

गद्यांश 8

सब तरह के भावों को प्रकट करने की योग्यता रखने वाली और निर्दोष होने पर भी यदि कोई भाषा अपना निज का साहित्य नहीं रखती, तो वह रूपवती भिखारिन की तरह कदापि आदरणीय नहीं हो सकती। उनकी शोभा, उसकी बड़ी सम्पन्नता, उसकी मान-मर्यादा उसके साहित्य पर ही अवलम्बित रहती है। उसके विचारों और राजनैतिक स्थितियों का प्रतिबिम्ब देखने को यदि कहीं मिल सकता है, तो उसके ग्रन्थ साहित्य में मिल सकता है। सामाजिक शक्ति या सजीवता, सामाजिक अशक्ति या निर्जीवता और सामाजिक सभ्यता तथा असभ्यता का निर्णायक एकमात्र साहित्य है।

उपर्युक्त गद्यांश को ध्यानपूर्वक पढ़ें और निम्नलिखित प्रश्नों के उत्तर के लिए सही विकल्प चुनें :

1. साहित्य विहीन भाषा किस प्रकार की होती है?
A. आदरणीय B. भिखारिन
C. रूपवती D. रूपवती भिखारिन

2. रूपवती का पुल्लिंग रूप है:
A. रूपवान B. सुन्दर
C. सुन्दरी D. रूपवत

3. भाषा की मान मर्यादा किस पर निर्भर करती है?
A. लिपि पर B. साहित्यकार पर
C. भक्ति पर D. साहित्य पर

4. ''सम्पन्नता'' शब्द का विपरीत शब्द है:
A. गरीबी B. विपन्न
C. अमीर D. विपन्नता

5. राजनैतिक, सामाजिक शक्ति का दर्शन हमें किसमें मिलता है?
A. समाज B. राज्य
C. नेता D. साहित्य

गद्यांश 9

स्वतंत्र भारत का सम्पूर्ण दायित्व आज विद्यार्थियों के ही ऊपर है, क्योंकि आज जो विद्यार्थी हैं, वे ही कल स्वतंत्र भारत के नागरिक होंगे। भारत की उन्नति, उसका उत्थान उन्हीं की उन्नति और उत्थान पर निर्भर करता है। अतः विद्यार्थियों को चाहिए कि वे अपने भावी जीवन का निर्माण बड़ी सतर्कता और सावधानी के साथ करें। उन्हें प्रत्येक क्षण अपने राष्ट्र, अपने समाज, अपने धर्म, अपनी संस्कृति को अपनी आँखों के सामने रखना चाहिए, जिससे उनके जीवन से राष्ट्र को कुछ बल प्राप्त हो सके। जो विद्यार्थी राष्ट्रीय दृष्टिकोण से अपने जीवन का निर्माण नहीं करते, वे राष्ट्र और समाज के लिए भार-स्वरूप हैं।

उपर्युक्त गद्यांश को ध्यानपूर्वक पढ़ें और निम्नलिखित प्रश्नों के उत्तर के लिए सही विकल्प चुनें :

1. भारत की उन्नति किस पर निर्भर करती है?
A. युवाओं पर B. नेताओं पर
C. साहित्यकारों पर D. विद्यार्थियों पर

2. **उन्नति** का समानार्थक शब्द है :
A. पतन B. उत्थान
C. विकास D. उदय

3. **उत्थान** का विपरीत शब्द है :
A. उदय B. पतन
C. पराजय D. हार

4. किसे अपने जीवन का निर्माण सतर्कता और सावधानी से करना चाहिए?
A. युवाओं को B. नेताओं को
C. बच्चों को D. विद्यार्थियों को

5. धर्म, संस्कृति तथा समाज का रक्षक कौन है?
A. नागरिक B. ग्रामीण
C. विद्यार्थी D. युवा

गद्यांश 10

हास्य एक ऐसा माध्यम है, जो नीरस-जीवन को भी सुखद बना देता है। हास्य का जादू इतना प्रभावशाली होता है कि वह छूत के रोग की तरह चारों ओर फैल जाता है। जिसने कभी हँसना नहीं सीखा, सचमुच उसने जीना नहीं सीखा। सामान्यतः मनुष्य को जीवन में इतनी मुसीबतें झेलनी पड़ती हैं कि वह अपने जीवन को पहाड़ समझने लगता है। ऐसे दूभर जीवन को यदि जीने योग्य बनाना हो तो उसके लिए आवश्यक है कि जीवन में हँसने की गुंजाइश हो। हँसी के सहारे मनुष्य अपने कष्टों को भुलाने का प्रयत्न करता है। संघर्ष, तनाव, व्यस्तता, घुटन यदि आज के जीवन की सहज देन हैं, तो इनसे बचने के लिए यह आवश्यक है कि हम हँसना सीखें।

उपर्युक्त गद्यांश को ध्यानपूर्वक पढ़ें और निम्नलिखित प्रश्नों के उत्तर के लिए सही विकल्प चुनें :

1. नीरस जीवन को कौन सुखद बना देता है?

A. संगीत B. गीत
C. आमोद प्रमोद D. हास्य

2. **नीरस** का संधि विच्छेद है :

A. नी + रस B. नि + रस
C. निः + रस D. नीः + रस

3. किसका जीवन व्यर्थ है?

A. जिसने रोना नहीं सीखा
B. जिसने हँसना नहीं सीखा
C. जिसने गाना नहीं सीखा
D. इनमें से कोई नहीं

4. **हँसना** शब्द है :

A. संज्ञा B. विशेषण
C. क्रिया विशेषण D. क्रिया

5. तनाव और घुटन से बचने के लिए क्या करना चाहिए?

A. रोना चाहिए B. गाना चाहिए
C. हँसना चाहिए D. काम करना चाहिए

गद्यांश 11

किसी पुस्तक को पढ़ने में जल्दी नहीं करनी चाहिए, जो कुछ लेखक कहता है, उसे समझने की चेष्टा करनी चाहिए। प्रत्येक शब्द का अर्थ समझने की चेष्टा करनी चाहिए। यदि लेखक योग्य है, तो दूसरी बार वह पुस्तक और अधिक आनन्द देगी और तीसरी बार और अधिक। प्रत्येक बार अध्ययन करने पर आपको नवीन सुन्दर और नए विचार मिलेंगे और उसे आप जितना ही पढ़ेंगे, उतना ही स्नेह करने लगेंगे। सहस्रों व्यक्तियों ने गीता और रामायण तथा कुरान और बाइबिल को बार-बार पढ़ा है। उनका अनुभव है कि प्रत्येक बार उन्हें नई सूझ और नए विचार मिलते गए। कुछ लोग तो इस बात पर गर्व करते हैं कि उन्होंने अमुक पुस्तक को अनेक बार पढ़ा है, उन्हें कंठस्थ हो गई है।

उपर्युक्त गद्यांश को ध्यानपूर्वक पढ़ें और निम्नलिखित प्रश्नों के उत्तर के लिए सही विकल्प चुनें :

1. किसे समझने की चेष्टा करनी चाहिए?

A. पुस्तक B. रामायण
C. महाभारत D. गीता

2. पुस्तक की सजीवता किस पर निर्भर करती है?

A. लेखक B. प्रकाशक
C. पाठक D. चिन्तक

3. **आनन्द** का विपरीत शब्द है :

A. शोक B. दुख
C. संताप D. खुशी

4. नवीन, सुन्दर और नए विचार हमें कहाँ से प्राप्त होता हैं?

A. पुस्तक को बार-बार पढ़कर
B. सुनकर
C. भाषण से
D. अच्छे व्यक्तियों से मिलने पर

5. **कंठस्थ** शब्द का शब्दार्थ है :

A. कंठ में स्थित B. सुंदर कंठ
C. जबानी याद D. पंडित जी

गद्यांश 12

अहिंसा परम धर्म है और हिंसा आपद् धर्म। मनुष्य बराबर अहिंसा की ओर चलना चाहता है, किन्तु परिस्थितियाँ उससे हिंसा कराती है, अर्थात् परमधर्म की रक्षा के लिए आदमी बराबर आपद्धर्म से काम लेता रहा है। भारत अपनी सेनाओं को विघटित कर दे, तब भी उसका अपमान उससे अधिक होने वाला नहीं, जितना नेफा में हुआ। किन्तु परमधर्म पर टिकने की सामर्थ्य अगर भारत में नहीं है, तो आपद्धर्म पर उसे आना चाहिए। व्यवहारतः आपद्धर्म परमधर्म का विरोधी नहीं, उसका रक्षक है।

उपर्युक्त गद्यांश को ध्यानपूर्वक पढ़ें और निम्नलिखित प्रश्नों के उत्तर के लिए सही विकल्प चुनें :

1. **परमधर्म** का विपरीत शब्द है :

A. महान धर्म B. आपद्धर्म
C. सच्चाधर्म D. इनमें से कोई नहीं

2. आपद्धर्म किसे कहा जाता है?

A. अहिंसा B. सत्याग्रह
C. विपत्ति D. हिंसा

3. मानव से हिंसा कौन करवाती है?

A. लोभ B. स्वार्थ
C. द्वेष D. परिस्थितियाँ

4. **सामर्थ्य** का शब्दार्थ है :

A. संघर्ष B. परिश्रम
C. शक्ति D. पराक्रम

5. **परमधर्म** की रक्षा कौन करता है?

A. अहिंसा B. हिंसा
C. आपदधर्म D. युद्ध

गद्यांश 13

वर्तमान काल विज्ञापन का युग माना जाता है। समाचार-पत्रों के अतिरिक्त रेडियो और टेलीविजन भी विज्ञापन के सफल साधन हैं। विज्ञापन का मूल उद्देश्य उत्पादक और भोक्ता में सीधा सम्पर्क स्थापित करना होता है। जितना अधिक विज्ञापन किसी पदार्थ का होगा, उतनी ही उसकी लोकप्रियता बढ़ेगी। इन विज्ञापनों पर धन तो अधिक व्यय होता है, पर इनसे बिक्री बढ़ जाती है। ग्राहक जब इन आकर्षक विज्ञापनों को देखता है तो वह उस वस्तु-विशेष के प्रति आकृष्ट होकर उसे खरीदने को बाध्य हो जाता है।

उपर्युक्त गद्यांश को ध्यानपूर्वक पढ़ें और निम्नलिखित प्रश्नों के उत्तर के लिए सही विकल्प चुनें :

1. वर्तमान को किसका युग माना जाता है?

A. फैशन B. विज्ञापन
C. संगीत D. धन

2. उत्पादक तथा भोक्ता के बीच कौन संबंध स्थापित करता है?

A. टेलीविजन B. समाचार-पत्र
C. रेडियो D. विज्ञापन

3. **वर्तमान** शब्द का विपरीत शब्द है :

A. अर्वाचीन B. आधुनिक
C. आजकल D. प्राचीन

4. **आकर्षक** का शब्दार्थ है :

A. विकर्षक B. सुन्दर
C. मनमोहक D. आश्चर्यजनक

5. भोक्ता किस कारण वस्तुओं को खरीदने के लिए बाध्य हो जाता है?

A. विज्ञापन
B. आकर्षक विज्ञापन
C. लोकप्रियता के कारण
D. आसानी से उपलब्ध होना

गद्यांश 14

लगभग दो सौ वर्ष की गुलामी ने भारत के राष्ट्रीय स्वाभिमान को पैरों से रौंद डाला, हमारी संस्कृति को समाप्त कर दिया, हमारे विश्वासों को हिला दिया और हमारे आत्मविश्वास को चकनाचूर कर दिया, किन्तु अपने इस बूढ़े देश से प्यार करने वाले, इसके एक सामान्य संकेत पर प्राण न्यौछावर करने वाले दीवानों का अभाव न था। एक आवाज उठी और देखते ही देखते राष्ट्र का दबा हुआ आत्माभिमान उन्मत्त हो उठा। इतिहास साक्षी है जाने और अनजाने सहस्त्रों देशभक्त स्वतंत्रता की अनमोल निधि को पाने के लिए शहीद हो गए।

उपर्युक्त गद्यांश को ध्यानपूर्वक पढ़ें और निम्नलिखित प्रश्नों के उत्तर के लिए सही विकल्प चुनें :

1. **स्वाभिमान** का संधि विच्छेद है:

A. स्वा + भिमान B. स्वः + अभिमान
C. स्व + अभिमान D. स्वा + अभिमान

2. भारत का राष्ट्रीय स्वाभिमान किस कारण समाप्त हो गया था?

A. लम्बे गुलामी से B. निरंकुश शासक से
C. स्वार्थी मानव से D. धर्म के विनाश से

3. **आत्मविश्वास** का शब्दार्थ है

A. घमण्ड B. गर्व
C. अपने पर विश्वास D. अभिमान

4. भारत की अनमोल निधि को पाने के लिए कौन शहीद हो गए?

A. देशभक्त B. नेता
C. युवा D. युवती

5. **अनमोल निधि** का शब्दार्थ है:

A. अनन्त खजाना B. अमूल्य खजाना
C. बहुमूल्य D. स्वतंत्रता

गद्यांश 15

दुनिया के विभिन्न देशों के विकास पर विहंगम दृष्टि डालने से यह स्पष्ट हो जाता है कि आज जिस देश ने वैज्ञानिक उपलब्धियों के सहारे अपना औद्योगीकरण कर लिया, उसी को उन्नत देश कहा जाता है। जिस देश में औद्योगीकरण का स्तर नीचा है, वह पिछड़ा हुआ देश कहा जाता है। वैज्ञानिक आविष्कारों और औद्योगीकरण के आधार पर ही किसी देश की प्रगति को आँका जाता रहा है। विज्ञान ने मानव को पूरी तरह बदल दिया है।

उपर्युक्त गद्यांश को ध्यानपूर्वक पढ़ें और निम्नलिखित प्रश्नों के उत्तर के लिए सही विकल्प चुनें :

1. **विहंगम दृष्टि** का क्या अर्थ है?

A. एक झलक B. गहन दृष्टि
C. गहन चिन्तन D. इनमें से कोई नहीं

2. **विकास** का विपरीत शब्द है :

A. उत्थान B. उदय
C. पतन D. विनाश

3. **वैज्ञानिक** शब्द में कौन-सा प्रत्यय हैं?

A. निक B. वै
C. ईक D. इक

4. मानव जीवन को किसने बदल दिया है :

A. विकास B. वैज्ञानिक
C. विज्ञान D. उद्योग

5. किसी भी देश की स्तर को किससे नापा जाता है?

A. उपलब्धियों पर B. औद्योगीकरण से
C. वैज्ञानिकों से D. आविष्कारों से

गद्यांश 16

विश्व का वर्तमान उन्नत रूप मानव-श्रम की ही कहानी कह रहा है। गगन चुंबी अट्टालिकाएँ, लंबी-चौड़ी सड़कें, बड़े-बड़े विशाल नगर आकाश में उड़ते वायुयान तथा मानव-जीवन को सुखी और समृद्ध बनाने में योगदान करने वाले ज्ञान-विज्ञान के अनन्त रूप-ये सभी मनुष्य के श्रम का जयघोष करते हैं। स्पष्ट है कि मनुष्य और उसका शरीर विधाता की अनुपम रचना है जो निश्चय ही महान उद्देश्यों की संपूर्ति के

लिए दिया गया है। इस दुर्लभ तन को यदि हम आलस्य, प्रसाद अथवा घटिया कामों में गँवा देते हैं तो उस विधाता के प्रति अन्याय करते हैं।

उपर्युक्त गद्यांश को ध्यानपूर्वक पढ़ें और निम्नलिखित प्रश्नों के उत्तर के लिए सही विकल्प चुनें :

1. विश्व का वर्तमान रूप किसका उद्योतक है?
   A. चिन्तक का B. नेता का
   C. वैज्ञानिक का D. मानव श्रम
2. **गगन चुंबी अट्टालिकाएँ** का अर्थ है :
   A. आकाश में उड़ने वाला B. आकाश को छूने वाला
   C. बहुमंजिली इमारत D. इनमें से कोई नहीं
3. आकाश का समानार्थक शब्द है :
   A. वसुन्धरा B. धरा
   C. पयोद D. गगन
4. **सुखी** का विपरीत शब्द है :
   A. प्रसन्न B. अप्रसन्न
   C. दुखी D. उदासी
5. विधाता की अनुपम रचना क्या है?
   A. मानव शरीर B. समुद्र
   C. वन D. पृथ्वी

गद्यांश 17

हमारे देश में एक ऐसा भी युग था जब नैतिक और आध्यात्मिक विकास ही जीवन का वास्तविक लक्ष्य माना जाता था। अहिंसा की भावना सर्वोपरि थी। आज पूरा जीवन दर्शन ही बदल गया है। सर्वत्र पैसे की हाय-हाय तथा धन का उपार्जन ही मुख्य ध्येय हो गया है, भले ही धन-उपार्जन के तरीके गलत ही क्यों न हों? इन सबका असर मनुष्य के प्रतिदिन के जीवन पर पड़ रहा है। समाज का वातावरण दूषित हो गया है–

बाह्य वातावरण तो दूषित है ही, आज सब जानते हैं पर्यावरण की समस्याएँ कितनी चिन्तनीय हो उठी है। इन सबके कारण मानसिक और शारीरिक तनाव-खिंचाव और व्याधियाँ पैदा हो रही हैं।

उपर्युक्त गद्यांश को ध्यानपूर्वक पढ़ें और निम्नलिखित प्रश्नों के उत्तर के लिए सही विकल्प चुनें :

1. भारत का प्राचीन आदर्श था :
   A. सत्य और अहिंसा B. नैतिक और आध्यात्मिक विकास
   C. धन उपार्जन D. इनमें से कोई नहीं
2. **अहिंसा** का विपरीत शब्द है :
   A. हिंसा B. सत्याग्रह
   C. विनम्रता D. नैतिकता
3. जीवन दर्शन क्यों बदल गया है?
   A. हिंसा के कारण B. अहिंसा के कारण
   C. धन लिप्सा के कारण D. आध्यात्मिक विकास के कारण
4. समाज का वातावरण दूषित क्यों हो गया है?
   A. शारीरिक तनाव B. मानसिक व्याधियाँ
   C. पर्यावरण की समस्याएँ D. धन उपार्जन के गलत तरीके
5. **पर्यावरण** का शब्दार्थ है:
   A. जलमंडल B. स्थलमंडल
   C. वायुमंडल D. वातावरण

उत्तरमाला

गद्यांश 1

1. C 2. D 3. B 4. A 5. D

गद्यांश 2

1. A 2. D 3. D 4. C 5. A

गद्यांश 3

1. C 2. D 3. B 4. C 5. B

गद्यांश 4

1. D 2. D 3. C 4. A 5. C

गद्यांश 5

1. B 2. D 3. D 4. C 5. A

गद्यांश 6

1. B 2. B 3. D 4. A 5. C

गद्यांश 7

1. C 2. B 3. D 4. B 5. B

गद्यांश 8

1. D 2. A 3. D 4. D 5. D

गद्यांश 9

1. D 2. B 3. B 4. D 5. C

गद्यांश 10

1. D 2. C 3. B 4. D 5. C

गद्यांश 11

1. A 2. A 3. A 4. A 5. C

गद्यांश 12

1. B 2. D 3. D 4. C 5. C

गद्यांश 13

1. B 2. B 3. D 4. C 5. C

गद्यांश 14

1. C 2. A 3. C 4. A 5. B

गद्यांश 15

1. A 2. D 3. C 4. C 5. B

गद्यांश 16

1. D 2. C 3. D 4. C 5. A

गद्यांश 17

1. B 2. A 3. C 4. D 5. D

●●●

महिला एवं बाल विकास
(WOMEN & CHILD DEVELOPMENT)

1 महिला एवं बाल विकास

भारत में आँगनवाड़ी कार्यक्रम महिला एवं बच्चों के विकास के लिए केन्द्र सरकार द्वारा प्रत्येक राज्य में चलाया जा रहा है।

बाल कल्याण और भारतीय संविधान

बाल कल्याण के सम्बन्ध में भारत के संविधान के अनुच्छेद (24) के अन्तर्गत यह व्यवस्था की गई है कि 14 वर्ष से कम आयु के किसी भी बालक को किसी भी औद्योगिक संस्थान में न तो काम पर लगाया जाएगा और न ही उसे काम करने की अनुमति दी जाएगी। अनुच्छेद 39 (ई) के अनुसार बच्चों के स्वास्थ्य और शैशव का दुरूपयोग नहीं किया जाना चाहिए और आर्थिक कठिनाईयों के कारण उनको ऐसा व्यवसाय अपनाने पर बाध्य नहीं किया जाना चाहिए जो उनकी आयु के अनुरूप न हो। अनुच्छेद 39 (एफ) के अन्तर्गत बच्चों को स्वस्थ, उन्मुक्त एवं गरिमापूर्ण ढंग से विकसित होने के लिए इन्हें उचित अवसर और सुविधाएं मिलनी चाहिए तथा उनके बचपन के शोषण को रोका जाना चाहिए। अनुच्छेद 45 में यह प्रावधान है कि 14 वर्ष से कम आयु के सभी बच्चों के लिए निःशुल्क एवं अनिवार्य शिक्षा की व्यवस्था सरकार द्वारा की जाएगी।

बाल विकास और पंचवर्षीय योजनाएँ

स्वतन्त्रता प्राप्ति के पश्चात भारत में योजनाबद्ध विकास के उद्देश्य से पंचवर्षीय योजनाओं को अपनाया गया। इन पंचवर्षीय योजनाओं में बाल कल्याण से सम्बन्धित विभिन्न पहलुओं पर ध्यान दिया गया है।

पहली पंचवर्षीय योजना (1951–56) में बाल कल्याण को ध्यान में रखते हुए बच्चों की आवश्यकताओं को प्राथमिकता दी गई। इस योजना के अन्तर्गत अगस्त, 1953 में महिला एवं बाल कल्याण की योजनाओं के संदर्भ में समाज सेवी संस्थाओं को सहायता देने के लिए समाज कल्याण बोर्ड की स्थापना की गई और कल्याण विस्तार 'परियोजना' का शुभारम्भ किया गया। इस योजना के अन्तर्गत 5.5 लाख जनसंख्या वाले 6000 गांवों में 1150 केन्द्रों के माध्यम से 292 कल्याण विस्तार कार्यक्रम चलाए गए।

दूसरी पंचवर्षीय योजना (1956–61) में कल्याण विस्तार परियोजना में कुछ कमियों को देखते हुए 1957 में इसका पुर्ननिरीक्षण किया गया और सामुदायिक विकास खण्डों में कल्याण विस्तार कार्यक्रम को समन्वित आधार पर स्थापित करने के लिए उसे बदलकर 'समन्वित कल्याण विस्तार परियोजना'–कर दिया गया।

तीसरी पंचवर्षीय योजना (1961–66) में चार समेकित बाल विकास कार्यक्रम स्वीकार किए गए जिनमें महिला तथा बच्चों को पोषाहार देना भी शामिल था। यह उल्लेखनीय है कि समाज कल्याण बोर्ड द्वारा 1963–64 में कल्याणकारी योजनाओं पर 1.78 करोड़ तथा 1964–65 में 1.91 करोड़ रुपये खर्च किए गए।

चौथी पंचवर्षीय योजना (1969–74) की प्रारम्भिक रूपरेखा में परिवार एवं बाल कल्याण कार्यक्रम चलाने के लिए प्रखण्ड स्तर पर परिवार एवं शिशु कल्याण केन्द्र खोलने का प्रावधान किया गया। इस योजना पर 55,500 रुपये का अनावर्ती खर्च तथा 39,500 रुपये का आवर्ती खर्च प्रतिवर्ष करने का प्रावधान रखा गया। इसके अतिरिक्त पिछली बाल कल्याण से सम्बन्धित सभी योजनाओं को जारी रखने का निर्णय भी लिया गया।

पांचवीं पंचवर्षीय योजना (1974–79) के प्रारूप में बाल कल्याण की सभी योजनाओं को सर्वाधिक प्राथमिकता दी गई। 0 से 6 वर्ष के बच्चों के लिए समेकित बाल विकास परियोजना का प्रावधान रखा गया। इस योजना में कुछ सेवाओं का संवेष्ठन (पैकेज) घोषित किया गया। इस योजना के अन्तर्गत पूरक पोषाहार कार्यक्रम, बीमारी बचाव संरक्षण सेवा, स्वास्थ्य देखभाल, सेवा, रैफरल सेवा, पोषाहार, शिक्षा सेवा तथा स्कूल पूर्व शिक्षा सेवा सम्मिलित है। इस योजना में

0 से 6 वर्ष के बच्चों तथा समाज के कमजोर वर्गों से सम्बन्धित गर्भवती स्त्रियों एवं दूध पिलाने वाली माताओं को लाभान्वित किए जाने का निर्णय किया गया।

छठी पंचवर्षीय योजना (1980–85) के प्रारूप में पढ़ाई छोड़ने वाले बच्चों की संख्या दर में कमी लाने और स्कूलों में पढ़ रहे बच्चों की संख्या दर बढ़ाने के लिए प्रारम्भिक बालकावस्था शिक्षा कार्यक्रम का सुझाव दिया गया। ग्रामीण और पिछड़े क्षेत्रों में इस शिक्षा कार्यक्रम का विकास करने के लिए केन्द्रीय सरकार द्वारा स्वयं सेवी संगठनों को सहायता प्रदान करने का सुझाव दिया गया और बच्चों के लिए दोपहर के भोजन की व्यवस्था का भी प्रावधान किया गया।

सातवीं पंचवर्षीय योजना (1986–91) में यह मानते हुए कि बच्चों के सम्पूर्ण विकास का अर्थ बच्चों का सामाजिक, मानसिक, शारीरिक, नैतिक और भावात्मक विकास करना है, प्रारम्भिक बाल्यावस्था देखभाल और शिक्षा को नई राष्ट्रीय शिक्षा नीति (1986) में उच्च प्राथमिकता दी गई। 1987–88 में यह योजना शिक्षा विभाग से बदलकर महिला एवं बाल विकास विभाग को हस्तांतरित कर दी गई।

आठवीं पंचवर्षीय योजना (1992–97) में बाल विकास कार्यक्रमों के द्वारा बाल मृत्यु दर पर नियन्त्रण पाने को प्राथमिकता दी गई तथा उन राज्यों पर विशेष ध्यान दिया गया जहाँ पर बाल मृत्यु दर अधिक है। इस योजना में गरीब और अधिकारों से वंचित बच्चों को बाल विकास कार्यक्रमों की सुविधा उपलब्ध करवाने का निर्णय लिया गया। इसके साथ–साथ परिवार नियोजन, शिक्षा, स्वास्थ्य तथा संरक्षण जैसी सेवाओं को बेहतर तरीके से समन्वित किए जाने का निर्णय लिया गया।

नौवी पंचवर्षीय योजना (1998–2001) में बाल विकास कार्यक्रम के द्वारा 11 से 18 वर्ष की गरीब परिवार से सम्बन्धित लड़कियों को स्वयं रोजगार के लिए ''किशोरी मण्डल'' योजना चलाया गया है। इस योजना में लड़कियों को कढ़ाई, सिलाई, मशीन, बुनाई, हस्तकारी फूल, किरोशीया चलाना आदि सिखाने का निर्णय लिया गया।

दसवीं पंचवर्षीय योजना (2002–2007) में आँगनवाड़ी कार्यकर्त्ता के भविष्य को सुरक्षित रखने के लिए आँगनवाड़ी कार्यकर्त्ता बीमा योजना को 1 अप्रैल 2004 से लागू करने का प्रावधान किया गया है। इस योजना में बच्चों के सम्पूर्ण विकास के साथ–साथ उनका सामाजिक, मानसिक, शारीरिक, नैतिक और भावात्मक विकास करना है। इस योजना का उद्देश्य शिशु मृत्यु दर को घटाकर 45 प्रतिशत तक लाना, गरीबी अनुपात को घटाकर 21 प्रतिशत तक लाना तथा साक्षरता दर को बढ़ाकर 75 प्रतिशत लाना है।

भारत में 1951 में योजना आयोग की स्थापना के साथ ही बाल कल्याण पर ध्यान दिया जाना आरम्भ हो गया। तत्पश्चात् समय–समय पर भारत सरकार द्वारा बाल कल्याण के लिए अनेक योजनाएं चलाई गई ताकि बच्चों का सम्पूर्ण विकास हो सके।

विभिन्न परियोजनाएँ

केन्द्रीय समाज कल्याण बोर्ड की स्थापना

1953 में भारत सरकार ने केन्द्रीय समाज कल्याण बोर्ड की स्थापना की। समाज कल्याण बोर्ड का उद्देश्य स्वयंसेवी संस्थाओं को सहायता देना तथा इन संस्थाओं द्वारा बच्चों एवं महिलाओं के कल्याण के लिए चलाए जा रहे कार्यों को गति प्रदान करना था।

कल्याण विस्तार परियोजना, 1954

"बाल कल्याण योजनाओं" का प्रत्येक गांव तक विस्तार करने के लिए अगस्त 1954 में कल्याण विस्तार परियोजना को आरम्भ किया गया। इस परियोजना के द्वारा बच्चों तथा स्त्रियों को मौलिक न्यूनतम सेवा प्रदान करना था जिसमें प्रसूति देखभाल, प्राथमिक चिकित्सा सहायता, बालवाड़ियाँ माँ एवं शिशु स्वास्थ्य सेवा तथा पूरक पोषाहार इत्यादि सम्मिलित था। इस परियोजना में आस-पास के कुछ गाँवों को मिलाकर वहीं पर एक स्वास्थ्य केन्द्र बनाए जाने की व्यवस्था की गई। ऐसा इसलिए किया गया ताकि गाँवों के लोग इन सेवाओं का लाभ उठा सके।

विशुद्ध पोषाहार कार्यक्रम, 1957

1957 में कल्याण विस्तार परियोजना का पुर्ननिरीक्षण किया गया तथा 1963 में विशुद्ध पोषाहार कार्यक्रम चलाया गया। इस कार्यक्रम में माताओं को महिला-मण्डलों आदि के माध्यम से शुद्ध पोषाहार की शिक्षा देने के पश्चात प्रावधान किया गया ताकि बच्चों और महिलाओं को शुद्ध पोषाहार देकर उन्हें कुपोषण से होने वाली बीमारियों से बचाया जा सके।

परिवार एवं बाल कल्याण परियोजना, 1967

"परिवार एवं बाल कल्याण परियोजना" 1967 में चलाई गई।

बच्चों के लिए राष्ट्रीय नीति, 1974

1972 में योजना मंत्रालय ने सुझाव दिया कि बच्चों के लिए कोई एकरूप नीति को अपनाया जाना चाहिए। योजना मंत्रालय के इस सुझाव को ध्यान में रखते हुए भारत सरकार ने अगस्त, 1974 में बच्चों के लिए एक राष्ट्रीय नीति को लागू किया। नीति की प्रस्तावना में बच्चों को सबसे महत्वपूर्ण सम्पति बताया गया तथा यह कहा गया कि उनका लालन-पालन करना देश का दायित्व है। इस नीति के अन्तर्गत बाल विकास कार्यक्रमों को राष्ट्रीय योजनाओं में प्रमुख स्थान देने की व्यवस्था की गई ताकि बच्चे हृष्ट-पुष्ट, शारीरिक रूप से स्वस्थ, मानसिक तौर पर संचित एवं नैतिक तौर पर स्वस्थ तथा आवश्यक कौशल से पूर्ण हो सकें। इस नीति के अन्तर्गत यह भी कहा गया कि बच्चों का सम्पूर्ण शारीरिक, मानसिक और सामाजिक विकास सुनिश्चित करने के लिए बच्चों के जन्म से पहले तथा बाद की विकास की अवधि के दौरान पर्याप्त सेवाएं प्रदान करने का उत्तरदायित्व राज्य का होना चाहिए।

स्वतंत्रता प्राप्ति के पश्चात् से ही अपने देश में बच्चों को उनके अधिकार दिलाने, शोषण से बचाने और संरक्षण देने तथा राष्ट्रीय निधि के रूप में पल्लवित होने के अवसर प्रदान करने हेतु अनेक प्रयास किए गए। उनके शारीरिक, मानसिक, नैतिक, आध्यात्मिक तथा सामाजिक उन्नति एवं गरिमा के विकास के लिए सुविधाएं प्रदान करने की चेष्टा की गई। आज भी बच्चों का बहुत बड़ा तबका विशेष तौर पर ग्रामीण बालकों का आधारभूत सुविधाओं से कोसों दूर है।

बाल विकास के विभिन्न कार्यक्रम

कार्यक्रम/योजना का नाम	*प्रारम्भ होने का वर्ष*	*प्रमुख उद्देश्य*	*अन्य विशेषताएँ*
1. बाल पुरस्कार योजना	1957	असाधारण सूझ-बूझ वाले उत्कृष्ट बच्चों को प्रोत्साहित करना।	असाधारण सूझ-बूझ और बहादुर बच्चों को राष्ट्रीय पुरस्कार प्रतिवर्ष गणतंत्र दिवस की पूर्व संध्या पर प्रधानमंत्री द्वारा दिये जाते हैं। दूसरे राष्ट्रीय पुरस्कार 4-15 वर्ष के बालकों को पढ़ाई-लिखाई, कला, संस्कृति, खेलकूद, आदि में उत्कृष्ट उपलब्धियों के लिए वर्ष 1996 से दिये जा रहे हैं।
2. समन्वित बाल विकास योजना	1975	0-6 आयु वर्ग के बच्चों तथा उनकी माताओं को पूरक पोषाहार, टीकाकरण, स्वास्थ्य-जाँच परामर्श प्रशिक्षण, स्कूल पूर्व शिक्षा उपलब्ध कराना।	5 वर्ष से कम आयु के बच्चों को सभी आधारभूत आवश्यकताएं विशेषतया ग्रामीण बालकों के हितों को ध्यान में रखते हुए उपलब्ध कराना।
3. सार्वभौमिक टीकाकरण कार्यक्रम	1985	टीके से रोकी जा सकने वाली छह बीमारियों से शिशुओं की मृत्यु दर में कमी।	वर्ष 1985 से 1990 के दौरान यह कार्यक्रम तीव्र गति से पूरे देश में चलाया जा रहा है।
4. बेसहारा बच्चों हेतु समन्वित कार्यक्रम	1992	बेसहारा बच्चों को अभावग्रस्तता, उपेक्षा, उत्पीड़न और शोषण से मुक्ति दिलाना।	इस कार्यक्रम में बेसहारा बच्चों को आवास, पोषण, स्वास्थ्य-रक्षा, साफ-सफाई, सुरक्षित पेयजल, शिक्षा उपलब्ध कराने हेतु सरकार द्वारा स्वयंसेवी संगठनों को आर्थिक सहायता उपलब्ध कराई जाती है।
5. पल्स पोलियो योजना	1995	0-5 वर्ष आयु के सभी बच्चों को पोलियो निरोधी दवा पिलाकर उन्हें पोलियो मुक्त करना।	इसके प्रत्येक दौर में करीब 16 करोड़ बच्चों को पोलियो की दवाई पिलाई गई।

कार्यक्रम/योजना का नाम	प्रारम्भ होने का वर्ष	प्रमुख उद्देश्य	अन्य विशेषताएँ
6. मध्यान्ह भोजन योजना	1995	सरकारी एवं सरकारी सहायता प्राप्त विद्यालयों में कक्षा 1 से 5 तक के विद्यार्थियों में दोपहर के भोजन की व्यवस्था कर उन्हें आवश्यक पोषण दिलाना	15 अगस्त 1995 से लागू इस योजना में प्रतिवर्ष लगभग 30 लाख टन तक अनाज आवंटित किया जा रहा है।
7. बालिका समृद्धि योजना	1997	गरीबी रेखा से नीचे रहने वाले परिवारों को 15 अगस्त 1997 के बाद जन्मी बालिकाओं को शैक्षिक सहायता तथा उनकी माताओं को जन्म के समय अनुदान राशि उपलब्ध कराना।	2 अक्टूबर 1997 से चालू इस योजना को पूरे देश में लागू किया गया है।
8. दिशा योजना	1997	स्वास्थ्य, पोषण, बाल्यावस्था पूर्व शिक्षा और माता-पिता को प्रोत्साहन देकर बच्चों का सर्वांगीण विकास करना।	विश्व बैंक की सहायता से संचालित इस प्रशिक्षण कार्यक्रम को देश के चुने हुए क्षेत्रों में संचालित किया गया।
9. प्रजनन एवं बाल स्वास्थ्य कार्यक्रम	1997	सुरक्षित मातृत्व एवं बच्चों के स्वास्थ्य व्यवस्थायें सुनिश्चित करना।	15 अक्टूबर 1997 से लागू इस कार्यक्रम को क्षेत्र विशेष की आवश्यकताओं के हिसाब से अलग-अलग उपादानों का आवंटन किया गया।
10. भाग्यश्री बाल कल्याण पॉलिसी योजना	1998	18 वर्ष तक की बालिकाओं को नियमित वित्तीय सहायता प्रदान कर (जिनके माता-पिता की आयु 60 से ऊपर है) सामाजिक सुरक्षा प्रदान करना।	18 अक्टूबर 1998 से प्रारम्भ की गई यह योजना अभी प्रारंभिक तौर पर ही संचालित हो पाई है।
11. किशोरी शक्ति योजना	2000	पढ़ाई छोड़ देने वाली 11 से 18 वर्ष की आयु वर्ग की लड़कियों को आत्मनिर्भरता की ओर उन्मुख करना।	इस योजना के अंतर्गत लड़कियों के स्वास्थ्य की जाँच, उपचार, पोषण तथा उन्हें आर्थिक रूप से आत्मनिर्भर बनाने का प्रयास किया जाता है।
12. बेटी बचाओ बेटी पढ़ाओ योजना	2015	पक्षपाती लिंग चुनाव की प्रक्रिया का वर्गीकरण, बालिकाओं का अस्तित्व और सुरक्षा सुनिश्चित करना तथा बालिकाओं की शिक्षा सुनिश्चित करना।	बालिकाओं और शिक्षा को बढ़ावा देने के लिए एक सामाजिक आंदोलन और समान मूल्य को बढ़ावा देने के लिए जागरूकता अभियान का कार्यान्वयन करना। इस मुद्दे को सार्वजनिक विमर्श का विषय बनाना और उसे संशोधित करते रहना ताकि सुशासन का पैमाना बने।
13. सुकन्या समृद्धि योजना	2015	माता-पिता को अपनी बेटी के नाम पर खाता खुलवाने और उसके कल्याण के लिए निर्धारित सीमा तक अपनी बचत का अधिकतम जमा कराने के लिए प्रेरित करना। बालिकाओं की उच्च शिक्षा व्यय की आवश्यकता को पूरा करना।	सुकन्या समृद्धि खाता के माध्यम से बालिकाओं की शिक्षा और विवाह के खर्च की परेशानी दूर होगी। बालिका के दस वर्ष की आयु प्राप्त कर लेने तक, माता-पिता या कानूनी अभिभावक बालिका के नाम पर एक खाता खोल सकते हैं।

कार्यक्रम/योजना का नाम	प्रारम्भ होने का वर्ष	प्रमुख उद्देश्य	अन्य विशेषताएँ
14. उज्जवला स्कीम	2016	तस्करी की रोकथाम और बचाव, पुनर्वास, एकीकरण और वाणिज्यिक यौन शोषण के लिए तस्करी के शिकार लोगों की स्वदेश वापसी के लिए व्यापक योजना।	पुनर्वास केन्द्रों को आश्रय और निम्न बुनियादी सुविधाएँ उपलब्ध कराने के लिए वित्तीय सहायता दी जाती है। पीड़ितों को आजीविका के विकल्प प्रदान करने के लिए व्यावसायिक प्रशिक्षण और आय सृजन गतिविधियाँ।
15. शाला अस्मिता योजना	2017	कक्षा 1 से कक्षा 12 तक के छात्रों की शैक्षणिक अवधि की निगरानी करना, मिड-डे मील सर्विस में भ्रष्टाचार एवं लीकेज पर निगरानी रखना।	यह ऑनलाइन डेटाबेस होगा जिसमें छात्रों की उपस्थिति एवं नामांकन, मिड-डे मील सर्विस तथा अवसंरचनात्मक सुविधाओं से संबंधित सूचनाओं का उल्लेख होगा।

1974 में बच्चों के लिए बनाई गई राष्ट्रीय नीति के उद्देश्य को क्रियान्वित करने के लिए भारत सरकार ने प्रथम कदम के रूप में बहुआयामी "समेकित बाल विकास परियोजना" को आरम्भ किया। इस परियोजना को राष्ट्रपिता महात्मा गांधी के 106वें जन्म दिन पर 2 अक्टूबर 1975 को शुरू किया गया था। यह उल्लेखनीय है कि 0 से 6 वर्ष की आयु वर्ग के बच्चों को एक महत्वपूर्ण वर्ग माना गया। यद्यपि इस परियोजना का केन्द्र बिन्दु 0 से 6 वर्ष के बच्चों के साथ-साथ इसमें माताओं के लिए कार्यक्रम और सेवाएं भी सम्मिलित की गई। इस प्रकार परिवार एवं बाल कल्याण परियोजना का मुख्य उद्देश्य स्त्रियों तथा बच्चों में शिक्षा, सांस्कृतिक एवं मनोरंजन की गतिविधियों का विकास करना था।

विशेष पोषाहार कार्यक्रम तथा बाल-बाड़ी पोषाहार परियोजना

वर्ष 1970-71 में विश्लेषण समिति ने परिवार एवं बाल कल्याण परियोजना का पुर्ननिरीक्षण करके अपनी रिपार्ट पेश की। उस रिपोर्ट में यह पाया गया कि सरकार द्वारा स्थापित केन्द्रों में पोषाहार की आपूर्ति सुचारू रूप से नहीं हो रही है। केवल कुछ ही केन्द्र ऐसे हैं जो माताओं को शुद्ध पोषाहार की शिक्षा ठीक प्रकार से दे रहे हैं। इस समिति की रिपोर्ट को ध्यान में रखते हुए भारत सरकार ने 1971 में विशेष पोषाहार कार्यक्रम चलाया। इस कार्यक्रम का उद्देश्य समाज के कमजोर वर्गों जिसमें शहर की गन्दी बस्ती तथा पिछड़े ग्रामीण क्षेत्र सम्मिलित हैं, इससे सम्बन्धित दूध पिलाने वाली माताओं, गर्भवती स्त्रियों तथा बच्चों को पोषाहार देना था। इस कार्यक्रम के साथ-साथ बच्चों को पूरक पोषाहार प्रदान करने के लिए 1970-71 में ही बालबाड़ी पोषाहार परियोजना भी चलाई गई। बालबाड़ी पोषाहार परियोजना का उद्देश्य बालवाड़ियों में छोटे बच्चों को उनकी आवश्यकता के अनुसार 300 कैलोरी तथा 10 ग्राम प्रोटीन प्रतिदिन प्रदान करना था। समेकित बाल विकास परियोजना का मुख्य उद्देश्य 0 से 6 साल के बाद की आयु वर्ग के बच्चों के स्वास्थ्य तथा पोषाहार में सुधार लाना एवं बच्चों का मानसिक तथा सामाजिक विकास करना है। इसके अतिरिक्त इसका उद्देश्य बाल विकास को बढ़ावा देने के लिए विभिन्न-विभागों के बीच नीति और क्रियान्वयन का प्रभावशाली समन्वय स्थापित करना, बच्चों तथा गर्भवती स्त्रियों एवं दूध–पिलाने वाली माताओं के स्वास्थ्य की देखभाल और उन्हें उचित पोषाहार प्रदान करना है।

रैफरल सेवा

ग्रामीण स्तर पर बच्चों के लिए सबसे पहला प्राथमिक चिकित्सा केन्द्र आँगनवाड़ी होती है। आँगनवाड़ी कार्यकर्ता ही यह निर्णय करती है कि किस रोगी को सबसैन्टर, प्राथमिक चिकित्सा केन्द्र, सामुदायिक स्वास्थ्य केन्द्र या अंस्पताल में भेजे जाने की आवश्यकता है।

स्वास्थ्य एवं पोषाहार शिक्षा सेवा

स्वास्थ्य एवं पोषाहार शिक्षा सेवा के अंतर्गत 15 से 45 वर्ष की आयु की सभी महिलाओं को स्वास्थ्य एवं पोषाहार की शिक्षा देने का प्रावधान किया गया है। यह शिक्षा आँगनवाड़ी कार्यकर्ता द्वारा घर-घर जाकर या किसी एक स्थान पर 15 से 45 वर्ष की महिलाओं को एकत्रित करके दी जाएगी। ऐसा इसलिए आवश्यक है ताकि इससे शिक्षित होकर माता स्वयं की तथा अपने बच्चों के स्वास्थ्य की देखभाल कर सकें।

अनौपचारिक स्कूल पूर्व शिक्षा सेवा

इस योजना में उन बच्चों को स्कूल पूर्व शिक्षा देना है जिनकी आयु 3 वर्ष से ऊपर तथा 6 वर्ष से कम है। यह आयु उन बच्चों के जीवन की एक महत्वपूर्ण सीढ़ी होती है। इसलिए इस आयु में उन्हें महत्वपूर्ण आधार प्रदान करना आवश्यक है।

बाल कल्याण को ध्यान में रखते हुए आँगनवाड़ी कार्यक्रम के कुछ उद्देश्य निर्धारित किए गए हैं, ताकि बच्चों का विकास किया जा सके। उपरोक्त उद्देश्यों की प्राप्ति हेतु इसके अंतर्गत कुछ कार्य सुनिश्चित किए गए हैं, जैसे—6 वर्ष से कम आयु के बच्चों, गर्भवती स्त्रियों तथा स्तनपान कराने वाली माताओं के लिए पूर्ण पोषाहार की व्यवस्था करना, माताओं को स्वास्थ्य एवं पोषण शिक्षा देना ताकि वे स्वयं की तथा अपने बच्चों के स्वास्थ्य की देखभाल कर सकें। 3-6 वर्ष की आयु के सभी बच्चों के लिए आँगनवाड़ियों में अनौपचारिक स्कूल पूर्व शिक्षा की व्यवस्था करना, समेकित बाल विकास परियोजना से संबंधित स्वास्थ्य सेवाओं को लागू करवाने के लिए प्राथमिक स्वास्थ्य केन्द्र के कर्मचारियों की सहायता करना आदि। इस उद्देश्य का विस्तारपूर्वक वर्णन पूर्व स्कूल शिक्षा सम्बन्धित मैनुअल अंकुर के अंतर्गत किया गया है जिसमें इन बातों पर बल दिया गया हैः

- बच्चों का भौतिक, सामाजिक, भावनात्मक, मानसिक एवं बौद्धिक विकास करना।
- बच्चों को स्कूल जाने योग्य होने से पहले उठने, बैठने तथा बातचीत करने का तरीका सिखाना।
- बच्चों में आधारभूत गति कौशल विकसित करना तथा मांसपेशियों में पर्याप्त समन्वय सुनिश्चित करना।
- बच्चों में अच्छी आदत डालकर उनमें निजी समायोजन के लिए आधारभूत कौशल विकसित करना।
- समाज का सदस्य होने के नाते बच्चों को उसके अधिकार एवं सुविधाओं के प्रति सचेत करने के लिए उसमें वांछनीय सामाजिक विचार और आचरण तैयार करना।
- बच्चों को सुन्दरता और स्वच्छता की प्रशंसा करने के लिए प्रोत्साहित करना।
- बच्चों में भाषा, शक्ति और अनुशासन विकसित करना।
- आँगनवाड़ी में आने वाले बच्चों के माता-पिता के लिए पूर्व स्कूल भाग को अधिक स्वीकार्य बनाना ताकि पूर्व स्कूल भाग को प्राईवेट स्कूलों के बराबर लाया जा सके जिससे कि आँगनवाड़ी छोड़ने वाले बच्चे शिक्षा प्रणाली के मुख्य प्रवाह में बिना किसी कठिनाई के सम्मिलित हो सकें।

आँगनवाड़ी केन्द्र का प्रशासनिक ढांचा

आँगनवाड़ी केन्द्रों पर नियन्त्रण व समन्वय स्थापित करने के लिए प्रशासनिक अधिकारियों को नियुक्त किया गया है। आँगनवाड़ी कार्यक्रम को कार्यान्वित करने के लिए प्रशासनिक ढांचा निम्न प्रकार से हैः

प्रशासनिक ढांचा

↓

निदेशक

↓

जिला कार्यक्रम अधिकारी

↓

बाल विकास परियोजना अधिकारी

↓

मुख्य सेविका

↓

आँगनवाड़ी कार्यकर्त्ता

↓

आँगनवाड़ी सहायिका

अतः स्पष्ट है कि आँगनवाड़ी में सबसे निम्न स्तर पर आँगनवाड़ी सहायिका होती है और उसके ऊपर आँगनवाड़ी कार्यकर्त्ता होती है। जो आँगनवाड़ी की मुखिया होती है। 20 आँगनवाड़ियों के ऊपर एक मुख्य सेविका होती है जो सर्कल स्तर पर विभिन्न आँगनवाड़ियों के ऊपर नियन्त्रण रखती है लेकिन आँगनवाड़ी कार्यकताओं के प्रति मुख्य सेविका से ऊपर या प्रखण्ड स्तर पर एक बाल विकास परियोजना अधिकारी (सी.डी.पी.ओ.) होती है। जिला स्तर पर प्रोग्राम अधिकारी और सबसे ऊपर एक निदेशक होता है। अतः स्पष्ट है कि उपरोक्त ढांचा पदसोपान पद्धति पर आधारित है।

2 महिला एवं बाल विकास विभाग

महिला तथा बाल विकास विभाग की स्थापना वर्ष 1985 में मानव संसाधन विकास मंत्रालय के एक अंग के रूप में की गई थी। इसका उद्देश्य महिला तथा बच्चों के समग्र विकास को बढ़ावा देना था। 30 जनवरी 2006 से इस विभाग को मंत्रालय का दर्जा दे दिया गया है। इस मंत्रालय का मुख्य उद्देश्य है महिला तथा बच्चों के समग्र विकास को बढ़ावा देना।

महिला तथा बच्चों की उन्नति के लिए एक नोडल मंत्रालय के रूप में यह मंत्रालय योजना, नीतियां तथा कार्यक्रम का निर्माण करता है; कानून को लागू करता है, उसमें सुधार लाता है और महिला तथा बाल विकास के क्षेत्र में कार्य करने वाले सरकारी तथा गैर सरकारी संगठनों को दिशा–निर्देश देता है व उनके बीच तालमेल स्थापित करता है। इसके अलावा अपनी नोडल भूमिका निभाकर यह मंत्रालय महिला तथा बच्चों के लिए कुछ अनोखे कार्यक्रम चलाता है। ये कार्यक्रम कल्याण व सहायक सेवाओं, रोजगार के लिए प्रशिक्षण व आय सृजन एवं लैंगिक सुग्राहता को बढ़ावा देते हैं। ये कार्यक्रम स्वास्थ्य, शिक्षा व ग्रामीण विकास इत्यादि के अन्य क्षेत्रों में भी एक पूरक व संपूरक भूमिका निभाते हैं। ये सभी प्रयास यह सुनिश्चित करते हैं कि महिला को आर्थिक व सामाजिक दोनों रूप से सशक्त बनाया जाए और इस प्रकार उन्हें पुरुष के साथ राष्ट्र विकास में बराबर की भागीदार बनाया जाए।

नीति की पहल

बच्चों के समग्र विकास के लिए मंत्रालय दुनिया का सबसे बड़ा और सबसे अनोखा कार्यक्रम समेकित बाल विकास सेवाओं (ICDS) का क्रियान्वयन करता रहा है, जिसके तहत पूरक पोषण, टीकाकरण, स्वास्थ्य जाँच और रेफरल सेवाएँ, स्कूल जाने से पहले की अनौपचारिक शिक्षा का एक पैकेज प्रदान किया जाता रहा है। मंत्रालय "स्वयंसिद्ध" का भी क्रियान्वयन करता रहा है, जो महिला सशक्तिकरण के लिए एक समेकित योजना है। कई क्षेत्रों के कार्यक्रमों का एक प्रभावी समन्वय तथा निगरानी की जा रही है। मंत्रालय द्वारा चलाए जा रहे अधिकतर कार्यक्रम गैर सरकारी संगठन द्वारा चलाए जा रहे हैं। एनजीओ के अधिक सक्रिय भागीदारी के प्रयास किए जा रहे हैं। हाल के वर्षों में मंत्रालय द्वारा उठाए गए मुख्य कदम में समेकित बाल दिकास सेवाओं तथा किशोरी शक्ति योजना, किशोरियों के लिए एक पोषण कार्यक्रम, बाल अधिकारों की सुरक्षा के लिए एक आयोग का गठन करना तथा घरेलू हिंसा से महिला की सुरक्षा अधिनियम को लागू करना शामिल हैं।

संगठन

इस मंत्रालय के क्रिया–कलाप सात कार्यालयों के जरिए संपन्न किए जाते हैं।

मंत्रालय में 6 स्वायत्त संगठन हैं, जो इस प्रकार हैं:

- राष्ट्रीय सार्वजनिक सहयोग तथा बाल विकास संस्थान (NIPCCD)
- राष्ट्रीय महिला आयोग (NCW)
- राष्ट्रीय बाल अधिकार सुरक्षा आयोग (NCPCR)
- केंद्रीय सामाजिक कल्याण बोर्ड (CSWB)
- राष्ट्रीय महिला कोष (RMK)

मंत्रालय के अधीन आने वाले विषय

- दहेज निषेध अधिनियम 1961 (1961 का 28)
- सती (रोकथाम) अधिनियम का आयोग 1987 (1988 का 3); इन अधिनियमों के तहत आने वाले अपराध के संबंध में आपराधिक न्याय का संचालन शामिल नहीं है।
- खाद्य तथा पोषण बोर्ड (FNB)

राष्ट्रीय जन सहयोग एवं बाल विकास संस्थान

नेशनल इंस्टीच्यूट ऑफ कॉरपोरेशन एंड चाइल्ड डेवलपमेंट को प्रचलित रूप में राष्ट्रीय जन सहयोग एवं बाल विकास संस्थान के नाम से जाना जाता है। यह एक प्रमुख संस्थान है

जो महिलाओं और बच्चों के विकास के समग्र क्षेत्र में स्वैच्छिक कार्य शोध, प्रशिक्षण और प्रलेखन की तरक्की के लिए प्रतिबद्ध है। इसकी स्थापना सोसाइटी रजिस्ट्रेशन अधिनियम 1860 के अंतर्गत सन् 1966 में नई दिल्ली में हुई। यह संस्थान महिला एवं बाल विकास मंत्रालय के संरक्षण में कार्य करता है। देश के क्षेत्र–विशिष्ट आवश्यकताओं की पूर्ति के लिए इस संस्थान के द्वारा एक लंबे समय में चार प्रादेशिक केन्द्रों – गुवाहाटी (1978), बैंगलोर (1980), लखनऊ (1982) और इन्दौर (2001) की स्थापना की गई।

समेकित बाल विकास सेवा संस्थान (ICDS) (इंटिग्रेटेड चाइल्ड डेवलपमेंट सर्विसेज) के प्रशिक्षण अधिकारियों के लिए यह एक शीर्ष संस्थान के रूप में कार्य करता है। एक नोडल रिसोर्स एजेंसी के रूप में, समेकित बाल संरक्षण योजना (इंटिग्रेटेड चाइल्ड प्रोटेक्शन स्कीम – ICPS) की एक नई योजना के अंतर्गत, राष्ट्रीय और क्षेत्रीय स्तर पर अधिकारियों की प्रशिक्षण की जिम्मेदारियाँ और क्षमता निर्माण सौंपे गए हैं। इसे महिला और बाल विकास मंत्रालय द्वारा नोडल इंस्टीच्यूट के रूप में सार्क देशों के संस्थानों के विशेषज्ञता हेतु दो महत्वपूर्ण मुद्दों बाल अधिकार और महिला और बच्चों की ट्रैफिकिंग की रोकथाम पर प्रशिक्षण सुझाव के लिए भी मनोनीत किया गया है तथा इसके प्रदर्शन को 1985 में UNICEF द्वारा मान्यता दी गई थी जब इसे बाल विकास के क्षेत्र में उत्कृष्ट योगदान के लिए मॉरिस पेट अवार्ड (Maurice Pate Award) प्रदान किया गया था।

अधिकार क्षेत्र

- आरंभिक शैशवावस्था देखभाल और विकास
- छोटे बच्चों और माताओं के स्वास्थ्य और पोषण
- नवजात और छोटे बच्चे का आहार
- सूक्ष्म तत्व कुपोषण रोकथाम
- किशोर स्वास्थ्य, प्रजननीय स्वास्थ्य और HIV/AIDS
- वृद्धि निरीक्षण
- पोषण और स्वास्थ्य शिक्षा
- बाल मार्गदर्शन और परामर्श
- बालावस्था में मधुमेह की आरंभिक पहचान और रोकथाम
- बच्चों की शिक्षा और व्यवहारात्मक समस्याएं तथा अभिभावक शिक्षा
- बाल अधिकार और बाल संरक्षण
- यौवन संबंधी न्याय
- महिला सशक्तिकरण और लैंगिक मुख्यधारा विषयक
- किशोरियों का समग्र विकास और परिवारिक जीवन शिक्षा
- बाल विवाह, मादा भ्रूण हत्या और मादा शिशु हत्या की रोकथाम
- तनावग्रस्त महिलाओं के लिए परामर्श और सहायक सेवाएं
- स्व–मदद समूहों का निर्माण और प्रबन्धन
- महिलाओं और बच्चों के अवैध–व्यापार (ट्रैफिकिंग) की रोकथाम
- लैंगिक संतुलन
- कानून सुदृढ़ीकरण एजेंसी को समान सोच के अनुकूल बनाना
- बाल विकास के क्षेत्र में सरकारी/सामाजिक भागीदारी पहल
- सामाजिक विकास क्षेत्र में मनुष्य बल विकास
- सिविल सोसाइटी संगठन की क्षमता का निर्माण करना

3 महिला एवं बाल विकास से संबंधित कानून

लिंग चयन प्रतिषेध अधिनियम, 1994

कानूनी अपराध

गर्भधारण पूर्व और प्रसव पूर्व निदान तकनीक (लिंग चयन प्रतिषेध) अधिनियम, 1994 के अन्तर्गत गर्भाधारण पूर्व या बाद लिंग चयन और जन्म से पहले कन्या भ्रूण हत्या के लिए लिंग परीक्षण करना, इसके लिए सहयोग देना व विज्ञापन करना कानूनी अपराध है, जिसमें 3 से 5 वर्ष तक की जेल व 10 हजार से 1 लाख रू. तक का जुर्माना हो सकता है।

दोनों समान

चिकित्सा विज्ञान के विशेषज्ञों के अनुसार समाज में औसतन जितने लड़के पैदा होते हैं उतनी ही लड़कियाँ भी जन्म लेती हैं। कुदरत ने भी स्त्री एवं पुरुष को कुछ जैव वैज्ञानिक अन्तर को छोड़कर जीवन की समान शक्तियाँ एवं समान अवसर प्रदान किए हैं। जन्म के समय औसतन लड़का और लड़की समान शक्तियों के साथ पैदा होते हैं किन्तु सामुदायिक एवं सामाजिक व्यवहार से धीरे–धीरे पुरुषों की शक्ति स्त्रियों की तुलना में प्रभावी हो जाती हैं।

वर्तमान स्थिति

भारत में स्त्रियों की स्थिति प्रत्यक्ष और परोक्ष रूप से, बालिकाओं के स्वास्थ्य की स्थिति को प्रभावित करती हैं। इस प्रकार लिंग भेद के परिणामस्वरूप समाज में लड़के के जन्म को प्रमुखता, बालिका शिशु की भ्रूण अवस्था में ही हत्या, बाल्यावस्था अथवा किशोरावस्था में ही बालिकाओं का विवाह, पोषण, स्वास्थ्य, शिक्षा जैसी मूलभूत जरूरतों में भेदभाव देखा जाता है। अपने तीव्रतम रूप में लड़के की चाह की परिणिति कन्या की हत्या और कन्या गर्भपात में होती है। देश के विभिन्न भागों में किये गये अध्ययनों में कन्या शिशु हत्या के मामले पाये गये हैं। कन्या भ्रूण हत्याओं को विभिन्न धर्मों के गुरुओं ने धार्मिक दृष्टि से अनुचित बताया है।

पारित अधिनियम

भारत सरकार ने स्पष्ट रूप से जन्म पूर्व लिंग निर्धारण के प्रति अपना विरोध व्यक्त किया है। दिनांक 1.1.96 को प्रसव पूर्व निदान तकनीक (विनियमन और दुरूपयोग निवारण) अधिनियम, 1994 लागू कर ऐसी जाँचों को कानूनी अपराध ठहराया है। भारत सरकार ने उक्त अधिनियम में आवश्यक संशोधन कर दिनांक 14.2.2003 से अधिनियम का नाम गर्भधारण पूर्व और प्रसव पूर्व निदान तकनीक (लिंग चयन प्रतिषेध) अधिनियम, 1994 रखा है।

प्रसवपूर्व निदान तकनीकों का विनियमन

इस अधिनियम के अन्तर्गत पंजीकृत आनुवंशिक सलाह केन्द्रों, आनुवंशिक प्रयोगशालाओं, आनुवंशिक क्लिनिकों, अल्ट्रासाउण्ड क्लिनिकों और इमेजिंग सेन्टरों में जहां गर्भधारण पूर्व एवं प्रसव पूर्व निदान तकनीक से संचालन की व्यवस्था है वहाँ जन्म पूर्व निदान तकनीकों का उपयोग केवल निम्नलिखित विकारों की पहचान के लिए ही किया जा सकता है:–

- गुणसूत्र सम्बन्धी विकृति।
- आनुवंशिक उपापचय रोग।
- रक्त वर्णिका संबंधी रोग।
- लिंग संबंधी आनुवंशिक रोग।
- जन्मजात विकृतियाँ।
- केन्द्रीय पर्यवेक्षक बोर्ड द्वारा संसूचित अन्य असमानताएं व रोग।

इस अधिनियम के अन्तर्गत यह भी व्यवस्था है कि प्रसव पूर्व निदान तकनीक के उपयोग या संचालन के लिये

चिकित्सक निम्नलिखित शर्तों को भली प्रकार जाँच कर लें कि गर्भवती महिला का भ्रूण जांच की जाने योग्य है अथवा नहीं:–

- गर्भवती स्त्री की उम्र 35 वर्ष से अधिक है।
- गर्भवती स्त्री के दो या उससे अधिक स्वतः गर्भपात या गर्भस्राव हो चुके हैं।
- गर्भवती स्त्री नशीली दवा, संक्रमण या रसायनों जैसे सशक्त विकलांगता पदार्थों के संसर्ग में रही है।
- गर्भवती स्त्री या उसके पति की मानसिक मंदता या संस्तंभता जैसे किसी शारीरिक विकार या अन्य किसी आनुवंशिक रोग का पारिवारिक इतिहास है।
- केन्द्रीय पर्यवेक्षक बोर्ड द्वारा संसूचित कोई अन्य अवस्था है।

लैंगिक अपराधों से बालकों का संरक्षण अधिनियम, 2012

भूमिका

संविधान के अनुच्छेद 15 का खंड (3), अन्य बातों के साथ राज्य के बालकों के लिए विशेष उपबंध करने के लिए सशक्त करता है;

संयुक्त राष्ट्र की महासभा द्वारा अंगीकृत बालकों के अधिकारों से संबंधित अभिसमय को, जो बालक के सर्वोत्तम हितों को सुरक्षित करने के लिए सभी राज्य पक्षकारों द्वारा पालन किए जाने वाले मानकों को विहित करता है, भारत सरकार ने तारीख 11 दिसंबर, 1992 को अंगीकृत किया है,

बालक के उचित विकास के लिए यह आवश्यक है कि प्रत्येक व्यक्ति द्वारा उसकी निजता और गोपनीयता के अधिकार का सभी प्रकार से तथा बालकों को अंतवार्लित करने वाली न्यायिक प्रक्रिया के सभी प्रक्रमों के माध्यम से संरक्षित और सम्मानित किया जाए;

यह अनिवार्य है कि विधि ऐसी रीति से प्रवर्तित हो कि बालक के अच्छे शारीरिक, भावात्मक, बौद्धिक और सामाजिक विकास को सुनिश्चित करने के लिए प्रत्येक प्रक्रम पर बालक के सर्वोत्तम हित और कल्याण पर सर्वोपरि महत्व के रूप में ध्यान दिया जाए;

बालक के अधिकारों से संबंधित अभिसमय के राज्य पक्षकारों से निम्नलिखित का निवारण करने के लिए समुचित राष्ट्रीय, द्विपक्षीय या बहुपक्षीय उपाय करना अपेक्षित है–

(क) किसी विधिविरुद्ध लैंगिक क्रिया–कलाप में लगाने के लिए किसी बालक को उत्प्रेरित या प्रपीड़न करना;

(ख) वेश्यावृति या अन्य विधिविरुद्ध लैंगिक व्यवसायों में बालकों का शोषणात्मक उपयोग करना;

(ग) अश्लील गतिविधियों और सामग्रियों से बालकों का शोषणात्मक उपयोग करना

बालकों के लैंगिक शोषण और लैंगिक दुरुपयोग जघन्य अपराध हैं, और उन पर प्रभावी रूप से कारवाई करने की आवश्यकता है।

भारत गणराज्य के तिरसठवें वर्ष में संसद द्वारा निम्नलिखित रूप में यह अधिनियमित हैः–

प्रारंभिक

1. इस अधिनियम का संक्षिप्त नाम लैंगिक अपराधों से बालकों का संरक्षण अधिनियम, 2012 है;
2. इसका विस्तार जम्मू–कश्मीर राज्य के सिवाय संपूर्ण भारत पर है;
3. यह उस तारीख को प्रवृत्त होगा जो केन्द्रीय सरकार, राजपत्र में अधिसूचना द्वारा, नियत करे।

परिभाषाएँ

1. इस अधिनियम में, जब तक की संदर्भ से अन्यथा अपेक्षित न हो–

(क) गुरूत्तर प्रवेशन लैंगिक हमला का वही अर्थ है जो धारा 5 में है;

(ख) गुरूत्तर लैंगिक हमला का वही अर्थ है जो धारा 9 में है;

(ग) सशस्त्र बल या सुरक्षा बल से संघ के सशस्त्र बल या अनुसूची में यथाविनिर्दिष्ट सुरक्षा बल या पुलिस बल अभिप्रेत हैं;

(घ) बालक से ऐसा कोई व्यक्ति अभिप्रेत है जिसकी आयु अठारह वर्ष से कम है;

(ङ) घरेलू संबंध का वह अर्थ होगा जो घरेलू हिंसा से महिला संरक्षण अधिनियम, 2005 की धारा 2 के खंड (च) में है;

(च) प्रवेशन लैंगिक हमला का वही अर्थ है जो धारा 3 में है;

(छ) विहित से इस अधिनियम के अधीन बनाए गए नियमों द्वारा विहित अभिप्रेत है;

(ज) धार्मिक संस्था का वह अर्थ होगा जो धार्मिक संस्था दुरूपयोग निवारण अधिनियम, 1988 में है;

(झ) लैंगिक हमला का वही अर्थ है जो धारा 7 में है;

(ञ) लैंगिक उत्पीड़न का वही अर्थ है जो धारा 11 में है;

(ट) साझी गृहस्थी से ऐसी गृहस्थी अभिप्रेत है जहाँ अपराध से आरोपित व्यक्ति, बालक के साथ घरेलू नातेदारी में रहता है या किसी समय पर रह चुका है;

(ठ) विशेष न्यायालय से धारा 28 के अधीन उस रूप में अभिहित कोई न्यायालय अभिप्रेत है;

(ढ) विशेष लोक अभियोजक से धारा 32 के अधीन नियुक्त कोई अभियोजक अभिप्रेत है।

2. उन शब्दों और पदों के, जो इसमें प्रयुक्त हैं, और परिभाषित नहीं हैं किन्तु भारतीय दंड संहिता, दंड प्रक्रिया संहिता, 1973, किशोर न्याय (बालकों की देखरेख और संरक्षण) अधिनियम, 2000 और सूचना प्रौद्योगिकी अधिनियम, 2000 में परिभाषित हैं, वही अर्थ होंगे जो उक्त संहिता या अधिनियमों में हैं।

बालकों के विरुद्ध लैंगिक अपराध

प्रवेशन लैंगिक हमला और उसके लिए दंड

कोई व्यक्ति, प्रवेशन लैंगिक हमला करता है, यह कहा जाता है, यदि वह–

(क) अपना लिंग, किसी भी सीमा तक किसी बालक की योनि, मुँह, मूत्र मार्ग या गुदा में प्रवेश करता है या बालक से उसके साथ या किसी अन्य बालक के साथ ऐसा करवाता है; या

(ख) किसी वस्तु या शरीर के किसी ऐसे भाग को, जो लिंग नहीं है, किसी भी सीमा तक बालक की योनि, मूत्रमार्ग, या गुदा में घुसेड़ता है या बालक से उसके साथ या किसी अन्य व्यक्ति के साथ ऐसा करवाता है; या

(ग) बालक के शरीर के किसी भाग के साथ ऐसा अभिचालन करता है जिससे वह बालक की योनि, मूत्र मार्ग या गुदा या शरीर के किसी भी भाग में प्रवेश कर सके या बालक से उसके साथ या किसी अन्य व्यक्ति के साथ ऐसा करवाता है; या

(घ) बालक के लिंग, योनि, गुदा या मूत्रमार्ग पर अपना मुँह लगाता है या ऐसे व्यक्ति या किसी अन्य व्यक्ति के साथ बालक से ऐसा करवाता है।

प्रवेशन लैंगिक हमले के लिए दंड

जो कोई प्रवेशन लैंगिक हमला करेगा, वह दोनों में से किसी भांति के कारावास से, जिसकी अवधि सात वर्ष से कम की नहीं होगी किन्तु जो आजीवन कांरावास तक की हो सकेगी, दंडित किया जाएगा और जुर्माने से भी दंडनीय होगा।

गुरुतर प्रवेशन लैंगिक हमला

जो कोई, पुलिस अधिकारी होते हुए, किसी बालक पर–

1. पुलिस थाने या ऐसे परिसरों की सीमाओं के भीतर जहाँ उसकी नियुक्ति की गई है: या
2. किसी थाने के परिसरों में, चाहे उस पुलिस थाने में अवस्थित है या नहीं जिसमें उसकी नियुक्ति की गई है या
3. अपने कर्तव्यों के अनुक्रम में या अन्यथा; या
4. जहाँ वह, पुलिस अधिकारी के रूप में ज्ञात हो या उसकी पहचान की गई हो, प्रवेशन लैंगिक हमला करता है; या

जो कोई सशस्त्र बल या सुरक्षा बल का सदस्य होते हुए बालक पर–

1. ऐसे क्षेत्र की सीमाओं के भीतर जिसमें वह व्यक्ति तैनात है; या
2. बलों या सशस्त्र बलों की कमान के अधीन किन्हीं क्षेत्रों में; या
3. अपने कर्तव्यों के अनुक्रम में या अन्यथा; या
4. जहाँ उक्त व्यक्ति, सुरक्षा या सशस्त्र बलों के सदस्य के रूप में ज्ञात हो या उसकी पहचान की गई हो,

जो कोई लोक सेवक होते हुए, किसी बालक पर प्रवेशन लैंगिक हमला करता है; या

जो कोई किसी जेल, प्रतिप्रेषण गृह, संप्रेषण गृह या तत्समय प्रवृत्त किसी विधि द्वारा या उसके अधीन स्थापित अभिरक्षा या देखरेख और संरक्षण के किसी अन्य स्थान का प्रबंध या कर्मचारी वृंद ऐसे जेल, प्रतिप्रेषण गृह, संप्रेषण गृह या अभिरक्षा या देखरेख और संरक्षण के अन्य स्थान पर रह रहे बालक पर प्रवेशन लैंगिक हमला करता है; या

जो कोई, किसी अस्पताल, चाहे सरकारी या प्राइवेट हो, का प्रबंध या कर्मचारी वृंद होते हुए उस अस्पताल में किसी बालक पर प्रवेशन लैंगिक हमला करता है; या

जो कोई किसी शैक्षणिक संस्था या धार्मिक संस्था का प्रबंध या कर्मचारी वृंद होते हुए उस संस्था में किसी बालक पर प्रवेशन लैंगिक हमला करता है; य

जो कोई, किसी बालक पर सामूहिक प्रवेशन लैंगिक हमला करता है।

स्पष्टीकरणः जहाँ किसी बालक पर, किसी समूह के एक या अधिक व्यक्तियों द्वारा उनके सामान्य आशय को अग्रसर करने में लैंगिक हमला किया गया है, वहाँ ऐसे प्रत्येक व्यक्ति द्वारा इस खंड के अंतर्गत सामूहिक प्रवेशन लैंगिक हमला किया जाना समझा जाएगा और प्रत्येक व्यक्ति उस कृत्य के लिए वैसी ही रीति से दायी होगा मानो वह उसके द्वारा अकेले किया गया था; या

जो कोई, किसी बालक पर घातक आयुध, अग्न्यायुध, गर्म पदार्थ या संक्षारक पदार्थ का प्रयोग करते हुए प्रवेशन लैंगिक हमला करता है; या

जो कोई, किसी बालक की घोर उपहति कारित करते हुए या शारीरिक रूप से नुकसान और क्षति करते हुए, या उसके/उसकी जननेंद्रिय को क्षति करते हुए प्रवेशन लैंगिक हमला करता है; या

जो कोई, किसी बालक पर प्रवेशन लैंगिक हमला करता है जिससे–

1. बालक शारीरिक रूप से अशक्त हो जाता है या बालक मानसिक स्वास्थ्य अधिनियम, 1987 की धारा 2 के खंड (ख) के अधीन यथापरिभाषित मानसिक रूप से रोगी हो जाता है या किसी प्रकार का ऐसा हासकारित करता है जिससे बालक अस्थायी या स्थायी रूप से नियमित कार्य करने में अयोग्य हो जाता है है; या
2. बालिका की दशा में, वह लैंगिक हमले के परिणामस्वरूप, गर्भवती हो जाती है;
3. बालक, मानव प्रतिरक्षा ह्रास विषाणु या किसी ऐसे अन्य प्राणघातक रोग या संक्रमण से ग्रस्त हो जाता है जो बालक को शारीरिक रूप से अयोग्य करके अस्थायी या स्थायी रूप से ह्रास कर सकेगा; या

- जो कोई, बालक की मानसिक और शारीरिक अशक्तता का लाभ उठाते हुए बालक पर प्रवेशन लैंगिक हमला करता है; या
- जो कोई, उसी बालक पर एक से अधिक बार या बार–बार प्रवेशन लैंगिक हमला करता है; या
- जो कोई, बारह वर्ष से कम आयु के किसी बालक पर प्रवेशन लैंगिक हमला करता है; या
- जो कोई बालक का रक्त या दत्तक या विवाह या संरक्षकता द्वारा या पोषण देखभाल करने वाला नातेदार या बालक के माता–पिता के साथ घरेलू संबंध रखते हुए या जो बालक के साथ साझी गृहस्थी में रहता है, ऐसे बालक पर प्रवेशन लैंगिक हमला करता है; या
- जो कोई, बालक को सेवा प्रदान करने वाली किसी संस्था का स्वामी या प्रबंध या कर्मचारी वृंद होते हुए बालक पर प्रवेशन लैंगिक हमला करता है; या
- जो कोई किसी बालक न्यासी या प्राधिकारी के पद पर होते हुए बालक की किसी संस्था या गृह या कहीं और, बालक पर प्रवेशन लैंगिक हमला करता है; या
- जो कोई, यह जानते हुए कि बालक गर्भ से है, बालक पर प्रवेशन लैंगिक हमला करता है; या
- जो कोई, बालक पर प्रवेशन लैंगिक हमला करता है और बालक की हत्या करने का प्रयत्न करता है; या
- जो कोई सामुदायिक या पंथिक हिंसा के दौरान बालक पर प्रवेशन लैंगिक हमला करता है; या
- जो कोई, बालक पर प्रवेशन लैंगिक हमला करता है और जो पूर्व मिस अधिनियम के अधीन कोई अपराध करने के लिए या तत्समय प्रवृत्त किसी अन्य विधि के अधीन दंडनीय कोई लैंगिक अपराध किए जाने के लिए दोष सिद्ध किया गया है; या
- जो कोई, बालक पर प्रवेशन लैंगिक हमला करता है और बालक को सावर्जनिक रूप से निर्वस्त्र करता है या नग्न करके प्रदर्शन करता है,
- वह गुरूतर प्रवेशन लैंगिक हमला करता है, यह कहा जाता है।

गुरूतर प्रवेशन लैंगिक हमले के लिए दंड

जो कोई, गुरूतर प्रवेशन लैंगिक हमला करेगा वह कठोर कारावास से जिसकी अवधि दस वर्ष से कम की नहीं होगी किन्तु जो आजीवन कारावास तक की हो सकेगी, दंडित किया जाएगा और जुर्माना भी देय होगा।

लैंगिक हमला

जो कोई, लैंगिक आशय से बालक की योनि, लिंग, गुदा या स्तनों को स्पर्श करता है या बालक से ऐसे व्यक्ति या किसी अन्य व्यक्ति की योनि, लिंग, गुदा या स्तन का स्पर्श कराता है या लैंगिक आशय से ऐसा कोई अन्य कार्य करता है जिसमें प्रवेशन किए बिना शारीरिक संपर्क अन्तःग्रस्त होता है, लैंगिक हमला करता है, यह कहा जाता है।

लैंगिक हमले के लिए दंड

जो कोई लैंगिक हमला करेगा वह दोनों में से किसी एक की सजा का भागी होगा अथवा दोनों सजा का भागी होगा।

न्यूनतम अवधि कारावास की तीन वर्ष और अधिकतम अवधि पांच वर्ष तक की हो सकेगी, साथ ही जुर्माना भी देय होगा।

गुरूतर लैंगिक हमला

जो कोई, पुलिस अधिकारी होते हुए, किसी बालक पर–

1. पुलिस थाने या ऐसे परिसरों की सीमाओं के भीतर जहाँ उसकी नियुक्ति की गई है; या
2. किसी थाने के परिसरों में चाहे उस पुलिस थाने में अवस्थित हैं या नहीं जिसमें उसकी नियुक्ति की गई है; या
3. अपने कर्तव्यों के अनुक्रम में या अन्यथा; या
4. जहाँ वह, पुलिस अधिकारी के रूप में ज्ञात हो या उसकी पहचान की गई हो, प्रवेशन लैंगिक हमला करता है; या

जो कोई, सशस्त्र बल या सुरक्षा बल का सदस्य होते हुए बालक पर, –

1. ऐसे क्षेत्र की सीमाओं के भीतर जिसमें वह व्यक्ति तैनात है; या
2. सुरक्षा या सशस्त्र बलों की कमान के अधीन किन्हीं क्षेत्रों में; या
3. अपने कर्तव्यों के अनुक्रम में या अन्यथा; या
4. जहाँ वह, सुरक्षा या सशस्त्र बलों के सदस्य के रूप में ज्ञात हो या उसकी पहचान की गई हो,

- जो कोई लोक सेवक होते हुए, किसी बालक पर लैंगिक हमला करता है; या
- जो कोई, किसी जेल, प्रतिप्रेषण गृह या संरक्षण गृह या संप्रेषण गृह या तत्समय प्रवृत्त किसी विधि द्वारा या उसके अधीन स्थापित अभिरक्षा या देखरेख और संरक्षण के किसी अन्य स्थान का प्रबंध या कर्मचारी वृंद होते हुए, ऐसे जेल या प्रतिप्रेषण गृह या संरक्षण गृह या संप्रेक्षण गृह या अभिरक्षा या देखरेख और संरक्षण के अन्य स्थान पर रह रहे किसी बालक पर लैंगिक हमला करता है; या
- जो कोई, किसी अस्पताल, चाहे सरकारी या प्राइवेट हो, का प्रबंध तंत्र या कर्मचारी वृंद होते हुए उसी संस्था में किसी बालक पर लैंगिक हमला करता है; या
- जो कोई, किसी शैक्षणिक संस्था या धार्मिक संस्था का प्रबंध तंत्र या कर्मचारी वृंद होते हुए उस संस्था में किसी बालक पर लैंगिक हमला करता है; या
- जो कोई, बालक पर सामूहिक लैंगिक हमला करता है।

स्पष्टीकरणः जहाँ किसी बालक पर, किसी समूह के एक या अधिक व्यक्तियों द्वारा उनके सामान्य आशय के अग्रसर करने में लैंगिक हमला किया गया है वहाँ ऐसे प्रत्येक व्यक्ति द्वारा इस खंड के अंतर्गत सामूहिक लैंगिक हमला किया जाना समझा जाएगा और ऐसा प्रत्येक व्यक्ति उस कृत्य के लिए वैसी ही रीति से दायी होगा मानो वह उसके द्वारा अकेले किया गया था; या

- जो कोई, बालक पर घातक आयुध, अग्न्यायुध, गर्म पदार्थ या संक्षारक पदार्थ का प्रयोग करते हुए लैंगिक हमला करता है; या
- जो कोई, किसी बालक को घोर उपहति कारित करते हुए या शारीरिक रूप से नुकसान और क्षति करते हुए लैंगिक हमला करता है; या

जो कोई, किसी बालक पर लैंगिक हमला करता है जिससे–

1. बालक शारीरिक रूप से अशक्त हो जाता है या बालक मानसिक स्वास्थ्य अधिनियम, 1987 की धारा 2 के खंड (ठ) के अधीन यथापरिभाषित मानसिक रूप से रोगी हो जाता है या किसी प्रकार का ऐसा ह्रासकारित करता है जिससे बालक अस्थायी या स्थायी रूप से नियमित कार्य करने में अयोग्य हो जाता है; या
2. बालक, मानव प्रतीक्षाह्रास विषाणु या किसी ऐसे अन्य प्राणघातक रोग या संक्रमण से ग्रस्त हो जाता है जो बालक को शारीरिक रूप से अयोग्य, या नियमित कार्य करने में मानसिक रूप से अयोग्य करके अस्थायी या स्थायी रूप से ह्रास कर सकेगा; या

- जो कोई, बालक की मानसिक और शारीरिक अशक्तता का लाभ उठाते बालक पर लैंगिक हमला करता है; या
- जो कोई, बालक पर एक से अधिक बार–बार लैंगिक हमला करता है; या
- जो कोई, बारह वर्ष से कम आयु के किसी बालक पर लैंगिक हमला करता है; या
- जो कोई बालक का रक्त या दत्तक या विवाह या संरक्षता द्वारा या पोषण देखभाल करने वाला नातेदार या बालक के माता–पिता के साथ घरेलू संबंध रखते हुए या जो बालक के साथ साझी गृहस्थी में रहता है, ऐसे बालक पर लैंगिक हमला करता है
- जो कोई, बालक को सेवा प्रदान करने वाली किसी संस्था का स्वामी या प्रबन्ध या कर्मचारीवृंद होते हुए बालक पर लैंगिक हमला है; या

- जो कोई किसी बालक के न्यासी या प्राधिकारी के पद पर होते हुए, बालक की किसी संस्था या गृह में या कहीं और, बालक पर लैंगिक हमला करता है; या
- जो कोई, यह जानते हुए कि बालिका गर्भ से है, बालिका पर लैंगिक हमला करता है; या
- जो कोई, बालक पर लैंगिक हमला करता है और बालक की हत्या करने का प्रयत्न करता है; या
- जो कोई, सामुदायिक या पंथिक हिंसा के दौरान बालक पर लैंगिक हमला करता है; या
- जो कोई, बालक पर लैंगिक हमला करता है और जो पूर्व में इस अधिनियम के अधीन कोई अपराध करने के लिए नया तत्सम प्रवर्त्त किसी अन्य विधि के अधीन दंडनीय कोई लैंगिक अपराध किए जाने के लिए दोषसिद्ध किया गया है; या
- जो कोई, बालक लैंगिक हमला करता है और बालक को सार्वजनिक रूप से निवस्त्र करता है या नग्न करके प्रदर्शन करता है,
- वह गुरूतर लैंगिक हमला करता है, यह कहा जाता है।

गुरूतर लैंगिक हमले के लिए दंड

जो गुरूत्तर लैंगिक हमला करेगा, वह दोनों में से किसी भांति के कारावास से जिसकी अवधि पांच वर्ष से कम की नहीं होगी किन्तु जो सात वर्ष तक की हो सकेगी, दंडित किया जाएगा और जुर्माने से भी दंडनीय होगा।

लैंगिक उत्पीड़न और उसके लिए दंड

कोई व्यक्ति, किसी बालक पर लैंगिक उत्पीड़न करता है, यह कहा जाता है कि जब ऐसा व्यक्ति लैंगिक आशय से–

1. कोई शब्द कहता है या कोई ध्वनि या अंगविक्षेप करता है या कोई वस्तु या शरीर का भाग इस आशय के साथ प्रदर्शित करता है कि बालक द्वारा ऐसा शब्द या ध्वनि सुनी जाएगी या ऐसा अंग विक्षेप या वस्तु या शरीर का भाग देखा जाएगा या ऐसा अंग विक्षेप या वस्तु या शरीर का भाग देखा जाएगा; या
2. किसी भाग को उसके शरीर या उसके शरीर का कोई भाग प्रदर्शित करवाता है जिससे उसको ऐसे व्यक्ति या किसी अन्य व्यक्ति द्वारा देखा जा सके;
3. अश्लील प्रयोजनों के लिए किसी प्रारूप या मीडिया में किसी बालक को कोई वस्तु दिखाता है; या
4. बालक को या सीधे या इलेक्ट्रोनिक, अंकीय या किसी अन्य साधनों के माध्यम से बार–बार या निरंतर पीछा करता है या देखता है या संपर्क करता है; या
5. बालक के शरीर के किसी भाग या लैंगिक कृत्य में बालक के अंतःग्रस्त होने का इलेक्ट्रोनिक, फिल्म या अंकीय या किसी अन्य पद्धति के माध्यम से वास्तविक या गढ़े गए चित्रण को मीडिया के किसी रूप में उपयोग करने की धमकी देता है; या
6. अश्लील प्रयोजनों के लिए किसी बालक को प्रलोभन देता है या उसके लिए पारितोषिक देता है।

स्पष्टीकरणः कोई प्रश्न, जिसमें लैंगिक आशय अन्तर्वलित हैं, तथ्य का प्रश्न होगा।

लैंगिक उत्पीड़न के लिए दंड

जो कोई, किसी बालक पर लैंगिक उत्पीड़न करेगा वह दोनों में से किसी भी भांति के कारावास से जिसकी अवधि तीन वर्ष तक की हो सकेगी, दंडित किया जाएगा और जुर्माने से भी दंडनीय होगा।

अश्लील प्रयोजनों के लिए बालक का उपयोग और उसके लिए दंड

जो कोई, किसी बालक का, मीडिया के (जिसमें टेलिविजन चैनलों या इंटरनेट या कोई इलेक्ट्रोनिक प्रारूप द्वारा प्रसारित कार्यक्रम या विज्ञापन चाहे ऐसे कार्यक्रम या विज्ञापन का आशय व्यक्तिगत उपयोग या वितरण के लिए हो नहीं, सम्मिलित हैं) किसी प्रारूप में ऐसे लैंगिक पारितोषण के प्रयोजन के लिए उपयोग करता है, जिसमें निम्नलिखित सम्मिलित हैं–

(क) किसी बालक की जननेद्रियों का प्रतिदर्शन करना;

(ख) किसी बालक का उपयोग वास्तविक या नकली लैंगिक कार्यों में (प्रवेशन के साथ या उसके बिना) करना;

(ग) किसी बालक का अशोभनीय या अश्लीलतापूर्ण प्रतिदर्शन करना,

वह किसी बालक का अश्लील प्रयोजनों के लिए उपयोग करने के अपराध का दोषी होगा।

स्पष्टीकरणः इस धारा के प्रयोजनों के लिए किसी बालक का उपयोग अश्लील सामग्री को तैयार, उत्पादन, प्रस्थापन, परिषण, प्रकाशन सुकर और वितरण करने के लिए मुद्रण, इलेक्ट्रॉनिक, कंप्यूटर या किसी अन्य तकनीक के किसी माध्यम से किसी बालक को अन्तर्वलित करना सम्मिलित है।

अश्लील प्रयोजनों के लिए बालक के उपयोग के लिए दंड

1. जो कोई, अश्लील प्रयोजनों के लिए किसी बालक या बालकों का उपयोग करेगा, वह दोनों में से किसी भांति

के कारावास से जिसकी अवधि पांच वर्ष तक की हो सकेगी, दंडित किया जाएगा और जुर्माने से भी दंडनीय होगा तथा दूसरे या पश्चातवर्ती दोषसिद्धि की दशा में, वह दोनों में से किसी भांति के कारावास से जिसकी अवधि सात वर्ष तक की हो सकेगी, दंडित किया जाएगा और जुर्माने से भी दंडनीय होगा।

2. यदि अश्लील प्रयोजनों के लिए बालक का उपयोग करने वाला व्यक्ति धारा 3 में निर्दिष्ट किसी अपराध को, अश्लील कार्यों में प्रत्यक्ष रूप से भाग लेकर करेगा, तो वह किसी भांति के कारावास से जिसकी अवधि दस वर्ष से कम नहीं होगी किन्तु जो आजीवन कारावास तक की हो सकेगी, दंडित किया जाएगा और जुर्माने से भी दंडनीय होगा।
3. यदि अश्लील प्रयोजनों के लिए बालक का उपयोग करने वाला व्यक्ति धारा 5 में निर्दिष्ट किसी अपराध को अश्लील कार्यों में प्रत्यक्ष रूप से भाग लेकर करेगा, तो वह कठोर आजीवन कारावास से दंडित किया जाएगा और जुर्माने से भी दंडनीय होगा।
4. यदि अश्लील प्रयोजनों के लिए बालक का उपयोग करने वाला व्यक्ति धारा 7 में निर्दिष्ट किसी अपराध को, अश्लील कार्यों में प्रत्यक्ष रूप से भाग लेकर करेगा, तो वह किसी भांति के कारावास से जिसकी अवधि छह वर्ष से कम नहीं होगी किन्तु जो आठ वर्ष तक की हो सकेगी, दंडित किया जाएगा और जुर्माने से भी दंडनीय होगा।
5. यदि अश्लील प्रयोजनों के लिए बालक उपयोग करने वाला व्यक्ति धारा 9 में निर्दिष्ट किसी अपराध को, अश्लील कार्यों में प्रत्यक्ष रूप से भाग लेकर करेगा, तो वह किसी भांति के कारावास से जिसकी अवधि आठ वर्ष से कम नहीं होगी किन्तु जो दस वर्ष तक की हो सकेगी, दंडित किया जाएगा और जुर्माने से भी दंडनीय होगा।

बालक को सम्मिलित करने के लिए अश्लील सामग्री के भंडारण के लिए दंड

कोई व्यक्ति जो वाणिज्यिक प्रयोजनों के लिए बालक को सम्मिलित करते हुए किसी अश्लील सामग्री का किसी भी रूप में भंडारण करेगा, वह किसी भांति के कारावास से, जो तीन वर्ष तक का हो सकेगा या जुर्मानें से या दोनों से दंडित किया जाएगा।

किसी अपराध का दुष्प्रेरण और उसको करने के लिए प्रयत्न

1. उस अपराध को करने के लिए किसी व्यक्ति को उकसाता है; अथवा
2. उस अपराध को करने के लिए किसी षड्यंत्र में एक या अधिक व्यक्ति या व्यक्तियों के साथ सम्मिलित होता हो, यदि उस षड्यंत्र के अनुसरण में, और उस अपराध को करने के उद्देश्य से, कोई कार्य या अवैध लोप घटित हो जाए; अथवा
3. उस अपराध को किए जाने में किसी कार्य या अवैध लोप द्वारा साशय सहायता करता है।

स्पष्टीकरण 1. कोई व्यक्ति जो जानबूझकर दुर्व्यपदेशन द्वारा या तात्त्विक तथ्य, जिसे प्रकट करने के लिए वह आबद्ध है, जानबूझकर छिपाने द्वारा, स्वेच्छया किसी अपराध का किया जाना कारित या उपाप्त करता है अथवा कारित या उपाप्त करने का प्रयत्न करता है, तो वह उस अपराध को उकसाने के रूप में अंजाम देता है।

स्पष्टीकरण 2. जो कोई या तो किसी कार्य के किए जाने से पूर्व किए जाने के, उस कार्य के किए जाने को सूकर बनाने के लिए कोई कार्य करता है और तद् द्वारा उसके किए जाने को सुकर बनाता है, वह उस कार्य के करने में सहायता करता है, यह कहा जाता है।

स्पष्टीकरण 3. जो कोई किसी बालक को इस अधिनियम के अधीन किसी अपराध के प्रयोजन के लिए धमकी या बल प्रयोग या प्रपीड़न के अन्य रूप, अपहरण, कपट, प्रवंचना, शक्ति या स्थिति के दुरूपयोग, भेद्यता या संदायों को देने या प्राप्त करने या अन्य व्यक्ति पर नियंत्रण रखने वाले किसी व्यक्ति की सहमति प्राप्त करने के लिए फायदों के माध्यम से नियोजित करता है, आश्रय देता है या उसे प्राप्त या परिवहित करता है, उस कार्य के करने में सहायता करता है, यह कहा जाता है।

दुष्प्रेरणा के लिए दंड

जो कोई इस अधिनियम के अधीन किसी अपराध का दुष्प्रेरणा करता है, यदि दुष्प्रेरित कार्य दुष्प्रेरणा के परिणामस्वरूप किया जाता है, तो वह उस दंड से दंडित किया जाएगा जो उस अपराध के लिए उपबंधित है।

स्पष्टीकरणः कोई कार्य या अपराध दुष्प्रेरणा के परिणामस्वरूप किया गया तब कहा जाता है, जब वह उस उकसाहट के परिणामस्वरूप या उस षड्यंत्र के अनुसरण में

या उस सहायता से किया जाता है, जिससे दुष्प्रेरणा गठित होता है।

किसी अपराध को करने के प्रयत्न के लिए दंड

जो कोई इस अधिनियम के अधीन दंडनीय किसी अपराध को करने का प्रयत्न करेगा या किसी अपराध को करवाएगा और ऐसे प्रयत्न में अपराध करने हेतु कोई कार्य करेगा, तो वह अपराध के लिए उपबंधित किसी भांति के ऐसे कारावास से, यथास्थिति, जिसकी अवधि आजीवन कारावास के आधे तक की या उस अपराध के लिए उपबंधित कारावास से जिसकी अवधि दीर्घतम अवधि के आधे तक की हो सकेगी या जुर्माने से या दोनों से दंडनीय होगा।

मामलों की रिपोर्ट करने के लिए प्रक्रिया

दंड प्रक्रिया संहिता, 1973 में किसी बात के होते हुए भी कोई व्यक्ति (जिसके अंतर्गत बालक भी है) जिसको यह आशंका है कि इस अधिनियम के अधीन कोई अपराध किए जाने की संभावना है या यह जानकारी रखता है कि ऐसा कोई अपराध किया गया है, वह निम्नलिखित को ऐसी जानकारी उपलब्ध कराएगाः–

1. (*i*) विशेष किशोर पुलिस यूनिट या
   (*ii*) स्थानीय पुलिस।
2. उपधारा (1) के अधीन दी गई प्रत्येक रिपोर्ट में–
   (क) एक प्रविष्टि संख्या अंकित होगी और लेखबद्ध की जाएगी;
   (ख) सूचना देने वाले को पढ़कर सुनाई जाएगी;
   (ग) पुलिस यूनिट द्वारा रखी जाने वाली पुस्तिका में प्रविष्ट की जाएगी।
3. जहाँ उपधारा (1) के अधीन रिपोर्ट बालक द्वारा दी गई है, उसे उपधारा (2) के अधीन सरल भाषा में अभिलिखित किया जाएगा जिससे बालक अभिलिखित की जा रही अंतर्वस्तुओं को समझ सके।
4. यदि बालक द्वारा नहीं समझी जाने वाली भाषा में अंतर्वस्तु अभिलिखित की जा रही है या बालक यदि वह उसको समझने में असफल रहता है तो कोई अनुवादक या कोई दुभाषिया जो ऐसी अहर्ताएं, अनुभव रखता हो और ऐसी फीस के सन्दाय पर जो विहित की जाए, जब कभी आवश्यक समझा जाए, उपलब्ध कराया जाएगा।
5. यहाँ विशेष किशोर पुलिस यूनिट या स्थानीय पुलिस का यह दायित्व हो जाता है कि उस बालक को, जिसके विरुद्ध कोई अपराध किया गया है, देखरेख और संरक्षण की आवश्यकता है रिपोर्ट के चौबीस घंटे के भीतर कारणों को लेखबद्ध करने के पश्चात उसको यथाविहित ऐसी देख–रेख और संरक्षण में (जिसके अंतर्गत बालक को संरक्षण गृह या निकटतम अस्पताल में भर्ती किया जाना भी है) रखने की तुरंत व्यवस्था करेगी।
6. विशेष किशोर पुलिस यूनिट या स्थानीय पुलिस अनावश्यक विलंब के बिना किन्तु चौबीस घंटे की अवधि के भीतर मामले को बालक कल्याण समिति और विशेष न्यायालय या जहाँ कोई विशेष न्यायालय पदाभिहित नहीं किया गया है वहाँ सत्र न्यायालय को रिपोर्ट करेगी, जिसके अंतर्गत बालक की देखभाल और संरक्षण के लिए आवश्यकता और इस संबंध में किए गए उपाय भी हैं।
7. उपधारा (1) के प्रयोजन के लिए सद्भावपूर्वक दी गई जानकारी के लिए किसी व्यक्ति द्वारा सिविल या दांडिक कोई दायित्व उपगत नहीं होगा।

मामले की रिपोर्ट करने के लिए मीडिया, स्टूडियो और फोटो चित्रण सुविधाओं की बाध्यता

मीडिया या होटल या लॉज या अस्पताल या क्लब स्टूडियो या फोटो चित्रण संबंधी सुविधाओं का कोई कार्मिक, चाहे जिस नाम से ज्ञात हो, उनमें नियोजित व्यक्तियों की संख्या को दृष्टि में लाए बिना किसी ऐसी सामग्री या वस्तु की किसी माध्यम के उपयोग से, जो किसी बालक के लैंगिक शोषण संबंधी है, (जिसके अंतर्गत अश्लील साहित्य, लिंग संबंधी या बालक या बालकों का अश्लील प्रदर्शन करना भी है), यथास्थिति, विशेष किशोर पुलिस यूनिट या स्थानीय पुलिस को ऐसी जानकारी उपलब्ध कराएगा।

मामले की रिपोर्ट करने या अभिलिखित करने में विफल रहने के लिए दंड

1. कोई व्यक्ति जो धारा 19 की उपधारा (1) या धारा 20 के अधीन किसी अपराध के किए जाने की रिपोर्ट करने में विफल रहेगा या जो धारा 19 की उपधारा (2) के अधीन ऐसे अपराध को अभिलिखित करने में विफल रहेगा, वह किसी भी भांति के कारावास से, जो छह मास तक का हो सकेगा या जुर्माने से या दोनों से दंडित किया जाएगा।
2. किसी कंपनी या किसी संस्था (चाहे जिस नाम से ज्ञात हो) का भारसाधक कोई व्यक्ति जो अपने नियंत्रणाधीन किसी अधीनस्थ के संबंध में धारा 19 की उपधारा (1) के अधीन किसी अपराध के किए जाने की रिपोर्ट करने में विफल रहेगा, वह ऐसी अवधि के कारावास से जो

एक वर्ष तक का हो सकेगा और जुर्माने से दंडित किया जाएगा।

3. उपधारा (1) के उपबंध इस अधिनियम के अधीन किसी बालक को लागू नहीं होंगे।

मिथ्या परिवाद या मिथ्या सूचना के लिए दंड

1. कोई व्यक्ति जो धारा 3, धारा 5, धारा 7, और धारा 9 के अधीन किए गए किसी अपराध के संबंध में किसी व्यक्ति के विरुद्ध उसको अपमानित करने, उद्दापित करने या धमकाने या उसकी मानहानि करने के एकमात्र आशय से मिथ्या परिवाद करेगा या मिथ्या सूचना उपलब्ध कराएगा, वह ऐसे कारावास से, जो छह माह तक का हो सकेगा या जुर्माने से या दोनों से, दंडित किया जाएगा।
2. जहाँ किसी बालक द्वारा कोई मिथ्या परिवाद किया गया है या मिथ्या सूचना उपलब्ध कराई गई है, वहाँ ऐसे बालक पर कोई दंड अधिरोपित नहीं किया जाएगा।
3. जो कोई बालक नहीं होते हुए, किसी बालक के विरुद्ध कोई मिथ्या परिवाद करेगा या मिथ्या सूचना उसको मिथ्या जानते हुए उपलब्ध कराएगा जिसके द्वारा ऐसा बालक इस अधिनियम के अधीन किन्हीं अपराधों के लिए उत्पीड़ित हो, वह ऐसे कारावास से, जो एक वर्ष तक का हो सकेगा या जुर्माने से या दोनों से दंडित किया जाएगा।

मीडिया के लिए प्रक्रिया

1. कोई व्यक्ति, किसी भी प्रकार के मीडिया या स्टूडियो या फोटो चित्रण संबंधी सुविधाओं से, कोई पूर्ण या अधिप्रमाणित सूचना रखे बिना, किसी बालक के संबंध में कोई ऐसी रिपोर्ट नहीं करेगा या उस पर कोई ऐसी टीका–टिप्पणी नहीं करेगा जिससे उसकी ख्याति का हनन या उसकी निजता का अतिलंघन होना प्रभावित होता हो।
2. किसी मीडिया में कोई रिपोर्ट, बालक की पहचान को, जिसके अंतर्गत उसका नाम, पता, फोटोचित्र, परिवार का ब्यौरा, विद्यालय, पड़ोस या कोई ऐसी अन्य विशिष्टियाँ भी हैं, जिनसे बालक की पहचान का प्रकटन होता हो, प्रकट नहीं करेगी:

   परंतु ऐसे कारणों से जो अभिलिखित किए जायेंगे, अधिनियम के अधीन मामले का विचारण करने के लिए सक्षम विशेष न्यायालय ऐसे प्रकटन के लिए अनुज्ञात कर सकेगा, यदि उसकी राय में ऐसा प्रकटन बालक के हित में है।
3. मीडिया या स्टूडियो या फोटो चित्रण संबंधी सुविधाओं का कोई प्रकाशक या स्वामी, संयुक्त रूप से रूप और पृथक रूप से अपनी कर्मचारी के कार्यों और लोपों के लिए दायित्व के अधीन होगा।
4. कोई व्यक्ति जो उपधारा (1) या उपधारा (2) के उपबंधों का उल्लंघन करेगा, किसी भांति के कारावास से, जिसकी अवधि छह मास से कम की नहीं होगी किन्तु जो एक वर्ष तक की हो सकेगी या जुर्माने से या दोनों से, दंडित किए जाने के लिए दायी होगा।

बालक के कथनों को अभिलिखित करने के लिए प्रक्रिया

बालक के कथन को अभिलिखित किया जाना

1. बालक के कथन, बालक के निवास पर या ऐसे स्थान पर जहाँ वह साधारणतया निवास करता है या उसकी पसंद के स्थान पर और यथासाध्य, उप–निरीक्षक की पंक्ति से अधिक किसी महिला पुलिस अधिकारी द्वारा अभिलिखित किया जाएगा।
2. बालक के कथन को अभिलिखित किए जाते समय पुलिस अधिकारी वर्दी में नहीं होगा।
3. अन्वेषण करने वाला पुलिस अधिकारी, बालक की परीक्षा करते समय यह सुनिश्चित करेगा कि बालक किसी भी समय पर अभियुक्त के किसी भी प्रकार से संपर्क में न आए।
4. किसी बालक को किसी भी कारण से रात्रि में किसी पुलिस स्टेशन में निरुद्ध नहीं किया जाएगा।
5. पुलिस अधिकारी यह सुनिश्चित करेंगे कि बालक की पहचान पब्लिक मीडिया से तब तक संरक्षित की है जब तक कि बालक के हित में विशेष न्यायालय द्वारा अन्यथा निदेशित न किया गया हो।

मजिस्ट्रेट द्वारा बालक के कथन का अभिलेखन

1. यदि बालक का कथन, दंड प्रक्रिया संहिता, 1973 (जिसे इसमें इसके पश्चात संहिता कहा गया है) की धारा 164 के अधीन अभिलिखित किया जाता है तो उसमें अंतर्विष्ट किसी बात के होते हुए भी ऐसे कथन को अभिलिखित करने वाला मजिस्ट्रेट बालक द्वारा बोले गए अनुसार कथन को अभिलिखित करेगा:

   परंतु संहिता की धारा 164 की उपधारा (1) के प्रथम परंतुक में अंतर्विष्ट उपबंध, जहाँ तक वह अभियुक्त के अधिवक्ता की उपस्थिति अनुज्ञात करता है, इस मामले में लागू नहीं होगा।

2. मजिस्ट्रेट, उस संहिता की धारा 173 के अधीन पुलिस द्वारा अंतिम रिपोर्ट फाइल किए जाने पर, बालक और उसके माता–पिता, या उसके प्रतिनिधि को संहिता की धारा,207 के अधीन विनिर्दिष्ट दस्तावेज की एक प्रति, प्रदान करेगा।

अभिलिखित किए जाने वाले कथन के संबंध में अतिरिक्त उपबंध

1. यथास्थिति, मजिस्ट्रेट या पुलिस अधिकारी, बालक के माता–पिता या ऐसे किसी अन्य व्यक्ति की, जिसमें बालक का भरोसा या विश्वास है, उपस्थिति में बालक द्वारा कथित वचन को अभिलिखित करेगा।
2. जहाँ आवश्यक है, वहाँ, यथास्थिति, मजिस्ट्रेट या पुलिस अधिकारी, बालक का कथन अभिलिखित करते समय किसी अनुवादक या किसी दुभाषिए की, जो ऐसी अहर्ताएं, अनुभव रखता हो और ऐसी फीस के संदाय पर जो विहित की जाए, सहायता ले सकेगा।
3. यथास्थिति, मजिस्ट्रेट या पुलिस अधिकारी किसी बालक का कथन अभिलिखित करने के लिए मानसिक या शारीरिक निःशक्तता वाले बालक के मामले में किसी विशेष शिक्षक या बालक से संपर्क की रीति से सुपरिचित किसी व्यक्ति या उस क्षेत्र में किसी विशेषज्ञ की, जो ऐसी अहर्ताएं, अनुभव रखता हो और ऐसी फीस के संदाय पर जो विहित की जाए, की सहायता ले सकेगा।
4. जहाँ संभव है, वहाँ, यथास्थिति, मजिस्ट्रेट या पुलिस अधिकारी यह सुनिश्चित करेगा कि बालक का कथन श्रव्य – दृश्य इलेक्ट्रोनिक माध्यमों से भी अभिलिखित किया जाए।

बालक की चिकित्सीय परीक्षा

1. उस बालक की चिकित्सीय परीक्षा, जिसके संबंध में इस अधिनियम के अधीन कोई अपराध किया है, इस बात के होते हुए भी इस अधिनियम के अधीन अपराधों के लिए कोई प्रथम सूचना रिपोर्ट या परिवाद पंजीकृत नहीं किया गया है, दंड प्रक्रिया संहिता, 1973 की धारा 164 क के अनुसार की जाएगी।
2. यदि पीड़ित कोई बालिका है तो चिकित्सीय परीक्षा किसी महिला डॉक्टर द्वारा की जाएगी।
3. चिकित्सीय परीक्षा बालक के माता–पिता या किसी ऐसे अन्य व्यक्ति, बालक की चिकित्सीय परीक्षा के दौरान किसी कारण से उपस्थित नहीं हो सकता है तो चिकित्सीय परीक्षा, चिकित्सा संस्था के प्रमुख द्वारा नामनिर्दिष्ट किसी महिला की उपस्थिति में की जाएगी।

विशेष न्यायालय

विशेष न्यायालयों को अभिहित किया जाना

1. त्वरित विचरण उपलब्ध कराने के प्रयोजनों के लिए राज्य सरकार, उच्च न्यायालय के मुख्य न्यायाधीश के परामर्श से, राजपत्र में अधिसूचना द्वारा प्रत्येक जिला के लिए अधिनियम के अधीन अपराधों का विचारण करने के लिए किसी सत्र न्यायालय को एक विशेष न्यायालय होने के लिए, अभिहित करेगी:

   परन्तु यदि किसी सत्र न्यायालय को, बालक अधिकार संरक्षण आयोग अधिनियम, 2005 या तत्समय प्रवृत किसी अन्य विधि के अधीन उन्हीं प्रयोजनों के लिए अभिहित किसी विशेष न्यायालय को, बालक न्यायालय के रूप में अधिसूचित कर दिया है, तो ऐसा न्यायालय इस धारा के अधीन विशेष न्यायालय समझा जाएगा।
2. इस अधिनियम के अधीन किसी अपराध का विचारण करते समय कोई विशेष न्यायालय किसी ऐसे अपराध का [उपधारा (1) में निर्दिष्ट किसी अपराध से भिन्न] विचारण भी करेगा जिसके साथ अभियुक्त को दंड प्रक्रिया संहिता, 1973 के अधीन उसी विचारण में आरोपित किया जा सकेगा।
3. इस अधिनियम के अधीन गठित विशेष न्यायालय को, सूचना प्रौद्योगिकी अधिनियम, 2000 में किसी बात के होते हुए भी, उस अधिनियम की धारा 67 ख के अधीन अपराधों का, जहाँ तक वे किसी कृत्य या व्यवहार या रीति में बालकों को चित्रित करने वाली लैंगिक प्रकटन सामग्री के प्रकाशन या पारेषण से संबंधित है, या बालकों का ऑन–लाइन दुरूपयोग सुकर बनाते हैं, विचारण करने की अधिकारिता होगी।

कतिपय अपराधों के बारे में उपधारणा

1. इस अधिनियम के अधीन किसी अपराध के इस किसी अभियोजन में, जो अभियुक्त की ओर से आपराधिक मानसिक स्थिति की अपेक्षा करता है, विशेष न्यायालय ऐसी मानसिक दशा की विद्यमानता की उपधारणा करेगा, किन्तु अभियुक्त को यह तथ्य साबित करने के लिए प्रतिरक्षा होगी कि उस अभियोजन में किसी अपराध के रूप में आरोपित कृत्य के संबंध में उसकी ऐसी मानसिक दशा नहीं थी।
2. इस धारा के प्रयोजनों के लिए किसी तथ्य का साबित किया जाना केवल तभी कहा जाएगा जब विशेष न्यायालय उसके युक्तियुक्त संदेह से परे विद्यमान होने पर विश्वास करता है और केवल तब नहीं जब इसकी विद्यमान संभाव्यता की प्रबलता द्वारा स्थापित होती है।

स्पष्टीकरणः इस धारा में "आपराधिक मानसिक दशा" के अंतर्गत आशय, हेतुक, किसी तथ्य का ज्ञान और किसी तथ्य में विश्वास किए जाने का कारण भी है।

विशेष न्यायालय के समक्ष कार्यवाहियों को दंड प्रक्रिया संहिता, 1973 का लागू होना

इस अधिनियम में अन्यथा उपबंधित के सिवाय दंड प्रक्रिया संहिता, 1973 के उपबंध (जमानत और बंधपत्र विषयक उपबंधों सहित) किसी विशेष न्यायालय के समक्ष कार्यवाहियों को लागू करने होंगे और उक्त उपबंधों के प्रयोजनों के लिए विशेष न्यायालय को सत्र न्यायालय समझा जाएगा तथा विशेष न्यायालय के समक्ष अभियोजन का संचालन करने वाले व्यक्ति को, लोक अभियोजक समझा जाएगा।

विशेष लोक अभियोजक

1. राज्य सरकार, राजपत्र में अधिसूचना द्वारा, केवल इस अधिनियम के उपबंधों के अधीन मामलों का संचालन करने के लिए प्रत्येक विशेष न्यायालय के लिए एक विशेष लोक अभियोजक की, नियुक्ति करेगी।
2. उपधारा (1) के अधीन विशेष लोक अभियोजक के रूप में नियुक्त किए जाने के लिए कोई व्यक्ति केवल तभी पात्र होगा यदि उसने सात वर्ष से अधिक अवधि के लिए अधिवक्ता के रूप में विधि व्यवसाय किया हो।
3. इस धारा के अधीन विशेष लोक अभियोजक के रूप में नियुक्त प्रत्येक व्यक्ति, दंड प्रक्रिया संहिता, 1973 की धारा 2 खंड (प) के अंतर्गत एक लोक अभियोजक समझा जाएगा और उस संहिता के उपबंध तद्नुसार प्रभावी होंगे।

विशेष न्यायालयों की प्रक्रिया और शक्तियाँ तथा साक्ष्य का अभिलेखन

विशेष न्यायालयों की प्रक्रिया और शक्तियाँ

1. कोई विशेष न्यायालय, अभियुक्त को विचारण के लिए उसको सुपूर्द किए बिना किसी अपराध का संज्ञान ऐसे अपराध का गठन करने वाले तथ्यों का परिवाद प्राप्त होने पर या ऐसे तथ्यों की पुलिस रिपोर्ट पर, ले सकेगा।
2. यथास्थिति, विशेष लोक अभियोजक या अभियुक्त के लिए उपसंजात होने वाला कौंसिल बालक की मुख्य परीक्षा, प्रतिपरीक्षा, या पुनः परीक्षा अभिलिखित करते समय बालक से पूछे जाने वाले प्रश्नों को, विशेष न्यायालय को संसूचित करेगा जो क्रम से उन प्रश्नों को बालक के समक्ष रखेगा।
3. विशेष न्यायालय, यदि वह आवश्यक समझे, विचारण के दौरान बालक के लिए बार–बार विराम अनुज्ञात कर सकेगा।
4. विशेष न्यायालय, बालक के परिवार के किसी सदस्य, संरक्षक, मीटर या नातेदार की, जिसमें बालक का भरोसा और विश्वास है, न्यायालय में उपस्थिति अनुज्ञात करके बालक के लिए मित्रतापूर्ण वातावरण सृजित करेगा।
5. विशेष न्यायालय यह सुनिश्चित करेगा कि बालक को न्यायालय में साक्ष्य देने के लिए बार–बार नहीं बुलाया जाए।
6. विशेष न्यायालय, विचारण के दौरान आक्रामक या बालक के चरित्र हनन संबंधी प्रश्न पूछने के लिए अनुज्ञात नहीं करेगा और यह सुनिश्चित करेगा कि सभी समय बालक की गरिमा बनाए रखी जाए।
7. विशेष न्यायालय यह सुनिश्चित करेगा कि अन्वेषण या विचारण के दौरान किसी भी समय बालक की पहचान प्रकट नहीं की जाए;

   परंतु ऐसे कारणों से जो अभिलिखित किए जाएँ, विशेष न्यायालय ऐसे प्रकटन की अनुज्ञा दे सकेगा, यदि उसकी राय में ऐसा प्रकटन बालक के हित में है।

   स्पष्टीकरणः इस उपधारा के प्रयोजनों के लिए, बालक की पहचान में, बालक के कुटुम्ब, विद्यालय, नातेदार, पड़ोसी की पहचान या कोई अन्य सूचना जिसके द्वारा बालक की पहचान का पता चल सके सम्मिलित होंगे।
8. समुचित मामलों में विशेष न्यायालय, दंड के अतिरिक्त, बालक को कारित किसी शारीरिक या मानसिक आघात के लिए या ऐसे बालक के तुरंत पुनर्वास के लिए उसको ऐसे प्रतिकार के संदाय का निदेश दे सकेगा जो विहित किया जाए।
9. इस अधिनियम के उपबंधों के अधीन रहते हुए विशेष न्यायालय को इस अधिनियम के अधीन किसी अपराध के विचारण के प्रयोजन के लिए सत्र न्यायालय की सभी शक्तियाँ होंगी और ऐसे अपराध का विचारण ऐसे करेगा, मानो वह सत्र न्यायालय हो, और यथाशक्ति सत्र न्यायालय के समक्ष विचारण के लिए दंड प्रक्रिया संहिता, 1973 में विनिर्दिष्ट प्रक्रिया का अनुसरण करेगा।

बालक द्वारा अपराध किए जाने और विशेष न्यायालय द्वारा आयु का अवधारण करने के मामले में प्रक्रिया

1. जहाँ इस अधिनियम के अधीन कोई अपराध, किसी बालक द्वारा किया जाता है वहाँ ऐसे बालक किशोर न्याय (बालकों की देखरेख और संरक्षण) अधिनियम 2000, के उपबंधों के अधीन कार्रवाई की जाएगी।

2. यदि विशेष न्यायालय के समक्ष किसी कार्यवाही में इस संबंध में कोई प्रश्न उठता है कि कोई व्यक्ति बालक नहीं हैं तो ऐसे प्रश्न की अवधारणा विशेष न्यायालय द्वारा ऐसे व्यक्ति की आयु के बारे में स्वयं का समाधान करने के पश्चात् किया जाएगा और वह ऐसी अवधारणा के लिए उसके कारणों को लेखबद्ध करेगा।
3. विशेष न्यायालय द्वारा किया गया कोई आदेश केवल पश्चातवर्ती सबूत के कारण अविधिमान्य नहीं समझा जाएगा की उपधारा (2) के अधीन उसके द्वारा यथा अवधारित किसी व्यक्ति की आयु उस व्यक्ति की सही आयु नहीं थी।

बालक के साक्ष्य को अभिलिखित और मामले का निपटारा करने की अवधि

1. बालक के साक्ष्य को विशेष न्यायालय द्वारा अपराध का संज्ञान लिए जाने के तीस दिन के भीतर अभिलिखित किया जाएगा और विलंब के लिए कारण, यदि कोई हों, विशेष न्यायालय द्वारा अभिलिखित किए जाएंगे।
2. विशेष न्यायालय, यथासंभव, अपराध का संज्ञान लिए जाने की तारीख से एक वर्ष की अवधि के भीतर विचारण पूरा करेगा।

साक्ष्य देते समय बालक का अभियुक्त को न दिखना

1. विशेष न्यायालय यह सुनिश्चित करेगा कि बालक किसी प्रकार से साक्ष्य को अभिलिखित करते समय अभियुक्त के सामने अभिदर्षित नहीं किया गया है, जबकि उसी समय यह सुनिश्चित करेगा कि अभियुक्त उस बालक का कथन सुनने और अपने अधिवक्ता के संपर्क में है।
2. उपधारा (1) का प्रयोजन के लिए विशेष न्यायालय, बालक का कथन वीडियो कान्फ्रेंस के माध्यम से या एकल दृश्य दर्पण या पर्दा या ऐसी ही अन्य युक्ति का उपयोग करके अभिलिखित कर सकेगा।

विचारण का बंद कमरे से संचालन

1. विशेष न्यायालय, मामलों का विचारण बंद कमरे में और बालक के माता–पिता या किसी ऐसे अनुवादक या दुभाषिए, जो ऐसी अहर्ताएं, अनुभव रखता हो और ऐसे फीस के संदाय पर, जो विहित की जाए, की सहायता ले सकेगा।
2. यदि बालक मानसिक या शारीरिक रूप से निःशक्त है तो विशेष न्यायालय, बालक का साक्ष्य अभिलिखित करने के लिए किसी विशेष शिक्षक या बालक से संपर्क की रीति से सुपरिचित किसी व्यक्ति या उस क्षेत्र में किसी विशेषज्ञ, जो ऐसी अहर्ताएं, अनुभव रखता हो और ऐसे फीस के संदाय पर जो विहित की जाए, की सहायता ले सकेगा।

विशेषज्ञ आदि की सहायता लेने के लिए बालक के लिए मार्गनिर्देश

राज्य सरकार, ऐसे नियमों के अधीन रहते हुए जो इस निमित्त बनाये जाएँ, गैर–सरकारी संगठनों, वृत्तकों और विशेषज्ञों या व्यक्तियों जिनके पास मनोविज्ञान,सामाजिक कार्य, चिकित्सीय स्वास्थ्य, मानसिक स्वास्थ्य और बाल विकास में ज्ञान है, बालक की सहायता करने के लिए पूर्व विचारण और विचारण प्रक्रम पर सहयोजित करने के लिए मार्गनिर्देश तैयार करेगी।

विधिक कौंसिल की सहायता लेने का बालक का अधिकार

दंड प्रक्रिया संहिता, 1973 की धारा 301 के परन्तुक के अधीन रहते हुए बालक का कुटूम्ब या संरक्षक इस अधिनियम के अधीन किसी अपराध के लिए अपनी पसंद के विधिक कौंसिल की सहायता लेने के लिए हकदार होगे।

परंतु यदि बालक का कुटूम्ब या संरक्षक विधिक कौंसिल का व्यय वहन करने में असमर्थ है तो विधिक सेवा प्राधिकरण उसके लिए वकील उपलब्ध कराएगा।

कतिपय मामलों में धारा 3 से धारा 13 तक के उपबंधों का लागू न होना

धारा 3 से धारा 13 (जिसमें दोनों सम्मिलित हैं) तक के उपबंध बालक की चिकित्सीय परीक्षा या चिकित्सीय उपचार की दशा में तब लागू नहीं होंगें जब ऐसी चिकित्सकीय परीक्षा या चिकित्सकीय उपचार उसके माता–पिता या संरक्षक की सहमति से किए जा रहे हों।

अनुकल्पिक दंड

जहाँ कोई कार्य या लोप इस अधिनियम और तत्समय प्रवृत्त किसी अन्य विधि के अधीन भी दंडनीय कोई अपराध गठित करता है वहाँ तत्समय प्रवृत्त किसी विधि में किसी बात के होते हुए भी, ऐसे अपराध के लिए दोषी पाया गया अपराधी केवल उस दंड का भागी होगा जो ऐसी विधि या इस अधिनियम के अधीन मात्रा में गुरुतर हो।

अधिनियम के बारे में लोक जागरूकता

केन्द्रीय सरकार और प्रत्येक राज्य सरकार यह सुनिश्चित करने के लिए सभी उपाय करेंगी कि–

(क) साधारण जनता, बालकों के साथ ही उनके माता–पिता और संरक्षकों को इस अधिनियम के उपबंधों के प्रति जागरूक बनाने के लिए इस अधिनियम के उपबंधों का मीडिया, जिसके अंतर्गत टेलीविजन, रेडियो और प्रिंट मीडिया भी सम्मिलित है, के माध्यम से नियमित अंतरालों पर व्यापक प्रचार किया जाता है;

(ख) केन्द्र सरकार और राज्य सरकारों के अधिकारियों और अन्य संबद्ध व्यक्तियों (जिसके अंतर्गत पुलिस अधिकारी भी हैं) को अधिनियम के उपबंधों के कार्यान्यवन से संबंधित विषयों पर आवधिक प्रशिक्षण प्रदान किया जाता है।

अधिनियम के क्रियान्वयन की मॉनीटरी

1. यथा स्थिति, बालक अधिकार संरक्षण आयोग अधिनियम, 2005 की धारा 3 के अधीन गठित बालक अधिकार संरक्षण के लिए राष्ट्रीय आयोग या धारा 17 के अधीन गठित बालक अधिकार संरक्षण के लिए राष्ट्रीय आयोग या धारा 17 के अधीन गठित बालक अधिकार संरक्षण के लिए राज्य आयोग, उस अधिनियम के अधीन उनको समनुदेशित कृतियों के अतिरिक्त इस अधिनियम के उपबंधों के क्रियान्वयन की मॉनीटरी ऐसी रीति से, जो विहित की जाए, करेंगे।
2. उपधारा (1) में निर्दिष्ट, यथास्थिति, राष्ट्रीय आयोग या राज्य आयोग को इस अधिनियम के अधीन किसी अपराध से संबंधित किसी मामले के जाँच करते समय वही शक्तियाँ होंगी जो उनको बालक अधिकार संरक्षण आयोग, अधिनियम, 2005 के अधीन निहित की गई है।
3. उपधारा (1) में निर्दिष्ट, यथास्थिति, राष्ट्रीय आयोग या राज्य आयोग इस धारा के अधीन उनके कार्यकलापों को, बालक अधिकार संरक्षण आयोग अधिनियम, 2005 की धारा 16 में निर्दिष्ट रिपोर्ट में भी सम्मिलित करेंगे।

नियम बनाने की शक्ति

1. केन्द्रीय सरकार इस अधिनियम के प्रयोजनों को कार्यान्वित करने के लिए राजपत्र में अधिसूचना द्वारा नियम बना सकेगी।
2. विशिष्टतः और पूर्वगामी शक्ति की व्यापकता पर प्रतिकूल प्रभाव डाले बिना ऐसे नियम निम्नलिखित सभी या किन्हीं विषयों के लिए उपबंध कर सकेंगे, अर्थात :

   (क) धारा 19 की उपधारा (4) धारा 26 उपधारा (2) और उपधारा (3) तथा धारा 38 के अधीन किसी अनुवादक या दुभाषिया, किसी विशेष शिक्षक या बालक संपर्क करने की रीति से सुपरिचित किसी व्यक्ति या उस क्षेत्र के किसी विशेषज्ञ की अहर्ताएं और अनुभव तथा संदेय;

   (ख) धारा 19 की उपधारा (5) के अधीन बालक की देखभाल और संरक्षण तथा आपात चिकित्सीय उपचार;

   (ग) धारा 33 की उपधारा (8) के अधीन प्रतिकार का संदाय;

   (घ) धारा 44 की उपधारा (1) के अधीन अधिनियम के उपबंधों की आवधिक मॉनीटरी की रीति।
3. इस धारा के अधीन बनाया गया प्रत्येक नियम बनाए जाने के पश्चात् यथाशीघ्र संसद के प्रत्येक सदन के समक्ष जब वह सत्र में हो, कुल तीस दिन की अवधि के लिए रखा जाएगा। यह अवधि एक सत्र में अथवा दो या अधिक आनुक्रमिक सत्रों में पूरी हो सकेगी। यदि उस सत्र के या पूर्वोक्त आनुक्रमिक सत्रों के गतिक बाद के सत्र के अवसान के पूर्व दोनों सदन उस नियम में कोई परिवर्तन करने के लिए सहमत हो जाएँ तो तत्पश्चात वह ऐसे परिवर्तित रूप में ही प्रभावी होगा। यदि उक्त अवसान के पूर्व दोनों सदन सहमत हो जाएँ कि वह नियम नहीं बनाया जाना चाहिए तो तत्पश्चात वह निष्प्रभावी हो जाएगा किन्तु नियम के ऐसे परिवर्तित या निष्प्रभावी होने से उसके अधीन पहले की गई किसी बात की विधिमान्यता पर प्रतिकूल प्रभाव नहीं पड़ेगा।

कठिनाइयों को दूर करने की शक्ति

1. यदि इस अधिनियम के उपबंधों को प्रभावी करने में कोई कठिनाई उत्पन्न होती है तो केन्द्रीय सरकार, राजपत्र में प्रकाशित आदेश द्वारा, ऐसे उपबंध कर सकेगी, जो उसे कठिनाइयाँ दूर करने के लिए आवश्यक या समीचीन प्रतीत हों और जो इस अधिनियम के उपबंधों से असंगत न हों;

   परंतु कोई आदेश इस धारा के अधीन इस अधिनियम के प्रारंभ से दो वर्ष की अवधि की समाप्ति के पश्चात नहीं किया जाएगा।
2. इस धारा के अधीन किया गया प्रत्येक आदेश किए जाने के पश्चात, यथाशीघ्र, ससंद के प्रत्येक सदन के समक्ष रखा जाएगा।

4 महिला एवं बाल विकास से संबंधित संवैधानिक संस्थाएं

राष्ट्रीय महिला आयोग

स्थापना

महिलाओं के लिए राष्ट्रीय आयोग की स्थापना राष्ट्रीय महिला आयोग अधिनियम, 1990 (भारत सरकार की 1990 की अधिनियम सं. 20) के अंतर्गत जनवरी 1992 में संवैधानिक निकाय के रूप में निम्नलिखित उद्देश्यों के लिए की गई थी :

- महिलाओं के लिए संवैधानिक और कानूनी संरक्षण की समीक्षा करना ;
- सुधारात्मक वैधानिक उपायों की अनुशंसा ;
- शिकायतों के सुधार की सुविधा प्रदान करना और
- महिलाओं को प्रभावित करने वाले सभी नीतिगत तथ्यों पर सरकार को सलाह देना।

संक्षिप्त इतिहास

- महिलाओं के लिए राष्ट्रीय आयोग की स्थापना राष्ट्रीय महिला आयोग अधिनियम 1990 (भारत सरकार की 1990 की धारा सं. 20) के अंतर्गत जनवरी 1992 में संवैधानिक निकाय के रूप में महिलाओं के लिए संवैधानिक और कानूनी संरक्षण की समीक्षा; सुधारात्मक वैधानिक उपायों की अनुशंसा, शिकायतों के सुधार की सुविधा प्रदान करना तथा महिलाओं को प्रभावित करने वाले सभी नीतिगत तथ्यों पर सरकार को सलाह देने के उद्देश्यों से स्थापना की गई थी।
- भारत में महिलाओं की स्थिति पर गठित समिति (स्टेटस ऑफ वुमेन इन इन्डिया – CSWI) ने लगभग दो दशक पहले, शिकायतों के निपटान के लिए निगरानी कार्यों की पूर्ति तथा महिलाओं की सामाजिक–आर्थिक विकास को त्वरित करने के लिए राष्ट्रीय महिला आयोग की अनुशंसा की।
- महिलाओं की राष्ट्रीय परिप्रेक्ष्य योजना (1988–2000) के साथ–साथ अनुक्रमिक समिति / आयोग / नीति ने महिलाओं के लिए शीर्ष निकाय के विधान की अनुशंसा की।
- वर्ष 1990 के दौरान, केन्द्र सरकार ने एनजीओ, सामाजिक कार्यकर्ताओं और विशेषज्ञों के साथ मिलकर आयोग प्रस्तावित संरचना, कार्यों, शक्तिओं की स्थापना की।
- मई 1990 में, बिल को लोकसभा में लाया गया।
- जुलाई 1990 में, बिल के संदर्भ में, मानव संसाधन मंत्रालय ने सुझाव प्राप्त करने के लिए राष्ट्रीय स्तर के कॉन्फ्रेंस का आयोजन किया। अगस्त 1990 में सरकार ने अनेक संशोधन किए और नागरिक अदालत के साथ आयोग को अधिकृत करने के लिए नए प्रावधान लाए। पहले आयोग का गठन 31 जनवरी 1992 को श्रीमती जयंती पटनायक की अध्यक्षता में हुआ था।

संविधान

केन्द्र सरकार शक्ति प्रदान करने और इस अधिनियम के अन्तर्गत निर्दिष्ट कार्यों को संपादित करने के लिए राष्ट्रीय आयोग के रूप में एक निकाय का गठन करेगी। आयोग में होंगे:–

(*a*) महिलाओं के हित के लिए समर्पित एक अध्यक्ष, जिसे केन्द्र सरकार द्वारा मनोनीत किया जाएगा।

(*b*) पांच सदस्य, जिन्हें केन्द्र सरकार द्वारा मनोनीत किया जाना है, जो योग्य, एकीकृत और स्थायी हों और कानून अथवा विधान, व्यापार संघ, महिलाओं की उद्यमिता प्रबन्धन, महिलाओं के स्वैच्छिक संस्थान (महिला कार्यकर्ताओं को शामिल करते हुए), प्रशासन, आर्थिक विकास, स्वास्थ्य, शिक्षा और समाज कल्याण का अनुभव रहा हो; बशर्ते कि कम से कम एक सदस्य क्रमशः अनुसूचित जाति और अनुसूचित जनजाति से होंगे।

(*c*) केन्द्र सरकार द्वारा मनोनीत एक मेम्बर–सेक्रेटरी, जो :–

(*i*) प्रबन्धन, संगठनात्मक संरचना अथवा समाजशास्त्रीय गतिविधियों के विशेषज्ञ होंगे, अथवा

(*ii*) एक अधिकारी जो यूनियन के सिविल सर्विस अथवा अखिल भारतीय सर्विस के सदस्य होंगे अथवा जो उपयुक्त अनुभव के साथ यूनियन के अंतर्गत सिविल पोस्ट होल्ड करते हैं।

आयोग के कार्य

आयोग निम्नलिखित में से सभी अथवा कोई एक कार्य संपादित करेंगे, यथा :–

1. संविधान तथा अन्य कानूनों के अंतर्गत महिलाओं को प्रदान किए गए संरक्षण से संबंधित सभी मामलों की जांच तथा पड़ताल ;
2. वार्षिक रूप से केंद्र सरकार को प्रस्तुत करना तथा ऐसे ही अन्य मदों पर जिन्हें आयोग सही मानता है, उन सुरक्षा की कार्यप्रणाली पर रिपोर्ट सौंपना ;
3. केंद्र या किसी राज्य द्वारा महिलाओं की दशा को सुधारने के लिए तय प्रावधानों के प्रभावी क्रियान्वयन के लिए अनुशंसा रिपोर्ट सौंपना ;
4. महिलाओं के ऊपर संविधान तथा अन्य कानूनों के प्रावधानों की समय–समय पर समीक्षा तथा संशोधन का सुझाव, ताकि उन्हें और बेहतर बनाया जा सके ;
5. महिलाओं के ऊपर संविधान तथा अन्य कानूनों के प्रावधानों के उल्लंघन के मामले को उचित अधिकारियों द्वारा देखना ;
6. शिकायतों की जांचकर अपनी तरफ से निम्न मामलों से जुड़ा नोटिस भेजना :–

(*i*) महिला अधिकारों का वंचन ;

(*ii*) महिला को सुरक्षा प्रदान करने वाले कानून का लागू न होना तथा समानता और विकास का उद्देश्य हासिल करना ;

(*iii*) महिलाओं की कठिनाइयों को कम कर राहत कल्याण करने वाले निर्देशों, नीति निर्णयों के अनुपालन न होना और ऐसे मामलों से उपजे मुद्दे को उचित अधिकारियों के साथ उठाना ;

1. महिलाओं के खिलाफ अत्याचार तथा भेदभाव से उपजी विशेष समस्याओं का विशेष अध्ययन या जांच करना और उनसे छुटकारा के लिए अनुशंसित रणनीतियों की सीमाओं की पहचान करना ;
2. बढ़ावा देने वाले तथा शिक्षित करने वाले अनुसंधान का संचालन करना, ताकि हर क्षेत्र में महिलाओं की भागीदारी सुनिश्चित की जा सके और उनके विकास के अड़चनों की पहचान करना, जैसे घर तथा बुनियादी सेवाओं की कमी, अरुचिकर कार्यों को कम करने तथा स्वास्थ्य खतरे को कम करने तथा उनकी उत्पादकता को बढ़ाने के लिए अपर्याप्त सहायक सेवाएं तथा तकनीकियां ;
3. महिलाओं के सामाजिक–आर्थिक विकास की योजना प्रक्रिया में भाग लेना तथा अपनी सलाह देना ;
4. संघ तथा राज्य के तहत महिला विकास की प्रगति का मूल्यांकन करना ;
5. जेल, सुधार गृह, महिला संस्थान या अन्य कैद स्थान जहाँ महिलाओं को कैदी के रूप में रखा जाता है, की जांच करना तथा आवश्यकता पड़ने पर संबंधित अधिकारी के समक्ष सुधार हेतु परामर्श करना ;
6. फंड, मुकदमा जिसमें ऐसे मामले शामिल हों, जो महिलाओं के बड़े निकाय को प्रभावित करते हों ;
7. महिलाओं से जुड़े किसी भी मामले पर सरकार को समय–समय पर रिपोर्ट सौंपना ;
8. अन्य कोई मामला जिसे केंद्र सरकार द्वारा इसे हस्तांरित किया गया हो।

केंद्र सरकार उप धारा (1) के उपबंध (b) से संबंधित सभी रिपोर्टों को संघ द्वारा दी गई अनुशंसाओं से संबंधित उठाए गए कदम या उठाए जाने वाले कदम के ज्ञापन के साथ संसद के दोनों सदन में रखेगी, और यदि कोई अनुशंसा मान्य न हो तो उसके बारे में भी सूचित करेगी।

जहाँ कोई ऐसी रिपोर्ट या उसका कोई हिस्सा राज्य सरकार से जुड़ा होता है, आयोग उस रिपोर्ट या हिस्से को उस राज्य सरकार को भेजेगी, जो उसे राज्य विधान सभा में उठाए गए कदम या उठाए जाने वाले कदम के ज्ञापन के साथ संसद के दोनों सदन में रखेगी, और यदि कोई अनुशंसा मान्य न हो तो उसके बारे में भी सूचित करेगी।

राष्ट्रीय बाल अधिकार संरक्षण आयोग

राष्ट्रीय बाल अधिकार संरक्षण आयोग का परिचय

राष्ट्रीय बाल अधिकार संरक्षण आयोग (NCPCR) बाल अधिकारों के सार्वभौमिकता और अखंडता के सिद्धांतों पर बल देता है तथा देश के बच्चों से जुड़ी सभी नीतियों में

अत्यावश्यकता की आवाज को आधिकारिक रूप से मान्यता प्रदान करता है। आयोग के लिए, 0 से लेकर 18 वर्ष की आयु वर्ग के सभी बच्चों की सुरक्षा समान महत्व रखता है। अतः नीति अत्यधिक कमजोर बच्चों के लिए प्राथमिक कार्यकलाप को परिभाषित करती है। इसमें उन क्षेत्रों में ध्यान एकाग्रता शामिल है जो पिछड़ा है अथवा कुछ निश्चित परिस्थितियों वाले समुदायों अथवा बच्चे इत्यादि हैं। NCPCR की मान्यता यह है कि केवल कुछ बच्चों के ऐड्रेसिंग के दौरान, अनेक कमजोर बच्चों के बहिष्करण में दोष हो सकता है जो परिभाषित अथवा लक्षित वर्गों में आ सकते हैं। इसे व्यवहार में लाने से सभी बच्चों तक पहुंचने का कार्य संकट में पहुंच जाता है और बाल अधिकारों के उल्लंघन की सामाजिक सहनशीलता जारी रहती है। दरअसल इस कार्यक्रम का प्रभाव लक्षित जनसंख्या पर भी पड़ेगा। इसलिए, ऐसा माना जाता है कि यह बाल अधिकार के संरक्षण के हित में एक बड़े वातावरण का निर्माण है, वे बच्चे जो लक्षित हैं, उभरते हैं तथा अपने अधिकारों को हासिल करने के लिए आत्मविश्वास प्राप्त करते हैं।

इसी तरह, आयोग के लिए, बच्चों को मिलने वाले सभी अधिकार पारस्परिक–सुदृढ़ीकरण और अन्योन्याश्रित रूप में देखा जाता है। इसलिए अधिकारों के कोटि निर्धारण के मुद्दे नहीं उठते। कोई बच्चा अपने 18वें वर्ष पर सभी अधिकार प्राप्त कर सकता है जो जन्म से लेकर उसकी सभी पात्रता के अभिगम पर निर्भर करता है। अतः नीतियों के हस्तक्षेप को सभी अवस्थाओं पर महत्वपूर्ण माना जाता है। आयोग के लिए, सभी बच्चों के अधिकार समान महत्व के होते हैं।

आयोग का आदेशपत्र

राष्ट्रीय बाल अधिकार सुरक्षा आयोग (NCPCR) की स्थापना मार्च 2007 को बाल अधिकार सुरक्षा आयोग अधिनियम 2005, को संसद के एक अधिनियम (दिसम्बर 2005) के तहत एक संवैधानिक निकाय के रूप में की गई।

आयोग के कार्य

इस अधिनियम में आयोग के कार्य इस प्रकार हैं:

1. आयोग सभी या निम्न में से कोई कार्य करेगा।
2. प्रदान किए अथवा किसी कानून के तहत एक खास समय में बाल अधिकारों की सुरक्षा की जांच तथा समीक्षा करना तथा उनके प्रभावी क्रियान्वयन के लिए उपाय की अनुशंसा करना।
3. केंद्र सरकार को वार्षिक रूप से या जैसा कि आयोग को सही लगता है, उन सुरक्षा के प्रावधानों के कार्य पर रिपोर्ट प्रस्तुत करना।
4. बाल अधिकारों के उल्लंघन की जांच करना तथा ऐसे मामलों में कार्यवाही की शुरुआत की अनुशंसा करना।
5. आतंकवाद, सांप्रदायिक हिंसा, दंगे, प्राकृतिक आपदाओं, घरेलू हिंसा, एचआइवी/एड्स, देह व्यापार, दुर्व्यवहार, उत्पीड़न तथा शोषण, पॉर्नोग्राफी तथा वेश्यावृत्ति द्वारा प्रभावित बच्चों के उन कारकों की जांच करना जो उनके अधिकार का वंचन करते हों व उपयुक्त उपचारात्मक उपायों की अनुशंसा करना।
6. विशेष देखभाल तथा सुरक्षा की आवश्यकता वाले बच्चों से जुड़े मामले को देखना, जिसमें विपत्ति, हाशिए पर स्थित बच्चे, वंचित बच्चे, गैर–कानूनी काम करने वाले बच्चे, किशोर, बिना परिवार के बच्चे व कैदियों के बच्चे शामिल होते हैं, साथ ही उनके लिए उचित उपचारात्मक कदमों की अनुशंसा करना।
7. समझौतों व अन्य अंतरराष्ट्रीय दस्तावेजों का अध्ययन करना व मौजूदा नीतियों, कार्यक्रमों व बाल अधिकारों पर अन्य क्रियाकलापों का समय–समय पर समीक्षा करना और बच्चों के हित में उनके प्रभावी क्रियान्वयन के लिए अनुशंसा करना।
8. बाल अधिकारों के क्षेत्र में अनुसंधान का संचालन करना।
9. समाज के विभिन्न क्षेत्रों में बाल अधिकार साक्षरता का प्रसार करना तथा इन अधिकारों के लिए उपलब्ध सुरक्षा प्रावधानों के लिए प्रकाशन, मीडिया, सेमिनार व अन्य साधनों के जरिए जागरुकता फैलाना।
10. किसी किशोर हिरासत गृह या किसी अन्य आवास अथवा संस्थान जहां बच्चों को उपचार, सुधार या सुरक्षा के लिए रखे या रोके जाते हैं, जो केंद्र सरकार या राज्य सरकार के तहत आते हों या किसी अन्य प्राधिकार के तहत आते हों, इसमें किसी सामाजिक संगठन द्वारा संचालित संस्थान भी शामिल हैं, की जांच करना या इसका आदेश देना और आवश्यकता पड़ने पर इन संस्थानों को उपचारात्मक कार्रवाई करने का भी आदेश देना।
11. निम्न मामलों में शिकायतों की जांच करना और अपनी तरफ से नोटिस भेजना :
    (*i*) बाल अधिकारों का उल्लंघन व वंचन।
    (*ii*) बच्चों की सुरक्षा तथा विकास के लिए उपलब्ध कानून का क्रियान्वयन न होना।

(iii) बच्चों की कठिनाइयाँ कम करने वाले तथा बच्चों के कल्याण को सुनिश्चित करने वाले नीति निर्णयों, दिशा–निर्देशों या निर्देशों का अनुपालन न होना, तथा ऐसे बच्चों को राहत प्रदान करना या ऐसे मामले को उचित प्राधिकारों के साथ चर्चा करना।

12. कोई अन्य कार्य, जो कि यह बच्चों के अधिकार को बढ़ावा देने के लिए आवश्यक समझता हो, तथा वे मामले जो उपरोक्त कार्यों के लिए ज्ञातव्य हो।

आयोग की शक्तियाँ

किसी मामले की जाँच करने के दौरान आयोग के पास कोड ऑफ सिविल प्रॉसीजर 1908 के तहत विशेषकर निम्न मामलों में व्यवहार न्यायालय द्वारा कार्यवाही करने के सभी अधिकार होंगे :

1. भारत के किसी भी हिस्से से किसी व्यक्ति को सम्मन जारी करना तथा उसे उपस्थित होने के लिए कहना और शपथ दिलाकर जाँच करना।
2. किसी दस्तावेज की खोज तथा निर्माण करने की आवश्यकता जताना।
3. शपथपत्रों पर साक्ष्य प्राप्त करना।
4. किसी कोर्ट ऑफ ऑफिस से किसी पब्लिक रिकॉर्ड या उसकी कॉपी की माँग करना।
5. गवाहों या दस्तावेजों की जाँच के लिए आयोगों के गठन का आदेश देना।
6. मामले को उन मजिस्ट्रेट के पास भेजना जिनके पास उनकी सुनवाई के न्यायिक अधिकार हों।
7. जाँच समाप्त होने पर, आयोग के पास निम्न कार्यों की शक्ति होगी :
   - जांच के दौरान बाल अधिकारों तथा कानूनी प्रावधानों के उल्लंघन का मामला साबित होने पर संबंधित सरकार को कार्रवाई या अभियोजन अथवा किसी अन्य कार्यवाई के लिए अनुशंसा करना।
   - यदि वह अदालत उचित समझती हो तो निर्देशों, आदेशों या आज्ञापत्र के लिए सर्वोच्च न्यायालय या उच्च न्यायालय जाना।
   - यदि आवश्यक हो तो पीड़ित या उनके परिवार के सदस्यों की ऐसी अंतरिम सहायता की मंजूरी के लिए संबद्ध सरकार या प्राधिकार को अनुशंसा भेजना।

5 पोषण

शरीर के पोषण के लिए दो तत्वों की नितांत आवश्यकता है। ईंधन तत्व और दूसरा शारीरिक बनावट के पदार्थ उत्पादक, तंतुवर्धक और ह्रास पूरक तत्व। कार्बोहाइड्रेट, वसा और प्रोटीन के कुछ भाग ईंधन तत्व हैं।

पोषण शरीर में होने वाली विभिन्न क्रियाओं का संगठन है, जिसके द्वारा जीवित प्राणी ऐसे पदार्थों को ग्रहण करता है जो शरीर के विभिन्न कार्यों को नियंत्रित करता है, वृद्धि करता है तथा शारीरिक टूट-फूट की मरम्मत करता है।"

पोषण के अंतर्गत निम्नलिखित बिन्दुओं पर विचार किया जाता है :

1. पोषक तत्वों का सेवन।
2. पोषक तत्वों का प्रत्येक दिन के आहार में उचित में रहना।
3. पोषक तत्वों की कमी से शरीर में विकृति-चिह्नों का दिखाई पड़ना।

पोषण की कमी

पोषण की कमी के कारण मुख्यतः ये हैं :

- खाद्य पदार्थ में पोषक तत्वों की पूर्ण मात्रा में कमी,
- भोजन के पाचन और अवशोषण के बाद पोषक तत्व रुधिर में प्रवाहित होते हों किंतु किसी विकास के कारण इनको शारीरिक तंतु अपने में ग्रहण न सकें।

अल्पाहार से पोषण का स्तर उपयुक्त नहीं रहता। इस अवस्था को "न्यून पोषण" कहते हैं। इस प्रकार के "कुपोषण" की अवस्था में एक या अनेक पोषक तत्व प्रतिदिन भोजन में रहते ही नहीं। इसलिये शरीर में कुपोषण के चिह्न दिखाई पड़ते हैं। "न्यून पोषण" वाले व्यक्ति दुर्बल और कम वजन वाले होते हैं, किंतु उनके शरीर में कोई विकृति का चिह्न दिखाई नहीं पड़ता है।

पोषक तत्व

शरीर के पोषण के लिये दो तत्वों की नितांत आवश्यकता है। ईंधन तत्व और दूसरा शारीरिक बनावट के पदार्थ उत्पादक, तंतुवर्धक और ह्रास पूरक तत्व। शरीर में शक्ति उत्पन्न करने के लिए ईंधन तत्व की आवश्यकता होती है। कार्बोहाइड्रेट, वसा और प्रोटीन के कुछ भाग ईंधन तत्व हैं। ऊर्जा प्रदान करने के साथ-साथ ये सभी ईंधन ऊष्मा भी पैदा करते हैं। ऊष्मा और ऊर्जा पोषण के चिह्न हैं। जीवधारियों के शरीर रूपी यंत्र के अवयव सामान्य यंत्रों की भाँति घिसते हैं, साथ-साथ इनकी मरम्मत भी होती रहती है, यदि मरम्मत करने की सामग्री खाद्य में विद्यमान हो। जिन तत्वों से शरीर के अवयव 18 से 20 वर्ष की आयु तक बनते हैं, उन्हीं तत्वों से शरीर के ह्रास की पूर्ति होती है और साथ-साथ शरीर की वृद्धि भी होती है। यह काम विशेषतः प्रोटीनों के द्वारा होता है।

ईंधन तत्व से कैलोरी प्राप्त होती है। यद्यपि वर्तमान काल में विटामिन और खनिज तत्वों का विशेष महत्व है, तथापि पोषण के लिये कैलोरी का महत्व भी अपने स्थान पर है। ईंधन तत्वों का कार्य अवयवों में ऊष्मा पैदा करना, पेशियों को क्रियावान रखना तथा शरीर के उच्चतर काम (जैसे मस्तिष्क, यकृत, अंतः स्राव, ग्रंथि, गुर्दा इत्यादि के कार्य) में भाग लेना है।

शरीर में कुछ क्रियाएँ ऐसी हैं जो शिथिल और सुषुप्त अवस्था में भी होती रहती हैं। इनमें से कुछ कार्य अनैच्छिक रूप से होते रहते हैं, जैसे हृदय की गति, आंतों में रस का पैदा होना, पाचन और उसमें गति रहना इत्यादि। कुछ कार्य ऐच्छिक रूप से होते रहते हैं, जैसे निःश्वास क्रिया इत्यादि। इन सब कामों के लिये ईंधन तत्वों से ऊष्मा और ऊर्जा मिलती रहती है, जो कैलोरी में मापी जा सकती है। शांत और शिथिल अवस्था में जो शारीरिक प्रक्रियाएँ होती रहती हैं, उनको "आधार उपापचय" कहते हैं। इसके अपने कई तरीके हैं।

शारीरिक कार्य जितना बढ़ता है, उपापचय भी उसी अनुपात में होता है और उसी अनुपात में ऊष्मा की कैलोरी की भी वृद्धि होती है।

कुछ ऐसे द्रव्य हैं जिनके सेवन से उपापचय की दर बढ़ जाती है, किंतु ये मनुष्य के भोजन के स्वाभाविक द्रव्य नहीं हैं। उनका असर उपापचय पर और फिर पोषण पर भी पड़ता है। उपापचय बढ़ाने वाले पदार्थ चाय, कॉफी, शराब इत्यादि और कम करने वाले अफीम, चरस इत्यादि हैं।

आहार का कार्बोहाइड्रेट, वसा और प्रोटीन का प्रायः आधा भाग शरीर को ऊष्मा प्रदान करता है, किंतु इनमें से कोई एक दूसरे का मान नहीं ग्रहण कर सकता है। कार्बोहाइड्रेट पचने के बाद शरीर में दो रूप, ग्लूकोज और ग्लाइकोजेन, में पाया जाता है। ग्लूकोज रक्त में तथा कोशिकाओं के बीच स्थान में पाया जाता है। यह अवयवों की कोशिकाओं के बीच स्थान में पाया जाता है। यह अवयवों की कोशिकाओं द्वारा ईंधन के कामों में लाया जाता है। ग्लाइकोजेन यकृत और पेशियों में संचित रहता है और वहीं से आवश्यकतानुसार ग्लूकोज बनकर कोशिकाओं द्वारा ग्रहण किया जाता है।

वसा बहुत बड़े परिमाण में शरीर में त्वचा के नीचे की झिल्लियों और उदर की झिल्लियों में संचित हो सकती है। मनुष्य का मोटापा वसा के संचय का चिह्न है। प्रतिदिन के लिए आवश्यक ऊष्मा को प्रदान करने में भोजन की वसा भाग तो खर्च होती ही है किंतु जो वसा रोजाना काम से अधिक होती है वह उपर्युक्त खजानों में जमा हो जाती है। उपवास की अवस्था में कार्बोहाइड्रेट का खजाना कुछ घंटों में खाली हो जाता है, किंतु वसा का खजाना इस अवस्था में बहुत दिनों तक ऊष्मा प्रदान करता रहता है।

प्रतिदिन के आहार के प्रोटीन का प्रायः अर्धभाग ईंधन के रूप में खर्च होता है। आपातकाल में, जब शरीर के कार्बोहाइड्रेट और वसा समाप्त हो जाते हैं तब पेशियों का प्रोटीन घुल-घुलकर ऊष्मा प्रदान करता रहता है। यह बड़ी मनोरंजक बात है कि बारीक अवयवों का प्रोटीन बहुत पीछे खर्च होता है और साधारण अवयवों का प्रोटीन लंबे अरसे के उपवास में पहले खर्च होता है।

पोषण के लिये ऊष्मा को जहाँ तक प्राप्त होना चाहिए वह इन तीनों खाद्य तत्वों से रोज के भोजन से मिलता है और पोषण ठीक स्तर पर रहता है। उपवास काल में एक के बाद दूसरा खाद्य तत्व पोषण को कायम रखने में भाग लेता है और संचित तत्व जैसे-जैसे समाप्त होते जाते हैं, पोषण का स्तर गिरता जाता है। लंबे उपवास के बाद दुर्बलता, कायाहीनता और वजन की कमी इन्हीं कारणों से होती है।

संरचनात्मक तत्व शारीरिक वृद्धि और शारीरिक बनावट के लिए आवश्यक है। मनुष्य के शरीर का मृदु ऊतक अंश 75 प्रतिशत प्रोटीन से बना हुआ है। यदि संरचनात्मक तत्व स्वस्थ गर्भवती माता को पर्याप्त मात्रा में मिलता रहे, तो गर्भ में शिशु का निर्माण सुदृढ़ होता है और शरीर की बनावट की नींव मजबूत होती है। जीवन के वृद्धिकाल में प्रोटीन की पर्याप्त मात्रा आहार में मिलना जरूरी है। साधारणतया एक मनुष्य को प्रति दिन 100 ग्राम प्रोटीन आहार में मिलना चाहिए। यह मात्रा केवल अवयवों के ह्रास की पूर्ति के लिये हैं। गर्भवती स्त्री और बढ़ने वाले शरीर को 50 प्रतिशत प्रोटीन और मिलना चाहिए।

प्रोटीन विविध ऐमिनो अम्लों से बना हुआ है। सब ऐमिनो अम्ल सब प्रोटीन में नहीं पाए जाते हैं। कुछ ऐमिनो अम्लों को मनुष्य का शरीर दूसरे खाद्य तत्वों से बना लेता है। इनको साधारण ऐमीनो अम्ल कहते हैं। 10 ऐमिनो अम्ल ऐसे हैं जिन्हें मनुष्य शरीर बना नहीं सकता और उनको आहार से प्राप्त करना जरूरी है। इनको "अत्यावश्यक ऐमिनो" अम्ल कहते हैं।

केवल गेहूँ या मक्का का प्रोटीन उपयुक्त नहीं है, पर दोनों को मिलाने से जो प्रोटीन बनता है वह कुछ हद तक अच्छा है। दूध के मिलाने से प्रोटीन बड़े उपयुक्त हो जाते हैं।

शाकाहारियों को प्रोटीन वनस्पति के प्रोटीन से प्राप्त होता है। यदि उसमें दूध या दूध से बने पदार्थ मिला दिए जाएँ तो उनमें कोई कमी नहीं रह जाती।

आहार सामिष हो या निरामिष, आवश्यक ऐमिनो अम्लवाला प्रोटीन पर्याप्त मात्रा में मिलना चाहिए। दूध और अन्य डेयरी पदार्थ उत्तम पोषण के लिये जरूरी हैं। अंडा और दूध ही ऐसी चीजें हैं जिनमें प्रत्येक अवयव के विकास और बनाने की शक्ति है। इसमें सभी अत्यावश्यक ऐमिनो अम्ल पाए जाते हैं। माँस में भी सभी अत्यावश्यक ऐमिनो अम्ल वर्तमान हैं। सब्जियों के प्रोटीनों में कुछ आवश्यक ऐमिनो अम्लों की कमी है, पर तरह-तरह की सब्जियों को लाने से यह कमी पूरी की जा सकती है। आटे के प्रोटीन-ग्लुटेन में प्रायः सभी आवश्यक एमिनो अम्ल हैं, किंतु लाइसिन की मात्रा कम है और प्रतिदिन के लाइसिन की आवश्यकता पूरी करने के लिए बहुत अधिक मात्रा में आटा खाना पड़ेगा।

जो पुरुष हल्का काम करता है उसको 3000 कैलोरी वाला आहार प्रतिदिन चाहिए। जो स्त्री-पुरुष बराबर काम करते हैं, उसे भी उतना ही कैलोरी को आहार चाहिए। जो पुरुष कठिन काम करते हैं, उनको 4000 कैलोरी वाले आहार की आवश्यकता है।

12 वर्ष की उम्र वाले बालक का भोजन एक युवक के बराबर होता है और 14 से 18 साल की लड़की के लिये 2800 से 3000 कैलोरी का आहार पोषण के लिये ठीक है। इसी अवस्था के बालक के पोषण के लिये 3000 से 3400 कैलोरी का आहार मिलना चाहिए।

प्रतिदिन के आहार के भिन्न-भिन्न तत्वों का अनुपात यह है : प्रोटीन 100 ग्राम (41 कैलोरी), वसा 100 ग्राम (930 कैलोरी) और कार्बोहाइड्रेट 400 ग्राम (1640 कैलोरी), कुल कैलोरी लगभग 3000।

इनके अतिरिक्त विटामिन और खनिज तत्व पोषण के लिए आवश्यक हैं।

खनिज तत्व

नमक : सोडियम क्लोराइड भोजन में रुचि बढ़ाता है और शरीर के जल और लवण को संतुलन देता है। इसके अभाव में दुर्बलता और थकावट मालूम होती है। औसत प्रतिदिन यह 8-10 ग्राम खाया जाता है। यह नमक खाना, दूध और सब्जियों से प्राप्त होता है।

कैल्शियम : पोषण के लिए 0.9 से 1 ग्राम तक कैल्शियम की आवश्यकता प्रतिदिन पड़ती है। यह मात्रा ढाई पाव दूध से प्राप्त हो सकती है। सब्जी, अनाज और आमिषाहार में भी यह भिन्न-भिन्न मात्राओं में पाया जाता है। बढ़ने वाले बच्चे, गर्भवती और दूध पिलाने वाली स्त्रियों के लिये इसकी मात्रा प्रतिदिन लगभग 1.5 ग्राम होना जरूरी है। इसके अभाव में हड्डियां ठीक से नहीं बनतीं और सुखंडी रोग हो जाता है। गर्भवती और दूध पिलाने वाली स्त्री के आहार में कैल्शियम की कमी से उसकी हड्डी से कैल्शियम बाहर निकल जाता है जिससे हड्डियाँ कोमल हो जाती हैं और ओस्टेमेलेशिया का रोग हो सकता है।

फॉस्फोरस : पोषण हेतु इसकी मात्रा कम लगती है। किलोग्राम भार वाले व्यक्ति के लिये 0.88 ग्राम फॉस्फोरस पर्याप्त है। 3,000 कैलोरी के आहार से इसकी कमी का कोई भय नहीं है।

लौह : पोषण के लिए प्रतिदिन 12 मिली. लोहे की आवश्यकता है। इसकी मात्रा गर्भावस्था तथा दूध देने की अवस्था में बढ़ जाती है। इसकी कमी से एक प्रकार की रक्तहीनता होती है।

आयोडीन : नाम मात्र ही पोषण के लिए उपयुक्त है। यह थाईरायड के हॉरमोन के लिए बहुत जरूरी है। इस हॉरमोन की कमी से बौनापन और मिक्सीडिमा होता है। यदि पीने के पानी में इसकी मात्रा कम हुई तब विकृत घेघे के रूप में प्रकट होता है।

विटामिन

आहार में विटामिन का रहना पोषण के लिये आवश्यक है। भिन्न-भिन्न देशों और समाजों में आहार भिन्न-भिन्न प्रकार का होता है। आहार स्वादिष्ट, देखने में आकर्षक और अच्छी तरह पकाया हुआ होना चाहिए, ताकि उससे मन ऊब न जाय और रुचि बनी रहे। देश और काल के अनुसार कार्बोहाइड्रेट की मात्रा विभिन्न रह सकती है। गर्म देश में वनस्पति की उपज बहुत अच्छी होती है। अतः यहाँ के भोजन में कार्बोहाइड्रेट की मात्रा विशेष रहती है। शीत देशों में लोग विशेष रूप से मांस और मछली खाते हैं। बर्फीले या अति शीत देश में एस्किमो जन-जाति के भोजन में जानवरों की वसा की बहुतायत होती है। इन सब खाद्य पदार्थों में उचित मात्रा में कार्बोहाइड्रेट मिल सकता है।

विभिन्न विटामिनों की कमी से उत्पन्न विकृतियाँ

विटामिन	*कमी से होने वाले रोग*
ए	रतौंधी, आँख की सफेदी पर झुर्री
बी१	बेरीबेरी
बी२	आँख लाल रहना, होंठ पर झुर्री, मुँह आना, जीभ फूल जाना, चमड़े की विकृति
बी	चर्म रोग
बी६	वमन, मस्तिष्क रोग तथा दस्त आना
बी१२	विशेष रक्तहीनता और संग्रहणी
फोलिक अम्ल	विशेष रक्तहीनता
सी	स्कर्वी
डी	सुखंडी, रिकेट्स
इ	पुरुषत्व और स्त्रीत्व की कमी
पी	कोशिकाओं से रक्तपात
के	रक्त में जमने की शक्ति का ह्रास

विटामिनों की कमी हो और यदि इसकी पूर्ति आहार पदार्थों से न होती हो, तो कृत्रिम विटामिन के सेवन से इसे पूरा किया जा सकता है। गर्भवती स्त्रियों को 100 मिलीग्राम एस्कार्बिक अम्ल (विटामिन सी) की आवश्यकता है, जो एक गिलास नारंगी के रस से मिल सकता है, या 100 मिलीग्राम एस्कार्बिक अम्ल के खाने से प्राप्त हो सकता है। गर्भावस्था में

सब विटामिनों की आवश्यकता विशेष मात्रा में होती है और यह आहार या कृत्रिम विटामिनों से पूरी की जा सकती है। अवस्था का लिहाज करते हुए सर्वांग पूर्ण और संतुलित भोजन उन्हें प्रतिदिन मिलना चाहिए।

भोजन के मुख्य तत्व

भोजन में कार्बोहाइड्रेट, वसा, प्रोटीन, खनिज लवण, विटामिन्स, जल आदि प्रमुख पोषक तत्त्व होते हैं। इन पोषक तत्वों को कार्यों के आधार पर निम्नलिखित समूहों में बाँटा जाता है—

- **ऊर्जा प्रदान करने वाले तत्व :** इसके अंतर्गत कार्बोहाइड्रेट तथा वसा आते हैं, जो मुख्यतः अनाज, घी, शक्कर, तेल से प्राप्त होते हैं।
- **निर्माणकारी तत्व :** इसके अन्तर्गत कोशिकाओं की मरम्मत तथा जीवद्रव्य के निर्माण में भाग लेने वाले तत्व जैसे—प्रोटीन, वसा तथा जल आते हैं। माँस, मछली, अण्डा, दाल, तिलहन आदि इनके प्रमुख स्रोत हैं।
- **प्रतिरक्षा प्रदान करने वाले तत्व :** इसके अंतर्गत प्रतिरोधक क्षमता विकसित करने वाले तत्व जैसे–विटामिन तथा खनिज लवण आते हैं।

भोजन के अवयव

भोजन का रासायनिक संरचना के आधार पर निम्नवत् वर्गीकरण किया जा सकता है :

- **कार्बोहाइड्रेट :** कार्बोहाइड्रेट, कार्बन, हाइड्रोजन, ऑक्सीजन के यौगिक होते हैं। सरल कार्बोहाइड्रेट के रूप में शर्कराएँ ग्लूकोज, फ्रुक्टोज, लैक्टोज आदि प्रमुख हैं। गन्ना, चुकन्दर, खजूर, अंगूर इनके प्रमुख स्रोत हैं।
- **वसा :** वसा जटिल कार्बनिक अम्लों, वसीय अम्लों द्वारा निर्मित यौगिक होते हैं तथा शाकाहारी तथा माँसाहारी दोनों प्रकार के भोजन से प्राप्त होती हैं। कार्बोहाइड्रेट की कमी की स्थिति में वसा से ऊर्जा प्राप्त होती है।
- **प्रोटीन :** प्रोटीन जटिल कार्बनिक यौगिक होते हैं तथा इनका निर्माण अमीनो अम्लों से होता है। जन्तु प्रोटीन माँस, मछली, दूध, अण्डा, पनीर से प्राप्त होती है। वनस्पति प्रोटीन मुख्यतः गेहूँ, मूँगफली, बादाम तथा सूखे मेवे से प्राप्त होती है।
- **विटामिन :** विटामिन जटिल कार्बनिक पदार्थ होते हैं तथा शरीर की उपापचयी क्रियाओं में भाग लेते हैं। इन्हें वृद्धिकारक भी कहते हैं। इनकी कमी से अपूर्णता रोग हो जाते हैं।
- **खनिज लवण :** खनिज लवण शरीर की जैविक क्रियाओं के संचालन के लिए आवश्यक होते हैं। दूध, पनीर, अण्डा, मछली, फल, हरी पत्तेदार सब्जियाँ खनिज लवणों के प्रमुख स्रोत हैं।
- **जल :** जल हाइड्रोजन तथा ऑक्सीजन का यौगिक होता है। जल जीवद्रव्य का मुख्य भाग बनाता है। प्रत्येक कोशिकीय क्रिया जल में ही होती है। जीवद्रव्य की सक्रियता जल की कमी के साथ कम हो जाती है। जल शरीर के ताप नियमन में सहायता करता है तथा रुधिर के प्रमुख घटक प्लाज्मा का निर्माण करता है।

पोषण की आवश्यकता

पोषण सुरक्षा को मानव सभ्यता की शुरूआत से ही देखा जाता रहा है। किसी भी प्राणी के लिए पोषण जरूरी है, लेकिन उससे भी ज्यादा जरूरी है कि संतुलित पोषण कैसे हो? आईसीएमआर के मुताबिक एक औसत भारतीय के लिए भारी काम करने वालों के लिए रोजाना 2400 कैलोरी प्रति व्यक्ति और कम शारीरिक श्रम करने वाले लोगों के लिए 2100 कैलोरी पोषण जरूरी है। पोषण सुरक्षा का मतलब यह भी है कि किसी भी व्यक्ति की अपने जीवन चक्र में ऐसे विविधता पूर्ण पर्याप्त मात्रा में पहुँच सुनिश्चित होना जिसमें जरूरी कार्बोहाइड्रेट, प्रोटीन, वसा, सूक्ष्म पोषण तत्व की उपलब्धता हो। इन तत्वों की आपूर्ति अलग-अलग तरह के अनाजों, दालों, तेल, दूध, अण्डे, सब्जियों और फलों से होती है, इसलिए इनकी उपलब्धता और वहन करने की परिस्थितियाँ बननी चाहिये। इसी तारतम्य में पीने के साफ पानी की उपलब्धता भी जरूरी है।

बच्चों में पोषण का महत्व

पोषण से बच्चों की बढ़त अच्छी होती है और दिमाग का विकास होता है। सही पोषण से बीमारियों से लड़ने की शक्ति मिलती है और बार-बार बीमार नहीं पड़ते। पोषण से ही बार-बार बीमार होने से बचा जा सकता है और कुपोषण के दायरे से मुक्ति भी पाई जा सकती है। सही पोषण से बीमारी नहीं होती, इसका असर एक व्यक्ति के जीवन पर देखने को मिलता है, उत्पादकता में बढ़ोत्तरी होती है, बच्चों की एकाग्रता बढ़ जाती है और पढ़ाई में मन लगता है।

भारत में खून की कमी या एनीमिया बहुत आम बीमारी है। देश में 6 से 59 माह की आयु वर्ग में हर दस में सात बच्चे 69.5 प्रतिशत खून की कमी का शिकार हैं। इनमें से चालीस

प्रतिशत बच्चे मामूली तौर पर और तीन प्रतिशत बच्चे गंभीर रूप से प्रभावित हैं। ग्रामीण क्षेत्रों में महिलाएँ, युवतियाँ व बच्चे एनीमिया से ज्यादा पीड़ित हैं।

बच्चों के लिए पूरक पोषण आहार

छः महीने के बच्चे की शारीरिक जरूरतें बढ़ जाती हैं इसलिए माँ के दूध के साथ ऊपरी आहार की शुरुआत करना आवश्यक है। बच्चे की शारीरिक हलचल बढ़ जाती है जिसके लिये अधिक ताकत की आवश्यकता होती है, इसलिए माँ के दूध के साथ ऊपरी आहार की जरूरत होती है। छः माह के बच्चे में स्वाद के तंतु विकसित हो जाते हैं। निगलने और चबाने की प्रक्रिया शुरू हो जाती है।

इससे बच्चे को माँ का दूध पूरा नहीं मिल पाएगा। अतः 6 माह तक जो ऊर्जा प्राप्त होनी थी, उसमें कमी हो जाएगी। बच्चे का आमाशय छोटा होता है, यदि उसे तरल पदार्थ से भर दिया जाता है, तो उसे पोषकता नहीं मिल सकती है। यदि ऊपरी आहार ज्यादा तरल एवं कम पोषकता वाले होते हैं, तो बच्चा कमजोर हो सकता है। बच्चे को बीमारी का खतरा बढ़ जाएगा। समय के पूर्व ऊपरी आहार कम सुरक्षित एवं पचने में आसान नहीं होता है। माता के पुनः गर्भवती होने के अवसर बढ़ जाते हैं। 6 माह की उम्र तक माँ के दूध से आवश्यक ऊर्जा प्राप्त होती है।

बच्चे को खाना देने की मात्रा

- **7वें माह की अवधि में :** नरम दाल-दलिया, दाल-चावल, दाल-रोटी मसलकर अर्ध ठोस (चम्मत से गिराने पर सरके, बहे नहीं), खूब मसले साग एवं फल, प्रतिदिन दो बार 2-3 भरे हुए चाय के चम्मच दें। स्तनपान जारी रखें। वनस्पतियाँ, अनाज, दालें एवं फलों के साथ मांस, मछली एवं अण्डा यदि खाते हैं तो अवश्य शामिल करें तथा नियमित स्तनपान भी जारी रखें।
- **8–9वें माह की अवधि में :** नरम दाल-दलिया, दाल-चावल, दाल-रोटी प्रतिदिन धीरे-धीरे मात्रा बढ़ाते हुए नियमित स्तनपान के साथ 2-3 बार चम्मच से 250 मिली.। टुकड़ों में फल भी अवश्य दें। दूध, दूध से बने पदार्थ, अनाज, दालें एवं फलों के साथ मांस, मछली एवं अण्डा यदि खाते हैं तो अवश्य शामिल करें तथा नियमित स्तनपान भी जारी रखें।
- **9–11वें माह की अवधि में :** नरम दाल-दलिया, दाल-चावल, दाल-रोटी प्रतिदिन धीरे-धीरे मात्रा बढ़ाते हुए, अच्छी तरह कटे हुए फल एवं बिना मसला हुआ आहार दिन में तीन बार दें तथा नियमित स्तनपान जारी रखें। एक बार में 250 मिली. का कप भरकर आहार, बच्चा प्रत्येक भोजन में ग्रहण करे।
- **12 माह से 5 वर्ष की अवधि में :** घर पर पका हुआ खाना, धुले एवं कटे फल, 3 भोजन एवं 2 नाश्ते के रूप में दें। एक बार में 250 मिली. का कप भरकर आहार बच्चा प्रत्येक भोजन में ग्रहण करें। स्तनपान के बीच में आहार देना चाहिए, नियमित स्तनपान जारी रखें।

6 माह तक जब बच्चा सिर्फ माँ का दूध पीता है, तब उसे किसी भी भोज्य पदार्थ की आवश्यकता नहीं होती है, परन्तु जब उसे ऊपरी आहार दिया जाता है, तब पेय पदार्थ देना आवश्यक होता है।

कुपोषण

शरीर के लिए आवश्यक सन्तुलित आहार लम्बे समय तक नहीं मिलना ही कुपोषण है। कुपोषण के कारण बच्चों और महिलाओं की रोग प्रतिरोधक क्षमता कम हो जाती है, जिससे वे आसानी से कई तरह की बीमारियों के शिकार बन जाते हैं। अतः कुपोषण की जानकारियाँ होना अत्यंत जरूरी है। कुपोषण प्रायः पर्याप्त संतुलित आहार के अभाव में होता है। बच्चों और स्त्रियों के अधिकांश रोगों की जड़ में कुपोषण ही होता है। स्त्रियों में रक्ताल्पता या घेंघा रोग अथवा बच्चों में सूखा रोग या रतौंधी और यहाँ तक कि अन्धत्व भी कुपोषण के ही दुष्परिणाम हैं। इसके अलावा ऐसे कई रोग हैं जिनका कारण अपर्याप्त या असंतुलित भोजन होता है।

कुपोषण की पहचान कैसे करें?

यदि मानव शरीर को संतुलित आहार वाले जरूरी तत्व लम्बे समय तक न मिलें तो निम्नलिखित लक्षण दिखते हैं, जिनमें कुपोषण का पता चल जाता है—

- शरीर की वृद्धि रुकना।
- मांसपेशियाँ ढीली होना अथवा सिकुड़ जाना।
- झुर्रियाँ युक्त पीले रंग की त्वचा।
- कार्य करने पर शीघ्र थकान आना।
- मन में उत्साह का अभाव, चिड़चिड़ापन तथा घबराहट होना।
- बाल रुखे और चमक रहित होना।

- चेहरा कान्तिहीन, आँखे धँसी हुई तथा उनके चारों ओर काला वृत्त बनना।
- शरीर का वजन कम होना तथा कमजोरी।
- नींद तथा पाचन क्रिया का गड़बड़ होना।
- हाथ पैर पतले और पेट बढ़ा होना या शरीर में सूजन आना (अक्सर बच्चों में)। डॉक्टर को दिखलाना चाहिए। वह पोषक तत्वों की कमी का पता लगाकर आवश्यक दवाइयाँ और खाने में सुधार के बारे में बताएगा।

कुपोषण के कारण

विकसित राष्ट्रों की अपेक्षा विकासशील देशों में कुपोषण की समस्या विकराल है। इसका प्रमुख कारण है गरीबी। धन के अभाव में गरीब लोग पर्याप्त, पौष्टिक चीजें जैसे दूध, फल, घी इत्यादि नहीं खरीद पाते। कुछ तो केवल अनाज से मुश्किल से पेट भर पाते हैं। लेकिन गरीबी के साथ ही एक बड़ा कारण अज्ञानता तथा निरक्षरता भी है। अधिकांश लोगों, विशेषकर गाँव, देहात में रहने वाले व्यक्तियों को संतुलित भोजन के बारे में जानकारी नहीं होती, इस कारण वे स्वयं अपने बच्चों के भोजन में आवश्यक वस्तुओं का समावेश नहीं करते, इस कारण वे स्वयं तो इस रोग से ग्रस्त होते हैं साथ ही अपने परिवार को भी कुपोषण का शिकार बना देते हैं।

कुपोषण वास्तव में घरेलू खाद्य असुरक्षा का सीधा परिणाम है। सामान्य रूप में खाद्य सुरक्षा का अर्थ है "सब तक खाद्य की पहुँच और सक्रिय और स्वस्थ जीवन के लिए पर्याप्त खाद्य।" जब इनमें से एक या सारे घटक कम हो जाते हैं तो परिवार खाद्य असुरक्षा में डूब जाते हैं।

कुपोषण बच्चों को सबसे अधिक प्रभावित करता है। यह जन्म या उससे भी पहले शुरू होता और 6 महीने से 3 वर्ष की अवधि में तीव्रता से बढ़ता है। इसके परिणाम स्वरूप वृद्धि बाधिता, मृत्यु, कम दक्षता और 15 पॉइण्ट तक आईक्यू का नुकसान होता है। सबसे भयंकर परिणाम इसके द्वारा जनित आर्थिक नुकसान होता है। कुपोषण के कारण मानव उत्पादकता 10-15 प्रतिशत तक कम हो जाती है जो सकल घरेलू उत्पाद को 5 से 10 प्रतिशत तक कम कर सकता है। कुपोषण के कारण बड़ी तादाद में बच्चे स्कूल छोड़ देते हैं। कुपोषित बच्चे घटी हुई सिखने की क्षमता के कारण खुद को स्कूल में रोक नहीं पाते।

कुपोषण मुख्यतः छः रूपों में नजर आता है जो क्रमशः 1. जन्म के समय तक कम वजन, 2. बचपन में बाधित विकास, 3. अल्प रक्तता, 4. विटामिन ए की कमी, 5. आयोडीन की कमी से सम्बन्धित बीमारियाँ, 6. मोटापा।

बच्चों में कुपोषण मुख्यतः दो प्रकार का होता है :

- सूखे वाला कुपोषण
- सूजन वाला कुपोषण।

एनीमिया

नई रक्त कोशिकाओं के निर्माण हेतु जरूरी एक या एक से अधिक पोषक तत्वों की कमी से रक्त में हीमोग्लोबिन का स्तर सामान्य से कम होना एनीमिया कहलाता है। किशोरी बालिकाओं में हीमोग्लोबिन का स्तर 12 ग्राम प्रति 100 एमएल से कम होने पर एनीमिया कहलाता है।

जो व्यक्ति एनीमिया से पीड़ित होता है उसकी जीभ, आँखों व नाखुनों का रंग फीका दिखाई देने लगता है। उसके पैरों में सूजन होती है। साँस फूलना और थकान महसूस होने लगती है।

एनीमिया मुख्यतः भोजन में आयरन या लौह तत्व की कमी होने के कारण होता है। किसी व्यक्ति को बार-बार मलेरिया हो तब भी व्यक्ति एनीमिया का शिकार हो सकता है। युवतियों और महिलाओं में माहवारी के दौरान अधिक खून बहना भी एनीमिया का एक कारण है। परजीविक कारण और काम के हिसाब से पोषण की कमी भी एनीमिया के रूप में सामने आती है। बच्चों में एनीमिया मुख्यतः माँ से ही मिलता है।

किशोरावस्था में एनीमिया होने के दुष्प्रभाव एक व्यक्ति के पूरे जीवन में दिखाई पड़ता है। इससे कार्यक्षमता पर दुष्प्रभाव पड़ता है। भूख कम होने लगती है और सही पोषण नहीं मिलने से आयु के अनुसार शारीरिक वृद्धि नहीं हो पाती है। युवतियों में एनीमिया आगे जाकर उनकी गर्भावस्था को भी प्रभावित करता है और वह असुरक्षित मातृत्व के दौर से गुजरती है। यही कारण है कि यहाँ पर उच्च मातृत्व मृत्यु दर है। उनके बच्चे भी कम वजन के पैदा होते हैं, और कुपोषण के शिकार हो जाते हैं।

एनीमिया से बचने का सबसे आसान और सुरक्षित तरीका यह है कि भोजन में संतुलित आहार की मात्रा बढ़ाई जाए। आहार की गुणवत्ता और पौष्टिकता को बढ़ाकर ही एनीमिया से स्थायी रूप से मुक्ति पाई जा सकती है। इसके साथ ही मलेरिया से बचाव करके और सप्ताह में एक बार आयरन की गोली लेना भी फायदेमंद साबित हो सकता है। कई चीजें ऐसी भी होती हैं जो भोजन में लौहतत्व के अभिशोषण को अवरूद्ध कर देती हैं। ऐसे पदार्थों से बचने की जरूरत है। आयरन

युक्त आहार जैसे बाजरा, खजूर, गुड़, अंकुरित दालें, हरी पत्तेदार सब्जियाँ (जैसे पालक, मैथी, बथुआ), अण्डा, मांस, मछली इत्यादि ज्यादा से ज्यादा सेवन करना होगा। विटामिन "सी" युक्त खाद्य पदार्थ जैसे—नींबू, आंवला, संतरा, अमरूद आदि लेने से आयरन के अवशोषण की क्षमता बढ़ जाती है। लोहे की कढ़ाई में खाना बनाने की सलाह भी विशेषज्ञों द्वारा दी जाती है।

महिला और पोषण

महिलाओं और पुरुषों दोनों को ही संतुलित भोजन, पर्याप्त नींद, भरपूर पानी और नियमित रूप से व्यायाम करने की जरूरत होती है। नौ साल तक के लड़के और लड़कियों को एक समान पोषक तत्वों की जरूरत होती है। लेकिन उम्र बढ़ने के साथ शारीरिक परिवर्तनों के कारण दोनों की पोषक तत्वों की जरूरतें बदल जाती हैं। एक युवा पुरुष को प्रतिदिन 2000-2500 कैलोरी की आवश्यकता होती है, जबकि उसी आयु की महिला को 1800-2200 कैलोरी की। लेकिन इन आंकड़ों से यह नहीं समझना चाहिए कि महिलाओं के शरीर को पोषक तत्वों की कम आवश्यकता होती है। सच्चाई तो यह है कि एक महिला को अपने हम उम्र पुरुष के मुकाबले ज्यादा पोषक तत्वों की जरूरत होती है।

महिलाओं की शारीरिक बनावट नाजुक होने के साथ ही जटिल भी होती है। उन्हें बीमारियों का खतरा तो पुरुषों की तरह ही होता है, लेकिन मासिक धर्म, गर्भावस्था, स्तनपान और मेनोपॉज के कारण महिलाओं को कई शारीरिक समस्याओं का सामना करना पड़ता है। इसीलिए जरूरी है कि खुद को फिट और स्वस्थ रखने के लिए महिलाएं अपनी शारीरिक जरूरतों को समझें। 19 से 50 साल की महिलाओं को प्रतिदिन 18 मिलीग्राम आयरन की आवश्यकता होती है। गर्भावस्था के समय तो आयरन की आवश्यकता और भी बढ़ जाती है। लेकिन इसी आयु सीमा के पुरुषों को प्रतिदिन सिर्फ 8 मिलीग्राम आयरन की आवश्यकता होती है। 50 से कम उम्र की महिलाओं को प्रतिदिन 1000 मिलीग्राम कैल्शियम की आवश्यकता होती है, जबकि 50 से अधिक उम्र की महिलाओं को 1500 मिलीग्राम कैल्शियम की जरूरत होती है। पुरुषों को महिलाओं के मुकाबले न सिर्फ कैल्शियम की आवश्यकता कम होती है, बल्कि उन्हें ऑस्टियोपोरोसिस का खतरा भी कम होता है। विशेषकर गर्भवती महिलाओं को पुरुषों के मुकाबले फॉलिक एसिड और विटामिन बी6 की आवश्यकता भी अधिक होती है, ताकि गर्भस्थ शिशु का शारीरिक और मानसिक विकास ठीक तरह से हो सके। प्रोटीन भी महिलाओं के लिए आवश्यक पोषक तत्व है। मेनोपॉज के बाद जिन महिलाओं के भोजन में प्रोटीन की मात्रा कम होती है, उनमें ऑस्टियोपोरोसिस का खतरा 30 प्रतिशत तक बढ़ जाता है। जिन महिलाओं के भोजन में कैल्शियम की मात्रा कम होती है, उनमें ऑस्टियोपोरोसिस की आशंका 25 प्रतिशत तक बढ़ जाती है। जो महिलाएँ गर्भ निरोधक गोलियाँ लेती हैं उनके शरीर को आयरन की आवश्यकता सामान्य महिलाओं से अधिक होती है।

6 स्वास्थ्य नीति और स्वास्थ्य बीमा

लोक स्वास्थ्य नीति कार्यकलाप, राष्ट्रीय स्वास्थ्य नीति 2002 के अनुसरण में ही हैं जिसमें रोग निरोधी उपचारात्मक परिचर्या सेवाएं प्रदान करने की व्यवस्था है ताकि देश के सर्व साधारण को जाति, संप्रदाय और धर्म से निरपेक्ष रहते हुए बेहतर स्वास्थ्य के स्वीकार्य मानक उपलब्ध कराए जा सकें। इसका प्रयोजन मौजूदा संस्थानों को सुदृढ़ बनाते हुए विकेंद्रीकृत जन स्वास्थ्य प्रणाली की स्थापना के माध्यम से पहुंच बढ़ाना है।

राष्ट्रीय स्वास्थ्य बीमा योजना (आरएसबीवाई)

राष्ट्रीय स्वास्थ्य बीमा योजना (आरएसबीवाई) केंद्र प्रायोजित योजना है जो श्रम और रोजगार मंत्रालय (एमओएलई) द्वारा अप्रैल 2008 में असंगठित कामगार सामाजिक सुरक्षा अधिनियम, 2008 के अधीन कार्यान्वित किया जा रहा है। इसमें गरीबी रेखा से नीचे के परिवारों (बीपीएल) को स्वास्थ्य बीमा प्रदान करने के लिए कवर किया गया था।

इस योजना के अधीन पंजीकृत परिवार सरकारी पैनलबद्ध (प्राइवेट और सरकारी—दोनों शामिल) अस्पताल में परिवार फ्लोटर आधार पर (पांच की यूनिट) प्रसूति लाभ सहित अस्पताल में भर्ती होने संबंधी 30000 रुपये के वार्षिक लाभ के हकदार हैं। इसमें कोई आयु सीमा नहीं है और पहले दिन से पूर्व स्थिति के आधार पर ही कवर किया जाता है। इस योजना के तहत 100 रुपए तक की ट्रांसपोर्टेशन लागत देने की भी व्यवस्था है।

योजना के मुख्य पहलू निम्नानुसार हैं :

- लाभार्थी परिवार पंजीकृत/नवीकरण शुल्क के रूप में प्रति परिवार वार्षिक रूप से 30 रुपए अदा करता है। राज्य सरकार इस राशि का प्रयोग योजना के प्रशासनिक खर्च के लिए करती है;
- पूर्व के सारे रोगों का कवरेज;
- अस्पताली खर्च कवर होते हैं;
- प्रीमियम की अधिकतम राशि प्रति परिवार 750 रुपए है;
- केवल द्वितीयक परिचर्या अस्पताल भर्ती प्रक्रिया ही उपलब्ध है;
- 1500 से अधिक मानक पैकेज शामिल हैं; और
- इस योजना के तहत प्राइवेट और सरकारी—दोनों अस्पताल पैनलीकृत हैं।

राष्ट्रीय स्वास्थ्य मिशन (एनएचएम)

राष्ट्रीय स्वास्थ्य मिशन (एनएचएम) वर्ष 2005 में राष्ट्रीय ग्रामीण स्वास्थ्य मिशन के रूप में शुरू किया गया। राष्ट्रीय स्वास्थ्य मिशन (एनएचएम) में दो उप-मिशन शामिल हैं, राष्ट्रीय ग्रामीण स्वास्थ्य मिशन (एनआरएचएम) और हाल ही में आरंभ किया गया राष्ट्रीय शहरी स्वास्थ्य मिशन (एनयूएचएम)। ग्रामीण और शहरी क्षेत्रों में स्वास्थ्य प्रणाली के सुदृढ़ीकरण में प्रमुख कार्यक्रम संबंधी संघटक हैं—प्रजनन-मातृ नवजात शिशु और किशोर स्वास्थ्य (आरएमएनसीएचएच) और संक्रामक तथा गैर संक्रामक रोग। एनएचएम समान, वहनीय और गुणवत्तापूर्ण स्वास्थ्ये परिचर्या सेवाओं को सार्वभौमिक पहुँच बनाने की परिकल्पना करता है जो उत्तरादायित्वपूर्ण हों तथा लोगों की आवश्यकता के प्रति संवेदनशील हो।

राष्ट्रीय ग्रामीण स्वास्थ्य मिशन (एनआरएचएम)

राष्ट्रीय ग्रामीण स्वास्थ्य मिशन ग्रामीण क्षेत्रों में विशेष तौर से कमजोर वर्गों को सुलभ, वहनीय और उत्तरदायी गुणवत्तायुक्त स्वास्थ्य सेवाएं प्रदान करेगा। एनआरएचएम के अधीन, अधिकार प्राप्त कार्य समूह (ईएजी) वाले राज्यों तथा पूर्वोत्तर राज्यों, जम्मू एवं कश्मीर एवं हिमाचल प्रदेश पर अत्यधिक ध्यान दिया गया है। मिशन पर जोर जल, सफाई, शिक्षा,

पोषण, सामाजिक और लैंगिक समानता जैसे स्वास्थ्य के अनेक निर्धारकों पर साथ-साथ कार्रवाई सुनिश्चित करने के लिए एक पूर्णरूपेण कार्यात्मक, सामुदायिक स्वामित्व वाली और सभी स्तरों पर अंतरक्षेत्रीय समाभिरूपता वाली विकेन्द्रीकृत स्वास्थ्य प्रदाय प्रणाली स्थापित करने पर है।

राष्ट्रीय शहरी स्वास्थ्य मिशन (एनयूएचएम)

शहरी स्वास्थ्य मिशन (एनयूएचएम) शहरी जनसंख्या विशेषकर शहरी गरीबों और अन्य कमजोर वर्गों तक गुणवत्तायुक्त प्राथमिक स्वास्थ्य परिचर्या तक उनकी पहुंच बनाकर स्वास्थ्य स्थिति में सुधार लाएगा।

केन्द्र सरकार द्वारा स्लम और समाज के कमजोर वर्गों पर विशेष ध्यान देने के साथ शहरी आबादी के लिए न्यायसंगत और गुणवत्तापूर्ण प्राथमिक स्वास्थ्य सेवाएं प्रदान करने के लिए एक व्यापक राष्ट्रीय स्वास्थ्य मिशन (एनएचएम) के तहत 1 मई, 2013 को एक उप-मिशन के रूप में राष्ट्रीय शहरी स्वास्थ्य मिशन (एनयूएचएम) की मंजूरी दी गई। एनयूएचएम में गुणवत्तापूर्ण प्राथमिक स्वास्थ्य के लिए उनके उपयोग को सुविधाजनक बनाते हुए स्वास्थ्य की स्थिति में सुधार इसकी प्राथमिकताओं में शामिल है।

एनआरएचएम/एनएचएम के अंतर्गत मुख्य पहल

- **आशा:** देश भर में 9.15 लाख से अधिक प्रत्यायित सामाजिक स्वास्थ्य कार्यकर्ता (आशा) को नियुक्त किया गया है जो सुविधा प्रदाता, मोबलाइजर तथा सामुदायिक स्तर परिचर्या प्रदाता का कार्य करते हैं। महिलाओं और बच्चों पर ध्यान देते हुए विशेष आबादी के कमजोर वर्गों के लोगों के लिए समुदाय में आशा को प्रथम सहयोगी के रूप में माना जाता है। वर्ष 2013 से जब राष्ट्रीय शहरी स्वास्थ्य मिशन का आरंभ हुआ था तो आशा कर्मियों को शहरी क्षेत्रों के लिए भी चयन किया गया था। विभिन्न मूल्यांकन और निरंतर साझा समीक्षा मिशन दर्शाता है कि आशा कर्मी का संस्थागत प्रसव, प्रतिरक्षण, रोग नियंत्रण कार्यक्रम (मलेरिया, काला अजार और लिम्फैटिक फाइलाइरेसिस) में सक्रिय भूमिका और स्तनपान तथा आहार क्रियाकलापों में सुधार के सकारात्मक परिणामों के योगदान में प्रमुख भूमिका है। अधिकांश राज्यों ने प्रशिक्षण, कार्यस्थल पर अनुभवी परामर्शदाता और निष्पादन मॉनीटरिंग की निरंतरता सुनिश्चित करने के लिए आशा हेतु सक्रिय प्रशिक्षण और सहायक प्रणाली की व्यवस्था की है।
- **रोगी कल्याण समिति/अस्पताल प्रबंधन सोसाइटी:** यह एक सरल किंतु प्रभावी प्रबंधन ढांचा है। यह समिति एक पंजीकृत सोसाइटी है जो अस्पताल के काम-काज का संचालन करने के लिए अस्पतालों के लिए ट्रस्टी के समूह के रूप में कार्य करता है और स्वास्थ्य केन्द्रों के अनुरक्षण हेतु उत्तरदायी है एवं अस्पताल में रोगियों हेतु बेहतर सुविधाएं सुनिश्चित करता है। रोगियों के कल्याण के लिए गतिविधियां चलाने के लिए इन समितियों को शर्त रहित धनराशि के माध्यम से वित्तीय सहायता प्रदान की जाती है।
- **ग्रामीण स्वास्थ्य स्वच्छता एवं पोषण समिति, (वीएचएसएनसी):** पर्यावरण और सामाजिक निर्धारकों से संबंधित मामलों का समाधान करने के लिये मूलभूत स्तर पर सामुदायिक अधिकारिता एवं भागीदारी का एक महत्वपूर्ण साधन है। वीएचएसएनसी सदस्यता में पंचायती राज प्रतिनिधि, आशा एवं अन्य महत्वपूर्ण कर्मी तथा कमजोर समुदायों के प्रतिनिधि भी शामिल हैं।
- **जननी शिशु सुरक्षा कार्यक्रम (जेएसएसके):** 1 जून 2011 से आरंभ हुई जननी शिशु सुरक्षा कार्यक्रम सभी गर्भवती महिलाओं को सार्वजनिक स्वास्थ्य संस्थानों में पूर्णतः निःशुल्क और बिना किसी खर्च के सिजेरियन सहित प्रसव कराने का हक देता है। यह हकदारी आधारित दृष्टिकोण की ओर बढ़ने का संकेत है। निःशुल्क हकदारी में निःशुल्क औषध और उपभोज्य, निःशुल्क नैदानिक जांच, स्वास्थ्य संस्थानों में रहने के दौरान निःशुल्क भोजन, निःशुल्क रूप से रक्त उपलब्ध करवाना, घर से स्वास्थ्य संस्थान तक रेफर के मामलों में एक स्वास्थ्य संस्थान से दूसरे स्वास्थ्य संस्थान तक और वापस घर छोड़ने के लिए निःशुल्क परिवहन, तथा सभी प्रकार के प्रयोक्ताओं शुल्क से छूट शामिल है।
- **कायाकल्प, का शुभारंभ–सार्वजनिक स्वास्थ्य सुविधाओं को पुरस्कार देने के लिए एक पहल:** सार्वजनिक स्वास्थ्य सुविधाओं में साफ-सफाई, स्वच्छता और संक्रमण नियंत्रण प्रथाओं को बढ़ावा देने के लिए कायाकल्प-पहल शुरू की गई है। इस पहल के तहत सार्वजनिक स्वास्थ्य सुविधाओं का मूल्यांकन किया जाएगा और इस तरह के सार्वजनिक स्वास्थ्य सुविधा केन्द्र, जो

साफ-सफाई, स्वच्छता और संक्रमण नियंत्रण के प्रोटोकॉल की अनुकरणीय निष्पादन बैठक मानक दर्शाते हैं उन्हें पुरस्कार और प्रशस्ति प्राप्त होगा।

- **निःशुल्क निदान सेवा पहलः एनएचएम**–फ्री निदान सेवा पहल सार्वजनिक स्वास्थ्य सुविधाओं पर मुफ्त आवश्यक नैदानिक सेवाएं प्रदान करने के लिए 2013 में शुरू किया गया था जिसके तहत उनकी संसाधन पात्रता में राज्यों को पर्याप्त धनराशि प्रदान की गई है। केन्द्र सरकार द्वारा निःशुल्क निदान सेवा पहल पर परिचालन दिशानिर्देश विकसित किए गए हैं, जिसमें निम्नलिखित शामिल हैं—
  - ✦ सार्वजनिक स्वास्थ्य सुविधाओं में मौजूदा प्रणालियों का सुदृढ़ीकरण जैसे लैब के बुनियादी ढांचे, लैब तकनीशियन, उपकरणों का प्रावधान।
  - ✦ उच्च लागत व निम्न आवृत्ति वाले नैदानिक सेवाओं को बाहर से प्राप्त करना; और
  - ✦ आवश्यकता के आधार पर आवश्यक मानव संसाधन की सेवाओं (जैसे—रेडियोलॉजिस्ट, लैब तकनीशयन) का अनुबंध।
- **जैव चिकित्सा उपकरण रखरखावः** राज्यों को सभी कार्यात्मक चिकित्सा उपकरण/मशीनरी के लिए व्यापक उपकरणों के रखरखाव हेतु उपाय की योजना बनाने के लिए कहा गया है। मंत्रालय ने मार्गदर्शन के लिए मॉडल अनुबंध दस्तावेज परिचालित किया है। चिकित्सा उपकरणों का अधिकतम उपयोग सुनिश्चित करने के लिए सभी कार्यात्मक चिकित्सा उपकरण/मशीनरी के लिए व्यापक उपकरणों के रखरखाव हेतु सहायता दी जाती है।
- **व्यापक प्राथमिक स्वास्थ्य देखभालः** निवारक और प्रोत्साहक स्वास्थ्य देखभाल सहित प्राथमिक स्वास्थ्य देखभाल जल्दी पता लगाने और तुरंत उपचार के लिए सक्षम बनाता है और द्वितीयक और तृतीयक देखभाल के लिए एक गेट कीपिंग का कार्य करता है, और यह देखभाल की लागत को भी कम करता है। दिसम्बर 2014 में, स्वास्थ्य एवं परिवार कल्याण मंत्रालय ने व्यापक प्राथमिक स्वास्थ्य देखभाल के संचालन पर रिपोर्ट उपलब्ध कराने के लिए एक टास्क फोर्स का गठन किया। प्राथमिक स्वास्थ्य देखभाल को व्यापक और सार्वभौमिक बनाने के लिए कार्रवाई के नौ क्षेत्रों का प्रस्ताव है। उनमें शामिल हैं :
  - ✦ संस्थागत ढांचे और प्राथमिक स्वास्थ्य देखभाल संवाओं के संगठन को मजबूत बनाना।
  - ✦ प्रौद्योगिकियों, ड्रग्स और व्यापक प्राथमिक स्वास्थ्य देखभाल के लिए निदान हेतु उपयोग में सुधार करना।
  - ✦ सूचना, संचार और प्रौद्योगिकी (आईसीटी) के उपयोग को बढ़ाना—रोगी और प्रदाताओं को सशक्त बनाना।
  - ✦ देखभाल की निरंतरता को बढ़ावा देना—मरीज केंद्रित देखभाल बनाना।
  - ✦ देखभाल की गुणवत्ता बढ़ाना।
  - ✦ स्वास्थ्य के सामाजिक निर्धारकों पर ध्यान देना।
  - ✦ सामुदायिक भागीदारी पर जोर देना और स्वास्थ्य में इक्विटी संबंधी कठिनाइयों को दूर करना।
  - ✦ प्राथमिक स्वास्थ्य देखभाल का समर्थन करने के लिए मानव संसाधन नीति का विकास करना।
  - ✦ वित्तपोषण, भागीदारी और जवाबदेही सहित शासन प्रणाली को सुदृढ़ करना।
  - ✦ राज्यों को भी एक मध्य स्तरीय सेवा प्रदाता की अध्यक्षता में मौजूदा उप केन्द्रों को मजबूत बनाने के लिए एनएचएम के पीआईपी के माध्यम से सहायता दी गई है।
- **किलकारीः** एंटी नेटल केयर (एएनसी), संस्थागत प्रसव, प्रसवोत्तर देखभाल (पीएनसी) और टीकाकरण के महत्व के बारे में गर्भवती महिलाओं, बच्चों के माता-पिता और खेत के मजदूरों के बीच उचित जागरूकता पैदा करने के लिए चरणबद्ध तरीके से पूरे भारत में किलकारी और मोबाइल अकादमी सेवाएं लागू करने का निर्णय लिया गया है।

  किलकारी एक इंटरएक्टिव वॉयस रिस्पांस (आईवीआर) आधारित मोबाइल सेवा है जिसमें सीधे गर्भवती महिलाओ, छोटे बच्चों की माताओं और उनके परिवारों के मोबाइल फोन पर गर्भावस्था और बाल स्वास्थ्य के बारे में टाईम सेंसिटिव ऑडियो संदेश (वायस कॉल) दिया जाता है—जहाँ एक साल का बच्चा होने तक गर्भावस्था के चौथे माह से मातृ/शिशु मृत्यु हो जाते हैं। ऐसे परिवार जो सेवा में अंशदान देते हैं, को प्रति सप्ताह एक पूर्व दर्ज सिस्टम सेवा प्राप्त करने के लिए फोन से सदस्यता लेते हैं। प्रत्येक कॉल की अवधि 2 मिनट हो सकती है और यह महिला के गर्भावस्था या बच्चे की उम्र के आधार पर परिवार द्वारा उस सप्ताह में किए जाने वाले कार्य के लिए अनुस्मारक के रूप में काम करेगा। राज्यों के लिए किलकारी सेवाएं क्षेत्रीय बोली में भी उपलब्ध होंगी।

- **मोबाइल अकादमी:** यह पारस्परिक संचार कौशल पर किसी भी समय, कहीं भी उपलब्ध एक ऑडियो प्रशिक्षण पाठ्यक्रम है जिसे आशा अपने मोबाइल फोन से प्राप्त कर सकते हैं। यह आशा को अपनी मौजूदा ज्ञान को अद्यतन बनाने, प्राथमिकता से आरएमएनसीएच व्यवहार अपनाने के लिए परिवारों को समझाने के लिए टिप्स देता है।

- **राष्ट्रव्यापी टीबी रोधी दवा प्रतिरोध सर्वेक्षण का शुभारंभ:** समुदाय में मल्टी ड्रग प्रतिरोधी तपेदिक के बोझ पर बेहतर अनुमान प्रदान करने के लिए 13 टीबी रोधी दवाओं के लिए ड्रग प्रतिरोधी सर्वेक्षण शुरू किया गया था। यह 5214 रोगियों के एक नमूना आकार के साथ दुनिया में अब तक का सबसे बड़ा सर्वेक्षण है।

- **कालाजार उन्मूलन योजना:** 2015 के अंत तक ब्लॉक पीएचसी स्तर पर प्रति 10,000 की आबादी पर एक से कम कालाजार के मामले की वार्षिक घटनाओं को कम करने के लिए कालाजार उन्मूलन योजना आरंभ की गई जिसमें अन्य बातों के साथ निम्नलिखित शामिल हैं :
  - उत्तर प्रदेश, बिहार, पश्चिम बंगाल और झारखंड के लिए जोर दिए जाने वाले नए क्षेत्र;
  - सक्रिय खोज, नई दवा आहार, समन्वित इनडोर अवशिष्ट स्प्रे (आईआरएस) आदि शामिल करने के लिए नई कार्य योजना; और
  - नई गैर-आक्रामक डायग्नोस्टिक किट का प्रयोग।

- राष्ट्रीय स्वास्थ्य मिशन के अंतर्गत राज्यों को प्रोत्साहन के लिए मानदंडों को संशोधित किया गया। मुख्य परिणामों/आउटपुट अर्थात आईएमआर, एमएमआर, टीकाकरण, गुणवत्तापूर्व प्रमाणित स्वास्थ्य सुविधाओं की संख्या और अनुपात आदि पर बेहतर प्रगति दर्शाने वाले राज्य प्रोत्साहन के रूप में अतिरिक्त धनराशि प्राप्त करने में सक्षम होंगे।

राष्ट्रीय परिवार स्वास्थ्य सर्वेक्षण (एनएफएचएस)

सर्वेक्षण करने के लिए नोडल एजेंसी के रूप में सेवारत अंतर्राष्ट्रीय जनसंख्या विज्ञान संस्थान (आईआईपीएस), मुम्बई, भारत सरकार के साथ स्वास्थ्य एवं परिवार कल्याण मंत्रालय, भारत सरकार के प्रबंधन के तहत वर्ष 1992-93 (एनएफएचएस-1), 1998-99 (एनएफएचएस–2) और 2005-06 (एनएफएचएस-3) में राष्ट्रीय परिवार स्वास्थ्य सर्वेक्षण के तीन दौर चलाए गए थे। मंत्रालय ने सभी सर्वेक्षणों का एकीकरण करते हुए 3 वर्षों की अवधि के साथ जिला स्तरीय डाटा देने के लिए एक सर्वेक्षण (अर्थात् राष्ट्रीय परिवार स्वास्थ्य सर्वेक्षण) को आयोजित करने का निर्णय किया।

जनसंख्या अनुसंधान केन्द्र (पीआरसी)

मंत्रालय ने देश की विभिन्न संस्थानों में जनसंख्या स्थिरीकरण, जनसांख्यिकी और स्वास्थ्य संबंधी अन्य कार्यक्रमों से संबंधित विभिन्न विषयों पर शोध करने की दृष्टि से 18 जनसंख्या अनुसंधान केन्द्र (पीआरसी) स्थापित किए हैं। हालांकि इनमें 12 पीआरसी विश्वविद्यालयों में स्थित हैं शेष छह राष्ट्रीय प्रतिष्ठा के संस्थानों में स्थित हैं। स्वास्थ्य एवं परिवार कल्याण मंत्रालय सभी पीआरसी को स्टाफ के वेतन, पुस्तकों और जर्नलों, टीए/डीए, डाटाप्रोसेसिंग/स्टेशनरी/आकस्मिता इत्यादि तथा अन्य अवसंरचना के लिए वर्ष दर वर्ष आधार पर शत प्रतिशत वित्तीय सहायता अनुदान प्रदान करता है।

राष्ट्रीय स्वास्थ्य प्रणाली संसाधन केन्द्र (एनएचएसआरसी)

राष्ट्रीय ग्रामीण स्वास्थ्य मिशन (एनआरएचएम) की तकनीकी और सूचना प्रबंधन एजेंसी के रूप में सहायता प्रदान करने के लिए वर्ष 2007 में राष्ट्रीय स्वास्थ्य प्रणाली संसाधन केन्द्र की स्थापना की गई थी। उत्तर पूर्वी राज्यों को तकनीकी सहायता देने के लिए (एनएचएसआरसी) की शाखा के रूप में क्षेत्रीय संसाधन केन्द्र उत्तर पूर्व आरआरसी-एनई की स्थापना की गई।

गैर–सरकारी संगठन (एनजीओ)

01.04.2014 से राष्ट्रीय स्वास्थ्य मिशन (एनएचएम) के अंतर्गत एनजीओ दिशा-निर्देश संशोधित किए जा चुके हैं। इनके अंतर्गत केन्द्र सरकार राज्यों के कार्यक्रम कार्यान्वयन योजना (पीआईपी) के माध्यम से प्राप्त प्रस्तावों को ही सहायता देगी।

चिकित्सा विज्ञान संबंधी आविष्कार

रफ–बैटिन	इन्सुलिन (डायबिटीज के उपचार के लिए)
ब्रह्मचारी यू.एन.	काल–ज्वर बुखार की चिकित्सा
डॉ. क्रिश्चियन बर्नार्ड	हृदय प्रत्यारोपण
जी. डोमाग	सल्फा ड्रग्स
राबर्ट कोच	हैजे का टीका
डॉ. पाल मुलर	डी.डी.टी.
आइजकमेन	बेरी–बेरी की चिकित्सा

आर्थर बर्ग तथा जेम्स वाटसन	आर.एन.ए.
जेम्स वाटसन तथा क्रिक	डी.एन.ए.
ड्रेसर	एस्प्रिन
रेबी	क्लोरोक्वीन (कुनैन)
हरगोविन्द खुराना	कृत्रिम जीन
फिनले	टेरामाइसिन
ल्यूवेनहॉक	बैक्टीरिया
रोबर्थ	टायफायड के जीवाणु
रीड	पीले बुखार की चिकित्सा
फिन्सेन	अल्ट्रा वायलेट रेंज द्वारा चिकित्सा
पाल एरिक	सिफलिस की चिकित्सा
सर अलेक्जेंडर फ्लेमिंग और फ्लोरे	पेन्सिलिन
विलियम हार्वे	रक्त परिवहन (संचरण)
कार्ल लैंडस्टीनर	रक्त–आधान
हैनीमेन	होम्योपैथी की स्थापना
फंक	विटामिन
मैकुलन	विटामिन 'ए'
यूजोक्ट होल्कट	विटामिन 'सी'
एफ.जी. हॉपकिन्स	विटामिन 'डी'
एडवर्ड जेनर	चेचक का टीका
राबर्ट कोच	टी.बी. की चिकित्सा
लेनेक	स्टेथॉस्कोप
लार्डजोसेफ लिस्टर	एण्टीसेप्टिक द्वारा चिकित्सा
लुई पाश्चर	हाइड्रोफोबिया की चिकित्सा
डॉ. रोनेल्ड रॉस	मलेरिया की चिकित्सा
डॉ. जोन्स इ. साल्क	एण्टी पोलियो वैक्सीन
सर जेम्स हैरीसन	क्लोरोफार्म की खोज
वैक्समैन	स्ट्रेप्टोमाइसिन
हैनीमेन	होम्योपैथी

विटामिन की कमी से होने वाले रोग

विटामिन	रोग	स्रोत
विटामिन A	रतौंधी	गाजर, दूध, अंडा
विटामिन B_{12}	अरक्तता	कलेजी, अंडा
विटामिन B_1	बेरी–बेरी	दाल, अंडा, मूंगफली
विटामिन C	स्कर्वी	संतरा, टमाटर
विटामिन B_2	मुँह की त्वचा	कलेजी, दूध, मांस
विटामिन D	सूखा रोग	सूर्य का प्रकाश,
विटामिन B_6	एनीमिया और होंठ फटना	कलेजी, दूध, मांस मछली का तेल
विटामिन E	बांझपन	हरी सब्जियाँ, दूध, कलेजी
विटामिन B_7	पेलाग्रा	मछली, अंडा
विटामिन K	रक्त का थक्का जमने में कमी	हरी सब्जी

प्रमुख बीमारियों द्वारा प्रभावित अंग

बीमारी	प्रभावित अंग
निमोनिया	फेफड़े
टायफाइड	आँत
डिप्थीरिया	श्वसन नलिका
सिफलिस	जनन अंग
मेनिनजाइटिस	मस्तिष्क
आर्थाइटिस	जोड़ों की सूजन
एग्जीमा	चमड़ी
पीलिया	यकृत
अतिसार	आँत का अग्रभाग
सुजाक, श्वेत प्रदर	मूत्र मार्ग
प्लूरिसी	छाती
पायरिया	दाँत तथा मसूड़े
गठिया या ट्यूमैटिज्म	जोड़ों में
टिटनेस	तंत्रिका तंत्र, मांसपेशी
कुष्ठ	त्वचा, तंत्रिकाएं
हैजा	आँत, आहार नाल
रिकेट्स	हड्डियाँ
गोइटर (गण्डमाला)	थाइराइड ग्रंथि
काली खाँसी	श्वसन तंत्र
बॉट्यूलिज्म	तंत्रिका–तंत्र
एड्स	सम्पूर्ण शरीर
प्लेग	फेफड़े, लाल रक्त कणिकाएं
रेबीज या हाइड्रोफोबिया	तंत्रिका तंत्र
खसरा	सम्पूर्ण शरीर
कालाजार	रुधिर, प्लीहा व अस्थि मज्जा
हरपीस	त्वचा, श्लेष्मकला
क्षय रोग	शरीर का कोई भी अंग, विशेषकर फेफड़े
केटेरेक्ट, ग्लाइकोमा, ट्रेकोमा, मायोपिया	आँख
चेचक	सम्पूर्ण शरीर, विशेषकर चेहरा तथा हाथ–पैर

7 बाल स्वास्थ्य कार्यक्रम

भारत सहस्राब्दि विकास लक्ष्य (एमडीजी) में दिए गए वादे के अनुसार वर्ष 1990 और 2015 के बीच बाल मृत्यु दर को दो-तिहाई तक कम करने के लिए प्रतिबद्ध है। इसका अर्थ यह है कि 5 वर्ष से कम आयु के बच्चों की मृत्यु दर (यू-5एमआर) को वर्ष 1990 के 125/1000 जीवित शिशु जन्मों से घटाकर वर्ष 2015 में 42/1000 तक कम करना है। इस प्रतिबद्धता को राष्ट्रीय स्वास्थ्य मिशन (एनएचएम) में भी प्रतिबिम्बित किया गया है।

भारत में बाल मृत्यु दर की स्थिति

एसआरएस 2013 के अनुसार वर्तमान में, भारत में 5 वर्ष से कम आयु के बच्चों में मृत्यु दर 49/1000 जीवित शिशु जन्म, शिशु मृत्यु दर (आईएमआर) 40/1000 जीवित शिशु जन्म और नवजात शिशु मृत्यु दर 28/1000 जीवित शिशु जन्म है। इस प्रकार प्रति वर्ष 12.7 लाख 5 वर्ष से कम आयु के बच्चों की मृत्यु होने का अनुमान है। वर्ष 2008-2013 की अवधि में यू5एमआर में तेजी से गिरावट आई है। देश के चार राज्य नामतः उत्तर प्रदेश (3.5 लाख), बिहार (1.5 लाख), मध्य प्रदेश (1.3 लाख), और राजस्थान (1.0) लाख, कुल मिलाकर 58 प्रतिशत बाल मृत्यु के लिए जिम्मेदार हैं। पांच वर्ष से कम आयु के बच्चों में लगभग 45 प्रतिशत शिशुओं की मृत्यु जन्म के 7 दिनों के भीतर, लगभग 57 प्रतिशत की मृत्यु जन्म के पहले एक माह के भीतर और लगभग 81 प्रतिशत की मृत्यु जन्म के एक वर्ष के भीतर होती है।

भारत में बाल मृत्यु के कारण

(डब्ल्यूएचओ, 2012 के अनुसार) भारत में बाल मृत्यु के प्रमुख कारण हैं : नवजात संबंधी कारण (53 प्रतिशत), न्युमोनिया (15 प्रतिशत), डायरिया संबंधी रोग (12 प्रतिशत), खसरा (3 प्रतिशत) और अन्य। इनके अलावा, 33 प्रतिशत मृत्यु के लिए कुपोषण उत्तरदायी है।

बाल स्वास्थ्य के अंतर्गत गतिविधियाँ

मृत्यु के अभिज्ञात कारणों के आधार पर, बाल स्वास्थ्य के क्षेत्र में होने वाले परिणामों में सुधार लाने के लिए पांच प्रमुख कार्यनीतिक क्षेत्रों की पहचान की गई है। ये क्षेत्र हैं :

1. नवजात शिशु स्वास्थ्य गतिविधियाँ
2. पोषण संबंधी गतिविधियाँ
3. न्युमोनिया एवं डायरिया की रोकथाम संबंधी गतिविधियाँ
4. जन्मजात विकारों, विकलांगताओं, विकास में देरी और कमियों के समाधान संबंधी गतिविधियाँ
5. टीकाकरण संबंधी गतिविधियाँ

इसके अलावा मातृ स्वास्थ्य एवं परिवार नियोजन संबंधी गतिविधियों को भी बाल स्वास्थ्य के परिणामों से अभिन्न रूप से जोड़ा गया है। अतः आरएमएनसीएच+ए दृष्टिकोण के तहत जीवन की सभी अवस्थाओं में सतत् देखभाल की व्यापक कार्यनीति तैयार की गई है, जिसके अंतर्गत बाल स्वास्थ्य संबंधी इन गतिविधियों को समाविष्ट किया गया है।

नवजात शिशु स्वास्थ्य

- भारत में नवजात शिशु-दर 28/1000 जीवित शिशु जन्म है (एसआरएस 2013) जिससे प्रति वर्ष लगभग 7.3 लाख नवजात शिशुओं की मृत्यु होती है।
- नवजात शिशु मृत्यु के कारण देश में 5 वर्ष से कम आयु के 57 प्रतिशत बच्चों की मृत्यु होती है।
- ठहराव की अवधि (2003 से 2007 तक) के बाद नवजात शिशु मृत्यु दर में तेजी से गिरावट आई और गत 5 वर्षों (2008 से 2012 तक) में 17 प्रतिशत की गिरावट दर्ज हुई है। पिछले दो वर्षों में प्रति वर्ष लगातार 6 प्रतिशत (अब तक सबसे अधिक) गिरावट हुई।
- भारत में नवजात शिशु मृत्यु के प्रमुख कारण हैं : संक्रमण (31 प्रतिशत), समय से पूर्व जन्म (35 प्रतिशत),

जन्मजात श्वास अवरोध (20 प्रतिशत), अंग विकार (9 प्रतिशत) और डायरिया (2 प्रतिशत)।

वर्ष 2030 तक "एकल डिजिट नवजात शिशु मृत्यु दर" और "एकल डिजिट मृत शिशु जन्म दर" के लक्ष्यों को हासिल करने की दिशा में सामूहिक प्रयास करने हेतु वर्ष 2014 में भारत नवजात शिशु कार्य योजना (आईएनएपी) की शुरुआत की गई।

नवजात शिशु स्वास्थ्य के तहत कार्यनीतिक गतिविधियाँ निम्नलिखित हैं :

- अस्पताल में प्रसव को बढ़ावा और अनिवार्य नवजात शिशु देखभाल—चूंकि प्रसव पूर्व एवं प्रसवकालीन घटनाओं का प्रभाव नवजात शिशु के स्वास्थ्य पर पड़ता है, अतः जननी सुरक्षा योजना (जेएसवाई) के रूप में नकद प्रोत्साहन प्रदान करके अस्पताल में प्रसव को बढ़ावा दिया जा रहा है। जन्म के समय अत्यावश्यक नवजात शिशु देखभाल उपलब्ध कराने हेतु प्रसव केंद्रों पर नवजात शिशु देखभाल कॉर्नर (एनबीसीसी) संचालित किए गए हैं। मरीज द्वारा किए जाने वाले फुटकर व्यय को कम करन के लिए, गर्भवती महिला तथा उसके एक वर्ष तक के बच्चे को सार्वजनिक स्वास्थ्य केन्द्रों में जननी शिशु स्वास्थ्य कार्यक्रम (जेएसएसके) के तहत नकद भुगतान के बिना उपचार प्राप्त करने का अधिकार प्रदान किया गया है। इसके तहत रेफरल परिवहन भी शामिल हैं।
- आशा कार्यकर्ता द्वारा स्तनपान की परिपाटियों, नवजात शिशु को होने वाली बीमारियों का शुरू में निदान और अस्पताल में रेफरल सहित आवश्यक नवजात शिशु देखभाल को बढ़ावा देने के लिए गृह आधारित नवजात शिशु देखभाल (एचबीएनसी) की शुरुआत की गई है, जिसके अंतर्गत आशा कार्यकर्ताओं को निर्धारित समय-सूची के अनुसार जन्म के प्रथम छः माह तक प्रत्येक नवजात शिशु और प्रसव के उपरांत माता की देखभाल उसके घर पर जाकर करने हेतु प्रोत्साहन राशि का भुगतान किया जाता है। वर्ष 2014-15 में आशा कार्यकर्ताओं द्वारा 58 लाख से अधिक नवजात शिशुओं की घर पर देखभाल की गई है, जबकि वर्ष 2015-16 की पहली तिमाही (अप्रैल-जून, 2015) में लगभग 18 लाख नवजात शिशुओं को आशा कार्यकताओं द्वारा घर पर देखभाल उपलब्ध कराई गई है।
- छोटे और बीमार नवजात शिशुओं की देखभाल के लिए स्वास्थ्य केन्द्र आधारित नवजात शिशु देखभाल (एफबीएनसी) का विस्तार किया जा रहा है। बीमार नवजात शिशुओं को 24 घंटे सेवाएं उपलब्ध कराने हेतु जिला अस्पतालों एवं मेडिकल कॉलेजों में 602 विशेष नवजात शिशु देखभाल इकाइयों (एएएनसीयू) में 7.5 लाख से अधिक नवजात शिशुओं का इलाज किया गया। सतत् देखभाल उपलब्ध कराने हेतु एफआरयू के स्तर पर 2,228 नवजात शिशु स्थिरीकरण इकाइयों (एनबीएसयू) और प्रसव केन्द्रों पर 16,968 नवजात शिशु देखभाल कॉर्नरों को संचालित किया गया है। 16 राज्यों में एसएनसीयू ऑनलाइन रिपोर्टिंग प्रणाली (ओआरएस) स्थापित की गई है और 400 से अधिक केन्द्र ऑनलाइन रिपोर्ट भेज रहे हैं।
- नवजात शिशु मृत्यु दर को कम करने के लिए नई गतिविधियाँ भी कार्यान्वित की गई हैं, जिनमें जन्म के समय विटामिन-के का इंजेक्शन, समय से पहले प्रसव की स्थिति में प्रसवपूर्व कोर्टिकोस्टीरॉयड, कंगारू मातृ देखभाल (केएमसी) और शिशुओं को संभावित गंभीर जीवाणु संक्रमण से बचाने हेतु एएनएम को जेंटामाइसिन इंजेक्शन लगाने का अधिकार प्रदान करना शामिल है।

पोषण संबंधी गतिविधियाँ

- कुपोषण को 33 प्रतिशत बाल मृत्यु का आंतरिक कारण माना जाता है।
- 5 वर्ष से कम आयु के 29.4 प्रतिशत बच्चे कम वजन के हैं, 38.7 प्रतिशत बच्चों का विकास अवरूद्ध है और 15.1 प्रतिशत बच्चे तीव्र कुपोषण के शिकार (दुर्बल) हैं। इससे भी महत्वपूर्ण बात यह है कि अद्यतन राष्ट्रीय सर्वेक्षण के उपलब्ध आंकड़ों के अनुसार, 4.6 प्रतिशत बच्चे गंभीर तीव्र कुपोषण से पीड़ित हैं।
- 100 सबसे अधिक प्रभावित जिलों में किए गए सबसे हाल के सर्वेक्षण (बाल विकास सूचकांक के अनुसार) से पता चला है कि सात वर्ष की अवधि (2004-2011) के दौरान प्रति वर्ष 2.9 प्रतिशत की कमी के साथ कम वजन के मामलों की व्याप्ति में 20.3 प्रतिशत की गिरावट आई। इन 100 सबसे अधिक प्रभावित जिलों में गंभीर तीव्र कुपोषण के मामलों में भी 3.4 प्रतिशत की कमी आई है।

- केवल 44.6 प्रतिशत नवजात शिशुओं को जन्म के एक घंटे के भीतर स्तनपान कराया गया, जबकि 64.9 प्रतिशत बच्चों को 6 माह की आयु तक केवल स्तनपान कराया गया।
- केवल 50.5 प्रतिशत बच्चों को समय पर (6 माह के बाद) पूरक आहार शुरू किया गया।
- 6 माह–5 वर्ष की आयु समूह के 69.5% बच्चे और 2.9% बच्चे गंभीर रक्ताल्पता से पीड़ित हैं।

पोषण संबंधी कार्यनीतिक गतिविधियाँ निम्नलिखित हैं :

- **शिशु एवं बाल आहार परिपाटियों (आईवाईसीएफ) को बढ़ावा:** महिला एवं बाल विकास मंत्रालय के साथ समन्वय स्थापित करके जन्म से छः माह तक केवल स्तनपान, छः माह के बाद से पूरक आहार तथा शिशु एवं बाल आहार की उपयुक्त परिपाटियों (आईवाईसीएफ) को बढ़ावा दिया जा रहा है।
- **पोषण पुनर्वास केंद्रों (एनआरसी) की स्थापना:** गंभीर तीव्र कुपोषण (एसएएम) के शिकार 5 वर्ष से कम आयु के जिन बच्चों में चिकित्सीय जटिलताएं पाई जाती हैं उन्हें चिकित्सा एवं पोषण संबंधी देखभाल उपलब्ध कराने के लिए स्वास्थ्य केंद्र के स्तर पर 891 पोषण पुनर्वास केंद्र (एनआरसी) स्थापित किए गए हैं। इसके अलावा, माताओं को भी शिशु देखभाल तथा आहार परिपाटियों के संबंध में कौशल प्रशिक्षण दिया जाता है ताकि बच्चे को घर पर पर्याप्त देखभाल जारी रह सके।
- **राष्ट्रीय आयरन प्लस पटल (एनआईपीआई):** बाल स्वास्थ्य घटक रक्ताल्पता के समाधान के लिए एनआईपीआई की शुरुआत की गई है, जिसमें आशा कार्यकर्ता की निगरानी में 6 से 59 माह के बच्चों को सप्ताह में दो बार आयरन फोलिक एसिड (आईएफए) संपूरण और 5 से 10 वर्ष के बच्चों (जो डब्ल्यूआईएफएस—जूनियर के रूप में जाने जाते हैं) को साप्ताहिक आयरन फोलिक एसिड संपूरण (डब्ल्यूआईएफएस) उपलब्ध कराना शामिल है। तेरह राज्यों में 6 से 59 माह के बच्चों के लिए सप्ताह में दो बार आईएएफ संपूरण शुरू किया गया है और दस राज्यों में 5 से 10 वर्ष के बच्चों के लिए डब्ल्यूआईएफएस जूनियर शुरू किया गया है।
- **राष्ट्रीय कृमिनाशक दिवस (एनडीडी) :** राष्ट्रीय कृमिनाशक दिवस, फरवरी 2015: 11 राज्यों/केन्द्र शासित प्रदेशों में लिंफैटिक फाइलेरिएसिस स्थानिक मारी वाले जिलों को छोड़कर 303 जिलों में से 277 जिलों में एक निर्धारित दिवस को यह कार्यनीति लागू की गई। 1-19 वर्ष की आयु के 10.31 करोड़ बच्चों के लक्ष्य की तुलना में कुल 8.98 करोड़ बच्चों को राष्ट्रीय कृमिनाशक दिवस के दौरान कृमिनाशक गोली (अलबेंडाजोल) दी गई। कृमिनाशक गतिविधि का राष्ट्रीय कवरेज 85 प्रतिशत रहा।

न्युमोनिया और डायरिया संबंधी गतिविधियाँ

- न्युमोनिया और डायरिया बाल्यावस्था में मृत्यु होने के प्रमुख कारण हैं—इनके कारण क्रमशः 15 प्रतिशत और 12 प्रतिशत बच्चों (0-5 वर्ष) की मृत्यु होती है।
- न्युमोनिया एवं डायरिया के लिए एकीकृत कार्य योजना (आईएपीपीडी) को सबसे अधिक बाल मृत्यु दर वाले चार राज्यों (उत्तर प्रदेश, मध्य प्रदेश, बिहार और राजस्थान) के लिए बच्चों के दो सबसे बड़े प्राणघातक रोगों, नामतः न्युमोनिया और डायरिया के समाधान के लिए किया गया है।

न्युमोनिया और डायरिया के नियंत्रण के लिए कार्यनीतिक गतिविधियाँ निम्नलिखित हैं :

- समुदाय एवं स्वास्थ्य केंद्र के स्तर पर बच्चों के देखभाल के लिए न्युमोनिया, डायरिया एवं कुपोषण पर विशेष जोर देते हुए बच्चों की सामान्य बीमारियों के शुरू में निदान और मरीजों के उपचार हेतु नवजात शिशु संबंधी और बाल्यावस्था की बीमारियों के एकीकृत प्रबंधन (आईएमएनसी) को बढ़ावा दिया जा रहा है।
- **आशा कार्यकर्ता द्वारा न्युमोनिया एवं डायरिया जैसी सामान्य बीमारियों से पीड़ित बच्चों में शुरू में निदान और तुरंत रेफरल को बढ़ावा:** डायरिया, न्युमोनिया जैसी बाल्यावस्था की सामान्य बीमारियों की पहचान करने में मदद करने तथा प्राथमिक स्तर की देखभाल उपलब्ध कराने और बच्चों को उपयुक्त स्वास्थ्य केंद्र पर रेफर करने हेतु आशा कार्यकर्ताओं को मॉड्यूल 6 एवं 7 में प्रशिक्षित किया जा रहा है।
- **डायरिया में ओआरएस तथा जिंक के प्रयोग के बारे में जागरूकता बढ़ाना :** डायरिया में ओआरएस एवं जिंक के प्रयोग के बारे में जागरूकता बढ़ाने के लिए जुलाई-अगस्त 2014 के दौरान गहन डायरिया नियंत्रण

पखवाड़े का आयोजन किया गया जिसका अंतिम लक्ष्य बाल्यावस्था की डायरिया के कारण होने वाली बाल-मृत्यु को शून्य करना था।

जन्मजात विकारों, विकलांगताओं, विकास में देरी और कमियों के समाधान के लिए गतिविधियाँ

जन्मजात विकारों के कारण कुल 9.6 प्रतिशत नवजात शिशुओं की और 4 प्रतिशत पांच वर्ष से कम आयु के बच्चों की मौत हो जाती है। विकास में विलम्ब से कम से कम 10 प्रतिशत बच्चे प्रभावित हैं और इस विलंबों का अगर समय पर समाधान न किया जाए तो उनसे स्थायी विकलांगता भी हो सकती है।

- **राष्ट्रीय बाल स्वास्थ्य कार्यक्रम (आरबीएसके)** की शुरुआत ब्लॉक स्तर पर मोबाइल स्वास्थ्य दलों की पहुंच बढ़ाकर बाल स्वास्थ्य जांच और शीघ्र उपचार सेवाएं उपलब्ध कराने हेतु पंजीकृत 0-6 वर्ष की आयु समूह के सभी बच्चों की कम से कम वर्ष में दो बार जांच की जाएगी। आरबीएस के तहत् 30 सामान्य स्वास्थ्य दशाओं को शामिल किया गया है। राज्य, केंद्र शासित प्रदेश किसी दशा की अधिक व्याप्ति/स्थानिक विस्तार के आधार पर कुछ और स्वास्थ्य दशाओं को शामिल कर सकते हैं। शून्य से अठारह (0-18) वर्ष के आयु समूह में लगभग 27 करोड़ बच्चों को चरणबद्ध ढंग से शामिल किए जाने की संभावना है।

टीकाकरण संबंधी गतिविधियाँ

- भारत सरकार द्वारा देश भर में टीका द्वारा रोकथाम किए जाने वाले नौ रोगों, अर्थात डिप्थीरिया, कुकुरखांसी, टिटनस, पोलियो, खसरा, बाल्यावस्था में गंभीर क्षयरोग, हेपेटाइटिस बी और चयनित जिलों में जापानी एनसेफलाइटिस तथा चयनित राज्यों के जिलों में हीमोफाइलस इंफ्लुएंजा टाइप बी के कारण होने वाले मेनिनजाइटिस एवं न्युमोनिया से बचाव के लिए निःशुल्क टीकाकरण उपलब्ध कराया जा रहा है।
- राष्ट्रीय कोल्ड चेन प्रबंधन सूचना प्रणाली (एनसीसी एमआईएस) के तहत अद्यतन आंकड़े एकत्र करने हेतु वेब समर्थित सॉफ्टवेयर के माध्यम से सभी कोल्ड चेन उपकरणों एवं उनकी कार्य-प्रणाली का प्रबंधन किया जाता है।

टीकाकरण के तहत प्रमुख गतिविधियाँ निम्नलिखित हैं :

- **नियमित टीकाकरण कार्यक्रम (आरआईपी) का सुदृढ़ीकरण:** प्रति वर्ष 9 मिलियन से अधिक टीकाकरण सत्र आयोजित किए गए। वर्ष 2020 तक भारत में 90 प्रतिशत संपूर्ण टीकाकरण कवरेज हेतु अभियान चलाने के लिए मिशन इंद्रधनुष का शुभारंभ किया गया है। इसका उद्देश्य 201 चयनित जिलों पर अधिक ध्यान केंद्रित करते हुए अधिक से अधिक बच्चों में सभी प्रकार का टीकाकरण सुनिश्चित करना है।
- **पोलियो उन्मूलन क्रियाकलाप:** क्षेत्रीय पोलियो उन्मूलन प्रमाणन आयोग द्वारा दिनांक 27 मार्च, 2014 को डब्ल्यूएचओ के दक्षिण पूर्व एशियाई क्षेत्र (एसईएआर) के साथ भारत को पोलियो मुक्त प्रमाणित किया गया है। अब नेशनल टीकाकरण नवंबर, 2015 में संपूर्ण देश में पोलियो उन्मूलन कार्यनीति के रूप में डीपीटी की तीसरी खुराक के साथ अतिरिक्त खुराक के रूप में इंजेक्टेबल निष्क्रिय पोलियो टीके (आईपीवी) की शुरुआत की गई है।
- **नए टीकों की शुरुआत:** आठ राज्यों (केरल, तमिलनाडु, हरियाणा, गोवा, पुडुचेरी, जम्मू और कश्मीर, गुजरात एवं कर्नाटक) में पेंटावैलेंट टीके (पीवी) की शुरुआत की गई हैं और अक्टूबर 2014 में उसे 12 और राज्यों (आंध्र प्रदेश, असम, बिहार, छत्तीसगढ़, झारखंड, मध्य प्रदेश, पंजाब, तेलंगाना, राजस्थान, पश्चिम बंगाल, दिल्ली एवं उत्तराखंड) में विस्तारित किया गया है। 9 माह से लेकर 15 वर्ष तक की आयु के बच्चों को लक्षित करके तीन वर्षों की अवधि में चरणबद्ध तरीके से खसरा रुबेला (एमआर) अभियान के रूप में रुबेला टीके की शुरुआत की जाएगी। कुछ राज्यों में युआईपी के तहत चरणबद्ध तरीके से डीवीटी की पहली, दूसरी एवं तीसरी खुराक के साथ 3 खुराकों के टीके के रूप में रोटावायरस टीका लगाने का प्रस्ताव है।

व्यापक रोग प्रतिरक्षण कार्यक्रम (यूआईपी)

प्रतिरक्षण कार्यक्रम (आईपी) बच्चों के जीवन को जोखिम में डालने वाली स्थितियों से सुरक्षा करने के लिए एक मुख्य क्रियाकलाप है जो अनिवार्य है। रोग प्रतिरक्षण कार्यक्रम को विस्तारित रोग प्रतिरक्षण कार्यक्रम के रूप में वर्ष 1978 में शुरू किया गया। इसे व्यापक रोग प्रतिरक्षण कार्यक्रम के रूप में

1985 में गति मिली और वर्ष 1989-90 तक पूरे देश में सभी जिलों को कवर करने के लिए चरणवार ढंग से कार्यान्वित किया गया। यूआईपी वर्ष 1992 में शिशु उत्तरजीविता और सुरक्षित मातृत्व कार्यक्रम का एक भाग हो गया। 1997 से, रोग प्रतिरक्षण 2005 में शुरू किए गए राष्ट्रीय ग्रामीण स्वास्थ्य मिशन (एनआरएचएम) के अंतर्गत एक मुख्य क्षेत्र है तथा अब यह राष्ट्रीय स्वास्थ्य मिशन (एनएचएम) के संरक्षणाधीन है।

व्यापक रोग प्रतिरक्षण कार्यक्रम के अंतर्गत भारत सरकार नौ वैक्सीन अनिवार्य रोगों से बचाव के लिए टीकाकरण द्वारा प्रदान कर रही है जो निम्नलिखित हैं–

- डिप्थीरिया, कुकुरखांसी, टिटनस, पोलियो, खसरा, बाल्यावस्था क्षयरोग और हेपेटाइटिस-बी। इसके अलावा, देश में हिब संक्रमण की रोकथाम के लिए भी टीकाकरण किया जाता है। तीन राज्यों (उत्तर प्रदेश, महाराष्ट्र और अरुणाचल प्रदेश) को छोड़कर पूरे देश में पेंटावैलेंट, टीके का विस्तार किया गया है।
- जापानी एनसेफलाइटिस (जेई) के टीके चयनित स्थानिक मारी वाले जिलों में उपलब्ध कराए जाते हैं।

प्रतिरक्षण कार्यक्रम

वैक्सीन	*बचाव*	*टीकाकरण कार्यक्रम*
1. बीसीजी (बैसिलस कलमेट गुरिन)	क्षयरोग	जन्म के समय (यदि पहले न दिया गया हो 1 वर्ष तक)
2. ओपीवी (ओरल पोलियो टीका)	पोलियो	सांस्थानिक प्रसव के लिए 15 दिनों के अंदर जन्म की खुराक, 6, 10 और 14 सप्ताह में तीन प्राथमिक खुराक और 16-24 माह की आयु में 1 बूस्टर खुराक पिलाई जाती है।
3. हेपाटाइटिस बी	हेपाटाइटिस	सांस्थानिक प्रसवों के लिए जन्म से 24 घंटे के भीतर और 6-10 और 14 सप्ताह की आयु में तीन प्राथमिक खुराक।
4. डीपीटी (डिप्थीरिया, परटुसिस और टेटनस टाक्साइड)	डिप्थीरिया, काली खांसी और टिटनेस	6, 10, 14 सप्ताह में तीन खुराक और 16-24 माह और 5 वर्ष की आयु में 2 बूस्टर खुराक।
5. पेंटावैलेंट टीका हिब वाला (हिबडी + डीपीटी + हेपा + बी)	डिप्थीरिया, काली खांसी, टिटनेस, हेपाटाइटिस बी और हीमोफिलिज इंफ्लुएंजा टाइप बी से संबद्ध न्युमोनिया मेनिनजाइटिस	6, 10 और 14 सप्ताह की आयु में।
6. खसरा	खसरा	9 से 12 माह में और दूसरी खुराक 16 से 24 माह की आयु में।
7. टीटी (टेटनस टॉटॉक्साइड)	टिटनेस	बच्चेः 10 वर्ष और 16 वर्ष की आयु में। गर्भवती महिलाए : दो खुराक दी जाए (यदि पहले 3 सालों में दी हो तो एक खुराक)
8. जेई वैक्सीनेशन (19 राज्यों में 177 चुनिंदा जेई स्थानिक मारी वाले जिलों में)	जापानी एनसेफइलाइटिस (दिमागी रोग)	अभियान के समापन उपरांत जेई स्थानिकमारी वाले जिलों में 16-24 माह की आयु में दूसरी खुराक तथा 9-12 माह की आयु में पहली खुराक।

मिशन इंद्रधनुष

स्वास्थ्य एवं परिवार कल्याण मंत्रालय द्वारा 89 लाख से अधिक उन बच्चों, जिन्हें या तो टीके नहीं लगाए गए हैं या आंशिक रूप से लगाए गए हैं; जिन्हें विभिन्न कारणों से नियमित टीकाकरण के चरणों के दौरान शामिल नहीं किया गया है, के संपूर्ण टीकाकरण के लिए इंद्रधनुष के सात रंगों को चित्रित करते हुए "मिशन इंद्रधनुष" की शुरुआत की गई है। उन्हें टीके द्वारा रोकथाम किए जाने वाले सात जानलेवा रोगों, जिनमें डिप्थीरिया, कुकुरखांसी, टिटनस, पोलियो, क्षयरोग, खसरा और हेपेटाइटिस-बी शामिल हैं; से बचाव के लिए संपूर्ण

टीकाकरण किया जाएगा। इसके अलावा, देश के चयनित जिलों/राज्यों में जापानी एनसेफलाइटिस और हीमोफाइलस इंफ्लुएंजा टाईप बी के टीके भी उपलब्ध कराए जाएंगे। गर्भवती महिलाओं को भी टिटनस के टीके लगाए जाएंगे।

हेपाटाइटिस बी वैक्सीन

भारत सरकार द्वारा वर्ष 2010-11 में हेपाटाइटिस बी का विस्तार पूरे देश में सभी राज्यों और संघ राज्य क्षेत्रों में किया गया है। डीपीटी और पोलियो वैक्सीन की प्राथमिक शृंखला सहित 6वें, 10वें और 14वें सप्ताह में शिशुओं का इन्ट्रा-मस्क्यूलर (आईएम) इंजेक्शन के रूप में मोनोवैलेंट हेपेटाइटिस बी वैक्सीन दी गई है। सांस्थानिक प्रसवों में जन्म लेने वाले बच्चों को जन्म के 24 घंटों के अंदर हेपाटाइटिस बी की एक अतिरिक्त खुराक दी जाती है। टीकाकरण की क्रम सूची में हेपेटाइटिस बी टीके के स्थान पर पेंटावैलेंट टीका लगाया गया है। फिर भी, जन्म के समय हेपेटाइटिस बी का टीकाकरण जारी रहेगा।

पेंटावैलेंट टीके (डीपीटी + हेपा + बी + हिब) खसरे की दूसरी खुराक की शुरुआत

पेंटावैलेंट टीके में ये पांच एंटीजन होते हैं–हेपाटाइटिस बी, डिप्थीरिया + कुकुरखांसी + टिटनस (डीपीटी–मौजूदा ट्राइवैलेंट टीका) और हीमोफाइलस इंफ्लुएंजा बी (हिब) टीका। पेंटावैलेंट टीका बच्चों को 6, 10 और 14 सप्ताह की आयु में प्राथमिक खुराक के रूप में लगाया जाता है। टीकाकरण क्रम सूची में पेंटावैलेंट टीके को डीपीटी और हेपाटाइटिस बी टीके के स्थान पर लाया गया है। फिर भी, जन्म के समय हेपाटाइटिस बी की खुराक और डीपीटी की बूस्टर खुराकें (16-24 माह और 5 वर्ष की आयु में) जारी रहेंगी।

भारत में पेंटावैलेंट टीके की शुरुआत दिसंबर, 2011 में आरंभ में दो राज्यों केरल और तमिलनाडु में नियमित टीकाकरण के तहत एक पायलट परियोजना के रूप में की गई थी।

खसरा

पांच वर्ष से कम आयु के बच्चों में होने वाली मौतों में प्रत्यक्ष रूप से कमी में और सहस्राब्दी विकास लक्ष्य संख्या-4 के लक्ष्य को पूरा करने में खसरा रोग प्रतिरक्षण कार्यक्रम का योगदान है। खसरे के टीके को सबसे पहले वर्ष 1978 में एकल खुराक के रूप में टीकाकरण कार्यक्रम में शुरु किया गया। प्रतिरक्षण संबंधी राष्ट्रीय तकनीकी सलाहकार समूह (एनटीएजीआई) की सिफारिश पर खसरे संबंधी रुग्णता और मृत्यु में तेजी से कमी करने के लिए खसरे के टीकाकरण के लिए, द्वितीय अवसर को वर्ष 2010-11 से शुरु किया गया है।

खसरा-रूबेला निगरानी

डब्ल्यूएचओ द्वारा मान्यता प्राप्त, एएफपी-लिंक्ड प्रयोगशाला आधारित खसरा-रूबेला निगरानी प्रणाली को वर्ष 2005 में शुरू किया गया और डब्ल्यूएचओ राष्ट्रीय पोलियो निगरानी परियोजना (एनपीएसपी) के सहयोग से सभी 36 राज्यों/केन्द्र शासित प्रदेशों में उसका विस्तार किया गया है। बुखार एवं चकते के लक्षण वाले खसरे के संदिग्ध मामले की यह निगरानी रोग के प्रकोप पर आधारित निगरानी प्रणाली है जिसके नेटवर्क में डब्ल्यूएचओ द्वारा मान्यताप्राप्त 13 प्रयोगशालाएं हैं। सीरम विज्ञान संबंधी पुष्टि के आधार पर इसमें प्रकोपों को 'खसरा', 'रूबेला', मिश्रित' और 'गैर-खसरा, के रूप में वर्गीकृत किया जाता है।

जापानी इंसेफलाइटिस (जेई) वैक्सीन शुरू करना

जापानी इंसेफलाइटिस उच्च रोगी घातकता और दीर्घकालिक जटिलताओं वाला एक तीव्र वायरल रोग है। जेई वैक्सीनेशन की शुरुआत वर्ष 2006 में की गई थी। टीकों की सीमित उपलब्धता के कारण शुरू में राष्ट्रीय वेक्टर जनित रोग नियंत्रण कार्यक्रम (एनवीबीडीसीपी) द्वारा 15 राज्यों में 113 स्थानिकमारी वाले जिलों की पहचान की गई। वर्ष 2006 से 2011 तक अभिज्ञात 113 जिलों में चरणबद्ध तरीके से जेई अभियान चलाए गए। बाद में जेई अभियान के लिए देश भर के 20 राज्यों के 204 जिलों की पहचान की गई।

पल्स पोलियो प्रतिरक्षण (पीपीआई)

वर्ष 1988 में विश्व स्वास्थ्य संगठन के संकल्प के उपरांत पोलियो के उन्मूलन की वैश्विक पहल के साथ वर्ष 1995 में भारत में पल्स पोलियो प्रतिरक्षण कार्यक्रम की शुरुआत की गई। प्रत्येक वर्ष राष्ट्रीय और उप राष्ट्रीय प्रतिरक्षण दौरों (उच्च जोखिम वाले क्षेत्रों में) के दौरान 0-5 वर्ष के आयु-समूह के बच्चों को पोलियो की बूंदें पिलाई गईं। प्रत्येक राष्ट्रीय प्रतिरक्षण दिवस (एनआईडी) के दौरान लगभग 172 मिलियन बच्चों को प्रतिरक्षित किया जाता है।

भारत ने पोलियो उन्मूलन का लक्ष्य हासिल कर लिया है और 13 जनवरी, 2011 को सूचित अंतिम मामले के उपरांत 3 वर्षों से ज्यादा समय तक पोलियो के किसी भी मामले की सूचना नहीं मिली है।

इंजेक्टेबल इनेक्टिवेटिड पोलियो टीका (आईपीवी)

- वैश्विक पोलियो उन्मूलन कार्यनीति के एक भाग के रूप में वर्ष 2015 की अंतिम तिमाही में ओरल पोलियो ड्रॉप के अलावा इनएक्टिवेटिड पोलियो टीका (आईपीवी) शुरू करके वर्ष 2016 तक वैश्विक रूप से सामंजस्य तरीके से नेमी प्रतिरक्षण (आरआई) पोलियो अभियानों दोनों के अंतर्गत टीओपीवी के स्थान पर बीओपीवी शुरू करना।
- पोलियो उन्मूलन की इस कार्यनीति के भाग के रूप में भारत में भावी सहयोग से दिनांक 30 नवम्बर, 2015 से इनेक्टिवेटिड पोलियो टीके की शुरुआत की गई है।

रूबेला वैक्सीन

- इसे एनटीएजीआई की सिफारिशों के अनुसार दो से तीन वर्षों की अवधि के दौरान चरणबद्ध तरीके से 9 माह से 15 वर्ष तक के बच्चों को लक्षित करके एक खसरा रूबेला (एमआर) अभियान के रूप में शुरू किया जाएगा। बाद में, रूबेला वैक्सीन को खसरे के स्थान पर दो खुराकों में एमआर वैक्सीन के रूप में शुरू किया जाएगा जिसमें 9-12 माह तथा 16-24 माह पर 1 और 2 वैक्सीन शामिल होंगी।

रोटावायरस वैक्सीन

- उपलब्धता के अनुसार कुछेक राज्यों/जिलों में चरणबद्ध तरीके से डीपीटी की पहली, दूसरी तथा तीसरी खुराक के साथ 3 खुराक वाली वैक्सीन के रूप में यूआईपी के अंतर्गत दी जाएगी। बाद में, इस टीके को पूरे देश में विस्तारित किया जाएगा।
- रोटावायरस टीके की शुरूआत वर्ष 2016 की पहली तिमाही में आरंभ में 4 राज्यों–ओडिशा, हिमाचल, हरियाणा और आंध्र प्रदेश में की गई और निकट भविष्य में इसे पूरे देश में विस्तारित करने की योजना है।

वयस्क जापानी एनसेफलाइटिस टीका

- एनवीबीडीसीपी ने जेई टीके के लिए 20 उच्च प्राथमिकता वाले जिलों को भी अभिज्ञात किया है–असम के 5, उत्तर प्रदेश के 7 और पश्चिम बंगाल के 8 जिले। इनमें असम के 3 जिलों और पश्चिम बंगाल के 3 जिलों के चयनित ब्लॉकों में अभियान पूरा हो चुका है और उत्तर प्रदेश के 6 जिलों में अभियान चल रहा है।

8 मातृ और किशोर स्वास्थ्य

मातृ स्वास्थ्य

देश का सतत् विकास केवल तभी हासिल किया जा सकता है जब हम अपनी महिलाओं तथा बच्चों की समग्रतावादी परिचर्या करें। मातृ स्वास्थ्य के उन्नयन के लिए राष्ट्रीय स्वास्थ्य मिशन (एनएचएम) के अंतर्गत व्यापक तथा कार्यनीतिगत निवेश किए गए हैं। माताओं की उत्तरजीविता तथा कल्याण न केवल उनके अपने अधिकार हैं अपितु वे व्यापक आर्थिक, सामाजिक और विकासपरक चुनौतियों से निपटने के लिए भी महत्वपूर्ण हैं।

मातृ मृत्यु दर अनुपात (एमएमआर)

भारत में मातृ मृत्यु अनुपात (एमएमआर) वर्ष 1990 में काफी अधिक थी अर्थात् प्रति सौ हजार जीवित जन्मों पर बच्चों को जन्म देते समय 556 महिलाओं की मृत्यु हो जाती थी। गर्भावस्था और बाल जन्म से जुड़ी जटिलताओं के कारण प्रतिवर्ष लगभग 1.38 लाख महिलाओं की मृत्यु हो रही थी। उस समय वैश्विक एमएमआर 385 पर अत्यंत कम थी। तथापि, भारत में एमएमआर में तेजी से गिरावट आती रही है। देश में एमएमआर में वैश्विक 216 एमएमआर (2015) के मुकाबले 167 (2011-13) तक गिरावट आई है। मातृ मौतों की संख्या में 68.7 प्रतिशत तक कमी आई है। एमएमईआईजी की रिपोर्ट के अनुसार वैश्विक मातृ मौतों में भारत की हिस्सेदारी में लगभग 15 प्रतिशत तक कम होकर अत्यधिक गिरावट आई है।

वैश्विक रूप से 2.3 प्रतिशत की औसत वार्षिक गिरावट के साथ वर्ष 1990 में 385 की एमएमआर से वर्ष 2015 में अनुमानित 216 मातृ मौतों में प्रति 100,000 जीवित जन्म तक विगत 25 वर्षों के दौरान विश्व की एमएमआर में लगभग 445 तक की गिरावट आई।

गिरता हुआ मातृ मृत्यु दर अनुपात (एमएमआर)

- मातृ संबंधी मौतों का डाटा भारतीय महापंजीयक (आरजीआई) द्वारा अपनी प्रतिदर्श पंजीकरण प्रणाली (एसआरएस) के जरिए मातृ मृत्यु दर अनुपात (एमएमआर) के रूप में उपलब्ध करवाया जाता है। भारत के महापंजीयक प्रतिदर्श पंजीकरण प्रणाली (आरजीआई—एसआरएस) की नवीनतम रिपोर्ट के अनुसार भारत की एमएमआर ने वर्ष 2007-09 की अवधि में 212 प्रति 100,000 जीवित जन्मों से वर्ष 2011-13 की अवधि में 167 प्रति 100,000 जीवित जन्मों तक गिरावट दर्शाई है।
- भारत वर्ष 2030 तक 70 प्रति 1,00,000 जीवित जन्मों पर एमएमआर संबंधी सतत विकास लक्ष्यों के लिए नवीनतम यूएन लक्ष्य हेतु भी प्रतिबद्ध है।

सांस्थानिक प्रसव

भारत में सांस्थानिक प्रसवों में वर्ष 2007-08 में 47 प्रतिशत से वर्ष 2013-14 में 78.7 प्रतिशत की अत्यधिक वृद्धि हुई है। जबकि इसके साथ-साथ इसी अवधि में सुरक्षित प्रसव 52.7 प्रतिशत से बढ़कर 81.19 तक हो गया है।

एमएमआर में गिरावट की गति में तेजी लाने के लिए मुख्य बातें

- गर्भवती महिलाओं को स्वास्थ्य सुविधा केंद्रों में लाने, सुरक्षित प्रसव तथा आपातकालीन प्रसूति परिचर्या सुनिश्चित करने के लिए अप्रैल, 2015 में एक मांग सृजक स्कीम जननी सुरक्षा योजना (जेएसवाई) शुरू की गई।
- जेएसवाई स्कीम की महत्वपूर्ण प्रगति के आधार पर भारत सरकार ने 1 जून, 2011 को जननी शिशु सुरक्षा कार्यक्रम (जेएसएसके) शुरू किया। इस पहल में सार्वजनिक स्वास्थ्य संस्थानों में प्रसव करवाने वाली

सभी गर्भवती महिलाएँ सीजेरियन सेक्शन सहित निशुल्क एवं शुल्क रहित प्रसव हेतु पात्र होती हैं।

- एनएचएम शुरू करने से पहले वास्तव में काल सेंटर आधारित एंबुलेंस नेटवर्क नदारद था। अब अधिकतर राज्यों में ऐसे सुविधा केंद्र हैं जहाँ लोग एंबुलेंस मंगवाने के लिए टेलीफोन नं. 108, 102 अथवा 104 डायल कर सकते हैं। पूरे राज्यों में अब कुल 21,000 से ज्यादा एंबुलेंस/रोगी परिवहन वाहन कार्य कर रहे हैं।
- राज्यों की वर्ष 2014-15 संबंधी रिपोर्टों के अनुसार 89 प्रतिशत गर्भवती महिलाओं को निशुल्क दवाइयाँ, 82 प्रतिशत को निशुल्क निदान, 75 प्रतिशत को निशुल्क आहार, 49 प्रतिशत को घर से सुविधा केंद्र तक निशुल्क परिवहन सुविधा तथा 43 प्रतिशत को प्रसव उपरांत वापस घर छोड़ने की निशुल्क सुविधा प्रदान की गई।
- माता और बाल निगरानी प्रणाली (एमसीटीएस) एक नाम आधारित ऐसी वेब सेवा है जो गर्भवती महिलाओं तथा 5 वर्ष तक की आयु के बच्चों का ब्यौरा एकत्र करती है और इसका उद्देश्य यह सुनिश्चित करना है कि प्रत्येक गर्भवती महिला को संपूर्ण एवं गुणवत्तायुक्त एएनसी तथा पीएनसी मिले और प्रत्येक बच्चे को प्रतिरक्षण सेवाओं की पूरी रेंज मिले।
- यौन संचारित संक्रमण (एसटीआई) एवं प्रजनन मार्गीय संक्रमणों (आरटीआई) का निशुल्क उपचार स्वास्थ्य सुविधा केन्द्रों में प्रदान किया जा रहा है क्योंकि यौन संक्रमण (एसटीआई) तथा प्रजनन मार्गीय संक्रमण (आरटीआई) भारत में मुख्य जन स्वास्थ्य समस्या है। अध्ययन बताते हैं कि भारत की 6 प्रतिशत प्रौढ़ जनसंख्या एक या एक से अधिक आरटीआई/एसटीआई संक्रमण से पीड़ित है। उपयुक्त स्तर पर प्रसव स्थलों पर सिंड्रोमिक रोग उपचार प्रदान किया जा रहा है।
- **रक्ताल्पता की रोकथाम तथा नियंत्रण:** राष्ट्रीय आयरन पहल के अंतर्गत गर्भवती तथा स्तनपान करवाने वाली महिलाओं में रक्ताल्पता के नियंत्रण एवं रोकथाम के लिए आयरन तथा फोलिक एसिड संपूरण अब स्वास्थ्य सुविधा केंद्रों तथा आउटरीच कार्यकलापों के दौरान भी दिया जा रहा है। एएनसी के दौरान छह माह तक तथा पीएनसी अवधि में छह माह तक अब आयरन फोलिक एसिड (आईएफए) दिया जा रहा है। राज्यों को गंभीर रूप से रक्ताल्प गर्भवती महिलाओं की लाइन-लिस्टिंग तथा पहचान के लिए दिशा-निर्देश भी दिए गए हैं ताकि स्वास्थ्य सुविधा केंद्रों में उनका समयपूर्वक उपचार किया जा सके।
- स्वास्थ्य एवं परिवार कल्याण मंत्रालय तथा महिला एवं बाल विकास मंत्रालय के संयुक्त मातृ एवं बाल संरक्षण (एमसीएच) कार्ड को सभी राज्यों द्वारा एमसीएच की मानीटरिंग तथा गुणवत्ता में सुधार करने और पोषण कार्यकलापों के लिए साधन के रूप में प्रयोग किया जा रहा है।

जननी सुरक्षा योजना (जेएसवाई)

जननी सुरक्षा योजना (जेएसवाई) राष्ट्रीय स्वास्थ्य मिशन (एचएचएम) के तहत सुरक्षित मातृत्व क्रियाकलाप है और इसे गरीब गर्भवती महिलाओं के बीच संस्थागत प्रसव को बढ़ावा देने के द्वारा मातृ एवं नवजात शिशु मृत्यु दर को कम करने के उद्देश्य के साथ क्रियान्वित किया जा रहा है। यह योजना 12 अप्रैल, 2005 को आरंभ हुई।

जेएसवाई को निम्न निष्पादन वाले राज्यों (एलपीएस) पर विशेष ध्यान देने के साथ सभी राज्यों एवं संघ राज्य क्षेत्रों (यूटी) में कार्यान्वित किया जा रहा है। जेएसवाई एक केन्द्रीय प्रायोजित स्कीम है जो प्रसव एवं प्रसवोत्तर परिचर्या का नकद सहायता के साथ एकीकृत करती है। इस योजना में प्रत्यायित सामाजिक स्वास्थ्य सेवाकर्मी (आशा) की सरकार एवं गर्भवती महिलाओं के बीच प्रभावी कड़ी के रूप में पहचान की गई है।

जेएसवाई की प्रमुख विशेषताएं

यह योजना गरीब गर्भवती महिलाओं पर केंद्रित है, जिसमें संस्थागत प्रसव दर कम होने वाले राज्यों जैसे—उत्तर प्रदेश, उत्तराखंड, बिहार, झारखंड, मध्य प्रदेश, छत्तीसगढ़, असम, राजस्थान, ओडिशा और जम्मू कश्मीर के लिए विशेष व्यवस्था की गई है। इन राज्यों को कम निष्पादन वाले राज्य (एलपीएस) के रूप में वर्गीकृत किया गया है। शेष राज्यों को उच्च निष्पादन वाले राज्यों (एचपीएस) का नाम दिया गया है।

किशोर स्वास्थ्य

राष्ट्रीय किशोर स्वास्थ्य कार्यक्रम (आरकेएसके)

राष्ट्रीय किशोर स्वास्थ्य कार्यक्रम (आरकेएसके) का लक्ष्य ऐसे कार्यक्रमों को क्रियान्वित करना है जो किशोरों में यौन तथा प्रजनन स्वास्थ्य पोषण, घाव तथा हिंसा (लिंग आधारित हिंसा

सहित), गैर-संचारी रोगों की रोकथाम, मानसिक स्वास्थ्य तथा औषध दुर्व्यसन से संबंधित आवश्यकताओं पर ध्यान देकर अपने देश में 253 मिलियन किशोरों को समग्रतावादी स्वास्थ्य तथा विकास सुनिश्चित कर सके।

पियर शिक्षा (पीई) कार्यक्रम

आरकेएस को शुरू करने के लिए चयनित दो पीएचसी के अंतर्गत सभी गाँवों में 1000 की आबादी अथवा प्रति गाँव से पुरुष तथा दो महिला पीयर शिक्षकों अर्थात चार पियर शिक्षकों का चयन करना तथा इन्हें प्रशिक्षित करना प्रस्तावित है।

ये पीयर शिक्षक 15-20 लड़कों तथा लड़कियों का एक समूह बनाएंगे तथा किशोर स्वास्थ्य पर एक या दो घंटे का सहभागी सत्र प्रति सप्ताह आयोजित करेंगे, किशोर स्वास्थ्य दिवस के संघटन को सुविधाजनक बनाएंगे तथा किशोरों को किशोर मंत्री स्वास्थ्य क्लीनिकों (एएफएचसी), किशोर हेल्पलाइन तथा किशोर स्वास्थ्य दिवस रेफर करेंगे।

साप्ताहिक आयरन फोलिक एसिड संपूरण कार्यक्रम (डब्ल्यूआईएफएस)

डब्ल्यूआईएफएस में आयरन तथा फोलिक एसिड विकार रक्ताल्पता की रोकथाम एवं हेल्मिंथिक नियंत्रण के लिए वर्ष में दो बार एल्वेंडाजेल गोलियों के लिए विद्यालय में पढ़ने वाले लड़के और लड़कियों तथा विद्यालय न जाने वाली लड़कियों को साप्ताहिक पर्यवेक्षित आयरन फोलिक एसिड (आईएफए) गोलियों का प्रावधान शामिल है। इस कार्यक्रम को पूरे देश में ग्रामीण तथा शहरी, दोनों क्षेत्रों में कार्यान्वित किया जा रहा है जिसमें सरकारी, सरकारी स्कूलों, तथा आंगनबाड़ी केंद्रों को कवर किया गया है। मामूली/गंभीर रक्ताल्पता के लिए लक्षित किशोर जनसंख्या की आबादी की जांच करना तथा इन मामलों को किसी उपयुक्त स्वास्थ्य सुविधा केंद्रों में रेफर करना, पोषणिक रक्ताल्पता की रोकथाम के लिए सूचना एवं परामर्श करना भी इस कार्यक्रम में शामिल है।

ग्रामीण भारत में किशोरियों में मासिक धर्म स्वच्छता को बढ़ावा देने संबंधी स्कीम

स्वास्थ्य और परिवार कल्याण मंत्रालय ने किशोरियों के लिए स्वास्थ्य सुनिश्चित करने के विशेष संदर्भ के साथ आरसीएच II में किशोर प्रजनन यौन स्वास्थ्य (एआरएसएच) के भाग के रूप में ग्रामीण क्षेत्रों में 10-19 वर्ष के आयु समूह में किशोरियों में मासिक धर्म स्वच्छता को बढ़ावा देने के लिए एक स्कीम शुरू की है।

- इस स्कीम के मुख्य उद्देश्य निम्नलिखित हैं :
  1. मासिक धर्म स्वच्छता के संबंध में किशोरियों के बीच जागरुकता पैदा करना।
  2. ग्रामीण क्षेत्रों में उच्च कोटि के सेनेटरी नैपकिनों की किशोरियों को सुलभता और इसके इस्तेमाल में बढ़ोतरी करना।
  3. पर्यावरण अनुकल तरीके से सेनेटरी नैपकिनों का सुरक्षित निपटान सुनिश्चित करना।

किशोर मैत्री स्वास्थ्य क्लीनिक (एएचएफसी)

किशोर मैत्री स्वास्थ्य क्लीनिक किशोर संबंधी प्राथमिक स्वास्थ्य परिचर्या सेवाओं के प्रथम स्तरीय संपर्क के रूप में कार्य करते हैं। इन क्लीनिकों को प्रत्येक परिचर्या स्तर पर विकसित किया जा रहा है ताकि किशोरियों तथा किशोरों का परामर्शी एवं विविध स्वास्थ्य संबंधी जरूरतों की पूर्ति प्राथमिकता वाले जिलों में जिला अस्पतालों/सामुदायिक स्वास्थ्य केंद्रों तथा प्राथमिक स्वास्थ्य परिचर्या केंद्रों में इष्टतम रूप से कार्यात्मक एएफएचसी की स्थापना के जरिए हासिल किया जाएगा।

गर्भावस्था में देखभाल

गर्भावस्था के दौरान स्त्री की देखभाल माँ और बच्चे दोनों के स्वास्थ्य के लिए अत्यंत महत्वपूर्ण है। गर्भवती स्त्रियों की देखभाल से आशय स्त्रियों के गर्भ धारण करने के समय से लेकर प्रसव के समय तक स्वास्थ्य संबंधी जानकारी और उनकी नियमित जांच करवाने से है। इसके पीछे उद्देश्य गर्भवती स्त्रियों का सुरक्षित प्रसव होता है। इस प्रकार गर्भवती स्त्रियों की देखभाल की समय-सीमा गर्भ धारण करने से शुरू होकर प्रसव के समय तक होती है।

प्रसव पूर्व देखभाल का एक महत्वपूर्ण उद्देश्य गर्भवती स्त्री की सुरक्षा और उसे सेहतमंद बनाये रखना है। अमूमन इस अवस्था में स्त्रियों को एनीमिया यानी शरीर में खून की कमी जैसी समस्या का सामना करना पड़ता है। इसका दूसरा उद्देश्य गर्भवती स्त्री को अपने होने वाले शिशु की देखभाल के बारे में जानकारी देना है। जन्म लेने वाले शिशु के स्वास्थ्य को सामान्य रखना इसका तीसरा उद्देश्य है।

भ्रूण का विकास

गर्भाशय के अन्दर विकसित होने वाले बालक को भ्रूण कहते हैं। गर्भाशय के अंदर भ्रूण के विकास की अवस्थाएँ निम्नवत् हैं :

- गर्भस्थ शिशु के हृदय का निर्माण 20वें दिन हो जाता है तथा वह 21वें दिन से धड़कने भी लगता है।
- पाँचवें हफ्ते तक हाथ-पैरों तथा एक बड़े से सिर का विकास हो जाता है।
- सातवें हफ्ते तक हाथ-पैरों की अँगुलियों तथा नाक का विकास हो जाता है। मुँह व कान का निर्माण हो जाता है। इस समय शिशु का आकार एक इंच से कम होता है।
- 12वें हफ्ते तक शिशु पूर्ण आकार प्राप्त कर लेता है तथा इसकी लम्बाई तीन इंच तक होती है।
- 14वें हफ्ते तक मांसपेशियाँ व्यवस्थित हो जाती हैं तथा लिंग का निर्धारण व उसकी पहचान सम्भव हो जाती है।
- 18वें हफ्ते तक माँ भ्रूण की गति का अनुभव करने में समर्थ हो जाती है।
- 20वें हफ्ते तक बालक की अँगुलियों की छाप का विकास हो जाता है।
- सातवें महीने के दौरान, शिशु की त्वचा के नीचे वसा एकत्र होने लगती है। वह अपनी आँख खोलने में समर्थ हो जाता है तथा आँख की भौहों, पलकों व सिर के बालों का विकास हो जाता है।
- 9वें महीने में शिशु, उत्पन्न होने की स्थिति लेने लगता है।

गर्भावस्था

भ्रूण पूर्ण रूप से विकसित होने तथा स्वतंत्र रूप से अपने जीवन को विकसित करने में समर्थ होने के लिए नौ महीने का समय लेता है।

गर्भावस्था की अवधि 40 हफ्ते अथवा 280 दिन अथवा 9 महीने 7 दिन निर्धारित की गई है। जिसकी गणना अंतिम मासिक धर्म के पहले दिन से की जाती है। गर्भावस्था को 3 अवस्थाओं में बाँटा जा सकता है जिसमें प्रत्येक अवस्था का समय लगभग 12 सप्ताह का होता है। जिसका विवरण निम्नवत् है—

प्रथम अवस्था (12 हफ्ते)

गर्भावस्था की प्रथम अवस्था के सामान्य लक्षण निम्न हैं :

- मासिक धर्म का बन्द होना।
- प्रातः काल में जी मिचलाना व उल्टी होना।
- जल्दी-जल्दी मूत्र त्यागने की इच्छा होना।
- स्तनों के आकार में वृद्धि तथा तनाव उत्पन्न होना।
- थकान का अनुभव होना।
- स्तन के निपिल का गाढ़े रंग का हो जाना।

द्वितीय अवस्था (13–28 हफ्ते)

गर्भावस्था की द्वितीय अवस्था के सामान्य लक्षण निम्न हैं :

- भ्रूण की गतियों का अनुभव होना।
- पेट के निचले भाग के आकार का विकास होना।
- स्तन के आकार में वृद्धि व फैलाव होना।
- माथे व गालों पर भूरे रंग के धब्बों का होना।
- पेट के निचले भाग पर काले रंग के धब्बे व लकीरें विकसित होना।

तृतीय अवस्था (29–40 हफ्ते)

गर्भावस्था की तीसरी अवस्था के सामान्य लक्षण निम्न हैं :

- भ्रूण के अंगों के स्पर्श को स्पष्ट रूप से (पेट की सतह पर) महसूस कर सकना।
- बार-बार मूत्र-त्याग की इच्छा होना।
- भ्रूण के हृदय की धड़कन को अधिक स्पष्ट रूप से सुन पाना।

गर्भावस्था का परीक्षण

गर्भावस्था का परीक्षण मूत्र से किया जाता है तथा यह बढ़ते भ्रूण से उत्पन्न होने वाले हॉर्मोन्स पर निर्भर करता है। इस परीक्षा का सभी सामान 'परीक्षण किट' में उपलब्ध होता है जिसमें टेस्ट घोल आदि होते हैं। रोगी को यह सलाह दी जाती है कि वह शाम से जल ग्रहण करना बंद कर दे तथा अगले दिन सुबह किसी साफ बोतल में, मूत्र एकत्र कर प्रयोगशाला में भेज देना चाहिए। परीक्षण 12 घण्टे के भीतर कर लेना चाहिए।

प्रसवावस्था एवं देखभाल

बच्चे को जन्म देने की प्रक्रिया माँ के लिए बहुत कष्टदायक है। यह माँ का भी दूसरा जन्म होता है क्योंकि कोई भी पेचीदगी पैदा हो सकती है। माँ को उस समय बहुत चिंता होती है। प्रायः प्रसव पीड़ा कई घण्टों तक रहती है और उस दौरान अस्पताल ले जाने के लिए प्रबंध करने अथवा दाई या डॉक्टर को बुलाने के लिए काफी समय होता है।

बच्चे के जन्म में देरी करने की कभी कोशिश न करें। बिना हस्तक्षेप के प्रसव को होने दें, बच्चे के सिर का ध्यान रखें। कई बार बच्चा उल्टी हालत में होता है। ऐसी स्थिति में डॉक्टर की सहायता लेना बहुत जरूरी हो जाता है।

1955 (W & CD)–7-II

बच्चे के जन्म की अवस्थाएँ

बच्चे के जन्म की अवस्था अथवा प्रसव पीड़ा को चार अवस्थाओं में बाँटा जा सकता है :

- **पहली अवस्था :** यह अवस्था लगभग 12-14 घण्टों की है। इसमें गर्भाशय सिकुड़ कर बच्चे को बाहर निकालने की कोशिश करता है। यह अवस्था अन्य अवस्थाओं की अपेक्षा लम्बी अवधि की होती है।
- **दूसरी अवस्था :** यह अवस्था लगभग 2 घण्टों की होती है। इस हालत में बच्चा योनि द्वार के निकट खिसक आता है। इसमें बच्चा बाहर आ जाता है।
- **तीसरी अवस्था :** यह लगभग 30 मिनट की होती है। इस अवस्था में अपरा बाहर आ जाती है। बाद में गर्भाशय को साफ करके यदि गर्भ का कोई अवशेष अन्दर रह गया हो, तो उसे बाहर निकाल दिया जाता है।
- **चौथी अवस्था :** इस अवस्था में माँ की ओर ध्यान देना होता है ताकि और रूधिरस्राव से प्रसवोत्तर रुधिरस्राव का खतरा पैदा न हो जाए।

प्रसव को बेहतर ढंग से करवाने के लिए आवश्यक वस्तुएँ

- रोगाणु रोधक साबुन जैसे—डिटॉल, सेवलोन।
- बहुत से साफ कपड़े अथवा फटे पुराने कपड़े।
- हाथ और नाखून साफ करने के लिए एक साफ ब्रुश।
- स्वच्छ रुई।
- एक नया रेजर ब्लेड।
- गर्भनाल को बाँधने के लिए मोटा धागा या दो रिबन।
- कीटाणु रहित सिरिंज और सुइयाँ।
- दो प्याले, एक हाथ धोने के लिए और दूसरा जेर को सम्भालने और उसके निरीक्षण के लिए।
- माँ के पेट में से बच्चे के दिल की धड़कन को सुनने के लिए फीटोस्कोप अथवा भ्रूण सम्बन्धी स्टैथोस्कोप।
- दो हीमोस्टेट गर्भनाल को पकड़ने के लिए अथवा रुधिरस्राव वाली नाड़ियों के लिए।
- कीटाणुरहित सुई, बच्चे के जन्म के बाद योनि द्वार को सिलने के लिए।
- बच्चे की आँखों के लिए सिल्वर नाइट्रेट ड्रॉप्स।

प्रसव के दौरान संक्रमण को रोकना

यदि प्रसव घर पर करवाया गया है, तो महिलाओं में संक्रमण का खतरा अधिक होता है, इसलिए प्रसव की तैयारी और प्रसव के दौरान निम्न तथ्यों पर ध्यान देना जरूरी है :

- सर्दी, जुकाम, टी.बी., खाँसी आदि से प्रभावित लोगों को जच्चा से दूर रखें।
- प्रसव करवाते समय मास्क पहनना चाहिए। रूमाल को भी त्रिकोणाकार में बाँधा जा सकता है।
- अपने फालतू कपड़े उतार दें, यदि उपलब्ध हो, तो प्लास्टिक ऐप्रन पहन लें ताकि संक्रमण से बचाव हो सके।
- अपनी शर्ट के बाजू ऊपर चढ़ाकर रखें।
- अपने हाथों को अच्छी प्रकार धोकर, अँगुलियों और नाखूनों को ब्रुश की सहायता से साफ करें। यदि सम्भव हो, तो डिस्पोजेबल दस्ताने पहनें।

प्रसव की प्रक्रिया

- प्रसव वाले बैड या टेबल को ढक दें ताकि ये दूषित न हों।
- दूसरी अवस्था के दौरान गर्भवती को नीचे की ओर जोर लगाने के लिए कहें।
- बच्चे के बाहर आने पर अपनी अँगुली के इर्द-गिर्द एक जाली का टुकड़ा या कोई साफ कपड़ा लपेट कर बच्चे का मुँह साफ करें।
- देखें कि बच्चा रोया है या नहीं।
- माँ की तरफ वाली कोर्ड को क्लैम्प करके इसे बच्चे की ओर दबाकर दूसरा क्लैम्प लगा दें।
- कुछ देर तक अपरा के बाहर आने की प्रतीक्षा करें। अपरा के बाहर आने पर गर्भाशय को साफ करें और गर्भ के अवशेष निकाल दें।
- बच्चे के सिर को नीचे करके रखें, जब तक कि बच्चे के कन्धे दिखाई न दें।
- नवजात बच्चे हाथ से बहुत जल्दी फिसल जाते हैं इसलिए उनका ध्यान रखना चाहिए।

9 महिला सशक्तिकरण के लिए भारत सरकार की योजनाएँ

किसी भी समाज के विकास का सीधा सम्बन्ध उस समाज की महिलाओं के विकास से जुड़ा होता है। महिलाओं के विकास के बिना व्यक्ति, परिवार और समाज के विकास की कल्पना भी नहीं की जा सकती है। महिलाओ के विकास के लिए सरकार ने कुछ योजनाओं जैसे बेटी बचाओ बेटी पढ़ाओ, उज्ज्वला योजना, सुकन्या समृद्धि योजना और कस्तूरबा गाँधी बालिका विद्यालय योजना आदि की शुरुआत की है। आइए इन योजनाओं के बारे में विस्तार से जानते हैं।

महिला सशक्तिकरण के लिए बनाई गई योजनाएँ निम्न हैं:

बेटी बचाओ बेटी पढ़ाओ कार्यक्रम

बालिकाओं के अस्तित्व, संरक्षण और शिक्षा को बढ़ावा देने के उद्देश्य से 22 जनवरी, 2015 को पानीपत, हरियाणा में इस कार्यक्रम की शुरूआत की गई थी। इस कार्यक्रम का उद्देश्य लड़कियों के गिरते लिंगानुपात के मुद्दे के प्रति लोगों को जागरूक करना है। इस कार्यक्रम का समग्र लक्ष्य लिंग के आधार पर लड़का और लड़की में होने वाले भेदभाव को रोकने के साथ–साथ प्रत्येक बालिका की सुरक्षा, शिक्षा और समाज में स्वीकृति सुनिश्चित करना है।

किशोरियों के सशक्तिकरण के लिए राजीव गाँधी योजना (सबला)

केन्द्र सरकार द्वारा प्रायोजित इस कार्यक्रम की शुरुआत 1 अप्रैल, 2011 को की गई थी। इस कार्यक्रम को 'महिला एवं बाल विकास मंत्रालय' की देख–रेख में चलाया जा रहा है। इस कार्यक्रम के तहत भारत के 200 जिलों से चयनित 11–18 आयु वर्ग की किशोरियों की देखभाल 'समेकित बाल विकास परियोजना' के अंतर्गत की जा रही है। इस कार्यक्रम के तहत लाभार्थियों को 11–15 और 15–18 साल के दो समूहों में विभाजित किया गया है।

इंदिरा गांधी मातृत्व सहयोग योजना

यह मातृत्व लाभ कार्यक्रम 28 अक्टूबर, 2010 को शुरू किया गया था। इस कार्यक्रम का मुख्य उद्देश्य 19 साल या उससे अधिक उम्र की गर्भवती और स्तनपान कराने वाली माताओं को पहले दो बच्चों के जन्म तक वित्तीय सहायता प्रदान करना है। इस कार्यक्रम के तहत सरकार द्वारा नवजात शिशु और स्तनपान कराने वाली माताओं की बेहतर देखभाल के लिए दो किस्तों में 6000 रुपये की वित्तीय सहायता प्रदान की जाती है। यह कार्यक्रम 'महिला एवं बाल विकास मंत्रालय' द्वारा चलाया जा रहा है।

कस्तूरबा गांधी बालिका विद्यालय योजना

इस योजना का शुभारम्भ 2004 में किया गया था। यह योजना वर्ष 2004 से उन सभी पिछड़े क्षेत्रों में क्रियान्वित की जा रही है जहाँ ग्रामीण महिला साक्षरता की दर राष्ट्रीय स्तर से कम हो। इस योजना में केंद्र व राज्य सरकारें क्रमशः 75% और 25% खर्च का योगदान करेंगे। इस योजना का मुख्य लक्ष्य 75% अनुसूचित जाति/जनजाति/अत्यन्त पिछड़ा वर्ग तथा अल्पसंख्यक समुदाय की बालिकाओं तथा 25% गरीबी रेखा से नीचे वाले परिवार की बच्चियों का दाखिला कराना है। योजना में मुख्य रूप से ऐसी बालिकाओं पर ध्यान देना जो विद्यालय से बाहर हैं तथा जिनकी उम्र 10 वर्ष से ऊपर है।

प्रधानमन्त्री उज्ज्वला योजना

इस योजना की शुरुआत प्रधानमंत्री मोदी द्वारा 1 मई 2016 को की गई थी। इस योजना के अंतर्गत गरीब महिलाओं को मुफ्त एलपीजी गैस कनेक्शन मिलेंगे। योजना का मुख्य उद्देश्य महिला सशक्तिकरण को बढ़ावा देना और उनकी सेहत की सुरक्षा करना है। इस योजना के माध्यम से सरकार ग्रामीण क्षेत्रों में खाना बनाने में इस्तेमाल होने वाले जीवाश्म ईंधन की जगह एलपीजी के उपयोग को बढ़ावा देकर पर्यावरण को स्वच्छ रखने में महिलाओं की भूमिका को बढ़ाना चाहती है।

स्वाधार घर योजना

इस योजना को 2001–02 में शुरू किया गया था। इस योजना को 'महिला एवं बाल विकास मंत्रालय' के माध्यम से चलाया जा रहा है। इस योजना का उद्देश्य वेश्यावृत्ति से मुक्त महिलाओं, रिहा कैदी, विधवाओं, तस्करी से पीड़ित महिलाओं, प्राकृतिक आपदाओं, मानसिक रूप से विकलांग और बेसहारा महिलाओं के पुनर्वास की व्यवस्था करना है। इस योजना के अंतर्गत विधवा महिलाओं के भोजन और आश्रय, तलाक शुदा महिलाओं को कानूनी परामर्श, चिकित्सा सुविधाओं और महिलाओं को व्यावसायिक प्रशिक्षण जैसी सुविधाएँ प्रदान की जाती हैं। यह योजना महिलाओं को अपना जीवन फिर से शुरू करने के लिए शारीरिक और मानसिक मजबूती प्रदान करती है।

महिलाओं के लिए प्रशिक्षण और रोजगार कार्यक्रम (STEP)

इस योजना की शुरुआत 1986–87 में एक केन्द्रीय योजना के रूप में की गयी थी। इस योजना को महिला एवं बाल विकास मंत्रालय के माध्यम से चलाया जा रहा है। योजना का मुख्य उद्देश्य महिलाओं का कौशल विकास कराकर उनको इस लायक बनाना है कि वे स्व–रोजगार या उद्यमी बनने का हुनर प्राप्त कर सकें। इस योजना का मुख्य लक्ष्य 16 वर्ष या उससे अधिक की लड़कियों/महिलाओं का कौशल विकास करना है। इस योजना के तहत अनुदान सीधे राज्यों/केंद्र शासित प्रदेशों को न देकर संस्था/संगठन यहाँ तक कि गैर सरकारी संगठन को सीधे ही पहुँचाया जाता है।

सारांश

उपर्युक्त योजनाओं के माध्यम से इतना तो स्पष्ट हो जाता है कि सरकार महिलाओं के समग्र विकास के लिए हर तरह के प्रयास काफी लम्बे समय से करती आ रही है और यही कारण है कि आज समाज में महिलाओं की भूमिकाओं में बहुत तरह के बदलाव भी दिखायी देने लगे हैं। आज शायद ही कोई ऐसा क्षेत्र होगा जहाँ पर महिलाओं ने अपनी उपस्थिति दर्ज ना करायी हो। यह उम्मीद भी की जाती है कि आगे आने वाले समय में बेटी बचाओ–बेटी पढ़ाओ, प्रधानमन्त्री उज्ज्वला योजना, कस्तूरबा गाँधी बालिका विद्यालय योजना और किशोरियों के सशक्तिकरण के लिए राजीव गांधी योजना (सबला) के सकारात्मक परिणाम सभी के सामने आयेंगे।

10 महत्वपूर्ण वस्तुनिष्ठ प्रश्नोत्तर

1. जननी सुरक्षा योजना कब आरंभ की गयी?
A. 12 अप्रैल, 2005 B. 12 अप्रैल, 2008
C. 2 मई, 2009 D. 5 जून, 2011

2. मातृ एवं नवजात शिशु मृत्यु दर को कम करने के उद्देश्य से 2005 में कौन-सी योजना प्रारंभ की गयी थी?
A. राष्ट्रीय स्वास्थ्य बीमा योजना
B. जननी सुरक्षा योजना
C. राष्ट्रीय ग्रामीण स्वास्थ्य मिशन
D. राष्ट्रीय शहरी स्वास्थ्य मिशन

3. राष्ट्रीय शहरी स्वास्थ्य मिशन का आरंभ कब किया गया था?
A. वर्ष 2013 B. वर्ष 2011
C. वर्ष 2005 D. वर्ष 2008

4. हरियाणा में सबसे पहले आंगनवाड़ी केन्द्र किस जिले में शुरू किए गए थे?
A. सोनीपत B. झज्जर
C. रोहतक D. भिवानी

5. सार्वभौमिक टीकाकरण कार्यक्रम कब प्रारंभ किए गए?
A. 1980 ई. B. 1982 ई.
C. 1985 ई. D. 1986 ई.

6. बेसहारा बच्चों हेतु समन्वित कार्यक्रम किस वर्ष प्रारंभ किए गए ?
A. 1957 ई. B. 1975 ई.
C. 1985 ई. D. 1992 ई.

7. केन्द्रीय समाज कल्याण बोर्ड की स्थापना कब हुई?
A. 1950 B. 1951
C. 1952 D. 1953

8. कल्याण विस्तार परियोजना कब प्रारंभ हुई?
A. 1952 B. 1953
C. 1954 D. 1955

9. परिवार एवं बाल कल्याण योजना कब चलायी गयी?
A. 1962 B. 1967
C. 1968 D. 1972

10. 12 वर्ष की उम्र वाले बालक के पोषण के लिए कितनी कैलोरी का आहार मिलना चाहिए?
A. 3000–3400 B. 3000–2800
C. 2800–2600 D. 2600–2400

11. 'बेरीबेरी' किस विटामिन की कमी से होने वाली बीमारी है?
A. विटामिन A B. विटामिन B_1
C. विटामिन B_6 D. विटामिन B_{12}

12. विटामिन B_{12} की कमी से होने वाली निम्नलिखित में से कौन-सी बीमारी है?
A. रक्तहीनता B. पेलाग्रा
C. रतौंधी D. मस्तिष्क रोग

13. एक युवा पुरुष को प्रतिदिन कितने कैलोरी की आवश्यकता होती है?
A. 2000–2500 B. 2200–2800
C. 1800–2200 D. 1800–1600

14. राष्ट्रीय ग्रामीण स्वास्थ्य मिशन कब शुरू किया गया?
A. 2003 ई. B. 2005 ई.
C. 2007 ई. D. 2009 ई.

15. जननी शिशु सुरक्षा कार्यक्रम कब आरंभ हुई थी?
A. वर्ष 2011 B. वर्ष 2012
C. वर्ष 2013 D. वर्ष 2014

16. 33% बाल मृत्यु का आंतरिक कारण क्या माना जाता है?
A. डायरिया B. कुपोषण
C. हैजा D. रक्तहीनता

17. वाणिज्यिक यौन शोषण के शिकार के लिए वर्ष 2016 में कौन-से स्कीम चलाई गई है?
A. प्रियदर्शिनी B. सुकन्या समृद्धि
C. उज्जवला D. अस्मिता

18. "बेटी बचाओ–बेटी पढ़ाओ" योजना किस वर्ष प्रारंभ की गयी थी?

A. 2011 ई. B. 2013 ई.
C. 2015 ई. D. 2016 ई.

19. डिजिटल गुड्डा-गुड्डी बोर्ड किस योजना के बारे में सूचना, शिक्षा, संचार सामग्री का प्रसार करने का कार्य करता है?

A. बेटी बचाओ, बेटी पढ़ाओ
B. सुकन्या समृद्धि योजना
C. प्रियदर्शिनी योजना
D. अस्मिता योजना

20- 0-6 वर्ष के सभी बच्चों के विकास और लर्निंग आउटकम को बढ़ाने के उद्देश्य से किस योजना को प्रारंभ किया गया है?

A. राष्ट्रीय बाल नीति
B. एकीकृत बाल विकास सेवा
C. लैंगिक बजटिंग योजना
D. बाल पुरस्कार योजना

21. गर्भवती महिलाओं को सार्वजनिक स्वास्थ्य संस्थानों में पूर्णतः निःशुल्क और बिना किसी खर्चे के सिजेरियन सहित प्रसव कराने का हक निम्नलिखित में से किस योजना के तहत दिया जाता है?

A. जननी सुरक्षा योजना
B. जननी शिशु सुरक्षा कार्यक्रम
C. लैंगिक बजटिंग योजना
D. सुकन्या समृद्धि योजना

22. निम्नलिखित में से कौन-सा एक इंटरएक्टिव वॉयस रिस्पांस आधारित मोबाइल सेवा है जिससे सीधे गर्भवती महिलाओं, छोटे बच्चों की माताओं और उनके परिवारों के मोबाइल फोन पर गर्भावस्था और बाल स्वास्थ्य के बारे में टाईम सेंसिटिव ऑडियो संदेश दिया जाता है?

A. किलकारी B. आशा
C. कायाकल्प D. उपरोक्त सभी

23. श्रम और रोजगार मंत्रालय द्वारा असंगठित कामगार सामाजिक सुरक्षा अधिनियम के अधीन निम्नलिखित में से कौन-सी योजना कार्यान्वित की जा रही है?

A. राष्ट्रीय शहरी स्वास्थ्य मिशन
B. राष्ट्रीय स्वास्थ्य बीमा योजना
C. राष्ट्रीय ग्रामीण बीमा योजना
D. उपरोक्त में से कोई नहीं

24. सार्वजनिक स्वास्थ्य सुविधाओं को पुरस्कार देने के लिए निम्नलिखित में से कौन एक पहल है?

A. कायाकल्प B. किलकारी
C. आशा D. उपरोक्त में से कोई नहीं

25. महिला एवं बाल विकास मंत्रालय द्वारा महिलाओं के सशक्तिकरण के लिए नारी पुरस्कार किस वर्ष प्रारंभ किया गया है?

A. 2014 ई. B. 2015 ई.
C. 2016 ई. D. 2017 ई.

26. बालिका समृद्धि योजना किस वर्ष प्रारम्भ हुई?

A. 1995 ई. B. 1997 ई.
C. 1998 ई. D. 1999 ई

27. असाधारण सूझ-बूझ वाले उत्कृष्ट बच्चों को प्रोत्साहित करने के उद्देश्य से किस योजना को वर्ष 1957 में प्रारम्भ किया गया था?

A. समन्वित बाल विकास योजना
B. बेसहारा बच्चों हेतु समन्वित कार्यक्रम
C. बाल पुरस्कार योजना
D. दिशा योजना

28. सुरक्षित मातृत्व एवं बच्चों के स्वास्थ्य व्यवस्थायें सुनिश्चित करने के उद्देश्य से निम्नलिखित में से किस योजना को वर्ष 1997 में प्रारम्भ किया गया था?

A. भाग्यश्री बाल कल्याण पॉलिसी योजना
B. किशोरी शक्ति योजना
C. बालिका समृद्धि योजना
D. प्रजनन एवं बाल स्वास्थ्य कार्यक्रम

29. पढ़ाई छोड़ देने वाली 11 से 18 वर्ष की आयु वर्ष की लड़कियों को आत्म-निर्भरता की ओर उन्मुख करने के उद्देश्य से निम्नलिखित में से कौन-सी योजना वर्ष 2000 में प्रारम्भ की गई थी?

A. किशोरी शक्ति योजना
B. भाग्यश्री बाल कल्याण पॉलिसी योजना
C. बालिका समृद्धि योजना
D. दिशा योजना

30. निम्नलिखित में से कौन भाग्यश्री बाल कल्याण पॉलिसी योजना का मुख्य उद्देश्य है?

A. स्वास्थ्य, पोषण, बाल्यावस्था पूर्व शिक्षा और माता-पिता को प्रोत्साहन देकर बच्चों का सर्वांगीण विकास करना।
B. 18 वर्ष तक की बालिकाओं को नियमित वित्तीय सहायता प्रदान कर सामाजिक सुरक्षा प्रदान करना।

C. पढ़ाई छोड़ देने वाली 11-18 वर्ष की आयु वर्ग की लड़कियों को आत्मनिर्भरता की ओर उन्मुख करना।
D. उपरोक्त में से कोई नहीं

31. महिला एवं बाल विकास विभाग की स्थापना कब की गयी?
A. 1985 ई. B. 1987 ई.
C. 1989 ई. D. 1990 ई.

32. महिला एवं बाल विकास मंत्रालय द्वारा 11 से 18 वर्ष की किशोरियों के लिए राजीव गाँधी किशोरी सशक्तिकरण योजना 'सबला' किस वर्ष प्रारंभ किया गया?
A. 2016 ई. B. 2015 ई.
C. 2014 ई. D. 2010 ई.

33. निम्नलिखित में से किस योजना के अंतर्गत परिवार में दूसरी बेटी के जन्म पर माता-पिता को 5000 रु. प्रति वर्ष 5 वर्ष तक के लिए दिए जाते हैं?
A. बेटी बचाओ, बेटी पढ़ाओ योजना
B. लाडली योजना
C. सुकन्या योजना
D. समेकित बाल विकास योजना

34. 15-45 वर्ष की आयु की महिलाओं को पूरक पोषाहार, टीकाकरण, स्वास्थ्य जाँच, स्वास्थ्य एवं पोषाहार शिक्षा तथा अनौपचारिक पूर्व स्कूल शिक्षा निम्नलिखित में से किस योजना के अंतर्गत प्रदान किये जाते हैं?
A. सुकन्या योजना
B. समेकित बाल विकास सेवाएँ योजना
C. किशोरी शक्ति योजना
D. इंदिरा गांधी मातृत्व सहयोग योजना

35. 6 वर्ष की आयु तक के बच्चों की पोषण तथा स्वास्थ्य स्थिति में सुधार लाना, निम्नलिखित में किस योजना का उद्देश्य है?
A. लाडली योजना
B. सुकन्या योजना
C. समेकित बात विकास सेवाएँ योजना
D. किशोरी शक्ति योजना

36. 11-18 वर्ष की किशोरी बालिकाओं के पोषाहार एवं स्वास्थ्य स्तर में सुधार लाने, तथा उन्हें गृह आधारित व्यावसायिक कुशलताओं से सुसज्जित करने एवं इनमें सुधार लाने के उद्देश्य से कौन–सी योजना चलायी जा रही है?
A. किशोरी शक्ति योजना
B. लाडली योजना
C. सुकन्या योजना
D. बेटी बचाओ, बेटी बचाओ योजना

37. निम्नलिखित में से किस योजना के अंतर्गत गर्भवती एवं दूध पिलाने वाली माताओं को शामिल किया जाएगा?
A. समेकित बाल संरक्षण योजना
B. इंदिरा गांधी मातृत्व सहयोग योजना
C. सुकन्या योजना
D. किशोरी शक्ति योजना

38. प्रधानमंत्री नरेन्द्र मोदी द्वारा जनवरी, 2015 को पानीपत में बेटी बचाओ, बेटी पढ़ाओ कार्यक्रम के शुभारंभ के अवसर पर निम्नलिखित में से किस योजना का शुभारंभ किया गया?
A. सुकन्या समृद्धि खाता योजना
B. लाडली योजना
C. समेकित बाल विकास सेवाएँ योजना
D. समेकित बाल संरक्षण योजना

39. घटते लिंग अनुपात की समस्या को कम करने तथा लड़की के जन्म के प्रति समाज की सोच को बदलने के उद्देश्य से निम्नलिखित में से किस योजना का शुभारंभ जनवरी 2015 को किया गया?
A. आपकी बेटी–हमारी बेटी योजना
B. हरियाणा कन्या कोष योजना
C. सुकन्या योजना
D. लाडली योजना

40. निम्नलिखित में से किस योजना के तहत 1500 रुपये की सहायता अनुसूचित जाति/जनजाति परिवार की प्रत्येक गर्भवती महिला को स्वास्थ्य केंद्र में प्रसव हेतु दी जाती है?
A. जननी शिशु सुरक्षा कार्यक्रम
B. परिवार कल्याण कार्यक्रम
C. जननी सुरक्षा योजना (राज्य)
D. सुकन्या योजना

41. निम्नलिखित में से किस कारण समान जुड़वाँ बच्चे पैदा होते हैं?
A. जब एक निषेचित अंडे का दो भागों में विभाजन हो तथा दोनों भाग अलग हो जाएं
B. जब एक शुक्राणु दो अण्डाणुओं का निषेचन करता है
C. जब दो अण्डाणु एक शुक्राणुओं का निषेचन करे
D. जब बिना निषेचन के भ्रूण बनता है

42. गर्भवती स्त्रियों में सामान्य ब्लड ग्रुप की जाँच के अलावा रक्त के एक और तत्व की जाँच की जाती है, जो बहुत आवश्यक है। इसे कहा जाता है

A. Rh कारक जाँच | B. ल्यूकोसाइट जाँच
C. एरिथ्रोसाइट जाँच | D. लिम्फोसाइट जाँच

43. गर्भाशय में विकसित हो रहे भ्रूण को निम्नलिखित में से किस संरचना द्वारा पोषक तत्त्व मिलता है?
A. फेलोपियन ट्यूब द्वारा
B. गर्भाशय द्वारा
C. प्लेसेन्टा द्वारा
D. उपरोक्त में से किसी के भी द्वारा नहीं

44. लिंगी जनन, में अलिंगी जनन की स्थापनापन्नता को कहा जाता है:
A. अपोमिक्सिस
B. एम्फिमिक्सिस
C. एमीस्पोरी
D. उपरोक्त में से कोई भी नहीं

45. मनुष्यों में लिंग सहलग्न लक्षणों की वंशागति मुख्यतः होती है:
A. X-गुणसूत्र से | B. Y-गुणसूत्र से
C. ऑटोसोम से | D. इनमें से कोई भी नहीं

46. निम्न में से कौन-सी बीमारी वंशानुगत (hereditary) होती है?
A. स्कर्वी | B. दूर दृष्टि दोष
C. कलर ब्लाइंडनेस | D. इनमें से कोई नहीं

47. हीमोफिलिया में
A. हीमोलिसिस होता है
B. रक्त का थक्का नहीं जमता
C. लाल रुधिराणु चिपक जाते हैं
D. इनमें से कोई नहीं

48. निम्नलिखित में से कौन-सा रोग संक्रामक है?
A. मलेरिया | B. मधुमेह
C. हाइपरटेंशन | D. क्वाशरकोर

49. दमा श्वास रोग है। निम्नलिखित में से कौन इसका कारण है:
A. वायुनली में संक्रमण
B. फेफड़ों में संक्रमण
C. प्लूरल गुहा में रुधिर या जल भर जाना
D. फेफड़ों की भित्तियों में पेशियों का संकुचन

50. पोलियो वायरस का संक्रमण किसके द्वारा होता है?
A. मच्छरों के द्वारा
B. सी.सी. मक्खी के द्वारा
C. मधुमक्खी के द्वारा
D. दूषित जल तथा खाद्य पदार्थ के कारण

51. कालाजार रोग का रोगाणु निम्नलिखित में से कौन है?
A. जियार्डिया | B. ट्राइपैनोसोमा
C. लैशमानिया | D. वायरस

52. संक्रामक रोगों जैसे हैजा को रोकने के लिए यह आवश्यक है:
A. मच्छरों की जनसंख्या पर नियंत्रण
B. आस-पास के सभी जलाशयों को सुखाना
C. लोगों को यह शिक्षा देना कि वे उबले पानी का उपयोग करें तथा खुले वातावरण में रखे भोजन पदार्थ न खाएं
D. स्वस्थ लोग रोगियों के सम्पर्क में न आएं

53. निम्नलिखित में से किसका संबंध डिप्थीरिया रोग से है?
A. फेफड़ों का | B. यकृत का
C. कण्ठ का | D. रुधिर का

54. जीवाणु जनित रोगों की औषधियाँ अधिक होती हैं जबकि विषाणु (Virus) जनित रोगों की नहीं, क्योंकि:
A. अधिकांश जीवाणु परपोषी होते हैं
B. सभी विषाणु परपोषी होते हैं और उनके चारों ओर प्रोटीन का एक सुरक्षात्मक आवरण होता है
C. विषाणु जीवाणु से बहुत छोटे होते हैं
D. इनमें से कोई नहीं

55. पीलिया (Jaundice) रोग का संबंध शरीर के किस अंग से है?
A. फेफड़े
B. गुर्दे
C. यकृत
D. उपरोक्त में से कोई भी नहीं

56. निम्नलिखित में से किस रोग का वाहक घरेलू मक्खी नहीं है?
A. टाइफाइड | B. पीला ज्वर
C. हैजा | D. पेचिश

57. निम्नलिखित में से कौन-सा रोग रोगी को एक बार हो जाने के बाद प्रायः पुनः आक्रमण नहीं करता है?
A. टाइफ़ाइड | B. मोतीझरा
C. मलेरिया | D. चिकन पॉक्स

58. खसरा रोग निम्नलिखित में से किसके कारण होता है?
A. जीवाणु | B. बैक्टीरिया
C. वाइरस | D. प्रोटोजोआ

59. निम्नलिखित में से कौन-सा रोग जीवाणुओं के द्वारा नहीं होता है?
A. ट्यूबरक्लोसिस | B. छोटीमाता
C. प्लेग | D. हैजा

60. निम्नलिखित में से किसके कारण 'एथलीट्स फुट' नामक बीमारी होती है?
A. फंगस B. बैक्टीरिया
C. वाइरस D. शैवाल

61. टायफाइड में शरीर का कौन-सा अंग प्रभावित होता है?
A. फेफड़ा B. तिल्ली
C. लीवर D. आंत

62. टायफाइड रोग में साधारणतः दी जाने वाली दवा है :
A. क्लोरोक्वीन B. एस्कॉर्बिक अम्ल
C. सल्फा ड्रग्स D. क्लोरोमाइसिटीन

63. कैंसर संबंधित है :
A. ऊतकों की अनियमित वृद्धि से
B. ऊतकों के नियंत्रित विभाजन से
C. घावों के सड़ जाने से
D. इनमें से कोई नहीं

64. डायबिटीज के रोगी के शरीर का कौन-सा अंग सही ढंग से कार्य नहीं करता है?
A. फेफड़ा B. मस्तिष्क
C. अग्न्याशय D. यकृत

65. उच्च रक्त चाप (Hypertension) वाले रोगियों की रक्त वाहिनियों में एक पदार्थ जमा हो जाता है जिससे वे संकरी हो जाती हैं। यह पदार्थ क्या कहलाता है?
A. कोलेस्ट्रॉल B. पोटेशियम
C. कैल्शियम D. लोहा

66. निम्नलिखित में से कौन-सा रोग पागल कुत्ते के काटने से होता है?
A. एनीमिया B. हैजा
C. बेरी-बेरी D. रेबीज

67. जिन बच्चों को सूर्य का प्रकाश नहीं मिलता है वे निम्न रोग से ग्रसित पाए जाते हैं?
A. ऑस्टियो मेलेशिया रोग से
B. मिक्सीडीमा रोग से
C. रिकेट्स रोग से
D. रतौंधी रोग से

68. यदि किसी के मसूड़ों से रुधिर आता है तो उसे अधिक मात्रा में सेवन करना चाहिए :
A. नींबू / संतरे B. मूली / गाजर
C. सेब / अमरूद D. अमरूद / केले

69. निम्नलिखित में से कौन-सा युग्म सुमेलित है?
A. घेंघा रोग—आयोडीन की कमी
B. पेलेग्रा रोग—विटामिन 'सी' की कमी
C. वर्णान्धता रोग—विटामिन 'ए' की कमी
D. स्कर्वी रोग—विटामिन 'डी' की कमी

70. बच्चों में क्रिटिनिज्म रोग किसकी कमी से होता है?
A. रेटिनॉल की कमी से
B. थायमिन की कमी से
C. कैल्सिफेराल की कमी से
D. थायरॉक्सिन की कमी से

71. पायरिया किस अंग की बीमारी है?
A. मसूड़ों की B. आँत की
C. हृदय की D. दाँतों की

72. बी.सी.जी. का टीका नवजात शिशु को कितने दिनों के भीतर लगाया जाता है?
A. जन्म के तुरन्त बाद B. 48 घंटों के भीतर
C. 6 माह के भीतर D. 6 हफ्ते के भीतर

73. विटामिन B9 (फॉलिक एसिड) पाया जाता है—
A. सब्जी में B. ब्रेक में
C. लिवर में D. उपरोक्त सभी में

74. माँ का दूध शिशु के लिए लाभदायक क्यों होता है?
A. यह स्वादिष्ट होता है
B. इसमें एन्टीबॉडी होते हैं
C. इसमें लोहा पाया जाता है
D. इसमें कैल्सियम होता है

75. मानव शरीर को इन्फेक्शनों से बचाने का कार्य निम्नलिखित में से कौन करता है?
A. रक्त मज्जा
B. लाल रक्त कोशिकाएं
C. श्वेत रक्त कोशिकाएं
D. प्लाज्मा

76. स्टरलाइजेशन के लिए उपयोग में लाया जाता है :
A. ऑटोक्लेव B. मैनोमीटर
C. ऑक्डोनोमीटर D. रिक्टर स्केल

77. रक्त में एन्टीबॉडी तथा एन्टीजन के अध्ययन को क्या कहा जाता है?
A. हिस्टोलॉजी B. क्रॉयोलॉजी
C. सीरोलॉजी D. गाइनोकोलॉजी

78. विश्व-स्वास्थ्य संगठन (WHO) का मुख्यालय कहाँ पर स्थित है?
A. न्यूयार्क में B. पेरिस में
C. जेनेवा में D. लन्दन में

79. खुजली का रोग 'स्कैबीज' निम्नलिखित में से किससे होता है?
A. जीवाणु B. कवक
C. प्रोटोजोआ D. इनमें से कोई नहीं

80. एक नदी में जल-प्रदूषण किसकी घुलित मात्रा से मापा जाता है?
A. नाइट्रोजन B. ओजोन
C. क्लोरीन D. ऑक्सीजन

81. निम्नलिखित में से कौन-सा रोग, नेत्र से संबंधित है?
A. हीमोफीलिया B. सिफिलिस
C. ग्लोकोमा D. प्ल्यूरिसी

82. निम्नलिखित में से कौन-सा तत्त्व कवक विनाशक होता है?
A. कार्बन B. पोटेशियम
C. सल्फर D. कैल्शियम

83. प्रमस्तिष्क मलेरिया किसके कारण होता है?
A. प्लाज्मोडियम फैल्सीपैरम
B. प्लाज्मोडियम मैलेरी
C. प्लाज्मोडियम ओवेल
D. प्लाज्मोडियम वाइवैक्स

84. लिंग गुणसूत्र निम्न में से कौन-सी बीमारी संचरित करते हैं?
A. दूर दृष्टि दोष B. वर्णान्धता
C. निकट दृष्टि दोष D. रतौंधी

85. रुधिर कैंसर का दूसरा नाम है:
A. ल्यूकोडर्मा
B. ल्यूकीमिया
C. इरिथ्रोसीमिया
D. उपरोक्त में से कोई नहीं

86. किस बीमारी में मनुष्य के मूत्र का रंग पीला हो जाता है?
A. मलेरिया
B. पीलिया
C. ट्यूबरकुलोसिस
D. उपरोक्त में से कोई नहीं

87. "ट्रिपल एन्टीजन" किसके खिलाफ प्रतिरोधक क्षमता बढ़ाता है?
A. कुकर खाँसी B. टायफॉइड
C. चेचक D. पोलियो

88. प्लेग के उपचार में प्रयोग की जाने वाली दवाई निम्नलिखित में से कौन-सी है?
A. टेट्रासाइक्लिन B. कुनैन
C. स्ट्रेप्टोमायसिन D. पेनीसिलीन

89. प्रोटीन की कमी से निम्नलिखित में से कौन-सा रोग होता है?
A. क्वाशरकोर B. रतौंधी
C. घेंघा D. पोलियो

90. BCG के टीके से, किस रोग के खिलाफ प्रतिरोधी क्षमता विकसित होती है?
A. चिकन पॉक्स B. पोलियो
C. टायफॉइड D. ट्यूबरकुलोसिस

91. हैजा, टाइफॉइड, पीलिया तथा अतिसार निम्नलिखित में से किसके द्वारा फैलते हैं?
A. वायु द्वारा B. दूषित जल द्वारा
C. मच्छर द्वारा D. कीट द्वारा

92. बी.सी.जी. का पूरा नाम है
A. बैक्टिरियल सीरम ग्रोथ
B. बेसिलस कल्चर ग्रोथ
C. बैसिलस कैलोमिटी ग्यूरेन
D. बैक्टिरियल केल्कूलेटिंग ग्रोथ

93. मानव शरीर में सबसे कम मात्रा में आवश्यक पोषण तत्व हैं:
A. विटामिन B. प्रोटीन
C. वसा D. खनिज लवण

94. निम्न में से किस बीमारी को विश्व स्वास्थ्य संगठन ने विश्व से उन्मूलित घोषित किया है?
A. पोलियो B. ह्यूमैन मंकी पॉक्स
C. पॉक्स वायरस D. चेचक

95. विटामिन B_{12} को क्या कहते हैं?
A. थायमीन B. फॉलिक अम्ल
C. बायोटिन D. सायनोकोबालेमाइन

96. बच्चों को प्रतिदिन कितनी ऊर्जा की आवश्यकता होती है?
A. 500-1000 किलो कैलोरी
B. 1000-1200 किलो कैलोरी
C. 2500-3500 किलो कैलोरी
D. 1800-2000 किलो कैलोरी

97. निम्न में से कौन–सा विटामिन वसा में विलेय नहीं है?
A. विटामिन C B. विटामिन K
C. विटामिन A D. विटामिन D

98. विटामिन A की कमी से होने वाला रोग है :
A. बेरी-बेरी B. बिटोट्स स्पॉट्स
C. स्कर्वी D. उपरोक्त सभी

99. निम्न में से कौन-सा रोग आयोडीन की कमी के कारण होता है?
A. अन्धापन B. पेलाग्रा
C. गॉइटर D. उपरोक्त सभी

100. विटामिन A की कमी से होने वाला रोग है:
A. फायनोडर्मा B. जिरोफ्थैल्मिया
C. रतौंधी D. उपरोक्त सभी

101. विटामिन B_{12} की कमी से होने वाला रोग है:
A. स्कर्वी
B. परनीसियस एनीमिया
C. एप्लास्टिक एनीमिया
D. सिकल सेल एनीमिया

102. कार्बोहाइड्रेड के चयापचय व स्नायु ऊत्तक की स्वस्थता के लिए किस विटामिन की आवश्यकता होती है?
A. विटामिन D B. विटामिन B
C. विटामिन A D. विटामिन B

103. विटामिन का मुख्य कार्य होता है:
A. भोजन के उत्प्रेरक के रूप में
B. भोजन के पाचन में
C. भोजन के उत्सर्जन में
D. भोजन के अवशोषण में

104. भोजन में प्रोटीन की कमी से क्या होता है?
A. क्वाशरकोर B. मेरेस्मस
C. रिकेट्स D. उपरोक्त सभी

105. ऊर्जा का सबसे सस्ता स्रोत है:
A. विटामिन B. प्रोटीन
C. वसा D. कार्बोहाइड्रेट

106. भारतीय भोजन में किस पोषक तत्व की अधिकता होती है?
A. विटामिन B. कार्बोहाइड्रेट
C. प्रोटीन D. वसा

107. अधिक पौष्टिक भोजन की आवश्यकता किन परिस्थितियों में होती है?
A. गर्भवती स्त्रियों को
B. कठोर श्रम करने वालों को
C. वृद्धि कर रहे बच्चों को
D. उपरोक्त सभी को

108. निम्नलिखित में मनुष्य के लिए उपयोगी पोषक तत्व है/हैं:
A. जल B. लोहा
C. वसा D. उपरोक्त सभी

109. एक वयस्क को प्रतिदिन कितने ग्राम प्रोटीन की आवश्यकता है?
A. 50 ग्राम B. 60 ग्राम
C. 80 ग्राम D. 100 ग्राम

110. एक वयस्क के लिए आवश्यक वसा है:
A. 20 ग्राम B. 40 ग्राम
C. 50 ग्राम D. 10 ग्राम

111. शैशवावस्था में सर्वाधिक आवश्यकता होती है:
A. प्रोटीन की B. वसा की
C. कार्बोहाइड्रेट की D. इन सभी की

112. स्वस्थ सुपोषित माताओं के शिशुओं का वजन कितना होता है?
A. 3.5 ग्राम B. 2.5 ग्राम
C. 4.5 ग्राम D. 2.0 ग्राम

113. गर्भस्थ शिशु का हृदय अपरा द्वारा प्रति मिनट कितना रुधिर पम्प करता है?
A. 580 मिली B. 640 मिली
C. 500 मिली D. 520 मिली

114. एक वयस्क को प्रतिदिन लगभग कितने कैल्शियम की आवश्कता होती है?
A. 40-50 मिग्रा B. 120-180 मिग्रा
C. 400-500 मिग्रा D. 480-780 मिग्रा

115. मिड डे मील प्रोग्राम में एक दिन में कितनी कैलोरी और प्रोटीन मिलते हैं?
A. 300 कैलोरी व 6-12 ग्राम प्रोटीन
B. 800 कैलोरी व 6-12 ग्राम प्रोटीन
C. 300 कैलोरी व 8-12 ग्राम प्रोटीन
D. 800 कैलोरी व 8-12 ग्राम प्रोटीन

116. स्वास्थ्य शिक्षा की अवस्थाओं में से नहीं है:
A. बोध B. मानसिक स्वास्थ्य
C. क्रिया अपनाना D. अभिप्रेरण

117. गर्भावस्था के दौरान प्रतिदिन कैल्शियम की कितनी मात्रा लेना आवश्यक है?
A. 1.5 ग्राम B. 2.5 ग्राम
C. 3.0 ग्राम D. 1.0 ग्राम

118. गर्भावस्था के दौरान प्रतिदिन कितने ग्राम प्रोटीन लेना चाहिए?

A. 90 ग्राम B. 70 ग्राम
C. 20 ग्राम D. 80 ग्राम

119. गर्भावस्था के दौरान प्रतिदिन आयरन की कितनी मात्रा आवश्यक होती है?

A. 38 मिग्रा B. 24 मिग्रा
C. 12 मिग्रा D. 48 मिग्रा

120. गर्भावस्था के दौरान स्तनों में परिवर्तन के लिए कौन-सा हॉर्मोन जिम्मेदार होता है?

A. प्रोजेस्टेरॉन हॉर्मोन B. ओवरियन हॉर्मोन
C. गोनेडोट्रॉफिन हॉर्मोन D. इनमें से कोई नहीं

121. गर्भावस्था के आरंभ के 20 सप्ताहों के दौरान गर्भवती स्त्री का वजन औसतन कितना बढ़ जाता है?

A. 3.8 किग्रा B. 4.2 किग्रा
C. 2.5 किग्रा D. 5.0 किग्रा

122. निम्न में से गर्भावस्था के अनुमानित चिह्न व लक्षण हैं:

A. स्तनों में परिवर्तन B. गर्भ की हलचल
C. एमेनारीआ D. उपरोक्त सभी

123. नवजात में अतिसार होने का कारण है :

A. सेप्सिस
B. आंत्र की संरचनात्मक अनियमितता
C. परिगलनकारी आंत्रशोथ
D. उपरोक्त सभी

124. पूर्ण गर्भावस्था के दौरान स्त्री के वजन में लगभग कितनी वृद्धि होती है?

A. 15 किग्रा B. 12 किग्रा
C. 18 किग्रा D. 20 किग्रा

125. प्रसव के पूर्ण होने पर गर्भाशय का वजन कितना होता है?

A. 850 ग्राम B. 750 ग्राम
C. 900 ग्राम D. 650 ग्राम

126. बीसीजी का टीका किस रोग के लिए असरकारी है?

A. पोलियो B. तपेदिक (क्षय रोग)
C. हैजा D. कैंसर

127. 'फ्लूओरिसिस' नामक रोग जल में किसकी उपस्थिति के कारण होता है?

A. फ्लोरीन B. क्लोरीन
C. ऑर्सेनिक D. लोहा

128. 'टायफॉइड' में असरकारी दवा है:

A. क्लोराम्फेनिकोल B. एम्पिसिलीन
C. ट्राइमेथेप्रिम D. उपरोक्त सभी

129. 'विब्रिओ कॉलेरी' नामक जीवाणु के कारण मनुष्य को कौन-सा रोग होता है?

A. हेपेटाइटिस B. हैजा
C. तपेदिक D. पोलियो

130. 'हेपेटाइटिस' रोग मनुष्य के किस अंग को क्षतिग्रस्त करता है?

A. यकृत B. वृक्क
C. हृदय D. फेफड़ा

131. 'बीवेक' किस रोग को नियन्त्रित करने में सक्षम वैक्सीन है?

A. हैजा B. पोलियो
C. हेपेटाइटिस D. तपेदिक

132. डीटीपी (DTP) टीकाकरण में किस रोग को शामिल नहीं किया गया है?

A. डिफ्थीरिया B. पोलियो
C. खसरा D. क्षयरोग

133. राष्ट्रीय टीकाकरण सारणी के अनुसार, शिशु में कितने रोगों के लिए टीकाकरण किया जाता है?

A. 4 B. 5
C. 6 D. 7

134. खसरा (measles) का टीका प्रायः किस आयु में लगाया जाता है?

A. 3 महीने में B. 6 महीने में
C. 18 महीने में D. 9 महीने में

135. राष्ट्रीय ग्रामीण स्वास्थ्य मिशन का लक्ष्य है:

A. शिशु मृत्युदर को कम करना
B. संक्रामक और असंक्रामक बीमारियों को नियन्त्रित करना
C. शत–प्रतिशत टीकाकरण को प्राप्त करना
D. उपरोक्त सभी

136. निम्न में से वह स्वैच्छिक स्वास्थ्य अभिकरण जो महिलाओं की स्थिति सुधारने का कार्य करता है :

A. इण्डियन रेड क्रॉस सोसायटी
B. कस्तूरबा मेमोरियल फण्ड
C. भारत सेवक समाज
D. अखिल भारतीय महिला सम्मेलन

137. गर्भावस्था के अंतिम महीनों में गर्भवती स्त्री को चलने पर दर्द होता है। यह किस जोड़ की सीमित हलचल के कारण होता है?

A. सेक्रो–इलियक जोड़ B. सेक्रो–काक्सिजियल जोड़
C. सिम्फिसिस प्यूबिस D. उपरोक्त सभी

138. 'मातृ व बाल स्वास्थ्य सेवा' का उद्देश्य है:
A. माताओं और बालकों को विशेष स्वास्थ्य सेवा उपलब्ध कराना
B. माँ व बच्चों के स्वास्थ्य और पोषण स्थिति को उन्नत करना
C. प्रत्येक गर्भवती माँ को स्वस्थ शिशु का जन्म सुनिश्चित करना
D. उपरोक्त सभी

139. ग्राम स्वास्थ्य योजना का उद्देश्य है:
A. शिशु मृत्यु दर और मातृ मृत्यु दर को कम करना
B. जन्म एवं मृत्यु पंजीकरण को बढ़ावा देना
C. छोटी उम्र में होने वाली शादियों को रोकना
D. उपरोक्त सभी

140. "राष्ट्रीय परिवार कल्याण कार्यक्रम" का मुख्य लक्ष्य है:
A. जनसंख्या का नियंत्रण करना
B. लोगों के जीवन की गुणवत्ता में सुधार करना
C. लोगों तक उपयुक्त चिकित्सा सुविधा पहुँचाना
D. उपरोक्त में से कोई नहीं

141. व्यावसायिक स्वास्थ्य सेवा का मुख्य उद्देश्य है :
A. शारीरिक रूप से स्वस्थ रखना
B. आध्यात्मिक रूप से स्वस्थ रखना
C. मानसिक रूप से स्वस्थ रखना
D. उपरोक्त सभी

142. निम्न में से परिवार स्वास्थ्य सेवाओं का भाग नहीं है:
A. परिवार नियोजन
B. पोषण
C. स्वास्थ्य शिक्षा
D. अनुसंधान

143. माँ के दूध में कितनी वसा पाई जाती है?
A. 4.0–6.5 ग्राम B. 3.5–4.0 ग्राम
C. 4.0–5.5 ग्राम D. 2.0–3.5 ग्राम

144. कुपोषण से बचाव हेतु आवश्यक उपाय है :
A. माँ को पोषण सम्बन्धी शिक्षा
B. स्तनपान को प्रोत्साहन
C. माँ की समुचित प्रसवपूर्व देखभाल
D. उपरोक्त सभी

145. निम्न में से अण्डा किसका अच्छा स्रोत है?
A. अनिवार्य अमीनो अम्ल का
B. अनिवार्य वसीय अम्ल का
C. विटामिन का
D. खनिज तत्वों का

146. निम्न में से कौन-सा संक्रमण जल के द्वारा उत्पन्न होता है?
A. हेपेटाइटिस D B. हेपेटाइटिस A
C. हेपेटाइटिस E D. हेपेटाइटिस B

147. निम्न में से किस शिशु के हाइपोग्लाइसीमिया होने की सम्भावना अधिक होती है?
A. अपरिपक्व और LBW
B. Rh हीमोलाइटिक शिशु
C. हेपेटाइटिस ग्रस्त शिशु
D. एनीमिया ग्रस्त शिशु

148. निम्न में से कौन-सा दुग्ध संचारित नहीं होता है?
A. हैजा B. टिटेनस
C. एन्थ्रेक्स D. डिफ्थीरिया

149. शिशुओं में दस्त होने का निम्नलिखित में से कौन-सा कारण नहीं है?
A. बैक्टीरियल और वायरस संक्रमण
B. वसा और प्रोटीन्स को अधिक मात्रा में लेना
C. एलर्जी
D. उपरोक्त सभी

150. टीबी की प्राथमिक रोकथाम में शामिल है:
A. डोट्स B. बीसीजी वैक्सीन
C. एमडीटी D. उपरोक्त सभी

151. निम्न में से कौन-सी वायरस से होने वाली संक्रामक बीमारी नहीं है?
A. पोलियो B. खसरा
C. टिटेनस D. एड्स

152. पूरक आहार देने की सही आयु कौन-सी होती है?
A. 4-6 माह B. 12 माह
C. 15 माह D. 18 माह

153. समेकित बाल विकास परियोजना किस वर्ष प्रारंभ किया गया?
A. 1974 B. 1975
C. 1976 D. 1989

154. भारत सरकार द्वारा विशेष पोषाहार कार्यक्रम कब शुरु हुआ?
A. 1969 B. 1971
C. 1974 D. 1976

155. केन्द्र सरकार द्वारा आँगनवाड़ी कार्यकर्त्ता के भविष्य को सुरक्षित रखने के लिए आँगनवाड़ी कार्यकर्त्ता "बीमा योजना" किस वर्ष लागू करने का फैसला किया गया?

A. 2002 B. 2003
C. 2004 D. 2005

156. बाद की आयु में सर्वोच्च अस्थि द्रव्यमान एवं घनत्व प्राप्त करने और ऑस्टियोपोरोसिस के कारण होने वाले अस्थिभंग के जोखिम को घटाने के लिए .... की पर्याप्त मात्रा आवश्यक है:

A. आयरन एवं विटामिन C
B. आयरन एवं फोलिक अम्ल
C. कैल्शियम एवं व्यायाम
D. सोडियम एवं क्लोराइड

157. .... के दौरान खनिजों की अपेक्षा विटामिनों, विशेषकर जल घुलनशील बी समूह के विटामिनों का ह्रास अधिक होता है।

A. खाना पकाने B. खाने
C. छूने D. इनमें से कोई नहीं

158. जन वितरण प्रणाली एक भारतीय .... है।

A. खाद्य प्रबन्धन प्रणाली B. खाद्य उत्पादन प्रणाली
C. खाद्य सुरक्षा प्रणाली D. खाद्य व्यय प्रणाली

159. आहार में वसा की कमी से .... हो सकती है।

A. लिनोलिक अम्ल की कमी
B. एरेकिडोनिक अम्ल की कमी
C. उपरोक्त दोनों
D. उपर्युक्त में से कोई नहीं

160. लगभग सभी लोगों का स्वास्थ्य अच्छा बनाए रखने वाले आहार से प्राप्त पोषक तत्वों के अन्तर्ग्रहण को किस नाम से परिभाषित किया गया है?

A. कैलोरी सघन आहार
B. प्रोटीन समृद्ध आहार
C. अनुशंसित आहारीय अनुमतियाँ
D. इनमें से कोई नहीं

161. इनमें से किसे अवशोषण के लिए नैज (इंट्रिंजिक) कारक की आवश्यकता होती है?

A. विटामिन C B. विटामिन E
C. विटामिन B_{12} D. फोलिक अम्ल

162. व्रण (अल्सर) से पीड़ित रोगियों को .... से बचना चाहिए।

A. धूम्रपान B. एल्कोहल
C. कॉफी D. उपर्युक्त सभी

163. फोलेट का अपर्याप्त अन्तर्ग्रहण, मेगालोब्लास्टिक एनीमिया के अतिरिक्त अन्य किसी चीज से सम्बन्धित है?

A. गर्भावस्था के खराब परिणाम
B. गर्भावस्था के अच्छे परिणाम
C. स्वास्थ्यकर परिणाम
D. इनमें से कोई नहीं

164. किशोरों को उनके वयस्कावस्था के भार का 30 प्रतिशत और उनकी वयस्कावस्था की लम्बाई का 20 प्रतिशत से भी अधिक, ... के दौरान प्राप्त होता है:

A. 10 से 19 वर्ष B. 10 से 12 वर्ष
C. 9 से 12 वर्ष D. 10 से 15 वर्ष

165. महिलाओं के मामले में 18.5 (किग्रा/मी²) से कम के बी.एम.आई. का अर्थ है:

A. सामान्य से अधिक पोषण
B. सामान्य से कम पोषण
C. सन्तुलित पोषण
D. उपर्युक्त सभी

166. घेंघा और क्रेटीनता (जड़वामनता) का कारण बनने वाली प्रमुख पोषक तत्व न्यूनता है:

A. आयरन की कमी B. फ्लोराइड की कमी
C. आयोडीन की कमी D. सोडियम की कमी

167. हेपेटाइटिस सी का दीर्घकालिक संक्रमण .... का कारण बनता है।

A. दीर्घकालिक यकृत संक्रमण
B. ल्यूकीमिया
C. अग्न्याशय शोथ
D. हृदय रोग

168. वर्ष .... से सार्वत्रिक प्रतिरक्षीकरण कार्यक्रम में हेपेटाइटिस बी वैक्सीन को शामिल कर लिया गया था।

A. 2002–2003 B. 2000–2001
C. 2011–2013 D. 2014–2015

169. कुछ कैरोटेनॉइड, जैसे लायकोपीन, एकल–ऑक्सीजन के भक्षक होते हैं और शक्तिशाली .... प्रदान करते हैं।

A. एंटीऑक्सीडेंट गतिविधि
B. हानिकारक गतिविधि
C. ऑक्सीडेंट गतिविधि
D. उपर्युक्त सभी

170. राष्ट्रीय अन्धता नियन्त्रण कार्यक्रम के अनुसार अन्धता का मुख्य कारण है:

A. मोतियाबिंद
B. बेरी–बेरी

C. विटामिन बी 12 की कमी
D. उपर्युक्त में से कोई नहीं

171. राष्ट्रीय ट्यूबरकुलोसिस कार्यक्रम का मुख्य उद्देश्य है:
A. निगरानी तन्त्र स्थापित करना
B. टीबी का उचित निदान (पहचान) एवं केस प्रबन्धन सुनिश्चित करना
C. टीबी संचरण की गति–वृद्धि को घटाना
D. उपर्युक्त सभी

172. इनमें से कौन विटामिन बी12 की कमी से उत्पन्न मेगालोब्लास्टिक एनीमिया को ठीक कर देता है?
A. फोलिक अम्ल B. विटामिन B6
C. आयरन D. थायमिन

173. तेल किसका समृद्ध स्रोत है?
A. पीयूएफए
B. संतृप्त वसा
C. अनावश्यक (नॉन–इसेन्शियल) वसा अम्ल
D. इनमें से कोई नहीं

174. इनमें से कौन–सा रोग श्वसन मार्ग के माध्यम से फैलता है?
A. इन्फ्लुएंजा
B. खसरा
C. कर्णमूलशोथ/गलसुआ (मम्प्स)
D. उपर्युक्त सभी

175. इनमें से किसे छोड़ कर अन्य सभी आहारीय विटामिन डी आवश्यकता को बढ़ा सकते हैं?
A. लिपिड समृद्ध आहार
B. बुर्का पहनने की धार्मिक प्रथा
C. सनस्क्रीन का उपयोग
D. व्यवसाय

176. गर्भवती महिलाओं को .... से बचना चाहिए।
A. एल्कोहल B. कैफीन
C. कृत्रिम रंगों D. उपर्युक्त सभी

177. इनमें से कौन एक संक्रामक रोग नहीं है?
A. हिस्टीरिया B. खसरा
C. इन्फ्लुएंजा D. टायफॉइड

178. कैल्शियम, फॉस्फेट एवं मैग्नीशियम .... के अन्दर पाए जाने वाले महत्वपूर्ण खनिज हैं।
A. त्वचा B. हड्डियों
C. नाखूनों D. बालों

179. गर्भावस्था के दौरान, ऊतक संश्लेषण की गति बढ़ने, सक्रिय ऊतक द्रव्यमान में वृद्धि होने, और हृदयवाहिकीय एवं श्वसन कार्य में वृद्धि होने के कारण .... में वृद्धि होती है।
A. आधारिक चयापचय B. लंबाई
C. विशिष्ट गतिक क्रिया D. इनमें से कोई नहीं

180. एसएएम का पूरा नाम है
A. सीवियर एटॉपिक मालन्यूट्रीशन (गम्भीर एटॉपिक कुपोषण)
B. सीवियर एक्यूट मालन्यूट्रीशन (गम्भीर तीक्ष्ण कुपोषण)
C. सीवियर एल्बुमिन मेनिफेस्टेशन (गम्भीर एल्बुमिन प्रकटन)
D. इनमें से कोई नहीं

181. मलेरिया नामक रोग .... को प्रभावित करता है।
A. हृदय B. वृक्कों (गुर्दों)
C. प्लीहा D. फेफड़ों

182. काली खाँसी के लक्षण क्या हैं?
A. भूख बढ़ना
B. कब्ज
C. खाँसी, छींकें और बहती नाक
D. वजन बढ़ना

183. आयरन न्यूनता के सर्वाधिक जोखिम में मौजूद जनसमूह है:
A. नवजात शिशु एवं बच्चे
B. गर्भवती हो सकने वाली आयु की महिलाएँ
C. गर्भवती महिलाएँ
D. उपर्युक्त सभी

184. गर्भावस्था में ऊर्जा की आवश्यकता बढ़ जाती है क्योंकि .... के लिए अतिरिक्त ऊर्जा चाहिए होती है।
A. गर्भस्थ शिशु और गर्भनाल की वृद्धि
B. मातृ ऊतकों की वृद्धि
C. उपरोक्त दोनों
D. इनमें से कोई नहीं

185. घेंघा (गॉइटर) .... से सम्बन्धित है।
A. अवटु (थायरॉइड) ग्रन्थि
B. थायमस ग्रन्थि
C. पीयूष ग्रन्थि
D. परावटु (पैराथायरॉइड) ग्रन्थि

186. खराब आहार और अस्वास्थ्यकर परिवेशी स्वच्छता .... के प्रमुख कारण हैं।
A. मधुमेह B. डिसलिपिडीमिया
C. मलेरिया D. मोटापा

187. राष्ट्रीय टीकाकरण कार्यक्रम के अनुसार गर्भवती माता के लिए कौन–सा टीका (वैक्सीन) अनुशंसित है?

A. बीसीजी

B. रोटा वायरस वैक्सीन

C. टेटनस टॉक्सॉइड

D. मीजेल्स (खसरे का) वैक्सीन

188. पौष्टिक व पोषक आहार जो सभी बृहद एवं सूक्ष्म पोषक तत्वों एवं खाद्य समूहों की दृष्टि से संपूर्ण होता है, ... कहलाता है।

A. सन्तुलित आहार B. असन्तुलित आहार

C. अपूर्ण आहार D. उपर्युक्त सभी

189. इनमें से कौन एक मच्छर वाहित रोग नहीं है?

A. फाइलेरियासिस B. डेंगू ज्वर

C. नींद की बीमारी D. मलेरिया

190. इनमें से कौन–सा रोग जीवाणु संक्रमण से होता है?

A. टेटनस B. रेबीज

C. मलेरिया D. कर्क रोग (कैंसर)

191. वे आहारीय कारक जो आयरन अवशोषण घटा देते हैं:

A. आँतों की गतिशीलता अधिक होना

B. फायलेट और ऑक्जेलेट की उपस्थिति

C. हायपोक्लोरहायड्रिया

D. उपर्युक्त सभी

192. .... स्वास्थ्य पेशेवरों द्वारा पंच भोजन समूह प्रणाली का उपयोग किया जा सकता है।

A. पोषण सम्बन्धी आकलन एवं जाँच (स्क्रीनिंग) के साधन के रूप में

B. पोषण सम्बन्धी परामर्श के साधन के रूप में

C. रोगी को उपचारात्मक आहार समझाने के लिए

D. उपर्युक्त सभी

193. आयोडीन न्यूनता विकार की रोकथाम के लिए आयोडीन संपूर्ण की न्यूनतम सुझावित मात्रा .... प्रतिदिन है।

A. 100–150 माइक्रोग्राम

B. 190–210 माइक्रोग्राम

C. 350–375 माइक्रोग्राम

D. 400–435 माइक्रोग्राम

194. अर्धवार्षिक कृमि–मुक्ति योजना, जो साप्ताहिक आयरन एवं फोलिक अम्ल संपूर्ण योजना का घटक है, एल्बेंडाजोल की .... मात्रा प्रदान करती है।

A. 400 मिग्रा B. 800 मिग्रा

C. 100 मिग्रा D. 750 मिग्रा

195. इनमें से कौन–सा पोषक तत्व अधिक ऊर्जा प्रदान करता है?

A. प्रोटीन B. कार्बोहाइड्रेट

C. वसा D. खनिज

196. एमएमआर का प्रतिरक्षीकरण देने के लिए आवश्यक न्यूनतम आयु है:

A. 12 माह – 18 माह B. जन्म के तुरन्त बाद

C. 3 माह – 5 माह D. 6 सप्ताह से 8 सप्ताह

197. आहार में अत्यधिक सरल कार्बोहाइड्रेट होने से .... हो सकता है।

A. मोटापा B. रक्ताल्पता (एनीमिया)

C. जल असन्तुलन D. इलेक्ट्रोलाइट असन्तुलन

198. मेगालोब्लास्टिक एनीमिया .... की कमी के कारण होता है।

A. फोलिक अम्ल B. निकोटिनिक अम्ल

C. पैंटोथेनिक अम्ल D. उपर्युक्त सभी

199. आईसीएमआर 2010 के अनुसार गर्भवती महिलाओं के लिए कैल्शियम की आरडीए है:

A. 1200 मिग्रा प्रतिदिन B. 1600 मिग्रा प्रतिदिन

C. 1400 मिग्रा प्रतिदिन D. 1800 मिग्रा प्रतिदिन

200. प्रोटीन कुपोषण की उपचार प्रोटोकॉल .... से आरम्भ होती है।

A. संक्रमण से लड़ने की क्षमता में वृद्धि के लिए प्रतिरक्षीकरण

B. भार–वहन व्यायाम

C. तरल पदार्थों की पुनःपूर्ति, तत्पश्चात उच्च गुणवत्ता वाले प्रोटीन और कैलोरी में क्रमशः वृद्धि

D. उपर्युक्त में से कोई नहीं

201. विश्व स्वास्थ्य संगठन का भारत के लिए वर्ष 2015 का टीबी का आँकड़ा है:

A. टीबी के 22 लाख मामले

B. टीबी के 28 लाख मामले

C. टीबी के 31 लाख मामले

D. टीबी के 11 लाख मामले

202. आईसीडीएस खाद्य संपूर्ण योजना के अन्तर्गत गर्भवती और स्तनपान करा रही महिलाओं के लिए 'राशन घर ले जाओ' योजना .... प्रदान करती है।

A. 600 किलोकैलोरी B. 350 किलोकैलोरी

C. 900 किलोकैलोरी D. 750 किलोकैलोरी

203. अन्तराकाशी स्थान में जल के संचय को .... कहते हैं।

A. एडीमा B. त्वचाशोथ (डर्मेटाइटिस)
C. शोथ (इन्फ्लामेशन) D. व्रण (अल्सर)

204. तानिकाशोथ / मस्तिष्कावरणशोथ (मेनिंजाइटिस) .... के कारण होता है।
A. साल्मोनेला B. कवक
C. मेनिन विषाणु D. मेनिंजोकोकस

205. इसे "धूप से मिलने वाला विटामिन" भी कहते हैं:
A. विटामिन A B. विटामिन D
C. विटामिन K D. विटामिन E

206. मोटापे की जटिलताओं में इनमें से किसे छोड़ कर अन्य सभी शामिल हैं:
A. हृदय धमनी के रोग
B. आर्थराइटिस (गठिया)
C. ऑब्सट्रक्टिव स्लीप एप्निया (अवरोधी निद्रा श्वासरोध)
D. टाइप 1 मधुमेह

207. पोषण स्थिति की इनमें से किस जैवरासायनिक माप के द्वारा सामान्य से अधिक पोषण की अवस्था का पता लग जाने की सम्भावना सर्वाधिक है?
A. सीरम एल्बुमिन B. नाइट्रोजन सन्तुलन
C. सीरम एलडीएल D. उपर्युक्त में से कोई नहीं

208. जन्म के समय कम भार न केवल उच्च नवजात मृत्यु दर से बल्कि .... से भी सम्बन्धित है।
A. दीर्घकालिक स्वास्थ्य दुष्परिणामों
B. प्रतिरक्षा शक्ति के घटने
C. पोषक तत्वों की कमी
D. उपर्युक्त सभी

209. चन्द्र मुख .... का लक्षण है।
A. वीएडी B. क्वाशरकोर
C. मेरास्मस D. पीईएम

210. स्वस्थ्य बच्चे का भार, ... की आयु तक उसके जन्म के समय के भार का दोगुना हो जाता है।
A. 6 माह B. 12 माह
C. 18 माह D. 24 माह

211. निम्न में से कौन–सी योजना के अंतर्गत "पूर्ण शक्ति केंद्र" नामक पायलट प्रोजेक्ट आरम्भ किया गया था?
A. राष्ट्रीय बाल स्वास्थ्य कार्यक्रम
B. समन्वित बाल विकास योजना
C. समेकित बाल संरक्षण योजना
D. राष्ट्रीय महिला सशक्तिकरण मिशन

212. ट्राईफेड (टी.आर.आई.एफ.ई.डी.) का पूर्ण रूप क्या है?
A. ट्राइबल क्युमुलेटिव मार्केटिंग डेवलपमेंट फेडरेशन ऑफ इंडिया लिमिटेड
B. ट्राइबल कॉरपोरेशन फॉर मार्केटिंग एंड डेवलपमेंट फेडरेशन
C. ट्राइबल कोआपरेटिव मार्केटिंग डेवलपमेंट फेडरेशन ऑफ इंडिया लिमिटेड
D. ट्राइबल कलेक्टिव मार्केटिंग डेवलपमेंट फेडरेशन ऑफ इंडिया लिमिटेड

213. कमर से नितम्ब का अनुपात, ... का संकेतक है।
A. पेलाग्रा B. मोटापा
C. नाखूनों की वृद्धि D. दृश्यता

214. दस्त व सम्बन्धित रोग, खसरा और श्वसन एवं अन्य संक्रमण के परिणामतः .... होता है।
A. धनात्मक प्रोटीन व ऊर्जा संतुलन
B. ऋणात्मक प्रोटीन व ऊर्जा संतुलन
C. समान प्रोटीन व ऊर्जा संतुलन
D. उपरोक्त में से कोई नहीं

215. राष्ट्रीय ग्रामीण स्वास्थ्य मिशन (NRHM) का उद्देश्य .... प्रदान करना है।
A. ग्रामीण जनसंख्या की गुणवत्तापरक स्वास्थ्य देखभाल
B. ग्रामीण जनसंख्या की किफायती स्वास्थ्य देखभाल
C. विशेष रूप से असुरक्षित समूहों की स्वास्थ्य देखभाल सुविधाएँ
D. उपर्युक्त सभी

216. इन्फ्लुएंजा की रोगोद्भवन अवधि (इन्क्युबेशन पीरियड) .... की होती है।
A. 9–15 दिन B. 4–9 दिन
C. 1–7 दिन D. 1–2 दिन

217. यदि .... तो स्तनपान नहीं कराते हैं।
A. माता किसी दीर्घकालिक रोग से पीड़ित हो
B. स्तनपाल के दौरान पुनः गर्भवती हो जाए
C. माँ का दूध पूरी तरह रुक चुका हो या बच्चे के लिए अपर्याप्त हो
D. उपर्युक्त सभी

218. वृद्धि, ऊर्जा, मरम्मत और रखरखाव के लिए शरीर को जिस पदार्थ की आवश्यकता होती है वह है:
A. प्रोटीन B. विटामिन
C. कार्बोहाइड्रेट D. वसा

219. भारतीय सन्दर्भ में पुरुष एवं महिला का आदर्श शरीर भार क्रमशः है:

A. 70 किग्रा एवं 60 किग्रा
B. 60 किग्रा एवं 55 किग्रा
C. 50 किग्रा एवं 45 किग्रा
D. 45 किग्रा एवं 40 किग्रा

220. लाल रक्त कोशिकाओं का जीवन चक्र .... का होता है।
A. 90 दिन B. 110 दिन
C. 120 दिन D. 135 दिन

221. मातृ मृत्यु दर को .... के रूप में व्यक्त किया जाता है।
A. प्रति 100 गर्भावस्थाओं पर गर्भवती महिलाओं की मृत्यु की संख्या
B. प्रति 1,000 गर्भावस्थाओं पर गर्भवती महिलाओं की मृत्यु की संख्या
C. प्रति 10,000 गर्भावस्थाओं पर गर्भवती महिलाओं की मृत्यु की संख्या
D. प्रति 1,00,000 गर्भावस्थाओं पर गर्भवती महिलाओं की मृत्यु की संख्या

222. संतुलित आहार में कार्बोहाइड्रेट से प्राप्त कुल कैलोरी का प्रतिशत .... के बीच होना चाहिए।
A. 40-50% B. 60-70%
C. 80-90% D. 90-100%

223. अन्तर्राष्ट्रीय महिला दिवस .... को मनाया जाता है।
A. 6 मार्च B. 8 मार्च
C. 10 मार्च D. 15 मार्च

224. सामान्य गर्भावस्था के दौरान किन रोगों के लिए नियमित जाँच की जाती है?
A. एड्स B. हेपेटाइटिस B
C. डाउन्स सिंड्रोम D. उपर्युक्त सभी

225. ICMR 2010 के अनुसार गर्भवती महिला के लिए आवश्यक अतिरिक्त प्रोटीन की मात्रा है:
A. 10.5 ग्राम B. 15.25 ग्राम
C. 20.4 ग्राम D. 27.2 ग्राम

226. डेंगू बुखार के दौरान मानव शरीर में इनमें से क्या घट जाता है?
A. RBC B. शक्कर
C. पट्टिकाणु (प्लेटलेट) D. हीमोग्लोबिन

227. इनमें से कौन एक जीवाणुजन्य रोग नहीं है?
A. डिफ्थीरिया B. एड्स
C. काली खाँसी D. हैजा

228. भारत सरकार द्वारा पोषण सम्बन्धी रक्ताल्पता रोगनिरोध कार्यक्रम वर्ष .... में आरम्भ किया गया था।
A. 1982 B. 1980
C. 1970 D. 1972

229. कई महिलाओं को थोड़ी उबकाई या उलटियां, या "मॉर्निंग सिकनेस" होती है, जो विशेष रूप से .... के दौरान होती है।
A. गर्भावस्था के पहले महीने
B. गर्भावस्था के 1–3 महीने
C. गर्भावस्था के 4–6 महीने
D. गर्भावस्था के 6–9 महीने

230. ICMR 2010 के अनुसार 1–3 वर्ष आयु वर्ग के बच्चों के लिए प्रतिदिन आवश्यक किलो कैलोरी है:
A. 2100 किलो कैलोरी B. 1800 किलो कैलोरी
C. 1690 किलो कैलोरी D. 1060 किलो कैलोरी

231. ट्यूबरकुलोसिस (टीबी) संक्रामक रोग है जो .... नामक बैक्टीरिया द्वारा होता है।
A. मायकोबैक्टीरियम ट्यूबरकुलोसिस
B. मायकोबैक्टीरियम मेरिनम
C. मायकोबैक्टीरियम फोर्चुइटम
D. मायकोबैक्टीरियम चेलोनी

232. नवजात शिशुओं को .... की रोकथाम के लिए "ट्रिपल एंटीजन वैक्सीन" दिया जाता है।
A. पोलियो, डिफ्थीरिया और टिटनस
B. डिफ्थीरिया, काली खाँसी और टिटनस
C. टिटनस, ट्यूबरकुलोसिस और पोलियो
D. डिफ्थीरिया, टायफॉइड और टिटनस

233. गर्भवती महिला के आहार में इनमें से किसे शामिल नहीं किया जा सकता है?
A. फल व सब्जियाँ
B. दूध व दूध के उत्पाद
C. एल्कोहल और धूम्रपान
D. अनाज व दालें

234. निम्नांकित प्रयोजनों से स्वास्थ्य पेशेवरों द्वारा पांच भोजन समूह प्रणाली का उपयोग किया जा सकता है:
A. पोषण सम्बन्धी परामर्श के साधन
B. भोज्य पदार्थों की लेबलिंग एवं निगरानी तन्त्र
C. रोगी को उपचारात्मक आहार समझाना
D. उपर्युक्त सभी

235. इनमें से कौन एक आवश्यक अमीनो अम्ल है?
A. एलानिन B. एस्पार्टिक अम्ल
C. ग्लूटामिक अम्ल D. लायसिन

236. खसरे के लिए इनमें से कौन उत्तरदायी है?

A. जीवाणु B. विषाणु
C. शैवाल D. कवक

237. इनमें से कौन–सा विटामिन शरीर में संश्लेषित हो सकता है?

A. विटामिन A B. विटामिन C
C. विटामिन D D. विटामिन E

238. गर्भवती और स्तनपान करा रही महिलाओं में PEM .... को प्रभावित कर सकता है।

A. गर्भस्थ शिशु की वृद्धि
B. गर्भस्थ शिशु की पोषण स्थिति
C. गर्भस्थ शिशु की उत्तरजीविता दर
D. उपर्युक्त सभी

239. गर्भावस्था के दौरान खराब ढंग से नियंत्रित मधुमेह .... का जोखिम बढ़ा देती है।

A. प्रीएक्लेम्पिसया (हाई ब्लड प्रेशर + हाथ–पाँव में सूजन + मूत्र में प्रोटीन)
B. समय से पहले प्रसव
C. सीजेरियन जन्म
D. उपर्युक्त सभी

240. नाभिरज्जु (गर्भनाल) के संक्रमण के संकेतों में शामिल हैं:

A. आधार का लाल या सूजा हुआ दिखना
B. रक्तस्राव होते रहना
C. पीला या सफेद मवाद निकलना
D. उपर्युक्त सभी

241. काला अजार नियन्त्रण कार्यक्रम वर्ष .... में आरम्भ हुआ था।

A. 1980–81 B. 1990–91
C. 2000–01 D. 2006–11

242. किस न्यूनता रोग को तीन D's का रोग कहा जाता है?

A. स्कर्वी B. बेरी–बेरी
C. पेलाग्रा D. रिकेट्स

243. प्रोटीन की कमी से .... हो सकता है।

A. खाँसी B. जलना
C. पेशी क्षय D. उत्तेजना (जलन+खुजली)

244. अवांछनीय परिणामों के जोखिमों के बिना गर्भाधान करने हेतु उपयुक्त आयु रेंज है:

A. 17–30 वर्ष B. 20–35 वर्ष
C. 25–40 वर्ष D. 25–50 वर्ष

245. मेरास्मस से पीड़ित बच्चे में इनमें से कौन–सा लाक्षणिक प्रकटन दिखाई देता है?

A. सामान्य से कम तापमान
B. निर्जलीकरण
C. पानी जैसे दस्त
D. उपर्युक्त सभी

246. 9 माह की आयु पर खसरे की वैक्सीन के साथ दी गई विटामिन A की पहली खुराक होती है:

A. 100,000 IU B. 1,000 IU
C. 200,000 IU D. 30,000 IU

247. वह प्रक्रिया, जिसके द्वारा व्यक्ति का प्रतिरक्षा तन्त्र, किसी एजेंट के विरुद्ध दृष्टिकृत हो जाता है, ... कहलाती है।

A. पोषण B. प्रतिरक्षीकरण
C. संरोपण (इनोकुलेशन) D. कुपोषण

248. ICDS में संशोधित पोषण सम्बन्धी मानदण्डों (फरवरी 2009 से) के अनुसार, गर्भवती महिलाओं और स्तनपान करा रही महिलाओं को दी जाने वाली ऊर्जा एवं प्रोटीन की मात्रा क्रमशः .... होनी चाहिए।

A. 200 किलोकैलोरी और 10–12 ग्राम
B. 400 किलोकैलोरी और 10–12 ग्राम
C. 600 किलोकैलोरी और 18–20 ग्राम
D. 900 किलोकैलोरी और 20–25 ग्राम

249. BCG का पूरा नाम इनमें से कौन–सा है?

A. बेसिलस क्लोस्ट्रीडियम गोनेडिज्म
B. बैक्टीरिया कोलेरा गुएरिन
C. बेसिलस कामेट गुएरिन
D. बैक्ट्रिया कामेट गोनेडिज्म

250. सार्वभौमिक प्रतिरक्षीकरण कार्यक्रम के अंतर्गत जिस रोग/जिन रोगों से संरक्षण दिया गया है वह है/वे हैं:

A. डिफ्थीरिया
B. पोलियो
C. क्षय रोग (ट्यूबरकुलोसिस)
D. ऊपर के सभी

251. राष्ट्रीय स्तर पर NRHM का एक मिशन दिशा–नियन्त्रण समूह (MSG) होता है जिसके प्रमुख .... होते हैं।

A. केन्द्रीय स्वास्थ्य एवं परिवार कल्याण मंत्री
B. केन्द्रीय स्वास्थ्य एवं परिवार कल्याण सचिव
C. उपरोक्त दोनों
D. उपरोक्त में से कोई नहीं

252. पोषण की स्थिति का निर्धारण करने में .... एक महत्वपूर्ण भूमिका निभाती/ता है।

A. सामाजिक–आर्थिक स्थिति
B. सुंदरता
C. कपड़े
D. नींद का पैटर्न

253. माता द्वारा गर्भावस्था के दौरान मादक पदार्थों का उपयोग किए जाने पर गर्भस्थ शिशु के साथ इनमें से कौन–से प्रतिकूल प्रभाव सम्बद्ध हो सकते हैं?
A. समय–पूर्व जन्म
B. सिर व शरीर का आकार सामान्य से कम होना
C. शारीरिक विकृतियां
D. उपर्युक्त सभी

254. क्वाशरकोर .... की कमी के कारण होता है।
A. प्रोटीन–ऊर्जा B. कैल्शियम
C. आयरन D. थायमिन

255. राष्ट्रीय ग्रामीण स्वास्थ्य मिशन (NRHM) का आरम्भ माननीय प्रधानमंत्री द्वारा .... को किया गया था।
A. 12 अप्रैल, 2005 B. 14 अप्रैल, 2005
C. 12 अप्रैल, 2006 D. 14 अप्रैल, 2006

256. ICDS का गठन .... को मिलाकर होता है।
A. आँगनबाड़ी कार्यकर्त्ताओं, सहायक एवं पर्यवेक्षक
B. बाल विकास परियोजना अधिकारी (CDPO)
C. जिला कार्यक्रम अधिकारी (DPO)
D. उपर्युक्त सभी

257. हीमोग्लोबिन के प्रत्येक ग्राम में लगभग .... होता है।
A. 6.34 मिग्रा आयरन B. 4.25 मिग्रा आयरन
C. 3.34 मिग्रा आयरन D. 2.24 मिग्रा आयरन

258. जन्म के समय पूर्णकालिक नवजात शिशु के शरीर का आदर्श भार .... होना चाहिए।
A. 2.2 किग्रा B. 3.2 किग्रा
C. 4.2 किग्रा D. 5.2 किग्रा

259. पूर्व–विद्यालय बच्चों में पोषण सम्बन्धी न्यूनता का/के मुख्य लक्षण है/हैं:
A. प्रोटीन ऊर्जा कुपोषण
B. विटामिन A की कमी
C. विटामिन B कॉम्प्लेक्स
D. उपर्युक्त सभी

260. किस वैक्सीन की बूस्टर खुराकें मुख से दी जाती हैं?
A. हेपेटाइटिस–B B. DPT
C. टिटनस D. पोलियो

261. ICDS योजना के अंतर्गत कौन–सा कार्यक्रम नहीं आता है?
A. पूरक पोषण
B. विद्यालय–पूर्व अनौपचारिक शिक्षण
C. पोषण एवं स्वास्थ्य शिक्षा
D. विश्व स्वास्थ्य संगठन

262. विटामिन D का समृद्ध स्रोत है:
A. मछली का तेल (कॉड लिवर ऑयल)
B. पत्तागोभी
C. अनाज
D. दाल

263. न्यूमोनिया सामान्यतः .... के संक्रमण द्वारा होता है।
A. विषाणु B. जीवाणु
C. उपरोक्त दोनों D. उपरोक्त में से कोई नहीं

264. इनमें से कौन मच्छरों द्वारा नहीं होता है?
A. फाइलेरिया B. जापानी इंसिफेलाइटिस
C. मलेरिया D. काला–अजार

265. एक खनिज जिसकी शरीर को हड्डियों की उचित वृद्धि और विकास के लिए आवश्यकता होती है:
A. सोडियम B. पोटेशियम
C. आयरन D. कैल्शियम

266. इनमें से कौन एक डाइसेकराइड है?
A. लैक्टोज B. ग्लूकोज
C. गैलेक्टोज फ्रक्टोज D. फ्रक्टोज

267. इनमें से कौन, व्यापक जनसमूह हेतु आहारीय लक्ष्य हैं?
A. सकारात्मक स्वास्थ्य कायम रखना
B. न्यूनताजन्य रोगों और विकारों की रोकथाम
C. उपयुक्ततम प्रदर्शन तथा IBW कायम रखना
D. उपर्युक्त सभी

268. प्रसवकालीन देखभाल के सम्बन्ध में इनमें से क्या सत्य है?
A. यह प्रसव आरम्भ होने के बाद आरम्भ होती है और प्रसव के बाद तक चलती है जिसमें माता और शिशु की जाँच करना शामिल है
B. यह गर्भावस्था की अन्तिम तिमाही के दौरान की जाती है
C. उपरोक्त दोनों
D. यह गर्भावस्था की दूसरी तिमाही के दौरान की जाती है

269. हेपेटाइटिस B .... के कारण होता है।
A. मल सन्दूषण B. जल सन्दूषण
C. आन्त्रेतर मार्ग D. भोजन सन्दूषण

270. किसी विशिष्ट भौगोलिक क्षेत्र में किसी रोग या संक्रामक अभिकर्ता की लगातार उपस्थिति को .... कहते हैं, जैसे हैजा, मलेरिया, आदि।

A. महामारी B. स्थानिक / विशेषक्षेत्री रोग
C. वाहक D. संचरणशीलता की अवधि

271. एक विटामिन जो आयरन अवशोषण में सहायक है:

A. एस्कॉर्बिक अम्ल B. थायमिन
C. राइबोफ्लेविन D. पैंटोथेनिक अम्ल

272. छोटी चेचक (चिकनपॉक्स) की संक्रामकता .... रहती है।

A. ददोरे दिखने के 3 दिन बाद तक
B. आखिरी पपड़ी गिर जाने तक
C. जब तक बुखार रहे तब तक
D. ददोरे दिखने के 6 दिन बाद तक

273. भोजन पचाने, शरीर में पोषक तत्वों का अवशोषण, परिवहन और भण्डारण करने में लगने वाली ऊर्जा को .... कहते हैं।

A. कुल आवश्यक ऊर्जा B. कुल ऊर्जा व्यय
C. बॉडी मास इंडेक्स D. तापजनन

274. नवजात में निर्जलीकरण के मामले में ग्लूकोज .... के लिए / के रूप में देते हैं।

A. सोडियम के अवशोषण
B. इनमें से कोई नहीं
C. ऊर्जा के स्रोत
D. स्वाद

275. महिलाओं के मामले में 25 (किग्रा / मी^{2}) से अधिक के BMI का अर्थ है:

A. सामान्य से अधिक पोषण
B. सामान्य से कम पोषण
C. सन्तुलित पोषण
D. उपरोक्त में से कोई नहीं

276. कोणीय मुखपाक (एंगुलर स्टोमटाइटिस), जिह्वाशोथ (ग्लॉसाइटिस) और ओष्ठविदरता (चेलोसिस) .... की कमी के कारण होते हैं।

A. नियासिन B. राइबोफ्लेविन
C. सायनोकोबालामिन D. थायमिन

277. जनसमूह में आयोडीन की कमी से होने वाले रोगों पर नियन्त्रण करने की एक सुपरीक्षित पद्धति है उनमें .... का वितरण।

A. आयोडीन युक्त जल B. आयोडीन वातित पेय
C. आयोडीन युक्त नमक D. आयोडीन युक्त मसाले

278. राष्ट्रीय प्रतिरक्षीकरण कार्यक्रम के अन्तर्गत खसरे का वैक्सीन .... की आयु पर दिया जाता है।

A. 6 सप्ताह B. 9 माह
C. 6 माह D. 18 माह

279. .... में शिक परीक्षण किया जाता है।

A. मेनिंजाइटिस (मस्तिष्कावरणशोथ)
B. डिफ्थीरिया
C. पर्ट्यूसिस
D. पोलियो मायलाइटिस

280. माँस, मछली, अंडे और दूध .... वाले प्रोटीनों के महत्वपूर्ण स्रोत हैं।

A. उच्च जैविक मान B. उच्च प्रतिधारण मान
C. उच्च अवशोषण मान D. उपरोक्त में से कोई नहीं

281. मध्य पूर्व जाने वाले तीर्थ यात्रियों को सामान्यतः कौन–सा वैक्सीन दिया जाता है?

A. मेनिंजाइटिस (मस्तिष्कावरणशोथ)
B. पीत ज्वर
C. इन्फलुएंजा
D. DPT

282. मायकोबैक्टीरियम ट्यूबरकुलोसिस और विब्रियो कोलेरी की पहचान .... ने की थी।

A. रॉबर्ट कोच B. लुइस पाश्चर
C. न्यूटन D. आइन्सटाइन

283. नवजात शिशुओं में DPT लगाने का अनुशंसित स्थान है?

A. ग्लूटियल पेशी B. डेल्टॉइड पेशी
C. अग्रबाहु D. जाँघ का पार्श्व भाग

284. थायमिन की कमी आमतौर पर .... के कारण होती है।

A. लोगों द्वारा पॉलिश किए हुए चावल का सेवन अधिक किए जाने
B. खाना पकाने की अनुचित प्रथाएं अपनाने
C. चावल पकाने के बाद बचे अतिरिक्त पानी को फेंक देने
D. उपर्युक्त सभी

285. राष्ट्रीय स्वास्थ्य नीति कब सूत्रबद्ध की गयी थी?

A. 1983 B. 1987
C. 2002 D. 2004

286. इनमें से कौन एक आवश्यक वसा अम्ल है?

A. लिनोलेनिक अम्ल B. एस्कॉर्बिक अम्ल
C. फोलिक अम्ल D. उपरोक्त में से कोई नहीं

287. मलेरिया .... के कारण होता है।
A. प्लाज्मोडियम
B. लीशमेनिया
C. एण्टमीबा हिस्टोलिटिका
D. क्लॉस्ट्रीडियम

288. वृद्धि मन्दन और पेशियों एवं अधोत्वचीय वसा का गम्भीर क्षय, ये पोषण सम्बन्धी .... की दो सतत् विशेषताएं हैं।
A. मेरास्मस B. पेलाग्रा
C. स्कर्वी D. मुखपाक (स्टोमटाइटिस)

289. कंजंक्टाइवल जीरोसिस का अर्थ नेत्रश्लेष्मला (कंजंक्टाइवा) के/की .... से है।
A. सूखेपन B. अंधता
C. मृदुता D. कठोरता

290. गर्भावस्था के दौरान आवश्यक अतिरिक्त प्रोटीन .... के लिए आवश्यक होता है।
A. गर्भाशय की आकार वृद्धि
B. गर्भस्थ शिशु की तीव्र वृद्धि
C. उपरोक्त दोनों
D. उपरोक्त में से कोई नहीं

291. प्रोटीन, वसा और कार्बोहाइड्रेट को कभी–कभी .... कहा जाता है।
A. निकटस्थ मूल तत्व (प्रॉक्सिमेट प्रिन्सिपल्स)
B. महत्वपूर्ण मूल तत्व
C. प्राथमिक मूल तत्व
D. उपरोक्त में से कोई नहीं

292. फेफड़े को छोड़ कर अन्य किसी अंग के क्षय रोग (ट्यूबरकुलोसिस) से पीड़ित रोगियों को .... कहा जाता है।
A. एक्स्ट्रापल्मोनरी टीबी केस
B. फेफड़ों की टीबी
C. उपरोक्त दोनों
D. एल्कोहली टीबी

293. RDA की सीमाएँ क्या हैं?
A. केवल स्वस्थ व्यक्तियों हेतु अनुशंसाएँ
B. कुपोषित, मोटापाग्रस्त या बीमार लोगों के लिए अनुशंसाएँ नहीं
C. व्यक्तियों और उनकी पोषण सम्बन्धी आवश्यकताओं के बीच अन्तर होते हैं
D. उपर्युक्त सभी

294. व्यक्ति की पोषण स्थिति का आंकलन करने के लिए इसमें से किस विधि को अपनाया जा सकता है?
A. पोषण सम्बन्धी नृमिति
B. पोषण सम्बन्धी संकेतों की नैदानिक (क्लीनिकल) जाँच
C. जैवरासायनिक आंकलन
D. उपर्युक्त सभी

295. ICDS योजना के अन्तर्गत 6 वर्ष तक की आयु वाले बच्चों को दिये जाने वाले प्रोटीन की मात्रा है:
A. 8–10 ग्राम प्रोटीन B. 15 ग्राम प्रोटीन
C. 12 ग्राम प्रोटीन D. 20 ग्राम प्रोटीन

296. दस्त पर तर्कसंगत प्रतिक्रिया है:
A. अन्तःशिरीय (इंट्रावीनस) चिकित्सा
B. नमक व शक्कर का घोल
C. घरेलू भोजन
D. उपर्युक्त सभी

297. गर्भावस्था के दौरान फोलिक अम्ल युक्त अनुपूरकों का सेवन .... का जोखिम घटाता है।
A. तन्त्रिका नाल दोष (न्यूरल ट्यूब डिफेक्ट)
B. घेंघा (गॉइटर)
C. मधुमेह
D. उपरोक्त में से कोई नहीं

298. संचरणशील रोगों के नियन्त्रण में, किसी रोग के सम्बन्ध में संगरोध की अवधि का निर्धारण .... द्वारा होता है।
A. रोग की अवधि
B. वाहक अवस्था
C. रोगोद्भवन अवधि
D. संक्रमणशीलता/संक्रामकता अवधि

299. विटामिन E वह मुख्य लिपिड घुलनशील विटामिन है जिसमें .... होता है।
A. एण्टीऑक्सीडेण्ट गुण B. जरण गुण
C. विनाशकारी गुण D. उपरोक्त में से कोई नहीं

300. इनमें से किसे छोड़कर अन्य कारकों के कारण चेचक (स्मॉलपॉक्स) का उन्मूलन हो पाया था?
A. लंबी रोगोद्भवन अवधि
B. अतिरिक्त मानव भंडार नियंत्रण
C. पहचान में सरलता
D. शक्तिशाली वैक्सीन

301. राष्ट्रीय पोषण सम्बन्धी रक्ताल्पता नियन्त्रण कार्यक्रम .... में रक्ताल्पता की रोकथाम एवं उपचार करने पर लक्षित है।

A. स्वस्थ व्यक्ति B. वयस्क पुरुष
C. गर्भवती महिलाओं D. उपरोक्त में से कोई नहीं

302. गर्भावस्था से पहले तथा उसके दौरान पोषण स्थिति खराब होने के गम्भीर दीर्घकालिक प्रभाव होते हैं और .... का जोखिम मौजूद रहता है।
A. मातृ रुग्णशीलता
B. शीघ्र/समय–पूर्व प्रसव
C. जन्म के समय वजन कम
D. उपर्युक्त सभी

303. ऊर्जा असन्तुलन से उत्पन्न होने वाली दो स्थितियाँ बताएं:
A. मोटापा और दीर्घकालिक ऊर्जा न्यूनता
B. हैजा और डिफ्थीरिया
C. टायफॉइड और मलेरिया
D. खसरा और ट्यूबरकुलोसिस

304. एक सरल शर्करा जो शरीर की सभी कोशिकाओं के लिए ऊर्जा का प्रमुख स्रोत है?
A. गन्ने का शर्करा B. सुक्रोज
C. ग्लूकोज D. फ्रक्टोज

305. स्तनपान, कुछ विषाणु संक्रमणों जैसे .... के विरुद्ध प्राकृतिक प्रतिरक्षा की अवधि को लम्बा कर देता है।
A. कुछ प्रकार के न्यूमोनिया और दस्त
B. पोलियो
C. उपरोक्त दोनों
D. मधुमेह

306. समुदाय में बच्चों की स्वास्थ्य स्थिति की माप है:
A. नवजात मृत्यु दर B. मातृ मृत्यु दर
C. अशोधित जन्म दर D. अशोधित मृत्यु दर

307. गर्भवती स्त्री को अपने आहार में इनमें से किस प्रकार के भोजन से बचना चाहिए?
A. बासी भोजन
B. जंक फूड
C. मसालेदार और तैलीय रस (ग्रेवी)
D. उपर्युक्त सभी

308. ICMR 2010 के अनुसार स्त्रियों के लिए कैल्शियम की अनुशंसित अनुमति कितनी है?
A. 600 मिग्रा/दिन B. 400 मिग्रा/दिन
C. 300 मिग्रा/दिन D. 700 मिग्रा/दिन

309. आयरन की कमी से होने वाले एनीमिया के कार्यात्मक प्रभावों में शामिल हैं:
A. निढालता, बेचैनी और क्षीण कार्य प्रदर्शन
B. तापनियन्त्रण में गड़बड़ी
C. मातृ और प्रसव–पूर्व मरणशीलता एवं रुग्णशीलता में वृद्धि
D. उपर्युक्त सभी

310. गर्भावस्था के दौरान .... के कारण आधारी चयापचय में वृद्धि होती है।
A. त्वरित ऊतक संश्लेषण
B. सक्रिय ऊतक द्रव्यमान में वृद्धि
C. हृदयवाहिकीय एवं फुफ्फुसीय कार्य में वृद्धि
D. उपर्युक्त सभी

311. गर्भावस्था के दौरान आयोडीन न्यूनता विकार किस–किस प्रकार से गर्भस्थ शिशु को प्रभावित कर सकते हैं?
A. तन्त्रिकीय क्रेटीनता (वामनता)
B. मूक बधिरता
C. भैंगापन
D. उपर्युक्त सभी

312. शाकाहारी माता में .... की कमी होने की संभावना अधिक होती है।
A. विटामिन B12 B. विटामिन C
C. विटामिन A D. आयरन

313. अन्त्योदय अन्न योजना के अन्तर्गत वह कौन–सी एक अनुपूरक खाद्य सुरक्षा योजना है जो निर्धनतम व्यक्तियों को .... भोजन प्रतिमाह प्रति परिवार के लिए पात्र बनाती है।
A. 40 किग्रा B. 35 किग्रा
C. 30 किग्रा D. 38 किग्रा

314. प्रसव पूर्व विकास में शामिल है:
A. गर्भधारण–पूर्व अवधि B. भ्रूणीय अवधि
C. गर्भज अवधि D. उपर्युक्त सभी

315. कर्णमूलशोथ/गलसुआ (मम्प्स) में अधिकतम संक्रामकता की अवधि .... के दौरान होती है।
A. सूजन की शुरूआत B. सूजन दिखने के बाद
C. रोगोद्भवन अवधि D. रोगपूर्वलक्षण अवधि

316. फ्रिनोडर्मा .... के कारण होती है।
A. खनिजों की कमी
B. कॉम्प्लेक्स विटामिनों की कमी
C. अनावश्यक (नॉन–इसेन्शियल) वसा अम्लों की कमी
D. उपर्युक्त में से कोई नहीं

317. इनमें से कौन–सा रोग आक्रमण के बाद जीवन–पर्यन्त प्रतिरक्षा दे जाता है?

A. कर्णमूलशोथ / गलसुआ (मम्प्स)
B. टायफॉइड
C. डिफ्थीरिया
D. टिटनस

318. भोजन के मुख के पिछले भाग में पहुँच जाने के बाद निगलने की प्रक्रिया .... हो जाती है।
A. ऐच्छिक B. अनैच्छिक
C. स्वचालित D. गतिशील

319. हरी पत्तेदार सब्जियाँ और ताजे फल .... का अच्छा स्रोत नहीं हैं।
A. आहारीय रेशे B. प्रोटीन
C. विटामिन K D. विटामिन A

320. पीयूष (कोलोस्ट्रम) एक पीला गाढ़ा तरल होता है जो .... में समृद्ध होता है।
A. प्रोटीन B. इम्युनोग्लोबुलिन
C. इलेक्ट्रोलाइट D. उपर्युक्त सभी

321. इनमें से कौन, व्यक्ति की पोषण का आंकलन करने की अप्रत्यक्ष विधि है?
A. BMI
B. MUAC
C. आयु विशिष्ट मृत्युदर / मरणशीलता
D. जैवरासायनिक आंकलन

322. जल में घुलनशील विटामिन है:
A. विटामिन C B. विटामिन D
C. विटामिन A D. विटामिन E

323. आँगनवाड़ी केन्द्रों के माध्यम से कौन–सी सुविधा दी जाती है?
A. स्वास्थ्य जाँच B. प्राथमिक टीकाकरण
C. पूरक पोषण आहार D. उपरोक्त सभी

324. हेपेटाइटिस रोग मनुष्य के लिए अंग को क्षतिग्रस्त करता है:
A. यकृत B. फेफड़े
C. वृक्क D. हृदय

325. प्रोटीन .... नहीं पाया जाता है।
A. रक्त में B. लसिका में
C. कोशिका द्रव्य में D. पित्त रस में

326. गर्भावस्था के दौरान स्तनों में परिवर्तन के लिये कौन–सा हार्मोन उत्तरदायी है?
A. गोनेडोट्राफिन B. प्रोजेस्ट्रान
C. ओवेरियन D. इनमें से कोई नहीं

327. निम्न में से कौन–सी वैक्सीन गर्भवती महिला को दो जाती है?
A. ओ.पी.वी. B. डी.पी.टी.
C. टिटेनस D. इनमें से कोई नहीं

328. "टोकोफेराल" के नाम से जाना जाने वाला विटामिन है:
A. विटामिन E B. विटामिन D
C. विटामिन C D. विटामिन A

329. परिवार कल्याण कार्यक्रम का मुख्य उद्देश्य है:
A. खेलकूद को बढ़ावा देना
B. जनसंख्या नियंत्रण
C. प्राथमिक उपचार
D. गंभीर कुपोषण पर नियंत्रण

330. पूर्ण गर्भावस्था के दौरान महिला के वजन में वृद्धि होती है:
A. 25 किग्रा B. 20 किग्रा
C. 12 किग्रा D. 18 किग्रा

331. किशोरावस्था में बालिकाओं हेतु आयरन की आवश्यकता होती है:
A. 40–45 मिग्रा प्रतिदिन
B. 28–30 मिग्रा प्रतिदिन
C. 10–15 मिग्रा प्रतिदिन
D. 50–55 मिग्रा प्रतिदिन

332. म.प्र. में राष्ट्रीय दृष्टिहीन नियंत्रण कार्यक्रम किसके सहयोग से चलाया गया है?
A. विश्व बैंक B. विश्व स्वास्थ्य संगठन
C. केन्द्र D. इनमें से कोई नहीं

333. भारत में कुपोषण का मुख्य कारण है:
A. जनसंख्या वृद्धि B. अज्ञानता
C. गरीबी D. उपरोक्त सभी

334. चेचक के टीके की खोज किसने की थी?
A. राबर्ट कोच B. फिनेल
C. मैकुलने D. एडवर्ड जैनर

335. (AIDS) का पूरा नाम है:
A. एक्वायर्ड इम्यूनो डेफिसियेन्सी सिंड्रोम
B. एक्वायर्ड इम्यून डिजीज सिम्पटम
C. ऑटो इम्यून डिफिसियेन्सी सिन्ड्रोम
D. एण्टी इम्यून डेफिसियेन्सी सिन्ड्रोम

336. ठंडी जलवायु वाले प्रदेशों में रहने वाले लोगों में ऊर्जा की आवश्यकता .... होती है।
A. अधिक B. कम
C. सामान्य D. इनमें से कोई नहीं

337. आयोडीन की कमी से बालकों में होने वाले रोग हैं:
A. स्कर्वी B. क्वाशरकोर
C. पैलाग्रा D. बेरीबेरी

338. पोलियो का वायरस बच्चे के किस तंत्र को सर्वाधिक प्रभावित करता है?
A. तंत्रिका तंत्र B. पाचन तंत्र
C. श्वसन तंत्र D. परिवहन तंत्र

339. महिलाओं की आधारीय चयापचय की दर पुरुषों की तुलना में:
A. अधिक होती है B. कम होती है
C. बराबर होती है D. इनमें से कोई नहीं

340. गर्भावस्था की पुष्टि हेतु .... की जाँच की जाती है:
A. मूत्र की B. रक्त की
C. लार की D. इनमें से कोई नहीं

341. पूर्ण गर्भावस्था की अवधि होती है:
A. 295 दिन B. 280 दिन
C. 288 दिन D. 290 दिन

342. गर्भस्थ शिशु के पूर्ण विकास के लिये गर्भवती स्त्री का भोजन .... होना चाहिये।
A. उच्च प्रोटीन युक्त B. उच्च कैल्शियम युक्त
C. उपरोक्त दोनों D. उपरोक्त में से कोई नहीं

343. एक साधारण क्रियाशील गर्भवती स्त्री को कितने ग्राम अनाज की आवश्यकता प्रतिदिन होती है?
A. 400 ग्राम B. 800 ग्राम
C. 600 ग्राम D. 700 ग्राम

344. टिटेनस रोग का कारण है:
A. डिफ्थीरिया बेसिलाई B. विब्रियो कालेरी
C. क्लास्ट्रीडियम टेटनी D. इनमें से कोई नहीं

345. ऊर्जा मापने की अंतर्राष्ट्रीय इकाई .... है।
A. कैलोरी B. जूल
C. वाट D. किलोवाट

346. पार्निशियस एनीमिया (Pernicious Anaemia) से बचाव हेतु गर्भावस्था में भोजन में लेना आवश्यक है:
A. विटामिन B12 B. विटामिन D
C. विटामिन K D. इनमें से कोई नहीं

347. गर्भवती महिला को कैल्शियम की आवश्यकता की पूर्ति हेतु क्या लेना चाहिए?
A. दूध तथा दूध से बने पदार्थ
B. बंदगोभी
C. अंडा
D. उपरोक्त सभी

348. पीलिया मनुष्य के किस अंग को प्रभावित करता है?
A. यकृत B. गुर्दे
C. हृदय D. मस्तिष्क

349. राष्ट्रीय फाइलेरिया उन्मूलन कार्यक्रम कब प्रारंभ किया गया था?
A. 1963 B. 1958
C. 1962 D. 1955

350. परिवार कल्याण कार्यक्रम का मुख्य उद्देश्य है:
A. ग्रामीण स्वास्थ्य सेवा B. जनसंख्या नियंत्रण
C. आय में वृद्धि D. इनमें से कोई नहीं

351. कुपोषण का अर्थ होता है:
A. अति पोषण B. अल्प पोषण
C. उपरोक्त दोनों D. इनमें से कोई नहीं

352. शरीर में रोगों से लड़ने की शक्ति को कहते हैं:
A. रोग प्रतिरोधक क्षमता B. निःसंक्रमण
C. उपरोक्त दोनों D. इनमें से कोई नहीं

353. मीजल्स का टीका बालक को कब लगता है?
A. 5 माह में B. 3 माह में
C. 9 माह में D. 4 माह में

354. अंधेपन को दूर करने हेतु भारत सरकार ने राष्ट्रीय स्तर पर कार्यक्रम किस वर्ष प्रारंभ किया?
A. 1970 B. 1985
C. 1990 D. 1975

355. जन्म से लेकर एक वर्ष तक की आयु क्या कहलाती है?
A. बाल्यावस्था B. शैशवावस्था
C. किशोरावस्था D. इनमें से कोई नहीं

356. स्कूल मध्यांतर भोजन कार्यक्रम की शुरुआत भारत सरकार द्वारा .... सन् में की गई थी।
A. 1961 B. 1999
C. 1990 D. 1992

357. ICMR के अनुसार गर्भावस्था के दौरान महिलाओं को कितनी अतिरिक्त ऊर्जा की आवश्यकता होती है?
A. 300 कैलोरी प्रतिदिन B. 800 कैलोरी प्रतिदिन
C. 1000 कैलोरी प्रतिदिन D. 600 कैलोरी प्रतिदिन

358. माइक्रो न्यूट्रीएन्ट्स (सूक्ष्म पोषक तत्व) हैं:
A. पोटेशियम B. फॉस्फोरस
C. कैल्शियम D. आयरन (लोहा)

359. किस बीमारी का टीका अभी तक नहीं बना है?
A. एड्स B. टिटेनस
C. डिफ्थीरिया D. काली खांसी

360. 'ट्यूबरक्यूलिन' किस रोग में प्रभावकारी है?
A. कुष्ठ रोग B. डेंगू
C. तपेदिक D. पोलियो

361. जन्म से चार माह तक के बच्चे का क्या आहार होना चाहिए?
A. ठोस आहार B. अर्द्ध ठोस आहार
C. पूरक आहार D. माँ का दूध

362. टी.बी. की प्राथमिक रोकथाम की जा सकती है:
A. बी.सी.जी. वेक्सीन B. एम.डी.टी.
C. डॉट्स D. इनमें से कोई नहीं

363. बालवाड़ी पोषण कार्यक्रम की शुरूआत कल्याण विभाग द्वारा किस वर्ष की गई थी?
A. 1998 B. 1988
C. 1977 D. 1970

364. पोलियो को चिकित्सा विज्ञान की भाषा में क्या कहा जाता है?
A. पोलियो मायलिटिस B. पोलियो कवरेज
C. पोलियो स्कूलर D. पोलियो स्पूरम

365. टायफायड में शरीर का कौन–सा अंग सर्वाधिक प्रभावित होता है?
A. फेफड़े B. ह्रदय
C. यकृत D. आंत

366. बी.सी.जी. का टीका किस रोग से बचाव के लिए लगाया जाता है?
A. कैंसर B. हैजा
C. पोलियो D. क्षयरोग (तपेदिक)

367. शरीर का तापक्रम (बुखार) बढ़ने पर चयापचय की दर:
A. बढ़ती है
B. घटती है
C. कोई परिवर्तन नहीं
D. कभी घटती है, कभी बढ़ती है

368. ढाई माह की आयु में शिशु को कौन–सा टीका लगाया जाता है?
A. डी.पी.टी. का द्वितीय टीका
B. डी.पी.टी. का प्रथम टीका
C. खसरा का टीका
D. इनमें से कोई नहीं

369. खसरा रोग किस आयु वर्ग को सर्वाधिक प्रभावित करता है?
A. 6 माह से 3 वर्ष B. 0 से 6 माह
C. 0 से 5 वर्ष D. 6 माह से 1 वर्ष

370. धात्री माता के भोजन में कौन से पोषक तत्व की अधिकता होनी चाहिए?
A. कैल्शियम B. प्रोटीन
C. उपरोक्त दोनों D. इनमें से कोई नहीं

371. बालकों को विटामिन 'ए' की खुराक दी जाती है:
A. आँखों की सुरक्षा के लिये
B. वृद्धि विकास के लिये
C. हड्डियों की मजबूती के लिये
D. इनमें से कोई नहीं

372. प्रोटीन की उत्पत्ति प्रोटीओस (Proteos) शब्द से हुई है। प्रोटीओस .... भाषा का शब्द है।
A. फ्रेंच B. ग्रीक
C. अंग्रेजी D. जापानी

373. .... समेकित बाल विकास परियोजन (ICDS) के हितग्राही हैं।
A. गर्भवती मातायें B. धात्री मातायें
C. स्कूली पूर्व छात्र D. उपरोक्त सभी

374. किसी व्यक्ति की क्रियाशीलता बढ़ने पर प्रोटीन की मात्रा:
A. बढ़ती है B. घटता है
C. स्थिर रहती है D. इनमें से कोई नहीं

375. पल्स पोलियो अभियान का प्रथम चरण कब प्रारंभ हुआ था?
A. मई 1994 B. मई 1996
C. दिसंबर 1994 D. दिसंबर 1995

376. व्यवहारिक पोषाहार कार्यक्रम (Applied) की शुरूआत सर्वप्रथम किस राज्य में हुई?
A. उड़ीसा B. उत्तर प्रदेश
C. बिहार D. मध्य प्रदेश

377. व्यक्ति के आहारीय अन्तर्ग्रहण का आंकलन करने के लिए इनमें से किस विधि का उपयोग किया जाता है?
A. 24 घंटे की आहार स्मृति
B. कच्चे खाद्य पदार्थों का भार मापन
C. खाद्य बारम्बारता प्रश्नावली
D. उपर्युक्त सभी

378. एड्स एक .... रोग है।
A. स्थानिक B. महामारी
C. सर्वव्यापी D. छिट–पुट

379. जब आयरन की कमी से पीड़ित किशोरी गर्भवती होती है तो .... की सम्भावना अधिक होती है।
A. समय से पहले प्रसव

B. जन्म के समय अधिक भार वाले शिशुओं के जन्म
C. जुड़वां शिशुओं
D. उपर्युक्त में से कोई नहीं

380. गर्भावस्था से पहले एवं उसके दौरान आयोडीन की कमी होने से नवजात शिशुओं में .... हो सकता है।
A. क्रेटीनता (वामनता)
B. रक्ताल्पता (एनीमिया)
C. संक्रमण
D. एडीमा (तरल एकत्र होने से उत्पन्न सूजन)

381. खाद्य उपयोग .... पर निर्भर करता है।
A. जैव उपलब्धता
B. सुरक्षित एवं पीने योग्य जल
C. स्वच्छता एवं अपशिष्ट निकास
D. उपर्युक्त सभी

382. 2015 वैश्विक भूख सूचकांक रिपोर्ट के अनुसार, गम्भीर भूख स्थिति वाले अग्रणी देशों में भारत का .... स्थान है।
A. 40वां B. 15वां
C. 10वां D. 20वां

383. टाइफाइड उत्पन्न करने वाला जीव है:
A. सोल्मोनेला टायफी B. बोटुलिज्म
C. शैवाल D. कवक

384. मेरास्मस से पीड़ित बच्चे में इनमें से कौन–सा लाक्षणिक प्रकटन दिखाई नहीं देता है?
A. अम्लीय मल के साथ पानी जैसे दस्त
B. सामान्य से कम तापमान
C. उदर की पतली दीवार से क्रमाकुंचन दिखाई पड़ना
D. सामान्यीकृत एडीमा

385. गर्भावस्था के दौरान गर्भस्थ शिशु की वृद्धि को इनमें से कौन–सा कारक प्रभावित करता है?
A. पोषण स्थिति
B. स्वच्छता एवं अपशिष्ट निकास
C. आनुवंशिकी
D. उपर्युक्त सभी

386. इनमें से कौन–सा रोग–युग्म विषाणुओं द्वारा होता है?
A. रेबीज एवं कर्णमूलशोथ / गलसुआ (मम्प्स)
B. टाइफाइड और टेटनस
C. हैजा और ट्यूबरकुलोसिस
D. उपर्युक्त में से कोई नहीं

387. नृमिति सम्बन्धी मापन, जैसे लम्बाई, भार, मुड़ी त्वचा की मोटाई आदि, ... के महत्वपूर्ण संकेतक हैं।
A. पेलाग्रा B. बायोटिन की कमी
C. पोषण स्थिति D. त्वचाशोथ

388. खेसारी दाल में उपस्थित .... नामक जीवविष कलायखंज (लैथीरीरुग्णता) नामक रोग उत्पन्न करता है।
A. बीटा गामा अमीनो अम्ल
B. बीटा ऑक्जेली अमीनो एलानिन
C. बीटा हायड्रॉक्सिल प्रोलीन
D. बीटा अल्फा अमीनो अम्ल

389. एक बृहद पोषण तत्व जिसका मुख्य कार्य ऊतक वृद्धि एवं रखरखाव है:
A. वसा B. कार्बोहाइड्रेट
C. प्रोटीन D. इनमें से कोई नहीं

390. पीयूष ग्रन्थि की कार्यक्षमता अपर्याप्त होना और प्लाज्मा में वृद्धि हॉर्मोन का स्तर सामान्य से अधिक होना .... के साथ सम्बन्धित है।
A. PEM B. BMR
C. SDA D. TEE

391. कर्णमूलशोथ / गलसुआ (मम्प्स) .... का संक्रमण है।
A. कर्णपूर्व (पैरोटिड) ग्रन्थि
B. अवचिबुकीय (सबमेंडिबुलर) ग्रन्थि
C. अधोजिह्वा (सबलिंगुअल) ग्रन्थि
D. अधोजम्भ (सबमेक्जिलरी) ग्रन्थि

392. शरीर क्रियात्मक ईंधन कारकः एक ग्राम वसा से .... प्राप्त होती है।
A. 8 किलोकैलोरी B. 9 किलोकैलोरी
C. 7 किलोकैलोरी D. 6 किलोकैलोरी

393. एक बच्चे की वृद्धि मन्दित है, वह चल नहीं सकता है और उसके पूरे शरीर पर नील पड़े हैं। आंहार संपूरक के रूप में इनमें से किस पोषक तत्व का सुझाव दिया जाना चाहिए?
A. दूध
B. अंडे की जर्दी
C. दाल
D. सिट्रस परिवार के फल (मौसम्बी, सन्तरा, नींबू आदि)

394. ट्यूबरकुलोसिस के उपचार का लक्ष्य है:
A. उच्च रोगमुक्ति दर सुनिश्चित करना
B. पुनरावृत्ति न्यूनतम करना
C. औषधि प्रतिरोध की उत्पत्ति रोकना
D. उपर्युक्त सभी

395. बालवाड़ी पोषण कार्यक्रम भारत सरकार द्वारा वर्ष 1970 में आरम्भ किया गया एक स्वास्थ्य देखभाल एवं शिक्षण

कार्यक्रम है जो .... का सम्पूर्ण भोजन प्रदान करता है।

A. 300 किलोकैलोरी B. 500 किलोकैलोरी
C. 288 किलोकैलोरी D. 400 किलोकैलोरी

396. गर्भधारण–पूर्व एवं प्रसव–पूर्व नैदानिक (डाइग्नोस्टिक) तकनीक अधिनियम .... पर केन्द्रित है।

A. मादा भ्रूण गर्भपात की रोकथाम
B. जन्म से पहले लिंग पहचान की रोकथाम
C. दंपति को व्यापक एवं उपयुक्त परामर्श
D. उपर्युक्त सभी

397. स्वस्थ सुपोषित वयस्क की ऊर्जा आवश्यकता .... के समतुल्य होती है।

A. कुल ऊर्जा व्यय B. आंशिक ऊर्जा व्यय
C. अपूर्ण ऊर्जा व्यय D. इनमें से कोई नहीं

398. गॉइट्रोजन वे रासायनिक पदार्थ हैं जो अवटु (थायराइड) ग्रन्थि में .... के उपयोग में हस्तक्षेप करते हैं।

A. विटामिन B1 B. विटामिन B3
C. आयोडीन D. विटामिन B6

399. मध्य ऊपरी बाँह की परिधि के आधार पर कुपोषण की श्रेणियों में वर्गीकरण के लिए इनमें से किस मान को गम्भीर रूप से कुपोषित की श्रेणी में रखा जाएगा?

A. 15.5 सेमी से अधिक B. 13.5 सेमी से अधिक
C. 12.5 सेमी से कम D. उपर्युक्त में से कोई नहीं

400. गर्भावस्था में इनमें से किस समस्या का अनुभव नहीं होता है?

A. उबकाई
B. एडीमा (तरल एकत्र होने से उत्पन्न सूजन)
C. उलटियाँ
D. दाँतों में सड़न

401. विटामिन A या रेटिनॉल (पूर्वनिर्मित विटामिन A) केवल .... भोज्य पदार्थों में पाया जाता है।

A. पादप मूल के B. जन्तु मूल के
C. कवक D. इनमें से कोई नहीं

402. गर्भावस्था के स्वस्थ परिणाम के लिए, गर्भवती माताओं को .... का संपूर्ण खुराक दिया जाना चाहिए।

A. आयरन एवं फोलिक अम्ल
B. विटामिन A
C. विटामिन D
D. विटामिन K

403. इसे किलोग्राम में भार को मीटर में लम्बाई के वर्ग से विभाजित करके प्राप्त करते हैं, इसे क्वेटलेट सूचकांक भी कहते हैं:

A. BMI B. BMR
C. RDA D. DRI

404. इनमें से कौन–सा समूह अस्थिभंग और कैल्शियम की कमी के प्रति अधिक असुरक्षित है?

A. वयस्क B. किशोर
C. बुजुर्ग D. इनमें से कोई नहीं

405. वृहद पोषक तत्वों के अत्यधिक अन्तर्ग्रहण और निष्क्रिय जीवनशैली के कारण क्या होता है?

A. अच्छा स्वास्थ्य B. सम्पन्नता
C. मोटापा D. स्वस्थ जीवन शैली

406. क्लीनिकिल दृष्टि से, विटामिन B12 की कमी के कारण .... नामक स्थिति उत्पन्न होती है।

A. आयरन डेफिशिएंसी एनीमिया (लौह न्यूनता रक्ताल्पता)
B. पर्नीशियस एनीमिया
C. साँस में दुर्गन्ध
D. दाँतों में सड़न

407. यह अनुशंसा की जाती है कि प्रसव के बाद के आरम्भिक छः महीनों में नवजात शिशु को केवल .... जाए।

A. बोतल से दूध/आहार पिलाया
B. दूध छुड़ाया
C. स्तनपान करवाया
D. डब्बे का दूध/आहार पिलाया

408. पंच भोज्य समूह योजना .... द्वारा यथा निर्दिष्ट पोषक तत्व अन्तर्ग्रहण प्राप्त करने के लिए सूची तैयार करने की सुविधा देती है।

A. RDA B. UN
C. यूनेस्को D. उपर्युक्त सभी

409. फॉस्फोरस .... के निर्माण में महत्वपूर्ण भूमिका निभाता है।

A. अस्थियों और दाँतों
B. केश
C. लाल रक्त कोशिकाओं के परिपक्वन
D. स्वस्थ त्वचा

410. न्यूमोनिया की जटिलताएँ .... का कारण बन सकती हैं।

A. हृदयगति में वृद्धि B. साँस लेने में कठिनाई
C. उपरोक्त दोनों D. इनमें से कोई नहीं

411. कोणीय मुखपाक (एंगुलर स्टोमटाइटिस), जिह्वाशोथ (ग्लोसाइटिस) और ओष्ठविदरता (चेलोसिस) .... के लक्षण हैं।

A. कैल्शियम की कमी B. राइबोफ्लेविन की कमी
C. विटामिन C की कमी D. विटामिन D की कमी

412. इनमें से कौन एक संचरणशील रोग है?

A. मधुमेह B. डिफ्थीरिया
C. क्वाशरकोर D. मेरास्मस

413. विटामिन K की कमी का मुख्य संकेत है:

A. रक्तस्राव B. बजन बढ़ना
C. पेलियो D. क्षय रोग (ट्यूबरकुलोसिस)

414. डेंगू की रोकथाम के लिए उठाए जाने वाले आवश्यक कदम क्या हैं?

A. पर्यावरणीय स्वच्छता एवं अपशिष्ट निकास
B. मच्छर भगाने वाले उत्पादों का उपयोग
C. उचित वस्त्रों के माध्यम से सुरक्षा
D. उपर्युक्त सभी

415. शैशवकालीन ऊर्जा आवश्यकताएं बहुत अधिक होती हैं क्योंकि यह बहुत .... की अवधियों में से एक है।

A. तीव्र वृद्धि B. दाँतों के तीव्र निर्माण
C. तेजी से चलने D. इनमें से कोई नहीं

416. पोषक आहार लेने वाली एवं नियमित रूप से शारीरिक व्यायाम करने वाली स्वस्थ गर्भवती माता के मामले में .... की अच्छी सम्भावना होती है।

A. सामान्य प्रसव B. सीजेरियन प्रसव
C. जटिल प्रसव D. इनमें से कोई नहीं

417. ''पर्दा'' / ''घूँघट'' प्रथा .... की उपलब्धता घटाती है।

A. विटामिन A B. विटामिन C
C. विटामिन D D. विटामिन K

418. जन वितरण प्रणाली में वितरित होने वाली मुख्य वस्तुओं में शामिल हैं:

A. वस्त्र, औषधियाँ
B. गेहूँ, चावल, शक्कर, मिट्टी का तेल
C. सब्जियाँ एवं फल
D. प्रतिरक्षीकरण

419. स्वस्थ, सुपोषित गर्भवती माता सामान्यतः .... को जन्म देती है।

A. भारी शिशु B. स्वस्थ शिशु
C. अल्पविकसित शिशु D. उपर्युक्त सभी

420. MMR वैक्सीन इनमें से किस रोग से सुरक्षा देती है?

A. खसरा
B. कर्णमूलशोथ / गलसुआ (मम्प्स)
C. रुबेला
D. उपर्युक्त सभी

421. इनमें से किसे छोड़कर अन्य विकल्प, खाद्य सुरक्षा के निर्धारक हैं?

A. खाद्य उपलब्धता B. खाद्य सुगम्यता
C. खाद्य उपयोग D. खाद्य विपणन (मार्केटिंग)

422. सर्वव्यापी (पेंडेमिक) रोग का अर्थ इनमें से किससे है?

A. जब रोग पूरे विश्व में फैल जाए
B. जब रोग गरीबी रेखा से नीचे रहने वाले जनसमूह में फैला हो
C. जब रोग केवल वृद्ध लोगों में फैला हो
D. जब रोग अधिकांशतः शहरी जनसंख्या में फैला हो

423. गर्भावस्थाकालीन मधुमेह के कारण .... वाले शिशु का जन्म हो सकता है।

A. जन्म के समय अधिक भार
B. जन्म के समय कम भार
C. जन्म के समय सामान्य भार
D. उपर्युक्त सभी

424. अल्पपोषित पूर्व–विद्यालयी बच्चों में .... होने की सम्भावना अधिक होती है:

A. प्रोटीन ऊर्जा कुपोषण B. प्रोटीन कुपोषण
C. ऊर्जा कुपोषण D. उपर्युक्त सभी

425. स्कर्वी .... की कमी के कारण होता है।

A. विटामिन C B. वसा
C. कार्बोहाइड्रेट D. विटामिन D

426. हीमोफाइलस इन्फ्लुएंजा नामक जीवाणु .... में रहता है।

A. नाक व गले B. आँत
C. हृदय D. आमाशय

427. मानव शरीर में क्षीण बना दिए गए रोगजनक को प्रविष्ट कराने की प्रक्रिया को .... कहते हैं।

A. प्रतिरक्षीकरण B. टीकाकरण
C. क्षीणन D. इनमें से कोई नहीं

428. एक किलोकैलोरी .... के बराबर है।

A. 4.184 किलोजूल B. 4.284 किलोजूल
C. 4.148 किलोजूल D. इनमें से कोई नहीं

429. हालिया अध्ययनों से संकेत मिला है कि नवजात शिशुओं के भोजन में एरेकिडोनिक अम्ल और डोकोसा–हैक्सेनोइक अम्ल (DHA) को शामिल करने की आवश्यकता है क्योंकि वे .... के लिए विशेष रूप से महत्वपूर्ण हैं।

A. अस्थियों के विकास B. यकृत के विकास
C. मस्तिष्क के विकास D. नेत्रों के विकास

उत्तरमाला

1	2	3	4	5	6	7	8	9	10
A	B	A	A	C	D	D	C	B	A
11	12	13	14	15	16	17	18	19	20
B	A	A	B	A	B	C	C	A	B
21	22	23	24	25	26	27	28	29	30
B	A	B	A	D	B	C	D	A	B
31	32	33	34	35	36	37	38	39	40
A	D	B	B	C	A	B	A	A	C
41	42	43	44	45	46	47	48	49	50
A	A	C	A	A	C	B	A	D	D
51	52	53	54	55	56	57	58	59	60
C	C	C	B	C	B	D	C	B	A
61	62	63	64	65	66	67	68	69	70
D	D	A	C	A	D	C	A	A	D
71	72	73	74	75	76	77	78	79	80
D	A	D	B	C	A	C	C	B	D
81	82	83	84	85	86	87	88	89	90
C	C	A	B	B	B	A	A	A	D
91	92	93	94	95	96	97	98	99	100
B	C	A	D	D	B	A	B	C	D
101	102	103	104	105	106	107	108	109	110
B	D	A	A	D	B	D	D	B	A
111	112	113	114	115	116	117	118	119	120
A	A	C	C	C	B	D	D	A	A
121	122	123	124	125	126	127	128	129	130
C	D	D	B	C	B	A	D	B	A
131	132	133	134	135	136	137	138	139	140
C	D	C	D	D	B	C	D	D	B
141	142	143	144	145	146	147	148	149	150
D	D	B	D	A	B	D	B	B	B
151	152	153	154	155	156	157	158	159	160
C	A	A	B	C	C	A	C	C	C
161	162	163	164	165	166	167	168	169	170
C	D	A	A	B	C	A	A	A	A
171	172	173	174	175	176	177	178	179	180
D	A	A	D	A	D	A	B	A	B
181	182	183	184	185	186	187	188	189	190
C	C	D	C	A	C	C	A	C	A
191	192	193	194	195	196	197	198	199	200
D	D	A	A	C	A	A	A	A	C
201	202	203	204	205	206	207	208	209	210
A	A	A	D	B	D	C	D	B	A
211	212	213	214	215	216	217	218	219	220
D	C	B	B	D	C	D	A	B	C
221	222	223	224	225	226	227	228	229	230
D	B	C	D	D	C	B	C	B	D

231	232	233	234	235	236	237	238	239	240
A	B	C	D	D	B	C	D	D	D
241	242	243	244	245	246	247	248	249	250
B	C	C	B	D	A	B	C	C	D
251	252	253	254	255	256	257	258	259	260
A	A	D	A	A	D	C	B	D	D
261	262	263	264	265	266	267	268	269	270
D	A	C	D	D	A	D	A	C	B
271	272	273	274	275	276	277	278	279	280
A	D	D	B	A	B	C	B	B	A
281	282	283	284	285	286	287	288	289	290
B	A	B	D	A	A	A	A	A	C
291	292	293	294	295	296	297	298	299	300
A	A	D	D	A	D	A	C	A	B
301	302	303	304	305	306	307	308	309	310
C	D	A	C	C	A	D	A	D	D
311	312	313	314	315	316	317	318	319	320
D	A	B	D	A	C	B	C	B	D
321	322	323	324	325	326	327	328	329	330
D	A	D	A	D	B	C	A	D	C
331	332	333	334	335	336	337	338	339	340
B	A	D	D	A	A	B	A	B	A
341	342	343	344	345	346	347	348	349	350
B	C	A	C	B	A	D	A	D	B
351	352	353	354	355	356	357	358	359	360
C	A	C	A	B	A	A	D	A	C
361	362	363	364	365	366	367	368	369	370
D	A	D	A	D	D	A	A	A	C
371	372	373	374	375	376	377	378	379	380
A	B	D	C	D	A	D	C	A	A
381	382	383	384	385	386	387	388	389	390
D	D	A	D	D	A	C	B	C	A
391	392	393	394	395	396	397	398	399	400
A	B	D	D	A	D	A	C	C	D
401	402	403	404	405	406	407	408	409	410
B	A	A	C	C	B	C	A	A	C
411	412	413	414	415	416	417	418	419	420
B	B	A	D	A	A	C	B	B	D
421	422	423	424	425	426	427	428	429	
D	A	A	D	A	A	B	A	C	

सामान्य ज्ञान
(General Knowledge)

1 हमारा भारत

भारत एक दृष्टि में

राजधानी–नई दिल्ली

क्षेत्रफल–32,87,263 वर्ग कि.मी.

क्षेत्रफल की दृष्टि से विश्व में स्थान–सातवां

स्थित–भूमध्य रेखा के उत्तर में 8°4′ और 37°6′ उत्तरी अक्षांश और 68°7′ तथा 97°25′ पूर्वी देशांतर के मध्य

विस्तार–उत्तर से दक्षिण तक 3,214 किमी., पूर्व से पश्चिम तक 2,933 किमी.

भूमि सीमा–15,200 किमी.

समुद्री तट–11,098.81 किमी.

सीमावर्ती देश–उत्तर-पश्चिम में पाकिस्तान और अफगानिस्तान, उत्तर में चीन, नेपाल और भूटान, पूर्व में म्यांमार और बंगलादेश, दक्षिण में मन्नार की खाड़ी और पाक-जलडमरूमध्य श्रीलंका से अलग करते हैं।

प्राकृतिक संरचना–मुख्य भूमि चार भागों में विभक्त–विस्तृत पर्वतीय क्षेत्र, सिंधु और गंगा के मैदान, रेगिस्तानी क्षेत्र, दक्षिणी प्रायद्वीप

प्रमुख नदियाँ–(क) हिमालय समूह : गंगा, यमुना, सिन्धु तथा ब्रह्मपुत्र; (ख) दक्षिणी नदियाँ : कृष्णा, कावेरी, गोदावरी, महानदी, दामोदर, भरतपुझा, नर्मदा, ताप्ती, पम्बा, पेरियार, पेन्नार, शरावती, नेत्रवती

जलवायु–ऊष्ण कटिबंधीय चार ऋतुएँ–शीत ऋतु, ग्रीष्म ऋतु, वर्षा ऋतु, शरद ऋतु

जीव-जंतु–लगभग 89,451 किस्म के

राष्ट्रीय उद्यान–107 (अगस्त 2025)

वन्य जीव अभ्यारण्य–574 (अगस्त 2025)

राजभाषा–हिन्दी, **मान्य भाषाएं**–22

उच्च न्यायालयों की संख्या–25

भारतीय संघ : राज्य व संघीय प्रदेश

संघ राज्य एवं संघीय प्रदेश	राजधानी	क्षेत्रफल (वर्ग कि॰मी॰)	भाषा
भारत	नई दिल्ली	32,87,263	हिन्दी-राजभाषा
आंध्र प्रदेश	अमरावती	2,75,045	तेलुगु, उर्दू
असम	दिसपुर	78,438	असमिया
ओडिशा	भुवनेश्वर	1,55,707	ओडिया
उत्तर प्रदेश	लखनऊ	2,40,928	हिन्दी
केरलम	तिरुवनन्तपुरम्	38,863	मलयालम
गुजरात	गांधीनगर	1,96,024	गुजराती
तमिलनाडु	चेन्नई	1,30,058	तमिल
त्रिपुरा	अगरतला	10,492	बाग्ला, कोकबोरक
नगालैण्ड	कोहिमा	16,579	अंग्रेजी, सेमा (सेमांग)
पंजाब	चण्डीगढ़	50,362	पंजाबी
पश्चिम बंगाल	कोलकाता	88,752	बाग्ला
बिहार	पटना	94,163	हिन्दी, मैथिली, भोजपुरी, मगही
मध्य प्रदेश	भोपाल	3,08,000	हिन्दी

संघ राज्य एवं संघीय प्रदेश	राजधानी	क्षेत्रफल (वर्ग कि॰मी॰)	भाषा
महाराष्ट्र	मुम्बई	3,07,713	मराठी
मेघालय	शिलांग	22,429	खासी, गारो
मणिपुर	इम्फाल	22,327	मणिपुरी, अंग्रेजी
राजस्थान	जयपुर	3,42,239	हिन्दी, मारवाड़ी
हरियाणा	चण्डीगढ़	44,212	हिन्दी, हरियाणवी
हिमाचल प्रदेश	शिमला	55,673	हिन्दी, पहाड़ी
कर्नाटक	बेंगलुरू	1,91,791	कन्नड़
सिक्किम	गंगटोक	7,096	लेपचा, नेपाली, हिन्दी
मिजोरम	आइजल	20,987	मिजो, अंग्रेजी
अरुणाचल प्रदेश	ईटानगर	83,743	न्यीशी, अदी, वांचो
गोवा	पणजी	3,702	कोंकणी, मराठी
छत्तीसगढ़	रायपुर	1,35,191	हिन्दी
झारखण्ड	रांची	79,714	हिन्दी, संथाली, बांग्ला तथा ओडिया
उत्तराखंड	देहरादून	53,483	हिन्दी, गढ़वाली, कुमाऊँनी
तेलंगाना	हैदराबाद	1,12,077	तेलुगू, उर्दू
जम्मू और कश्मीर	श्रीनगर / जम्मू	2,22,236*	कश्मीरी, उर्दू
लद्दाख	लेह	—	लद्दाखी, तिब्बती, हिन्दी
अण्डमान निकोबार द्वीप समूह	श्री विजय पुरम	8,249	निकोबारी, हिन्दी
चण्डीगढ़	चण्डीगढ़	114	हिन्दी, पंजाबी
दिल्ली	दिल्ली	1,483	हिन्दी, पंजाबी
दादरा और नागर हवेली एवं दमन-दीव	दमन	603	गुजराती, हिन्दी, अंग्रेजी
पुडुचेरी	पुडुचेरी	480	तमिल, हिन्दी
लक्षद्वीप	कावारत्ती	32	मलयालम

* केन्द्रशासित प्रदेश लद्दाख का क्षेत्रफल और पाकिस्तान तथा चीन द्वारा अवैध रूप से कब्जा किए गए क्षेत्र सहित।

भारत की जनगणना 2011

भारत में जनगणना का विधिवत् कार्य 1881 में आरम्भ हुआ। 2011 की जनगणना (अंतिम) के अनुसार भारत की कुल जनसंख्या 121,08,54,977 थी। जबकि 10 वर्ष पूर्व 2001 में कुल जनसंख्या 102,70,15,247 थी। वर्ष 2011 की जनगणना के प्रमुख तथ्य निम्नलिखित हैं:

- **कुल जनसंख्या** - 121,08,54,977
- **पुरुष** - 62,32,70,258
- **महिला** - 58,75,84,719
- **कुल जनसंख्या में पुरुषों का प्रतिशत** - 51.53%
- **कुल जनसंख्या में महिलाओं का प्रतिशत** - 48.46%
- **भारत की जनसंख्या का विश्व जनसंख्या में भाग** - 17.5%
- **दशकीय वृद्धि दर (2001-2011)** - 17.7%
- **सर्वाधिक वृद्धि दर** - मेघालय 27.9%
- **न्यूनतम वृद्धि दर** - नगालैंड–0.6%
- **सर्वाधिक जनसंख्या वाला राज्य** - उत्तर प्रदेश (19,98,12,341)
- **न्यूनतम जनसंख्या वाला राज्य** - सिक्किम (6,10,577)
- **स्त्री-पुरुष अनुपात** - 943 : 1000
- **सर्वाधिक लिंगानुपात** - केरल, 1084 : 1000
- **न्यूनतम लिंगानुपात** - हरियाणा 879 : 1000
- **जनसंख्या घनत्व** - 382 व्यक्ति प्रति वर्ग किलोमीटर
- **सर्वाधिक घनत्व** - बिहार (1,106)
- **न्यूनतम घनत्व** - अरुणाचल प्रदेश (17)
- **केन्द्रशासित प्रदेशों में सर्वाधिक घनत्व** - दिल्ली (11,320)
- **केन्द्रशासित प्रदेशों में न्यूनतम घनत्व** - अण्डमान निकोबार द्वीप समूह (46)
- **साक्षरता प्रतिशत** - 73%
- **पुरुष साक्षरता** - 80.9%
- **महिला साक्षरता** - 64.6%
- **सर्वाधिक साक्षरता** - केरल (94%)
- **न्यूनतम साक्षरता** - बिहार (61.8%)

विभिन्न राज्यों में पाई जाने वाली जनजातियाँ

प्रदेश	जनजातियां
उत्तर प्रदेश, उत्तराखंड	बुक्सा, थारू, बिड़कोल, भोटिया, खरवार, जौनसारी, राजी
पश्चिम बंगाल, बिहार, झारखंड	संथाल, भुइया, कोरबा, उरांव, हो, बिरहोर, असुर, मुंडा, कोल
राजस्थान	मीणा, भील, गरासिया, सहरिया, सांसी, दमोर, मेव, रावत, मेरात, कोली
अण्डमान-निकोबार द्वीप समूह	ओंग, सोपन, आरबा, अण्डमानी, निकोबारी
हिमाचल प्रदेश, जम्मू एवं कश्मीर एवं लद्दाख	बकरवाल, गद्दी, गुर्जर, लाहौल लांबा, पंगवाला, किन्नर
असम, अरुणाचल प्रदेश, नगालैंड, मेघालय, मणिपुर	गुरूंग, रियांग, चकमा, मिनीपोंग, पासी, ग्लोंग, सिंगपो, रेंगमा, सेंगमा, यांग, नागा, गारो
मिजोरम	खासी
गुजरात	टोड़िया, भील, डाफर, रैवारी, पटेलिया, डूबला, कथोडी, सिद्दीस
केरलम	कडर, इरुला, मुथुवन, कनिक्कर, मलनकुरावन, मलयारायन, मलावेतन, मलायन, मन्नान, उल्लातन, यूराली, पनियां, पुलायन, मल्लार, कुरुम्बा
तमिलनाडु, ओडिशा	जुवांग, खोंड, गोंड, बड़गा, बोंडो, जुआंग, परजा, भूमिज
महाराष्ट्र, आन्ध्र प्रदेश, तेलंगाना	भील, गोंड, अगरिया, असुरा, भारिया, कोया, वर्ली, कोली, डुका, बैगा, गडावास, कामर, खड़िया, खोंडा, कोल, कोलम, कोरबा, मुन्डा
मध्य प्रदेश, छत्तीसगढ़	कोरकू, भील, बैगा, गोंड, अगरिया, भारिया, कोरबा, कोल, उरांव, प्रधान, नगेशिया, हल्वा, भतरा, माड़िया, सहरिया, कमार, कंवर
त्रिपुरा	लुभाई, माग, हलम, खशिया, भूटिया, मुन्डा, संथाल, भील, जमनिया, रियांग, उचाई
कर्नाटक	गौडालू, हक्की, पिक्की, इरुगा, जेनु, कुरुव, मलाईकुड, भील, गोंड, टोडा, वर्ली, चेन्यू, कोया, अर्नादन, चेरवा, होलेया, कोरमा
पंजाब	गद्दी, स्वांगला, भोट

विशेष दर्जा प्राप्त राज्य

राज्य	विशेष दर्जा प्राप्त करने का वर्ष	राज्य	विशेष दर्जा प्राप्त करने का वर्ष
असम	1969	त्रिपुरा	1972
नगालैंड	1969	सिक्किम	1975-76
हिमाचल प्रदेश	1971	मिजोरम	1986-87
मणिपुर	1972	अरुणाचल प्रदेश	1986-87
मेघालय	1972	उत्तराखंड	2001-02

भारत में प्रथम

- **नोबेल पुरस्कार प्राप्तकर्ता–1. साहित्यः** रवीन्द्रनाथ टैगोर (1913); **2. भौतिकीः** सी॰वी॰ रमन (1929); **3. शान्तिः** मदर टेरेसा (1979); **4. अर्थशास्त्रः** अमर्त्य सेन (1998)
- **स्वतंत्र भारत के प्रथम एवं अंतिम भारतीय गवर्नर जनरल**–चक्रवर्ती राजगोपालाचारी
- **महिला राष्ट्रपति**–प्रतिभा पाटिल
- **महिला राज्यपाल**–श्रीमती सरोजिनी नायडू
- **सुप्रीम कोर्ट की महिला न्यायाधीश**–श्रीमती मीरा साहिब फातिमा बीवी
- **महिला प्रधानमंत्री**–श्रीमती इंदिरा गांधी
- **भारतीय कमांडर-इन-चीफ**–जनरल के॰ एम॰ करियप्पा
- **महिला मुख्यमंत्री**–श्रीमती सुचेता कृपलानी
- **संयुक्त राष्ट्र महासभा की महिला अध्यक्ष**–श्रीमती विजयालक्ष्मी पंडित (1954)
- **अंतर्राष्ट्रीय न्यायालय के भारतीय अध्यक्ष**–डॉ॰ नगेन्द्र सिंह

- **इंगलिश चैनल तैरकर पार करने वाली भारतीय महिला**–आरती गुप्ता
- **इंगलिश चैनल तैरकर पार करने वाला भारतीय पुरुष**–मिहिर सेन
- **ब्रिटिश पार्लियामेंट के भारतीय सदस्य**–दादा भाई नौरोजी
- **फील्ड मार्शल**–एस॰एच॰एफ॰जे॰ मानेकशा
- **विक्टोरिया क्रॉस विजेता**–खुदादाद खां
- **एवरेस्ट शिखर पर चढ़ने वाला भारतीय**–शेरपा तेंजिंग (29 मई, 1953)
- **एवरेस्ट पर चढ़ने वाली भारतीय महिला**–कु॰ बचेन्द्रीपाल (23 मई, 1984)
- **एवरेस्ट पर दो बार विजय प्राप्त करने वाली भारतीय महिला**–संतोष यादव (मई, 1992; मई, 1993)
- **भारतीय अंतरिक्ष यात्री (पुरुष)**–राकेश शर्मा (3 अप्रैल, 1984)
- **भारतीय अंतरिक्ष यात्री (महिला)**–कल्पना चावला (19 नवम्बर, 1997)
- **भारत रत्न से विभूषित महिला**–श्रीमती इंदिरा गांधी
- **संयुक्त राष्ट्र संघ की महासभा में हिन्दी में भाषण देने वाला प्रथम भारतीय**–अटल बिहारी वाजपेयी
- **भारतीय महिला मिस यूनिवर्स**–कु॰ सुष्मिता सेन
- **भारतीय महिला मिस वर्ल्ड**–रीता फारिया
- **समाचार-पत्र**–बंगाल गजट (27 जनवरी, 1780)
- **चीफ ऑफ डिफेंस स्टाफ (CDS)**–जनरल बिपिन रावत
- **डाक टिकट**–1852
- **तार लाइन**–1851 (कोलकाता-डायमंड हार्बर)
- **रेल**–16 अप्रैल, 1853 (मुंबई-ठाणे)
- **विद्युत रेल**–1925 (मुंबई-कुर्ला)
- **उपग्रह**–आर्यभट्ट (1975)
- **रॉकेट**–रोहिणी (1967)
- **आणविक रियेक्टर**–अप्सरा (1956)
- **आणविक बिजलीघर**–तारापुर आणविक बिजलीघर (1969)
- **भारतीय वायु सेना की महिला पायलट**–हरित कौर देओल
- **फास्ट ब्रीडर आणविक रियेक्टर**–कलपक्कम
- **बिना ऑक्सीजन एवरेस्ट की चोटी पर पहुंचने वाला भारतीय**–फु दोरजी (1987)
- **मेट्रो रेलवे**–कोलकाता (1984)
- **फिल्म (मूक)**–राजा हरिश्चन्द्र (1913)
- **फीचर फिल्म (बोलती हुई)**–आलम आरा (1931)
- **इंडियन नेशनल कांग्रेस की प्रथम महिला अध्यक्ष**–श्रीमती एनी बेसेंट
- **इंडियन नेशनल कांग्रेस के प्रथम अध्यक्ष**–व्योमेशचन्द्र बनर्जी (1888)
- **आई॰सी॰एस॰ में सफल होने वाला प्रथम भारतीय**–सत्येन्द्र नाथ टैगोर

भारत में सबसे बड़ा/लम्बा/ऊँचा आदि

- **सबसे ऊंची चोटी***–के-2
- **सर्वाधिक आबादी वाला शहर**–मुम्बई
- **सबसे लम्बी नदी**–गंगा (2525 कि॰मी॰)
- **सबसे बड़ा राज्य (क्षेत्रफल में)**–राजस्थान
- **सबसे बड़ा राज्य (आबादी में)**–उत्तर प्रदेश
- **सबसे बड़ा पुल (सड़क)**–असम में लोहित नदी पर भूपेन हजारिका सेतु (9.15 कि॰मी॰)
- **सर्वाधिक जनसंख्या घनत्व वाला राज्य**–बिहार (1,106 प्रति वर्ग कि॰मी॰)
- **सर्वाधिक साक्षर राज्य**–केरलम (साक्षरता लगभग 94%)
- **सबसे बड़ा अजायबघर**–इण्डिया म्यूजियम, कोलकाता
- **सबसे लम्बा बांध**–हीराकुड (ओडिशा)
- **सबसे लम्बी सुरंग (सड़क)**–डॉ. श्यामा प्रसाद मुखर्जी सुरंग (जम्मू–कश्मीर 9.28 किमी.)
- **सबसे लम्बी सुरंग (रेलवे)**–जम्मू–कश्मीर में खारी और सम्बेर सेक्शन के मध्य टी–50 सुरंग (12.77 किमी.)
- **सबसे बड़ा चिड़ियाघर**–अरिगनार अन्ना जूलॉजिकल पार्क, चेन्नई, तमिलनाडु
- **सबसे लम्बी सड़क**–राष्ट्रीय राजमार्ग (NH)-44 (3,745 किमी.)
- **सबसे ऊंची मीनार**–कुतुबमीनार, दिल्ली (72.5 मी॰)
- **सबसे बड़ी मस्जिद**–जामा मस्जिद, दिल्ली
- **बहादुरी के लिए सबसे बड़ा पुरस्कार**–परमवीर चक्र
- **सबसे बड़ा रेगिस्तान**–थार (राजस्थान)
- **सबसे बड़ा डेल्टा**–सुन्दरवन डेल्टा, (75,000 वर्ग कि॰मी॰)
- **सबसे बड़ा गुम्बज**–गोल गुम्बज (बीजापुर-42 मी॰ व्यास)
- **सबसे ऊँचा दरवाजा**–बुलंद दरवाजा (फतेहपुर सीकरी: 176 फीट)
- **सबसे बड़ी मीठे पानी की झील**–वुलर झील (कश्मीर)
- **सबसे लम्बा प्लेटफार्म**–श्री सिद्धारूढ़ा स्वामी जी रेलवे स्टेशन हुब्बल्लि, कर्नाटक (1507 मी.)
- **सर्वाधिक वर्षा (वार्षिक औसत)**–चेरापूंजी के निकट मासिनराम (12,000 मि॰मी॰)
- **झरना, सबसे ऊँचा**–कुंचिकल (कर्नाटक : 455 मी.)
- **सबसे बड़ा पशुओं का मेला**–सोनपुर (बिहार)
- **सबसे बड़ा गुफा मंदिर**–कैलाश मंदिर (एलोरा)
- **सबसे अधिक वन क्षेत्रफल वाला राज्य**–मध्य प्रदेश
- **सबसे बड़ी कृत्रिम झील**–गोविन्द सागर (भाखड़ा)

* विश्व की सबसे ऊंची चोटी मांउट एवरेस्ट है जो नेपाल में है। के-2 विश्व की दूसरी सबसे ऊँची और भारत की सबसे ऊँची (8611 मी॰) चोटी है।

2 राष्ट्रीय प्रतीक

राष्ट्रीय ध्वज

भारत का राष्ट्रीय ध्वज **तिरंगा** है। यह आयताकार तीन पट्टियों से बना है। इसमें सबसे ऊपर केसरिया, मध्य में श्वेत और नीचे हरा रंग है। केसरिया शक्ति, श्वेत शांति और हरा समृद्धि का प्रतीक माना जाता है। झण्डे की लम्बाई-चौड़ाई का अनुपात 3 : 2 है। श्वेत पट्टी के मध्य नीले रंग का एक चक्र है। चक्र में 24 तीलियाँ हैं। झण्डा फहराने के संबंध में भारत सरकार ने कुछ नियम बनाए हैं जिनका पालन करना अति आवश्यक है। संविधान सभा ने इसे 22 जुलाई 1947 को अंगीकार किया था।

राजचिह्न

भारत का राजचिह्न सारनाथ में अशोक निर्मित सिंह स्तम्भ की अनुकृति है। इस चिह्न में चार सिंह हैं, जो एक दूसरे के विपरीत दिशा में घूम कर बैठे हुए हैं। इन चार में से केवल तीन सिंह दिखाई देते हैं, चौथा पीछे की ओर छिपा हुआ है और दिखाई नहीं देता। नीचे चौरस पट्टी के मध्य में उभरी हुई नक्काशी में एक चक्र है, जिसके दाईं ओर एक सांड़ और बाईं ओर एक घोड़ा है। नीचे मुण्डकोपनिषद से लिया गया सूत्र 'सत्यमेव जयते' देवनागरी लिपि में लिखा गया है। इसका अर्थ है 'सत्य की ही विजय होती है'। सरकार ने राजचिह्न को 26 जनवरी 1950 को स्वीकृत किया।

राष्ट्र गीत

श्री बंकिम चन्द्र चटर्जी द्वारा रचित गीत 'वन्दे मातरम्' को राष्ट्र गान के समकक्ष स्थान दिया गया है। उनके विख्यात उपन्यास 'आनन्द मठ' से उदधृत यह गीत राष्ट्रीय आन्दोलन में एक महान प्रेरणा-स्रोत रहा है। इस गीत को सबसे पहले 1896 में भारतीय राष्ट्रीय कांग्रेस के अधिवेशन में गाया गया था।

राष्ट्र गान

रवीन्द्र नाथ टैगोर के गीत 'जन गण मन' को 24 जनवरी, 1950 को राष्ट्र गान के रूप में स्वीकार किया गया। यह गीत 'भारत-विधाता' शीर्षक से सर्वप्रथम 'तत्व-बोधिनी' पत्रिका के जनवरी 1912 के अंक में प्रकाशित हुआ था। यह गीत पहली बार 27 दिसम्बर 1911 को भारतीय कांग्रेस के कलकत्ता (कोलकाता) अधिवेशन में गाया गया था। पूरे गीत के 5 पद हैं। इसमें से प्रथम पद को राष्ट्र गान स्वीकार किया गया है। इसे गाने का निर्धारित समय लगभग 52 सेकण्ड है।

राष्ट्रीय पंचांग (कैलेंडर)

सरकारी कार्यों में प्रयोग हेतु राष्ट्रीय पंचांग 22 मार्च, 1957 से अपनाया गया है। यह पंचांग शक संवत् पर आधारित है। 78 ई. में प्रारम्भ हुए शक संवत् का पहला महीना चैत्र है और वर्ष 365 दिन का है। इस पंचांग के दिन स्थायी रूप से ग्रेगेरियन कैलेंडर से सम्बद्ध दिनों के अनुरूप बैठते हैं। इस प्रकार सामान्य वर्षों में इस पंचांग का पहला दिन 22 मार्च के दिन आता है और लौंद (लीप) वर्ष में 21 मार्च के दिन।

राष्ट्रीय पंचांग के माह इस प्रकार हैं:

1. चैत्र	2. बैशाख
3. ज्येष्ठ	4. आषाढ़
5. श्रावण	6. भाद्रपद
7. आश्विन	8. कार्तिक
9. मार्गशीर्ष	10. पौष
11. माघ	12. फाल्गुन

राष्ट्रीय पशु : बाघ (पैंथरा टाइग्रिस-लिन्नायस)

राष्ट्रीय पक्षी : मोर (पावो क्रिस्टेटस)

राष्ट्रीय पुष्प : कमल

◇◇◇◇◇

3 हमारी पृथ्वी

पृथ्वी सूर्य के अलावा आठ अन्य ग्रहों बुध, शुक्र, पृथ्वी, मंगल, बृहस्पति, शनि, यूरेनस और नेपच्यून वाले सौर मण्डल का एक सदस्य ग्रह है। ग्रहों के पास अपना स्वयं का प्रकाश नहीं होता और शुक्र और यूरेनस के अलावा सभी ग्रह अपनी धुरी पर पश्चिम से पूर्व की ओर परिक्रमा करते हैं। अनेक उपग्रह संबंधित ग्रह की परिक्रमा करते हैं। अंतरिक्ष में हजारों पुच्छल तारे और करोड़ों उल्काएं भी मौजूद हैं। पृथ्वी का एक ही उपग्रह है 'चन्द्रमा', जबकि बुध और शुक्र का कोई भी उपग्रह नहीं है। सूर्य से पृथ्वी की औसत दूरी $1,496 \times 10^8$ कि.मी. है। पृथ्वी सूर्य का तीसरा सबसे निकट और पांचवाँ सबसे बड़ा ग्रह है।

पृथ्वी : तथ्य और आँकड़े

पृथ्वी का द्रव्यमान	5.882×10^{21} टन
पृथ्वी का घनत्व	पानी की अपेक्षा 5.517 गुणा
पृथ्वी का आयतन	1.083×10^{11} घन किमी.
भूमध्यरेखीय परिधि	4.007×10^4 किमी.
ध्रुवीय व्यास	12,714 किमी.
विषुवतीय व्यास	12,756 किमी.
ध्रुवीय परिधि	4.0×10^4 किमी.
अनुमानित आयु	लगभग 4600 करोड़ वर्ष
भू-पृष्ठ	148,951,000 वर्ग किमी.
जलीय सतह	361,150,000 वर्ग किमी.
भू-सतह का सबसे उच्च बिन्दु	माउंट एवरेस्ट (8,848 मीटर)
भू-सतह का सबसे निम्न बिन्दु	मृत सागर का तट (समुद्र तल से 396 मीटर नीचे)
महासागर की सर्वाधिक गहराई	फिलीपींस के पूर्व में प्रशान्त महासागर में मेरियाना ट्रेंच (समुद्र तल से 11,033 मीटर नीचे)

सौरमण्डल

सबसे बड़ा ग्रह	बृहस्पति (Jupiter)
सबसे छोटा ग्रह	बुध (Mercury)
पृथ्वी का उपग्रह	चन्द्रमा (Moon)
सूर्य के सबसे निकट ग्रह	बुध (Mercury)
सूर्य से सबसे दूर स्थित ग्रह	वरुण (Neptune)
पृथ्वी के सबसे निकट स्थित ग्रह	शुक्र (Venus)
सबसे अधिक चमकीला ग्रह	शुक्र (Venus)
सबसे अधिक चमकीला तारा	साइरस (Dog Star)
सबसे अधिक ठण्डा ग्रह	वरुण (Neptune)
सबसे अधिक गर्म ग्रह	शुक्र (Venus)
रात्रि में लाल दिखाई देने वाला ग्रह	मंगल (Mars)
सबसे बड़ा उपग्रह	गैनीमेड (Gannymede)
सबसे छोटा उपग्रह	डिमोस (Deimos)
नीला ग्रह	पृथ्वी (Earth)
भोर का तारा	शुक्र (Venus)
साँझ का तारा	शुक्र (Venus)
पृथ्वी की बहन	शुक्र (Venus)
हरा ग्रह	वरुण (Neptune)
विशाल लाल धब्बे वाला ग्रह	बृहस्पति (Jupiter)

पृथ्वी का आकार : पृथ्वी का आकार पूर्णरूप से वृत्तीय नहीं है बल्कि अंडाकार है। ऐसा इस वजह से है क्योंकि यह ध्रुवों पर चपटी और विषुवत पर उभरी हुई है। पृथ्वी का ध्रुवीय व्यास विषुवतीय व्यास से 42 किलोमीटर छोटा है। अत: पृथ्वी अंडाकार है।

पृथ्वी की गतियाँ : पृथ्वी अपनी धुरी पर किसी लट्टू की भांति घूमती है और 24 घंटे में एक चक्कर पूरा कर लेती है जबकि सूर्य की परिक्रमा करने में उसे 365 दिन, 5 घंटे, 45 मिनट और 46 सेकेंड लगते हैं। पृथ्वी की दैनिक गति के कारण रात और दिन होते हैं जबकि वार्षिक गति (परिक्रमा) के कारण ऋतु परिवर्तन होता है। पृथ्वी गैर-ज्योतिर्मय वृत्त है। पृथ्वी का जो भाग सूर्य के सामने आ जाता है वहाँ दिन होता है और जो भाग सूर्य के सामने नहीं होता वहाँ रात होती है। पृथ्वी का आवर्तन पश्चिम से पूर्व की तरफ होता है। इसी कारणवश हमें यह प्रतीत होता है कि सूर्य, चन्द्रमा और तारे विपरीत दिशा में घूम रहे हैं।

आवर्तन के प्रभाव : (क) दिन और रात होते हैं। (ख) देशांतर और समय में अंतर आ जाता है। (ग) वायु और तरंगों की दिशा में परिवर्तन होता है। (घ) दिन में दो बार समुद्र में लहरें उठती हैं।

परिक्रमा के प्रभाव : पृथ्वी दीर्घवृत्तीय कक्षा में सूर्य की परिक्रमा करती है। पृथ्वी को एक बार सूर्य का चक्कर लगाने में 365.25 दिन लग जाते हैं। एक सामान्य वर्ष 365 दिन का होता है जबकि चार वर्षों में 5 घंटे 45 मिनट और 46 सेकेंड एक दिन बना देते हैं और हर चौथा वर्ष अधि वर्ष (लीप ईयर) बन जाता है, जिसमें 366 दिन होते हैं। ऋतु में परिवर्तन मुख्यत: परिक्रमण की वजह से ही होता है।

21 जून : इस समय उत्तरी गोलार्द्ध में ग्रीष्मकाल होता है जबकि दक्षिणी गोलार्द्ध में शरदकाल होता है। दोपहर में सूर्य की सीधी किरणें कर्क रेखा पर पड़ती हैं।

22 दिसम्बर : इस समय उत्तरी गोलार्द्ध में शरदकाल और दक्षिणी गोलार्द्ध में ग्रीष्मकाल होता है। दोपहर में सूर्य की सीधी किरणें मकर रेखा पर पड़ती हैं।

सम्पात : 21 मार्च और 23 सितम्बर को पृथ्वी का प्रत्येक भाग सूर्य के सामने आ जाता है और सूर्य ठीक भूमध्य रेखा के ऊपर होता है। इन अवस्थाओं में पृथ्वी के प्रत्येक भाग में रात और दिन बराबर होते हैं। 21 मार्च को वसन्त सम्पात (Vernal equinox) और 23 सितम्बर को शरद सम्पात (Autumnal equinox) कहते हैं।

चट्टानों का रूपान्तरण

मूल चट्टान	रूपान्तरित चट्टान
शैल	स्लेट
चूना पत्थर	संगमरमर
चॉक तथा डोलोमाइट	संगमरमर
बलुआ पत्थर	क्वार्ट्जाइट
ग्रेनाइट	नीस
बेसाल्ट	सिस्ट
स्लेट	फाइलाइट
कांग्लोमरेट	क्वार्ट्जाइट

वायुमण्डल की संरचना

मण्डल	ऊँचाई (किमी)	विशेष तथ्य
क्षोभमण्डल	0-18	मौसमी घटनाएँ होती हैं।
समतापमण्डल	18-50	वायु परिवहन होता है तथा ओजोन परत पाई जाती है।
मध्यमण्डल	50-80	ऊँचाई के साथ तापमान में गिरावट होती है।
आयनमण्डल	80-640	विद्युत आवेशित कण पाए जाते हैं। रेडियो तरंगें इसी मण्डल से वापस पृथ्वी पर लौटती हैं।
बाह्यमण्डल	640 किमी से ऊपर	तापमान 5000ºC होता है।

◇◇◇◇◇

4 विश्व बोध

विभिन्न देशों के राष्ट्रीय प्रतीक

देश	प्रतीक
ऑस्ट्रेलिया	कंगारू
फ्रांस	लिली
ईरान	गुलाब
जापान	गुलदाउदी
यूनाइटेट किंगडम	गुलाब
कनाडा	सफेद लिली
जर्मनी	कार्न फ्लावर
आयरलैंड	तीन पत्ती वाली घास
पाकिस्तान	अर्द्धचंद्र
यू.एस.ए.	सुनहरी छड़ी
डेनमार्क	वुलिन
भारत	सिंह स्तम्भ
इटली	सफेद लिली
स्पेन	बाज

शहरों, राज्यों एवं देशों के परिवर्तित नाम

पुराना नाम	परिवर्तित नाम
एबिसीनिया	इथियोपिया
अंगोरा	अंकारा
औरंगाबाद	संभाजी नगर
बनारस	वाराणसी
बड़ौदा	वडोदरा
बताविया	जकार्ता
बसुतोलैण्ड	लिसोथो
बेचुआनालैण्ड	बोत्सवाना
बॉम्बे	मुम्बई
ब्रिटिश गुयाना	गुयाना
बर्मा	म्यांमार
कालीकट	कोझीकोड
कलकत्ता	कोलकाता
केप केनवरल	केप केनेडी
काउनपुर	कानपुर
सेंट्रल प्रोविंसेज	मध्य प्रदेश
अपर बोल्टा	बुर्कीना फासो
जुबुलपोर	जबलपुर
लियोपोलदविले	किन्हास
मेडागास्कर	मालागासी
मद्रास	चेन्नई
मलाया	मलेशिया
जुलन्धर	जालंधर
मंयुक्यो	मंचूरिया
मैसोपोटामिया	इराक
सिलोन	श्रीलंका
क्रिस्टिना	ओस्लो
जायरे	कांगो डेमोक्रेटिक रिपब्लिक
कांस्टेटिनपोल	इस्तान्बूल
डाका	ढाका
डहोमे	बेनिन
डच ईस्ट इंडीज	इंडोनेशिया
डच गुयाना	सूरीनाम
लोर सेई	पूर्वी तिमोर
एलिस आइसलैंड	तुवालू
फार्मोसा	ताइवान
गौहाटी	गुवाहाटी
गोल्ड कोस्ट	घाना
हालैण्ड	द नीदरलैण्ड
रोडेशिया	जिम्बाब्वे
सैगोन	हो चिन मिन्ह सिटी
सेलिसबरी	हरारे
सैंडविच आइसलैंड	हवाईअन द्वीप
तंजानिका व जंजीबार	तंजानिया
सियाम	थाईलैंड
सिमला	शिमला

पुराना नाम	परिवर्तित नाम
साउथ वेस्ट अफ्रीका	नामीबिया
स्पेनिस गुयाना	विषुवतीय गुयाना
न्यू हेब्रिडस	वनुआतु
उत्तरी रोडेशिया	जाम्बिया
न्यासालैण्ड	मालावी
पंजिम	पणजी
पेट्रोगार्ड	लेनिनग्राड
पीकिंग	बीजिंग
पर्शिया	ईरान
पूना	पुणे
स्टालिनग्राड	वोल्गोगार्ड
लेनिनग्राड	सेंट पीटर्सबर्ग
तंजौर	तंजावुर
यूनाइटेड प्रोविंसेज	उत्तर प्रदेश
यू.एस.एस.आर.	सीआईएस
विशाखापट्नम	विशाखापत्तनम
यूगोस्लाविया	सर्बिया
बंगलौर	बेंगलुरु
उत्तरांचल	उत्तराखंड
पांडिचेरी	पुडुचेरी
पूर्वी पाकिस्तान	बांग्लादेश
रंगून	यंगून
उड़ीसा	ओडिशा
इलाहाबाद	प्रयागराज
फैजाबाद	अयोध्या
तुर्की	तुर्किये
केरल	केरलम

महत्त्वपूर्ण सीमा रेखाएँ

- **डूरंड लाइन :** यह भारत और अफगानिस्तान के बीच सीमा के विभाजन को परिलक्षित करती थी। इसका सीमांकन सर मोर्टीमर डूरंड ने 1896 में किया था। अब यह पाकिस्तान और अफगानिस्तान के बीच की सीमा रेखा है।
- **हिंडेनवर्ग लाइन :** यह वह रेखा है जहां से विश्व युद्ध के दौरान जर्मनी की सेना वापस लौट गई थी। यह रेखा पोलैण्ड और जर्मनी के बीच की सीमा रेखा है।
- **मैकमोहन रेखा :** यह भारत और चीन के बीच सीमा रेखा है जिसका सीमांकन सर हेनरी मैकमोहन ने किया था।
- **मैगिनोट रेखा :** यह फ्रांस और जर्मनी के बीच सीमा रेखा है।
- **रेडक्लिफ रेखा :** यह भारत और पाकिस्तान के बीच सीमा रेखा है जिसका सीमांकन सर सिरिल रेडक्लिफ ने किया था।
- **17वां पैरेलल :** यह उत्तरी एवं दक्षिणी वियतनाम के बीच की सीमा रेखा है।
- **38वां पैरेलल :** यह उत्तर और दक्षिण कोरिया के बीच सीमा रेखा है।
- **49वां पैरेलल :** यह यू.एस. और कनाडा के बीच सीमा रेखा है।
- **अदूर निसे रेखा :** यह रेखा पोलैण्ड और पूर्वी जर्मनी के बीच की सीमा रेखा है जो द्वितीय विश्व युद्ध में खींची गई थी।
- **सिंगफ्रेड रेखा :** प्रथम विश्व युद्ध में फ्रांस और जर्मनी के बीच की सीमा रेखा।

विश्व के प्रमुख जल प्रपात

जल प्रपात	स्थान	ऊँचाई (मी०)
एंजिल	वेनेजुएला	979 (यह कैरो नदी पर स्थित संसार का सबसे ऊँचा जल प्रपात है।)
योसेमाइट	कैलिफोर्निया	739
दक्षिण-मर्डाल्फोसेन	नार्वे	655
तुगेला	द० अफ्रीका	614
कुकवेनन	वेनेजुएला	610
सूथरलैंड	न्यूजीलैंड	580
रिब्बोन	कैलिफोर्निया	491
ग्रेट-कामारना	गुयाना	488
कुंचिकल	भारत	455
डेल्ला	कनाडा	440
गवार्नी	फ्रांस	422
जोग (गरसोप्पा)	भारत	255 (शरावती नदी पर स्थित इस जल प्रपात को महात्मा गाँधी जल प्रपात भी कहते हैं।)
नियाग्रा	कनाडा एवं अमेरिका की सीमा	120

विश्व की प्रमुख नहरें

नाम	स्थिति	स्थान
ईरी	ईरी झील और मिशीगन झील को जोड़ती है।	अमेरिका
सू नहर	सुपीरियर झील और ह्यूरन झील को जोड़ती है।	अमेरिका
कील नहर	उत्तरी सागर को बाल्टिक सागर से जोड़ती है।	जर्मनी
पनामा नहर	कैरीबियन सागर और प्रशांत महासागर	पनामा
स्वेज नहर	लाल सागर और भूमध्य सागर	मिस्र
मैनचेस्टर नहर	मैनचेस्टर एवं लिवरपूल के बीच	ग्रेट ब्रिटेन

विश्व की प्रमुख नदियाँ

नाम	उद्गम स्थल	गिरने का स्थान	लम्बाई (किमी)	प्रमुख स्थान
नील (विश्व की सबसे लम्बी नदी)	विक्टोरिया झील	भूमध्य सागर	6670	आस्वान बाँध व नासिर झील स्थित है।
अमेजन (आयतन की दृष्टि से विश्व की सबसे बड़ी नदी)	एण्डीज पर्वत	अटलांटिक महासागर	6448	
मिसीसिपी मिसौरी	अलास्का झील	मैक्सिको की खाड़ी	6300	पक्षीपाद डेल्टा बनाती है।
यांग्टिसीक्यांग	तिब्बत का पठार	चीन सागर	5494	
ह्वांग हो	कुललुन पर्वत	चीन की खाड़ी	4840	
कांगो/जायरे	लुआलिया और लुआपुआ का संगम	अटलाण्टिक महासागर	4800	विषुवत् रेखा को दो बार काटती है।
अमूर	शिल्का रूस, आरगून का संगम	टार्टइ स्ट्रेट	4510	चीन और रूस की सीमा बनाती है।
वोल्गा	बल्डाई पठार	कैस्पियन सागर	3700	यूरोप की सबसे लम्बी नदी
डेन्यूब	ब्लैक फॉरेस्ट	काला सागर	2820	बेलग्रेड, बुखारेस्ट, बुडापेस्ट और वियना शहर स्थित है।
सेंट लारेंस	आण्टेरियो झील	सेंट-लॉरेंस की खाड़ी	3058	नियाग्रा जल प्रपात स्थित है।
कोलोरेडो	ग्रैण्ड कंट्री	कैलीफोर्निया की खाड़ी	2333	ह्यूबर बाँध स्थित
नाइजर	गिनी	गिनी की खाड़ी	4800	तेल नदी कहलाती है।
मेकांग	तिब्बत का पठार	दक्षिण चीन सागर	4023	द.पू. एशिया की सबसे लम्बी नदी।
सिन्धु	मानसरोवर झील के पास	अरब सागर	3180	
ब्रह्मपुत्र	मानसरोवर झील	बंगाल की खाड़ी	2900	
डार्लिंग-मर्रे	ऑस्ट्रेलिया आल्पस	हिन्द महासागर	3720	ऑस्ट्रेलिया की सबसे बड़ी नदी।

विश्व की प्रमुख झीलें

झील का नाम	भौगोलिक क्षेत्र	क्षेत्रफल (वर्ग.किमी.)	विशेष तथ्य
कैस्पियन सागर	पूर्व सोवियत संघ तथा ईरान	3,94,299	खारे पानी की सबसे बड़ी झील
सुपीरियर झील	संयुक्त राज्य अमेरिका एवं कनाडा	82,414	ताजे पानी की सबसे बड़ी झील
विक्टोरिया झील	केन्या, युगाण्डा तथा तंजानिया	69,485	
अरल सागर झील	कजाकिस्तान एवं उज्बेकिस्तान	64,457	
ह्यूरन झील	संयुक्त राज्य अमेरिका तथा कनाडा	59,600	
मिशीगन झील	संयुक्त राज्य अमेरिका	57,800	
बैकाल झील	रूस	31,500	यह सबसे गहरी (1940 मी.) झील है।
ग्रेट बेरियर झील	कनाडा	31,080	
ग्रेट स्लेव झील	कनाडा	28,438	
विनीपेग झील	कनाडा	24,341	
ओण्टेरियो झील	सं.रा. अमेरिका तथा कनाडा	19,529	
टिटिकाका	पेरू-बोलीविया	9,065	यह विश्व की सबसे ऊँची (3811 मी.) झील है।
आयर झील	ऑस्ट्रेलिया	9,583	

विश्व की प्रमुख खाड़ियाँ

खाड़ी	क्षेत्रफल (वर्ग.किमी.)	खाड़ी	क्षेत्रफल (वर्ग.किमी.)
मैक्सिको की खाड़ी	15,44,000	हडसन की खाड़ी	12,33,000
अरब की खाड़ी	2,38,000	सेंट लॉरेन्स की खाड़ी	2,37,000
कैलिफोर्निया की खाड़ी	1,62,000		

महासागरों की प्रमुख जलधाराएँ

जलधारा का नाम	प्रकृति	विशेष विवरण	महासागर का नाम
• उत्तरी विषुवतीय जलधारा	उष्ण अथवा गर्म		अटलांटिक महासागर
• गल्फस्ट्रीम धारा	उष्ण	हेटेरस अंतरीप तक इसे फ्लोरिडा धारा कहते हैं।	अटलांटिक महासागर
• कनारी धारा	ठंडी		अटलांटिक महासागर
• फ्लोरिडा की धारा	उष्ण		अटलांटिक महासागर
• लेब्राडोर की धारा	ठंडी		अटलांटिक महासागर
• बैंगुला की धारा	ठंडी		अटलांटिक महासागर
• फाकलैंड की धारा	ठंडी		अटलांटिक महासागर
• विपरीत भूमध्यरेखीय जलधारा	गर्म	इसे गिनी की धारा भी कहते हैं।	अटलांटिक महासागर
• उत्तरी भूमध्यरेखीय जलधारा	गर्म		प्रशांत महासागर
• क्यूरोसीवो जलधारा	गर्म	जापानी लोग इसे काली धारा भी कहते हैं।	प्रशांत महासागर
• कैलिफोर्निया जलधारा	ठंडी		प्रशांत महासागर
• पूर्वी ऑस्ट्रेलिया की जलधारा	गर्म	इसे न्यू साउथवेल्स की धारा के नाम से भी जाना जाता है।	प्रशांत महासागर
• अलास्का धारा	गर्म		प्रशांत महासागर
• दक्षिणी विषुवतीय जलधारा	गर्म		हिन्द महासागर
• मोजाम्बिक धारा	गर्म		हिन्द महासागर
• अगुलहास धारा	गर्म		हिन्द महासागर
• पश्चिमी ऑस्ट्रेलिया की धारा	ठंडी		हिन्द महासागर
• ग्रीष्मकाल मानसून प्रवाह	गर्म		हिन्द महासागर
• शीतकालीन मानसून प्रवाह	परिवर्तनशील		हिन्द महासागर

विश्व की प्रमुख जनजातियाँ

जनजाति	सम्बन्धित क्षेत्र/देश	जनजाति	सम्बन्धित क्षेत्र/देश
माओरी	न्यूजीलैंड	बुशमैन	कालाहारी मरुस्थल (बोतसवाना)
वेद्दा	श्रीलंका	बद्दू	अरब
आइनू	जापान	यूकाधिर	साइबेरिया
एस्कीमो	ग्रीनलैंड, कनाडा	मसाई	पूर्वी अफ्रीका
बोरो	ब्राजील	सेमांग	मलेशिया
जूलू	नेटाल (दक्षिण अफ्रीका)	खिरगीज	मध्य एशिया
रेड इंडियन	उ. अमेरिका	पिग्मीज	कांगो बेसिन
नीग्रो	मध्य एशिया	याइ	टुण्ड्रा प्रदेश

विश्व की प्रमुख भौगोलिक खोजें

1. **क्रिस्टोफर कोलम्बस**-प॰ द्वीप समूह (1492), द॰ अमेरिका (1498 ई॰)
2. **जॉन कैबेट**-न्यूफाउण्डलैण्ड (1497 ई॰)
3. **कोपरनिकस**-सौरमंडल (1540 ई॰)
4. **केपलर**-ग्रहों की गति नियम (1600 ई॰)
5. **मैगलन**-विश्व का भ्रमण, अटलांटिक के दक्षिण से प्रशांत महासागर की खोज (1519 ई॰)
6. **वास्को-डि-गामा**-केप ऑफ गुड होप होकर भारत आगमन (1498 ई॰)
7. **कैप्टन कुक**-हवाई द्वीप समूह (1770 ई॰)
8. **फ्रिड्टजौफ नानसेन**-ग्रीनलैंड एवं उत्तरी ध्रुव का पहाड़ी भाग (1888 ई॰)
9. **आर. एमण्डसन**-दक्षिणी ध्रुव पर पहुँचने वाला प्रथम व्यक्ति (1911 ई॰)
10. **रॉबर्ट पियरे**-उत्तरी ध्रुव की खोज (1909 ई॰)

विश्व के प्रसिद्ध स्थान

1.	झुकी हुई मीनार	:	पीसा (इटली)
2.	मर्डेका पैलेस	:	जकार्ता (इण्डोनेशिया)
3.	रेड स्क्वायर, क्रेमलिन	:	मास्को
4.	स्फिंक्स, पिरामिड	:	मिस्र
5.	पोर्सलिन टावर	:	नानकिंग (चीन)
6.	लोवर, एफिल टावर	:	पेरिस (फ्रांस)
7.	पोटाला	:	ल्हासा (तिब्बत)
8.	श्वेत डेगेन पैगोडा	:	यंगून
9.	ओपेरा हाउस	:	सिडनी
10.	ब्राडवे स्ट्रीट, स्टेच्यू ऑफ लिबर्टी, एंपायर स्टेट बिल्डिंग	:	न्यूयार्क (सं. रा. अमेरिका)
11.	अल अक्सा, वेलिंग वाल, टेंपल माउंट	:	जेरूसलम (इजरायल)

विश्व के प्रमुख भौगोलिक उपनाम

उपनाम	देश
एण्टीलीज का मोती	क्यूबा
गगनचुम्बी इमारतों का नगर	न्यूयॉर्क (सं.रा. अमेरिका)
एटरनल सिटी (होली सिटी)	रोम
क्वेकर सिटी	फिलाडेल्फिया
चीन का शोक	ह्वांगहो नदी (पीली नदी)
निरंतर-बाही झरनों का शहर	क्विटो (इक्वेडोर)
शुगर बाऊल ऑफ द वर्ल्ड	क्यूबा
सात पहाड़ियों का नगर	रोम (इटली)
पर्ल ऑफ दी ऑरियण्ट	सिंगापुर
गार्डन सिटी	शिकागो
पूर्व का मोती	श्रीलंका
लैंड ऑफ मॉर्निंग काम	कोरिया
लैंड ऑफ थाउजेण्ड लेक्स	फिनलैंड
भूमध्यसागर का द्वार	जिब्राल्टर
लैंड ऑफ दी थाउजैंड एलीफैन्ट्स	लाओस
स्वर्णिम पैगोडा का देश	म्यांमार
सिटी ऑफ गोल्डन गेट	सैन फ्रांसिस्को
क्वीन ऑफ एड्रियाटिक	वेनिस (इटली)
पिलर्स ऑफ हरक्यूलिस	स्ट्रेट ऑफ जिब्राल्टर
श्वेत शहर	बेलग्रेड

उपनाम	देश
पूर्व का मैनचेस्टर	ओसाका (जापान)
लिली का देश	कनाडा
होली लैंड	जेरूसलम (इजरायल)
सूर्योदय का देश	जापान
कॉकपिट ऑफ यूरोप	बेल्जियम
आंसुओं का प्रवेश द्वार	बाब-अल-मंडब जलडमरूमध्य
लैंड ऑफ मिडनाइट सन	नार्वे
अरब सागर की रानी	कोच्चि (भारत)
लैंड ऑफ ह्वाइट एलीफैंट्स	थाइलैंड
दक्षिण का ब्रिटेन	न्यूजीलैंड
वेनिस ऑफ द वर्ल्ड	स्टॉकहोम (स्वीडन)
स्मारकों की नगरी	वियना (ऑस्ट्रिया)
पवनचक्कियों की भूमि	नीदरलैण्ड
आइलैंड ऑफ क्लोव्ज	जंजीवार (तंजानिया)
फॉरबिडन सिटी	ल्हासा (तिब्बत)
नील नदी का देश	मिस्र
एमराल्ड द्वीप	आयरलैंड
लैंड ऑफ थंडरवोल्ट	भूटान
मोतियों का द्वीप	बहरीन

नदियों के तट पर बसे विश्व के प्रमुख नगर

नगर	नदी
लन्दन (इंग्लैंड)	टेम्स
कैन्टन (चीन)	सीक्यांग
मास्को (रूस)	मस्कोवा
न्यूयार्क (सं.रा.अ.)	हडसन
बर्लिन (जर्मनी)	स्प्री
बेलग्रेड	डेन्यूब
पेरिस (फ्रांस)	सीन
बुडापेस्ट (हंगरी)	डेन्यूब
पर्थ (ऑस्ट्रेलिया)	स्वान
वाशिंगटन	पोटोमेक
बगदाद (इराक)	टाइग्रिस
वियाना (ऑस्ट्रिया)	डेन्यूब
आस्वान (मिस्र)	नील
टोकियो (जापान)	अराकावा
सेंट लुईस (अमेरिका)	मिसिसिपी
शंघाई (चीन)	यांग्टिसीक्यांग
रोम (इटली)	टाइबर
यंगून (म्यांमार)	इरावदी
प्राग	विंतावा
ओटावा (कनाडा)	सेंट लारेंस

नगर	नदी
सिडनी (ऑस्ट्रेलिया)	डार्लिंग
मैड्रिड (स्पेन)	मैजेनसेस
लिस्बन	टेगस
लिस्बन (पुर्तगाल)	टंगस
अंकारा (तुर्किए)	किजिल
लाहौर (पाकिस्तान)	रावी
मॉण्ट्रियल (कनाडा)	सेंट लारेंस
कराची (पाकिस्तान)	सिंधु
बोन (जर्मनी)	राइन
डबलिन (आयरलैंड)	लीफें
काहिरा (मिस्र)	नील
दिल्ली (भारत)	यमुना
ब्यूनस आयर्स (अर्जेंटीना)	लाप्लाटा
शिकागो (सं.रा.अ.)	शिकागो
लिवरपुल (इंग्लैंड)	मर्सी
ब्रिस्टल (इंग्लैंड)	एवन्
बसरा (इराक)	दजला एवं फरात
वाराणसी (भारत)	गंगा
लखनऊ (भारत)	गोमती
कीव (यूक्रेन)	नीपर

विश्व के प्रमुख घास के मैदान

घास के मैदान	सम्बन्धित देश
पम्पास	अर्जेन्टीना
प्रेयरी	अमेरिका
वेल्ड	दक्षिण अफ्रीका
डाउन्स	ऑस्ट्रेलिया
केन्टरबरी	न्यूजीलैण्ड
स्टेपी	यूरेशिया

प्रमुख देशों में स्थानान्तरित कृषि

कृषि	देश
चेन्ना	श्रीलंका
हुमा	जावा
कैगिन	फिलीपीन्स
लैडान	इण्डोनेशिया एवं मलेशिया
रोका	ब्राजील
तमाराई	थाइलैण्ड
कोनुको	वेनेजुएला

◇◇◇◇◇

5 संयुक्त राष्ट्र

स्थापना	:	24 अक्टूबर, 1945
संस्थापक सदस्य	:	50
मुख्यालय	:	न्यूयार्क
वर्तमान सदस्य संख्या	:	193 (इस संगठन का सदस्य बनने वाला अन्तिम देश दक्षिण सूडान है)।
लक्ष्य और उद्देश्य	:	शान्ति-सुरक्षा, कल्याण और मानव अधिकार
ध्वज	:	ध्वज की पृष्ठभूमि हल्की नीली है और उस पर श्वेत रंग से राष्ट्र संघ का प्रतीक बना हुआ है।
कार्यकारी भाषाएँ	:	अंग्रेजी तथा फ्रेंच
अन्य मान्यता प्राप्त भाषाएँ	:	रशियन, अरबी, स्पेनिश तथा चीनी।

संयुक्त राष्ट्र के प्रमुख अंग

प्रमुख अंग 6 हैं—**1.** साधारण महासभा, **2.** सुरक्षा परिषद्, **3.** आर्थिक व सामाजिक परिषद्, **4.** अंतर्राष्ट्रीय न्यायालय, **5.** प्रन्यास परिषद्, **6.** सचिवालय

संयुक्त राष्ट्र के महासचिवों की सूची

क्रम	नाम	देश	कार्यकाल
1.	त्रिग्वेली	नार्वे	1946-52
2.	डाग हैमरशोल्ड	स्वीडन	1953-61
3.	यू. थांट	म्यांमार	1961-71
4.	कुर्त वाल्दहीम	ऑस्ट्रिया	1971-82
5.	जेवियर पेरेज द कुइयार	पेरू	1982-91
6.	डॉ. बी बुतरस घाली	मिस्र	1992-96
7.	कोफी अन्नान	घाना	1997-06
8.	बान की-मून	दक्षिण कोरिया	2007-16
9.	एंटोनियो गुटेरस	पुर्तगाल	2017 —

प्रमुख अंतर्राष्ट्रीय संगठनों के मुख्यालय और स्थापना वर्ष

अंतर्राष्ट्रीय संगठन	मुख्यालय	स्थापना वर्ष
संयुक्त राष्ट्र (UN)	न्यूयार्क	1945
अंतर्राष्ट्रीय मुद्रा कोष (IMF)	वाशिंगटन	1945
विश्व स्वास्थ्य संगठन (WHO)	जेनेवा	1948
खाद्य एवं कृषि संगठन (FAO)	रोम	1945
अंतर्राष्ट्रीय श्रम संगठन (ILO)	जेनेवा	1919
यूनेस्को (UNESCO)	पेरिस	1946

अंतर्राष्ट्रीय संगठन	मुख्यालय	स्थापना वर्ष
अंतर्राष्ट्रीय न्यायालय	हेग	1945
सार्वभौमिक डाक संघ (UPU)	बर्न	1874
अंतर्राष्ट्रीय नागरिक उड्डयन संगठन (ICAO)	मांट्रियल	1947
सं॰ रा॰ औद्यो॰ विकास संगठन (UNIDO)	वियना	1966
अंतर्राष्ट्रीय परमाणु ऊर्जा अभिकरण (IAEA)	वियना	1957
अंतर्राष्ट्रीय वित्त निगम (IFC)	वाशिंगटन	1956
सं॰ रा॰ विकास कार्यक्रम (UNDP)	न्यूयॉर्क	1965
यूनिसेफ (UNICEF)	न्यूयॉर्क	1946
अंतर्राष्ट्रीय समुद्री संगठन (IMO)	लंदन	1948
विश्व मौसम विज्ञान संगठन (WMO)	जेनेवा	1950
अंतर्राष्ट्रीय दूर संचार संघ (ITU)	जेनेवा	1865
अरब लीग	काहिरा	1945
विश्व व्यापार संगठन (WTO)	जेनेवा	1995
अंतर्राष्ट्रीय विकास संघ (IDA)	वाशिंगटन डी.सी.	1960
अंतर्राष्ट्रीय पुनर्निर्माण एवं विकास बैंक (विश्व बैंक) (IBRD)	वाशिंगटन	1944
विश्व बौद्धिक संपदा संगठन (WIPO)	जेनेवा	1967
मुस्लिम राष्ट्रों का संघ (OIC)	जेद्दा	1969
रेडक्रास	जेनेवा	1863
इंटरपोल (INTERPOL)	लियोन	1923
एशियाई विकास बैंक (ADB)	मनीला	1966
उत्तरी अटलांटिक संधि संगठन (NATO)	ब्रुसेल्स	1949
आसियान (ASEAN)	जकार्ता	1967
BRICS बैंक	शंघाई	2014
यूरोपीय संघ (EU)	ब्रुसेल्स	(1958 में स्थापित EEC का परिवर्तित रूप)

✧✧✧✧✧

6 भारत का भूगोल

प्रसिद्ध पर्वत शिखर

पर्वत शिखर	समुद्र तल से ऊंचाई (मीटर में)
1. K-2	8,611 पाकिस्तान के कब्जे में
2. कंचनजंगा	8,598
3. नंगा पर्वत	8,126
4. गशेर ब्रुम	8,068 पाकिस्तान के कब्जे में
5. ब्रॉड पीक	8,047 पाकिस्तान के कब्जे में
6. डिस्तगिल सर	7,885 पाकिस्तान के कब्जे में
7. माशेर ब्रुम (पूर्वी)	7,821
8. नंदा देवी	7,817
9. माशेर ब्रुम (पश्चिम)	7,806 पाकिस्तान के कब्जे में
10. राकापोशी	7,788 पाकिस्तान के कब्जे में

भारत के प्रमुख दर्रे

दर्रे	राज्य/केन्द्रशासित प्रदेश
काराकोरम	लद्दाख
माना	उत्तराखण्ड
जोजिला	लद्दाख
नीति	उत्तराखण्ड
पीरपंजाल	जम्मू-कश्मीर
नाथूला	सिक्किम
बनिहाल	जम्मू-कश्मीर
जैलेप्ला	सिक्किम
बुर्जिल	जम्मू-कश्मीर
बोम्डिला	अरुणाचल प्रदेश
शिपकी	हिमाचल प्रदेश
यांग्याप	अरुणाचल प्रदेश
रोहतांग	हिमाचल प्रदेश
दिफू	अरुणाचल प्रदेश
बड़ालाचा	हिमाचल प्रदेश
तुजु	मणिपुर
लिपुलेख	उत्तराखण्ड

पश्चिमी घाट के दर्रे

दर्रा	ऊं. (मी.)	स्थिति
थालघाट	580	नासिक एवं मुम्बई के बीच का संपर्क मार्ग
भोरघाट	520	मुम्बई एवं पुणे के बीच का संपर्क मार्ग
पालघाट	530	कोयंबटूर एवं कोच्चि के बीच का संपर्क मार्ग
सिनकोट	280	तिरुवनंतपुरम एवं मदुरै के बीच का संपर्क मार्ग

प्रमुख जल-अन्तराल

नाम	अवस्थिति
8° चैनल	मालदीव व मिनीकॉय के मध्य
9° चैनल	लक्षद्वीप व मिनीकॉय के मध्य
10° चैनल	छोटा अंडमान व कारनिकोबार के मध्य
ग्रैण्ड चैनल	सुमात्रा (इंडोनेशिया) व निकोबार के मध्य
पाक स्ट्रेट	तमिलनाडु व श्रीलंका के मध्य
डुंकन पास	दक्षिण अंडमान व लघु अंडमान के मध्य
पाक खाड़ी	तमिलनाडु व श्रीलंका के मध्य
कोको स्ट्रेट	काको द्वीप (म्यांमार) व उ. अंडमान के मध्य
मन्नार खाड़ी	द.पू. तमिलनाडु व श्रीलंका के मध्य
लक्षद्वीप सागर	लक्षद्वीप व मालाबार तट के मध्य

भारत की महत्वपूर्ण झीलें

झीलें	राज्य/केन्द्रशासित प्रदेश
चिल्का	ओडिशा
कोलेरू, पुलीकट	आन्ध्र प्रदेश
लोकटक	मणिपुर
सुकना	चण्डीगढ़
लोनार	महाराष्ट्र
निजाम सागर	तेलंगाना
उमियम झील	मेघालय
नैनीताल, भीमताल	उत्तराखंड
वुलर, डल	जम्मू-कश्मीर
पुल्ह झील	उत्तर प्रदेश
अष्टमुदी	केरल
परशुराम कुण्ड	अरुणाचल प्रदेश

भारत की प्रमुख नदियाँ

नदी	उद्गम	मुहाना	लम्बाई (किमी.)	विशेष तथ्य
सिन्धु	मानसरोवर झील (तिब्बत)	अरब सागर	3100 (भारत में 1114)	सतलज, रावी, व्यास, झेलम इसकी सहायक नदियाँ हैं। लद्दाख में यह नदी गिलगित गॉर्ज का निर्माण करती है।
सतलज	राक्षसताल	चिनाब	1450 (भारत में 1050)	भाखड़ा, नांगल व नाथपा झाकरी बाँध।
गंगा	गंगोत्री के पास गोमुख से	बंगाल की खाड़ी	2525	देव प्रयाग में भागीरथी अलकनंदा से मिलती है और संयुक्त धारा का नाम गंगा हो जाता है। फरक्का बाँध एवं भागीरथी पर टिहरी बाँध।
यमुना	यमुनोत्री के पास बंदरपूंछ से	गंगा	1376	चम्बल, बेतवा, केन सहायक नदियाँ हैं।
चम्बल	महूँ (जानपाव पहाड़ी)	यमुना	1050	गाँधीनगर, राणासागर तथा जवाहर सागर बाँध स्थित है।
गण्डक	धौलाधार पर्वत	गंगा	300	त्रिवेणी के पास बाँध
सोन	अमरकंटक पहाड़ी	गंगा	784	बाणसागर व रिहन्द बाँध
ब्रह्मपुत्र	मानसरोवर झील (तिब्बत)	बंगाल की खाड़ी	2900 (भारत में 916)	ब्रह्मपुत्र नदी अरुणाचल प्रदेश में दिहांग, तिब्बत में शांग-पो और बांग्लादेश में 'जमुना' के नाम से प्रसिद्ध।
नर्मदा	अमरकंटक	अरब सागर	1290	इंदिरा सागर, महेश्वर, सरदार सरोवर बाँध। डेल्टा के बजाए एश्चुअरी बनाती है।
ताप्ती	मुलताई (बैतूल)	खम्भात की खाड़ी	720	काकरापार व ऊकाई बाँध/यह नदी डेल्टा के बजाए एश्चुअरी बनाती है।
महानदी	सिहावा के समीप	बंगाल की खाड़ी	890	हीराकुड, तिरकपाड़ा बाँध स्थित है, डेल्टा बनाती है।
कृष्णा	पश्चिमी घाट की पहाड़ी (महाबलेश्वर के पास)	बंगाल की खाड़ी	1290	शैलम तथा नागार्जुन सागर बाँध स्थित है। डेल्टा बनाती है।
गोदावरी	त्रयम्बक गाँव की पहाड़ी	बंगाल की खाड़ी	1450	दक्षिण की गंगा कहा जाता है। एनीकट बाँध स्थित है। डेल्टा बनाती है।
कावेरी	ब्रह्मगिरि की पहाड़ी	बंगाल की खाड़ी	760	शिवसमुद्रम जल प्रपात स्थित है। डेल्टा बनाती है।
तुंगभद्रा	कर्नाटक के प्रश्चिमी घाट	कृष्णा	331	कुमुदवती, वर्धा, मगारी आदि सहायक नदियाँ हैं।
माही	विन्ध्याचल पर्वत	खम्भात की खाड़ी	533	वनकवोरी बाँध।

भारत के महत्वपूर्ण जल प्रपात

जल प्रपात	ऊँचाई (मी.)	नदी	राज्य	जल प्रपात	ऊँचाई (मी.)	नदी	राज्य
शिवसमुद्रम	90	कावेरी	कर्नाटक	गरसोप्पा	260	शरावती	कर्नाटक
हुण्डरू	–	स्वर्णरेखा	झारखण्ड	केवटी	98	महाना	मध्य प्रदेश
रकीमकुण्ड	168	गायघाट	बिहार	कुंचिकल	455	वरही	कर्नाटक

नदियों के किनारे बसे प्रमुख नगर

नगर	नदी	नगर	नदी	नगर	नदी	नगर	नदी
दिल्ली	यमुना	गुवाहाटी	ब्रह्मपुत्र	आगरा	यमुना	जबलपुर	नर्मदा
बद्रीनाथ	अलकनंदा	कोटा	चम्बल	प्रयागराज	गंगा, यमुना	कटक	महानदी
हरिद्वार	गंगा	नासिक	गोदावरी	कानपुर	गंगा	श्रीरंगपट्टनम	कावेरी
पटना	गंगा	जौनपुर	गोमती	श्रीनगर	झेलम	हैदराबाद	मूसी
अयोध्या	सरयु	मथुरा	यमुना	सूरत	ताप्ती	जमशेदपुर	स्वर्णरेखा
कोलकाता	हुगली	भागलपुर	गंगा	लखनऊ	गोमती	वाराणसी	गंगा
उज्जैन	क्षिप्रा						

प्रमुख बहुउद्देशीय नदी घाटी परियोजनाएँ

परियोजना का नाम	नदी	लाभान्वित राज्य
दामोदर घाटी परियोजना	दामोदर	झारखंड, पश्चिम बंगाल
टिहरी बाँध परियोजना	भागीरथी	उत्तराखंड
नागार्जुन सागर परियोजना	कृष्णा	आन्ध्र प्रदेश
कोसी परियोजना	कोसी	बिहार तथा नेपाल
हीराकुड बाँध परियोजना	महानदी	ओडिशा
व्यास परियोजना	व्यास	राजस्थान, पंजाब, हरियाणा, हिमाचल प्रदेश
चम्बल परियोजना	चम्बल	राजस्थान, मध्य प्रदेश
मयूराक्षी परियोजना	मयूराक्षी	पश्चिम बंगाल
तुंगभद्रा परियोजना	तुंगभद्रा	आन्ध्र प्रदेश, कर्नाटक
गण्डक परियोजना	गण्डक	बिहार, नेपाल
फरक्का परियोजना	गंगा, भागीरथी	पश्चिम बंगाल
काकरापारा परियोजना	ताप्ती	गुजरात
नागपुर शक्तिगृह परियोजना	कोराडी	महाराष्ट्र
इन्दिरा गाँधी नहर परियोजना	सतलज	राजस्थान, पंजाब तथा हरियाणा
रिहन्द परियोजना	रिहन्द	उत्तर प्रदेश
महानदी डेल्टा परियोजना	महानदी	ओडिशा
कुण्डा परियोजना	कुण्डा	तमिलनाडु
इडुक्की परियोजना	पेरियार	केरलम
कोयना परियोजना	कोयना	महाराष्ट्र
सतलज परियोजना	चिनाब	जम्मू और कश्मीर
रंजीत सागर बाँध परियोजना	रावी	पंजाब
नाथपा-झाकरी परियोजना	सतलज	हिमाचल प्रदेश
शरावती परियोजना	शरावती	कर्नाटक
नर्मदा सागर परियोजना	नर्मदा	मध्य प्रदेश, गुजरात
जवाहर सागर परियोजना	चम्बल	राजस्थान
तुलबुल परियोजना	झेलम	जम्मू और कश्मीर
सरदार सरोवर परियोजना	नर्मदा	गुजरात, मध्य प्रदेश, महाराष्ट्र एवं राजस्थान
दुलहस्ती परियोजना	चिनाब	जम्मू और कश्मीर
तिलैया परियोजना	बराकर	झारखंड

कृषि क्रांतियाँ

क्रांति	क्षेत्र
हरित क्रांति	खाद्यान्न उत्पादन
लाल क्रांति	टमाटर उत्पादन
श्वेत क्रांति	दुग्ध उत्पादन
गोल क्रांति	आलू उत्पादन
भूरी क्रांति	उर्वरक उत्पादन
रजत क्रांति	अंडा उत्पादन
नीली क्रांति	मत्स्य उत्पादन
सुनहरी क्रांति	बागवानी उत्पादन
पीली क्रांति	तिलहन उत्पादन
गुलाबी क्रांति	झींगा उत्पादन

राष्ट्रीय उद्यान और अभयारण्य

अगस्त 2025 तक हमारे देश में 107 राष्ट्रीय उद्यान और 574 वन्यजीव अभयारण्य हैं। कुछ महत्त्वपूर्ण अभयारण्यों और उद्यानों के नाम नीचे दिए गए हैं।

- कान्हा राष्ट्रीय उद्यान (म.प्र.)
- शिवपुरी राष्ट्रीय उद्यान (म.प्र.)
- जलदापाड़ा अभयारण्य (प. बंगाल)
- काजीरंगा अभयारण्य (असम)
- मानस अभयारण्य (असम)
- हजारीबाग राष्ट्रीय उद्यान (झारखंड)
- पलामू राष्ट्रीय उद्यान (झारखंड)
- डालमा वन्य जीव अभयारण्य (झारखंड)
- सिमलीपाल राष्ट्रीय पार्क (ओडिशा)
- वनकटना वन्य जीव अभयारण्य (उ.प्र.)
- भरतपुर वन्य जीव अभयारण्य (राजस्थान)
- डर्राह वन्य जीव अभयारण्य (राजस्थान)
- कॉर्बेट राष्ट्रीय उद्यान (उत्तराखंड)
- चन्द्रप्रभा अभयारण्य (उ.प्र.)
- डाचीगाम अभयारण्य (जम्मू-कश्मीर)
- दुधवा राष्ट्रीय उद्यान (उ.प्र.)
- नन्दा देवी कस्तूरी मृग वन (उत्तराखंड)
- माउंट आबू वन्य जीव अभयारण्य (राजस्थान)
- रणथम्भौर वन्य जीव अभयारण्य (राजस्थान)
- सरिस्का क्रीड़ा अभयारण्य (राजस्थान)
- रंगथिट्टू पक्षी अभयारण्य (कर्नाटक)
- बांदीपुर अभयारण्य (कर्नाटक)
- डंडेली अभयारण्य (कर्नाटक)
- महावीर अभयारण्य (गोवा-कर्नाटक सीमा)
- पेरियार अभयारण्य (केरलम)
- वेदान्त-गाल पक्षी अभयारण्य (तमिलनाडु)
- गिर वन (गुजरात)
- बोरीवल्ली राष्ट्रीय उद्यान (महाराष्ट्र)
- मोलेम क्रीड़ा अभयारण्य (गोवा)
- कोट्टीगांव क्रीड़ा अभयारण्य (गोवा)
- नागजीरा वन्य जीव अभयारण्य (महाराष्ट्र)
- बान्धवगढ़ राष्ट्रीय उद्यान (मध्य प्रदेश)
- घाट प्रभा पक्षी अभयारण्य (कर्नाटक)
- खगचन्दजेन्दा राष्ट्रीय उद्यान (सिक्किम)
- पेंच राष्ट्रीय उद्यान (महाराष्ट्र)
- रोहिया राष्ट्रीय उद्यान (हिमाचल प्रदेश)
- सुल्तानपुर सरोवर पक्षी अभयारण्य (हरियाणा)
- तोदोबा राष्ट्रीय उद्यान (महाराष्ट्र)
- मुदमलाई अभयारण्य (तमिलनाडु)
- नागरहोल अभयारण्य (कर्नाटक)
- नाल सरोवर पक्षी अभयारण्य (गुजरात)
- बोंडला क्रीड़ा अभयारण्य (गोवा)
- तनसा झील वन्य जीव अभयारण्य (महाराष्ट्र)
- बनारघट्टा राष्ट्रीय उद्यान (कर्नाटक)
- ईराविकुलम राजमल्ली राष्ट्रीय उद्यान (केरलम)

भारत के प्रसिद्ध पर्वतीय स्थल

स्थान	राज्य/केन्द्रशासित प्रदेश
अल्मोड़ा	उत्तराखंड
माउण्ट आबू	राजस्थान
चेरापूंजी	मेघालय
मसूरी	उत्तराखंड
कोडईकनाल	तमिलनाडु
नैनीताल	उत्तराखंड
डलहौजी	हिमाचल प्रदेश
ऊटकमंड	तमिलनाडु
दार्जिलिंग	पश्चिम बंगाल
पंचमढ़ी	मध्य प्रदेश
गुलमर्ग	जम्मू और कश्मीर
रानीखेत	उत्तराखंड
कसौली	हिमाचल प्रदेश
शिलांग	मेघालय
महाबलेश्वर	महाराष्ट्र
शिमला	हिमाचल प्रदेश

◇◇◇◇◇

7 रक्षा

भारत की रक्षा सेनाओं का सर्वोच्च कमाण्डर भारत का राष्ट्रपति होता है। भारत की सशस्त्र सेनाओं में तीन मुख्य सेवाएं हैं–थल सेना, नौ सेना और वायु सेना। तीनों सेनाओं के प्रमुख क्रमशः थल सेनाध्यक्ष, नौ सेनाध्यक्ष और वायु सेनाध्यक्ष होते हैं।

सेना में कमीशंड पद
Commissioned Ranks

थल सेना

1. जनरल
2. लेफ्टिनेंट जनरल
3. मेजर जनरल
4. ब्रिगेडियर
5. कर्नल
6. लेफ्टिनेंट कर्नल
7. मेजर
8. कैप्टन
9. लेफ्टिनेंट

वायु सेना

1. एयर चीफ मार्शल
2. एयर मार्शल
3. एयर वाइस मार्शल
4. एयर कॉमोडोर
5. ग्रुप कैप्टन
6. विंग कमाण्डर
7. स्क्वाड्रन लीडर
8. फ्लाइट लेफ्टिनेंट
9. फ्लाइंग ऑफिसर

नौ सेना

1. एडमिरल
2. वाइस एडमिरल
3. रियर एडमिरल
4. कॉमोडोर
5. कैप्टन
6. कमाण्डर
7. लेफ्टिनेंट कमाण्डर
8. लेफ्टिनेंट
9. सब लेफ्टिनेंट

थल सेना कमाण्ड

कमाण्ड	मुख्यालय
पश्चिमी कमाण्ड	चांडी मंदिर (चंडीगढ़)
पूर्वी कमाण्ड	कोलकाता
उत्तरी कमाण्ड	ऊधमपुर
दक्षिणी कमाण्ड	पुणे
मध्य कमाण्ड	लखनऊ
द.प. कमाण्ड	जयपुर
ट्रेनिंग कमाण्ड	शिमला

जल सेना कमाण्ड

कमाण्ड	मुख्यालय
पूर्वी कमाण्ड	विशाखापट्टनम
दक्षिणी कमाण्ड	कोच्चि
पश्चिमी कमाण्ड	मुम्बई

वायु सेना कमाण्ड

कमाण्ड	मुख्यालय
पूर्वी कमाण्ड	शिलांग
पश्चिमी कमाण्ड	नई दिल्ली
केन्द्रीय कमाण्ड	प्रयागराज
दक्षिणी कमाण्ड	तिरुअनंतपुरम
द.-प. कमाण्ड	गांधीनगर
ट्रेनिंग कमाण्ड	बेंगलुरु
मेन्टेनेन्स कमाण्ड	नागपुर

थल सेना प्रशिक्षण संस्थान

कमाण्ड	मुख्यालय
नेशनल डिफेन्स एकेडमी (NDA)	खड़कवासला
नेशनल डिफेन्स कॉलिज	नई दिल्ली
इंडियन मिलिट्री एकेडमी (IMA)	देहरादून
डिफेन्स सर्विस स्टाफ कॉलिज	विलिंग्टन
इन्फेनटरी स्कूल	महू
आर्म्ड सेण्टर	अहमदनगर
आर्टीलरी स्कूल	देवलाली

वायु सेना प्रशिक्षण संस्थान

कमाण्ड	मुख्यालय
एयर फोर्स एडमिनिस्ट्रेटिव कॉलिज	कोयम्बटूर
एयर फोर्स एकेडमी	हैदराबाद
पैराटूपर ट्रेनिंग स्कूल	आगरा
एयर फोर्स टेक्निकल कॉलिज	जलाहली (बेंगलुरु)
एलीमेन्ट्री फ्लाइंग स्कूल	बिदर

नौ सेना प्रशिक्षण संस्थान

कमाण्ड	मुख्यालय
आइ.एन.एस. चिल्का	भुवनेश्वर
आइ.एन., बेन्दुरथी	कोच्चि
आइ.एन.एस. तसिरकार्स	विशाखापट्टनम
इण्डियन नेवल एकेडमी	कोच्चि
आइ.एन.एस. शिवाजी	लोनावाला

आंतरिक सुरक्षा के संगठन

संगठन	स्थापना वर्ष	मुख्यालय
असम राइफल्स	1835	शिलांग
केन्द्रीय रिजर्व पुलिस बल	1939	नई दिल्ली
भारत-तिब्बत सीमा पुलिस	1962	नई दिल्ली
सीमा सुरक्षा बल (BSF)	1965	नई दिल्ली
केन्द्रीय औद्योगिक सुरक्षा बल	1969	नई दिल्ली
तट रक्षक बल	1978	नई दिल्ली
राष्ट्रीय सुरक्षा गार्ड	1984	नई दिल्ली

रक्षा स्टाफ प्रमुख (CDS)

देश में उच्चतर रक्षा प्रबंधन में सुधार लाने के लिए सेवा प्रमुख समतुल्य वेतन और अतिरिक्त सुविधाओं वाले (सीडीएस) का पद गठित किया गया है जो फोर स्टार वाले जनरल रैंक का है। रक्षा स्टाफ प्रमुख (चीफ ऑफ डिफेंस स्टाफ) रक्षा मंत्रालय में सैन्य मामलों के विभाग (डीएमए) के भी मुखिया हैं और इसके सचिव के रूप में कार्य करते हैं। जनरल विपिन रावत ने एक जनवरी, 2020 से तीन वर्ष के कार्यकाल के लिए देश के प्रथम सीडीएस के रूप में पद ग्रहण किया। 8 दिसम्बर, 2021 को हेलीकॉप्टर दुर्घटना में उनकी मृत्यु होने तक वे इस पद पर रहे। जनरल अनिल चौहान को देश के दूसरे तथा एनएस राजा सुब्रमणि को तीसरे सीडीएस बनने का गौरव प्राप्त है।

❖❖❖❖❖

8 कला एवं साहित्य

भारत के प्रमुख चित्रकार एवं उनकी कृतियाँ

अवनीन्द्र नाथ टैगोर	शाहजहाँ का ताज को देखना, बुद्ध और सुजाता, कमल के पत्ते पर अश्रुकण, वन साम्राज्ञी, औरंगजेब का बुढ़ापा, भारतमाता आदि।
गगनेन्द्र नाथ टैगोर	माँ से विदा लेते चैतन्य, कल्कि अवतार आदि।
राजा रवि वर्मा	दुष्यन्त को प्रेम-पत्र लिखती शकुन्तला, नायर लेडी, शकुन्तला वियोग आदि।
नन्द लाल बोस	उमा की तपस्या, घायल बकरी को ले जाते भगवान बुद्ध, कृष्णार्जुन, उड़ीसा की एक दुकान, प्रणाम, बसन्त, गोपिनी आदि।
के॰ वेंकटप्पा	हनुमान द्वारा लंका दहन, स्वर्ण मृग, राम और मृग तृष्णा आदि।
जॉर्ज कीट	कृष्ण जन्म, कर्ण जन्म, यम मार्कण्डेय, निराभरण गोपियाँ आदि।
भवेश चन्द्र सन्याल	आश्रयहीन लड़की, गोल मार्केट के भिखारी आदि।
मनीषी डे	नारी-श्रृंगार, पनघट की ओर, बंगाली शरणार्थी।
अमृता शेरगिल	एलिफेन्ट्स बाथिंग इन ग्रीन पुल, हिल साईड, भारतीय लड़कियाँ आदि।
नारायण श्रीधर बेन्द्रे	स्टेशन पर यात्री, बुद्ध पूजा आदि।
देवी प्रसाद राय चौधरी	लेपचा कुमारी, भौटिया आदि।
शोभा सिंह	हीर-रांझा
सतीश गुजराल	काला चांद

संगीत

भारत में चार प्रकार के संगीत-साज मिलते हैं—तंतु या तार वाले, समीर या वायु वाले, अवनाद अथवा थाप से संचालित होने वाले और घन जिसमें घंटियाँ, मंजीरे, घड़ियाल आदि शामिल हैं। तंतु या तार वाले सामान्य साज हैं जैसे—वीणा, सितार, सारंगी, सरोद, दिलरुबा, इसराज, एकतारा, तानपुरा और मयूरी। वायु संचालित साज हैं शहनाई, बाँसुरी, नादस्वरम, निनकिर्नस और पोंगी। थाप अथवा संघात से संचालित होने वाले साज हैं: तबला, मृदंग, ढोलक, पखावज, घटाम तथा कंजीरा-मंजीरा। करतल, जल तरंग आदि अन्य भारतीय साज हैं। गायन के क्षेत्र में विष्णु नारायण भातखण्डे, बेगम अख्तर, बड़े गुलाम अली, हीराबाई बरोडकर, भीमसेन जोशी, केसरभाई केलकर, ओंकारनाथ ठाकुर, सिद्धेश्वरी देवी, त्यागराज, विष्णु दिगंबर पलुसकर, पंकज मलिक, एम.एस. सुब्बालक्ष्मी, पंडित जसराज, गंगूभाई हंगल, मल्लिकार्जुन मंसूर, डागर बंधु, डी.के. जयरामन, के.जे. यशुदास, गुलाम मुस्तफा खान, कुमार गंधर्व, के.एल. वसंधा कुमारी, किशोरी अमोनकर, गिरिजा देवी, वी.के. नारायण स्वामी दीक्षित, तानसेन, श्यामा शास्त्री, स्वाति तिरूनल आदि साजपरक संगीत के कुछ दिग्गज कलाकार रहे हैं।

साजपरक संगीत के कुछ दिग्गज कलाकार निम्न हैं–

बाँसुरी—हरि प्रसाद चौरसिया, पन्नालाल घोष, टी.आर. महालिंगम, एन. रमानी, विजय राघव राव, रघुनाथ सेठ, राजेन्द्र कुलकर्णी

जंजीरा—वी. नागराजन

घटाम—टी.एच. विनायाकरम

गिटार—पंडित विष्णु मोहन भट्ट, मोहन भट्ट, बृजभूषण कालरा, श्रीकृष्ण नलिन

हारमोनियम—पुरुषोत्तम वालावाकर, एम. धौलपुरी

मृदंग—पालघात आर. रघु, यू.एस. वर्मन

पखावज—गोविन्द राव, अनोखे लाल, कंठी महाराज

रूद्रवीणा—जिया मोहिउद्दीन डागर, असद अली खान

संतूर—शिव कुमार शर्मा, तरुण भट्टाचार्य

सितार—पंडित रविशंकर, बिलायत खान, देबू चौधरी, अब्दुल हलीम, जफर खान

सरोद—अली अकबर खान, अमजद अली खान, अलाउद्दीन खान, सरेन रानी, बज नारायण, मुकेश शर्मा, चंदन राय

शहनाई—बिस्मिल्ला खान, सुरबहार इमरत खान, दयाशंकर जगन्नाथ

वायलिन—लालगुडी जयारमण, एल. सुब्रह्मण्यम, एम.एस. गोपालकृष्णन, एस. सुब्रह्मण्यम, वी.जी. जोग, एन. राजन

तबला—अल्लारखा खां, गुदई महाराज, जाकिर हुसैन, लतीफ खाँ, किशन महाराज आदि।

नृत्य

- **भरतनाट्यम :** इस नृत्य शैली का ताल्लुक तमिलनाडु से है। यह कर्नाटक संगीत के साथ किया जाने वाला एकांतिक नृत्य है। अपने शुद्ध रूप में यह नृत्य शरीर की विभिन्न हलचलों, कोणों व घुमाव के जरिए लय-ताल का एक बेहतरीन नमूना पेश करता है।
- **ओडिसी :** इसकी उत्पत्ति ओडिशा में हुई है। यह नृत्य भरतनाट्यम के समानांतर है। 'गीत-गोविन्द' नामक काव्य की संरचना इस नृत्य शैली के काव्य तथा संगीत घटकों पर हावी रही है।
- **मणिपुरी :** यह मणिपुर का लयबद्ध नृत्य है। यह राधा-कृष्ण और गोपियों की अवधारणा के इर्द-गिर्द संकेद्रित रही है। नगाड़ों और मंजीरों पर बजने वाले कई प्रकार के ताल इस नृत्य के साथ-साथ चलते हैं।
- **कत्थक :** यह उत्तरी भारत का एक विशिष्ट शहरी नृत्य है। पूर्व में इसे दरबारों से जुड़ी नृत्य परंपरा के रूप में लिया जाता था। इस नृत्य के दौरान गायन चलता रहता है, मृदंग बजते रहते हैं तथा एक और कलाकार साज बजाता रहता है। कलाकारों का यह समूह सुर-ताल का आकर्षक नजारा पेश करता है।
- **कथकली :** यह केरलम की शास्त्रीय नृत्य नाटिका है। अपने स्वरूप में यह नृत्य वर्णात्मक होने के बजाय नाट्यरूप में होता है। यह नृत्य महाकाव्यों के मिथकीय घटनाओं पर आधारित होता है जिसे अतिनाटकीय अंदाज में प्रस्तुत किया जाता है। नाटकीय कथा आँखों और भौहों के संचालन से, हाथों की भाव-भंगिमाओं से तथा शरीर के विशिष्ट संचालन से आगे बढ़ती है।
- **कुचिपुड़ी :** इस नृत्य का अभ्युदय आंध्र प्रदेश में हुआ माना जाता है। पारंपरिक रूप से यह नृत्य-नाटिका मंदिरों से संबद्ध रही है।

विभिन्न राज्यों के कुछ महत्वपूर्ण लोक-नृत्य

- **महाराष्ट्र :** तमाशा, दही हण्डी, गोफ, दीपक, डिंडी
- **गुजरात :** गरबा, रासलीला, तिप्पनी, डांडिया
- **ओडिशा :** छऊ, माया शवरी, दलचाई
- **राजस्थान :** घूमर, कठपुतली, तेरा ताली
- **मध्य प्रदेश :** लोटा नृत्य, जवारा
- **हिमाचल प्रदेश :** दशहरा नृत्य, हिकत, नेतियो
- **पंजाब :** गिद्धा, भांगड़ा, पणिहारी
- **उत्तर प्रदेश :** रासलीला, नौटंकी, थाली, धुरंग, झुमेला, हुड़का बोल, कजरी
- **नगालैण्ड :** बांस नृत्य, केदोहोह
- **असम :** बिहू, केली गोपाल, सतरिया
- **पश्चिम बंगाल :** कीर्तन, कालत्री, असुरबध, वृता, काली नाच
- **बिहार :** छऊ, मगही, दुर्गा नृत्य
- **तमिलनाडु :** तेरुकलथु, कबलतम, कर्गम, पुली वेशम
- **केरलम :** मोहिनी अट्टम, पदायुनी
- **कर्नाटक :** यक्षगान, कुजीता, कोडवास
- **जम्मू और कश्मीर :** दुम्हल, हिकत, चाकरी
- **त्रिपुरा :** हजागिरि
- **आंध्र प्रदेश/तेलंगाना :** डंडारिया, बंजारा, घण्टा मरदाला
- **गोवा :** गोडे मोदनी, ढकनी
- **मेघालय :** नोंगकरेम, बांग्ला
- **मणिपुर :** ढोल चोलम, बसंत रस
- **हरियाणा :** धमचाल, लहूर, भांगड़ा, गिद्दा
- **झारखंड :** सरहुल, सोहराई

शास्त्रीय नृत्य के कुछ प्रख्यात कलाकार

- **भरतनाट्यम :** यामिनी कृष्णमूर्ति, रुक्मिणी देवी अरुण्डेल, स्वप्न सुन्दरी, सोनल मानसिंह, वैजयंती माला, मृणालिनी साराभाई, चंद्रलेखा, इंद्राणी, राम गोपाल, बाल सरस्वती
- **कथकली :** गोपीनाथ, के.के. नायर, कुंजुकुरुप, टी.के. चंद्र, शांताराव, उदयशंकर
- **कुचिपुड़ी :** स्वप्न सुंदरी, राजा रेड्डी, राधा रेड्डी, शोभा नायर, वेदांतम सत्यनारायण, विम्पत्ति चिन्ना सत्यम
- **कत्थक :** बिरजू महाराज, गोपीकृष्ण, शंभू महाराज, सितारा देवी, उमा शर्मा, दुर्गा लाल, शोभना नारायण
- **मणिपुरी :** उदय शंकर, दरोहरा झावेरी, चैतम्बि सिंह, बिपिन सिंह, सूर्यमुखी
- **ओडिसी :** केलुचरण महापात्र, इंद्राणी रहमान, माधवी मुद्गल, प्रोतिमा बेदी, संयुक्ता पाणिग्रही, सोनल मानसिंह, देवू दास, प्रियवंदा मोहन्ती, मिनाती दास

◇◇◇◇◇

9 महत्वपूर्ण दिवस

दिवस	महत्व
9 जनवरी	प्रवासी दिवस
15 जनवरी	थल सेना दिवस
25 जनवरी	भारतीय पर्यटन दिवस
26 जनवरी	भारतीय गणतंत्र दिवस
30 जनवरी	शहीद दिवस, विश्व कुष्ठ निवारण दिवस (महात्मा गाँधी की पुण्य तिथि)
1 फरवरी	तटरक्षक दिवस, डाक जीवन बीमा दिवस
4 फरवरी	विश्व कैंसर दिवस
20 फरवरी	विश्व सामाजिक न्याय दिवस
21 फरवरी	विश्व मातृभाषा दिवस
22 फरवरी	पल्स पोलियो दिवस
28 फरवरी	राष्ट्रीय विज्ञान दिवस (रमन प्रभाव की स्मृति में)
8 मार्च	अन्तर्राष्ट्रीय महिला दिवस
15 मार्च	विश्व उपभोक्ता अधिकार दिवस, विश्व विकलांगता दिवस
21 मार्च	विश्व वानिकी दिवस, विश्व रंगभेद उन्मूलन दिवस
22 मार्च	विश्व जल दिवस
23 मार्च	शहीद दिवस, विश्व मौसम विज्ञान दिवस
24 मार्च	विश्व तपेदिक दिवस
7 अप्रैल	विश्व स्वास्थ्य दिवस
18 अप्रैल	विश्व विरासत दिवस
22 अप्रैल	विश्व पृथ्वी दिवस
1 मई	मई दिवस (अन्तर्राष्ट्रीय श्रम दिवस)
8 मई	विश्व रेडक्रॉस दिवस
9 मई	अन्तर्राष्ट्रीय थैलीसीमिया दिवस
11 मई	राष्ट्रीय प्रौद्योगिकी दिवस
24 मई	कॉमनवेल्थ दिवस
31 मई	धूम्रपान विरोध दिवस

दिवस	महत्व
1 जून	अन्तर्राष्ट्रीय बाल दिवस
5 जून	विश्व पर्यावरण दिवस
14 जून	वर्ल्ड ब्लड डोनर डे
20 जून	शरणार्थी दिवस
21 जून	विश्व योग दिवस
27 जून	विश्व मधुमेह दिवस
11 जुलाई	विश्व जनसंख्या दिवस
6 अगस्त	विश्व शांति दिवस, हिरोशिमा दिवस
10 अगस्त	अंतर्राष्ट्रीय युवा दिवस
29 अगस्त	राष्ट्रीय खेल दिवस
5 सितम्बर	शिक्षक दिवस
8 सितम्बर	विश्व साक्षरता दिवस
14 सितम्बर	हिन्दी दिवस
16 सितम्बर	विश्व ओजोन दिवस
21 सितम्बर	अन्तर्राष्ट्रीय शांति दिवस
27 सितम्बर	विश्व पर्यटन दिवस
2 अक्टूबर	गाँधी जयन्ती / अन्तर्राष्ट्रीय अहिंसा दिवस
3 अक्टूबर	विश्व पर्यावास दिवस
5 अक्टूबर	विश्व आवास दिवस
9 अक्टूबर	विश्व डाक दिवस
16 अक्टूबर	विश्व खाद्य दिवस
17 अक्टूबर	विश्व गरीबी उन्मूलन दिवस
20 अक्टूबर	राष्ट्रीय एकता दिवस, विश्व सांख्यिकी दिवस
19 नवम्बर	अन्तर्राष्ट्रीय नागरिक दिवस
26 नवम्बर	विश्व पर्यावरण संरक्षण दिवस
1 दिसम्बर	विश्व एड्स दिवस
10 दिसम्बर	अन्तर्राष्ट्रीय मानवाधिकार दिवस
18 दिसम्बर	अन्तर्राष्ट्रीय प्रवास दिवस
29 दिसम्बर	विश्व जैव विविधता दिवस

✧✧✧✧✧

10 खेल जगत

खेलों से जुड़ी शब्दावली

- **एथलेटिक्स:** ऐली, स्प्रॉम, बैटन, बेंड, ब्लाइंड पास, बॉक्स, सर्किल, क्लियरेंस, क्रासबार, हीट्स, फाल्स स्टार्ट, फ्लॉप स्टाइल, फाउल, हर्डलेस, लेन, लैप, डेकाथलॉन, हैप्टेथलॉन, मैराथन, पेंटाथलोन, स्क्रैच, शॉट पुट, स्प्रिंट, स्टार्टिंग ब्लॉक स्टेपल चेज, स्ट्रैंडल, टाई, जोन।
- **बैडमिंटन:** एश, एली, बैक हैण्ड, ब्लाक, कैरी, चैकिंग द स्मैस, कोर्ट, क्रास कोर्ट, डबल हिट, ड्राप शाट, फाल्ट, फोरहैण्ड, फ्रेम, गेम प्वाइंट, किल, लोब, लव, नेट, रैकेट, रैली, सर्व, शार्ट सर्व, शटल (बर्ड भी कहते हैं) साइड आउट, अंडर हैंड।
- **बेसबॉल:** आर्म थ्रोअर, एराउंड द हार्न, बल्क, बाल, बाल हॉक, बेस ओपन बेस रनर, बैट, बैटर, कैचर, काक्ड आर्म, क्रास फायर, डाउनर, होम, हाट कार्नर, इनफील्ड फ्लाई, की स्टोन सैक, लेट अप, पेग, पिंच हिटर, पॉपी, पंच, रबर, इनअप, सिंकर, स्लाइडर, थ्री फुट लाइन।
- **बास्केट बॉल:** बैक डोर, बैंग बोर्ड, बैंक शाट, बाउंस पास, चार्ज, चेस्ट पास, कार्नर प्लेयर, कट, डेड बॉल, डबल फाउल, ड्रिबल, फेक, फील्ड गोल, फाउल, फ्री थ्रो, गोल, हेल्ड बॉल, जम्प बॉल, पायवोट, रिवाइंड, रिस्ट्रेनिंग सर्कल, टी, टैक्नीकल फाउल, थ्रो इन।
- **बिलियर्डस एंड स्नूकर:** एंगल, राउण्ड द टेबल, बल्क, बॉल, ब्रेक, ब्रिज, केनन, क्यू बॉल, कॉप, फॉलो, हजार्ड, पाकेट, पॉट, पिरामिड, रेडबॉल, रेस्ट्स, रन, सेट अप, शार्ट स्विंग, टेबल।
- **बॉक्सिंग:** स्प्रॉन, अटैक, ब्लैक पेडल, बैक हैंड पंच, ब्लाकिंग, बोली, बाउट, बट, चॉप, कम्बीनेशन, कट, डाइव, एलबोइंग, फर्स्ट ब्लड, फ्लोर, फुल काउंट, ग्लोब्स, हीलिंग, होल्डिंग, हुक, जब, माउथपीस, पंच, रिंग, स्कोरिंग, सेकेण्ड, स्पॉट, वार्निंग।
- **क्रिकेट:** ऑल राउण्डर, ऐशेज, बैकफुट, बेल्स, बॉल, बैट, बैटिंग, बैट्समैन, बीमर, बाउंसर, बाउण्ड्री, बॉलर, बॉलिंग क्रीज, बाई, कॉट एण्ड बोल्ड, कॉल, कैच, कॉट बिहाइंड, सेंचुरी, क्लीन बोल्ड, कवर प्वाइंट, क्रास बैट, कट, कटर, डेड बॉल, एक्स्ट्राज, फास्ट मीडियम, फॉलोआन, फ्रंट फुट, फुलटॉस, ग्लास, गुगली, गार्ड, गिल्ली, हाफ वॉली, हैट्रिक, हिट विकेट, हुक, इनस्वींगर, लेटकट, लेग ब्रेक, लेग साइड, मेडन, मिड ऑफ, मिड ऑन, मिड विकेट, नाइट वाचमैन, प्वाइंट, ओपनर, ओवर, ओवर थ्रो, ओवर द विकेट, पिच, पुल-राउण्ड द विकेट, स्क्वायर कट, स्क्वायर लेग, स्वीप, टॉस, अम्पायर, विकेट कीपर, यार्कर।
- **गोल्फ:** एश, एड्रेस, एयर शॉट, एप्रोन, अवे, बॉल मार्क, ब्रिडी, बोगी, बाई, चिप, क्लब, कप, ड्राइव, ईगल, फ्लफ्फ, हाल्वड्, हैण्डीकैप, हजार्ड, होल, ऑनर, हुक, जिग्गर, लाई, पार, पिन, पुट, रन, स्लाइस, स्टांस, स्विंग, टी, वेज।
- **हॉकी:** बैकपास, बुली, कैरिंग द बॉल, सेंटर फारवर्ड, चार्जिंग, कार्नर, डी, डिफेंडर, ड्रिवलिंग, फ्लिक, फारवर्ड, फाउल, फ्रीहिट, फुल बैक्स, गोल, हाब्स, हिट, हुकिंग, इंटरसेप्टिंग, लांग कार्नर, शार्ट पेनल्टी स्ट्रोक, पुश, रिवर्स स्टिक, स्कूप, सिक्सटीन यार्ड हिट, स्टिक, स्ट्राइकिंग सर्कल, टैकलिंग, थ्रू पास, ट्रैपिंग, ट्वेन्टी फाइव यार्ड लाइन, अंडरकटिंग।
- **सॉकर:** बाईसाईकिल किक, बाड़ी सर्व, बाक्स या पेनल्टी एरिया, कैरिंग, चेस्टिंग, क्लीयरिंग, कार्नर किक, कार्नर फ्लैग, क्रास, क्रास ओवर, डी, डायरेक्ट फ्री किक, डाइव, डबल फाउल, ड्रिवल, ड्राप वॉल, एक्स्ट्रा टाइम, फिनिशिंग, फ्लैंक, फाउल, गोल किक, गोल पोस्ट, गोल्स, हॉफ वॉली, हैट्रिक, हैडिंग, इनडायरेक्ट फ्री किक, इंटरसेप्सन, किक ऑफ, लाइंस मैन, लिंक मैन, लोब, मार्किंग, न्यूटमैग, ऑफ साइड, पास, पेनल्टी स्पॉट, रिवर्स पास, सीजर्स किक, शैडो मार्किंग, साइड लाइंस, स्ट्राइकर, स्वीपर, टेंकल, थ्रोइन, ड्रिपिंग, विंगर, येलो कार्ड।
- **स्क्वैश:** एंगल, बोर्ड कोर्ट, कट लाइन, ड्राइव, फुट फाउल्ट, हॉफ कोर्ट लाइन, हैमर, हैंड इन, किल, निक, पेनल्टी प्वाइंट, रैली, सर्विस बाक्स, सेट, शार्ट लाइन, वॉली, वेल्स।
- **स्वीमिंग:** बैकस्ट्रोक, बटरफ्लाई, ब्रेस्ट स्ट्रोक, कैसल, क्राउल, फाल्स स्टार्ट, फ्री स्टाइल, किकिंग, लेग, मेडले रिले, पुल, टच।
- **टेबल टेनिस:** एश, बैकहैण्ड, शॉट, ब्लेड, ब्लॉक शॉट, ड्यूस, ड्राप शॉट, गेम, ग्रिप, रैली, सर्विस, स्मैश, टॉप स्पिन, रिवर्स सेंटर लाइन।
- **टेनिस:** एश, एडवांटेज, बैक कोर्ट, बैक हैण्ड, बॉल ब्वाय या बॉल गर्ल, ब्रेक, बाई, सेंट्रल लाइन, चिप, चाप, कोर्ट, डेड, ड्यूस, डबल फाल्ट, डाउन द लाइन, ड्राप शॉट, ड्राप वॉली, इरर, फेस या रैकेट, फाउल्ट, फोर कोर्ट, फ्रेम, गेम, गेम प्वाइंट, ग्राउंड स्ट्रोक, लेट, लाइन बॉल, लोब, लव, मैच प्वाइंट, नेट, नेट बॉल, ओवर हैड, स्मैश, पासिंग

शॉट, रैली रिटायर, रिटर्न, सर्व, सर्विस, सेट, सेटप्वाइंट, शार्ट बाल, स्मैश, स्ट्रोक, टॉस, अंडरहैंड, वॉली।

- **वॉलीबॉल:** एश, एड ऑन, बैकलाइन, ब्लॉक, बॉडी फाउल, कैरिंग द बॉल, चेस्टपास, कवर, क्रास कोर्ट शाट, ड्यूस, डिग, डबल हिट, फुट फाउल्ट, गेम प्वाइंट, किल, हेल्ड, बॉल, मल्टीपल टचेज, नेट, ओवर नेट, प्वांइट, पावर सर्व, सर्व, सेट, साइड आउट, स्मैश, स्पाइकर टाइम आउट।

खेल के मैदान की माप

- **बैडमिंटन कोर्ट** : 20 फीट × 44 फीट (युगल); 17 फीट × 44 फीट (एकल).
- **बेसबॉल** : डायगोनल बेस में से निकटतम आधार के बीच की दूरी 90 फीट और 127 फीट 3⅜ इंच होती है। पिचर के सर्किल और बॉलर के बीच 60½ फीट की दूरी होती है।
- **बास्केटबॉल कोर्ट** : 85 फीट × 46 फीट।
- **बिलियड्र्स टेबल** : 12 फीट × 6 फीट 1½ इंच।
- **बॉक्सिग रिंग** : 20 फीट वर्ग।
- **क्रिकेट** : दोनों विकेट 22 गज की दूरी पर होते हैं। बॉल का व्यास लगभग 9 से.मी. और वजन 5½ से 5¾ ओंस होता है।
- **हैंडबॉल कोर्ट** : 126 से 147 फीट लम्बा और 60 से 73 फीट चौड़ा।
- **हॉकी का मैदान** : 100 गज × 55 गज।
- **रग्बी मैदान** : यह मैदान अंडाकार होता है जिसकी अधिकतम लम्बाई 150 से 200 गज और अधिकतम चौड़ाई 120 से 170 गज होती है।
- **रोविंग** : एकल नौका चालन हेतु नौका की लम्बाई 27 फीट और युगल के लिए 34 फीट होती है। कॉक्स्ड जोड़ा 35 फीट, काक्सलेस फोर 44 फीट, कॉक्स्ड फोर 45 फीट और कॉक्स्ड एट 62 फीट होता है।
- **फुटबॉल मैदान** : 100 से 130 गज लम्बा और 50 से 100 गज चौड़ा।
- **स्क्वैश कोर्ट** : 32 फीट × 21 फीट, कट लाइन 6 फीट का और टिन 19 इंच का होता है।
- **स्वीमिंग पुल** : 50 मीटर लम्बा।
- **टेबल टेनिस** : टेबल 9 फीट × 5 फीट का होता है तथा नेट की ऊंचाई 6 इंच होती है।
- **टेनिस कोर्ट** : एकल के लिए 78 फीट × 27 फीट और युगल के लिए 78 फीट × 36 फीट।
- **वालीबॉल कोर्ट** : 18 मीटर × 9 मीटर।
- **मैराथन दौड़** : 26 मील 385 गज।

ओलंपिक

प्राचीन काल में अपने नागरिकों को स्वस्थ एवं फिट बनाए रखने के लिए यूनानवासी प्रतियोगी खेल स्पर्द्धाओं का आयोजन करते थे। जौस देवता के सम्मान में प्रथम ओलम्पिक खेलों का आयोजन ओलम्पस माउंट में ईसा पूर्व 776 में किया गया था। इसके बाद 394 ईस्वी जबकि यूनानी सभ्यता का पतन हो गया, प्रत्येक 4 वर्षों के अंतराल के बाद ओलम्पिक खेलों का आयोजन किया जाता रहा। आधुनिक समय में फ्रांस के धनकुबेर पियरे डी कुबर्टिन ने आधुनिक खेलों को पुनर्जीवित किया। प्रथम आधुनिक ओलम्पिक खेल का आयोजन 1896 में एथेंस (यूनान) में किया गया। इसके बाद से विश्व युद्धों को छोड़कर प्रत्येक 4 वर्ष के अंतराल पर ओलम्पिक खेलों का आयोजन होता रहा है। ओलम्पिक खेलों का ध्वज श्वेत रंग का है जिस पर 5 रंगीन छल्ले बने हैं। प्रत्येक रिंग एक महादेश का प्रतिनिधित्व करता है। एक ही वर्ष में ग्रीष्मकालीन और शीतकालीन ओलंपिक खेलों का आयोजन किया जाता है।

एशियाई खेल

द्वितीय विश्व युद्ध के पश्चात् अनेकों एशियाई देशों ने स्वतंत्रता प्राप्त की। ओलंपिक खेलों की तर्ज पर प्रत्येक चार वर्षों बाद एशियाई खेलों के आयोजन की योजना बनायी गई। भारत ने 1951 में नई दिल्ली में प्रथम एशियाई खेलों का आयोजन किया।

राष्ट्रमंडल खेल

राष्ट्रमंडल खेल भी प्रत्येक चार वर्ष बाद आयोजित किए जाते हैं उसी वर्ष में जिसमें एशियाई खेल आयोजित होते हैं। सभी राष्ट्रमंडल देश (ब्रिटेन के पूर्व उपनिवेश) इसमें भाग ले सकते हैं। प्रथम राष्ट्रमंडल खेल 1930 में हैमिल्टन (कनाडा) में आयोजित हुआ। पहले राष्ट्रमंडल खेल, जो 1930 में कनाडा के हैमिल्टन में आयोजित किये गये थे, को ''ब्रिटिश अम्पायर गेम'' के नाम से जाना गया। 1954 में इनका नाम बदलकर ''ब्रिटिश अम्पायर एण्ड कॉमनवेल्थ गेम्स'' कर दिया गया। 1970 में एक बार फिर इनका नाम परिवर्तन कर 'ब्रिटिश कॉमनवेल्थ गेम्स' किया गया। वर्ष 1978 से इन्हें कामनवेल्थ गेम्स अथवा राष्ट्रमंडल खेलों के नाम से जाना जा रहा है।

प्रमुख खेल एवं उससे संबंधित जानकारी

क्रिकेट : क्रिकेट खेल का जन्मदाता इंग्लैंड को माना जाता है। दुनिया का पहला क्रिकेट क्लब हैम्बल्डन में 1760 के दशक में बना और मेरिलबॉन क्रिकेट क्लब (MCC) 1787 में।

हॉकी : हॉकी का पहला संगठित क्लब 1861 में स्थापित 'ब्लैकहीथ एबी एण्ड क्लब' (इंग्लैंड) है। हॉकी की सर्वोच्च संस्था 'फेडरेशन इंटरनेशल दि हॉकी' (एफ. आई. एच.) है, जिसकी स्थापना 1884 ई. में की गयी थी। हॉकी का पहला अन्तर्राष्ट्रीय मैच 26 जून, 1895 को राइल में वेल्स एवं आयरलैंड के बीच खेला गया। ओलम्पिक में सर्वाधिक आठ बार हॉकी का खिताब भारत ने जीता है।

फुटबॉल : फुटबॉल का जन्म इंग्लैंड में हुआ। 1857 ई. में इंग्लैंड में विश्व का पहला फुटबॉल क्लब 'शेफील्ड फुटबॉल क्लब' का गठन हुआ। भारत में फुटबॉल अंग्रेजों के द्वारा लाया गया और भारत का पहला फुटबॉल क्लब 'डलहौजी क्लब' था।

टेबल टेनिस : इस खेल का जन्मदाता इंग्लैंड है। 'इंटरनेशनल टेबल टेनिस एसोसिएशन' की स्थापना 1926 ई. में की गयी थी। टेबल टेनिस विश्व चैम्पियनशिप का मैच पहली बार 1927 ई. में हुआ।

लॉन टेनिस : आधुनिक संदर्भ में इस खेल का विकास इंग्लैंड में हुआ। टेनिस की सर्वोच्च संस्था इंटरनेशनल टेनिस फेडरेशन (I.T.F.) की स्थापना 1913 ई. में पेरिस में की गई।

बास्केटबॉल : इस खेल का आविष्कार जेम्स स्मिथ ने सन् 1891 में अमेरिका में किया। इसके अन्तर्राष्ट्रीय संघ की स्थापना सन् 1932 में फेडरेशन इंटरनेशनल डे बास्केटबॉल एसोसिएशन (FIBA) के नाम से हुई। भारत में प्रथम बास्केटबॉल खेल सन् 1930 में खेला गया। इसका पहला विश्व चैम्पियन मैच 1950 ई. में आयोजित हुआ।

बैडमिंटन : आधुनिक बैडमिंटन का विकास संभवत: इंग्लैंड में हुआ था। इसकी सर्वोच्च संस्था इंटरनेशनल बैडमिंटन फेडरेशन की स्थापना 1934 में की गयी थी। विश्व बैडमिंटन चैम्पियनशिप की शुरुआत 1977 ई. में हुई थी।

पोलो : आमतौर से यह माना जाता है कि पोलो का जन्म फारस में हुआ था। फारस में 525 ई.पू. में 'पुलु' के नाम से यह खेल खेला जाता था। कुछ लोगों का मानना है कि पोलो का जन्म भारत के मणिपुर में हुआ।

एथलेटिक्स : पहला ओलंपिक जो ई.पू. 8वीं सदी में हुआ था उसमें यह एक मात्र खेल था। ई.पू. 8वीं शताब्दी में होमर द्वारा लिखित इलियड में पैदल दौड़ का वर्णन मिलता है। एथलेटिक्स इंग्लैंड में ईसा बाद 12वीं सदी में प्रारंभ हुई।

कुश्ती : ई.पू. 708 में यूनानियों ने अपने ओलंपिक में कुश्ती को शामिल कर लिया था। कुल मिलाकर कुश्ती के 50 प्रकार हैं। ओलंपिक में ग्रीको रोमन और फ्री स्टाइल कुश्ती आर्मेचर होती है।

शतरंज : सामान्यत: ऐसा माना जाता है कि भारत में यह खेल ईसा बाद 7वीं सदी में शुरू हुआ।

गोल्फ : आधुनिक गोल्फ का खेल सर्वप्रथम स्कॉटलैंड में शुरू हुआ। आधुनिक गोल्फ में पुरुषों के ग्रैंड स्लैम में चार टूर्नामेंट होते हैं। मास्टर ओपन, यूनाइटेड स्टेट्स ओपन, ब्रिटिश ओपन और प्रोफेशनल गोल्फर्स एसोसिएशन ऑफ अमेरिका (पी.जी.ए.) चैम्पियनशिप।

वाटर पोलो : यह खेल सन् 1860 ई. में इंग्लैंड में शुरू हुआ। इस खेल को शुरू करने का श्रेय मुख्यत: ग्लासगो के विलियम विल्सन को जाता है।

बेसबॉल : यह खेल 19वीं सदी के मध्य में अमेरिका में विकसित हुआ। ऐसा माना जाता है कि इसकी खोज अबनेर डबलडे ने सन् 1839 ई. में की। इस खेल के नियमों को एलेक्जेंडर कार्टराइट ने लिखा।

तैराकी : द फेडरेशन इंटरनेशनल डी नेशनल एमैच्योर (FINA) तैराकी एवं अन्य सभी गैर-पेशेवर जल-क्रीड़ाओं को संचालित करती है।

स्पोर्ट्स से जुड़े प्रमुख खिलाड़ी

- **एथलेटिक्स :** कार्ल लुईस, मौरिस ग्रीन, माइकल जानसन, लिंडफोर्ड क्रिस्टी, जैकी जायनर, मेरियन जोंस, बेन जानसन, कैल्विन स्मिथ, जेसी ओवंस, सर्गेई बुबका, सेबेस्टियन को, मिल्खा सिंह, पीटी उषा, उसैन बोल्ट, ज्योतिर्मय सिकदर।
- **बॉक्सिग :** कैसियस क्ले (मोहम्मद अली), जो फ्रेजर, माइक टायसन, लैरी टोलम्स, फैंक ब्रूनो, हेनरी कूपर, आर्ची मूर, इवांडर होलीफील्ड, विजेंद्र कुमार, एम.सी. मैरीकॉम।
- **बैडमिंटन :** प्रकाश पादुकोण, सैय्यद मोदी, दिनेश खन्ना, जेमी पोलसन, नंदू नाटेकर, लिम स्वीकिंग, सायना नेहवाल।
- **बिलियर्ड :** गीत सेठी, माइकल फरेरा, पंकज आडवाणी।
- **शतरंज :** बोरिस स्पॉस्की, गैरी कास्परोव, अनातोली कार्पोव, विक्टर कोरकोनी, विश्वनाथन आनंद, कोनेरू हम्पी, प्रवीण थिप्से, रोहिणी खादिलकर, सूर्य शेखर गांगुली, गुकेश डी.।
- **क्रिकेट :** सुनील गावस्कर, बिशन सिंह बेदी, कपिल देव, मोहम्मद अजहरुद्दीन, सचिन तेंदुलकर, जी.आर. विश्वनाथ, लाला अमरनाथ, अजित वाडेकर, वी एस चंद्रशेखर, ईएएस प्रसन्ना, एस. वेंकटराघवन, डान ब्रैडमेन, रिचर्ड हैडली, गैरी सोबर्स, इयान बाथम, विवियन रिचर्डस, क्लाइव लायड, इमरान खान, ज्योफ बायकाट, टोनी ग्रेग, वसीम अकरम, हनीफ मोहम्मद, रिची बेनो, माल्कम मार्शल, माइकल होल्डिंग, ग्रेग चैपल, जावेद मियांदाद, विजय मांजरेकर, फैंकवारेल, बिल लॉरी, क्लाइब राइस, विराट कोहली, मार्क टेलर, जीएल गारनर, अर्जुन राणातुंगा, अरविन्द डीसिल्वा, सौरव गांगुली, विनोद कांबली, नयन मोंगिया, अजित अगरकर, जैक कालिस, इयान हिली, जान ट्राइकास, क्रेग मैकडरमोट, ब्रायन मैकलिमन, डब्ल्यू आर हैमंड, सनत जयसूर्या, ब्रायन लारा, एंडी फ्लावर, बी.वी.एस. लक्ष्मण, राहुल द्रविड़, डेनियल विटोरी, वीरेन्द्र सहवाग, एम. एस. धोनी, युवराज सिंह, रिकी पोन्टिंग।
- **हॉकी :** ध्यान चंद, अशोक कुमार, अजित सिंह, परगट सिंह, प्रीतपाल सिंह, जफर इकबाल, शंकर लक्ष्मण, चारू चार्ल्सवर्थ, बलबीर सिंह, टेरी वाल्स, किशनलाल, धनराज पिल्लै।
- **फुटबॉल :** पेले, डियागो माराडोना, फ्रेंज बेकनबोर, सोक्रेट्स, रूड गुलिट, गैरी लिनेकर, कोरेका, पी सी बनर्जी, अरुणलाल घोष, युनी गोस्वामी, इंदर सिंह, डावर सूकर, रोनाल्डो, रिवाल्डो, डिसचैम्पस, ओलिवर कॉन, लुईस फिगो, बाइचुंग भूटिया।
- **टेनिस (लॉन) :** ब्योन बोर्ग, जिमी कानर्स, जान मैकनरो, इवान लेंडल, पीट सम्प्रास, मार्टिना नवरातिलोवा, स्टेफी ग्राफ, स्टीफन एडवर्ग, आंद्रे अगासी, माइकल चांग, रमेश कृष्णन, बोरिस बेकर, लिएण्डर पेस, महेश भूपति, विजय अमृतराज, आनंद अमृतराज, जयदीप मुखर्जी, राड लीवर, राय इमर्सन, नरेश कुमार, प्रेमजीत लाल, मार्टिना हिंगिस, मेरी पियर्स, सेरेना विलियम्स, वीनस विलियम्स, सानिया मिर्जा, सोमदेव वर्मन, रोजर फेडरर, राफेल नडाल, मारिया शारापोवा।

- **गोल्फ :** ग्रेग नारमेन, निक प्राइस, जीव मिलखा सिंह, एस. चौधरी, आर.के. पीतांबर, विक्रमजीत सिंह, अर्जुन अटवाल।
- **जिम्नास्टिक :** नादिया कोमानिय, एल लेतीनीना, वी. कस्लावस्का, ई.जेबो, डब्ल्यू. किंम, वाई मा, श्रूसोनोवा, डेनिएला सिलीवास, ए ब्रेगलिया, वी युकारिन, एन एंद्रियानोव, सर्गेई स्पिट्ज।
- **स्वीमिंग :** आरती गुप्ता, अरुण कुमार शा, वैद्यनाथ, डाउन फ्रेजर, मिहिर सेन, आरती शाहा, मार्क स्पिट्ज, माइकल फेल्प्स।
- **कुश्ती :** दारा सिंह, भीमसेन, मुख्तार सिंह, सुदेश कुमार, चांदगी राम, सुशील कुमार।
- **निशानेबाजी:** अंजली भागवत्, राज्यवर्धन सिंह राठौर, समरेश जंग, अभिनव बिंद्रा, गगन नारंग।

विश्व के प्रसिद्ध कप और ट्राफियाँ

• अमेरिकन कप	याच रेसिंग
• एशेज	क्रिकेट (इंग्लैंड बनाम आस्ट्रेलिया)
• कनाडा कप	गोल्फ (विश्व चैम्पियनशिप)
• कोलम्बो कप	सॉकर
• चैम्पियंस ट्रॉफी	हॉकी (पुरुष) विश्व की 6 श्रेष्ठ टीमों के मध्य
• कोरबिलन कप	टेबल टेनिस (महिला) विश्व कप
• डेविस कप	लॉन टेनिस (पुरुष)
✦ डर्बी	घुड़ दौड़ (इंग्लैंड)
• जुल्स रिमेट कप	सॉकर—विश्व कप (पुरुष)
• किंग्स कप	एयर रेसेज (इंग्लैंड)
• मर्डेका कप	सॉकर (पुरुष) (मलेशिया)
• प्रिंस ऑफ वेल्स कप	गोल्फ (इंग्लैंड)
• रोथमेंस कप	क्रिकेट
• रायडर कप	गोल्फ (इंग्लैंड)
• स्वेथलिंग कप	विश्व टेबल टेनिस (पुरुष)
• थॉमस कप	विश्व बैडमिंटन (पुरुष)
• टुंकु अब्दुल रहमान कप	बैडमिंटन
• उबेर कप	विश्व बैडमिंटन (महिला)
• वाकर कप	गोल्फ (इंग्लैंड)
• विटमैन कप	लॉन टेनिस (महिला)
• विम्बलडन कप	लॉन टेनिस (इंग्लैंड)

प्रसिद्ध खेल मैदान एवं उनसे सम्बन्धित खेल

खेल-मैदान	खेल	स्थान
इन्द्रप्रस्थ स्टेडियम	इन्डोर गेम	दिल्ली
जवाहरलाल नेहरू स्टेडियम	एथलेटिक्स	दिल्ली
अरुण जेटली स्टेडियम	क्रिकेट	दिल्ली
अम्बेडकर स्टेडियम	फुटबॉल	दिल्ली
शिवाजी स्टेडियम	हॉकी	दिल्ली
नेशनल स्टेडियम	हॉकी	दिल्ली
हेनले	रेगाटा	इंग्लैंड
नरेन्द्र मोदी स्टेडियम	क्रिकेट	अहमदाबाद
वानखेडे स्टेडियम	क्रिकेट	मुम्बई
ब्रेबोर्न स्टेडियम	क्रिकेट	मुम्बई
ईडन गार्डन	क्रिकेट	कोलकाता
ग्रीन पार्क स्टेडियम	क्रिकेट	कानपुर
कीनन स्टेडियम	क्रिकेट	जमशेदपुर
नेहरू (चेपक) स्टेडियम	क्रिकेट	चेन्नई
बाराबती स्टेडियम	क्रिकेट	कटक
इप्सम	डर्बी घुड़दौड	ब्रिटेन
हेडिंग्ले मानचेस्टर	क्रिकेट	ब्रिटेन
लाईस, ओवल, लीड्स	क्रिकेट	ब्रिटेन
ब्लैक हीथ	रग्बी फुटबॉल	लन्दन
विम्बलडन	लॉन टेनिस	लन्दन
वेम्बले स्टेडियम	फुटबॉल	लन्दन
ब्रुकलैण्ड	फुटबॉल	इंग्लैंड
टिवंकहम	रग्बी फुटबॉल	इंग्लैंड
पटनी मार्टलेक	नौका दौड़	इंग्लैंड
टेंट ब्रिज	क्रिकेट	इंग्लैंड
एण्ट्री	घुड़दौड़	इंग्लैंड
व्हाइट सिटी	कुत्तों की दौड	इंग्लैंड
हरलिंघम	पोलो	इंग्लैंड
पर्थ, ब्रिस्बेन, मेलबोर्न	क्रिकेट	आस्ट्रेलिया
यांकी स्टेडियम	बॉक्सिंग	न्यूयार्क
ब्रूकलिन	बेसबॉल	न्यूयार्क
फोरस्ट हिल	टेनिस	न्यूयार्क

✧✧✧✧✧

11 पुरस्कार एवं सम्मान

राष्ट्रीय पुरस्कार

- **भारत रत्न**–यह भारत का सर्वोच्च असैनिक सम्मान है। यह कला, साहित्य, विज्ञान एवं खेलकूद के क्षेत्र में अतिविशिष्ट सेवाओं तथा सार्वजनिक क्षेत्र में उत्कृष्टतम योगदान के लिए प्रदान किया जाता है। सरकारी सेवाओं में लगे व्यक्तियों को यह पुरस्कार नहीं दिया जाता है।
- **पद्म विभूषण**–यह अलंकरण सभी क्षेत्रों में उल्लेखनीय योगदान के लिए दिया जाता है। सरकारी सेवाओं में लगे व्यक्ति भी इसके पात्र माने जाते हैं।
- **पद्म भूषण**–सभी क्षेत्रों में उल्लेखनीय योगदान के लिए यह उपाधि प्रदान की जाती है। सरकारी सेवाओं में रत व्यक्ति भी इसे पाने के हकदार हैं।
- **पद्म श्री**–विविध क्षेत्रों में उत्तम कार्य करने के उपलक्ष्य में यह उपाधि प्रदान की जाती है। सरकारी सेवा में लगे लोगों को भी इस उपाधि से अलंकृत किया जा सकता है।

शौर्य पदक

- **परमवीर चक्र**–शत्रु के समक्ष दृढ़ता से वीरता-प्रदर्शन के फलस्वरूप दिया जाने वाला यह सबसे बड़ा पुरस्कार है। यह अत्यन्त वीरतापूर्ण कार्य जल, थल तथा नभ में से किसी भी सेना के कर्मचारी द्वारा किये जाने पर दिया जाता है।
- **महावीर चक्र**–यह दूसरा सर्वोच्च पदक है जो शत्रु के समक्ष अद्वितीय शौर्य प्रदर्शन के फलस्वरूप प्रदान किया जाता है। इस प्रकार का वीरतापूर्ण कार्य थल, जल एवं नभ सेनाओं में से किसी के भी द्वारा किया गया हो सकता है।
- **वीर चक्र**–यह तीसरी श्रेणी का सेना पदक है जो शत्रु के समक्ष वीरता-प्रदर्शन करने के उपलक्ष्य में प्रदान किया जाता है। यह पदक जल, थल और नभ सेना के किसी भी वर्ग के कर्मचारी को वीरतापूर्ण कार्य के लिए प्राप्त हो सकता है।
- **अशोक चक्र**–यह ऐसा पदक है जो जल, थल और नभ कहीं पर भी उत्कृष्ट वीरतापूर्ण कार्य करने अथवा आत्म-बलिदान होने के फलस्वरूप प्रदान किया जाता है। लेकिन इस प्रकार का काम शत्रु के समक्ष होना आवश्यक नहीं। गुणों के आधार पर इस पदक के तीन वर्ग हैं– प्रथम, द्वितीय तथा तृतीय। द्वितीय पदक का नाम कीर्ति चक्र तथा तृतीय पदक का नाम शौर्य चक्र है।

अन्य राष्ट्रीय पुरस्कार/सम्मान

- **ज्ञानपीठ पुरस्कार**–यह पुरस्कार सांस्कृतिक एवं साहित्यिक संस्था 'भारतीय ज्ञानपीठ' द्वारा वर्ष 1965 से प्रदान किया जाता है। प्रत्येक वर्ष यह पुरस्कार संविधान की आठवीं अनुसूची में सम्मिलित 22 भारतीय भाषाओं और अंग्रेजी में से चयनित भारतीय लेखकों को प्रदान किया जाता है। इस पुरस्कार से पुरस्कृत साहित्यकार को 11 लाख रुपए नकद, एक स्मृति चिह्न, एक प्रशस्ति-पत्र तथा वाग्देवी (सरस्वती) की प्रतिमा प्रदान की जाती है।
- **दादा साहब फाल्के पुरस्कार**–इस पुरस्कार की स्थापना भारतीय फिल्म उद्योग के संस्थापक दादा साहब फाल्के की याद में भारत सरकार के सूचना एवं प्रसारण मंत्रालय द्वारा की गई है। इस पुरस्कार की धनराशि 15 लाख रुपए है।
- **जमनालाल बजाज पुरस्कार**–यह पुरस्कार रचनात्मक सामाजिक कार्य क्षेत्र में महत्त्वपूर्ण योगदान, ग्रामीण विकास हेतु विज्ञान एवं प्रौद्योगिकी के उपयोग तथा महिलाओं एवं बच्चों के उत्थान व कल्याण कार्यों हेतु प्रदान किया जाता है। इन पुरस्कारों के तहत 20-20 लाख की पुरस्कार राशि अब प्रदान की जाती है।
- **सरस्वती सम्मान**–15 लाख रुपये का यह पुरस्कार उत्कृष्ट साहित्यिक कृति के लिए दिया जाता है।
- **व्यास सम्मान**–के॰ के॰ बिड़ला फाउंडेशन द्वारा स्थापित यह पुरस्कार किसी एक साहित्यिक कृति को प्रदान किया जाता है। इसके तहत एक प्रशस्ति पत्र तथा 4 लाख रुपये की धनराशि प्रदान की जाती है।
- **मेजर ध्यानचंद खेल रत्न पुरस्कार**–1992 में स्थापित यह पुरस्कार भारत सरकार द्वारा खेलों में सराहनीय प्रदर्शन करने वाले खिलाड़ियों को प्रदान किया जाता है। इसमें 25 लाख रुपये की धनराशि, एक पदक और एक प्रशस्ति पत्र प्रदान किया जाता है। पहले इस पुरस्कार का नाम राजीव गांधी खेल रत्न पुरस्कार था।
- **अर्जुन पुरस्कार**–1961 में स्थापित यह पुरस्कार भारत सरकार द्वारा विभिन्न खेलों में विशेष उपलब्धि प्राप्त करने वाले खिलाड़ियों को प्रदान किया जाता है। इसमें अर्जुन की काँस्य प्रतिमा, प्रशस्ति पत्र तथा 15 लाख रुपये की धनराशि और समारोह परिधान प्रदान किया जाता है।

✦ **द्रोणाचार्य पुरस्कार**–1985 में स्थापित यह पुरस्कार भारत सरकार द्वारा खेल प्रशिक्षकों द्वारा की गयी उत्कृष्ट सेवाओं के लिए प्रदान किया जाता है। यह पुरस्कार दो वर्गों आजीवन और नियमित में प्रदान किया जाता है। आजीवन वर्ग में 15 लाख रुपये तथा नियमित वर्ग में 10 लाख रुपये, गुरु द्रोणाचार्य की प्रतिमा, प्रशस्ति पत्र, तथा समारोह परिधान प्रदान किया जाता है।

अंतर्राष्ट्रीय पुरस्कार

✦ **नोबेल पुरस्कार**–इस पुरस्कार का प्रवर्तन सन् 1901 में डाइनामाइट के आविष्कारक अल्फ्रेड बर्नहर्ड नोबेल (1833-1896 ई॰) द्वारा व्यक्त की गई इच्छा के परिणामस्वरूप किया गया था। नोबेल पुरस्कार प्रति वर्ष रसायन शास्त्र, भौतिकी, साहित्य, चिकित्सा, शान्ति-प्रोत्साहन और अर्थशास्त्र (अर्थशास्त्र के लिए यह पुरस्कार 1969 से दिया जाना शुरू किया गया) के क्षेत्र में दिये जाते हैं।

✦ **रेमन मैग्सेसे पुरस्कार**–एशिया महाद्वीप का सबसे बड़ा पुरस्कार फिलीपीन्स के भूतपूर्व राष्ट्रपति की स्मृति में वर्ष 1957 से प्रदान किया जाता है। इसमें एक स्वर्ण पदक तथा पचास हजार डॉलर प्रदान किये जाते हैं। इसे एशिया का नोबेल पुरस्कार भी कहा जाता है।

✦ **शान्ति, निःशस्त्रीकरण व विकास के लिए इन्दिरा गांधी पुरस्कार**–1986 में स्थापित यह पुरस्कार भारत सरकार द्वारा अन्तर्राष्ट्रीय शान्ति, निरस्त्रीकरण एवं विकास के क्षेत्र में उल्लेखनीय योगदान हेतु प्रदान किया जाता है। पुरस्कार राशि 1 करोड़ रुपये नगद व साथ में एक स्मृति-चिन्ह दिया जाता है।

✦ **महात्मा गांधी अन्तर्राष्ट्रीय पुरस्कार**–एक करोड़ रु॰ की राशि का यह पुरस्कार भारत सरकार का सर्वोच्च असैनिक अन्तर्राष्ट्रीय पुरस्कार है जो 1995 में शुरू किया गया था। यह पुरस्कार अहिंसा के जरिए सामाजिक, आर्थिक और राजनीतिक परिवर्तन के लिए काम करने वाले व्यक्ति को दिया जाता है।

✦ **मैन बुकर पुरस्कार**–ब्रिटेन की संस्था बुकर मैकोनल कंपनी एंड पब्लिशर्स एसोसिएशन के द्वारा यह पुरस्कार 1969 में स्थापित हुआ। यह प्रतिवर्ष राष्ट्रमंडल देशों के किसी लेखक को अंग्रेजी भाषा की उत्कृष्ट रचना हेतु प्रदान किया जाता है। इसकी पुरस्कार राशि 50,000 पाउण्ड है।

मैन बुकर प्राप्त करने वाले भारतीय/भारतीय मूल के लेखक

लेखक	कृति	वर्ष
वी.एस. नायपॉल	इन ए फ्री स्टेट	1971
सलमान रुश्दी	मिडनाइट चिल्ड्रेन	1981
अरुन्धती रॉय	द गॉड ऑफ स्माल थिंग्स	1997
किरण देसाई	द इनहेरिटेन्स ऑफ लॉस	2006
अरविन्द अडिगा	द व्हाइट टाइगर	2008

✦ **ऑस्कर पुरस्कार**–संयुक्त राज्य अमेरिका की 'नेशनल एकेडमी ऑफ मोशन पिक्चर आर्ट्स एण्ड साइंसेज' द्वारा फिल्म जगत का अत्यन्त प्रतिष्ठित यह पुरस्कार प्रतिवर्ष प्रदान किया जाता है।

✦ **पुलित्जर पुरस्कार**–1917 में प्रारंभ किया गया यह पुरस्कार, अमेरिकी प्रकाशक जोसेफ पुलित्जर के नाम पर पत्रकारिता के क्षेत्र में असाधारण योगदान के लिए दिया जाता है। पत्रकारिता के क्षेत्र में इस विश्व का सबसे प्रतिष्ठित पुरस्कार माना जाता है। यह यू.एस. ए. के कोलम्बिया विश्वविद्यालय के द्वारा प्रदान किया जाता है।

✦ **ग्रेमी पुरस्कार**–1958 में स्थापित यह पुरस्कार नेशनल एकेडमी फॉर रिकॉर्डिंग आर्ट्स एण्ड साइंसेज द्वारा पश्चिमी संगीत में विशिष्ट योगदान हेतु प्रदान किया जाता है।

✦ **कलिंग पुरस्कार**–1952 में स्थापित यह पुरस्कार यूनेस्को के तत्वावधान में कलिंग फाउण्डेशन द्वारा विज्ञान को लोकप्रिय बनाने के लिए प्रदान किया जाता है। इस पुरस्कार मे 10 हजार पौण्ड की धनराशि प्रदान की जाती है। इस पुरस्कार को शुरू करने में प्रमुख भूमिका बीजू पटनायक की है, जो कलिंग फाउण्डेशन के संस्थापक थे।

✦ **राइट लाइवलीहुड पुरस्कार**–1980 में स्थापित यह पुरस्कार लन्दन स्थित राइट लाइवलीहुड सोसायटी द्वारा पर्यावरण एवं सामाजिक न्याय क्षेत्र में उल्लेखनीय योगदान हेतु प्रदान किया जाता है। यह वैकल्पिक नोबेल पुरस्कार के रूप में प्रसिद्ध है।

✦ **अन्तर्राष्ट्रीय नेहरू पुरस्कार**–भारत सरकार द्वारा 1964 में स्थापित यह पुरस्कार प्रत्येक वर्ष ऐसे व्यक्ति को प्रदान किया जाता है, जिसने विश्व में अन्तर्राष्ट्रीय सद्भावना और मित्रता का प्रसार करने में उल्लेखनीय भूमिका अदा की हो। वर्ष 1965 में पहला नेहरू सद्भावना पुरस्कार यू थांट (संयुक्त राष्ट्र संघ के तृतीय महासचिव) को प्रदान किया गया।

प्रमुख देशों के सर्वोच्च सम्मान

देश	सर्वोच्च सम्मान
भारत	भारत रत्न
पाकिस्तान	निशान-ए-पाकिस्तान
कुवैत	मुबारक अल कबीर पदक
सऊदी अरब	शाह अब्दुल अजीज पदक
अर्जेन्टीना	द ऑर्डर ऑफ सॉन मार्टिन
निकारागुआ	आगस्टोसीजर सैण्डिनो ऑर्डर
हंगरी	द ऑर्डर ऑफ वैनर
वियतनाम	द ऑर्डर ऑफ द गोल्डेन स्टार
ब्रिटेन	मेम्बर ऑफ ब्रिटिश एम्पायर, विक्टोरिया क्रॉस
जापान	ऑर्डर आफ मौलोवनिश सन
डेनमार्क	आर्डर ऑफ द डैने ब्रोग
फ्रांस	लेजेण्ड ऑफ ऑनर
अमेरिका	प्रेसिडेंशियल मेडल ऑफ फ्रीडम
जर्मनी	पोर ली मैरिट आयरन क्रॉस
नीदरलैण्ड्स	नीदरलैण्ड्स लॉयन

✧✧✧✧✧

12 कम्प्यूटर ज्ञान

कम्प्यूटर : एक परिचय

- कंप्यूटर एक ऐसी इलेक्ट्रॉनिक युक्ति है जो दिए गए निर्देशन समूह के आधार पर सूचना को संसाधित करती है। इस निर्देशन समूह को प्रोग्राम कहते हैं। कंप्यूटर का हिन्दी रूपांतर 'संगणक' है।
- कंप्यूटर के विकास की दिशा में प्रथम प्रयास 19वीं शताब्दी में चार्ल्स बैवेज ने किया था, इसलिए उन्हें कम्प्यूटर का पितामह कहा जाता है। विश्व के प्रथम कम्प्यूटर मार्क-I का विकास वर्ष 1944 में हार्वर्ड विश्वविद्यालय में किया गया था।
- भारत में बना पहला कम्प्यूटर सिद्धार्थ है।
- कंप्यूटर में प्रयुक्त उच्चस्तरीय भाषाएं—फोरट्रॉन, कोबोल, बेसिक, अल्गोल, पास्कल, कोमाल, लोगो, प्रोलॉग तथा फोर्थ हैं। कंप्यूटर की भाषा में जानकारी को 'डाटा' और हिदायतों को 'प्रोग्राम' कहा जाता है।

कम्प्यूटर के प्रकार

- **माइक्रो कम्प्यूटर :** ये वस्तुतः एक ही व्यक्ति द्वारा उपयोग में लाए जाने के कारण व्यक्तिगत कम्प्यूटर (PC) कहलाते हैं।
- **मिनी कम्प्यूटर :** आकार तथा कार्यक्षमता की दृष्टि से ये छोटे होते हैं तथा एक बड़ी मेज पर आ सकते हैं। इन पर एक साथ बीस-तीस टर्मिनल पर कार्य किया जाता है।
- **मेन फ्रेम कम्प्यूटर :** ये बड़े आकार के कम्प्यूटर होते हैं जिनका डिजाइन स्टील के फ्रेम में लगाकर किया जाता है। इसकी मेमोरी उपर्युक्त दोनों से अधिक होती है।
- **सुपर कम्प्यूटर :** ये कम्प्यूटर बहुत अधिक शक्तिशाली होते हैं तथा जटिल संक्रियाओं को भी बहुत शीघ्र गति से करते हैं। इसकी संग्रहण क्षमता भी अधिक होती है।

कम्प्यूटर के मुख्य घटक

कंप्यूटर के मुख्य रूप से चार घटक होते हैं—

- **हार्डवेयर :** हार्डवेयर कम्प्यूटर के वे घटक होते हैं, जिन्हें हम देख और छू सकते हैं। हार्डवेयर के अंतर्गत सेन्ट्रल प्रोसेसिंग यूनिट (CPU), डीवीडी ड्राइव, मॉनीटर, की-बोर्ड, मॉउस, स्पीकर्स आदि आते हैं।
- **सॉफ्टवेयर :** सॉफ्टवेयर कंप्यूटर के उन घटकों को कहा जाता है जिन्हें हम देख और छू नहीं सकते हैं किन्तु उनकी सहायता से कंप्यूटर के द्वारा वांछित परिणाम प्राप्त कर सकते हैं। ये निर्देशों के समुच्चय होते हैं, जिनके द्वारा कंप्यूटर एक या एक से अधिक कार्यों को सम्पन्न करता है।
- **ऑपरेटिंग सिस्टम :** कंप्यूटर के हार्डवेयर रिसोर्सेज जैसे मेमोरी, प्रोसेसर तथा इनपुट-आउटपुट डिवाइसेस को व्यवस्थित करने के लिए बनाए गए सॉफ्टवेयर को ऑपरेटिंग सिस्टम कहते हैं।
- **एप्लीकेशन प्रोग्राम :** उन सॉफ्टवेयर्स को एप्लीकेशन प्रोग्राम कहा जाता है जिनकी सहायता से हम कंप्यूटर को दिए गए किसी निश्चित आदेश का पालन करवाते हैं। उदाहरण के तौर पर वर्ड प्रोसेसर्स जैसे कि एमएस ऑफिस, एकाउंटिंग सॉफ्टवेयर्स, टैली आदि।

कम्प्यूटर के मुख्य कार्य

कंप्यूटर मुख्य रूप से चार प्रकार के कार्य करता है :

(1) डाटा का संकलन तथा निवेशन
(2) डाटा का संचयन
(3) डाटा संसाधन
(4) डाटा/इन्फॉर्मेशन का निर्गमन या पुनर्निर्गमन

कम्प्यूटर के विभिन्न भाग

- **सीपीयू (CPU):** यह सेन्ट्रल प्रोसेसिंग यूनिट का संक्षिप्त रूप है। यह कम्प्यूटर का सबसे प्रमुख भाग है, जो कि निर्देशों का उपयोग कर संपूर्ण कंप्यूटर प्रणाली को संचालित करता है। इसे कम्प्यूटर का मस्तिष्क कहा जाता है।
- **रैम (RAM):** यह रैण्डम एक्सेस मेमोरी का संक्षिप्त रूप है। यह कम्प्यूटर की मेन मेमोरी का एक महत्वपूर्ण हिस्सा होता है। कम्प्यूटर में संप्रेषित सभी डाटा रैम में ही जमा होते हैं।
- **रोम (ROM):** यह रीड ऑनली मेमोरी का संक्षिप्त रूप है। रोम स्थायी स्मृति है, जो कम्प्यूटर के निर्माण के समय ही स्थापित कर दी जाती है। इसमें मौजूद डाटा को केवल पढ़ा जा सकता है।
- **मदर बोर्ड (Mother Board):** यह सर्किट बोर्ड होता है, जिसमें कम्प्यूटर के प्रत्येक भाग को जोड़ा जाता है।

✦ **सीडी रोम (CD-ROM):** सीडी रोम यानी कॉम्पैक्ट डिस्क छोटे-से आकार में होते हुए भी बहुत बड़ी मात्रा में आंकड़ों एवं चित्रों को ध्वनियों के साथ संग्रहित करने में सक्षम होता है।

✦ **कम्प्यूटर वायरस (Computer Virus):** यह एक प्रकार का इलेक्ट्रॉनिक कोड है, जिसका उपयोग कम्प्यूटर में समाहित सूचनाओं को समाप्त करने के लिए होता है। कुछ मुख्य कम्प्यूटर वायरस हैं—माइकेल एंजेलो, डार्क एवेंजर, फिलिप, सी ब्रेन, ब्लडी आदि।

कम्प्यूटर का आधुनिक विकास

✦ **स्मार्ट फोन :** यह एक ऐसा मोबाइल फोन है, जिसमें कंप्यूटर की क्षमता तथा फोन की सभी सुविधा एक साथ उपलब्ध है।

✦ **आई पैड (i-Pad):** यह टैबलेट है, जिसे Apple द्वारा डिजाइन तथा विकसित किया गया है।

✦ **टैबलेट :** यह एक प्रकार का लैपटॉप पीसी है जिसमें आकर्षक टूल्स तथा टच-स्क्रीन लगा होता है।

✦ **ब्लूटूथ :** यह एक वायरलेस तकनीक है, जिसका प्रयोग कम दूरी पर डाटा आदान-प्रदान के लिए किया जाता है।

इन्टरनेट

✦ दुनिया के विभिन्न स्थानों पर स्थापित टेलिफोन लाइनों अथवा उपग्रहों की सहायता से एक-दूसरे के साथ जुड़े कम्प्यूटर नेटवर्क 'इंटरनेट' कहलाते हैं।

✦ ई-मेल, ईलर्निंग, ई-कॉमर्स, वर्ल्ड वाइड वेब इंटरनेट की सेवाएं हैं।

नेटवर्किंग

✦ इसका अर्थ विभिन्न कम्प्यूटरों को आपस में जोड़ना है, जिसमें ये सर्वर से जुड़े होते हैं। प्रत्येक कम्प्यूटर का अपना प्रोसेसर होता है। नेटवर्किंग के अनेक लाभ हैं जैसे—डाटा का आदान-प्रदान, फाइलों का स्थानान्तरण फ्लॉपीज के बिना सम्भव होना, चिकित्सा, अभियन्त्रण आदि में स्पष्ट लाभ, डाटा, सुरक्षा, कम स्मृति संग्राहक का उपयोग आदि।

✦ नेटवर्किंग के मुख्यतः तीन प्रकार होते हैं—

लैन : स्थानीय क्षेत्र (लोकल एरिया) नेटवर्क

मैन : महानगर क्षेत्र (मेट्रोपोलिटन एरिया)

वैन : व्यापक क्षेत्र (वाइड एरिया) नेटवर्क

जैविक कम्प्यूटर

✦ यह एक ऐसा कम्प्यूटर है, जिनमें इनपुट और आउटपुट दोनों ही जीवन्त हैं।

✦ डीएनए प्रयुक्त यह नैनो कंप्यूटर जीवित प्रणाली से संचालित है। इसमें डीएनए चिप का प्रयोग होता है।

✦ इजराइल स्थित वेजमान इंस्टीट्यूट ऑफ साइंस के वैज्ञानिक इहुड शोप्रियो के नेतृत्व में पहला जैविक कंप्यूटर तैयार किया गया है।

कम्प्यूटर शब्दावली

✦ **एप्लीकेशन प्रोग्राम :** एक ऐसा प्रोग्राम जो कोई निश्चित कार्य ही करता हो जैसे—वर्ड प्रोसेसिंस या डेटाबेस प्रबंधन अथवा एकाउंटिंग का कार्य करने वाला सॉफ्टवेयर। इनमें वर्ड प्रोसेसिंग के लिए M.S. Word, डेटाबेस प्रबंधन के लिए Visual FOX PRO, डिजायनिंग के लिए Adobe Photoshop अथवा एकाउंटिंग के लिए Tally एवं Busy प्रसिद्ध एप्लीकेशनल प्रोग्राम है।

✦ **बिट (Bit):** इलेक्ट्रॉनिक डेटा को मापने की एक यूनिट बिट कहलाती है। 8 बिट मिलकर एक बाइट का निर्माण करती है।

✦ **बूट (Boot):** कम्प्यूटर को कार्यावस्था में लाने के लिए आपरेटिंग सिस्टम द्वारा किया जाने वाला प्रारम्भिक कार्य बूट कहलाता है।

✦ **चिप (Chip):** प्रायः सिलिकन की बनी हुई यह एक पतली चिप्पी है, जिस पर विशेष प्रक्रिया से सर्किट बनाए जाते हैं।

✦ **कम्पाइलर (Compiler):** वह प्रोग्राम जो उच्चस्तरीय भाषा को मशीनी भाषा में परिवर्तित करता है, कम्पाइलर कहा जाता है।

✦ **कर्सर 'की' (Cursor 'Key'):** की-बोर्ड पर पाये जाने वाले वे बटन जिन पर तीर के निशान बने होते हैं, कर्सर 'की' कहलाता है।

✦ **एरर मैसेज (Error Message):** किसी सॉफ्टवेयर द्वारा किसी गड़बड़ी के बारे में दर्शाया जाने वाला संदेश एरर मैसेज कहलाता है।

✦ **फाइल (File):** डेटा का वह संग्रह जिसे किसी नाम से सेव किया जाता है, फाइल कहलाता है।

✦ **प्रोग्राम (Program):** कम्प्यूटर के कार्य निर्देशन के लिए निम्न या उच्चस्तरीय भाषा में लिखे गए आदेशों की श्रृंखला, कम्प्यूटर प्रोग्राम कहलाता है।

◇◇◇◇◇

13 सामान्य विज्ञान

विज्ञान की विविध शाखाएँ

नाम	अध्ययन	नाम	अध्ययन
एरोनॉटिक्स	वैमानिकी का अध्ययन	फिलाटेली	टिकट संग्रह कला
एनाटोमी	मानव शरीर की रचना	हार्टीकल्चर	बागवानी
आर्कियोलॉजी	पुरातत्व अध्ययन	सीस्मोलॉजी	भूकंप का अध्ययन
एकॉस्टिक	ध्वनि से संबंधित अध्ययन	ऑस्टोलॉजी	हड्डियों का अध्ययन
एस्ट्रोनामी	खगोल अध्ययन	जेनेटिक्स	आनुवंशिकी का अध्ययन
एण्टोमोलॉजी	कीटाणुओं का अध्ययन	जूलॉजी	जन्तु विज्ञान
एस्ट्रोफिजिक्स	ग्रह-मंडल का अध्ययन	बायलॉजी	प्राणी विज्ञान
कैलिस्थेनिक्स	व्यायाम विद्या का अध्ययन	जिओलॉजी	भूगर्भ की बनावट का अध्ययन
क्रोनोलॉजी	ऐतिहासिक क्रम का अध्ययन	पैथॉलाजी	रोगों का अध्ययन
बॉटनी	वनस्पति का अध्ययन	फिजिक्स	भौतिक विज्ञान
केमिस्ट्री	रसायन का अध्ययन	बायोकेमिस्ट्री	प्राणी का रासायनिक अध्ययन
सेरामिक्स	चीनी मिट्टी के बर्तनों के निर्माण का अध्ययन	युजेनिक्स	नस्ल सुधार का अध्ययन
इकोलॉजी	जीव एवं पर्यावरण संबंधों का अध्ययन	एटिमोलॉजी	शब्द व्युत्पत्ति का अध्ययन
एन्टोमोलॉजी	कीट-पतंगों का अध्ययन		

आविष्कार और आविष्कारक

आविष्कार	आविष्कारक	देश	सन्
वायुयान	ओरविल और विलबर राइट	अमेरिका	1903
बॉल-पांइट	जॉन जे॰ लाउड	अमेरिका	1888
बैरोमीटर	इवेंजलिस्ता टौरीसेली	इटली	1644
बाईसिकिल	कर्कपैट्रिक मैकमिलन	इंग्लैंड	1839-40
बाईफोकल लेंस	बेन्जामिन फ्रैंकलिन	अमेरिका	1780
बनसेन बर्नर	आर॰ विल्हेम वोन बनसेन	जर्मनी	1855
कार (पेट्रोल)	कार्ल बेन्ज	जर्मनी	1888
सीमेंट (पोर्टलैंड)	जोसेफ एस्पडिन	इंग्लैंड	1824
सिनेमा	निकोलस और जीन लूमियर	फ्रांस	1895
क्लॉक (मैकेनिकल)	आई.सिंग और लियांग लिंग-तसान	चीन	1725
डीजल इंजन	रूडोल्फ डीजल	जर्मनी	1895
डायनेमो	हाइपोलाइट पिक्सी	फ्रांस	1832

आविष्कार	आविष्कारक	देश	सन्
इलैक्ट्रिक लैम्प	थॉमस अल्वा एडिसन	अमेरिका	1879
सेफ्टी पिन	वाल्टर हन्ट	अमेरिका	1849
सिलाई मशीन	बार्थलेमी थिम्मोनियर	फ्रांस	1829
जहाज (भाप)	जे.सी. पेरियर	फ्रांस	1775
जहाज (टरबाइन)	होन. सर सी. पारसंस	इंग्लैंड	1894
स्लाइड रूल	विलियम ऑग्ट्रेड	इंग्लैंड	1621
भाप का इंजन	जेम्स वॉट	इंग्लैंड	1765
स्टेनलेस स्टील	हेरि ब्रियरले	इंग्लैंड	1913
समुद्री जहाज	डेविड बुशनेल	अमेरिका	1776
टैंक	सर अर्नस्ट स्विनटन	इंग्लैंड	1914
टेलीग्राफ	एम. लम्मोंड	फ्रांस	1787
टेलीग्राफ कोड	सैमुअल एफ. बी. मोर्स	अमेरिका	1837
टेलिफोन (परफैक्टेड)	अलेक्जैण्डर ग्राहम बेल	अमेरिका	1876
टेलीस्कोप	हेन्स लिप्परशे	नीदरलैंड्स	1608
टेलीविजन (मैकेनिकल)	जे.एल. बेयर्ड	इंग्लैंड	1926
टेलीविजन (इलेक्ट्रॉनिक)	पी.टी. फार्न्सवर्थ	अमेरिका	1927
थर्मामीटर	गैलिलियो गैलिली	इटली	1593
ट्रांसफार्मर	माइकल फैराडे	इंग्लैंड	1831
ट्रांजिस्टर	बरडीन, शोकले तथा ब्राट्टेन	अमेरिका	1948
टाइपराइटर	पेलेग्रिन टेर्री	इटली	1808
कपड़ा धोने की मशीन (विद्युत)	हर्ले मशीन कम्पनी	अमेरिका	1907
घड़ी	बारथोलोम्यू मैनफ्रेडी	इटली	1462

माप/तौल की इकाइयाँ

वॉट	बिजली की शक्ति की इकाई
ओम	विद्युत प्रतिरोध
हर्ट्ज	तरंगों की आवृत्ति
डाइन	बल की सापेक्ष इकाई
कैलोरी	ऊष्मा की इकाई
कूलम्ब	विद्युत की मात्रा
एम्पियर	विद्युत धारा
नॉट	समुद्र पोतों की गति
बार	वायुमंडलीय दाब की इकाई
डेसीबल	सापेक्ष ध्वनि की तीव्रता
एंगस्ट्रम	प्रकाश तरंगों की लम्बाई
कैरेट	बहुमूल्य पत्थर की तौल
फैदम	समुद्र की गहराई की इकाई
न्यूटन	बल
कैन्डला	ज्योति तीव्रता
प्रकाश वर्ष	आकाश के ग्रहों आदि की दूरी की इकाई

चिकित्सा विज्ञान संबंधी आविष्कार

आविष्कारक	आविष्कार
रफ-बैटिन	इन्सुलिन (डायबिटीज के उपचार के लिए)
ब्रह्मचारी यू.एन.	काल-ज्वर बुखार की चिकित्सा
डॉ. क्रिश्चियन बर्नार्ड	हृदय प्रत्यारोपण
जी. डोमाग	सल्फा ड्रग्स
राबर्ट कोच	हैजे का टीका
डॉ. पाल मुलर	डी.डी.टी.
आइजकमेन	बेरी-बेरी की चिकित्सा
आर्थर बर्ग तथा जेम्स वाटसन	आर.एन.ए.
जेम्स वाटसन तथा क्रिक	डी.एन.ए.
ड्रेसर	एस्प्रिन
रेबी	क्लोरोक्वीन (कुनैन)
हरगोविन्द खुराना	कृत्रिम जीन
फिनले	टेरामाइसिन
ल्यूवेनहॉक	बैक्टीरिया

आविष्कारक	आविष्कार
रोबर्थ	टायफायड के जीवाणु
रीड	पीले बुखार की चिकित्सा
फिन्सेन	अल्ट्रा वायलेट रेंज द्वारा चिकित्सा
पाल एरिक	सिफलिस की चिकित्सा
सर अलेक्जेंडर फ्लेमिंग और फ्लोरे	पेन्सिलिन
विलियम हार्वे	रक्त परिवहन (संचरण)
कार्ल लैंडस्टीनर	रक्त-आधान
हैनीमेन	होम्योपैथी की स्थापना
फंक	विटामिन
मैकुलन	विटामिन 'ए'
मैकुलन	विटामिन 'बी'
यूजोक्ट होल्कट	विटामिन 'सी'
एफ.जी. हॉपकिन्स	विटामिन 'डी'
एडवर्ड जेनर	चेचक का टीका
राबर्ट कोच	टी.बी. की चिकित्सा
लेनेक	स्टेथॉस्कोप
लार्डजोसेफ लिस्टर	एण्टीसेप्टिक द्वारा चिकित्सा
लुई पाश्चर	हाइड्रोफोबिया की चिकित्सा
डॉ. रोनेल्ड रॉस	मलेरिया की चिकित्सा
डॉ. जोन्स इ. साल्क	एण्टी पोलियो वैक्सीन
सर जेम्स हैरीसन	क्लोरोफार्म की खोज
वैक्समैन	स्ट्रेप्टोमाइसिन
हैनीमेन	होम्योपैथी

विटामिन की कमी से होने वाले रोग

विटामिन	रोग	स्रोत
विटामिन A	रतौंधी	गाजर, दूध, अंडा
विटामिन B_{12}	अरक्तता	कलेजी, अंडा
विटामिन B_1	बेरी-बेरी	दाल, अंडा, मूंगफली
विटामिन C	स्कर्वी	संतरा, टमाटर
विटामिन B_2	मुँह की त्वचा	कलेजी, दूध, मांस
विटामिन D	सूखा रोग	सूर्य का प्रकाश,
विटामिन B_6	एनीमिया और होंठ फटना	कलेजी, दूध, मांस मछली का तेल
विटामिन E	बांझपन	हरी सब्जियाँ, दूध, कलेजी
विटामिन B_7	पेलाग्रा	मछली, अंडा
विटामिन K	रक्त का थक्का जमने में कमी	हरी सब्जी

प्रमुख बीमारियों द्वारा प्रभावित अंग

बीमारी	प्रभावित अंग
निमोनिया	फेफड़े
टायफाइड	आँत
डिप्थीरिया	श्वसन नलिका
सिफलिस	जनन अंग
मेनिनजाइटिस	मस्तिष्क
आर्थ्राइटिस	जोड़ों की सूजन
एग्जीमा	चमड़ी
पीलिया	यकृत
सुजाक, श्वेत प्रदर	मूत्र मार्ग
प्लूरिसी	छाती
पायरिया	दाँत तथा मसूड़े
गठिया या ट्यूमैटिज्म	जोड़ों में
टिटनेस	तंत्रिका तंत्र, मांसपेशी
कुष्ठ	त्वचा, तंत्रिकाएं
हैजा	आँत, आहार नाल
रिकेट्स	हड्डियाँ
गोइटर (गण्डमाला)	थाइराइड ग्रंथि
काली खाँसी	श्वसन तंत्र
बॉट्यूलिज्म	तंत्रिका-तंत्र
एड्स	सम्पूर्ण शरीर
प्लेग	फेफड़े, लाल रक्त कणिकाएं
रेबीज या हाइड्रोफोबिया	तंत्रिका तंत्र
खसरा	सम्पूर्ण शरीर
कालाजार	रुधिर, प्लीहा व अस्थि मज्जा
हरपीस	त्वचा, श्लेष्मकला
क्षय रोग	शरीर का कोई भी अंग, विशेषकर फेफड़े
केटेरेक्ट, ग्लाइकोमा, ट्रेकोमा, मायोपिया	आँख
चेचक	सम्पूर्ण शरीर, विशेषकर चेहरा तथा हाथ-पैर

प्रमुख पाचक एन्जाइम एवं उनके कार्य

पाचक एन्जाइम	स्रोत	कार्य
टाइलिन	लार ग्रन्थि	स्टार्च का माल्टोस में परिवर्तन
एमाइलेज	लार ग्रन्थि, अग्न्याशय	पॉलीसैकेराइड का डाइसैकेराइड में परिवर्तन
पेप्सिन	आमाशय	प्रोटीन को पेप्टाइड खण्डों में तोड़ना
ट्रिप्सिन एवं काइमोट्रिप्सिन	अग्न्याशय	प्रोटीन एवं पॉलीपेप्टाइड को पेप्टाइड खण्डों में तोड़ना
लाइपेस	अग्न्याशय	ट्राइग्लिसराइड को वसीय अम्ल एवं मोनोग्लिसराइड में तोड़ना

मानव शरीर से सम्बन्धित महत्वपूर्ण तथ्य

तथ्य	स्थिति/मात्रा
अस्थियों की कुल संख्या	206
सबसे छोटी अस्थि	स्टेपीज (मध्य कर्ण में)
सबसे लम्बी अस्थि	फीमर (जंघा में)
कशेरुकाओं की कुल संख्या	33
पेशियों की कुल संख्या	+639
सबसे लम्बी पेशी	सारटोरियस
बड़ी आँत की लम्बाई	1.5 मी (4.9 फीट)
छोटी आँत की लम्बाई	6.25 मी (20 फीट)
यकृत का भार (पुरुष में)	1.4-1.8 किग्रा
यकृत का भार (महिला में)	1.2-1.4 किग्रा
सबसे बड़ी ग्रन्थि	यकृत
सर्वाधिक पुनरुद्भवन की क्षमता	यकृत में
सबसे कम पुनरुद्भवन की क्षमता	मस्तिष्क में
शरीर का सबसे कठोर भाग	दाँत का इनेमल
सबसे बड़ी लार ग्रन्थि	पैरोटिड ग्रन्थि
शरीर का सामान्य तापमान	98.4°F (37°C)
शरीर में रुधिर की मात्रा	5.5 ली
हीमोग्लोबिन की औसत मात्रा (पुरुष में)	13.16 g/dl
हीमोग्लोबिन की औसत मात्रा (महिला में)	11.5-14 g/dl
श्वेत रुधिर कोशिकाओं (WBCs) की संख्या	5000-10000/cu mm
सबसे छोटी श्वेत रुधिर कोशिका	लिम्फोसाइट
सबसे बड़ी श्वेत रुधिर कोशिका	मोनोसाइट कोशिका
श्वेत रुधिर कोशिकाओं का जीवनकाल	120 दिन
लाल रुधिर कोशिकाओं (WBCs) का जीवनकाल	2-5 दिन
रुधिर का थक्का बनने का समय	3-6 मिनट
सर्वग्राही रुधिर वर्ग	AB
सर्वदाता रुधिर वर्ग	O
सामान्य रुधिर दाब	120/80 Hg
वयस्क में हृदय गति	72 बार प्रति मिनट

श्वसन अंग और उसके उदाहरण

श्वसन अंग	उदाहरण
फेफड़े	मनुष्य, मेंढक, पक्षी, छिपकली, पशु इत्यादि
त्वचा	मेंढक, केंचुआ
गिल्स	टैडपोल, मछली प्रॉन
श्वसन नाल	कीट
शरीर सतह	अमीबा, युग्लीना

जन्तु विज्ञान से सम्बन्धित महत्वपूर्ण कार्य

विशेषता	नाम
• सबसे बड़ी स्तनी	- **नीली व्हेल**
• सबसे विशाल स्थलीय स्तनी	- **हाथी**
• सबसे बड़ी अस्थि	- **फीमर (जंघा में)**
• सबसे बड़ा अण्डा	- **शतुरमुर्ग**
• सबसे बड़ा शिरा	- **इन्फीरियर वेना केवा**
• सबसे बड़ा स्थलीय पक्षी	- **शतुरमुर्ग**
• विशालतम जीवित सरीसृप	- **टर्टिल**
• विश्व में सबसे विषैला सर्प	- **ऑस्ट्रेलिया का पेनिन्सुलर टाइगर सर्प**
• सबसे लम्बा स्तनी	- **जिराफ**
• सबसे छोटी चिड़िया	- **हमिंग बर्ड**
• दाँत रहित स्तनी	- **चींटीखोर**
• शरीर का सबसे व्यस्त अंग	- **यकृत**
• शरीर का सबसे भारी अंग	- **यकृत**
• सबसे भारी कशेरुका	- **लुम्बर**
• सबसे मजबूत पेशी	- **जबड़े की पेशी**
• सबसे पुराना प्राइमेट	- **लीमर**
• सबसे पुरानी स्तनी	- **एकिडना**
• सबसे पुराना कपि	- **गिब्बन**
• सबसे विषैला भारतीय सर्प	- **किंग कोबरा**
• विषैली छिपकली	- **हीलोडर्मा**
• विषैली मछली	- **स्टोन मछली**
• अण्डा देने वाली स्तनी	- **एकिडना, डक बिल्ड प्लेटीपस**
• सबसे छोटा स्तनी	- **छछुँदर**
• सबसे तेज दौड़ने वाला जन्तु	- **चीता**
• सबसे बड़ा सर्प	- **पाइथन**
• घोंसला बनाने वाला साँप	- **किंग कोबरा**

✧✧✧✧✧

14 वस्तुनिष्ठ प्रश्नोत्तर

1. मोहनजोदड़ो और हड़प्पा के प्राचीन नगर अब कहाँ स्थित हैं?
A. भारत में B. पाकिस्तान में
C. बांग्लादेश में D. तिब्बत में

2. सिन्धु सभ्यता से प्राप्त मुहरें निम्नलिखित में से किससे बनी थीं?
A. लाजवर्द B. कांस्य
C. रजत D. स्टेटाइट

3. निम्नलिखित में से कौन-सा वेद गद्य एवं पद्य में रचित है?
A. ऋग्वेद B. यजुर्वेद
C. सामवेद D. अथर्ववेद

4. ऋग्वैदिककालीन आर्यों के युद्ध के देवता कौन थे?
A. मंगल B. इन्द्र
C. रुद्र D. शिव

5. महावीर स्वामी को किस स्थान पर ज्ञान प्राप्त हुआ?
A. ऋजुपालिका नदी के तट पर
B. पुनपुन नदी के तट पर
C. गंगा नदी के तट पर
D. कोसी नदी के तट पर

6. अशोक के अभिलेखों को पढ़ने का प्रथम श्रेय प्राप्त है–
A. विल्किन्स को B. विलियम जोन्स को
C. जेम्स विलियम को D. जेम्स प्रिंसेप को

7. किसने भारत में सर्वप्रथम स्वर्ण सिक्के को चलाया था?
A. कुषाण B. मौर्य
C. हिन्द यवन D. गुप्त

8. गुप्तकाल में प्रमुख गणितज्ञ एवं खगोलशास्त्री था–
A. वराहमिहिर B. आर्यभट्ट
C. रामानुजाचार्य D. उपर्युक्त सभी

9. निम्नलिखित का काल क्रम है–
1. हल्दीघाटी युद्ध 2. बैरम खाँ का पतन
3. असीरगढ़ की विजय 4. अबुल फजल की हत्या
A. 1, 2, 3, 4 B. 3, 2, 4, 1
C. 1, 4, 2, 3 D. 2, 4, 3, 1

10. विदेशी आक्रमणकारियों को ऐतिहासिक क्रम में लिखिए–
1. मुहम्मद-बिन-कासिम 2. मुहम्मद गोरी
3. महमूद गजनवी 4. चंगेज खाँ
A. 1, 3, 4, 2 B. 4, 3, 2, 1
C. 1, 3, 2, 4 D. 4, 2, 3, 1

11. किस शासक के दरबार में सर्वाधिक हिन्दू पदाधिकारी थे?
A. अकबर B. शाहजहाँ
C. जहाँगीर D. औरंगजेब

12. किस शासक ने सिंचाई कर लगाया था?
A. मुहम्मद तुगलक B. फिरोज तुगलक
C. अलाउद्दीन खिलजी D. सिकन्दर लोदी

13. कबीर की मृत्यु किस स्थान पर हुई?
A. प्रयाग B. काशी
C. मगहर D. मथुरा

14. अंग्रेजों ने सर्वप्रथम अपना व्यापारिक कारखाना लगाया था–
A. मुम्बई में B. हुगली में
C. सूरत में D. बंगलौर में

15. भारतीय राष्ट्रीय कांग्रेस के प्रथम मुस्लिम अध्यक्ष थे–
A. बदरुद्दीन तैयबजी B. मौलाना अबुल कलाम आजाद
C. सर सैयद अहमद खाँ D. मो. जिन्ना

16. ऑल इण्डिया ट्रेड यूनियन के प्रथम अध्यक्ष थे–
A. लाला लाजपत राय B. एम.एन. जोशी
C. स्वामी सदानन्द D. बाल गंगाधर तिलक

17. भारत में सर्वप्रथम टेलीग्राफ व्यवस्था प्रारम्भ हुई थी–
A. 1850 में B. 1853 में
C. 1854 में D. 1856 में

18. असहयोग आन्दोलन वापस ले लिया गया था–
A. रौलट एक्ट के बाद
B. प्रथम विश्व युद्ध के बाद
C. जलियाँवाला बाग हत्याकाण्ड के बाद
D. चौरी-चौरा घटना के बाद

19. क्रिप्स मिशन को किसने 'उत्तर तिथिय चैक' की संज्ञा दी?
A. महात्मा गांधी B. पं. जवाहर लाल नेहरू
C. राजेन्द्र प्रसाद D. मोतीलाल नेहरू

20. थियोसोफिकल सोसाइटी का अन्तर्राष्ट्रीय मुख्यालय है–
A. अड्यार B. सैनफ्रांसिस्को
C. न्यूयार्क D. जेनेवा

21. सत्यशोधक समाज की स्थापना किसने की थी?
A. गोपाल कृष्ण गोखले B. महादेव गोविन्द रानाडे
C. ज्योतिबा फूले D. गोपाल हरि देशमुख

22. तैमूर ने किसके शासनकाल में भारत पर आक्रमण किया था?
A. बलबन
B. इल्तुतमिश
C. फिरोजशाह तुगलक
D. नासिरुद्दीन महमूदशाह तुगलक

23. समुद्रगुप्त ने अपने दक्षिण अभियान में किस वेंगी शासक को हराया था?
A. नंदी वर्मन B. हस्ती वर्मन
C. देव वर्मन D. नीरू वर्मन

24. मुहम्मद-बिन-तुगलक द्वारा अपनाया गया सांकेतिक मुद्रा किस धातु का बना हुआ था?
A. कांसा B. पीतल और तांबा
C. चाँदी D. लोहा

25. अकबर के शासन काल में मुगल सेना का सेनापति कौन था?
A. राजा मान सिंह B. टोडरमल
C. भगवंत दास D. फकीर अजीउद्दीन

26. इनमें से दिल्ली के सिंहासन पर बैठने वाला पहला अफगान शासक कौन था?
A. सिकन्दर लोदी B. शेरशाह
C. बहलोल लोदी D. इनमें से कोई नहीं

27. महमूद गवाँ का सम्बन्ध निम्नलिखित में किस दक्षिण राज्य से था?
A. बीजापुर B. वारंगल
C. काकतीय D. बहमनी

28. राष्ट्रीय कांग्रेस ने किस वर्ष "पूर्ण स्वराज्य" का प्रस्ताव पारित किया?
A. 1929 में B. 1916 में
C. 1924 में D. 1930 में

29. कांग्रेस तथा मुस्लिम लीग के बीच लखनऊ समझौता कब हुआ था?
A. 1906 में B. 1916 में
C. 1924 में D. 1929 में

30. सुभाष चन्द्र बोस के राजनीतिक गुरु कौन थे?
A. चित्तरंजन दास B. अरविन्द घोष
C. महात्मा गांधी D. बाल गंगाधर तिलक

31. पाकिस्तान के प्रथम प्रधानमंत्री कौन थे?
A. मुहम्मद अली जिन्ना
B. लियाकत अली खाँ
C. फीरोज खाँ नून
D. मौलाना मुहम्मद अली

32. भारतीय स्वतंत्रता के समय ब्रिटेन का प्रधानमंत्री कौन था?
A. लॉर्ड एटली B. विंस्टन चर्चिल
C. रैम्से मैक्डोनाल्ड D. रॉबर्ट वॉलपोल

33. 15 अगस्त, 1947 से 26 जनवरी, 1950 तक भारत का राजनीतिक दर्जा क्या था?
A. ब्रिटिश उपनिवेश
B. ब्रिटिश न्यास क्षेत्र
C. ब्रिटिश संरक्षण प्रदेश
D. ब्रिटिश राष्ट्रमंडल का एक अधिराज्य

34. किस वायसराय ने 1878 में भारतीय भाषाओं के समाचार-पत्रों पर अंकुश लगाया था?
A. लॉर्ड रिपन B. लॉर्ड नार्थबुक
C. लॉर्ड लिटन D. लॉर्ड एलगिन

35. निम्नलिखित में से किस अधिवेशन में राष्ट्रीय कांग्रेस के नरम एवं गरम दलों का पुनः विलय हो गया?
A. लाहौर (1929) B. पुणे (1917)
C. लखनऊ (1916) D. मद्रास (1915)

36. मुस्लिम लीग द्वारा "प्रत्यक्ष कार्यवाही दिवस" कब मनाया गया था?
A. 24 मार्च, 1946 B. 30 मार्च, 1946
C. 17 जून, 1946 D. 16 अगस्त, 1946

37. सिन्धु घाटी सभ्यता के लोग किस धातु से परिचित नहीं थे?
A. लोहा B. चाँदी
C. ताँबा D. सोना

38. सिन्धु घाटी सभ्यता का वह नगर कौन-सा है जहाँ बृहत् स्नानागार (Great Bath) के अवशेष मिले हैं?
A. लोथल B. मोहनजोदड़ो
C. कालीबंगा D. हड़प्पा

39. विक्रम संवत् कब से प्रारम्भ हुआ?
A. 38 ई.पू. B. 58 ई.पू.
C. 78 ई.पू. D. 87 ई.पू.

40. पंचमार्क सिक्के सर्वाधिक रूप से किस धातु के बने थे?
A. सोना B. चाँदी
C. ताँबा D. काँच

41. निम्नलिखित में से कौन-सा ग्रह सबसे कम समय में सूर्य का चक्कर लगाता है?
A. शुक्र B. बुध
C. पृथ्वी D. शनि

42. पृथ्वी के अलावा किस आकाशीय पिंड पर जीवन की सम्भावना है, क्योंकि वहाँ का पर्यावरण जीवन के लिए अनुकूल है–
A. बृहस्पति
B. मंगल
C. यूरोपा-बृहस्पति का चन्द्रमा
D. चन्द्रमा-पृथ्वी का चन्द्रमा

43. दो ग्रह जिनके उपग्रह नहीं हैं, वे हैं–
A. पृथ्वी एवं बृहस्पति B. बुध एवं शुक्र
C. बुध एवं शनि D. शुक्र एवं मंगल

44. मानक समय क्या होता है?
A. किसी देशान्तर का सूर्य के अनुसार समय
B. ग्रीनविच औसत का समय
C. देश के लगभग बीच से गुजरने वाले देशान्तर का स्थानीय समय
D. उपर्युक्त में से कोई नहीं

45. रात और दिन होने की प्रक्रिया में कौन-सा तथ्य सही है?
A. पृथ्वी का अक्ष का 66½° अंश का झुका होना
B. पृथ्वी का सूर्य के चारों ओर परिक्रमण
C. पृथ्वी का अपनी (अक्ष) धुरी पर घूमना
D. उपर्युक्त में से कोई नहीं

46. ओजोन पर्त अवस्थित है–
A. क्षोभमंडल में B. क्षोभसीमा में
C. समतापमंडल में D. प्रकाशमंडल में

47. विली-विली है–
A. एक प्रकार का वृक्ष जो शीतोष्ण कटिबंध में उगता है
B. एक प्रकार की हवा जो मरुस्थल में चलती है
C. उत्तर-पश्चिम आस्ट्रेलिया का उष्णकटिबंधीय चक्रवात
D. लक्षद्वीप समूह के निकट सामान्यतः पाई जाने वाली मछली का एक प्रकार

48. चावल की खेती के लिए आदर्श जलवायु परिस्थितियाँ हैं–
A. 100 सेमी. से ऊपर वर्षा और 25°C से ऊपर ताप
B. फसल की पूरी अवधि के लिए ठण्डी और नम जलवायु
C. 100 सेमी. से कम वर्षा व 25°C से कम ताप
D. पूरी फसल अवधि में कुछ गरम और शुष्क जलवायु

49. सदाबहार वर्षा वन पाए जाते हैं–
A. आस्ट्रेलिया में B. ब्राजील में
C. कनाडा में D. फ्रांस में

50. सूची-I तथा सूची-II को सुमेलित कीजिए तथा सूचियों के नीचे दिए गए कूट का प्रयोग कर सही उत्तर चुनिए–

सूची-I (अग्रणी उत्पादक देश)	सूची-II (पदार्थ)
(*a*) चीन	1. प्राकृतिक रबड़
(*b*) भारत	2. दूध
(*c*) सउदी अरब	3. लौह-अयस्क
(*d*) थाइलैण्ड	4. पेट्रोलियम

कूट :

	(*a*)	(*b*)	(*c*)	(*d*)
A.	1	2	3	4
B.	4	3	2	1
C.	3	2	4	1
D.	2	3	1	4

51. किस घास के मैदान में वृक्ष नहीं पाए जाते हैं?
A. लैनॉस B. पम्पास
C. सवाना D. स्टेपी

52. माओरी जनजाति का निवास स्थान है–
A. इंग्लैण्ड B. न्यूजीलैण्ड
C. ग्रीनलैण्ड D. आयरलैण्ड

53. क्षेत्रफल की दृष्टि से भारत का सबसे बड़ा राज्य है–
A. बिहार B. पंजाब
C. राजस्थान D. उत्तर प्रदेश

54. पश्चिमी घाटों के मालाबार तट पर स्थित माहे निम्नलिखित में से किसका भाग है?
A. केरल B. महाराष्ट्र
C. पुदुचेरी D. तमिलनाडु

55. निम्नलिखित में से कहाँ प्राचीन चट्टानें पाई जाती हैं?
A. अरावली B. हिमालय
C. शिवालिक D. उपर्युक्त सभी

56. भारत में 'मरुस्थल की राजधानी' किसे कहते हैं?
A. उदयपुर B. जैसलमेर
C. जयपुर D. पालामऊ

57. 'मानसून प्रस्फोट' से क्या तात्पर्य है?
A. वर्षा की कृत्रिम वैज्ञानिक प्रक्रिया
B. आकाश में बादलों का गलत सघन रूप में आच्छादित होना
C. मेघाच्छन्न मौसम, जिसमें एक लम्बे समय तक वर्षा होती रहे
D. मानसून के समय विद्युत चमकने, बादल गरजने के साथ तीव्र मूसलाधार वर्षा

58. भारत में उगाई जाने वाली अधिकतर कॉफी की किस्म है–
A. ओल्ड चिक्स
B. कुर्गुस
C. अरेबिका
D. केन्ट्स

59. सूची-I को सूची-II से सुमेलित कीजिए तथा सूचियों के नीचे दिए गए कूट का प्रयोग कर सही उत्तर चुनिए–

सूची-I	सूची-II
(*a*) कोयम्बटूर	1. तेलशोधन
(*b*) राउरकेला	2. रेल डिब्बा
(*c*) कपूरथला	3. लौह-इस्पात
(*d*) बरौनी	4. सूती वस्त्र

कूट :

	(a)	(b)	(c)	(d)
A.	4	3	2	1
B.	1	2	3	4
C.	2	3	4	1
D.	4	2	3	1

60. 'दचिगाम अभयारण्य' भारत के किस राज्य में है?
A. जम्मू कश्मीर B. महाराष्ट्र
C. हिमाचल प्रदेश D. उत्तराखण्ड

61. सड़कों की कुल लम्बाई का सर्वाधिक हिस्सा निम्नलिखित में से किस प्रांत में है?
A. पंजाब B. महाराष्ट्र
C. उत्तर प्रदेश D. बिहार

62. भारत का सुदूर दक्षिण-बिन्दु कौन है?
A. कन्याकुमारी
B. लक्षद्वीप
C. रामेश्वरम्
D. ग्रेट निकोबार स्थित इंदिरा प्वाइंट

63. 'हजार झीलों की भूमि' किसे कहा जाता है?
A. स्वीडन B. फिनलैण्ड
C. डेनमार्क D. फ्रांस

64. नागार्जुन सागर बाँध किस नदी पर बनाया गया है?
A. कृष्णा (आन्ध्र प्रदेश) B. गोदावरी (महाराष्ट्र)
C. कृष्णा (कर्नाटक) D. गोदावरी (गुजरात)

65. निम्नलिखित में से किस प्रदेश में काली मिट्टी वाले क्षेत्र में सबसे अधिक खेती होती है?
A. बिहार B. उत्तर प्रदेश
C. महाराष्ट्र D. गुजरात

66. भू-वैज्ञानिकों की दृष्टि में भारत में सबसे पुरानी पर्वतमालाएँ कौन-सी हैं?
A. विन्ध्य B. सतपुड़ा
C. हिमालय D. अरावली

67. निम्नलिखित में से कौन-सी नदी समुद्र में नहीं मिलती है?
A. गंगा B. यमुना
C. नर्मदा D. गोदावरी

68. मानसून निवर्तन से अधिकतम वर्षा कहाँ पर होती है?
A. मुम्बई B. चेन्नई
C. दिल्ली D. कोलकाता

69. प्राचीन भारतीयों को वर्मा (म्यांमार) किस नाम से ज्ञात था?
A. सुवर्णभूमि
B. सुवर्णद्वीप
C. यवद्वीप
D. मलयमण्डलम्

70. निम्नलिखित में से किस नदी का अपवाह बेसिन क्षेत्र सबसे बड़ा है?
A. कावेरी
B. नर्मदा
C. चम्बल
D. सतलुज

71. चाय की खेती निम्नलिखित में से किसका उदाहरण है?
A. बृहत् (Extensive) कृषि
B. सघन (Intensive) कृषि
C. जीविकोपार्जन (Subsistence) कृषि
D. रोपण (Plantation) कृषि

72. मानचित्र में समुद्र तल से समान ऊँचाई वाले स्थानों को दर्शाने वाली रेखाओं को कहते हैं–
A. आइसोनेफ B. कंटूर रेखा
C. आइसोबार D. आइसोहेल

73. ब्राजील स्थित अमेजन बेसिन के वन कहलाते हैं–
A. पम्पास B. सेल्वास
C. कैम्पोस D. लानोस

74. किस महासागर में द्वीपों की संख्या सर्वाधिक है?
A. प्रशान्त महासागर में
B. हिन्द महासागर में
C. उत्तरी अटलाण्टिक महासागर में
D. दक्षिण अटलाण्टिक महासागर में

75. लूनी नदी किस राज्य में प्रवाहित होती है?
A. महाराष्ट्र B. बिहार
C. पंजाब D. राजस्थान

76. सम दिवारात्रि (Equinox) कब होता है?
A. 21 जून
B. 22 दिसम्बर
C. 21 मार्च एवं 22 सितम्बर
D. 21 जून एवं 22 दिसम्बर

77. दक्षिणी अमरीका के वृक्ष रहित घास के मैदान को क्या कहते हैं?
A. पम्पास B. डाउन्स
C. प्रेयरीज D. लानोस

78. मिट्टी का वैज्ञानिक एवं क्रमबद्ध अध्ययन कहलाता है–
A. विश्व रचना विज्ञान B. भौतिक भूगोल
C. मृत्तिका विज्ञान D. इनमें से कोई नहीं

79. गोबी रेगिस्तान कहाँ है?
A. पश्चिमी अफ्रीका में B. दक्षिणी अमरीका में
C. दक्षिणी आस्ट्रेलिया में D. मंगोलिया में

80. सौरमण्डल का सबसे बड़ा उपग्रह कौन-सा है?
A. टाइटन (शनि) B. गनिमेड (बृहस्पति)
C. मिरांडा (यूरेनस) D. ओबेरॉन (यूरेनस)

81. भारत की संविधान सभा का प्रथम अधिवेशन कब शुरू हुआ?

A. 10 जून, 1946 B. 9 दिसम्बर, 1946

C. 19 दिसम्बर, 1947 D. 30 जून, 1949

82. भारतीय संविधान सभा के किस अनुच्छेद में देवनागरी लिपि में हिन्दी को भारत की राजकीय भाषा के रूप में मान्यता दी गई है?

A. अनुच्छेद 343 B. अनुच्छेद 345

C. अनुच्छेद 348 D. अनुच्छेद 347

83. भारत के संविधान में अंतर्राष्ट्रीय शान्ति और सुरक्षा की अभिवृद्धि का उल्लेख है–

A. संविधान की उद्देशिका में

B. राज्य की नीति के निर्देशक तत्वों में

C. मूल कर्त्तव्यों में

D. नवीं अनुसूची में

84. सूची-I को सूची-II से सुमेलित कीजिए तथा सूचियों के नीचे दिए गए कूट का प्रयोग कर सही उत्तर चुनिए–

सूची-I	सूची-II
(*a*) अन्तर्राज्यीय परिषद्	1. अनुच्छेद 315
(*b*) वित्त आयोग	2. अनुच्छेद 280
(*c*) प्रशासनिक अधिकरण	3. अनुच्छेद 263
(*d*) संघ लोक सेवा आयोग	4. अनुच्छेद 323(ए)

कूट :

	(*a*)	(*b*)	(*c*)	(*d*)
A.	2	4	3	1
B.	3	2	1	4
C.	1	2	4	3
D.	3	2	4	1

85. राष्ट्रपति के उम्मीदवार के लिए क्या आवश्यक नहीं है?

A. आयु 35 वर्ष हो

B. पढ़ा-लिखा हो

C. सांसद चुने जाने की योग्यता रखता हो

D. देश का नागरिक हो

86. सर्वसम्मति से निर्वाचित भारत के राष्ट्रपति थे–

A. एस. राधाकृष्णन B. वी.वी. गिरि

C. एन. संजीवारेड्डी D. ज्ञानी जैल सिंह

87. संसद/विधान सभा के किसी सदस्य की सदस्यता तब समाप्त समझी जाती है, यदि वह बिना सदन को सूचित किए अनुपस्थित रहता है–

A. 60 दिन B. 90 दिन

C. 120 दिन D. 150 दिन

88. किस सभा का सभापति उसका सदस्य नहीं होता है?

A. राज्य सभा B. लोक सभा

C. विधान सभा D. विधान परिषद्

89. शिक्षा का विषय–

A. संघीय सूची में B. राज्य सूची में

C. समवर्ती सूची में है D. अवशिष्ट विषयों में है

90. सूची-I को सूची-II से सुमेलित कीजिए तथा सूचियों के नीचे दिए गए कूट का प्रयोग कर सही उत्तर चुनिए–

सूची-I (स्थापना वर्ष)	सूची-II (राज्य)
(*a*) 1960	1. सिक्किम
(*b*) 1962	2. गोआ
(*c*) 1975	3. महाराष्ट्र
(*d*) 1987	4. नागालैण्ड

कूट :

	(*a*)	(*b*)	(*c*)	(*d*)
A.	2	4	3	1
B.	3	4	1	2
C.	4	3	1	2
D.	3	4	2	1

91. प्रथम पंचायती राजव्यवस्था का उद्घाटन पं. जवाहर लाल नेहरू द्वारा 2 अक्टूबर, 1959 को किया गया था–

A. साबरमती में B. वर्धा में

C. नागौर में D. सीकर में

92. निम्नलिखित विधेयकों में से किसी एक का भारतीय संसद के दोनों सदनों द्वारा अलग-अलग विशेष बहुमत से पारित होना आवश्यक है?

A. साधारण विधेयक B. धन विधेयक

C. वित्त विधेयक D. संविधान संशोधन विधेयक

93. भाषा के आधार पर राज्यों के गठन हेतु राज्य पुनर्गठन आयोग की स्थापना कब की गई थी?

A. 1856 B. 1956

C. 1957 D. 1960

94. पंचायतों के निर्वाचन में चुनाव लड़ने के लिए उम्मीदवार की न्यूनतम आयु कितनी होनी चाहिए?

A. 21 वर्ष B. 18 वर्ष

C. 25 वर्ष D. 30 वर्ष

95. भारतीय संविधान के किस अनुच्छेद के तहत् जीवन रक्षा तथा व्यक्तिगत स्वतंत्रता का प्रावधान है?

A. अनुच्छेद 20 B. अनुच्छेद 21

C. अनुच्छेद 22 D. अनुच्छेद 23

96. संविधान निर्माण का कार्य पूरा करके संविधान सभा ने संविधान को कब स्वीकार किया?

A. 15 अगस्त, 1947 को B. 26 जनवरी, 1950 को

C. 26 नवम्बर, 1949 को D. 24 जनवरी, 1950 को

97. निम्नलिखित में से किस संविधान संशोधन के अनुसार राष्ट्रपति निर्वाचन के निर्वाचक मण्डल में पुडुचेरी तथा दिल्ली विधान सभा के निर्वाचित सदस्यों को भी रखा गया है?

A. 71वाँ B. 42वाँ

C. 73वाँ D. इनमें से कोई नहीं

98. भारतीय संविधान के किस भाग को उसकी 'आत्मा' की संज्ञा दी जाती है?
A. मौलिक अधिकारों को
B. राज्य के नीति-निर्देशक सिद्धान्तों को
C. संविधान की प्रस्तावना को
D. अनुसूचियों को

99. भारत की संचित निधि से धन का व्यय निम्नलिखित में से किस माध्यम से किया जा सकता है?
A. संसद की अनुमति से
B. नीति आयोग की अनुमति से
C. भारत के नियंत्रक एवं महालेखा परीक्षक की अनुमति से
D. राष्ट्रपति की अनुमति से

100. योजना आयोग की स्थापना हुई थी–
A. 26 नवम्बर, 1950 B. 15 जून, 1950
C. 15 मार्च, 1950 D. 15 जनवरी, 1950

101. भारत में संविधान के किस अनुच्छेद में अस्पृश्यता समाप्त की गई है?
A. अनुच्छेद 42 B. अनुच्छेद 15
C. अनुच्छेद 14 D. अनुच्छेद 17

102. वह रिट, जो भारत में उच्च न्यायालय अथवा सर्वोच्च न्यायालय द्वारा किसी व्यक्ति अथवा व्यक्ति समुदाय को आदेश देती है कि वह अपना कर्त्तव्य पालन करे, है–
A. बन्दी प्रत्यक्षीकरण रिट B. उत्प्रेक्षण रिट
C. परमादेश रिट D. इनमें से कोई नहीं

103. संविधान में जोड़ी गई दसवीं अनुसूची किससे सम्बन्धित है?
A. मिजोरम राज्य के लिए विशेष प्रावधानों से
B. दल-बदल के आधार पर अयोग्यता सम्बन्धी प्रावधानों से
C. सिक्किम के स्तर से सम्बन्धित शर्तों से
D. उपर्युक्त में से किसी से नहीं

104. भारत में गरीबी हटाओ का नारा किस पंचवर्षीय योजना में दिया गया था?
A. चौथी B. नौवीं
C. दूसरी D. पाँचवीं

105. सर्वोच्च न्यायालय के न्यायाधीशों की नियुक्ति के पूर्व मुख्य न्यायाधीश से विचार-विमर्श करना राष्ट्रपति के लिए–
A. बाध्यकारी है
B. बाध्यकारी नहीं है
C. विवेक का प्रश्न है
D. संविधान इस विषय पर मौन है

106. निम्नलिखित में से कौन-सा पदाधिकारी संसद के किसी भी सदन की कार्यवाही में भाग ले सकता है?
A. भारत का मुख्य न्यायाधीश
B. भारत का महान्यायवादी (एटॉर्नी जनरल)
C. भारत का रक्षा सचिव
D. भारत का गृह सचिव

107. 16वें वित्त आयोग के अध्यक्ष कौन हैं?
A. शक्तिकांत दास B. अरविन्द पनगढ़िया
C. अरविन्द सुब्रमण्यन D. राजीव कुमार

108. भारतीय संविधान की कौन-सी विशेष व्यवस्था इंग्लैंड से ली गई है?
A. संसदीय प्रणाली B. संघीय प्रणाली
C. मूल अधिकार D. सर्वोच्च न्यायपालिका

109. संविधान के किस संशोधन द्वारा सम्पत्ति के अधिकार को मूल अधिकारों की श्रेणी से निकाल दिया गया है?
A. 42वें संशोधन B. 44वें संशोधन
C. 48वें संशोधन D. 24वें संशोधन

110. भारत के राष्ट्रपति की मर्जी तक निम्नलिखित में से कौन अपने पद पर रह सकता है?
A. सर्वोच्च न्यायालय के न्यायाधीश
B. चुनाव आयुक्त
C. राज्यपाल
D. लोकसभा अध्यक्ष

111. निम्न में से किसका उपयोग ऊँचाई नापने के लिए होता है?
A. बैरोमीटर B. प्लानोमीटर
C. अल्टीमीटर D. हाइड्रोमीटर

112. फ्लक्स घनता और चुम्बकीय क्षेत्र की क्षमता का अनुपात किसी माध्यम में होता है उसका–
A. चुम्बक की घनता B. ग्रहणशीलता
C. सम्बन्धित व्याकता D. पारगम्यता

113. ध्वनि तरंगें हैं–
A. अनुदैर्ध्य
B. अनुप्रस्थ
C. आंशिक लम्बवत्, आंशिक अनुदैर्ध्य
D. कभी-कभी अनुदैर्ध्य, कभी-कभी अनुप्रस्थ

114. कैमरे में किस प्रकार का लेन्स उपयोग में लाया जाता है?
A. उत्तल B. अवतल
C. वर्तुलाकार D. समान मोटाई का

115. एक स्वतंत्र रूप से लटका हुआ चुम्बक सदा ठहरता है (स्थिर होता है) वह दिशा है–
A. पूर्व-उत्तर B. उत्तर-पश्चिम
C. उत्तर-दक्षिण D. दक्षिण-पश्चिम

116. प्रकाश संश्लेषण में पौधे कौन-सी गैस का अवचूषण करते हैं?
A. CO_2 B. O_2
C. N_2 D. H_2

117. विद्युत मात्रा की इकाई है–
A. ऐम्पियर B. ओम
C. वोल्ट D. कूलॉम

118. 1 किग्रा. राशि का वजन है–
A. 1 न्यूटन B. 10 न्यूटन
C. 9.8 न्यूटन D. 9 न्यूटन

119. एक्स-रे के आविष्कारक थे–
A. आइन्स्टीन B. डब्ल्यू.एच. ब्रेग
C. रॉन्जन D. हेनरी बेकरेल

120. नाड़ी गति द्वारा डॉक्टर ज्ञात करता है–
A. रक्तचाप B. साँस गति
C. हृदय की धड़कन D. उपर्युक्त में से कोई नहीं

121. निम्न में से कौन आवेश की इकाई नहीं है?
A. फैराडे B. फ्रैंकलीन
C. कुलम्ब D. एम्पीयर/सेकण्ड

122. मानव शरीर में क्रोमोसोम की संख्या होती है–
A. 46 B. 48
C. 49 D. 50

123. एक प्रकाशवर्ष इससे सर्वाधिक समीप है–
A. 10^8 मीटर B. 10^{12} मीटर
C. 10^{16} मीटर D. 10^{20} मीटर

124. हवाई जहाज के 'ब्लैक बॉक्स' का क्या रंग होता है?
A. काला B. लाल
C. बैंगनी D. नारंगी

125. निम्नांकित में से कौन एक कीट के शरीर से निकला स्राव है?
A. मोती B. मूँगा
C. लाख D. गोंद

126. निम्नांकित में से कौन-सी धातु किसी नगर की वायु को, जहाँ बहुत अधिक संख्या में मोटर कारें आदि हों, प्रदूषित करती है?
A. कैडमियम B. क्रोमियम
C. सीसा D. ताँबा

127. परमाणु के नाभिक में होते हैं–
A. इलेक्ट्रॉन तथा न्यूट्रॉन B. इलेक्ट्रॉन तथा प्रोट्रॉन
C. प्रोट्रॉन तथा न्यूट्रॉन D. प्रोट्रॉन तथा रेडान

128. निम्नांकित में कौन कठोरतम है?
A. सोना B. हीरा
C. लोहा D. टंगस्टन

129. शरीर के किस भाग में पित्त का निर्माण होता है?
A. यकृत B. तिल्ली
C. पित्ताशय की थैली D. पैन्क्रियाज

130. एन्जाइम मूलतः क्या है?
A. वर॥
B. शर्करा
C. प्रोटीन
D. विटामिन

131. मानव शरीर में सबसे छोटी ग्रन्थि कौन है?
A. एड्रीनल B. थाइरॉइड
C. पैन्क्रियाज D. पिट्यूटरी

132. रेफ्रीजरेटर में थर्मोस्टेट का कार्य है–
A. तापमान को कम करना
B. हिमायन ताप को बढ़ाना
C. एक समान तापमान को बनाए रखना
D. गलनांक को घटाना

133. सूर्य की ऊर्जा उत्पन्न होती है–
A. आयनन द्वारा B. नाभिकीय संलयन द्वारा
C. नाभिकीय विखण्डन द्वारा D. ऑक्सीकरण द्वारा

134. द्रव क्रिस्टल प्रयुक्त होते हैं–
A. कलाई घड़ियों में B. प्रदर्शन युक्तियों में
C. पॉकेट कैलकुलेटरों में D. उपर्युक्त सभी में

135. निम्नांकित में से कौन-सा उर्वरक मृदा में सर्वाधिक अम्ल छोड़ता है?
A. यूरिया
B. अमोनियम सल्फेट
C. अमोनियम नाइट्रेट
D. कैल्सियम अमोनियम नाइट्रेट

136. खाद्य पदार्थों के संरक्षण हेतु निम्नांकित में से कौन-सा प्रयुक्त होता है?
A. सोडियम कार्बोनेट B. एसीटिलीन
C. बेंजोइक अम्ल D. सोडियम क्लोराइड

137. कृष्ण-छिद्र सिद्धान्त को प्रतिपादित किया था–
A. सी.वी. रमन ने B. एच.जे. भाभा ने
C. एस. चन्द्रशेखर ने D. हरगोविन्द खुराना ने

138. साइनोकोबालमिन है–
A. विटामिन सी B. विटामिन बी-2
C. विटामिन बी-6 D. विटामिन बी-12

139. निम्नांकित जोड़ों में किसका सुमेल है?
A. निमोनिया-फेफड़े
B. मोतिया बिन्द-थायराइड ग्रन्थि
C. पीलिया-आँख
D. मधुमेह-यकृत

140. दूध उदाहरण है–
A. एक शिलिषि का B. एक पायस का
C. एक निलम्बन का D. एक फेन का

141. भारत के राष्ट्रीय ध्वज में केसरिया, सफेद और हरे रंग की तीन–
A. आड़ी पट्टियाँ हैं
B. खड़ी पट्टियाँ हैं
C. एक दूसरे को काटती हुई पट्टियाँ हैं
D. तिरछी पट्टियाँ हैं

142. हमारे राष्ट्रीय ध्वज की लम्बाई और चौड़ाई का अनुपात–
A. 2 : 3 है B. 3 : 4 है
C. 4 : 3 है D. 3 : 2 है

143. भारत के राष्ट्रीय ध्वज के बीच में एक गोल चक्र है; यह चक्र–
A. तीनों रंग की पट्टियों पर है
B. केसरिया रंग की पट्टी पर है
C. सफेद रंग की पट्टी पर है
D. हरे रंग की पट्टी पर है

144. किसी भाषा को किसी राज्य की राजभाषा के रूप में अंगीकार करने का अधिकार किसे है?
A. राष्ट्रपति B. संसद
C. राज्य विधान सभा D. राजभाषा आयोग

145. हमारे राष्ट्रीय ध्वज में तीन पट्टियाँ हैं; उनमें सबसे नीचे वाली पट्टी किस रंग की है?
A. केसरिया B. सफेद
C. हरे D. इनमें से कोई नहीं

146. हमारे राष्ट्रगान 'जन-गण-मन' में कुल कितने पद हैं?
A. तीन B. पाँच
C. चार D. दो

147. राष्ट्र गीत 'वन्देमातरम्', 'आनन्दमठ' नामक ग्रंथ से लिया गया है, जिसके लेखक हैं–
A. बंकिम चन्द्र चटर्जी B. रवीन्द्र नाथ टैगोर
C. व्योमेश चन्द्र बनर्जी D. सुरेन्द्रनाथ बनर्जी

148. भारत के राजचिह्न में ऊपर चार सिंह बने हैं (तीन दिखाई पड़ते हैं) और उनके नीचे देवनागरी लिपि में 'सत्यमेव जयते' लिखा है। यह 'सत्यमेव जयते' कहाँ से उद्धृत किया गया है?
A. भगवद्‌गीता से B. मुण्डक उपनिषद से
C. ऋग्वेद से D. स्कन्द पुराण से

149. भारत का राष्ट्रीय पंचांग–
A. शक् संवत् पर आधारित है
B. हिजरी संवत् पर आधारित है
C. विक्रमी संवत् पर आधारित है
D. विक्रमांक-चालुक्य संवत् पर आधारित है

150. भारत का राष्ट्रीय पशु है–
A. गाय B. हाथी
C. अश्व D. बाघ

151. होमगार्ड का गठन कब हुआ था?
A. 1972 B. 1962
C. 1968 D. 1965

152. स्थल सेना के निम्नलिखित पदों में सबसे छोटा कौन-सा है?
A. लेफ्टीनेंट B. ब्रिगेडियर
C. कर्नल D. कैप्टन

153. प्रादेशिक सेना का गठन कब हुआ था?
A. 1949 B. 1957
C. 1962 D. 1972

154. प्रादेशिक सेना में भर्ती होने के लिए क्या आयु होनी चाहिए?
A. 21 से 30 वर्ष B. 21 से 35 वर्ष
C. 18 से 35 वर्ष D. 20 से 35 वर्ष

155. एन.सी.सी. में कितने डिवीजन हैं?
A. चार B. पांच
C. तीन D. दो

156. एयरफोर्स अकादमी कहां है?
A. बेलगाम B. कोयम्बटूर
C. हैदराबाद D. सिकन्दराबाद

157. भारतीय नौ सेना कितने बेड़ों में गठित है?
A. पांच B. चार
C. तीन D. दो

158. हर साल 7 दिसम्बर को भारत में मनाया जाता है–
A. वायु सेना दिवस
B. झंडा दिवस
C. नौसेना दिवस
D. कोस्ट गार्ड दिवस

159. भारत में नौसेना दिवस किस दिन मनाया जाता है?
A. 8 अक्टूबर B. 15 जनवरी
C. 21 दिसम्बर D. 7 दिसम्बर

160. भारत की सेना के प्रथम भारतीय सेनापति थे–
A. जनरल के.एम. करियप्पा
B. फील्ड मार्शल मानेकशा
C. जनरल राजेन्द्र सिंह
D. उपरोक्त में से कोई भी नहीं

161. वीटो का अधिकार–
A. संयुक्त राष्ट्र के सभी सदस्यों को प्राप्त है
B. सुरक्षा परिषद् के सभी सदस्यों को प्राप्त है
C. सुरक्षा परिषद् के सभी स्थायी सदस्यों को प्राप्त है
D. सुरक्षा परिषद् के सभी अस्थायी सदस्यों को प्राप्त है

162. संयुक्त राष्ट्र का मुख्यालय कहाँ है–
A. वाशिंगटन B. न्यूयार्क
C. बोस्टन D. शिकागो

163. संयुक्त राष्ट्र का ध्वज किस रंग का है?
A. हल्के नीले रंग का
B. हल्के गुलाबी रंग का
C. गहरे केसरिया रंग का
D. आधा हल्के रंग का और आधा केसरिया रंग का

164. संयुक्त राष्ट्र की बैठकों में आमतौर से काम-काज किस भाषा में होता है?
A. अंग्रेजी B. रूसी
C. फ्रेंच D. अंग्रेजी और फ्रेंच

165. अंतर्राष्ट्रीय न्यायालय का मुख्यालय कहाँ है?
A. हेग B. जेनेवा
C. रोम D. बर्न

166. राष्ट्रमंडल के सदस्य वे देश हैं, जो–
A. ब्रिटेन के अधीन हैं
B. ब्रिटेन से आर्थिक सहायता पाते हैं
C. पहले ब्रिटेन के अधीन थे किन्तु अब स्वाधीन हैं
D. ब्रिटेन से अस्त्र-शस्त्र प्राप्त करते हैं

167. सार्क (दक्षिण एशियाई सहयोग संगठन) में कितने देश सदस्य हैं?
A. पांच B. छः
C. आठ D. सात

168. निम्नलिखित देशों में से कौन-सा देश सार्क (SAARC) का सदस्य नहीं है?
A. भारत B. पाकिस्तान
C. बांग्लादेश D. म्यांमार

169. पहला गुट निरपेक्ष सम्मेलन कब हुआ था?
A. 1955 में B. 1961 में
C. 1983 में D. 1976 में

170. गुट निरपेक्ष आन्दोलन के सदस्य देश–
A. शक्तिशाली देशों के गुटों से दूर रहते हैं
B. परस्पर एक-दूसरे की रक्षा के लिए वचनबद्ध हैं
C. एक दूसरे को सैनिक सहायता देते हैं
D. एक सैनिक संधि के सदस्य हैं

171. जमनालाल बजाज पुरस्कार किस क्षेत्र में सराहनीय योगदान के लिए प्रदान किया जाता है?
A. शांति व निःशस्त्रीकरण B. कृषि
C. रचनात्मक कार्य D. साहित्य

172. भारत वर्ष में प्रथम रेमन मैग्सेसे पुरस्कार विजेता कौन था?
A. सी.डी. देशमुख B. जय प्रकाश नारायण
C. डॉ. वर्गीज कुरियन D. आचार्य विनोबा भावे

173. भारतीय ज्ञानपीठ पुरस्कार किसे प्रदान किया जाता है?
A. उत्कृष्ट हिन्दी कविता के लिए
B. भारतीय साहित्य में उत्कृष्ट योगदान के लिए
C. हिन्दी साहित्य में उत्कृष्ट योगदान के लिए
D. भारतीय दर्शन की उत्कृष्ट समीक्षा के लिए

174. अध्यापकों के लिए राष्ट्रीय पुरस्कारों की घोषणा कब की जाती है?
A. 14 नवम्बर B. 5 सितम्बर
C. 30 जनवरी D. 26 जनवरी

175. निम्नलिखित में से किस विषय पर नोबेल पुरस्कार नहीं दिया जाता है?
A. चिकित्सा B. गणित
C. अर्थशास्त्र D. रसायन शास्त्र

176. बुकर पुरस्कार किस क्षेत्र में प्रदान किया जाता है?
A. कल्पना साहित्य लेखन B. औषधि
C. साहस के कार्य D. विज्ञान

177. हर गोविन्द खुराना को नोबेल पुरस्कार किस क्षेत्र में योगदान के लिए मिला था?
A. चिकित्सा शास्त्र B. भौतिक शास्त्र
C. अर्थशास्त्र D. शांति

178. सर्वोच्च शौर्य पुरस्कार 'परमवीर चक्र' के प्रथम विजेता कौन थे?
A. मेजर ध्यान सिंह B. के. गुरुवचन सिंह
C. मेजर शैतान सिंह D. मेजर सोमनाथ शर्मा

179. धन्वन्तरि पुरस्कार किस क्षेत्र में विशिष्ट योगदान के लिए दिया जाता है?
A. संगीत B. नृत्य
C. दर्शन D. चिकित्सा

180. कलिंग पुरस्कार किस क्षेत्र में दिया जाता है?
A. साहित्य के क्षेत्र में
B. विज्ञान के क्षेत्र में
C. सामाजिक कल्याण के लिए किए गए कार्य के लिए
D. अन्तर्राष्ट्रीय शान्ति एवं सद्भावना के लिए

181. नोबेल पुरस्कार का आरम्भ कब से हुआ?
A. सन् 1901 से B. सन् 1905 से
C. सन् 1896 से D. सन् 1934 से

182. अर्थशास्त्र के लिए नोबेल पुरस्कार कब से आरम्भ हुआ?
A. सन् 1969 ई. से B. सन् 1939 ई. से
C. सन् 1901 ई. से D. सन् 1935 ई. से

183. निम्नलिखित किस अफ्रीकी नेता को भारत-रत्न से सम्मानित किया गया है?
A. होस्नी मुबारक B. जोमो केन्योटा
C. अनवर सादात D. नेल्सन मंडेला

184. विज्ञान को सर्वसुलभ व सर्वोपयोगी बनाने में सर्वाधिक योगदान देने वाले व्यक्ति को भारतीय नाम वाले किस अन्तर्राष्ट्रीय पुरस्कार से सम्मानित किया जाता है?
A. कालिंजर पुरस्कार B. कलिंग पुरस्कार
C. मानवता पुरस्कार D. ऐसा कोई पुरस्कार नहीं है

185. नेहरू पुरस्कार कौन-सी संस्था प्रदान करती है?
A. इंडियन कौंसिल ऑफ कल्चरल रिलेशन्स
B. इंडो-सोवियत कल्चरल सोसाइटी
C. भारतीय राष्ट्रीय कांग्रेस
D. भारतीय ज्ञानपीठ

186. वीरता का सर्वोच्च सम्मानसूचक पदक जो शत्रु के सामने असीम शौर्य और अदम्य साहस दिखाने या आत्म-बलिदान करने पर भेंट किया जाता है, उसका क्या नाम है?
A. चक्रव्यूह B. अशोक चक्र
C. महावीर चक्र D. परमवीर चक्र

187. प्रथम मरणोपरान्त 'भारत-रत्न' अलंकरण किसे प्रदान किया गया था?
A. के. कामराज नाडार B. आचार्य विनोबा भावे
C. लाल बहादुर शास्त्री D. एम.जी. रामचन्द्रन

188. निम्नलिखित में से कौन-सा पुरस्कार केवल एशियावासियों को दिया जाता है?
A. नेहरू सद्‌भावना पुरस्कार
B. पुलित्जर पुरस्कार
C. इन्दिरा गांधी शान्ति पुरस्कार
D. मैग्सेसे पुरस्कार

189. अर्जुन पुरस्कार कब से प्रारम्भ हुए?
A. 1961 ई. से B. 1962 ई. से
C. 1963 ई. से D. 1964 ई. से

190. ऑस्कर अवॉर्ड जीतने वाले पहले भारतीय थे–
A. नरगिस दत्त B. शशि कपूर
C. सत्यजीत रे D. भानु अथैया

191. अपर कट शब्द किस खेल में प्रयोग किया जाता है?
A. टेनिस B. वॉलीबॉल
C. क्रिकेट D. बॉक्सिंग

192. निम्नलिखित में से कौन-सा कप/ट्रॉफी फुटबॉल से सम्बन्धित नहीं है?
A. मर्डेका कप B. डूरण्ड कप
C. सन्तोष ट्रॉफी D. दिलीप ट्रॉफी

193. फिनिस शब्द का प्रयोग किस खेल में होता है?
A. शतरंज B. ब्रिज
C. बिलियर्ड्स D. रग्बी

194. एक दिवसीय क्रिकेट तथा टेस्ट मैचों में सर्वाधिक रन बनाने का रिकॉर्ड किसके नाम है?
A. सौरभ गांगुली B. सचिन तेन्दुलकर
C. डॉन ब्रैडमैन D. ब्रायन लारा

195. निम्नलिखित में से कौन-सी अन्तर्राष्ट्रीय टेनिस खेल प्रतियोगिता घास के मैदान पर खेली जाती है?
A. यू.एस. ओपन B. फ्रेंच ओपन
C. विम्बलडन D. ऑस्ट्रेलियाई ओपन

196. 'विम्बलडन ट्रॉफी' का सम्बन्ध किस खेल से है?
A. पोलो (इंग्लैंड) से B. समुद्री दौड़ से
C. घुड़दौड़ से D. टेनिस से

197. निम्नलिखित में से किस पदक का सम्बन्ध हॉकी से नहीं है?
A. आगा खां कप B. वर्दवान ट्रॉफी
C. ध्यानचन्द ट्रॉफी D. बम्बई गोल्ड कप

198. 'रिवर्स स्विंग' एवं 'बीमर' नामक शब्दावलियां किस खेल से संबंधित हैं?
A. नौकायन B. क्रिकेट
C. फुटबॉल D. हॉकी

199. निम्नलिखित में से किस ट्रॉफी का सम्बन्ध हॉकी से है?
A. सिन्धिया गोल्ड कप B. संतोष ट्रॉफी
C. रोहिंगटन बेरिया ट्रॉफी D. सुब्रतो मुखर्जी ट्रॉफी

200. 'ज्यूल्स रिमेट ट्रॉफी का सम्बन्ध किस खेल से है?
A. फुटबॉल (विश्व) से B. गोल्फ से
C. हॉकी (भारत) से D. लॉन टेनिस (विश्व) से

201. 'मर्डेका' का सम्बन्ध किस खेल से है?
A. फुटबाल (विश्व) से B. फुटबाल (भारत) से
C. फुटबाल (एशिया) से D. क्रिकेट (आस्ट्रेलिया-इंग्लैंड) से

202. प्रथम ओलम्पिक खेल ओलम्पिया (ग्रीस) में कब खेले गए थे?
A. 233 ई.पू. में B. 1500 ई.पू. में
C. 500 ई.पू. में D. 776 ई.पू. में

203. 394 ई. में रोम के बाद एक सम्राट ने ओलम्पिक खेलों को बंद कर दिया था। इसको पुनः किसने शुरू किया?
A. मि. स्पोर्ट्‌समैन ने
B. बैरन पीयरे डी कोबर्टिन ने
C. जनरल फ्रेंको ने
D. अब्राहम लिंकन ने

204. सर्वप्रथम आधुनिक ओलिम्पिक ध्वज कब फहराया गया?
A. 1896 में B. 1908 में
C. 1920 में D. 1924 में

205. ग्रैंड स्लेम निम्नलिखित में से किस खेल से सम्बन्धित है?
A. फुटबॉल B. टेनिस
C. हॉकी D. पोलो

206. प्रथम आधुनिक ओलम्पिक खेल कब और कहां खेले गए?
A. रोम, 1894 ई. में B. मैड्रिड, 1840 ई. में
C. लिस्बन, 1800 ई. में D. एथेन्स, 1896 ई. में

207. नीरज चोपड़ा का संबंध किस खेल से है?
A. क्रिकेट B. भाला फेंक
C. बैडमिंटन D. हॉकी

208. भारत में खेल सम्बन्धी दो राष्ट्रीय इंस्टीट्यूट हैं। एक नेताजी सुभाष बोस के नाम से पटियाला में है, दूसरा किसके नाम से ग्वालियर में है?
A. राणा प्रताप B. पृथ्वीराज चौहान
C. शिवाजी D. रानी लक्ष्मीबाई

209. सबसे बड़े मैदान में खेला जाने वाला खेल कौन-सा है?
A. हॉकी B. क्रिकेट
C. पोलो D. कबड्डी

210. लॉन टेनिस जाल की ऊँचाई कितनी होती है?
A. 2 फुट 6 इंच B. 3 फुट 6 इंच
C. 4 फुट D. 2 फुट 2 इंच

211. 'ए सूटेबल ब्वाय' पुस्तक का लेखक कौन है?
A. खुशवंत सिंह B. अरुण शोरी
C. विक्रम सेठ D. उपरोक्त में से कोई नहीं

212. 'कैन्टरबरी टेल्स' पुस्तक का लेखक कौन है?
A. ज्योफरी चासर B. लियो टॉलस्टाय
C. गुन्नार मिर्डल D. विलियम शेक्सपियर

213. निम्नलिखित में से कौन-सी पुस्तक प्रेमचन्द द्वारा रचित नहीं है?
A. गोदान B. गबन
C. प्रेम पचीसी D. आनंदमठ

214. बांग्लादेश की लेखिका तस्लीमा नसरीन को किस पुस्तक से ख्याति मिली?
A. शर्म B. लज्जा
C. नारी स्वातंत्र्य D. अबला

215. 'पावर्टी एण्ड अन-ब्रिटिश रूल इन इण्डिया' का लेखक कौन है?
A. लाला लाजपत राय
B. लाला हरदयाल
C. विनायक दामोदर सावरकर
D. दादाभाई नौरोजी

216. 'मुद्राराक्षस' ग्रंथ का लेखक कौन है?
A. विशाखदत्त B. कालिदास
C. भारवि D. माघ

217. 'माई प्रेसिडेंशल ईयर्स' पुस्तक का लेखक कौन है?
A. ज्ञानी जैल सिंह B. वी.वी. गिरि
C. आर. बेंकटरमन D. डॉ. शंकर दयाल शर्मा

218. 'जय सोमनाथ' किसकी कृति है?
A. के.एम. मुंशी B. वृन्दावन लाल वर्मा
C. अमृत लाल नागर D. मदन मोहन मालवीय

219. वर्शिपिंग फाल्स गॉड्स पुस्तक के लेखक हैं–
A. विक्रम सेठ B. अरुण शौरी
C. सलमान रुश्दी D. खुशवन्त सिंह

220. निम्नलिखित पुस्तकों में से कौन-सी पुस्तक सलमान रुश्दी की है?
A. दि वर्ल्ड ऑफ फतवाज
B. दि मूर्स लास्ट साई
C. दि अदर हॉफ
D. फूल्स पैराडाइज

221. मार्ग्रेट थैचर द्वारा रचित पुस्तक है–
A. लांग वॉक टु फ्रीडम B. दि पाथ टु पावर
C. इमेज एंड इमेजिनेशन D. 10 डाउनिंग स्ट्रीट

222. 'फ्रीडम एट मिडनाइट' के लेखक कौन हैं?
A. जवाहरलाल नेहरू तथा डॉ. राजेन्द्र प्रसाद
B. एम.ओ. मथाई तथा फ्रैंक मोरेस
C. मैक्सिम गोर्की तथा दोस्तोवस्की
D. लैरी कॉलिन्स और डोमिनिक लापियर

223. 'अंकल टॉम्स केबिन' के लेखक का क्या नाम है?
A. एच.बी. स्टोव B. एडम स्मिथ
C. टॉलस्टॉय D. थामस मूर

224. 'वार एण्ड पीस' और 'अन्ना कैरेनिना' दोनों एक ही अन्तर्राष्ट्रीय ख्याति प्राप्त लेखक की कृतियाँ हैं; उस लेखक का क्या नाम है?
A. ओलीवर गोल्डस्मिथ B. श्वेतलाना
C. लुई ब्रोमफील्ड D. लियो टाल्स्टॉय

225. बोरिस पास्तरनाक ने एक बहुत ही विवादास्पद पुस्तक लिखी थी। उस पुस्तक का क्या नाम है?
A. डॉन क्विक्जोट B. फॉस्ट
C. डॉक्टर्स डिलेमा D. डॉ. जिवागो

226. 'दास कैपिटल' के लेखक कौन हैं?
A. शेक्सपियर B. कौटिल्य
C. कर्नल जॉन हण्ट D. कार्ल मार्क्स

227. 'मदर' के लेखक का क्या नाम है?
A. मैक्सिम गोर्की B. पर्ल एस. बक
C. कैथराइन मेयो D. टी.एस. इलियट

228. 'कलम का सिपाही' में किसकी जीवनी प्रस्तुत की गई है?
A. शरतचन्द्र B. प्रेमचन्द
C. राहुल सांकृत्यायन D. जोश मलीहाबादी

229. 'झण्डा ऊँचा रहे हमारा' गीत किस कवि की रचना है?
A. श्यामलाल गुप्त 'पार्षद' B. मैथिलीशरण गुप्त
C. सोहनलाल द्विवेदी D. रामधारी सिंह 'दिनकर'

230. 'आइने अकबरी' का लेखक कौन था?
A. इब्न बतूता B. अकबर
C. अबुल फजल D. अकबर मुरादाबादी

231. कम्प्यूटर–
A. एक उपकरण है जो गणितीय और तार्किक संक्रियायें सम्पन्न करता है
B. एक उपकरण है, जो केवल गणितीय संक्रियायें सम्पन्न करता है
C. एक स्मृति उपकरण है
D. एक गणना उपकरण है

232. 'PC' का अर्थ है–
A. प्राइवेट कम्प्यूटर B. पर्सनल कल्कुलेटर
C. पर्सनल कम्प्यूटर D. प्रोफेसनल कम्प्यूटर

233. 'बाइनरी अंक प्रणाली' में अधिकतम अंक (digit) कितने होते हैं?
A. 1 B. 10
C. 2 D. 4

234. निम्नलिखित में से कौन-सा 'इनपुट' उपकरण है?
A. मॉनीटर B. प्रिंटर
C. प्लॉटर D. माउस

235. CPU का पूरा नाम है–
A. सेन्ट्रल प्रोग्रामिंग यूनिट
B. सेन्ट्रल प्रोसेसिंग यूनिट
C. सेन्ट्रल प्रोग्रामिंग अण्डरस्टैंडिंग
D. सेन्ट्रल प्रोसेसिंग अण्डरस्टैंडिंग

236. गणना हेतु प्रयोग में लाया गया पहला उपकरण था
A. ENIAC B. ABACUS
C. एनालिटिकल इंजन D. EDSAC

237. ABACUS का प्रयोग कब शुरू हुआ था?
A. 250 ई. B. 450 ई.पू.
C. 1200 ई.पू. D. 1200 ई.

238. किस अंग्रेज को 'कम्प्यूटर का जनक' कहा जाता है?
A. ब्लेज पास्कल B. लेबनित्ज
C. चार्ल्स बैबेज D. जे.पी. एकर्ट

239. निम्नलिखित में से कौन-सी कम्प्यूटर की सेकेण्डरी मेमोरी है?
A. RAM B. ROM
C. रजिस्टर्स D. फ्लॉपी

240. निम्नलिखित में से कौन पैकेज नहीं है?
A. BASIC B. dBASE
C. वर्ड परफेक्ट D. पेज मेकर

241. कौन-सा बेमेल है?
A. वर्ड स्टार B. वर्ड परफेक्ट
C. DOS Editor D. विण्डो

242. डाटा के समुच्चय (Set) को क्या कहते हैं?
A. फील्ड B. रेकार्ड
C. फाइल D. इनमें से कोई नहीं

243. Keyboard है?
A. इनपुट यूनिट है
B. आउटपुट यूनिट है
C. इनपुट यूनिट और आउटपुट यूनिट दोनों हैं
D. उपरोक्त में से कोई भी नहीं है

244. प्रिंटर–
A. आउटपुट यूनिट है
B. इनपुट यूनिट है
C. उपरोक्त दोनों हैं
D. उपरोक्त में से कोई भी नहीं है

245. फ्लॉपी–
A. इनपुट यूनिट है
B. आउटपुट यूनिट है
C. इनपुट यूनिट और आउटपुट यूनिट दोनों हैं
D. उपरोक्त में से कोई भी नहीं है

246. कम्प्यूटर की विशेषताएं हैं–
1. तेज रफ्तार 2. स्वचालन
3. कार्यशीलता 4. परिवर्तनशीलता
निम्नलिखित में से कौन-सी विशेषता सही है?
A. 1 और 2 सही हैं B. 1, 2 और 4 सही हैं
C. 1, 2 और 3 सही हैं D. उपरोक्त सभी सही हैं

247. 1 बाइट बराबर है–
A. 8 बिट B. 16 बिट
C. 36 बिट D. 64 बिट

248. असंसाधित तथ्य को क्या कहा जाता है?
A. डाटम B. डाटा
C. फाइल D. फील्ड

249. कम्प्यूटर–
A. सूचना ग्रहण करता है
B. सूचना को निर्दिष्ट प्रयोजन के लिए अनुकूल बनाता है
C. परिणाम प्रदर्शित करता है
D. उपरोक्त सभी बातें सही हैं

250. डाटा क्या है–
A. संसाधित तथ्य B. असंसाधित तथ्य
C. अंक और अक्षर D. उपरोक्त में से कोई भी नहीं

251. 'जीने की कला' (आर्ट ऑफ लिविंग) के प्रतिपादक और प्रचारक कौन हैं?
A. महर्षि महेश योगी B. श्री श्री रवि शंकर
C. स्वामी चिन्मयानंद D. भगवान रजनीश

252. डंकन पैसेज निम्नलिखित में से किसके बीच स्थित है?
A. दक्षिणी और लिटिल अंडमान
B. उत्तरी और दक्षिणी अंडमान
C. उत्तरी और मध्य अंडमान
D. अंडमान और निकोबार

253. निम्नलिखित में से किस देश की क्रिकेट टीम का नाम शेवरॉन्स (Chevrons) है?
A. ऑस्ट्रेलिया B. द नीदरलैंड्स
C. जिम्बाब्वे D. आयरलैंड

254. रासायनिक रूप से 'मिल्क ऑफ मैग्नेशिया' क्या होता है?
A. मैग्नीशियम कार्बोनेट
B. सोडियम बाइकार्बोनेट
C. कैल्सियम हाइड्रॉक्साइड
D. मैग्नीशियम हाइड्रॉक्साइड

255. वन अनुसंधान संस्थान कहाँ स्थित है?
A. देहरादून में B. भोपाल में
C. लखनऊ में D. दिल्ली में

256. निम्नलिखित कलाकारों और उनके कला-रूपों के मेल मिलाइए–

कलाकार	**कला-रूप**
(*a*) पन्नालाल घोष	1. चित्रकला
(*b*) पंडित भीमसेन जोशी	2. कर्नाटक संगीत (कंठ संगीत)
(*c*) अंजलि ईला मेनन	3. बाँसुरी
(*d*) मदुराई मणि अय्यर	4. हिन्दुस्तानी संगीत (कंठ संगीत)

कूट :

	(*a*)	(*b*)	(*c*)	(*d*)
A.	1	3	2	4
B.	2	1	4	3
C.	3	4	1	2
D.	4	2	3	1

257. त्वचा का रंग किसके कारण होता है?
A. एन्जाइम B. एपीडरमिस
C. हारमोन्स D. मेलानिन

258. किस क्षेत्र में अधिकांश मौसम सम्बन्धी गतिविधियाँ होती हैं?
A. आयनमंडल B. क्षोभमंडल
C. समतापमंडल D. क्षोभसीमा

259. निम्नलिखित में से वह पर्वत श्रेणी कौन-सी है जो भारत में सबसे पुरानी है?
A. हिमालय B. विंध्याचल
C. अरावली D. सहयाद्रि

260. निमज्जित वस्तु का पता लगाने के लिए किस उपकरण का प्रयोग किया जाता है?
A. राडार B. सोनार
C. क्वासार D. पल्सार

उत्तरमाला

1 B	**2** D	**3** B	**4** B	**5** A	**6** D	**7** C	**8** B	**9** A	**10** C
11 D	**12** B	**13** C	**14** C	**15** A	**16** A	**17** B	**18** D	**19** A	**20** A
21 C	**22** D	**23** B	**24** B	**25** C	**26** C	**27** D	**28** A	**29** B	**30** A
31 B	**32** A	**33** D	**34** C	**35** C	**36** D	**37** A	**38** B	**39** B	**40** B
41 B	**42** B	**43** B	**44** C	**45** C	**46** C	**47** C	**48** A	**49** B	**50** C
51 D	**52** B	**53** C	**54** C	**55** A	**56** B	**57** D	**58** C	**59** A	**60** A
61 B	**62** D	**63** B	**64** A	**65** C	**66** D	**67** B	**68** B	**69** A	**70** C
71 D	**72** B	**73** B	**74** A	**75** D	**76** C	**77** A	**78** C	**79** D	**80** B
81 B	**82** A	**83** B	**84** D	**85** B	**86** C	**87** A	**88** A	**89** C	**90** B
91 C	**92** D	**93** B	**94** A	**95** B	**96** C	**97** D	**98** C	**99** A	**100** C
101 D	**102** C	**103** B	**104** D	**105** A	**106** B	**107** B	**108** A	**109** B	**110** C
111 C	**112** B	**113** A	**114** A	**115** C	**116** A	**117** D	**118** C	**119** C	**120** C
121 D	**122** A	**123** C	**124** D	**125** C	**126** C	**127** C	**128** B	**129** A	**130** C
131 D	**132** C	**133** B	**134** D	**135** B	**136** C	**137** C	**138** D	**139** A	**140** B

141	142	143	144	145	146	147	148	149	150
A	D	C	C	C	B	A	B	A	D
151	152	153	154	155	156	157	158	159	160
B	A	A	C	C	C	D	B	C	A
161	162	163	164	165	166	167	168	169	170
C	B	A	D	A	C	C	D	B	A
171	172	173	174	175	176	177	178	179	180
C	D	B	B	B	A	A	D	D	B
181	182	183	184	185	186	187	188	189	190
A	A	D	B	A	D	C	D	A	D
191	192	193	194	195	196	197	198	199	200
D	D	B	B	C	D	B	B	A	A
201	202	203	204	205	206	207	208	209	210
C	D	B	B	B	D	B	D	C	B
211	212	213	214	215	216	217	218	219	220
C	A	D	B	D	A	C	A	B	B
221	222	223	224	225	226	227	228	229	230
B	D	A	D	D	D	A	B	A	C
231	232	233	234	235	236	237	238	239	240
A	C	C	D	B	B	A	C	D	A
241	242	243	244	245	246	247	248	249	250
D	A	A	A	C	D	A	B	D	B
251	252	253	254	255	256	257	258	259	260
B	A	C	D	A	C	D	B	C	B

✧✧✧✧✧